**Sally Bedell Smith** startete ihre Karriere beim *Time Magazin* und arbeitete dann als Redakteurin im Kulturressort der *New York Times*. 1996 wechselte sie zu der Zeitschrift *Vanity Fair*. Sie lebt mit ihrem Ehemann Stephen G. Smith und ihren drei Kindern in Washington, D.C. und kann unter der Web-Seite *www.sallybedellsmith.com* kontaktiert werden.

Sally Bedell Smith

# Diana

Auf der Suche nach sich selbst

Aus dem Amerikanischen
von Elisabeth Parada Schönleitner

WILHELM HEYNE VERLAG
MÜNCHEN

HEYNE SACHBUCH
19/734

Titel der amerikanischen Originalausgabe:
DIANA IN SEARCH OF HERSELF
Erschienen 1999 bei Times Books,
a division of Random House Inc., New York

*Umwelthinweis:*
Dieses Buch wurde auf chlor-
und säurefreiem Papier gedruckt.

Deutsche Erstausgabe 07/2000
Copyright © 1999 by Sally Bedell Smith
Copyright © der deutschsprachigen Ausgabe 1999
by Wilhelm Heyne Verlag GmbH & Co. KG, München
http://www.heyne.de
Printed in Germany 2000
Umschlagillustration: TimGraham/Corbis Sygma
Umschaggestaltung: Hauptmann & Kampa
Werbeagentur, CH-Zug
Herstellung: Helga Schörnig
Satz: Schaber Satz- und Datentechnik, Wels
Druck und Verarbeitung: Presse-Druck, Augsburg

ISBN 3-453-17377-5

FÜR JOAN UND BERNIE

# DANKSAGUNG

Es begann mit einem Anruf von Peter Bernstein, dem Verleger von Times Books/Random House, zwei Tage nach dem Tod von Diana, der Prinzessin von Wales. Er hoffe darauf, dass ich »alles zusammensammeln« und eine »würdevolle Analyse« schreiben würde, die »ihr Leben im richtigen Blickwinkel zeigt«. Wir waren uns einig, dass es von entscheidender Bedeutung wäre, das Buch fertig zu stellen, ehe der Mythos von Diana so tief verwurzelt wäre, dass selbst ihre Freunde Mühe hätten, sich ihrer in aller Klarheit zu erinnern.

Um dieses Ziel zu erreichen, musste ich einem aufreibenden Pfad von Reisen, Nachforschungen und Schreiben folgen. Ich flog zwischen Washington und London hin und her, schlug insgesamt für vier Monate meine Zelte in England auf und verbrachte zu Hause so viel Zeit, dass ich ebenso gut im Ausland hätte bleiben können. Die Einhaltung meines Zeitplans erforderte die liebevolle Geduld meines Ehemannes Stephen und meiner drei Kinder Kirk, Lisa und David. Zutiefst dankbar bin ich Gladys Campbell, die während meiner Abwesenheit meinen Haushalt führte, und Carmel Park, die mir den gleichen Dienst erwies, als ich mich in meinem Büro einschloss. Ebensolchen Dank schulde ich meinen aufmerksamen Nachbarn John und Annie Carter und Robert und Maralyn Marsteller für hundert große und kleine Gefallen.

Besonderer Dank gilt meinen Freunden Joan und Bernie Carl für ihre grenzenlose Gastfreundschaft während meiner Reisen nach London. Gemeinsam mit ihren reizenden Kindern Alex, Andrew und Jennifer nahmen sie mich wie ein Familienmitglied auf. Liebevoll umsorgt – oder besser gesagt, hoffnungslos verwöhnt – wurde ich vom übrigen »Carl-Team«: Barry Crick, Britta Fahnemann, Colin Shanley, Tony Stephens und Dulia Vieira. Für ihre Großzügigkeit, Freundschaft, Rücksichtnahme, Wärme und Fröhlichkeit habe ich dieses Buch mit tiefer Zuneigung und Dankbarkeit Joan und Bernie gewidmet.

Weitere Freunde hielten mich durch ihre Ideen und ihre Ermunterungen über Wasser. Maureen Orth, Sally Quinn, Martha Sherrill und

Marjoie Williams erwiesen sich als unschätzbar wertvolle Gesprächspartner am Telefon, beim Mittagessen, während langer Spaziergänge und per E-Mail. Dank schulde ich ebenso Jill Abramson, Elizabeth Becker, Amy Bernstein, Tom Brokaw, Gahl Burt, Bob Colacello, Stefania Conrad, Frank Digiacomo, Dominick Dunne, Desmond Gorges, Jean Graham, Gail Hayman, Reinaldo Herrera, Jane Hitchcock, George Hodgman, Cathy Horyn, Ellen James, Jon Katz, Kim Masters, Mike und Sandy Meehan, Alyne Massey, Virginia Merriman, Howard und Susie Morgan, Sylvia Morris, Jill Scharff, Marilyn Schwartz, Wendy Stark, Evan Thomas und Susan Watters für ihre Anregungen zu Nachforschungen und Quellensuche. In England hatte ich das Glück, mich auf die Hilfe zahlreicher Freunde und Kollegen stützen zu können wie Ivo und Rachel Dawnay, Jane Harari, Warren Hoge, Annie und Patrick Holcroft, David Hooper, Anthony Holden, Anthony Lejeune, Suzanne Lobel, Grant Manheim, Stryker McGuire, Peter McKay, Linda Mortimer, Henry Porter, Carla Powell, William Shawcross und Sally Taylor. Wie in der Vergangenheit stellte mir Hugo Vickers erneut großzügig sein enzyklopädisches Wissen über die englische Oberschicht und die königliche Familie zur Verfügung.

Annähernd 150 Personen stimmten einem Interview zu, und den etwa siebzig von ihnen, die mich ersuchten, ihren Namen nicht zu nennen, darf ich hiermit für ihre Zeit und ihren unentbehrlichen Beitrag danken. Jene, die offen mit mir sprachen, boten mir ebenso bedeutende Einblicke und Informationen, für die ich ihnen zutiefst danke:

Richard Addis, Dr. Michael Adler, Violet Allen, Bruce Anderson, Jane Atkinson, Laurie Barrington, Peter Bart, Ross Benson, Carl Blade, Nicky Blair, Elsa Bowker, Paul Burrell, Timothy Burrill, Mark Canton, Graydon Carter, Felicity Clark, Michael Colborne, Michael Cole, Major Tim Coles, Bill Condon, Bob Daley, Hugh Davies, William Deedes, Nigel Dempster, Roberto Devorik, Sue Douglas, Deidre Fernand, Fiona Fraser, Johnny Gold, Corinna Gordon, Larry Gordon, Antonia Grant, Suzanne Gregard, Philippe Gudin, Robert Hardman, Jim Hart, William Haseltine, Nicholas Haslam, Max Hastings, Marie Helvin, Stuart Higgins, Christopher Hitchens, Anthony Holden, Mark Hollingsworth, Richard Ingrams, Paul Johnson, Penny Junor, Richard Kay, Andrew Knight, Sandy Lieberson, Marguerite Littman, Mark Lloyd, Jack Martin, Charlie Matthau, Mike Medavoy, Peter McKay, Piers Morgan, Charles Moore, Andrew Morton, Andrew Neil, Bruce Nelson, Farhad Novian, Clive Parsons,

Melissa Prophet, David Puttnam, Anna Quindlen, Gail Rebuck, William Reilly, Annie Renwick, John Richardson, Peter Riva, Andrew Roberts, Vivienne Schuster, Nelson Shanks, Tina Sinatra, Cosima Somerset, Robert Spencer, Jim Stevenson, Nona Summers, James Tenner, Taki Theodoracopulos, John Tigrett, Jerry Tokofsky, Barbara Walters, Jack Weiner, Jerry Weintraub, James Whitaker, Michael White und Fred Zolo.

Meine Forschungsassistentin in London, Lucy Nichols, erwies sich als unerschrocken, einfallsreich und stets heiter. Meine Freundin Jacqueline Williams stellte einmal mehr ihre Forschungsqualitäten beim Ausgraben verborgener Dokumente und Durchwühlen verstaubter Zeitungsarchive unter Beweis. Ebenso gekonnt assistierten mir Phil Murray, der zwei Einkaufstüten mit Zeitungsausschnitten in ordentliche Karteien und Listen umwandelte, und Peter Griggs und Mark Harnet, die Tonbandaufzeichnungen niederschrieben. Bei der Investigative Group International in Los Angeles förderten Dee Picken, Henry Kupperman und Nancy Swain einen dicken Stapel Dokumente über die Prozesse und Urteile gegen Dodi Fayed zutage.

Der Herausgeber von *Vanity Fair*, Graydon Carter, verhalf dem Buch zu einem reibungslosen Start, indem er mir einen Artikel über Dodi Fayed vom September 1997 zukommen ließ. Während ich mit meinen Aufzeichnungen fortfuhr, stellte mir Graydon seinen redaktionellen Rat, Ermunterung, und, nicht zu vergessen, eine große Menge nützlicher Informationen zur Verfügung. Darüber hinaus war er so freundlich, mich für längere Zeit zu beurlauben, so dass ich mich ausschließlich dem Buch widmen konnte. Wayne Lawson, der Literaturredakteur der Zeitschrift, machte mich auf nützliche Quellen aufmerksam und war stets zu raffinierten redaktionellen Vorschlägen bereit, während mich sein ehemaliger Assistent Craig Offmam bei den Nachforschungen unterstützte. Mein Dank gilt ebenfalls Robert Walsh, Pat Singer, Anne Phalon, Kris McNeil und Pete Hyman für ihre Genauigkeit und besondere Aufmerksamkeit gegenüber Einzelheiten.

Bei Random House bot mir der ehemalige Präsident und Verleger Harold Evans frühzeitig seine begeisterte Unterstützung für mein Projekt, wofür ich ihm unendlich dankbar bin. Glücklich schätzen durfte ich mich auch über Jonathan Karp als meinen Verleger bei Times Books. Angesichts des Zeitdrucks verstand er instinktiv, wann er mich mir selbst überlassen musste; und wenn er sich doch einschaltete, erwiesen sich seine Kommentare ausnahmslos als scharfsinnig. Carie Freimuth, Peter Bernsteins Nachfolgerin, erfasste das Wesen des Buches augenblicklich und wurde zu einer begeisterten Fürsprecherin. Mary Beth Roche und ihr Partner TJ Snyder waren ebenfalls große Befürworter, die fantasievolle Möglichkeiten der Präsentation des Buches in der Öffentlichkeit anboten. Ich danke Jon Karps Assistentin Monica Gomez, Martha Schwartz und Janet Wygal für ihre sorgfältige Bearbeitung des Manuskripts, Heidi North für ihre Gestaltung und Anke Steinecke für ihre gewissenhafte rechtliche Überprüfung. Unter schwierigen zeitlichen Bedingungen gelang es Natalie Goldstein erneut, zahlreiche vielsagende Fotos auszugraben. Mein Dank gilt außerdem Kathy Schneider und Chad Bunning für ihre Marketingberatung. Meine Agentin und Langzeitfreundin Amanda Urban stellte stets die richtigen Fragen und vertrat mich mit ihrer üblichen Kombination aus Loyalität und Energie.

Wie üblich beschließe ich diese Danksagung mit einem Tribut an meinen weisen und wundervollen Ehemann Stephen G. Smith. Seine Zuneigung und sein Verständnis bestärkten mich in arbeitsintensiven Perioden, wenn ich fürchtete, das Buch nicht in der zur Verfügung gestellten Zeit vollenden zu können. Seine redaktionellen Instinkte bewahrten mich vor einigen ernsten organisatorischen Fehlern. Ihm ist auch der Buchtitel zu verdanken. Zusätzlich studierte er das Manuskript nicht ein-, sondern zweimal – einmal Kapitel für Kapitel und ein zweites Mal, als es vollständig vorlag –, was ihn neben den Anforderungen, die seine Aufgabe als Herausgeber von *U.S. News & World Report* an ihn stellte, große Mühe kostete. Für sein Gefühl für Struktur, Stil und Tempo sowie seine Wachsamkeit gegenüber Unklarheiten und Klischees kann ich ihm nicht genug danken – und ihn nicht genug lieben.

Sally Bedell Smith<br>Washington, D.C.

# EINFÜHRUNG

Als ich im September 1997 mit meinen Nachforschungen über Diana, die Prinzessin von Wales, begann, hatte ich noch keine vorgefasste Meinung. Ich besaß weder eine Vorliebe für sie noch für ihren Mann Charles, den Prinzen von Wales, obwohl ich beiden kurz begegnet war und bei diesen Begegnungen Eindrücke gewonnen hatte, die nicht mit dem übereinstimmten, was ich in den Massenblättern gelesen hatte.

Charles hatte ich im Sommer 1991 kennen gelernt, kurz bevor das Paar am 29. Juli seinen zehnten Hochzeitstag feierte. Die britischen Zeitungen waren voller Spekulationen über den Zustand ihrer Ehe. Die *Sun* sorgte mit zwei Artikeln von Andrew Morton über Charles' Zuneigung zu Camilla Parker Bowles, einer verheirateten Frau, die er seit 1971 kannte, für viel Aufsehen.

In keinem der beiden Artikel wurde erwähnt, dass Camilla während der letzten fünf Jahre Charles' Geliebte war – ein offenes Geheimnis innerhalb der Aristokratie, der breiten Öffentlichkeit hingegen weitgehend unbekannt. Vier Monate zuvor hatte sich die Boulevardpresse in einem Bericht über Dianas Reitlehrer Major James Hewitt ebenso nebulös ausgedrückt. Er habe sich in sie verliebt, nachdem er ihre »Freundlichkeit missverstanden hatte«. Zu diesem Zeitpunkt wussten lediglich Hewitts Familie und Dianas engste Freunde, dass die beiden seit 1986 eine Affäre hatten.

Die britische Presse machte auf die offensichtlichen Anzeichen von Spannungen zwischen Charles und Diana aufmerksam. »Der Prinz und die Prinzessin von Wales, die privat getrennte Wege gehen, scheinen ihren Konkurrenzkampf und ihre Auseinandersetzungen in zunehmendem Maß in der Öffentlichkeit auszutragen. Diese unheilvolle Entwicklung könnte sich auf die Monarchie katastrophal auswirken«, erklärte die *Sunday Times* im Mai.

Am Nachmittag des 15. Juni dieses Jahres waren mein Mann und ich von englischen Freunden in den Guard's Polo Club in Windsor Park eingeladen, um im Rahmen des Pimms Cup einem Spiel zwischen einer von Perrier gesponserten Mannschaft und dem kanadischen Team der Maple Leafs beizuwohnen. Charles war ohne Diana gekommen, die Polospiele ablehnte. Wegen Rückenschmerzen nahm er selbst nicht am Spiel teil, schien aber dennoch gut gelaunt. In seinem blauen Blazer, der senffarbenen Hose mit scharfen Bügelfalten und den glänzend polierten, mahagonifarbenen Slippern wirkte er beinahe amerikanisch.

Nach dem Spiel flüchteten wir vor dem Regen in ein großes Zelt. Ein Mitglied unserer Gesellschaft, eine fast achtzigjährige Frau, war eng mit der Königinmutter befreundet. Als Charles die Freundin seiner Großmutter erblickte, küsste er sie auf die Wange und sprach sie mit ihrem Vornamen an. Sie stellte uns alle einander vor, und wir machten etwas Konversation. Sofort fiel mir auf, wie wohl sich Charles in der Gesellschaft älterer Damen fühlte. Aufmerksam und freundlich fragte er nach gemeinsamen Freunden und erkundigte sich besorgt nach ihren gesundheitlichen Problemen.

Da sie seine Neigung zu ganzheitlicher Medizin kannte, nannte sie ihm einen Heilpraktiker, der bei Rückenschmerzen wahre Wunder vollbringe. Sobald sich jedoch herausstellte, dass es sich bei dem Mann um einen Gesundbeter handelte (eine medizinische Sparte, die eher in Dianas als in Charles' Bereich fiel), schien Charles das Interesse zu verlieren. Als mein Mann erwähnte, dass er einige Monate zuvor mit Charles' Bruder, Prinz Edward, in einem New Yorker Klub Court-Tennis – der Vorgänger von Rasentennis – gespielt hatte, antwortete Charles mit einigen Freundlichkeiten. In dieser familiären Umgebung, fern vom lauernden Blick der Presse, wirkte er im Gespräch mit vertrauten Menschen wesentlich natürlicher als der Mann, den man bei der Erfüllung seiner königlichen Pflichten im Fernsehen zu sehen bekam.

Mein einziges Treffen mit Diana war ebenfalls informell. Im Sommer 1994 lebten Diana und Charles bereits seit 18 Monaten offiziell getrennt. Ihre Beziehung wurde zusätzlich von Charles' Eingeständnis in einer im Juni gesendeten Fernsehdokumentation, dass er und Camilla Parker Bowles ein Liebespaar seien, getrübt. Im August verbrachte Diana als Gast des brasilianischen Botschafters Paolo Tarso Flecha de Lima und seiner Frau Lucia, einer von Dianas engsten Freundinnen, ihren Urlaub in Martha's Vineyard. Eine Freundin hatte mich zu einem Besuch ihrer Familie ebenfalls dorthin eingeladen. Ich kam am 16. August mit meinen Kindern an. Eine Stunde später trafen wir uns an einem Privatstrand zu einem kleinen Lunchbuffet mit Diana und dem Ehepaar Flecha de

Lima. Diana sah in ihrem blumengeschmückten Bikini, ihrer prachtvoll gebräunten Haut und ihrem wohlproportionierten, langgliedrigen Körper bezaubernd aus. Meine beiden jüngeren Kinder begrüßten sie auf angemessene Weise. Ich hatte jedoch keine Zeit gefunden, meinen 19-jährigen Sohn vorzubereiten, der mit Verspätung atemlos den Hang heruntergelaufen kam. So raunte ich ihm lediglich hastig zu, dass die Prinzessin von Wales anwesend sei. »Nicht möglich!« rief er begeistert aus und wirbelte herum, um ihr vorgestellt zu werden. »Hallo, wie geht es?« fragte er und schüttelte ihr kräftig die Hand. Diana schien sich über seine amerikanische Ungezwungenheit aufrichtig zu amüsieren.

Von diesem kurzen Augenblick abgesehen, wirkte sie sehr niedergeschlagen und ließ kaum etwas von ihrem üblichen Strahlen erkennen. Nach einigen Versuchen, am Buffet mit ihr ins Gespräch zu kommen, gab ich auf. Gedankenverloren zog sie sich bald in einen Stuhl abseits der Gruppe zurück und unterhielt sich intensiv mit unserer Gastgeberin, mit der sie später zu einem langen Spaziergang am Strand aufbrach. Seitdem habe ich oft über Dianas Verhalten an jenem Tag nachgedacht. Sie zählte zu den charismatischsten Frauen dieses Planeten, und doch schien dies auf sie selbst kaum zurückzustrahlen. Ich konnte nicht ergründen, ob sie stumpf und desinteressiert oder besorgt und traurig war. Diana hatte ihre beiden Söhne seit Wochen nicht gesehen und war nun von Familien mit Kindern im gleichen Alter wie ihre umgeben. Zudem wusste ich, dass sie den Morgen mit Elizabeth Glaser verbracht hatte, einer bekannten Spendensammlerin für die Kinder-Aids-Hilfe, die selbst an dieser Krankheit sterben würde. Vielleicht erklärte dies ihre gedämpfte Stimmung.

Erst als ich Jahre später einen Freund von Diana interviewte, hörte ich jene Worte, die ihren Zustand an diesem Tag am treffendsten zusammenfassten: »Mitunter konnte Diana unglaublich leer sein«, erklärte er. »Wenn sie unglücklich war, schaltete sie einfach ab und zog sich in sich zurück. Manchmal unternahm sie nicht einmal den Versuch, sich dieser Stimmung zu entziehen.« Ich erfuhr jedoch auch, dass sie mitunter aufmerksamer war, als es schien. Bei gesellschaftlichen Ereignissen »nahm sie oft die kleinsten Dinge wahr. Dann fielen ihr an einer Person sämtliche äußeren Details und Persönlichkeitsmerkmale auf«, berichtete eine enge Freundin. Nachdem ich Diana in Martha's Vineyard kennen gelernt hatte, gestand sie einem Freund, dass sie sich von mir »genauestens beobachtet« gefühlt habe – dabei hatte ich das so unauffällig wie möglich zu tun versucht. Ihr Verhalten am Strand bot einen weiteren Einblick in ihre persönlichen Eigenschaften. Es zeigte, mit welcher Intensität sie sich in eine neue Freundschaft stürzte – in diesem Fall zu unserer Gastgeberin –, und wie deutlich sie in gesellschaftlichen Situationen die Initiative ergreifen konnte, um die Kontrolle über die Ereignisse zu wahren.

Wie ich vermutet hatte, hatte der Besuch bei Elizabeth Glaser sie tief bewegt. Ich fand allerdings heraus, dass Diana noch aus anderen Gründen litt. Einen Tag zuvor hatte sie erfahren, dass im Herbst ein Buch über ihre Affäre mit Hewitt (die im Jahr 1991 endete) veröffentlicht werden würde, das sowohl auf ihrem Briefwechsel als auch auf Interviews der Autorin Anna Pasternak mit Hewitt basierte. Diana hatte bitterlich geweint und war kaum imstande gewesen, etwas zu essen. Die Ankündigung belastete sie offensichtlich auch am Nachmittag des folgenden Tages.

Als mich der Verlag Times Books 1997 kurz nach Dianas Tod im Alter von 36 Jahren aufforderte, ein Buch über sie zu schreiben, zögerte ich. Eine Unmenge an Titeln war bereits erschienen, die meisten sensationslüstern, oberflächlich oder beides, einmal herablassend, ein andermal reißerisch, dann wieder schmeichelhaft. Viele dieser Bücher waren von Journalisten der britischen Boulevardpresse einfach aus Zeitungsartikeln zusammengestellt worden, und ihre Spannbreite reichte von Heiligenverehrung bis Rufmord: Erschien Diana in der einen Situation als selbstbeherrschte Superfrau, wurde sie wenige Seiten später als Person dargestellt, die sich selbst verabscheute und hysterisch weinte, ohne dass man für dieses widersprüchliche Verhalten auch nur die geringste Erklärung geboten hätte.

Im Rahmen meiner vorbereitenden Forschungen fühlte ich mich von ihrer emotionalen Komplexität angezogen und war enttäuscht, dass niemand die Mühe auf sich genommen hatte, die Hintergründe zu untersuchen. Die Herausforderung lag nun darin, die Grundzüge ihres Wesens von der mythischen Persönlichkeit zu trennen, zu der man sie gemacht hatte, und aufzuzeigen, wie diese Eigenschaften ihr Verhalten und ihre Beziehungen beeinflussten. Mich reizte an dem Auftrag die Aussicht, die hinter der öffentlichen Maske verborgene Frau zu entdecken.

Diana war eine Berühmtheit nahezu ungekannten Ausmaßes. Als wäre es nicht genug, als fotogene Schönheit dem Königshaus anzugehören, strahlte sie eine verzweifelte Verletzlichkeit aus, die durch ihre schmerzlichen persönlichen Bekenntnisse in dem 1992 erschienenen und viel diskutierten Buch *Diana: Ihre wahre Geschichte in ihren eigenen Worten* von Andrew Morton und durch das ebenso umstrittene Fernsehinterview mit Martin Bashir in der BBC-Sendung *Panorama* im Jahr 1995 bestätigt wurden. Wenn »normale« Menschen Diana begegneten, über sie lasen oder sie im Fernsehen sahen, fühlten sie oft, dass ihre Höhen und Tiefen ihr eigenes Leben widerspiegelte. Dieses persönliche Band brachte in den Tagen nach ihrem Tod große Mengen von Trauernden auf die Straße.

Bei jenen, die Diana monate- oder jahrelang kannten, weckte sie Gefühle, die an Besitzanspruch grenzten und die nach ihrem Tod sogar noch stärker wurden. Vielleicht mit ihrer Fähigkeit, augenblicklich Vertrautheit zu schaffen, vielleicht auch mit ihrer außergewöhnlichen Intensität beschwor Diana in anderen Menschen vergleichbare Empfindungen herauf. Nach ihrem Tod sprachen verschiedene Freunde mit einer Bestimmtheit über sie, als hätte sie ihnen sämtliche Geheimnisse ihrer vielschichtigen Persönlichkeit anvertraut. Da Diana jedoch unfähig war, sich jemandem gänzlich anzuvertrauen, lieferten ihre Freunde in Wirklichkeit lediglich Teilansichten oder gar widersprüchliche Bilder. »Je nachdem, mit wem sie sprach und was sie vermutete, dass diese Person von ihr hören wollte, färbte sie die Wahrheit zu einem bestimmten Aspekt ihres Lebens auf die eine oder andere Weise«, schrieb Simone Simmons, eine »Energieheilerin«, die sich Dianas in den letzten vier Jahren ihres Lebens annahm. »Sie müssen die einzelnen Teile des Puzzles zusammensetzen«, so eine ihrer engen Freundinnen. »Annabel Goldsmith [eine Freundin in Dianas letzten Jahren] betrachtet sie in einem Licht, und ich in einem anderen.«

Einige ihrer Bekannten waren gern bereit, öffentlich über sie zu sprechen, während andere extreme Zurückhaltung zeigten: Diana behält auch nach ihrem Tod Macht über Menschen, so dass diese noch immer fürchten, ihr Missfallen zu erregen oder ihre Freundschaft zu verlieren. Einen weiteren erschwerenden Faktor stellen der Prinz von Wales und seine beiden Söhne dar. Nur wenige – und selbst von jenen, die sich im Ehekrieg gegen ihren Mann vehement für Diana einsetzten, nur ein geringer Anteil – wagen es, den Zorn eines Mannes auf sich zu ziehen, der eines Tages König sein wird. Andere wiederum schweigen aus aufrichtiger Zuneigung zu den Prinzen William und Harry und wollen sich nicht deren Missbilligung zuziehen. Aus diesen Gründen baten mich viele Menschen, mit denen ich gesprochen habe, um strengste Geheimhaltung.

Zusätzlich zu Interviews mit Personen, die Diana kannten, habe ich Tausende von Zeitungsartikeln und mehrere Dutzend Bücher gelesen. Viele dieser Berichte enthalten widersprüchliche Behauptungen ohne gültigen Beweis und zahlreiche anonyme Zitate. Da mir die Quellen dieser Aussprüche unbekannt sind, entschloss ich mich, keine anonymen Zitate aus zweiter Hand zu übernehmen. Eine Ausnahme bilden Zitate, die ich aus einem spezifischen Grund angeführt und deren Ursprung ich ermittelt habe. Sämtliche nicht näher beschriebenen Aussprüche in diesem Buch stammen aus meinen Gesprächen mit Personen, die ich als sachkundig und vertrauenswürdig einschätze. Als Hilfe für den Leser habe ich zudem eine detaillierte Liste mit Anmerkungen aufgenommen.

Die britische Presse wird diesem Buch zweifellos mit Misstrauen begegnen, da es einerseits die Reporter der Boulevardpresse in einer wenig vorteilhaften Rolle zeigt und sie andererseits eine Art von »Besitzanspruch« auf Diana erhebt. Sie war sowohl Darsteller in als auch Beobachter von Dianas Leben. Ihren Einfluss auf Diana zu analysieren ist ebenso wichtig, wie die Beziehung zu ihrer Familie, ihrem Ehemann, ihren Geliebten und ihren Freunden zu verstehen.

Während andere den Anspruch haben, Dianas »wahre Geschichte«, »echte Geschichte«, »unerzählte Geschichte« oder ihr »Lebensgeheimnis« zu erzählen, untersucht dieses Buch die Wechselwirkungen ihres Charakters und Temperaments. Es befasst sich nicht mit den täglichen Einzelheiten ihres Lebens und ihrer Umgebung und erhebt nicht den Anspruch, die letzte Wahrheit zu enthüllen, denn dies wäre nur möglich, wenn alle, die Diana gut kannten, zustimmten, sich ohne Vorbehalte zu äußern. Die Öffnung von Dianas Archiven würde zusätzliches Licht auf ihr Leben werfen, obwohl sie selbst viele heikle Dokumente dem Reißwolf übergeben hat und Freunde und Verwandte nach ihrem Tod ihre Krankengeschichte und Liebesbriefe vernichteten, die einer ihrer Freunde als »belastend« bezeichnete.

Dianas Wesen bis in alle Einzelheiten zu erklären könnte sich schlussendlich aufgrund ihrer Wechselhaftigkeit als unmöglich erweisen. Selbst ihren engsten Vertrauten fiel es schwer zu erfassen, was in ihr vorging. Ihr Gemütszustand schwankte so sehr, dass sich Freunde und Verwandte mit äußerster Vorsicht bewegten, um sie nicht zu reizen. »Mitunter schlug ihre Stimmung von einem Augenblick zum nächsten um«, erklärte mir ihr Cousin zweiten Grades, Robert Spencer. »Einmal war sie liebenswürdig und freute sich, dich zu sehen, ein andermal wahrte sie Zurückhaltung.« Der häufige Wandel in ihrer Persönlichkeit spiegelt ihre Unsicherheit und ihren emotionalen Aufruhr wider.

Richard Kay, ein Journalist der Zeitung *Daily Mail*, wurde in den letzten fünf Jahren ihres Lebens zu ihrem Vertrauten und schrieb häufig mit großer Absolutheit über sie. Mir gegenüber gestand er jedoch, unsicher zu sein, inwieweit er sie tatsächlich gekannt hatte. Nur wenige Stunden vor ihrem Tod am 31. August 1997 rief sie ihn an, da »sie eine radikale Veränderung in ihrem Leben plane. Sie würde ihren noch ausstehenden Verpflichtungen nachkommen ... und sich etwa im November vollständig aus dem öffentlichen Leben zurückziehen ... Diesen Wunschtraum hatte ich schon zuvor von ihr gehört, doch diesmal wusste ich, dass sie es ernst meinte.« Diese Worte schrieb Kay am Tag nach Dianas Tod. Acht Monate später jedoch äußerte er: »Damals glaubte ich tatsächlich, dass sie meinte, was sie sagte, aber eine Woche später hätte sie ihre Pläne ebenso gut umstoßen können.« Diese Unberechenbarkeit anzuerkennen ist möglicherweise der erste Schritt, um Diana, die Prinzessin von Wales, kennen und begreifen zu lernen.

# KAPITEL 1

Als Diana eines Tages im Jahr 1984 mit Michael Shea, dem Pressesekretär der Königin, durch England fuhr, tauchte vor ihnen eine Plakatwand mit einem riesigen Foto von Dianas Gesicht auf. »O nein!« rief sie aus. »Was ist das?« Als sie näher kamen, erkannten sie, dass es sich um ein Werbeplakat für ein Buch über sie handelte. Diana barg das Gesicht in den Händen und klagte, dass sie nicht mehr wisse, wo ihr öffentliches Leben ende und ihr Privatleben beginne.

Als sie diese Worte aussprach, stand sie im dritten Ehejahr mit Prinz Charles. Verärgerung und Verwirrung sollten sie jedoch bis zu ihrem Tod begleiten. Von jenem Augenblick, in dem sie im September 1980 in das Scheinwerferlicht hinaustrat, bis zu ihrem gewaltsamen Tod 17 Jahre später wurde Diana in eine immer bedeutender werdende Rolle gezwungen, während sie selbst verzweifelt nach ihrer Identität suchte. Als sie als Lady Diana Spencer erstmals die Bühne der Welt betrat, war sie 19 Jahre alt. Sie war mit der Aussicht erzogen worden, einen Adeligen aus gleichen Kreisen zu heiraten und ihre Pflichten als Ehefrau und Mutter zu erfüllen. Doch nun wurde ihr durch die Vermählung mit dem zukünftigen englischen König eine öffentliche Rolle aufgedrängt, der sie mit ihrem verworrenen Selbstbild nicht gewachsen war.

Hätte sie nicht den Prinzen von Wales geheiratet, dann hätte die Welt vermutlich kaum etwas von Diana Spencer gehört. »Sie wäre entweder eine Landbewohnerin geworden wie ihre Schwestern und hätte sich in der Atmosphäre aufgelöst, oder sie hätte einen ehrgeizigen Mann geheiratet – eine etwas größere Herausforderung –, der sie jedoch verlassen und eine Affäre gehabt hätte, so dass sie kurz darauf bereits wieder geschieden gewesen wäre«, urteilt ein Freund aus Teenagerjahren.

Dianas Leben währte nur 36 Jahre, aber diese Jahre waren von Privilegien und Reichtum geprägt. Die erste Hälfte verbrachte sie in dem exklusiven Kokon der britischen Oberschicht, die zweite in der weithin sichtbaren Luftblase königlichen Protokolls und Prunks. Ihr Eheleben war in jeder Hinsicht ungewöhnlich. In seinem Nachruf bezeichnete ihr

Bruder Earl Charles Spencer es als »bizarr«. Den Großteil ihres königlichen Lebens verbrachte sie einsam und von strengen Regeln umgeben. Auf den Titelseiten der Boulevardpresse wurden die großen und kleinen Ereignisse ihres Alltags aber auf dramatische Weise aufgebauscht.

Allein der Titel »Prinzessin« veränderte Diana. Der ehemalige Außenminister Douglas Hurd sagte: »Sie benötigte einen königlichen Titel, um Erfolg zu haben.« Andere schlossen sich ebenfalls der Königsfamilie an, ohne jedoch überlebensgroße Berühmtheiten zu werden. Dianas außergewöhnliche Wirkung beruhte größtenteils auf ihrer körperlichen Ausstrahlung.

Sie war mit unbestreitbaren Eigenschaften ausgestattet und von einzigartiger Schönheit, wobei ihre großen blauen Augen zu den ausdrucksstärksten Merkmalen ihres Gesichts zählten. »Sie wirken gleichzeitig staunend und bescheiden«, bemerkte einst ein norwegischer Fotograf. Ihre Größe von 1,78 Meter und ihre Schlankheit gestatteten ihr, Kleidung wirkungsvoll zur Geltung zu bringen. Wäre sie eine hochmütige Eiskönigin oder auch nur auffallend selbstbewusst gewesen, hätte dies die von ihr ausgehende Anziehungskraft begrenzt. Ihr Charisma gründete sich auf die Verbindung von außergewöhnlicher Schönheit und Zugänglichkeit. »Sie sieht so teilnahmsvoll aus, dass man ihr einfach vertrauen muss«, bemerkte ihr Vater einmal.

Diana besaß das Talent, im Umgang mit Menschen offen zu erscheinen. Sie gewährte jedem Einzelnen einen flüchtigen Einblick in ihr Leben, während sie ihr wirkliches Wesen verbarg. »Die Menschen liebten sie, weil sie im Gespräch mit ihnen winzige Informationen über sich oder ihre Familie enthüllt. Dennoch gibt sie nie etwas Peinliches oder Indiskretes preis. Die Öffentlichkeit gewinnt auf diese Weise den Eindruck, mehr von ihr zu erfahren, als tatsächlich der Fall ist«, bemerkte Catherine Stott 1984 im *Sunday Telegraph*. Eine von Dianas ehemaligen Assistentinnen erklärte, dass sie genau wisse, wie weit sie gehen dürfe: »Die Menschen stellten ihr die intimsten Fragen, und sie beantwortete sie freundlich, während sie ihnen in Wirklichkeit auswich. Da sie dennoch so viele persönliche Einzelheiten bekannt gab, hatten viele das Gefühl, sie zu kennen.«

Es mangelte ihr an Arroganz, und mühelos baute sie eine Beziehung zu gesellschaftlich unter ihr stehenden Personen auf. »Sie war eine Prinzessin, die die Gabe besaß, von ihrem Sockel zu steigen und den Menschen das Gefühl zu vermitteln, einzigartig zu sein.« Durch ihr informelles Verhalten und die Leichtigkeit, mit der sie mit Menschen ins Gespräch kam, wirkte sie in ihrer eigenen Klasse als Außenseiterin. Vor ihrer Heirat mit Charles arbeitete sie sogar als Putzfrau.»Ich fühle mich den Menschen der unteren Klassen stärker verbunden als denen der oberen«, erklärte sie im letzten Interview vor ihrem Tod *Le Monde*. Im Gegensatz zu ihrer Schwägerin Sarah Ferguson, der Herzogin von York, wahrte Diana jedoch stets ihre königliche Würde.

»Ich halte mich nicht an Regeln, sondern lasse mich von meinem Herz und nicht von meinem Kopf leiten«, meinte sie. Ihre geringe formelle Ausbildung steigerte ihren Reiz zusätzlich. Häufig schmälerte sie ihre Intelligenz, indem sie sich selbst als »dumm wie Stroh« bezeichnete oder von sich behauptete, »ein Gehirn so klein wie eine Erbse« zu besitzen. Während es ihr an intellektueller Neugier und Disziplin mangelte, besaß sie einen praktischen, umsichtigen Geist.»Sie verließ sich vollkommen auf ihre Intuition«, meinte der Journalist und Historiker Paul Johnson.»Rationale Überlegungen gehörten nicht zu ihren Stärken, hingegen kam sie gut mit Menschen aus und erfasste das Wesen all jener Gedanken, die für sie emotional wichtig waren. Dank ihrer schnellen Auffassungsgabe erfühlte sie rasch, was die Menschen wollten.« Zu den Geheimnissen ihres Charmes zählte ihre Fähigkeit,»mit allen Menschen sprechen zu können. Sie war ein echtes Gesellschaftswunder«, betont Innenarchitekt Nicholas Haslam, ein langjähriger Freund.

Diana hatte einen Sinn für Humor, der zielsicher jede Absurdität erfasste, und einen Instinkt für ausdrucksstarke Entgegnungen.»Auf einer Party im Versteigerungshaus Christie's in London sagte mein Freund Paolo zu Diana: ›Gott, bist du braun gebrannt!‹«, erinnerte sich Haslam.»›W-8!‹ gab Diana zurück. Ich musste einen Augenblick nachdenken, ehe ich begriff, dass sie darauf anspielte, dass sie im Kensington Palace in der Sonne gesessen hatte.« Die Postleitzahl ihres Londoner Wohnsitzes war W-8.»Sie war scharf wie ein Rasiermesser und sehr schlagfertig«, behauptete eine Frau, die sie gut kannte.»Augenblicklich erfasste sie die Pointe einer Geschichte oder das Wesen aller Menschen in einem Raum.«

In der Zurückgezogenheit ihres Apartments im Kensington Palace versank die in der Öffentlichkeit so bezaubernde Diana oft in einem wachsenden Solipsismus.»Die Zeit, in der sie in Ermangelung von Freunden allein ihre Lage überdachte, nutzte sie, um Pläne zu schmieden«, erzählte Haslam. Diana grübelte über vermeintliche Unzulänglichkeiten und Vertrauensbrüche aus ihrer Vergangenheit und Gegenwart und befasste sich geradezu besessen mit tatsächlichen und imaginären Feinden. Ihre Gedanken führten häufig zu Tränen, mitunter zu rachsüchtigen Komplotten. In diesen Augenblicken traf sie ihre schlechtesten Entscheidungen. »Ein Geist, der einerseits nicht kohärent zusammengefügt ist und andererseits über ein großes Maß an Instinkt verfügt, mag zwar interessant sein, ist aber gleichzeitig auch seltsam«, sagte der Filmproduzent David Puttnam, der sie als guter Freund mehr als ein Jahrzehnt lang bewunderte. »Mir gefiel es nicht, wenn sie allein war. Wenn Menschen wie Diana intuitiv Bruchstücke zusammenfügen, ohne sie wirklich zu analysieren, beginnen ihre Gedanken nur allzu rasch, sich im Raum zu drehen.«

In der Öffentlichkeit gab Diana wenig von ihrem emotionalen Aufruhr preis. Das zeugte von ihrer Fähigkeit, Haltung zu wahren, ihrem Talent zu Täuschungsmanövern und ihrer Entschlossenheit, Missstände zu verbergen. »Ich hatte stets den Eindruck, Diana hätte eine gute Schauspielerin abgegeben, da sie jede Rolle spielen konnte, die sie für sich wählte«, schrieb ihr ehemaliges Kindermädchen Mary Clarke.

Mit ihrem quecksilberähnlichen Temperament glitt Diana mühelos von einer Stimmung in die andere und stürzte ihre Umgebung damit in Verwirrung. »Wenn sie erklärte, dass sie das eine oder andere tun oder irgendwohin gehen würde, war sie völlig zuverlässig«, Roberto Devorik, Unternehmer der Modebranche und langjähriger Freund. »In ihren Handlungen glich sie jedoch einer Achterbahn.« In seinem Nachruf pries Dianas Bruder ihre »Besonnenheit und Stärke«. Unter gewissen Umständen, etwa, wenn sie Ratschläge erteilte oder Freunden in Not beistand, zeigte sie diese Charakterzüge in bewundernswerter Art und Weise. In vielen anderen Situationen, vor allem, wenn sie emotional beteiligt war, ließ sie mit derselben Leichtigkeit Schwäche und Unvernunft erkennen. »Sie hatte eine seltsame Mischung aus unglaublicher Reife und Unreife, als wäre ihre Persönlichkeit gespalten«, sagte einer ihrer Freunde. »Sie besaß eine außergewöhnliche Gabe, mit gewöhnlichen Menschen umzugehen, und gleichzeitig handelte sie mitunter töricht und kindisch. Sie war sehr impulsiv.«

Charles Spencer rühmte ebenfalls ihre »Ehrlichkeit«, gestand aber einmal ein, »dass es ihr mitunter schwerfällt, die reine Wahrheit zu erzählen, da sie Geschehnisse gern in ein Umfeld einbettet«. Es ist nicht einfach, Dianas Worten Glauben zu schenken, da sie häufig Dinge sagte, um ihre Ansicht darzulegen, ungeachtet, ob sie damit einer früheren

Darstellung widersprach. Darüber hinaus wurde sie von anderen Motiven angeregt, die eine oder andere Sache abzuwandeln, etwa, um sich zu schützen oder um Aufmerksamkeit auf sich zu ziehen. Ihr gesamtes Erwachsenenleben lang bereitete ihr die Neigung, mit der Wahrheit freizügig umzugehen, große Probleme.

Viele Menschen aus Dianas Umfeld tolerierten ihre Unaufrichtigkeit. »Zumindest einmal ... belog sie mich direkt«, schrieb ihr Freund Clive James. »Sie sah mir dabei in die Augen, so dass ich erkennen konnte, wie überzeugend sie wirkte, wenn sie eine faustdicke Lüge erzählte.« Dianas Freund Peter Palumbo ist der Ansicht, dass die besonderen Umstände von Dianas Leben ihr Verhalten entschuldigen. »Wenn ich sie nach dem einen oder anderen Ereignis fragte, belog sie mich, doch ich glaubte ihr«, berichtete Palumbo. »Ich warf ihr das nie vor, denn es war einfach ihre Art, ihr Charakter, und außerdem stand sie unter enormem Druck.« Auf diese Weise von ihren Freunden »unterstützt«, fühlte sie sich ermutigt, noch mehr zu lügen.

Diana besaß zahlreiche edle Charakterzüge, die sowohl öffentlich als auch privat zum Ausdruck kamen: Wärme, Freundlichkeit, Sympathie, Weiblichkeit, Natürlichkeit, Eleganz, Einfühlungsvermögen, Zurückhaltung, Bescheidenheit, Schlagfertigkeit, instinktives Mitgefühl, Rücksichtnahme, Großzügigkeit, Höflichkeit, Unverwüstlichkeit, Lebendigkeit, Energie, Selbstdisziplin und Mut. »Die angenehme Seite ihres Wesens war frisch und nahezu kindlich unverdorben«, erinnerte sich Nicholas Haslam. »Sie war von Natur aus spontan.«

Daneben kennzeichneten einige dunklere Eigenschaften ihr Wesen, die der Welt größtenteils verborgen blieben. »Betrachtete man sie von ihrer dunklen Seite, ähnelte sie einem in die Enge getriebenen, verwundeten Tier, sah man sie jedoch von ihrer hellen Seite, strahlte sie wie ein Geschöpf des Lichts«, bemerkte ihre Freundin Rosa Monckton. Dianas Unvermögen, sich von ihren intensiven Gefühlen zu lösen, und ihr fehlender Sinn für die Folgen ihrer Handlungen verdrängten mitunter den besseren Teil ihres Wesens, so dass sie Familienmitglieder und Freunde verletzte und sich selbst Kummer bereitete. So bemerkte einer ihrer Verwandten, dass sie »einen durch und durch guten Charakter hat, der mitunter von ihrem Temperament überwältigt wird«.

Dianas unausgeglichenes Temperament wies sämtliche Merkmale der Borderline-Persönlichkeit auf, eines sehr schwer zu fassenden psychologischen Leidens. Es ist gekennzeichnet durch ein instabiles Selbstbild, starke Gemütsschwankungen, die Angst vor Zurückweisung und Verlassenwerden, Langeweile, seelische Leere, Depressionen und ein impulsives Verhalten, das zum Beispiel zu übermäßigen Essanfällen und Selbstverstümmelung führen kann. In ihrer Gesamtheit erklären diese Merkmale ein andernfalls rätselhaftes Verhalten. Während ihres gesamten Erwachsenenlebens litt Diana in hohem Grad und chronisch am Borderline-Syndrom. Zwar wurden von Zeit zu Zeit einige ihrer Probleme behandelt, etwa ihre Essstörungen und ihre Depression, aber weder Diana selbst noch sonst irgendjemand hat je das wahre Ausmaß ihrer Krankheit erfasst.

Dafür gibt es zahlreiche Gründe. Diana hegte widersprüchliche Gefühle gegenüber jeder Form von Behandlung, in der britischen Oberschicht herrschte ein tiefes Misstrauen gegenüber Psychiatrie, und die Presse stand Geisteskrankheiten ohnehin feindlich gegenüber. Vor allem wiegte jedoch Dianas überwältigendes Auftreten in der Öffentlichkeit Freunde und Familie in der Sicherheit, dass ihr Leiden nicht ernst sein konnte – ein häufiges Schicksal von Menschen mit Borderline-Syndrom. Das sprunghafte Verhalten und die Wutausbrüche in den letzten Monaten vor ihrem Tod zeigten, dass sie mehr als je zuvor Hilfe benötigte. Doch sie war zu isoliert und verzweifelt, um sie zu finden.

Über ein Jahrzehnt fiel den Jagdhunden der Boulevardpresse (wie sich die Reporter selbst vergnügt nannten) die Aufgabe zu, Dianas Bild zu formen. Die britischen Massenblätter sind vorwiegend auf die Arbeiterschicht ausgerichtet. Sie beziehen den Großteil ihrer Einnahmen aus der Auflagenhöhe und nicht aus den geschalteten Anzeigen. Daher versuchen sie, durch Sensationsjournalismus und Nervenkitzel die Aufmerksamkeit auf sich zu ziehen. Zu diesen Zeitungen zählen jene, die sich durch ihre knallroten Überschriften auszeichnen, beispielsweise *Sun, Mirror, Daily Star, News of the World, Sunday Mirror, Sunday People* und die für den bürgerlichen Mittelstand bestimmten Zeitungen *Mail* (in der Wochentags- und Sonntagsausgabe), *Express* (dito), *Evening Standard* und – von 1984 bis zu seiner Auflösung im Jahr 1995 – das nach dem Vorbild von *USA Today* herausgegebene, farbige Blatt *Today*.

Meistens ergriff die Boulevardpresse für Diana Partei, da jeder positive Ausspruch gut für den Umsatz war. Verärgerte sie die Presse jedoch oder zeigte sie ein in deren Augen unangemessenes Benehmen, schlugen die Jagdhunde unbarmherzig zu und äußerten ihr Missfallen heftig – um sie erneut gönnerhaft zu loben, sobald sie wieder »gehorchte«. »Langsam passt sie sich an«, schrieb der Veteran der Boulevardpresse, James Whitaker, Ende 1983 in einer für ihn typischen Kolumne. »Endlich scheint sie ihre besessene Entschlossenheit aufzugeben ... ihr Privatleben tatsächlich vollkommen privat halten zu wollen.«

Die Zeitungsberichterstattung über Diana war mitunter von Tatsachen gekennzeichnet, meist jedoch von Vermutungen, Übertreibungen und puren Erfindungen. Die Reporter schrieben Tausende und Abertausende von Zeilen über Dianas Rückschläge, und doch gelang es ihnen immer wieder, ihr Leben in einen wahren Triumphzug zu verwandeln. Im Abstand von etwa sechs Monaten brachte die Presse eine Artikelserie unter Schlagworten wie »Dianas neue Reife«, »Dianas neues Selbstvertrauen« oder »Dianas neue Kraft«.

Das »neue Selbstvertrauen« erwies sich als besonders beliebtes Thema, und sämtliche Reporter griffen es auf, sobald sich auch nur der geringste Hinweis zeigte – etwa eine neue Frisur, eine Veränderung in ihrer Garderobe oder ein selbstsichereres Auftreten. An den wahren Bestandteilen von Selbstvertrauen wie Charakterfestigkeit, Einsatz, Klarheit und Reife herrschte in ihrem Privatleben hingegen ein geradezu erbärmlicher Mangel. In ihrem letzten Lebensjahr fürchtete Diana die Einsamkeit und Stille so sehr, dass sie ihre Freunde mehrmals am Tag anrief. »Wir sprachen täglich oft stundenlang – acht Stunden waren nicht ungewöhnlich, der Rekord lag bei etwa 14 Stunden. Sie verbrachte nahezu jede freie Minute des Tages am Telefon«, berichtete Dianas Energieheilerin, Simone Simmons. Diana stützte sich stark auf alternative Therapeuten wie Simmons (die unter anderem Dianas Heim von Geistern befreite, in dem sie sich in den Eingang stellte und »feindselige Geister« durch bloße Willenskraft vertrieb) und unkonventionelle Behandlungen wie Spülungen, bei denen über einen durch den Mastdarm eingeführten Plastikschlauch die Gedärme mit sterilem Wasser gereinigt wurden.

Statt einem stetig aufwärtsstrebenden Pfad zu folgen, taumelte Diana zwischen Fortschritten und Rückschlägen hin und her. In ihrer öffentlichen Rolle wurde sie immer gewandter und selbstsicherer, während ihre privaten Turbulenzen anhielten. »An ihrer zunehmenden Professionalität konnte man ihre Entwicklung ablesen«, bemerkte Dr. Michael Adler, Vorsitzender des National Aids Trust, der Diana in ihrer Arbeit mit Aids-Patienten als Berater zur Seite stand. In grundlegenden

Fragen machte sie hingegen kaum Fortschritte. Am Beginn ihres Erwachsenenlebens stand die Suche nach einem Mann, der für sie sorgen würde, und genau dort endete ihr Leben auch – bei dem ägyptischen Playboy Dodi Fayed.

»Diana kämpfte unentwegt um ihr Selbstvertrauen«, berichtete ihre Freundin Elsa Bowker. »Aufgrund des fehlenden Selbstvertrauens mangelte es ihr auch an Stabilität.« Die Beobachtung einer anderen Langzeitfreundin lautet: »Ihr Wesen war in eine Vielzahl von Abteilungen gegliedert, und ihr Leben bestand aus unzähligen Perioden und Veränderungen. All diese Bruchstücke zu einem Gesamtbild zusammenzufügen ist eine schwierige Aufgabe. Was 1989 auf sie zutraf, entsprach ihr im Jahr 1994 nicht mehr.«

In den ersten Ehejahren des Prinzenpaares von Wales deutete die Boulevardpresse periodisch schwerwiegende Probleme an. Diese Berichte waren aus Informationsbrocken zusammengefügt, die bei Dinnerpartys oder anderswo aufgeschnappt worden waren und für die die untreuen Angestellten des königlichen Haushalts häufig ein Honorar erhielten. Wie Anthropologen waren auch Reporter auf visuelle Zeichen angewiesen und deuteten die winzigsten Hinweise der Körpersprache und des Gesichtsausdrucks. Nachdem die Boulevardpresse verschiedene alarmierende Behauptungen über Diana veröffentlicht hatte und sie als »Scheusal« und »Ungeheuer« bezeichnet wurde, wechselte sie willkürlich den Kurs und fuhr mit ihren einschmeichelnden Artikeln fort, als hätte es nie Probleme gegeben.

Derartige Drehungen und Windungen gehörten zum Spiel der Zeitungen, eine großartige Story ständig am Kochen zu halten. Die Berichterstattung über Diana lebte häufig in stärkerem Maß von den komplizierten Kleinkriegen zwischen den einzelnen Journalisten als der eigentlichen Hauptperson. »Wenn Sie die Berichte in den achtziger Jahren durchblättern, stoßen Sie wöchentlich auf einander widersprechende Geschichten«, erklärte Richard Ingrams, der Langzeitherausgeber von *Private Eye*, wo man die Berichterstattung genauestens beobachtete. »Mir fällt niemand ein, der über die königliche Familie ständig gut informiert gewesen wäre.«

Gleichzeitig ignorierten die britischen »Großformate«, zu denen die angesehenen und anspruchsvollen Zeitungen *Times* und *Daily Telegraph* zählen, die Saga von Diana und Charles weitgehend. Ihnen erschien es unangemessen und belanglos, das Privatleben der königlichen

Familie zu verfolgen. »Wir fühlten uns verpflichtet, uns im Zweifelsfall für die königliche Familie auszusprechen«, bestätigte Max Hastings, der von 1986 bis 1995 beim *Telegraph* als Herausgeber tätig war. »Unsere Leser hätten es nicht geschätzt, wenn wir unsere Titelseite mit den Gerüchten und dem Klatsch aus den Boulevardblättern gefüllt hätten.« Befassten sich die Großformate dennoch mit der Beziehung zwischen Charles und Diana, veröffentlichten sie die offizielle Version, die ihnen der Pressesprecher der Königsfamilie mitgeteilt hatte: Die Ehe durchlebe einige kleinere Erschütterungen, gründe sich jedoch auf ein solides Fundament aus gegenseitiger Zuneigung und Pflichtgefühl gegenüber der Monarchie.

1992 nahm die Diana-Saga mit der Veröffentlichung des Buchs *Diana: Ihre wahre Geschichte in ihren eigenen Worten*, das von dem ehemaligen Boulevardreporter Andrew Morton geschrieben worden war, eine gefährliche Wendung. Das eheliche Tauziehen des königlichen Paares war eine traurige Geschichte von Ehebruch, Geisteskrankheit, Betrug, Misstrauen und Rache. Die heimlich aufgenommenen Interviews von Diana mit einem Mittelsmann dienten dem Buch als Grundlage. Was als »wahre Geschichte« präsentiert wurde, bestand in Wirklichkeit aus ihren höchst emotionalen Beobachtungen der Ereignisse, die von Psychotherapie, astrologischen Deutungen und alternativen Therapeuten sowie ihren Versuchen der Schuldzuweisung geprägt waren. Der Bericht war einseitig und widersprüchlich und spiegelte Dianas Neigung zu Beschönigung und Unstimmigkeiten wider. Zwar handelte es sich lediglich um Dianas Ansichten, aber die Öffentlichkeit fasste das Buch schließlich als wirklichkeitsgetreue Darstellung auf.

Die Ehe des Prinzenpaares von Wales zerbrach nach dem Erscheinen des Morton-Buchs, das bei Freunden und Öffentlichkeit die Meinungen polarisierte. Die meisten Journalisten empfanden es als einfacher und reizvoller für ihre Leser, ihre Sympathien Diana zu schenken und Charles zu dämonisieren. Daher nahmen sie in erstaunlichem Ausmaß die Aussagen des Buches für bare Münze. In den letzten fünf Jahren ihres Lebens förderte Diana diese Bemühungen aktiv, indem sie eine Reihe britischer Journalisten umwarb. »Es ist unbestritten, dass die Prinzessin mit den Medien gemeinsame Sache machte und sie für ihre Interessen ebenso einsetzte, wie wir sie für unsere Ziele nutzten«, schrieb Sir David English, der verstorbene Präsident von *Associated Newspapers* und einer ihrer glühendsten Verteidiger.

27

Infolgedessen untermauerten mitfühlende Chronisten, insbesondere die Boulevardreporter James Whitaker und Richard Kay, sowie zahlreiche Freunde, Therapeuten und Astrologen wie Penny Thornton, Dianas Version. Selbst die von James Hewitt 1994 veröffentlichte, sämtliche Grenzen überschreitende Geschichte festigte Dianas Seemannsgarn, in das er seine persönlichen Ausschmückungen eingewoben hatte. Dianas im darauf folgenden Jahr ausgestrahltes Fernsehinterview mit Martin Bashir stützte ihren Standpunkt ebenfalls grundsätzlich.

Die Verbündeten des Prinzen von Wales versuchten gleichzuziehen, indem sie eine für Charles positive Version der Ereignisse in Umlauf brachten, die Diana als labile und geschickt manipulierende Frau darstellte. Die Journalisten betrachteten Charles' adelige Freunde mit scheelem Blick. Charles konnte es trotz seiner Ernsthaftigkeit und grundlegenden Aufrichtigkeit nicht mit Dianas einnehmender Wärme und ihrem Einfühlungsvermögen aufnehmen. Sein Scheitern wurde durch seine Unbeholfenheit im Umgang mit den Medien und seinen Widerwillen besiegelt, mit Journalisten zu verkehren. Dianas Anhänger machten sich zudem ein natürliches Mitgefühl für ihre Anklagen gegen eine königliche Familie zunutze, die als distanziert, kühl und übertrieben pflichtbewusst galt. Die nüchterne, autorisierte Prinzenbiografie von Jonathan Dimbleby trug wenig dazu bei, die gegenüber Charles bestehenden Vorurteile abzuschwächen.

Nach Dianas Tod bezeichnete Simon Jenkins von der *Times* sie als »Musterbeispiel der unglücklichen Frau unserer Zeit. Sie war die Vertreterin all jener Frauen, die mit einem schwierigen Mann verheiratet sind, sich um ihr Aussehen sorgen, im Scheidungskampf stehen, zwischen Karriere und Kindern hin und her gerissen werden und versuchen, unerfüllbaren Erwartungen zu entsprechen.« In gewissem Sinn hörte Diana auf, Mensch zu sein, und wurde stattdessen zu einem Symbol für Märtyrertum, Rebellion und echte Gefühle.

Durch die ständige Wiederholung und die dramatischen Elemente entfernte sich Dianas Lebensgeschichte häufig von den Tatsachen. Die Legende, die sich um die Scheidung ihrer Eltern rankt, ist besonders viel sagend. Einem Artikel des *Evening Standard* aus dem Jahr 1992 zufolge wurde der Fall »vor Gericht öffentlich bis aufs Blut ausgefochten«. Im selben Jahr berichtete die *Daily Mail*, dass Diana in ihrer Kindheit »mit ansah, wie ihre Eltern in aller Öffentlichkeit ihre Ehe zunichte machten«. Anlässlich von Dianas erstem Todestag zeigte MTV eine mit Musik unterlegte Kurzbiografie, die sogar eine gefälschte Zeitung mit der übergroßen Schlagzeile zeigte: »Ihre Ehe war ein entsetzlicher Skandal; jeder bezog Stellung.« Sie sollte die Behauptung des Films unterstützen, dass anlässlich der Scheidung von Dianas Eltern »ein heißer Kampf um die Vormundschaft in der Presse ausbrach«.

In Wirklichkeit geschah nichts dergleichen. Ein mit den Aufzeichnungen der Familie Spencer vertrautes Familienmitglied erinnerte sich: »Ich habe nie auch nur einen einzigen Zeitungsausschnitt gesehen. Zudem fällt mir kein Grund ein, warum diese Angelegenheit in der Presse hätte erwähnt werden sollen. Die Spencers zählten nicht zur interessantesten Personengruppe.« Die Scheidung und die Auseinandersetzung um die Vormundschaft waren nur einem kleinen Kreis von Adeligen bekannt. Sie wurden in aller Stille geführt und lediglich vom *Daily Telegraph* und dem *Evening Standard* diskret erwähnt.

Die Reporter, die über Diana berichteten, zögerten nicht, die Geschichte nach den Bedürfnissen des Augenblicks abzuwandeln. Als der königliche Reporter James Whitaker Ende 1982 über Dianas Probleme schrieb, vermerkte er Charles' Besorgtheit. In der Wiederaufbereitung dieser Episode für sein Buch über die Eheschwierigkeiten des Prinzenpaares von Wales behauptete er elf Jahre später, bereits früher zu dem Schluss gekommen zu sein, »dass er sie eindeutig nicht liebte«. Diese Behauptung überraschte umso mehr, als Whitaker in einem 1982 im *Daily Star* veröffentlichten Artikel versichert hatte, dass sich »Prinz Charles letztlich hoffnungslos und inniger in seine Frau verliebt hatte, als er es je für möglich gehalten hatte«.

Ein geradezu ungeheuerliches Beispiel für die mediengerechte Anpassung von Tatsachen liefern Dianas Chronisten mit der Deutung ihres Ausspruchs »in dieser Ehe gab es drei Personen«, den Diana 1995 in ihrem Interview in der Sendung *Panorama* tat. Martin Bashir begann eine Reihe von Fragen mit den Worten: »Der von Jonathan Dimbleby geschriebenen Biografie zufolge soll Ihr Gemahl etwa 1986 seine Beziehung zu Mrs. Camilla Parker Bowles wiederaufgenommen haben. War Ihnen dies bekannt?« Diana antwortete: »Ja, ich wusste davon, aber ich war nicht in der Lage, irgendetwas dagegen zu tun.« Sie führte ferner aus, dass sie »anhand der Veränderungen im Benehmen meines Mannes« wusste, dass er zu Camilla zurückgekehrt war. In diesem Zusammenhang erklärte Diana für den Zeitraum ab 1986, dass es »in dieser Ehe drei Personen gab. Daher war es ein wenig eng«.

Abgesehen davon, dass viele Journalisten, einschließlich James Hewitt, die Tatsache unterschlugen, dass die Ehe zu diesem Zeitpunkt tatsächlich aus vier Personen bestand, nutzten sie diesen Ausspruch beharrlich, um zu zeigen, dass Charles während der gesamten Ehe seine sexuelle Beziehung zu Camilla aufrechterhalten hatte. So erklärte Christopher Anderson in seinem Buch *Der Tag, an dem Diana starb* rundweg: »Diana sagte, dass es von Beginn an ›in dieser Ehe drei Personen gab‹.«

Dianas weltweite Berühmtheit führte dazu, dass jeder Charakterzug, jede Geste, jede Handlung und jede Äußerung durch ein Vergrößerungsglas betrachtet wurden. »Sie lebte unter extremen Umständen«, stellt ihre Freundin Cosima Somerset fest. »Ein normales Mittelmaß gab es nicht.« Dianas starkes öffentliches Auftreten schraubte die an ihr Verhalten gestellten Erwartungen in unerreichbare Höhen. Sie war zweifellos erfreut, wenn schmeichelhafte Artikel ihr empfindliches Selbstvertrauen stärkten. Der unablässig musternde Blick und die Schmähschriften hingegen ließen sie verzweifeln. Bereits 1983 begann sie, die Reporter der Boulevardpresse als »Wolfsrudel« zu bezeichnen. Wenn sie in ihren letzten Lebensjahren wegen der Berichterstattung über sich den Mut verlor, fuhr sie der Aussage eines Mannes aus ihrer unmittelbaren Nähe zufolge wieder und wieder, von Selbstmordabsichten getrieben, nach Beachy Head, einer Klippe an der Südküste Englands. Lediglich der Gedanke an ihre Söhne hielt sie von der Tat ab.

Statt sich wie Charles abzuschotten, der sich weigerte zu lesen, was man über ihn sagte und schrieb, wurde Diana in einen faszinierenden und gleichzeitig Furcht erregenden Kreislauf gezogen. Je stärker Wahrnehmung und Wirklichkeit zu einer diffusen Melange verschwammen, desto größer wurde ihre Unsicherheit. Von Beginn an verschlang sie jedes über sie geschriebene Wort und betrachtete sich mit den Augen der Presse. Die Heisenbergsche Unschärfetheorie schlug zu: Die Tatsache, dass sie beobachtet wurde, verzerrte ihr Selbstbild und ihr Verhalten. Sie erklärte: »Ich ertrug mich selbst nicht und schämte mich, weil ich dem Druck nicht standhalten konnte ... Gleichzeitig fühlte ich mich gezwungen, einen guten Auftritt zu absolvieren.«

In seinem Nachruf ließ ihr Bruder Charles – einer beträchtlichen Menge an gegenteiligen Beweisen zum Trotz – eine verblüffende Bemerkung fallen: »Sie blieb unversehrt und sich selbst treu.« Für verschiedene Grundzüge ihres Wesens wie ihren schelmischen Geist und die

Leichtigkeit, Beziehungen aufzubauen, traf dies zu. Auch begleiteten sie Gewohnheiten ihr Leben lang, die ihr durch ihre Erziehung in der Oberschicht eingeprägt worden waren: So war es ihr zum Beispiel selbstverständlich, ihre Pflichten in der Öffentlichkeit zu erfüllen und Dankesbriefe zu schreiben. »Wann immer ihr etwas zu viel wurde, sagte sie zu sich: ›Diana, vergiss nicht, dass du eine Spencer bist‹ ... und schon fuhr sie mit der unterbrochenen Aufgabe fort«, erinnerte sich ihre Freundin Rosa Monckton.

Gleichzeitig neigte Diana dazu, sich an der Zustimmung anderer zu messen. »Ich glaube, im Grunde war sie krank«, erklärte Dr. Michael Adler vom National Aids Trust. »Sie war zutiefst verunsichert, glaubte nicht an sich, und ihre Persönlichkeit besaß kein echtes Zentrum. Ihre Identität wurde für sie geschaffen, und sie stürzte sich in steigendem Maß in persönliche Probleme, die ihre Mängel nur hervorhoben.«

Zu Beginn ihres öffentlichen Lebens wirkte sie wie ein schlecht ausgebildetes Mädchen mit tadelloser Herkunft und guten Umgangsformen, das jedoch kaum auf die bevorstehenden Turbulenzen vorbereitet war. Ihre Identität war unvollständig und unbefriedigend, ihre Selbstachtung leicht zu erschüttern. Dies galt vor allem für ihre geistigen Fähigkeiten. Zudem hielt sie an bestimmten jugendlichen Zukunftsvorstellungen fest, wie einem idealisierten Bild der Ehe, die durch die von ihrer Stiefgroßmutter Barbara Cartland geschriebenen Liebesromane genährt wurden.

Die königliche Familie stattete sie mit einer neuen Identität aus, die durch die Presse und die Anforderungen ihrer internationalen Berühmtheit glorifiziert wurde. Man erwartete von ihr, dass sie die Rolle einer Ehefrau und Mutter ebenso erfüllte wie die einer königlichen Sprecherin und eines Vorbilds an Eleganz. Sie selbst hatte jedoch nicht das Gefühl, dass die königliche Familie oder die Presse ihre Bemühungen ausreichend würdigte, all diese Pflichten gut zu erfüllen. Die Boulevardzeitungen schufen ein Bild von ihr, und sie reagierte mitunter unwissentlich auf einen bestimmten Aspekt ihrer Erscheinung, den die Öffentlichkeit bereits akzeptiert hatte, der aber in ihr selbst oft keine echte Grundlage fand. »Ihren Freunden gegenüber erklärte sie, ... dass sie nicht wisse, wer sie wirklich war«, schrieb Charles' Biograf Jonathan Dimbleby.

Sich immer wieder auf Fotos und im Fernsehen zu sehen verstärkte ihre Unsicherheit. »Sie durchstöberte die Zeitungen mit einem Eifer nach

Fotos von sich, der seinesgleichen nicht kannte«, schrieb Dimbleby. »Nicht zum ersten Mal gewannen [Charles' und Dianas] Freunde den Eindruck, dass sie in den Abbildungen der Prinzessin, die sie von jeder Titelseite anlächelte, nach ihrer eigenen Identität suchte.«

Diana fühlte sich den aufkeimenden Erwartungen nicht gewachsen und forschte daher stets nach einer neuen Persönlichkeit, die alle befriedigte. Sie wandelte sich, um dem vorherrschenden Bild zu entsprechen und Kritiker zum Schweigen zu bringen. Sam McKnight, einer ihrer zahlreichen Hair-Stylisten, bemerkte: »Ihr gesamtes Leben wirkte wie eine Abfolge von Veränderungen. Vermutlich war das auch tatsächlich der Fall. Meiner Ansicht nach musste sie sich so lange wandeln, bis sie ihr wahres Selbst gefunden hatte.« Dianas immer wieder wechselnde Frisur war ein deutliches Zeichen von Identitätsveränderungen. »Ihre Frisur gehörte eng zu ihrem Image«, erklärte ihr Freund Roberto Devorik. »Sie veränderte sie je nach Stimmungslage. Wenn sie ihr Haar zu kurz schneiden ließ oder zu viel Gel verwendete, wollte sie etwas Bestimmtes zum Ausdruck bringen oder sich gegen eine bestehende Situation in ihrem Leben auflehnen. Fiel es weicher und natürlicher, war sie meiner Ansicht nach zufriedener mit sich.«

Als sich Diana 1991 aktiv an der Ausarbeitung ihrer eigenen Geschichte beteiligte, indem sie mit Journalisten zusammenarbeitete, erklärte sie: »Von nun an werde ich mir mein Leben zu Eigen machen und mir treu bleiben. Ich will nicht mehr nach den Vorstellungen anderer leben und mir vorschreiben lassen, was und wer ich sein sollte. Ich werde ich selbst sein.« Sie war jedoch auch weiterhin von den Erwartungen anderer besessen. »Egal, was ich tue, immer finden sich Menschen, denen es nicht genug ist«, resümierte sie am Ende ihres Lebens.

Das Leben als Berühmtheit fügte Diana unermesslichen Schaden zu. Dabei war ihr emotionales Fundament ohnehin brüchig. »Es fehlt die Fähigkeit, sich von innen zu betrachten«, analysierte ein Freund, der in Dianas psychologische Qualen eingeweiht war. »Da gibt es immer Spiegelungen und Verzerrungen. Das eigentliche Wesen und die tatsächlichen Leistungen sind möglicherweise vollkommen in Ordnung und wertvoll, werden aber aus dem Blickwinkel des Ruhms verzerrt. Sich unter diesen Umständen selbst zu erkennen, ist schwierig.«

# KAPITEL 2

Dianas Kindheit zerbrach Ende 1967, als »Mama sich entschloss zu gehen«. Diana war gerade sechs Jahre alt. Andrew Morton schrieb, dass sie »schweigend am Fuß der kalten Steintreppe in ihrem Elternhaus in Norfolk saß und sich an dem schmiedeeisernen Geländer festklammerte, während um sie herum reges Treiben herrschte. Sie hörte, wie ihr Vater Koffer im Kofferraum eines Wagens verstaute. Dann knirschte der Kies der Auffahrt unter den Schritten ihrer Mutter Frances. Die Wagentür wurde zugeschlagen, der Motor heulte auf, und das Geräusch verklang allmählich in der Ferne, als ihre Mutter durch das Tor von Park House fuhr und aus ihrem Leben verschwand.«

Wie so häufig, veränderte sich Dianas Erinnerung mit jedem Mal, das sie die Geschichte erzählte. Debbie Frank, eine von ihren Astrologinnen, erinnerte sich, dass ihr Diana mit ähnlicher Überzeugung die folgende Version anvertraute: »Ich werde mich immer daran erinnern, dass [meine Mutter] ihr Abendkleid ins Auto packte und sagte: ›Liebling, ich komme wieder.‹ Ich wartete auf dem Treppenabsatz, doch sie kehrte nie zurück.« Frank schrieb: »Sie erinnerte sich, als wäre es gestern geschehen, und erzählte mir die Geschichte bei unserem letzten gemeinsamen Mittagessen noch mal.« Ross Benson vom *Sunday Express* zufolge entsann sich Diana auch, »hinter einem Vorhang verborgen den Streit ihrer Eltern mit angehört zu haben, bei dem sie sich mit den schlimmsten Schimpfworten bedachten«, und »hörte daraufhin ein letztes Mal die Schritte ihrer Mutter, als diese die Halle durchquerte«.

Diana schilderte die Episode zahlreichen Freunden. »Ich erinnere mich, dass sie mir von dem Tag erzählte, an dem ihre Mutter das Haus verließ«, berichtet Cosima Somerset. »Es war eines der schmerzlichsten Ereignisse in ihrem Leben. Niemand erklärte den Kindern, warum sie ging und dass sie nicht zurückkehren würde.« Das Erlebnis, verlassen zu werden, wurde zu einem zentralen Merkmal von Dianas Psychologie. »Ihre Mutter verließ die Familie zu einem Zeitpunkt, als Diana sie abgöttisch liebte«, berichtete Dianas Freundin Elsa Bowker. »Sie erklärte, dass sie auch ihren Vater liebte, dass er ihre Mutter jedoch nicht ersetzen konnte. ›Ich war mein ganzes Leben lang unglücklich‹, sagte sie zu mir.«

Die Ehe von Dianas Eltern begann als stürmische Romanze. Johnnie, damals Viscount von Althorp, war der Sohn des siebten Earl Spencer und von Lady Cynthia Hamilton, der Tochter des Duke von Abercorn. Der 1924 geborene Johnnie war hochgewachsen und attraktiv, begütert und in der Gesellschaft wohl bekannt – ein »guter Fang« für die Frauen seiner Generation. Nach seiner Ausbildung in Eton ging er nach Sandhurst, diente während des Zweiten Weltkriegs bei den Royal Scots Greys und kam in Frankreich, Belgien und Holland zum Einsatz.

Die Spencers zählten zu den vornehmsten Familien Englands. Als ehemalige Schafzüchter erwirtschafteten sie seit dem Mittelalter mit Wollhandel ein Vermögen und erwarben große Ländereien in Warwickshire, Northamptonshire, Buckinghamshire und Hertfordshire. 1508 errichtete John Spencer den Familiensitz in Althorp, ein Anwesen mit 121 Zimmern, umgeben von 3.250 Hektar Land. Die Grafenwürde wurde der Familie im Jahr 1765 verliehen. In den darauf folgenden Jahren kauften sie weiteren Grundbesitz rund um London in Clapham, Wandsworth und Wimbledon.

Die Spencers waren sowohl mit dem Königshaus (Karl II. und Jakob II.) als auch mit anderen adeligen Familien verwandt. Neben den Familien Bedford, Devonshire, Sutherland, Westminster, Norfolk, Carlisle und Egerton führten sie den Adelsstand der Whigs an, der Großbritannien im 18. und 19. Jahrhundert regierte. Die Whigs waren die »bedeutendste, exklusivste und berühmteste Gruppierung, die durch Geburt, Blut und Erziehung zusammengehalten wurde«, schrieb der Historiker David Cannadine. »Sie verkörperten Glanz und Herrlichkeit sowie Rang und Lebensstil der höchsten Kreise.«

Wenn Diana zu sich sagte: »Vergiss nicht, dass du eine Spencer bist«, geschah dies aus durchaus begründeter Eitelkeit. Der Familie Spencer anzugehören war für sie von großer Bedeutung. Wie die anderen Whigs hatten die Spencers ihre Macht in der Revolution von 1688 gewonnen, als sie mithalfen, den prokatholischen König Jakob II. zu stürzen, die Macht der Monarchie einschränkten und sicherstellten, dass der Thron schließlich an Georg von Hannover überging, dessen Mutter Sophie eine Enkelin von Jakob I. war. Als er den englischen Thron als Georg I.

betrat, stiegen die Whigs zu einer Vorherrschaft auf, die bis zum Anfang des 19. Jahrhunderts anhielt. »Diana wurde in der Überzeugung erzogen, dass ihre Familie vornehmer wäre als die königliche«, berichtete der Historiker Paul Johnson. »Die Whigs zählen zu den arrogantesten Familien der Welt.«

Gleichzeitig waren sie »populistisch und antimonarchistisch eingestellt oder zogen zumindest eine schwache Monarchie einer starken vor«, erklärte Johnson. »Ungeachtet der Tatsache, dass sie mit größter Selbstverständlichkeit davon ausgingen, allen Menschen überlegen zu sein, wahrten sie ein harmonisches Verhältnis zum Volk, das den meisten Vertretern des Adels vorbehalten blieb«, meinte David Cannadine. Diese Kombination aus Macht und Erhabenheit und einem gewissen Populismus wurde über die Generationen an Dianas Vater und Diana selbst weitergegeben. »Bei ihr war es ein Instinkt, denn sie kannte die Whigs nicht mehr«, lautete Paul Johnsons Einschätzung.

Die Spencers nutzten ihren Reichtum, um eine außergewöhnliche Sammlung von Gemälden, Porzellan und seltenen Büchern aufzubauen, von denen ein großer Teil die weitläufigen Räume von Althorp House füllte. Dianas Großvater Jack, der siebte Earl Spencer, war wegen der Ernsthaftigkeit, mit der er Althorp und seine Sammlungen verwaltete, als »Kurator« bekannt. Fiona Fraser, die Nichte von Jack Spencer, beschreibt ihn als »Perfektionist und Mann, der keine Auseinandersetzungen duldete«. Hinter seinem Rücken nannte man ihn ironisch »der fröhliche Jack«. »Solange wir Kinder waren, wirkte er Furcht erregend«, erzählte ein Cousin der Familie Spencer. »Ich glaube, dadurch wurde Johnnie etwas zurückhaltend.«

Die Beziehung zwischen Jack Spencer und seinem Sohn Johnnie bezeichnete Charles Spencer als »schwierig«. »Meinem Großvater fiel es schwer einzusehen, dass seine Aufsicht über Althorp zu stark von seinen persönlichen Moralvorstellungen begrenzt war ... Mein Vater hütete sich stets vor den Launen meines Großvaters.« Vater und Sohn waren auch auf anderen Gebieten grundsätzlich verschiedener Ansicht. Johnnies Interesse galt Aktivitäten im Freien wie dem Landbau und der Jagd. Er verfügte weder über den Intellekt noch über die Leidenschaft seines Vaters für die Schätze von Althorp.

Das Image, unter dem Johnnie Spencer einer größeren Öffentlichkeit bekannt wurde, geht auf Dianas Verlobungsfest und ihre Hochzeit zurück. Der erst 57-Jährige hatte drei Jahre zuvor einen schweren Schlaganfall erlitten. Sein unsicherer Gang und seine etwas undeutliche Aussprache ließen ihn wie einen ungeschickten und wackeligen, stockkonservativen Engländer erscheinen. Als junger Mann besaß er jedoch einen bezwingenden Charme, ein ausgezeichnetes Gedächtnis und einen erstaunlichen Scharfsinn. In all seinen Reden sprach er fließend, unterhaltsam und ohne jegliche Aufzeichnungen.

»Er war ein guter, beständiger Engländer, der zwar nicht die Themse zum Kochen bringen würde, aber immer zu Späßen aufgelegt war«, meinte einer seiner Verwandten. Der scheue Knabe hatte während seiner Dienstzeit in der Armee an Selbstvertrauen gewonnen, bewahrte sich jedoch gleichzeitig seine angenehmen Umgangsformen und seine ausgeprägte Rücksichtnahme. Er war gewinnend praktisch eingestellt und behandelte Menschen aller Gesellschaftsschichten mit warmer Herzlichkeit. »Ich fand ihn hinreißend«, schwärmte seine Cousine Fiona Fraser. »Im Gegensatz zu vielen adeligen Männern war er nicht zugeknöpft. Wenn er sich freute, zeigte er es auch.« Zu den vielleicht denkwürdigsten »unadeligen« Augenblicken seines Lebens gehörte der Tag, an dem Dianas Verlobung bekannt gegeben wurde. An diesem Tag stand er mitten unter den Touristen vor dem Buckingham Palace, um den einen oder anderen Schnappschuss einzufangen.

»In vielerlei Hinsicht gehörte er weder dem 20. noch dem 19. Jahrhundert an«, erklärte sein Freund Lord St. John von Fawsley. »Er war vielmehr ein illegaler Einwanderer aus dem 18. Jahrhundert, als der Adel in Harmonie mit seinen Nachbarn ein ungezwungenes Leben führte. Ein vollkommener Gentleman, fürchtete er sich dennoch nie, seine Gefühle offen auszusprechen. Über seine Lippen kamen Worte der Liebe.«

Eine seiner Bekannten entdeckte an Johnnie jedoch etwas Widersprüchliches. Sie hatte ihn während ihrer ersten Ballsaison kennen gelernt und betrachtete ihn als »erstaunlich gut aussehend, aber ... auch seltsam, unberechenbar und launenhaft«. Aufgrund seiner Nachgiebigkeit wirkte er irritierend schwach, was umso mehr auffiel, als er sich zu bedeutend stärkeren Frauen hingezogen fühlte. »Johnnie Spencer liebte starke Frauen«, erklärte einer seiner Cousins. »Sie motivierten ihn.« Frances Roche besaß viele anziehende Eigenschaften, vor allem jedoch war sie »dominant«, wie sich Robert Spencer erinnerte.

Johnnie und Frances Burke Roche waren einander während seiner Besuche in der königlichen Residenz in Sandringham flüchtig begegnet, wo er als königlicher Stallmeister von König Georg fungierte, der im

Februar 1952 starb. Frances war die Tochter des vierten Baron Fermoy und seiner Gemahlin Ruth, die mit Georg VI. so eng befreundet waren, dass sie Park House pachteten, eines seiner Schlösser auf dem Sandringham-Anwesen in Norfolk.

Johnnie und Frances stürzten sich nach ihrem Balldebüt im April 1953 in eine »romantische Werbung«. Er war zu dieser Zeit 29 Jahre alt, sie 17. Damals war Johnnie inoffiziell mehrere Monate mit der 17-jährigen Lady Anne Coke verlobt gewesen, der ältesten Tochter des Grafen und der Gräfin Leicester, die sich an ihn als »liebevoll, amüsant, charmant ... und einen ausgezeichneten Tänzer« erinnerte. Er war jedoch von Frances überwältigt, einer der hübschesten und beliebtesten Debütantinnen der Saison. Noch im selben Sommer löste er seine Verlobung mit Lady Anne und machte Frances während eines Tennisspiels in Park House einen Heiratsantrag.

»Was ihn betraf, war es reine Liebe«, erklärte Robert Spencer. »Kurz nach der Verlobung schrieb er mir einen Brief, in dem er mit leidenschaftlichen Worten von ihr sprach.« Der Altersunterschied war kein Thema, wie Frances später erklärte, da »wir bereits seit vier Generationen bedeutend ältere Männer geheiratet hatten. Der Gemahl meiner Großmutter war 15 Jahre älter als sie, und meine Eltern trennten gar 23 Jahre. Bei der Hochzeit meiner Eltern war mein Vater doppelt so alt wie meine Mutter.«

Während die Spencers eine rein englische Herkunft aufzuweisen hatten, betrachtete sich Frances selbst als »Mischling«. »Ich ärgere mich, wenn mich die Zeitungen als Engländerin bezeichnen«, sagte sie. »In meinem Körper fließt nicht ein Tropfen englischen Bluts. Ich bin zur Hälfte Schottin, zu einem Viertel Irin und zu einem weiteren Viertel Amerikanerin.« Die Fermoys stammten aus Irland, wo Dianas Ururgroßvater Edmund Burke Roche ins Parlament gewählt wurde und Mitte des 19. Jahrhunderts die Baronswürde verliehen bekam. Sein Sohn James Roche, der ihm gegen Ende seines Lebens als dritter Baron Fermoy folgen sollte, heiratete eine Amerikanerin namens Frances (Fanny) Work, deren Vater ein erfolgreicher Effektenmakler war und von den Erbauern der Independence Hall in Philadelphia abstammte. Wie bei so vielen derartigen Vereinigungen gegen Ende des 19. Jahrhunderts schenkte James Roche einer ehrgeizigen Amerikanerin seinen Titel, während seine finanzschwache Adelsfamilie das von Fanny Work eingebrachte Vermögen gut gebrauchen konnte.

Die Ehe zerbrach schließlich, und Fanny kehrte mit ihren drei Kindern, darunter die Zwillinge Maurice und Francis, nach New York zurück. Frank Work, der für Europäer wenig Verwendung hatte, erklärte seiner Tochter, dass ihre Kinder nur als Erben seines Vermögens in Frage kämen, wenn sie amerikanische Staatsbürger würden und nie nach England zurückkehrten. Fanny schickte daraufhin Maurice und Francis in die St. Paul's School in New Hampshire und später nach Harvard.

Als Frank Work im Jahr 1911 starb, hinterließ er den Zwillingen jeweils 2,9 Millionen Dollar (das würde heute einem Betrag von etwa 83 Millionen DM entsprechen). Da keiner der beiden jungen Männer den Wunsch verspürte, Amerikaner zu werden, fochten sie die von Frank Work in seinem Testament verfügten Auflagen erfolgreich an und kehrten 1921 mit dem Großteil ihres Erbes nach England zurück. Ihr Vater, der dritte Baron Fermoy, war ein Jahr zuvor gestorben, so dass Maurice den Titel des vierten Baron Fermoy für sich in Anspruch nehmen konnte. Statt nach Irland zu gehen, wo das Leben aufgrund des Aufruhrs unter der Bevölkerung für anglo-irische Familien unerträglich geworden war, ließ sich Maurice im englischen Norfolk nieder und wurde ins Parlament gewählt.

Ein Jahrzehnt später lernte Maurice auf einer Reise nach Paris die Schottin Ruth Gill kennen, die am Pariser Konservatorium Klavier studierte. Die Tochter eines Obersten aus Aberdeen wurde von einem Kindheitsfreund der Spencers als »überaus ehrgeizige Frau« beschrieben. »Von niedriger Herkunft, hatte sie sich ihre Erfolge selbst erarbeitet. Sie war Konzertpianistin gewesen und galt als außergewöhnliche Schönheit.« Maurice und Ruth verliebten sich ineinander und heirateten 1931. Sie war damals 23 Jahre alt, er 46.

Zu diesem Zeitpunkt gehörte Maurice dem engsten Kreis um den Herzog von York und seiner Gemahlin an, der ehemaligen Lady Elizabeth Bowes-Lyon, jüngste Tochter des 14. Grafen von Strathmore. Als der Herzog von York als Georg VI. zum König gekrönt wurde, stiegen die Fermoys auf der gesellschaftlichen Leiter weiter auf. Ruth und Königin Elisabeth, die Königinmutter, waren unzertrennliche Freundinnen, was teilweise auf ihre gemeinsame Liebe zur Musik zurückzuführen war. Ruth wurde schließlich königliche Hofdame der Königinmutter und behielt diese Stellung bis zu ihrem Tod bei.

Die Fermoys hatten drei Kinder. Mary wurde 1934 geboren, Frances 1936 und Edmund 1939. Wie die meisten adeligen Kinder wurden sie größtenteils von Kindermädchen und Gouvernanten erzogen. Frances beschrieb ihren Vater als den »mitfühlendsten, sensibelsten und verehrungswürdigsten Mann, dem ich je begegnet bin«. Charmant und intelligent, aber auch unbeugsam und zurückhaltend, war Ruth durch und durch ein Höfling, bewandert in sämtlichen Fragen des Protokolls und dem König und seiner Familie zutiefst ergeben. »Ich glaube, ich habe nie jemanden mit mehr Selbstvertrauen getroffen«, erinnerte sich Frances. »Sie entschloss sich für etwas und nahm es in Angriff. Nichts brachte sie ins Schwanken.« Sowohl Frances als auch ihre Schwester erfüllten Ruth' gesellschaftliche Ambitionen, indem sie einen passenden Ehemann aus der Oberschicht fanden: Mary heiratete Anthony Berry, den Sohn des Viscount Kemsley, und die Verbindung von Frances mit der überaus angesehenen Familie Spencer war sogar noch zufriedenstellender.

Die Familie Roche hatte eine Neigung zur Labilität. Frances' Schwester Mary kämpfte sich durch drei scheiternde Ehen und lebte nach dem Tod ihrer Mutter zurückgezogen in London. Edmund Roche, der 1955 den Titel des fünften Baron Fermoy erhielt, erkrankte an Depressionen, gegen die er sich 1969 behandeln ließ. Er litt jedoch weiterhin an einem anhaltenden Stimmungstief. 1984 nahm er sich im Alter von 45 Jahren durch einen Schuss in die Brust das Leben.

Frances wurde mit zunehmendem Alter exzentrischer, doch ihre innere Kraft und Entschlossenheit waren ungebrochen. Erzogen in Downham, einem zweitrangigen Internat für Mädchen in Hertfordshire, ließ sie einen scharfen Verstand, ein starkes Interesse an Geschichte und Musik und eine natürliche Begabung für Sport erkennen. »Sie besaß einen flinken Geist, und ihre Stärken lagen eher auf der intellektuellen denn auf der fantasievollen, intuitiven Seite«, erklärte Johnnies Cousine ersten Grades, Fiona Fraser. Einem Freund der Familie Spencer zufolge war Frances clever: »Sie war imstande, das Kreuzworträtsel der *Times* in sechs Minuten zu lösen, und ähnliche Dinge mehr.« Manchen erschien sie spröde und unterkühlt sachlich. Fraser hingegen beschreibt sie als Person, die »gut mit Menschen umgehen konnte und das Beste aus ihnen herausholte«. Ebenso wie Johnnie betrachtete man Frances nicht als Snob, sondern als Demokratin mit ausgelassenem Humor. Vor allem besaß sie schon in jungen Jahren ein starkes Selbstvertrauen. »Frances hat innere Kraft«, fuhr Fraser fort. »Sie ist die selbstbewussteste Frau, die mir je begegnet ist.«

Kurz nach Frances' und Johnnies Verlobung brach Johnnie im Auftrag des Königs zu einer sechsmonatigen Reise auf. Er hatte nach dem Zweiten Weltkrieg als Gouverneur von Südaustralien gedient und König Georg VI. während seiner Tätigkeit als königlicher Stallmeister versprochen, ihm bei dessen Besuch in Australien zur Seite zu stehen. Nach dem Tod des Königs hielt Johnnie seine Verpflichtung gegenüber der neuen Königin, Elisabeth II., ein. Jahrzehnte später wurde Diana mit einer ähnlichen Situation konfrontiert, als Charles kurz nach ihrer Verlobung fünf Wochen in Australien verbrachte. Während Diana selbst diese Trennung als Trauma erlebte, nutzte ihre Mutter Johnnies Abwesenheit, um mit dessen Cousine Fiona nach Florenz und Paris zu reisen, wo sie Kunstgeschichte und Sprachen studierte.

Frances und Johnnie heirateten im Juni 1954 in der Westminster Abbey mit mehr als tausend Gästen, zu denen auch Königin Elisabeth, Prinz Philip und zahlreiche weitere Mitglieder der königlichen Familie zählten. Einige Jahrzehnte später beschrieb Frances ihre und Dianas Hochzeit als »Illusion von Glück«. Paradoxerweise erklärte sie gleichzeitig, mit Johnnie »lange Zeit überglücklich« gewesen zu sein. Johnnie und Frances reisten in ihren Flitterwochen durch Europa und verbrachten ihr erstes gemeinsames Jahr in einem Haus auf dem Anwesen von Althorp. Neun Monate nach der Eheschließung wurde ihre erste Tochter Sarah geboren, die Frances gerne als »Flitterwochenbaby« bezeichnete.

Frances fühlte nichts für Althorp, das sie als Ort »enormer Traurigkeit« betrachtete, als »seltsam ... als wäre man ... außerhalb der Besuchszeiten [in einem Museum] eingeschlossen«. Die düstere Atmosphäre wurde durch die Spannungen zwischen Johnnie und seinem Vater verstärkt. Zu Beginn kam Jack Spencer relativ gut mit Frances aus. »Sie war überaus attraktiv, intelligent, direkt und eine starke Frau«, berichtete Fiona Fraser. »All diese Eigenschaften wusste er zu schätzen.« Frances besaß jedoch eine Neigung zur Selbständigkeit, die sich nicht in das Wesen der Familie Spencer einfügte. »Sie waren eine zutiefst konservative Familie«, erinnerte sich eine andere Cousine. »Sobald Frances aus der Reihe tanzte, wurde sie scharf zurechtgewiesen. Sie passte einfach nicht dazu. Alle erwarteten, dass sie das Richtige tun und sich korrekt verhalten würde ... Frances jedoch hatte ihren eigenen Kopf.«

Nach dem Tod von Frances' Vater im Jahr 1955 übersiedelte sie mit Johnnie von Althorp nach Park House in Sandringham, wo sie aufgewachsen war und Johnnie zu einem adeligen Landwirt wurde. Das von ihren amerikanischen Vorfahren ererbte beträchtliche Vermögen gestattete Frances, 20.000 £ (umgerechnet heute etwa 589.000 DM) für ein 59 Hektar umfassendes Stück Land aufzuwenden, das den Grundbesitz ihres Gemahls verdoppelte.

Zunächst wirkten Frances und Johnnie wie ein ideales Paar. Ihre Unverblümtheit glich seine Zaghaftigkeit aus. Sie führten ein angenehmes Landleben, reisten nach Übersee und bewegten sich im Kreise adeliger Freunde. »Ich war überglücklich und hatte beide Hände zu tun mit den Kindern«, erinnerte sich Frances.

Den ersten Kummer erlitten Frances und Johnnie mit der Gründung ihrer Familie. Wie jede aristokratische Dynastie standen sie unter großem Druck, einen Jungen zu zeugen, der den Titel und das Vermögen der Spencers erben würde. Zwei Jahre nach Sarahs Geburt erblickte ihre zweite Tochter Jane sechs Wochen zu früh das Licht der Welt. Am 12. Januar 1960 schenkte Frances in Park House einem Jungen das Leben. »Ich habe ihn nie gesehen, nie im Arm gehalten«, erklärte sie Jahre später. »Man sagte mir, dass er Hilfe brauche und dass ich ihn später sehen könne. Doch er kam nie zurück ... Er wog acht Pfund und litt an einer Lungenschwäche. Das bedeutete, dass er keine Überlebenschancen hatte.« Der auf den Namen John Spencer getaufte Junge starb im Alter von elf Stunden.

Der Tod ihres Sohnes traf Frances und Johnnie schwer und wirkte sich stark auf ihre Ehe aus. Verschiedenen Berichten zufolge hat Johnnie auf dieses tragische Ereignis Frances gegenüber grausam reagiert. »Gequält von dem Wunsch nach einem Sohn, schlug er wild um sich«, schrieb Johnnies Biografin Angela Levin. Dianas Biograf Andrew Morton berichtet, dass Johnnie Frances gezwungen habe, Londoner Ärzte aufzusuchen, um durch »intime Tests« festzustellen, ob sie gesundheitliche Probleme habe. Morton bezeichnete diese Untersuchungen als »demütigende und ungerechte Erfahrung«.

»Für meine Eltern war dies eine fürchterliche Zeit und möglicherweise der Auslöser für ihre Scheidung, denn ich glaube nicht, dass sie dieses Ereignis je überwunden haben«, sagte Charles Spencer Jahre später. Wie die meisten Männer seiner Erziehung und Gesellschaftsschicht mangelte es Johnnie Spencer vermutlich an dem, was Angela Levin als »instinktives Verständnis« bezeichnet, um »seiner jungen Frau über ein schweres emotionales und physisches Trauma hinwegzuhelfen«. Etliche Jahre danach erklärte Frances mit einer Spur von Bitterkeit: »Ich musste

Haltung wahren und weitermachen. Wenn ich über das Geschehene weinte, sagte man mir: ›Du wirst ein weiteres Kind bekommen.‹«
»Der Tod von John war eine wahre Tragödie in ihrem Leben«, berichtete Fiona Fraser. »Danach nistete in beiden eine Traurigkeit, die zuvor nicht da gewesen war.«

Das tragische Ereignis traf Frances besonders schwer. »Sie war sechs Jahre verheiratet, als die Ehe in große Schwierigkeiten geriet«, erzählte Robert Spencer. »Frances war deprimiert und wurde – was keineswegs überraschend war – so schnell wie möglich wieder schwanger.«

Das Ergebnis dieser Schwangerschaft war Diana, geboren am 1. Juli 1961, nur 18 Monate nach der Geburt und dem Tod von John. Dianas Vater war zu diesem Zeitpunkt 37 Jahre alt, ihre Mutter 25. Johnnie bezeichnete Diana als »körperlich vollkommenes Exemplar«, aber er hatte immer noch keinen Erben. In Dianas Erwachsenenleben nahmen die Umstände ihrer Geburt – »des Mädchens, das eigentlich ein Junge hätte sein sollen« – tiefgreifende Bedeutung an. Sie waren der Axthieb einer Reihe von Zurückweisungen, die ihr Selbstvertrauen zersplitterten. Diana erinnerte sich, dass sie sich während ihrer Kindheit stets gefragt hatte, ob sie nicht eine »ständige Plage« wäre. Als sie später ihre Empfindungen analysierte, gelangte sie zu der Überzeugung, dass sie als Enttäuschung auf den verstorbenen Sohn folgte und dass es für ihre Eltern, die sich noch immer einen Sohn wünschten, »ärgerlich« war, es »nochmals versuchen zu müssen«. Frances und Johnnie unternahmen tatsächlich noch einen Versuch, und kurz vor Dianas drittem Geburtstag schenkte ihre Mutter am 20. Mai 1964 Charles Edward Maurice Spencer das Leben.

Sämtlichen Berichten nach zu urteilen, behandelten Frances und Johnnie Diana wie ihre beiden anderen Töchter und sahen sie nicht als minderwertigen Ersatz für ihren verstorbenen Sohn. »Diana war ein anderes Wesen [als John]«, erklärte Fiona später, »daher sollte man nie ein Kind als Ersatz für ein anderes betrachten.« Weder Freunde noch Familienmitglieder können sich daran erinnern, dass Diana während ihrer Kindheit geäußert hat, sie fühle sich zurückgewiesen oder für minderwertig erachtet. »Ich weiß nicht, was ich zu Dianas Erklärung, dass sie als Mädchen unerwünscht war, sagen soll«, so etwa Robert Spencer. »Ich habe nie etwas davon bemerkt. Andererseits weiß ich nicht, was in ihrem Kopf vorging.«

Es wird im Dunkeln bleiben, welche Signale Diana von ihren Eltern während ihrer ersten Lebensjahre auffing, in denen die mütterliche Zuneigung als bedeutende Grundlage für die Entwicklung eines starken Selbstvertrauens angesehen wird. Von dieser Zeit gewann Robert Spencer den Eindruck, dass Frances »unter großem Druck stand, einen weiteren Sohn zu gebären, und die Ehe schwer belastet war«. Dianas Unsicherheit rührte von ihrer quälenden Überzeugung her, dass sie nicht geboren worden wäre, hätte John überlebt. »Sie sagte, dass sie sich zurückgewiesen fühlte, weil die gesamte Familie unter dem Schock von Johns Geburt und Tod stand«, berichtete einer ihrer engsten Freunde. »Sie erfuhr zwar keine andere Behandlung, wurde aber diesen Eindruck nicht los. Ihr Vater liebte sie sehr, wenn auch möglicherweise nicht vom ersten Augenblick an. Vielleicht war es aber auch nur ihre eigene Einbildung. Ihre Mutter hatte fünf Kinder, und Diana fühlte sich zurückgewiesen. Sie besaß ein sehr geringes Selbstwertgefühl.«

In den Jahren, die auf die Geburt ihres Bruders folgten, also zwischen Dianas drittem und sechstem Lebensjahr, löste sich die Ehe ihrer Eltern auf. Verschiedene Boulevardjournalisten behaupteten, sie sei »heftig und unglücklich« verlaufen. Penny Junor stimmte in ihrem 1998 herausgegebenen Buch über Prinz Charles mit dem Titel *Charles: Victim or Villain?* mit dieser Auffassung überein. James Whitaker, der jahrelang für die Boulevardpresse arbeitete, erklärte sogar, dass Dianas psychologische Probleme nicht auf ihre »mutterlosen Jahre« zurückzuführen seien, sondern auf die »heftigen Szenen«, die der Auflösung der Ehe durch Frances vorangingen.

Nach Johnnie Spencers Tod im Jahr 1992 häuften sich die Beschuldigungen durch die Boulevardreporter. In seinem 1993 erschienenen Buch über Diana und Charles mit dem Titel *Charles gegen Diana* behauptete James Whitaker rundweg, Johnnie sei ein »Frauenquäler. In der Gesellschaft von Norfolk – und der weiteren Umgebung – bestand über diese Tatsache kein Zweifel«. Andere stimmten in diesen Chor ein, wie etwa Angela Levin. Sie schrieb, dass er bei seinen Quälereien zu »körperlicher Gewalt übergegangen sein soll«.

Die Mitglieder der Familie wiesen diese Beschuldigungen als falsch zurück, und Johnnie und Frances beschrieben das Scheitern ihrer Beziehung mit traurigen, wenn auch undramatischen Worten. »In den letzten drei Jahren unseres gemeinsamen Lebens lebten wir uns einfach auseinander. Es gab nichts, was wir dagegen hätten tun können«, erklärte

Frances 1997. Johnnie bekannte Ähnliches in einem Interview aus dem Jahr 1981: »Wir sind nicht auseinander gebrochen, sondern wir haben uns auseinander gelebt.«

Den Freunden des Paares aus Norfolk fällt es schwer zu glauben, dass die Ehe von Gewalt geprägt gewesen sein soll. »Davon wurde nie etwas erwähnt«, so Fiona Fraser. »Meine Mutter lebte in Norfolk und wusste ebenfalls nichts davon.« Personen aus Johnnies nächster Umgebung glauben genauso wenig an seine Neigung zu körperlicher Gewaltanwendung. Ein Familienmitglied äußerte mitfühlend, dass Johnnie »der gewaltloseste Mann war, der mir je begegnet ist«. Robert Spencer erklärte, dass sein Cousin Johnnie »nie auch nur im Geringsten Anzeichen von brutalem Verhalten gezeigt hat. Er konnte gefühllos und fantasielos sein und wurde gewiss von seiner Frau beherrscht.« Eine Frau, die Johnnie seit 1971 kannte, sagte: »Er war nicht aggressiv, sondern vielmehr ein friedfertiger Gentleman.«

Falls man der Familie Spencer etwas nachsagen konnte, so lediglich, dass sie eine nüchterne englische Adelsfamilie war. Johnnie tauchte am Horizont auf, verschwand wieder und überließ die Kindererziehung den Frauen, vor allem den Kindermädchen und Gouvernanten; dennoch wirkte keiner der Elternteile, als wäre er von den Kindern losgelöst. »Sie war eine wundervolle Mutter und verbrachte viel Zeit mit ihren Kindern, und er war ein wundervoller Vater«, sagte Fiona Fraser. Janet Thompson, die als Kindermädchen eingestellt wurde, als Diana drei Jahre alt war, erinnerte sich, dass sie bei der Rückkehr von ihrem freien Tag häufig bemerkte, dass Frances im Bett des Kindermädchens im Kinderzimmer geschlafen hatte, um den Kindern nahe zu sein.

Ein weiteres Familienmitglied berichtete, dass Frances eher ein »häuslicher Typ« war, während Johnnie gerne nach Übersee reiste. In diesen Jahren ereignete sich jedoch ein Wandel. Frances wurde von Ruhelosigkeit befallen, während Johnnie häuslicher und träger wurde. Einer seiner Freunde erklärte gegenüber Angela Levin: »Er war ein Mann von beträchtlicher Intelligenz, der seinen Geist jedoch nie aus dem Kästchen ließ ... Nie wurde er eingesetzt oder geübt.« Während Johnnie in Norfolk zurückblieb, reiste Frances immer häufiger nach London, wo sie sich dem Dinnerparty-Kreis anschloss. Frances besaß enormen Elan«, erklärte ein Cousin der Familie Spencer. »Sie war vom Leben in Norfolk etwas gelangweilt.«

Frances sehnte sich jedoch nicht so sehr nach dem glitzernden

Stadtleben. Obwohl sie jahrelang ein Apartment in London hatte, gab sie ihren geliebten ländlichen Lebensstil nie auf. Nach mehr als zehn Ehejahren näherte sie sich nun ihrem dreißigsten Geburtstag und schien etwas in ihrem Leben zu vermissen. Abgesehen von der Zeit, die sie im Internat verbracht hatte, und dem etwas länger als ein Jahr dauernden Aufenthalt in Althorp, hatte sie ihr Zuhause im Grunde nie verlassen. »Sie hatte ihre Gründe fortzugehen«, erklärte ein Mann, der ihr über mehrere Jahrzehnte hinweg nahe stand. »Gewiss war sie auf der Suche. Johns Tod hatte sie schwer getroffen. Verlobt mit 17, verheiratet mit 18, und Johnnie war zwölf Jahre älter als sie. Nun strebte sie nach etwas anderem.« Und sie besaß die Mittel, es zu finden. »Finanzielle Unabhängigkeit kommt bei Engländerinnen äußert selten vor. Ihr verdankt sie ihre Freiheit«, bemerkte einer ihrer Nachbarn aus Norfolk.

Wenn Johnnie eine dunkle Seite besaß, äußerte sich diese eher in Worten als in Taten. Sein Sohn Charles gestand: »Es gibt so etwas wie das Spencer-Temperament. Wir sind geradezu berühmt für unsere schlechte Laune.« Johnnies Temperament brachte eher seine Verzweiflung als eine Neigung zu Gewaltbereitschaft zum Ausdruck. Wenn er seine Wut erkennen ließ, was selten genug vorkam, geschah dies »ohne die geringste Spur von Gewalt«, wie ein Familienmitglied bestätigte. »Ich erinnere mich, dass Raine [Johnnies zweite Frau] bei einer Dinnerparty endlos redete; dabei wäre auch Johnnie gern zu Wort gekommen. Schließlich rief er: ›Willst du nun endlich schweigen!‹« erzählte einer von Johnnies Nachbarn.

Johnnie bestätigte ein derartiges Verhalten in verschiedenen Interviews, bei denen er naiverweise einen Einblick in seine widersprüchliche Haltung als Ehemann einer starken Frau gewährte: Sie bestand zu gleichen Teilen aus traditionellem Chauvinismus, Bewunderung und Mut, als Ausgleich für seine Zurückhaltung. »Ich rühre sie [Raine] nicht an und schüttle sie auch nicht, aber keine Sorge, ich deute diese Möglichkeiten an. Vielleicht sollte ich tatsächlich einmal von ihnen Gebrauch machen«, äußerte er lächelnd gegenüber Jean Rook vom *Daily Express* im Jahr 1981. »Sie ist eine erstaunliche Person, aber man muss sie unter Kontrolle halten. Wenn ich verärgert bin, reagiere ich ihr gegenüber sehr direkt. Dann brülle ich: ›Nun hör mir zum Teufel einmal eine Minute zu‹, und sie tut es.« Andererseits sagte er: »Sie beklagt sich über mich, weil ich zu anderen zu freundlich und liebenswürdig bin und weil ich zur Trägheit neige. Ich arbeite nicht hart genug ... da ich jedoch unter der Oberfläche stahlhart bin, haben wir gelegentlich die eine oder andere Auseinandersetzung. Wenn ich sie angreife, schießt sie zurück, doch das kümmert mich nicht. Schließlich einigen wir uns immer auf meine Entscheidung.«

Wenn Diana mit Freunden über die Beziehung ihrer Eltern sprach, wahrte sie stets Zurückhaltung. »Einmal erwähnte sie, dass ihr Vater kein guter Ehemann für ihre Mutter gewesen sei, führte es jedoch nicht näher aus«, erzählte eine enge Freundin von Diana. Kurz nachdem Johnnie beschuldigt worden war, seine Frau misshandelt zu haben, sprach ein Mitglied der Familie Spencer Frances direkt auf diese Behauptungen an. »Sie erklärte, dass es unwahr sei und dass er der sanfteste und zuvorkommendste Mann gewesen sei«, berichtete das Familienmitglied und fügte hinzu: »Es ist auch zu absurd. Einerseits passte es nicht zu seiner Veranlagung, und andererseits sagen sowohl Frances als auch Raine, die beiden Frauen, mit denen er verheiratet war, dass sich Derartiges nie ereignet habe.«

Frances gab Johnnie jedoch einen guten Grund, auf sie wütend zu sein. Im Sommer 1966 fand sie, wonach sie gesucht hatte. Auf einer Londoner Dinnerparty lernte sie Peter Shand Kydd kennen. »Zunächst war es keine Liebe, aber ich erinnere mich, dass wir einander zum Lachen brachten«, berichtete sie später. Shand Kydds Familie hatte ihr Vermögen in der Tapetenbranche erwirtschaftet, Peter selbst fühlte sich jedoch wenig von dem Familienunternehmen angezogen. Er hatte in Australien eine Schaffarm gegründet und war nach London zurückgekehrt, nachdem er in finanzielle Schwierigkeiten geraten war. Er war attraktiv und überaus charmant, aber auch Vater von drei Kindern. Peter Shand Kydd wurde als »Bohemien« und »*bon viveur*« beschrieben, was den Schluss zuließ, dass er Frances mehr städtische Umgangsformen zu bieten hatte als Johnnie. Gleichzeitig liebte er das Landleben, wenn auch auf entschieden lebhaftere Weise.

Ende 1966 verbrachten die Familien Spencer und Shand Kydds einen gemeinsamen Schiurlaub im französischen Courchevel. »Dort wurden wir uns der starken gegenseitigen Anziehungskraft bewusst«, erinnerte sich Frances. Frances und Shand Kydd begannen eine Affäre, und zu Beginn des Jahres 1967 verließ er die Frau, mit der er 16 Jahre verheiratet gewesen war. Im darauf folgenden Frühjahr und Sommer traf sich Frances bei ihren Londonaufenthalten heimlich mit Shand Kydd in einem Apartment in South Kensington. »Peter war nicht für unsere Trennung verantwortlich«, beharrte Frances später. »Hätten Johnnie und ich eine starke Ehe geführt, wäre es nie geschehen«. Andere waren sich dessen nicht so sicher. »Sie verliebte sich in Peter Shand Kydd. Nur um allein zu sein, hätte sie sich gewiss nicht von Johnnie getrennt«, erklärte Robert Spencer.

Johnnie war wie vom Donner gerührt, als ihm Frances im Spätsommer 1967 erklärte, dass sie die Trennung wünsche. »Es war ein entsetzlicher Schock. Wir hatten 14 Jahre gemeinsam verbracht. Ich war zutiefst aufgewühlt und verstört«, sagte er im Jahr 1981. Auf die Frage, wie viele dieser 14 Jahre glücklich gewesen wären, erklärte er: »Bis zum Augenblick unserer Trennung glaubte ich, alle«. Freunde und Familienmitglieder waren ebenfalls erstaunt, da die Ehe allgemein als überaus erfolgreich galt. Ein Cousin hatte Johnnie und Frances kurz vor Frances' endgültigem Weggehen eingeladen. »Mir erschienen sie vollkommen glücklich«, erinnerte er sich.

Frances verließ Johnnie im September 1967 – jedoch nicht wie ein »Blitz«, wie in der Boulevardpresse häufig behauptet. Am Tag nach ihrer Abreise, zu der Johnnie seinen Segen gab, fuhren Diana und ihr jüngerer Bruder Charles, damals drei Jahre alt, gemeinsam mit ihrem Kindermädchen zu ihrer Mutter in deren Londoner Apartment. Sie hatte Diana in der Frances Holland School eingeschrieben und Charles im nahe gelegenen Kindergarten. Die beiden älteren Töchter Sarah und Jane gingen bereits ins Internat. Vor ihrer Abreise hatte Frances ihren vier Kindern erklärt, dass sie und ihr Vater eine »Trennung auf Probe« versuchen würden. »Darüber hatte ich lange nachgedacht«, erinnerte sich Frances.

Den gesamten Herbst 1967 fuhren Diana und Charles an den Wochenenden nach Norfolk, oder ihr Vater besuchte sie in London. Andrew Morton beschrieb Charles' Erinnerungen später folgendermaßen: »Er spielte schweigend auf dem Boden mit einer Eisenbahn, während seine Mutter auf der Bettkante sitzend leise vor sich hin schluchzte. Sein Vater schenkte ihm ein schwaches Lächeln in dem verzweifelten Versuch, seinem Sohn zu versichern, dass alles in Ordnung sei.« Frances bekannte sich zu dem Schmerz, den diese Begegnungen brachten: »Selbstverständlich gab es Tränen ... bei all meinen Kindern. Es wäre lächerlich vorzugeben, dass die Situation nicht traumatisch war.« Hastig fügte sie hinzu: »Es war jedoch besser, getrennt zu leben, als ständig mit dieser Spannung im selben Haus.«

Als die Familie während der Weihnachtsfeiertage in Norfolk zusammenkam, spielte Dianas Vater seinen Trumpf aus. Ohne Frances zu informieren, hatte er nach Beratung mit seinen Anwälten Diana und Charles in neuen Schulen in der Nähe seines Wohnsitzes eingetragen. Frances' zufolge »weigerte er sich, [Diana und Charles] zu mir zurückkehren zu lassen, und reichte bei Gericht den Antrag ein, dass sie ständig in Norfolk wohnen sollten. Diesem Antrag wurde stattgegeben. Da das Gericht über die Weihnachtsfeiertage geschlossen war, konnte ich nichts dagegen unternehmen.«

»Ich war verzweifelt«, erinnerte sich Frances, der keine andere Wahl blieb, als nach London zurückzukehren – diesmal allein. Vermutlich nährte diese spannungsgeladene zweite Abreise Dianas Erinnerungen an die auf dem Kies knirschenden Schritte, das Zuschlagen der Autotür und das in der Ferne verklingende Motorengeräusch. Erfüllt von Trauer, Verwirrung, Wut, Unsicherheit und Schuldgefühlen blieb sie zurück. Dianas Freundin und Energieheilerin Simone Simmons zufolge »verfiel Diana zu Weihnachten stets in trübe Stimmung. Diese Jahreszeit erinnerte sie an die Abreise ihrer Mutter«.

Nach der endgültigen Trennung Ende 1967 überstürzten sich die Ereignisse. Frances und Johnnie kommunizierten »ausschließlich über Anwälte«, wie Frances erklärte. »Ich unternahm verzweifelte Versuche, persönlich mit ihm zu sprechen, doch alle Bemühungen blieben fruchtlos.« Am 10. April 1968 erfolgte die Scheidung von Peter Shand Kydd und seiner Frau Janet, der die Vormundschaft für die drei gemeinsamen Kinder zugesprochen wurde. Am darauf folgenden Tag erwähnten nur die beiden Zeitungen *Times* und *Daily Telegraph* die Entscheidung mit einem kurzen Artikel. Der *Telegraph* berichtete in vier Sätzen über das Ereignis und führte an, dass es sich um einen Fall von »Ehebruch von Mr. Peter Shand Kydd mit der Viscountess Althorp« handelte. Im Juni darauf stellte Frances bei Gericht einen Antrag auf Vormundschaft, der abgewiesen wurde.

Im Dezember reichte Frances die Scheidung ein und führte als Grund die Grausamkeit ihres Mannes an. Diese Tatsache wurde in der *Times* mit einem einzigen Satz erwähnt. Johnnie reagierte rasch mit einer Klage wegen Ehebruchs. Der von Frances angeführte Scheidungsgrund verleitete viele Journalisten zu der Annahme, Johnnie hätte sie körperlich misshandelt. Nach der Schilderung von James Whitaker reichte Johnnie die Gegenklage ein, »weil er fürchtete, dass die Einzelheiten dieser Grausamkeit durch sie an die Öffentlichkeit gelangen würden« – eine rätselhafte Aussage, da das Verfahren abgeschlossen war und in der Presse nicht darüber berichtet wurde. Whitaker behauptete ferner, dass »sich Frances auf Anraten ihrer Anwälte weigerte, Beweise für seine Grausamkeit anzuführen«.

Eingeweihte erklärten, dass Frances' Klage zu dieser Zeit dem standardmäßigen juristischen Rat entsprach. »In jenen Tagen war eine Klage wegen seelischer Grausamkeit eine der diskreten Möglichkeiten, eine Scheidung durchzusetzen«, sagte Fiona Fraser. Einem anderen Mitglied der Familie Spencer zufolge diente die Klage wegen seelischer Grausamkeit vorrangig dazu, »[Johnnie] zu erpressen, in eine Scheidung einzuwilligen, die er ablehnte«.

Frances konnte sich gegen die Anschuldigung wegen Ehebruchs nicht wehren; sie war bereits im Zuge der Scheidung des Ehepaars Shand Kydd als Ehebrecherin bezeichnet worden, ohne dass Peter diese Behauptung zurückgewiesen hätte. Wie sie vorhergesehen hatte, kam es zu einem erbitterten Kampf um die Vormundschaft für die Kinder: Johnnie führte einige Personen an, die Zeugnis über ihren Charakter ablegten. Unter diesen befand sich auch Frances' Mutter, Lady Fermoy, die ihre eigene Tochter auf außergewöhnliche Weise abwies. Zu ihrer Rechtfertigung sei gesagt, dass Ruth der Ansicht war, das Landleben würde die Kinder glücklicher machen als ein Leben in London. »Ruth lebte nur eine kurze Strecke entfernt und sah Johnnie häufig. Ich vermute, sie war der Meinung, Frances hätte einen Fehler gemacht«, erklärte eine Nachbarin. Andere nennen einen heimtückischeren Grund: Die aus bescheidenen Verhältnissen stammende Ruth Gill konnte die Vorstellung nicht ertragen, dass ihre Enkelkinder den Vorzug aufgeben sollten, der Familie Spencer anzugehören.

Weder die Kinder der Familie Spencer noch deren Freunde und Verwandte kannten zu diesem Zeitpunkt die Einzelheiten der vor Gericht getätigten Zeugenaussagen. Erst 1982, als mehr als ein Dutzend Biografien über Diana auf den Markt gelangten, wurden die Details des Scheidungsfalls des Ehepaars Spencer weithin bekannt. Das Wissen um die Bitterkeit zwischen Dianas Eltern verbreitete sich in der Boulevardpresse, nachdem Frances dem Biografen und Autor von *Year of the Princess,* Gordon Honeycombe, gegenüber der Behauptung widersprach, sie hätte die Familie wie ein »Blitz« verlassen. Im August berichtete die *Daily Mail*: »Erst jetzt wird die vollständige Geschichte einer Familientrennung bekannt, die zu dem engen Verhältnis von Earl Spencer und seiner Stiefmutter Lady Ruth Fermoy geführt hat.«

Diana und ihre Geschwister erfuhren Mitte der siebziger Jahre, welche Rolle ihre Großmutter gespielt hatte. Diana fühlte zwar denselben Groll und Schmerz wie ihre Mutter, wandte sich jedoch nicht von ihrer Großmutter ab. Einer der Gründe hierfür war laut einem Familienmitglied, dass die Kinder »[Lady Fermoy] ohnehin kaum kannten«. Erst als Ruth Fermoy während Dianas Ehe ebenso Stellung für Prinz Charles bezog, wie sie es für Johnnie getan hatte, wuchs Dianas Hass auf ihre Großmutter. »Als Höfling bis ins Mark wünschte sie [Ruth Fermoy] sich, dass Diana ihre Ehe aufrechterhielt, wie zerrüttet diese auch war, um die königliche Familie vor der Schande einer Scheidung zu bewahren«, erklärte dasselbe Mitglied der Familie Spencer.

Dianas unerschütterliche Feindschaft kam in ihren Aussagen gegenüber Morton deutlich zum Ausdruck: »Meine Großmutter versuchte, mich auf jede nur erdenkliche Weise zu verletzen. Sie spielte der königlichen Familie abscheuliche Geschichten über meine Mutter zu, so dass das gesamte Königshaus wie eine Tonne Ziegelsteine auf mich niederstürzte, sobald ich nur ihren Namen erwähnte. Da meine Großmutter wirklich ganze Arbeit leistete, haftete meiner Mutter ein schlechter Ruf an.«

Am 15. April 1969 stimmte das Gericht Johnnies Scheidungsklage zu. Dem *Evening Standard* zufolge wurde dem Antrag stattgegeben »aufgrund des Ehebruchs der 32-jährigen Viscountess Althorp mit Mr. Peter Shand Kydd. Lady Althorp verfolgte die von ihr eingebrachte Klage nicht weiter. Ihr Ehemann wies die Anschuldigungen wegen Grausamkeit zurück.« Der Artikel berichtete ferner: »Der Ehebruch wurde in Queens Gate, South Kensington, in den Monaten April und Mai 1967 begangen. Der Richter verpflichtete die Ehefrau und Mr. Shand Kydd zu einer gemeinschaftlichen Zahlung von 3.000 £ (entspricht heute etwa 55.800 DM) zugunsten des Ehemannes.« Der *Telegraph* informierte am darauf folgenden Tag, dass Johnnie »die Vormundschaft für seine vier Kinder zugesprochen wurde.«

»Die Tatsache, dass der Vater den Familienwohnsitz beibehielt und den Wunsch ausdrückte, dass seine Kinder bei ihm leben sollten, war vermutlich ausschlaggebend für die Entscheidung in der Vormundschaftsfrage«, erklärte einer der führenden Scheidungsrichter die Situation gegenüber Dianas Biografen, Gordon Honeycombe. »Verschiedene

Faktoren sprachen gegen Lady Althorp ... Einerseits hatte sie die gewichtige Meinung des Adels gegen sich, andererseits die ihrer Mutter. Zudem war Norfolk, wo die Kinder nahezu ihr gesamtes Leben verbracht hatten, besser geeignet, um sie großzuziehen, als London. Das Gesetz stand auf der Seite des Vaters, dem Sohn eines Earl. Im Falle einer Scheidung wird die Vormundschaft für die Kinder üblicherweise der Mutter zugesprochen, es sei denn, sie ist geistesgestört, drogenabhängig – oder mit einem Adeligen verheiratet. Sein Rang und Titel stärkten seine Rechte«, führte Honeycombe weiter aus. In der Scheidung von Dianas Eltern dürfte dieser Umstand ausschlaggebend gewesen sein. »In der Entscheidung spiegeln sich die Ansichten des Adels gegenüber der Frau wider«, erklärte Honeycombe.

Im Mai desselben Jahres heiratete Frances Peter Shand Kydd. Zwei Jahre später, im Juli 1971, reichte sie erneut eine Vormundschaftsklage ein. Wiederum wurde sie nach einem fünf Tage dauernden Verfahren hinter verschlossenen Türen abgewiesen. Während all dieser Auseinandersetzungen gestattete Johnnie den Kindern, Frances am Wochenende in London und an der Küste von West Sussex zu besuchen, wo sie mit Peter kurz nach ihrer Heirat ein Haus gekauft hatte.

Aus unterschiedlichen Gründen ließ die Trennung und Scheidung von Dianas Eltern bei beiden Ehepartnern Spuren zurück. Frances hatte ihre Kinder verloren, und ihre Mutter hatte sie verstoßen. Laut Robert Spencer geriet Frances dadurch »aus dem Gleichgewicht«. »Für Diana war dies eine sehr gefühlsbeladene Zeit«, fügte er hinzu. Johnnies Gemütszustand war jedoch noch besorgniserregender. »Nach der Scheidung fühlte er sich elend, war geradezu niedergeschmettert. Die ganze Zeit über saß er bloß in seinem Arbeitszimmer«, erinnerte sich Charles Spencer. Johnnies »Körpersprache war fürchterlich«, berichtete sein Freund Rupert Hambro. »Er ging gebeugt und achtete nicht auf die Dinge, die sich um ihn herum ereigneten.« »Er kam häufig und besuchte meine Schwester. Dann sprach er lange mit ihr und dankte ihr schließlich, dass sie ihm zugehört hatte«, erinnerte sich ein anderer Freund.

Johnnie konnte sich nicht aufraffen, mit seinen Kindern über die Scheidung zu sprechen, was Diana und Charles verwirrte und verunsicherte. Diana erinnerte sich nicht nur daran, dass ihr Vater über die Scheidung schwieg, sondern auch daran, dass weder sie noch Charles je auch nur eine Frage dazu stellten. Charles erinnerte sich, »dass ich fragte, wo [meine Mutter] sei. Als Antwort sagte man mir, sie sei auf Urlaub.

Daraufhin fragte ich jeden Tag, denn ich fühlte, dass hier irgendetwas nicht stimmte, begriff aber nicht, was es sein konnte ... Ich erinnere mich, dass ich als Kind immer wusste, wann man mich belog.«

Johnnie wollte mit seinem Schweigen gewiss niemanden verletzen. Für einen Adeligen seiner Generation war dies schlichtweg eine vorhersehbare Reaktion. Sie verschlimmerte jedoch die innerfamiliäre Lage, insbesondere die von Diana. Im Alter von sechs Jahren war sie Zeugin der beklagenswerten Spannungen und starken Emotionen ihrer Eltern geworden. Sie hatte Angst, Wut und Kummer mit angesehen. Aufgrund ihrer natürlichen Zurückhaltung war es ihr unmöglich, über die Reaktionen ihrer Eltern oder ihre eigenen zu sprechen. Stattdessen verbarg sie ihre Gefühle in ihrem Inneren. Zu einer Zeit, zu der ein gesundes Kind eine starke, auf Liebe und Vertrauen gegründete Bindung zu seinen Eltern aufbauen sollte, war sich Diana emotional selbst überlassen, nun da ihre Mutter gegangen war und ihr Vater immer tiefer in Melancholie versank.

# KAPITEL 3

*Das emotionale Drama, in dem wir aufwachsen, kann auch ohne unser Wissen unser ganzes Leben prägen. Es haftet an uns und bestimmt unser Wesen und unsere Erwartungen. Das, was wir in der Beziehung unserer Eltern zueinander und zu uns beobachten, liefert einen emotionalen Wegweiser für das, was wir aus unserem Leben zu machen versuchen.*

Susie Orbach (mit Luise Eichenbaum), Dianas
Psychotherapeutin von 1993 bis 1997

Als Diana Spencer im September 1980 zum ersten Mal die Schlagzeilen der Boulevardzeitungen füllte, gingen sowohl Presse als auch Öffentlichkeit über die Scheidung ihrer Eltern wie über etwas Unbedeutendes hinweg und weigerten sich, über die negativen Auswirkungen nachzudenken, die dieses Ereignis auf sie gehabt haben könnte. Das Märchen durfte keine dunkle Seite haben. Diana wurde als die ideale Lebensgefährtin für Prinz Charles dargestellt: von vornehmer Herkunft, hübsch, jungfräulich und bezaubernd. Sie entstammte jedoch einer »zerbrochenen Familie«. Die Sensationsjournalisten, die ihr Image schufen, betrachteten die Trennung des Ehepaars Spencer lediglich als unschönes Ereignis, das Diana einfach abgeschüttelt hatte. (Auf der Suche nach einem Skandal konzentrierten sich die Reporter vorwiegend darauf, einen heimlichen Liebhaber aufzuspüren – wenn auch vergeblich.)

Dianas Chronisten verwiesen auf ihre Willensstärke als Beweis dafür, dass sie die Scheidung unversehrt überstanden habe. In seinem Bericht über Dianas bewegte Kindheit schrieb James Whitaker im *Daily Star* vom 1. Juli 1981: »Heute fällt es uns vielleicht schwer, uns vorzustellen, dass dieses Ereignis Diana tatsächlich niederschmetterte. Sie liebte ihre Mutter und ihren Vater innigst, und wie jedes andere Kind in diesem jungen Alter konnte sie die Geschehnisse nicht wirklich begreifen. Äußerlich mag sie einen glücklichen Eindruck erweckt haben, doch wie ich erfahren habe, litt sie mitunter ›Höllenqualen‹.« Des ungeachtet schloss Whitaker in bezeichnend zuversichtlichem Ton, dass »Dianas gewaltige Stärke und Charakterfestigkeit ihr über alles hinweg geholfen hatten«.

Personen, die Diana während ihrer Kindheit und Jugend kannten, behaupten immer wieder, sie sei ein ganz normales Mädchen gewesen. Wie es schien, war sie als Kind, und insbesondere in einer vertrauten Umgebung, gegen inneren emotionalen Aufruhr besser gewappnet als im Erwachsenenalter. Die meisten Menschen aus ihrem engen Bekannten- und Familienkreis bemerkten keine Veränderung in Dianas Persönlichkeit und Verhalten, nachdem ihre Mutter das Haus verlassen hatte. Hätte sich jemand die Mühe gemacht und einen genaueren Blick auf sie geworfen, wären zweifellos einige gegenteilige Hinweise aufgetaucht.

Bereits bei Erwachsenen ist es schwierig, seelische Störungen festzustellen. Umso problematischer ist es jedoch bei Kindern, da sich ihre Persönlichkeit noch in der Entwicklung befindet. Warnsignale sind jedoch häufig deutlich zu erkennen. Virginia Woolf schrieb einst, dass sie bereits in jungen Jahren »nie am Leben teilhaben konnte; als ob ich aus einer vollendeten Welt ausgeschlossen sei, für immer aus dem Kreislauf der Zeit vertrieben. Andere Menschen schienen in einer wirklichen Welt zu leben, ich jedoch stürzte häufig ins Nichts.« Nach Meinung des Psychiaters E. James Anthony deutete Woolfs Beschreibung auf ein frühes Stadium ernster psychologischer Probleme. Ihre Worte unterscheiden sich wenig von Dianas Eingeständnis ihrer Einsamkeit, unter der sie in ihrer Kindheit gelitten hatte, gegenüber Andrew Morton: »Ich fühlte mich immer anders als alle anderen, vollkommen losgelöst ... Ich hatte ständig den Eindruck, eigenartig zu sein. Ich wusste aber nicht, warum. Mir war es nicht einmal möglich, darüber zu reden, aber dieses Gefühl ließ mich nicht los ... Es war, als lebte ich in der falschen Schale.«

Als Diana im Jahr 1991 begann, Morton intime Details über ihr Leben zu enthüllen, hatte sie bereits zahlreiche Sitzungen bei verschiedenen Psychotherapeuten, spirituellen Beratern und Astrologen hinter sich. Sie hatte sich daran gewöhnt, ihre Vergangenheit nach schmerzhaften Erinnerungen abzusuchen, die oft nicht in das Bild passten, das andere von Dianas Jugend hatten. »Ich weiß nicht, wovon sie sprach«, erzählte eine Kindheitsfreundin aus Norfolk. »Sie hatten Hunde, Hasen, Meerschweinchen, einen Swimmingpool und Schulfeste. Darüber hinaus war sie eine Frohnatur. Ich konnte keine Gewitterwolken erkennen.«

Dianas scharfsinnigste Freunde und Verwandte nahmen in einigen Phasen ihrer Jugend sehr wohl Anzeichen einer gequälten Seele wahr. Zu diesen Symptomen, die im Nachhinein ziemlich bedeutend erscheinen, zählten Launenhaftigkeit, Angst (vor der Dunkelheit, vor dem

Alleinsein), Depressionen, obsessives Verhalten, Heißhungeranfälle, Lernprobleme, Panikzustände, Konzentrationsschwierigkeiten, Gleichgültigkeit und Unsicherheit – alles vor dem Hintergrund einer lange andauernden Trennung von ihrer Mutter.

Mit der Scheidung brach jeder Kontakt zwischen Frances und Johnnie ab. »Zwischen der Scheidung ... und dem Tod meines Vaters [im Jahr 1992] sprachen sie nur selten miteinander«, erzählte Charles Spencer, »deshalb kam ich nie auf den Gedanken, sie in irgendeiner Weise als eine Einheit zu betrachten.« Diana und ihr Bruder mussten mit der andauernden Unberechenbarkeit zurechtkommen. »Es war eine sehr unglückliche Kindheit«, erinnerte sich Diana. »Meine Eltern versuchten, mit sich selbst ins Reine zu kommen ... Immer wieder ein neues Kindermädchen, eine äußerst labile Lage, im Allgemeinen unglücklich und vollkommen isoliert.«

Insbesondere nachdem Dianas Mutter das Haus verlassen hatte, behandelten die Kinder ihre Kindermädchen schlecht. Ungeliebten Kindermädchen steckten Diana und ihr Bruder Nadeln in die Stühle, und sie warfen ihre Kleidung aus dem Fenster. Beide betrachteten das Kindermädchen als Bedrohung, das ihrer Meinung nach die Stelle ihrer Mutter einnehmen wollte. So überrascht es wenig, dass das eine oder andere Kindermädchen mit Grausamkeit reagierte. »Diana und ich hatten ein Kindermädchen, das uns mit den Köpfen gegeneinander schlug, wenn wir uns ungehörig verhalten hatten«, erzählte Charles. »Hatten wir etwas Schlimmes angestellt, schlug sie uns mit dem Kopf gegen die Wand.« Gleichzeitig erinnerte sich Charles, dass »wir in jenen Jahren auch drei oder vier außergewöhnlich liebevolle Kindermädchen hatten«. Bedauerlicherweise blieb keines allzu lange.

Bereits als kleines Mädchen war Diana imstande, sich von ihrer tapferen Seite zu zeigen. In den von ihrem Vater gedrehten Familienfilmen wirkt sie wie ein Wildfang. Einmal posierte sie fröhlich vor der Kamera, dann wieder lief sie einfach umher. »Wie eine kleine Biene«, bemerkte ihr Bruder Charles in einem Fernsehinterview. »Voller Tatendrang und immer in Bewegung.« Diana war stolz auf ihre Selbstbeherrschung. »Ich kann, was meine Mutter kann«, sagte sie. »Wie entsetzlich ich mich auch fühle, ich kann mir immer den Anschein geben, wunderbar glücklich zu sein.« Angesichts ihres tiefen Leids ist es überaus bemerkenswert, dass sie bereits in jenen frühen Jahren nach außen hin Zufriedenheit und Wohlbefinden ausstrahlen konnte. Lediglich ihre unmittelbare Umgebung war in der Lage, die Unsicherheit hinter der Fassade zu erkennen. »Sie war ein höchst unglückliches Kind«, gestand ihr Bruder Charles einem Freund in einem vertraulichen Gespräch. »Ich habe sie nicht als fröhlich in Erinnerung.«

Gewiss verwundert es nicht, dass sich die Beobachtungen in Bezug auf ihr Verhalten vor und nach der Scheidung widersprechen. In vielerlei Hinsicht schien sie sich wenig zu verändern. Janet Thompson, das Kindermädchen, das in den letzten drei Jahren vor der Trennung in Park House diente, erinnerte sich, dass sich die dreijährige Diana vor der Dunkelheit fürchtete und ständig beruhigt werden musste. Andererseits war Diana nicht gerade sanftmütig oder zurückhaltend. »Man könnte nicht behaupten, dass Diana ein schwieriges Kind war, wenn sie auch ziemlich starrsinnig sein konnte«, erzählte Thompson. »Schon damals wusste sie genau, was sie wollte und wie sie es wollte ... Sie war nicht einfach. Andere Kinder in diesem Alter tun sofort, was man ihnen aufträgt. Diana nicht – mit ihr gab es einen ständigen Willenskampf. Sie war ein überaus lebhaftes Kind. Dennoch war sie auch ein liebenswürdiges Mädchen, und nach einigen Überredungsversuchen gab sie üblicherweise nach ... irgendwann.«

Trotz ihres Starrsinns besaß Diana von Beginn an ein besonders fein ausgebildetes Einfühlungsvermögen. »Sie war sehr bescheiden, und zwar bereits bevor Johnnie und Frances auseinandergingen«, beobachtete Fiona Fraser, eine Cousine ihres Vaters. »Von klein auf war sie in hohem Maß einfühlsam, nichts entging ihr.«

In der 1982 erschienenen Biografie *Diana Princess of Wales* beschreibt Penny Junor Dianas Verhalten von Ende 1967 bis Anfang 1968 mit folgenden Worten: »Sie blieb den ganzen Tag in Bewegung. Das war ziemlich erschöpfend für alle, die sich in ihrer Nähe befanden. Offensichtlich war das ihre Art, mit Sorgen umzugehen. Sie weigerte sich wahrzunehmen, dass ihre Mutter nicht mehr zu Hause war.« Junor stellte ferner fest, dass Diana zu jener Zeit »in einem Ausmaß zu reden begann, wie niemand es davor oder danach je wieder in ihrem Leben beobachten würde. Sie plapperte ununterbrochen, vom Aufstehen bis zum Einschlafen.«

Junors Buch muss von einer gewissen Qualität sein, denn es wurde sogar zum Teil sanktioniert. Diana beantwortete eine »lange Liste von Fragen«, die die Autorin dem Pressesekretär der Königin, Michael Shea, überreichte, der das Manuskript später auf seine Genauigkeit überprüfte. Zusätzlich prüften Familienmitglieder die Angaben über Dianas Kindheit und Jugend. Junors beunruhigende Darstellung von Dianas plötzlicher Redseligkeit widerlegte die gängige Meinung, dass Dianas Zurückgezogenheit und Zurückhaltung mit dem Weggehen der Mutter zusammenfielen, nicht. Die britische Schriftstellerin Ingrid Seward schildert, dass Diana »introvertiert und ängstlich wurde und für ihr gesamtes Leben die Gewohnheit annahm, den Kopf gesenkt zu halten«. Eine einleuchtendere Erklärung für Dianas ständig gesenkten Blick lieferte ihre Mutter, die die gleiche Neigung aufwies: »In der Schule wurde ich aufgefordert, gerade zu stehen und zu lachen«, erzählte Frances. »Um meine wahre Größe zu verbergen, senkte ich jedoch immer den Kopf.«

Eine zuverlässige Umschreibung von Dianas Gemütszustand und Verhaltensweise ist in *Little Girl Lost: The Troubled Childhood of Princess Diana by the Woman Who Raised Her* nachzulesen. Mary Clarke, die Autorin dieses im Jahr 1986 erschienen Buches, trat 1971 die Stelle eines Kindermädchens bei den Spencers an – vier Jahre nach der Scheidung der Eltern – und diente der Familie zwei Jahre lang. Clarke zufolge zeigte sich Diana inmitten ihrer Angehörigen keineswegs schüchtern: »Sie war immer überaus gesprächig, herzlich und freundlich, und interessierte sich aufrichtig für alles, was um sie geschah.« »Besonders wenn sie nervös war«, neigte Diana zum Kichern, wie Clarke anmerkte.

Clarke fiel auch Dianas »extreme Empfindlichkeit« auf. Von den vier Spencer-Kindern hatte die Scheidung ihrer Eltern sie »am stärksten getroffen«. Clarkes Schilderung bietet Hinweise auf einige der ausgeprägtesten Charakterzüge der erwachsenen Diana, wie etwa ihre Vorliebe für »klare Verhältnisse«. Das ist eine mögliche Erklärung für ihre Abneigung gegen Ungewissheit in ihren persönlichen Beziehungen. Besonders vielsagend schien es Clarke, dass auch andere Mitglieder des Hauspersonals berichteten, dass Diana »ständig zwischen Heiterkeit und Glück und Schweigsamkeit und Launenhaftigkeit hin und her schwanke ... Sie war einfach verwirrt.«

Einen Besorgnis erregenden Aspekt ihres inneren Aufruhrs bildete ihr Hang zum Lügen. Als Charles Spencer ihr »Problem, die Wahrheit zu sagen« ansprach, fragte er sich, »ob ein Psychologe diese schlechte Gewohnheit auf das Trauma der Scheidung zurückführen würde.« Spencer vertraute einem Freund an, dass er diese Unehrlichkeit als »klassisches Zeichen für das Streben nach Aufmerksamkeit durch ungezogenes Benehmen« betrachte.

Ihre Angst vor der Finsternis bezeichnete Diana als wahre »Obsession«. Dieses Gefühl wurde ihrer Ansicht nach durch das nächtliche Schluchzen ihres Bruders hervorgerufen, wenn er aus seinem im anderen Flügel der Familienvilla gelegenen Zimmer nach der Mutter rief. (Ihr Bruder, der behauptete, »keine besonders glückliche Kindheit gehabt zu haben«, gestand einst: »Mir fehlt die Erinnerung an einen Großteil meiner Kindheit. Man sagte mir, dass ich nachts ständig weinte, nachdem meine Mutter das Elternhaus verließ ... Daran kann ich mich jedoch nicht erinnern.«)

Der Astrologin Penny Thornton zufolge erklärte Diana, dass »die ersten Jahre ihres Lebens bestimmt furchtbar gewesen waren. Ständig fühlte sie sich einsam und gänzlich unbeachtet; niemand nahm sich die Zeit, ihr ›wirklich zuzuhören‹ und ihr die tiefe Zuneigung zu schenken, nach der sie sich sehnte.«

Diana unterdrückte ihre eigenen Bedürfnisse, indem sie sich um ihren Vater kümmerte. Möglicherweise verlangte sie nach jemandem, der sie umsorgen würde, schien jedoch in ihrer mütterlichen Rolle einen gewissen Trost zu finden. Einem Zeitungsbericht zufolge »lief Diana häufig hinter ihrem Vater her und bot ihm an, ihm eine Tasse Tee zu bringen oder eine Torte für ihn zu backen. Selbst wenn er sie wiederholt bat, ›doch mit ihren Schwestern spielen zu gehen‹, blieb Diana hartnäckig. Sie hatte es sich irgendwann in den Kopf gesetzt, dass ihr Vater Schutz benötigte, und sah sich selbst in der Rolle seiner Beschützerin. Im Laufe der Zeit nahm sie bei ihren Bemühungen sogar eine würdevolle Haltung ein, um zu betonen, dass ›für Vater sorgen‹ die große Aufgabe ihrer Kindheit war.«

Wie viele Kinder fand Diana Halt in dem, was Psychiater als »Übergangsobjekte« bezeichnen. Diese Gegenstände dienen als Mutterersatz. So nannte sie die zwanzig Plüschtiere in ihrem Bett »meine Familie« und behielt für sich nicht mehr als eine »winzige Ecke«. Da sie lediglich eines ihrer Tiere ins Internat mitnehmen durfte, entschied sie sich für ein »grünes Nilpferd«, dessen Augen sie mit Leuchtfarbe anmalte. Im Dunkel besänftigte sie ihre Ängste mit der Vorstellung, das Nilpferd würde sie nicht aus den Augen verlieren.

Bis ans Ende ihres Lebens hob Diana ihre Menagerie auf einem Sofa am Fußende ihres Bettes auf. Ihr Liebhaber James Hewitt bemerkte einst: »Gut zugedeckt lagen auf ihrem Bett in Park House etwa dreißig Kuscheltiere in einer Reihe, die ihr in ihrer Kindheit Trost und Schutz geboten haben.« Selbst als Erwachsene nahm Diana auf ihren Reisen ihren Lieblings-Teddybären mit. Als sie einmal während eines Aufenthalts in New York feststellte, dass sie ihren Bär in Washington D.C. zurückgelassen hatte, eilte sie ins nächste Spielwarengeschäft, um für einen geeigneten Ersatz zu sorgen.

Charles Spencer erklärte, dass die Spencer-Kinder aufgrund der Scheidung ihrer Eltern »etwas wie eine in sich geschlossene Einheit« bildeten. Alle besaßen einen selbstkritischen Humor und eine Vorliebe für Spitznamen: Diana wurde als »Duch«, Charles als »Admiral« und Sarah als »Ginge« bekannt. Aufgrund des unterschiedlichen Alters und Temperaments reagierte jedes der Geschwister auf seine Weise auf die Scheidung. Da Sarah und Jane zur Zeit der Trennung von Johnnie und Frances bereits ein Internat besuchten, trafen sie die Nachwirkungen nicht so heftig wie Diana und Charles, die einander eng verbunden waren.

Charles, der sich selbst einmal als »in sich gekehrten, scheuen kleinen Jungen« beschrieb, wurde praktisch seit dem Kleinkindalter von Diana großgezogen. Die Tatsache, dass er intelligenter war als Diana, löste bei ihr Minderwertigkeitsgefühle aus. Obwohl Diana abstritt, auf die geistige Überlegenheit ihres Bruders eifersüchtig gewesen zu sein, sehnte sie sich danach, ebenso gute Leistungen zu erbringen.

Zu ihren Schwestern hatte Diana eine kühlere Beziehung. »Sie wuchsen auf, ohne dass ich es bemerkte«, erklärte sie, da sie sie nur während der Schulferien sah. Zudem hielt sie sie für »überaus selbstständig«. Zu Charles verspürte sie eine natürliche Affinität, da er ihr gefühlsmäßig näher stand als Sarah oder Jane. »Wie ich wird er immer leiden«, meinte sie. Diana war der Ansicht, dass ihre Schwestern mit ihrer »Losgelöstheit« von den Problemen der Familie vollkommen zufrieden waren.

Viele ihrer Freunde sahen eine charakterliche Ähnlichkeit zwischen Diana und ihrer ältesten Schwester Sarah, der eigensinnigsten der vier Geschwister. »Mir gefiel es nicht, ein Mädchen mit rotem Haar zu sein«, verriet Sarah einst einem Journalisten. »Ich bin ein Rotschopf mit einem unmöglichen Temperament. Als Kind zertrümmerte ich gern die Einrichtung.« Diana war ebenso aufbrausend, was die Mitglieder der königlichen Familie entsetzte, die ihre Ausbrüche unmittelbar miterlebten. In ihrer Jugend lernte Diana jedoch, ihren Zorn in Zaum zu halten.

Welcher Aufgabe sich Sarah auch widmete – handelte es sich nun um Sprachen erlernen, Klavier spielen oder Geschicklichkeitsspiele –, sie erbrachte immer ausgezeichnete Leistungen, während sich Diana in all diesen Bereichen schwer tat. Sarah war hochbegabt, kontaktfreudig und selbstsicher. Diana vergötterte sie. Wann immer Sarah aus dem Internat nach Hause kam, umsorgte Diana sie wie eine Dienerin: Sie wusch ihre schmutzige Wäsche, machte ihr Bett, ließ ihr das Bad ein und trug ihren Koffer. Sich um ihre Schwester zu kümmern erfüllte Diana mit Stolz. Dennoch gab es in ihrer Beziehung zu Sarah immer einen gewissen Konkurrenzkampf.

Jane, die zweitälteste Schwester, war ebenfalls intelligent, ruhig und nachdenklich. Sie war das besonnenste der Spencer-Kinder. Diana begegnete ihr mit Respekt, ohne sich ihr gegenüber ähnlich unterwürfig zu zeigen wie Sarah.

»Sowohl Jane als auch Diana hatten die Eigenart, den Kopf gesenkt zu halten und emporzublicken«, erzählte Felicity Clark, ehemalige Herausgeberin der *Vogue*, die die beiden Schwestern gut kannte. »Ihre Stimmen wiesen eine bemerkenswerte Ähnlichkeit auf. In ihrem Charakter jedoch unterschieden sie sich stark.«

Von den vier Geschwistern besaß Diana das geringste Selbstwertgefühl. »Sie glaubte, ihre Meinung sei nicht von Bedeutung«, berichtete eine Freundin von Diana. Charles Spencer zufolge strotzte Diana auf Gebieten, die sie beherrschte, wie etwa Schwimmen und Tanzen, vor Energie: »Sie wusste, dass hier ihre Grazie und Eleganz voll zur Geltung kamen.« Ihr Kindermädchen Mary Clarke betonte: »Sie zeigte gern, welch ausgezeichnete Schwimmerin sie war. Dann rief sie: ›Schau mir zu! Schau mir zu!‹«

Für Dianas Vater waren die Jahre nach der Scheidung eine schwierige Zeit. Ein enger Kindheitsfreund von Johnnie besuchte ihn in Norfolk in den frühen siebziger Jahren und fand ihn »ziemlich deprimiert. Seine Kleidung offenbarte deutlich, dass er eine Ehefrau brauchte. Offensichtlich liebte er Frances noch immer.« »Diese Niedergeschlagenheit zog sich über fünf oder sechs Jahre hin«, erzählte Fiona Fraser. »Schließlich kehrte sein Selbstvertrauen allmählich zurück.«

In den Chroniken von Dianas Leben findet sich häufig die Anmerkung, dass Ruth Fermoy in die mütterliche Bresche gesprungen sei und Park House häufig einen Besuch abgestattet habe. Ruths Haltung war jedoch eher distanziert als fürsorglich, und sie brachte wenig Nachsicht für den Nachwuchs auf. Ihr Rat an Dianas ältere Schwestern zur Überwindung der Familienkrise lautete: »Ihr müsst fröhlich und munter bleiben und durchhalten. Denn auf See geschehen viel schlimmere Dinge, meine kleinen Matrosinnen.« Darüber hinaus besaß Ruth ein eigenes gesellschaftliches Leben, das von ihren überaus bedeutenden Verbindungen zu königlichen Kreisen geprägt war. Ein Verwandter der Familie Spencer versicherte, dass die Spencer-Kinder in Ruth Fermoy eher »eine Hintergrundsfigur« sahen; obwohl sie in der Nähe von Norfolk wohnte, kam sie nicht öfter als vier oder fünfmal im Jahr zu Besuch. Den Großteil ihrer Zeit verbrachte sie in ihrer Londoner Wohnung am Eaton Square.

Johnnie war ein gewissenhafter, seinen Kindern gegenüber stets gütiger Vater. Jean Lowe, die Direktorin der nahe gelegenen Silfield School, die Diana und Charles besuchten, erklärte, dass Johnnie »ein wunderbarer Vater war. Er sorgte dafür, dass die Kinder Spaß hatten, aber auch, dass sie die Hausaufgaben erledigten. So oft er konnte, brachte er die Kinder zur Schule.« Anlässlich von Dianas siebtem Geburtstag mietete Johnnie ein Kamel für ein Überraschungsfest. Mit dieser besonderen Freude wollte er sie für ihren Fleiß in der Schule belohnen. Mit Umgangsformen nahm es Johnnie sehr genau, so dass Diana später gestand, »in Panik« zu geraten, wenn sie ihm nicht innerhalb von 24 Stunden einen Dankesbrief geschrieben hatte. Johnnie bemühte sich, täglich in Gesellschaft seiner zwei jüngeren Kinder den Tee einzunehmen, ein Ritual, das ihm großes Vergnügen bereitete. »Nichts machte ihn glücklicher, als im Kinderzimmer Brötchen mit Marmite, einem klebrigen, braunen Brotaufstrich, der angeblich gut für die Gesundheit war, zu essen und ein Glas Milch zu trinken«, erzählte ein Nachbar. Jedes bedeutende Ereignis in Dianas Leben – »jeden ihrer Schritte«, wie Johnnie es ausdrückte – hielt er mit seiner Kamera fest.

Diana und ihr Bruder schätzten das Vorbild, das Johnnie ihnen als Vater war, und die Werte, die er ihnen vermittelte. »Mein Vater sagte immer: ›Behandle jeden Mensch als Individuum und spiele dich nie auf‹«, erinnerte sich Diana. Charles drückte es etwas treffender aus: »Eine seiner [Johnnies] großartigsten Leistungen war es, dass er in Anwesenheit seiner Kinder nie ein Wort gegen unsere Mutter sagte.« Johnnie bemühte sich zudem, die Freunde seiner Kinder näher kennen zu lernen. So konnte er sich mit verblüffender Genauigkeit an Details über das Schul- und Sportleben der Freunde sowie an Einzelheiten über deren Familien erinnern.

Doch Johnnie blieb ein zurückhaltender englischer Gentleman, dem seine angeborene Formalität und sein reserviertes Verhalten in seiner

Vaterrolle im Wege standen. »Er gehörte einer Generation an, die Kinder weder küsste noch umarmte«, erläuterte Jean Lowe von der Silfield School. »Diana sehnte sich jedoch ... nach Körperkontakt. Wenn sie zu mir kam und mir etwas vorlas, lehnte sie sich an mich. Offenbar brauchte sie diese Art der Zuneigung, die ihr in ihrem Zuhause fehlte.« Mary Clarke, die während ihrer zwei Dienstjahre in Park House Johnnie tagtäglich sah, hielt ihn für »einen überaus freundlichen und verständnisvollen Mann, der sehr darauf bedacht war, seinen Kindern nur das Beste zu bieten, wenn er sich auch über seine Beziehung zu ihnen nicht ganz im Klaren war«. Für Clarke war es deutlich, dass sich Johnnie »viel Mühe gab. So stellte er ihnen Fragen über ihre Spiele und über ihre Maskottchen, die sie bereitwillig beantworteten. Von selbst fingen sie jedoch nie ein Gespräch an.« Im Laufe der Zeit löste sich Johnnie mehr und mehr aus seiner Erstarrung, so dass Diana und Charles »mit ihrem Vater entspannter umgehen« konnten.

Vor seiner Scheidung war Johnnie daran gewöhnt gewesen, zu kommen und zu gehen, wie es ihm gefiel, und sich ungehindert seinen Pflichten als Landwirt, Mitglied der Gemeindeverwaltung, Armeereservist sowie denen der Wohltätigkeit zu widmen und außerdem seinen sportlichen Hobbys nachzugehen. Als Alleinerzieher wurde seine häufige Abwesenheit für Diana jedoch zu einem echten Problem. »Am Abend und am Wochenende ergaben sich immer wieder längere Zeiträume, in denen Diana keine Beschäftigung fand und Johnnie nicht bei ihr sein konnte«, schrieb Penny Junor. Wann immer ihr Vater nicht zu Hause war, wurde Diana sichtlich unruhig. Das gleiche Verhalten sollte sie später zeigen, wenn Prinz Charles oder andere ihr liebe Menschen sie verlassen mussten. »War Johnnie etwas länger unterwegs, wurde sie von Sorge erfasst und fragte: ›Wann kommt Papa endlich nach Hause?‹«

Zweifellos veranlassten diese Erinnerungen Diana, ihrer Astrologin Penny Thornton gegenüber von ihrer »ständigen Einsamkeit« zu sprechen. Die Befürchtung, von ihrem Vater verlassen worden zu sein, führte möglicherweise zu dem Gefühl von Hass und Einsamkeit, das sie in ihrem Erwachsenenleben quälte. Bereits in ihrer Schulzeit blühte Diana in der Gesellschaft anderer Menschen auf. Sie füllten die Leere, die sie empfand, sobald sie allein war.

In späteren Jahren sprachen Diana und ihr Bruder häufig offen über ihre Liebe zu ihrem Vater. Nach Ansicht ihres Cousins Robert Spencer »hegte Diana eine besondere Zuneigung zu ihrem Vater, vor allem, weil er der zurückgelassene Elternteil war«. Insofern zählte James Whitakers Behauptung, »dass es für die Kinder [der Familie Spencer] eine nur schwer zu tragende Last war, in der Obhut eines Mannes zurückzubleiben, der ihrer Meinung nach ihre Mutter schlecht behandelt hatte«, zu den bodenlosesten Verleumdungen der Boulevardpresse. In einer heiklen Phase ihrer eigenen Ehe ließ Diana jedoch ihrem Vater gegenüber eine gewisse Bitterkeit erkennen. Offenbar zu Unrecht beklagte sie sich bei Penny Thornton, dass er »distanziert und verschlossen« gewesen sei, »und wenn er nicht gerade unerreichbar war, zeigte er sich verärgert und intolerant«. Thornton zufolge glaubte Diana, dass »ihr Vater ihre Mutter aus dem Haus getrieben habe. Gleichzeitig fühlte sie sich von Frances zutiefst verlassen.«

Dianas widersprüchliche Empfindungen verstärkten sich durch die mit den Wochenendaufenthalten im Haus ihrer Mutter verbundenen Spannungen. Mary Clarke, die Diana während dieser aufwühlenden Ausflüge Gesellschaft leistete, erinnert sich noch an ihren üblichen Ausspruch bei der Abreise: »Armer Papa ... Es macht mich so traurig, ihn hier zu Hause so allein zurückzulassen.« Beim Abschiednehmen von ihrer Mutter wiederholte sich dieser Satz: »Arme Mama ... Es macht mich so traurig, sie hier so allein zurücklassen zu müssen.« Erst die Morton-Enthüllungen würden später mehr Licht auf diese Besuche werfen. In ihrer 1982 erschienenen Diana-Biografie betonte Penny Junor die stoische Gelassenheit, die sowohl die Eltern als auch die Kinder bei diesen Anlässen zeigten. Vor und nach den Besuchen übers Wochenende »gab es keine Tränen«, schrieb Junor. »Frances gestattete sich keinerlei Emotionen ... Beide Eltern gaben sich größte Mühe, ihren Kindern die Trennung so leicht und schmerzlos wie möglich zu machen.«

Dianas eigene Erinnerungen klingen deutlich betrübter: »Ich erinnere mich, dass meine Mutter viel weinte.« Sobald Diana und ihr Bruder für das Wochenende eintrafen, begann Frances zu schluchzen. Auf die Frage ihrer Kinder, warum sie weine, erwiderte sie, dass sie es nicht ertragen könne, sich von ihnen nach nur einem Tag wieder trennen zu müssen. Diese Antwort wirkte auf die neunjährige Diana »niederschmetternd«. Einer engen Freundin erzählte Diana, dass es bei ihrer Mutter während dieser Wochenendaufenthalte nicht bei Tränen blieb, sondern dass sie kein einziges gutes Haar an Johnnie ließ. Diana stand auf diese Weise vor der schwierigen Aufgabe, Verständnis für die Unzufriedenheit ihrer Mutter aufzubringen, die sie aus dem Haus getrieben hatte, und Frances zu trösten, während in ihr selbst widerstreitende Gefühle für ihren Vater tobten – für ein kleines Mädchen eine beträchtliche Last.

Als unmittelbare Folge dieser traumatischen Wiedersehen am Wochenende verstärkten sich laut Mary Clarke Dianas Trotzköpfigkeit sowie ihre Neigung, »negative Bemerkungen über ihren Vater zu machen«. Johnnie bot in dieser Situation wenig Hilfe, da er sich außerstande sah, mit Diana und Charles bei ihrer Rückkehr zurechtzukommen. »Nach der Begrüßung zog er sich üblicherweise in sein Arbeitszimmer zurück und überließ es mir, das Gleichgewicht im Hause wiederherzustellen«, erzählte Mary Clarke. In Park House erwähnte Diana ihre Mutter mit keinem Wort.

Die seelischen Erschütterungen der Kinder, vor allem bei Diana und Charles, riefen in Frances eine tiefe Traurigkeit hervor. »Es war qualvoll für sie«, gestand Cousine Fiona Fraser. Dieser Umstand hinderte Frances jedoch in keiner Weise, 1972 eine radikale Änderung in ihrem Leben herbeizuführen. Mit Peter Shand Kydd übersiedelte sie in eine inmitten von Hügeln gelegene Farm auf der fernen Insel Seil vor der Westküste Schottlands. Später rechtfertigte sich Frances mit den Worten: »Peter und ich hegten nicht den Wunsch, uns von irgendjemandem zu entfernen. Wir wollten eben einfach in Schottland leben.« Durch diesen Wohnsitzwechsel wurden die routinemäßigen Wochenendtreffen unmöglich, so dass Diana im Alter von nur elf Jahren praktisch jeden Kontakt zu ihrer Mutter verlor.

Meistens verehren Kinder ihre Eltern, ohne deren Launen und Mängeln Beachtung zu schenken. Diese Haltung dauert bis ins Teenager- oder Erwachsenenalter an. Insofern wäre es für ein Mädchen in Dianas Lage natürlich gewesen, in ihren eigenen Unzulänglichkeiten die Schuld für das Weggehen ihrer Mutter zu suchen. »Sie hatte als Kind immer das Gefühl, nicht gut genug zu sein, und nahm an, dass ihre Mutter ihretwegen die Familie verlassen habe. Infolgedessen lebte sie in ständiger Angst, ihre Liebsten würden sie irgendwann im Stich lassen«, schrieb Dianas Astrologin Debbie Frank. Erst im Alter von über zwanzig Jahren verlagerte Diana die Verantwortung für ihre Misere auf andere. »Diana war der Auffassung, ihre Mutter sei nicht bei ihr gewesen, als sie sie brauchte«, berichtete Roberto Devorik, einer ihren engsten Freunde, der damit eine Klage wiederholte, die Diana auch anderen Freunden gegenüber geäußert hatte.

Als Kind sprach Diana nie über ihre Schuldgefühle. Ein Vorfall, von dem sie Andrew Morton berichtete, zeigte jedoch, welch schwere Last auf ihren Schultern ruhte. Im Alter von neun Jahren bat man sie, Brautjungfer bei der Hochzeit eines Cousins zu sein. Für diese Gelegenheit hatte sie die Wahl zwischen zwei Kleidern; eines hatte ihr Vater, eines ihre Mutter für sie ausgesucht. Wenn sie sich auch nicht mehr an das Kleid entsinnen konnte, das sie schließlich trug, erinnerte sie sich noch lebhaft an ihre Angst, dass man ihre Wahl als Zeichen ihrer Vorliebe für den einen oder anderen Elternteil deuten könnte. Dianas Drang, derartige belanglose Entscheidungen zu schwerwiegenden Krisen aufzubauschen, verstärkte sich mit zunehmendem Alter.

Das ständige Tauziehen zwischen Johnnie und Frances führte dazu, dass sie Diana häufig nachgaben, statt ihr Grenzen zu setzen. »Sie lernte, ihre Eltern zu manipulieren, indem sie sie gegeneinander ausspielte«, erklärte eine enge Freundin. »Da sich beide nach ihrer Zuneigung sehnten, verwöhnten sie sie.« Diana prahlte, »Vaters Liebling« zu sein, und versicherte freimütig, »sich alles erlauben zu dürfen«. Aufgrund dieser Art von Macht in Verbindung mit ihren zahlreichen Unsicherheiten erwartete Diana, dass ihre Umgebung ihre Bedingungen akzeptierte, und entwickelte Verhaltensmuster, die in ihrem künftigen Leben für Schwierigkeiten sorgen würden. »Dass ihr kaum jemand mal ein klares Nein gesagt hatte, war ein Problem«, meinte ihr Cousin Robert Spencer.

Ihre turbulente Kindheit hinterließ als tiefgreifendste Auswirkung bei Diana den Eindruck, dass sie sich letztendlich auf keinen Elternteil verlassen konnte. Ein Gefühl gesunder Abhängigkeit – die Zuversicht, dass die Eltern »da« sind, wenn das Kind sie braucht – bildet üblicherweise die Grundlage für Selbstsicherheit und Selbstvertrauen im späteren Leben. Aufgrund ihrer Verunsicherung machte sich Diana schließlich geradezu besessen auf die Suche nach einer Person, die ihr jene Liebe und jenes Verständnis entgegenbringen würde, derer sie so dringend bedurfte.

# KAPITEL 4

Einige Jahre nach der Scheidung beschloss Dianas Vater, seine Tochter in ein Internat zu schicken. Unter normalen Umständen hätte diese Entscheidung keinerlei Probleme mit sich gebracht. In der englischen Oberschicht galt der Eintritt ins Internat als althergebrachtes Ritual: Die meisten Jungen verließen ihr Zuhause im Alter von acht Jahren, die Mädchen einige Jahre später. Für Jungen bedeutete das Internat den Beginn einer strengen Erziehung. Mit Ausnahme von einigen anspruchsvollen »öffentlichen« (in Wirklichkeit aber wiederum privaten) Schulen wie Cheltenham und Roedean lag der Schwerpunkt bei den Mädchen eher im gesellschaftlichen als im akademischen Bereich. Mädchen wurden Grundkenntnisse in Englisch, Mathematik, Fremdsprachen, Geschichte und Naturwissenschaften vermittelt. Vorrangiges Ziel der Internate war jedoch, sie im Zusammenleben mit anderen zu unterweisen, ihr Gefühl für Verantwortung zu entwickeln und sie angemessene Umgangsformen, Gepflegtheit, Disziplin und Toleranz zu lehren. Johnnie und Frances hatten Internate besucht, und so war es für ihre Kinder selbstverständlich, diesem Beispiel zu folgen.

Diana war erst neun Jahre alt, als ihr Vater beschloss, sie nach Riddlesworth Hall zu schicken, ein Internat, das zwei Autostunden von Park House entfernt lag. Sie hatte in der lokalen Tagesschule in Silfield, die sie nach dem chaotischen Herbst der Trennungen und Auseinandersetzungen seit Januar 1968 besuchte, gute Leistungen erbracht. Nach ihrem Eintritt in Silfield hatte eine von Dianas Lehrkräften vermerkt, dass sie »allmählich Vertrauen in ihre Arbeiten gewinnt«. Zwei Jahre später war sie »sehr gut, sollte jedoch sorgfältiger darauf achten, wo sie Großbuchstaben verwendet!« Kurz darauf zeigen sich in ihrer Beurteilung die ersten Probleme: »Unglücklicherweise neigt Diana ihren Schwächen gegenüber zu einer defätistischen Haltung. Dies muss sich ändern, wenn sie eine allgemeine Leistungssteigerung erreichen will.«

Einem Journalisten zufolge war Diana in der Klasse »fröhlich und gesprächig«, ein anderer dagegen beschreibt sie als »still und scheu«.

Aller Wahrscheinlichkeit nach zeigten sich dort die beiden Seiten ihrer Persönlichkeit. Nach ihren eigenen Erinnerungen fühlte sich Diana in Silfield nicht wohl, da sie die einzige Schülerin aus einer geschiedenen Ehe war. Sie empfand sich als »entsetzlich anders«. Dianas Lehrer warteten darauf, dass ihre Fröhlichkeit irgendwann nachlassen würde. Daraus, dass dies nicht geschah, schlossen sie, dass sie im Innersten stark und unverwüstlich wäre.

Mit 120 Schülern im Alter zwischen sieben und 13 Jahren bot Riddlesworth eine förderliche Bildungsumgebung und Schülergemeinschaft, in der sich auch andere Mädchen aus geschiedenen Ehen fanden. Eine Cousine und mehrere Freundinnen besuchten dieses Internat bereits, so dass Diana von Beginn an in vertrauter Gesellschaft war. Die Direktorin, Elizabeth Ridsdale, eine warmherzige, kluge Frau, wurde von den Mädchen »Riddy« genannt. Die Schulphilosophie schien für Dianas emotionale und akademische Bedürfnisse geradezu ideal: Riddlesworth strebte »eine stabile familiäre Atmosphäre« an, »in der sich ein Kind natürlich und glücklich entwickeln kann, in der individuelle Freiheit und die Disziplin innerhalb der Gemeinschaft ein harmonisches Gleichgewicht bilden, die Schüler ein Gefühl von Sicherheit entwickeln und jedes Kind die Gelegenheit erhält, auf dem einen oder anderen Gebiet gute Leistungen zu erbringen«.

Als Johnnie Diana in seine Pläne mit Riddlesworth einweihte, fühlte sie sich neuerlich zurückgewiesen. Sie hatte sich daran gewöhnt, sich um ihren Vater zu kümmern, und versuchte, ihn zu überreden, sie nicht fortzuschicken. »Ich beschwor ihn: ›Wenn du mich liebst, verlässt du mich nicht‹«, erinnerte sie sich. Mit den gleichen inständigen Bitten versuchte sie auch Prinz Charles davon abzuhalten, sie allein zu lassen.

Ungeachtet ihrer Proteste trat sie im Herbst 1970 in Riddlesworth ein. Nach anfänglichem Heimweh fügte sie sich gut in die freundliche Atmosphäre der Schule ein. Einige Monate später besuchte Mary Clarke Park House zum ersten Mal. Sie war geschickt worden, um Diana für einen Aufenthalt zu Hause zu holen. Diana begrüßte sie mit »niedergeschlagenen Augen«, wie immer, »wenn sie jemand Neuen traf«, erinnerte sich Clark. »Je mehr Zeit sie jedoch in Riddlesworth verbrachte, desto besser gewöhnte sie sich ein und desto glücklicher wurde sie. Da sie niemanden unter Druck setzte, fand sie viele Freundinnen. Sie war ein von Natur aus großzügiges, offenherziges und fantasievolles Mädchen.«

Später erklärte Diana, dass sie Riddlesworth »geliebt« habe, wo man ihre Talente und Eigenschaften förderte. Sie gewann einen Pokal im Schwimmen, nahm zusätzliche Tanzstunden, erhielt einen Preis für das schönste Meerschweinchen und errang den Legatt Cup, die Auszeichnung der Schule für »Hilfsbereitschaft«. »Die Geschäftigkeit des Internats riss sie mit«, schrieb Penny Junor, »... lebhaft und voller Schwung wollte sie stets zum Nächsten aufbrechen ... Sie war glücklich dazuzupassen ... Wenn sie auch nicht zu den Mädchen gehörte, zu denen man aufsah, war sie doch eine von jenen, die man gern um sich hatte. Sie war ein Mädchen, das nach Beliebtheit strebte.«

Junor berichtete ferner, dass Diana »der Traum jeder Lehrkraft war: wohlerzogen, bemüht, freundlich, angenehm, ausgeglichen und immer kooperativ«. Diese Beschreibung stimmt nicht vollkommen mit Dianas Erinnerungen überein: »Ich war in gewissem Sinn ungezogen, denn ich wollte immer lachen und herumalbern, statt schweigend die vier Wände des Klassenzimmers anzustarren.« Ihre Unaufmerksamkeit ist zum Teil für ihren nur durchschnittlichen Lernerfolg verantwortlich. Riddys Beurteilung am Ende von Dianas drittem Schuljahr wies dann auch eine typische Mischung auf: »Diana hat sich in diesem Schuljahr als außergewöhnlich hilfsbereit erwiesen. Sie hat sich als effiziente und gute Organisatorin gezeigt. Wenn es ihr bloß gelänge, dieselbe Begeisterung für ihre Arbeit aufzubringen, könnte sie Berge versetzen. Gelegentlich verfällt sie in eine Art Streitsucht. Diese Anfälle treten jedoch wesentlich seltener auf als in der Vergangenheit.«

Nach drei Jahren in Riddlesworth wurde Diana in West Heath angenommen, einem Internat für ältere Mädchen, das auch Sarah und Jane besucht hatten. Die einzige Aufnahmebedingung war eine gepflegte Handschrift. Etwa eine Autostunde von London entfernt in Kent gelegen, bot sich West Heath als idealer Zufluchtsort für ein Mädchen an, das unter schwierigen Umständen durch das Teenageralter zu steuern versuchte. In verschiedener Hinsicht wirkte die Schule so beruhigend, dass sie Stimmungsschwankungen, turbulente Beziehungen, Identitätskrisen und Aufsässigkeit gegenüber Autoritäten, die zu den üblichen entwicklungsbedingten Herausforderungen eines Teenagers zählen, ausgleichen konnte.

»Es war eine sehr einfache Schule, und wir wurden auch nicht ermutigt, anspruchsvoll zu sein«, erklärte eine Frau, die gemeinsam mit Diana West Heath besuchte. »Wir beschwerten uns, dass man uns zu sehr abschirmte. In Londoner Schulen waren Dinge erlaubt, die bei uns nicht gestattet waren. Wir trafen uns nie mit Jungen an der Auffahrt. Verschiedene Schulen erlaubten, dass die Mädchen im Abschlussjahr rauchten und Alkohol tranken. Auch hierin war West Heath altmodisch. Wir wurden nur langsam erwachsen. Die insgesamt nur 120 Schülerinnen waren in kleine Klassen eingeteilt. Alle verließen die Schule glücklich und zufrieden, es herrschte wenig Angst. Falls sich Diana elend gefühlt hat, habe ich nichts davon bemerkt. Es war ein sehr entspannter Ort.«

Diana trat im Herbst 1973 im Alter von zwölf Jahren in West Heath ein. Ihre 16-jährige Schwester Jane war Schulsprecherin und mit elf bestandenen Zwischenabschlussprüfungen eine Musterschülerin. Britische Schüler werden vor den letzten beiden Jahren der Highschool diesen Zwischenprüfungen unterzogen. Anhand der Ergebnisse dieser Tests wählen die Schüler die Fächer für die Abiturprüfungen, die für die Zulassung zu einem College erforderlich sind.

Sarah erbrachte weniger gute Leistungen, hatte aber dennoch Erfolg in West Heath. Sie spielte Lacrosse, Korbball, Tennis und Cricket, trat in Theateraufführungen der Schule auf, gewann Preise im Tauchen und bestand sechs Zwischenprüfungen. Ungeachtet ihrer offensichtlichen Eignung entschied sie, dass sie »nicht aus Universitätsholz geschnitzt war« und schlug stattdessen den Weg der Rebellion ein. »Ich habe getrunken, weil ich mich langweilte«, erinnerte sie sich. »Ich trank alles: Whiskey, Cointreau, Gin, Sherry und vor allem Wodka, weil Wodka mich dem Schulpersonal nicht durch Geruch verriet.« 1971 wurde sie in betrunkenem Zustand ertappt und von der Schule verwiesen.

Im darauf folgenden Jahr wiederholte sie das Schuljahr in einer Abschlussschule in der Schweiz, wo sie fließend Französisch lernte. Danach übersiedelte sie nach Wien, studierte am Konservatorium Klavier und erwarb ein Diplom für Deutsch. Als Sarah im Frühjahr 1973 nach England zurückkehrte, veranstaltete Johnnie für sie einen prachtvollen Debütantinnenball und führte sie während der »Saison« in die Londoner Gesellschaft ein. Als Diana in West Heath eintrat, war Sarah 18 Jahre alt und arbeitete in London bei der Zeitschrift *Vogue* als Redaktionsassistentin.

Ruth Rudge, die lange Zeit als Lateinprofessorin tätig war, stand zu dieser Zeit West Heath als Direktorin vor. Die unbeugsame, scharfsinnige und sensible Rudge ging ebenso wie Elizabeth Ridsdale auf die Stärken ihrer Schülerinnen ein. »Die Schule verlieh den Mädchen Sicherheit in jener Zeit, in der sie sie benötigten«, erklärte die Mutter einer Schulkameradin von Diana. »Wenn sie gerne tanzten, taten sie dies, und wenn sie gerne musizierten, taten sie auch dies.« Ruth Rudges erste Beurteilung von Diana zeigt, dass sie sich deren unterschwelliger Eigenschaften ebenso bewusst war wie der Mittel, diese zu besänftigen. Als Diana in West Heath eintrat, »misstraute sie Erwachsenen und reagierte häufig empfindlich auf ihre Alterskameraden«, beobachtete Rudge später. »Sie freute sich, in eine Gruppe von lebhaften, talentierten, fürsorglichen Personen zu kommen, von denen sie einige bereits kannte. Sie entwickelte rasch Vertrauen zu ihrer neuen Umgebung und fand ihren Platz innerhalb dieser Gemeinschaft.«

Rudge war Dianas Misstrauen aufgefallen. »Sie verhielt sich Menschen gegenüber so lange vorsichtig, bis sie ihnen vertraute«, erklärte Rudge. »Immerhin hatte sie schon einige Schläge abbekommen, und dies vor allem von Erwachsenen … Sobald sie jemandem vertraute, war alles in Ordnung.« In ihren Interviews mit Morton ging Diana härter mit sich ins Gericht: Ihrer Ansicht nach verhielt sie sich zunächst »abscheulich«. Ihre Schwester Jane nahm in gewisser Weise eine Machtposition ein, daher verhielt sich Diana wie eine »Tyrannin«. Nachdem jedoch einige der Mädchen an Diana für die erlittenen Schikanen Vergeltung geübt hatten, »kam sie zur Ruhe und wurde ausgeglichen«.

Weder Rudge noch Violet Allen, die als Hausmutter das Verhalten in den Schlafräumen sowie die Krankenstation überwachte, hatten je etwas von Dianas Schikanen gegenüber anderen bemerkt. In einem Zeugnis fand sich jedoch der Hinweis, dass »sie versuchen muss, im Umgang mit anderen weniger emotional zu reagieren«. Rudge war sich Dianas Reizbarkeit deutlich bewusst. »Sie besaß einen starken Charakter und bekam, was sie sich wünschte. Zudem konnte sie sich gut mit Worten verteidigen.«

Ferner prahlte Diana Morton gegenüber, einmal beinahe aus West Heath verwiesen worden zu sein, nachdem sie als Mutprobe nachts das Gelände verlassen hatte. Sie beschrieb die Episode in lebhaften Farben, schilderte die Ankunft der Polizeiwagen und ihrer Eltern und den verbissenen und gleichzeitig stolzen Gesichtsausdruck ihrer Mutter, die anstelle einer Rüge meinte: »Ich hätte nicht gedacht, dass so etwas in dir steckt.« Ruth Rudge kann sich eines derartigen Zwischenfalls nicht entsinnen. »Ich wäre auf jeden Fall hinzugezogen worden«, erklärte sie. »Diese Erzählung weckt bei mir jedoch keinerlei Erinnerung.«

Dianas Schulkameradin Carolyn Bartholomew erinnert sich an ihre

Freundin als »heiter und lautstark ... voller Leben, einfach ein überschäumendes Wesen«, während andere Schülerinnen Diana als zurückgezogen und beherrscht in Erinnerung behielten, jemanden, der seine Gefühle gut verbarg. Je nach den Umständen und dem jeweiligen Grad ihres Selbstvertrauens brachte Diana beide Seiten ihrer Persönlichkeit zum Ausdruck. Als sie Andrew Morton von ihrer Schulzeit erzählte, tat sie dies mit so widersprüchlichen Aussagen, als spräche sie in Rätseln. »Ich suchte immer Schwierigkeiten«, erklärte sie und fügte noch im selben Atemzug hinzu, »aber ich wusste mich auch zu benehmen. Es gab eine Zeit, um still zu sein, und eine andere, um sich lautstark zu Wort zu melden. Ich war stets imstande, mich darauf einzustellen.« Ruth Rudge verstand diese Komplexität, wie aus einer nach Dianas Tod verfassten Würdigung ersichtlich wird: »Mitgefühl und Fürsorge, Anspannungen und Schikanen, ihre freigebige Freundlichkeit und ihre raschen Vergeltungsschläge, wenn sie sich ungerecht behandelt fühlte, all diese auch in ihrem späteren Leben belegten Merkmale zeigten sich bereits in ihren Schultagen.«

Dianas stürmisches Temperament offenbarte sich, sobald sie sich von Schulkameraden benachteiligt fühlte. Im Großen und Ganzen jedoch war ihr Verhalten angenehm, und sie bemühte sich, anderen Freude zu bereiten. Die Schule förderte jene Bereiche, in denen sie Talent besaß, und belohnte ihre Leistungen. Es erfüllte sie mit Zufriedenheit, jüngeren Schülerinnen und Not leidenden Menschen aus der Gemeinde beizustehen. So besuchte sie jede Woche geistig Behinderte in der örtlichen Nervenklinik und eine ältere Frau. Sie spielte gern Klavier – zu ihren Lieblingsstücken zählte der Slawische Tanz in g-moll von Dvořák. Doch ihre Technik, obwohl energiegeladen, reichte nicht an die von Jane oder Sarah heran, geschweige denn an die ihrer Großmutter Ruth Fermoy, die Konzertpianistin gewesen war. Dianas große Stärke war der Tanz. Sie nahm Unterricht in Ballett, Stepptanz und Gesellschaftstanz. Mit großem Eifer widmete sie sich den Übungen und gewann schließlich im Jahr 1976 den Tanzwettbewerb der Schule. Ebenso ausgezeichnete Leistungen erbrachte sie im Schwimmen und Tauchen und gewann in diesen beiden Sportarten in vier aufeinander folgenden Jahren Medaillen.

In ihrem letzten Jahr wurde sie wie zuvor ihre Schwester Jane zur Schulsprecherin gewählt. Diese Aufgabe erfüllte sie so verantwortungsbewusst, dass ihr eine Auszeichnung für besondere Verdienste zuerkannt wurde – ein Preis für »jemanden, der Dinge vollbracht hat, die sonst unerwähnt geblieben wären«, so Ruth Rudge. »Sie war in ihrem Handeln zuverlässig, setzte sich stark für andere ein und brachte ihre Freizeit großzügig für ihre Aufgabe auf.« Nachdem Diana während einer Epidemie aus der Krankenstation entlassen worden war, kehrte sie zurück, um Violet Allen zu helfen, den anderen kranken Mädchen die Mahlzeiten zu servieren. »Sie besaß ein fürsorgliches Herz«, kommentierte Allen.

Mehr als fünf Jahre waren nun seit der Trennung ihrer Eltern vergangen, doch Diana litt noch immer unter den Folgen. »Es war für sie eine vorwiegend traumatische Zeit«, erklärte Allen. »Wir hatten wenige Mädchen aus geschiedenen Familien, und sie kam häufig zu mir, um sich auszusprechen. Selbstverständlich vermisste sie ihre Mutter und ihren Vater. Die anderen Mädchen aus geschiedenen Familien fühlten ebenso wie sie. Einige akzeptierten die Tatsache, anderen fiel es bedeutend schwerer. Diana hatte zweifellos Mühe, sich mit der Situation abzufinden. Sie war in verschiedener Hinsicht sehr empfindlich. Ich kann es nicht mit Sicherheit sagen, aber vermutlich hatte das mit ihrer eigenen Unsicherheit und dem Bruch der Ehe [ihrer Eltern] zu tun.«

Wie in Silfield und Riddlesworth, behielt Diana ihre Trauer unter Kontrolle. »Die meisten Mädchen aus geschiedenen Familien kamen zu mir und weinten ein wenig«, berichtete Allen. »Sie habe ich jedoch nie weinen sehen. Wahrscheinlich hat sie vieles in ihrem Inneren verschlossen.« Allens Beobachtungen stimmten auffallend mit denen der Lehrkräfte von Riddlesworth überein, die anmerkten, dass Diana »immer überaus beherrscht war und unter keinen Umständen dazu neigte, in Tränen auszubrechen«.

Keine Schule der Welt jedoch konnte Diana vor weiteren Verlusten in der Familie schützen. 1972 wurde sie schwer getroffen vom Tod ihrer geliebten Großmutter, Lady Cynthia Spencer. Einen noch schmerzvolleren Schicksalsschlag musste sie erleiden, als ihr Großvater Jack, der siebte Earl Spencer, am 9. Juni 1975 starb. Dadurch wurde die Familie gezwungen, Norfolk zu verlassen und nach Althorp überzusiedeln, wo Johnnie den Titel des achten Earl Spencer übernahm. »Es war ein entsetzlicher Schmerz«, schilderte Diana die Abreise von Park House. Sie war damals 14 Jahre alt. Ihr Bruder Charles betrachtet diese Zeit als »schwierige Phase in unser aller Leben. Den Geistern unserer Kindheit und unseren Freunden entrissen, wurden wir in einen Park verpflanzt, der so groß war wie ganz Monaco.« Der 121 Zimmer große Landsitz erinnerte Charles an eine »frostige Verwerfung im Zeit-Raum-Kontinuum, die vom Geruch von Trumpers Haaröl und dem allgegenwärtigen Ticken von Großvaters Uhren durchdrungen war«. Junor zufolge gelang es Diana nie, »so etwas wie Zuneigung« für Althorp zu entwickeln.

Kurz nach der Übersiedlung wurden die Spencer-Kinder von der Mitteilung überrascht, dass der damals 52-jährige Johnnie in einer stillen Zeremonie am 14. Juli 1976 die 46-jährige Gräfin Raine von Dartmouth geheiratet hatte, ohne dass sie vorher davon gewusst hätten. Raine war eine attraktive Frau mit dichtem, sorgfältig frisiertem Haar und umstrittenem Image. Ihre Familie, die McCorquodales, gehörte dem niedrigen Adel an und hatte ihr Vermögen in der Druckerbranche erworben. Ihre Mutter war die extravagante Romanautorin Barbara Cartland, und Neil McCorquodale, einer ihrer Cousins, würde später Dianas Schwester Sarah heiraten. Raine war für ihr Engagement in den Londoner Regierungskreisen bekannt und erwarb sich einen Namen mit ihrer Direktheit. Sie besaß einen scharfen Verstand, beträchtliche Energiereserven und einen starken Ehrgeiz.

Johnnie und Raine verliebten sich zu Beginn der siebziger Jahre ineinander, als sie für den Stadtrat von Groß-London gemeinsam an einem Buch über historische Gebäude arbeiteten. Sie war 28 Jahre lang mit dem Grafen von Dartmouth verheiratet gewesen und hatte vier Kinder. »Als ich Johnnie kennen lernte, war er ein einsamer unglücklicher Mann, der seit mehreren Jahren geschieden war«, berichtete Raine. Als Johnnie Raine 1973 zum Debütantinnenball seiner Tochter einlud, wurde über die Affäre bereits geklatscht. Raine verließ ihren Ehemann 1974. Wie Johnnie wurde auch Gerald Dartmouth bei der Scheidung im Jahr 1976 die Vormundschaft für die Kinder zugesprochen, nachdem er Johnnie – seinen ehemaligen Freund aus den Zeiten in Eton – als Mitbeklagten angeführt hatte.

Johnnie war von Raine betört; für Freunde und Verwandte war deutlich, dass er seinen Lebensgeist wiedergefunden hatte. »Als Raine in sein Leben trat, war er für ihre großzügigen Schmeicheleien sehr empfänglich«, erklärte ein Mitglied der Familie Spencer. Es gelang ihr sogar, Johnnies Vater, der für seine schlechte Laune bekannt war, und andere Familienmitglieder für sich einzunehmen. »Zu Beginn begrüßte ich Raines Erscheinen«, meinte Robert Spencer. »Ich glaubte, sie würde

Johnnie gut tun und sich als hervorragende Schlossherrin von Althorp erweisen. Eigentlich waren alle für sie, mit Ausnahme der Kinder.« Diana und ihre Geschwister lehnten Raine vom ersten Augenblick an ab, da sie ihren Vater nicht mit jemandem teilen wollten, den sie kaum kannten. Diana erinnerte sich, dass Raine »uns mit Geschenken überschüttete. Wir alle hassten sie, weil wir glaubten, dass sie uns unseren Vater wegnehmen würde«. Raines Übertriebenheit und Taktlosigkeit verschlimmerte die Lage, so dass die Kinder der Familie Spencer sie bald nur noch »Acid Raine«, »saurer Regen« nannten. »Sie beherrschte ihn und ließ die Kinder nicht in seine Nähe«, bemerkte ein Freund der Spencer-Schwestern. »Gekränkt sahen sie zu, wie ihr Vater alles stehen und liegen ließ, um zu dieser Frau zu eilen, die ihn fest im Griff hatte. Sie [Raine] gestattete den Kindern nicht, nach Hause zu kommen, ohne ihren Besuch drei Monate im Voraus anzukündigen. Darüber hinaus steuerte sie sein Leben und gab sein Geld aus.«

Besonders vielsagend ist die Geschichte, dass Diana eine Freundin dazu brachte, Raine einen bösen anonymen Brief zu schreiben, nachdem sie auf einen Brief gestoßen war, in dem ihre zukünftige Stiefmutter Johnnie ihre Pläne für die neue Innenausstattung von Althorp mitteilte. (Dianas Angewohnheit, die Post anderer zu lesen und Gespräche zu belauschen, entsprang ihrer misstrauischen Natur und sollte in ihrer Ehe zu Schwierigkeiten führen.) Ihr Misstrauen gegenüber Raine verstärkte sich, als die neue Gräfin Spencer den Verkauf der Schätze von Althorp in die Wege leitete, um Erbschaftssteuern zu bezahlen und die umfangreichen Renovierungsarbeiten zu finanzieren. »Die Kinder nahmen ihr übel, was sie mit Althorp tat«, erklärte ein weiterer Cousin der Familie Spencer. »Alles glänzte und blitzte zu sehr. Raine war von den Kindern durch eine tiefe Kluft getrennt, und wenn sie es ihr schwermachen konnten, taten sie es auch. Sie war stark genug, die Hiebe abzufangen, und die Kinder wahrten ihrerseits sichere Distanz.«

Diana sprach in späteren Jahren mit bitteren Worten über den Hass, den sie ihrer Stiefmutter entgegenbrachte, während Raine an einer wohlwollenderen Ansicht über ihre jüngste Stieftochter festhielt. Im Jahr 1981 erklärte sie in einem Interview, dass Sarah sie »abgelehnt« und Jane sie zwei Jahre lang ignoriert habe, während sich Diana immer »liebevoll verhalten hatte und ihrer eigenen Wege ging«.

Raine stieß in einem für Sarah besonders schwierigen Zeitpunkt zur Familie Spencer. Nachdem sich ihre Position bei *Vogue* gefestigt hatte, begann sie eine »intensive Liebesaffäre« mit Gerald Grosvenor, dem Herzog von Westminster, der auf ihrem Debütantinnenball zu ihren Begleitern gezählt hatte. 1975 reiste Sarah nach Australien, wo ihre Mutter und ihr Stiefvater in New South Wales eine Farm besaßen. Als sie drei Monate später nach London zurückkehrte, zerbrach ihre Beziehung zu Gerald Grosvenor. Sarah litt die folgenden zwei Jahre an Essstörungen.

»Sarah war sehr attraktiv, und es ereigneten sich ständig kleine Dramen in ihrem Liebesleben«, erzählte eine Freundin. »Ihre Essstörungen wurden vor allem durch die Zurückweisung eines Mannes ausgelöst.« Sarah selbst schrieb ihr Leiden der in die Brüche gegangenen Liebesbeziehung und den »häuslichen Unruhen innerhalb meiner Familie« zu, die zu einer Situation führten, die sie als »katastrophal« bezeichnete. Einen Monat nach der Rückkehr aus Australien »hörte ich zu essen auf«, erinnerte sich Sarah. »Ich spielte eine Weile mit einem Salatblatt, und wenn es mir gelang, eine Mahlzeit hinunterzuwürgen, gab ich sie sogleich wieder von mir.«

Sarahs Appetitlosigkeit und Gewichtsverlust nahmen so alarmierende Ausmaße an, dass ihre Mutter sie im Mai 1975 in ein Krankenhaus einweisen ließ. »Ich nahm viel medizinische Hilfe in Anspruch«, erklärte Frances. Sarahs Zustand besserte sich jedoch nicht. Stattdessen nahm sie in zwei Wochen weitere dreieinhalb Kilo ab. Nach ihrer Entlassung aus dem Krankenhaus kämpfte sie noch ein weiteres Jahr gegen ihr Leiden. Ihr Gewicht sank von 56 auf 38,5 Kilo, was ihr bei einer Größe von 1,68 Meter ein Aussehen verlieh, »als käme ich aus einem Konzentrationslager«, wie Sarah erklärte. »Da mir normale Kleidung nicht passte, kaufte ich in der Kinderabteilung ein.« Sie selbst verweigerte jede Behandlung, da sie sich nach eigener Aussage »wie ein Alkoholiker verhielt. Ich wollte mir nicht eingestehen, dass ich Probleme hatte. Man gelangt schließlich zu der Überzeugung, so mager schön zu sein.«

Als Johnnie Raine im Juli 1976 heiratete, floh Sarah nach Afrika, wo sie mit zwei Freundinnen monatelang durch Kenia, Simbabwe und Südafrika reiste. Bei ihrer Rückkehr nach England Ende des Jahres fand sie eine Anstellung in einem Londoner Immobilienbüro. »Körperlich war ich wirklich am Ende, was ich natürlich nicht zugeben wollte«, erklärte sie.

Später anerkannte Sarah die Tatsache, dass sie an nervöser Anorexie litt, einer Mitte des 19. Jahrhunderts bekannt gewordenen Essstörung, die durch selbstauferlegte Hungerkuren gekennzeichnet ist. Gleichzeitig hatte sie wahre Heißhungeranfälle, nach denen sie sich absichtlich erbrach. Dieses Verhalten wird als Bulimie bezeichnet. (Der Begriff »Bulimie« leitet sich vom griechischen Wort *limos* ab, das »Hunger« bedeutet, und von *bous*, »Stier« oder »Ochse«. Daraus ergeben sich Interpretationen wie »hungrig wie ein Stier« oder »hungrig genug, um einen ganzen Ochsen zu verschlingen«.) Bulimie wurde erst 1979 als spezifische Essstörung identifiziert, die Symptome dieses Leidens hatten sich jedoch bereits vorher in Anorexiefällen wie dem von Sarah gezeigt. »Sarah wurde nach jeder Mahlzeit übel«, erinnerte sich eine Freundin aus jenen Jahren. »Sie war entsetzlich mager. Coca-Cola war das Einzige, was sie noch aufrechterhielt.«

Während dieser schwierigen Phase besuchte Diana Sarah an internatsfreien Wochenenden in ihrem Apartment in Eaton Mews South. Menschen, die an Bulimie und Anorexie leiden, versuchen üblicherweise, das Muster aus Fasten, Heißhungeranfällen und »unangemessenem Ausgleichsverhalten« wie erzwungenem Erbrechen zu verbergen. Sarahs Familie und Freunde durchschauten ihre Täuschungsmanöver jedoch. Diana sorgte sich ebenso wie alle anderen um ihre Schwester. Freunden von Sarah zufolge »versuchte sie jedoch nicht, die Rolle eines Helfers zu spielen«.

Erst wenige Monate vor ihrem Tod gestand Diana, wie sehr Sarahs Krankheit sie beeinflusst hatte. Zuvor hatte sie stets behauptet, Charles liebloses Verhalten während der Verlobungszeit habe ihre Essstörungen ausgelöst. Psychiatern und Psychologen erscheint ein so plötzliches Auftreten der Krankheit in diesem Alter unwahrscheinlich. Im Mai 1997 gestand Diana schließlich gegenüber Patienten von Roehampton Priory, einer Privatklinik außerhalb von London, dass bei ihr die ersten Symptome von Bulimie Mitte der siebziger Jahre aufgetreten waren. »Ich begann damit, weil Sarah an Anorexie litt und ich sie so sehr verehrte, dass ich ihr in allem gleichen wollte«, erklärte Diana. »Ich verstand nie, warum bei zwei Schwestern dieselbe Krankheit auftreten sollte, und doch war das der Fall. Ich kann nur vermuten, dass ich ihr in allem nacheifern wollte.«

Dianas Analyse ergibt bis zu einem gewissen Grad einen Sinn. Sie verehrte Sarah tatsächlich und war leicht beeinflussbar. Sie vergaß jedoch, andere Faktoren zu berücksichtigen, die ihre Persönlichkeit und ihr Verhalten zu steuern schienen. So könnte sie von ihrer Mutter beeinflusst worden sein, die selbst Essstörungen eingestand. Kurz nach Dianas Besuch in der Privatklinik Roehampton Priory befragte ein Reporter Frances wegen der Gerüchte über Alkoholprobleme. »Ich glaube nicht, dass ich damit Probleme habe«, gab Frances zurück. »Ich habe aber Schwierigkeiten zu essen, wenn ich mich aufrege ... Ich glaube nicht, dass mit meinem Essverhalten etwas nicht in Ordnung ist ... Es ist bloß, wenn ich unter Druck stehe ... Mein Problem besteht lediglich darin, dass ich es nicht bemerke, wenn ich noch nicht gegessen habe«, fügte sie schließlich in abgebrochenen Sätzen hinzu.

Es gibt deutliche Hinweise, dass Diana bereits im Teenageralter auf stressgeladene Situationen mit Heißhungeranfällen reagierte. Während sie das Erbrechen wirkungsvoll verbergen konnte, war ihr übermäßiges Essen deutlich zu sehen. Sowohl Ruth Rudge als auch Violet Allen von West Heath bemerkten, dass Diana mit großem Appetit aß. »Sie schlich häufig in der Nähe der Speisekammer umher, und ich vermutete, dass sie sich mit Nahrungsmitteln versorgte, um ihren gesunden Appetit zu befriedigen. Mir gegenüber versicherte sie jedoch, dass sie einfach die Häuslichkeit dieser Räume genoss«, vermerkte Ruth Rudges. Sie erinnerte sich an Dianas »Mitternachtspartys, zu denen sie heimlich Essen in die Schule einschmuggelte«. Diana »liebte Essen«, schrieb Penny Junor in ihrer 1982 erschienenen Biografie, »und vor allem gebackene Bohnen. Jeden Morgen versorgte sie sich mit bis zu vier Schüsseln All-Bran«. Diana selbst erinnerte sich: »Ich aß und aß und aß. Es war immer der größte Spaß, wenn jemand vorschlug, geben wir Diana doch drei Bücklinge und sechs Stück Brot zum Frühstück, und ich dann alles aufaß«.

Die Schulleitung von West Heath hatte ein feines Gespür für Anorexie entwickelt, Bulimie jedoch war von der psychiatrischen Gemeinschaft noch nicht als Krankheit erkannt worden. Diana besaß eine starke Neigung zuzunehmen, wurde jedoch nicht in dem Maß dicker, wie man es aufgrund ihres Essverhaltens hätte erwarten können. »Sie aß viel und musste diese Mengen auch wieder irgendwie loswerden«, bemerkte eine Verwandte. Das Erbrechen musste im Geheimen geschehen. »Das zu verbergen ist einfach«, bemerkte eine Frau, die der königlichen Familie nahe stand und selbst an Bulimie litt. »Man muss lediglich schlau genug sein, den Wasserhahn laufen zu lassen und das Radio einzuschalten. Bei Bulimie gibt es zahllose Täuschungsmöglichkeiten.« Dass Diana zu Heimlichkeiten imstande war, wird aus der Beschreibung ihrer Zeit in West Heath deutlich: Immer wieder schlich sie nach der festgelegten Nachtruhe die Treppe hinab, schaltete Musik ein und tanzte »stundenlang« Ballett, ohne entdeckt zu werden.

Bulimie kann durch verschiedene Impulse ausgelöst werden. Einer davon ist das Bedürfnis, in Zeiten von Unsicherheit Kontrolle über Körper und Geist auszuüben. Diese Situation trat ein, als Diana 1976 gezwungen wurde, das Zuhause ihrer Kindheit zu verlassen. Sie konnte es nicht ertragen mit anzusehen, wie die Möbelpacker das Hab und Gut der Familie einluden. Sie rief Alex Loyd an, ein Mädchen aus der Nachbarschaft, bemächtigte sich des gesamten Pfirsichvorrats aus der Speisekammer von Park House und verspeiste ihn mit ihrer Freundin genüsslich am Strand. In jenen Tagen nahm jedoch niemand von Dianas übermäßigem Appetit Notiz. In der beschützten Atmosphäre von West Heath zeigten sich ihre Symptome auch nur in Abständen.

Zusätzlich zu ihren Heißhungeranfällen und dem erzwungenen Erbrechen ließ Diana Verhaltensweisen erkennen, die an Besessenheit grenzten. Von frühester Kindheit an war sie ungewöhnlich ordentlich gewesen. Bereits im Alter von sechs Jahren waren ihr Schlafzimmer, ihre Kleidung und ihr Spielzeug immer tadellos aufgeräumt. Dianas Cousin Robert Spencer bemerkte, dass sie »ständig am Waschen, Aufräumen und Bügeln war. Das war ein nervöser Zug von ihr.«

Diese Angewohnheit behielt Diana auch in der Schule bei, wo es ihr scheinbar eine Erleichterung war, für andere Mädchen aufzuräumen. »Wenn ich die Schlafräume kontrollierte, fand ich sie mitunter mit Schaufel und Besen vor«, erinnerte sich Hausmutter Violet Allen. »Einige der Mädchen hielten sie vermutlich für übertrieben ordentlich. Wahrscheinlich wollte sie auf diese Weise Herr der Lage bleiben.« Angesichts der Tatsache, dass Diana später die Kontrolle über ihr Privatleben verlor, erscheint dieses Verhalten bedeutungsvoll. »Diana besaß starke Charakterzüge, die sie zusammenhielten«, erklärte Dr. Kent Ravenscrot, ein auf Kinder und Jugendliche spezialisierter Psychiater und Psychoanalytiker. »Sie war ein braves Mädchen, das gleichzeitig mit der Unordnung um sich herum ihre negativen Gefühle aufräumte. Einerseits verspürte sie den Drang, selbst Unordnung zu schaffen, andererseits nutzte sie ihren Charakter, ihre Erziehung und ihre Stärke, um dagegen anzukämpfen. Ihre Sauberkeit war eine Methode, diese Situation zu bewältigen.«

Im Unterricht schrieb sie umfangreiche Essays. Die Worte »flossen nur so aus der Feder, mehr und mehr und mehr«. Dies war dem zwanghaften Redeschwall nicht unähnlich, der sie nach der Trennung ihrer Eltern befiel. Diana erinnerte sich, dass ihre endlosen nächtlichen Tanzübungen »immer die entsetzliche Spannung in meinem Kopf lösten«. Während ihres gesamten Lebens griff sie auf körperliche Übungen zurück, um mit Stress und Depressionen fertigzuwerden.

Die Freundschaften, die Diana in ihrer Schulzeit schloss, waren nicht annähernd so fest wie jene ihres Erwachsenenlebens. Das war vorwiegend darauf zurückzuführen, dass Ruth Rudges in West Heath eine Politik verfolgte, die eine »beste Freundin« verbot. Damit vermied sie einige der für Teenagerfreundschaften typischen Spannungen. »Ich ließ keine Busenfreundschaften zu, da ihr Auseinanderbrechen fürchterliche Traumata verursacht. Diana hatte keine Probleme, Freundinnen zu finden. Diese Gruppe bestand aus etwa 25 Mädchen.« Diana fand in den von Rudge geförderten Gruppenaktivitäten Sicherheit. Die Philosophie von West Heath kam ihren emotionalen Bedürfnissen entgegen und verhinderte, dass ihre Beziehungen außer Kontrolle gerieten.

Selbst in der gelösten Atmosphäre von West Heath fürchtete sie sich am heftigsten vor dem Klassenzimmer. Einerseits erinnerte sie sich, dass ihr alle Fächer gefielen, andererseits ließ sie sich leicht ablenken und meldete sich im Unterricht kaum zu Wort. Sie entwickelte weder intellektuelle Stärke noch Neugier. Ihre einzige Leidenschaft bildete die Flucht in die romantische Traumwelt ihrer Stiefgroßmutter Barbara Cartland. Diana »schrieb ungemein viel«, erklärte Ruth Rudge. »Bei Prüfungsarbeiten sind jedoch ein knapper Stil und eine prägnante Form erforderlich. Sie hatte viel gelitten, ihre Konzentration war nicht immer beim Unterricht, und sie besaß keine feste Grundlage. So bestanden ihre Arbeiten häufig aus Stückwerk. Diana hatte viel aufzuholen. Wie alle Menschen, deren Geist mit anderen Dingen beschäftigt ist, überließ sie sich gerne Tagträumereien.«

Rudge sah in Dianas mittelmäßiger schulischer Leistung eine direkte Folge der Scheidung ihrer Eltern. »Jedes Kind aus einer zerbrochenen Familie steht unter starkem Druck«, führte Rudge aus. »Kindern fällt es leichter, mit dem Tod umzugehen als mit einer Trennung. Der Tod ist gewiss eine traumatische Erfahrung, aber man lernt, sich mit ihm auseinander zu setzen. Mit einem innerfamiliären Bruch wird man jedoch nie wirklich fertig.«

Niemand in West Heath betrachtete Dianas geringe schulische Leistung als Makel. Selbst Ende der siebziger Jahre erwartete man von vielen Mädchen der Oberschicht nicht, dass sie die Universität besuchten, und tatsächlich erwarb keine von Dianas Freundinnen ein akademisches

Diplom. »Keines der Mädchen dieser Schule hätte ihr den Eindruck vermittelt, unterlegen zu sein«, meinte die Mutter einer Klassenkameradin von Diana. »Der Schwerpunkt lag auf Sport, Musik und Lachen. Die Mädchen lernten, was für sie notwendig war.«

Ungeachtet der Tatsache, dass die Schule Dianas Talente förderte, quälten ihre schulischen Probleme sie. »Im Alter von 14 Jahren dachte ich, dass ich auf keinem einzigen Gebiet gut wäre und einfach ein hoffnungsloser Fall«, erinnerte sich Diana. Ruth Rudge und Violet Allen zufolge ließ Diana keinerlei Anzeichen von derartigen Gefühlen erkennen. Dianas Schwierigkeiten im Unterricht verwiesen bereits auf jene Probleme, mit denen sie im Erwachsenenleben zu kämpfen haben würde: Konzentrationsmangel und fehlende intellektuelle Disziplin.

Mit 15 Jahren standen Diana die Zwischenabschlussprüfungen bevor. Selbst Schülerinnen, die nicht die Absicht hatten, ein College zu besuchen, wussten, dass sie die Prüfungen bestehen mussten, wenn sie je einen Job bekommen wollten. »Die Prüfungen waren wichtig. Sie bildeten die erste Hürde«, erklärte eine Frau, die gemeinsam mit Diana West Heath besucht hatte. Bei ihrem ersten Versuch im Juni 1977 bestand Diana nicht eine einzige Prüfung aus den Fachgebieten englische Literatur, englische Sprache, Geschichte, Kunst und Geografie. Im darauf folgenden Herbst trat sie nochmals an und bestand wieder nicht. Andrew Morton zufolge »erstarrte« sie einfach. Penny Junor führte einen ähnlichen Grund an: »Prüfungen versetzten sie in Panik ... Sie vergaß alles, was sie je gewusst hatte.« Gleichzeitig verwies sie jedoch darauf, dass Dianas Freunde ihr »Faulheit und die Tatsache vorwarfen, dass sie nie zu Leistung angespornt worden war«.

Dass jemand keine einzige Prüfung bestand, war jedoch höchst ungewöhnlich. Dianas Schwester Sarah hatte immerhin sechs Prüfungen bestanden und Jane elf. Ruth Rudge erklärte, dass sie bei Diana keinerlei Prüfungsangst festgestellt habe. »Ich erinnere mich nicht, mit ihr je in der Nacht vor einer Prüfung auf und ab spaziert zu sein, oder ihr Aspirin verabreicht zu haben, wie ich es so häufig mit anderen Mädchen getan habe. Sie ließ auch während der Prüfungen keinerlei Anzeichen von Panik erkennen.«

Im Rückblick wirkt das Ausmaß von Dianas Versagen wie ein Warnsignal. Sie besaß einen angemessen ausgebildeten Verstand, so dass sich für ihre schlechten Leistungen keine logische Erklärung fand. Es konnte eine vorsätzliche Tat sein, ein Zeichen akuter verborgener Angst oder

Konzentrationsmangel aufgrund der häuslichen Probleme. Was auch immer die Ursache sein mochte, wurde sie an jenem Punkt ihrer Jugend den anspruchsvollen Forderungen unterworfen, denen sie sich als Prinzessin von Wales würde stellen müssen.

Jahre später beklagte Diana öffentlich das mangelnde Selbstvertrauen in ihrer Jugend und beschwerte sich, dass sich niemand Zeit genommen habe, ihr zuzuhören. Paradoxerweise träumte sie als kleines Mädchen davon, »etwas Besonderes zu tun«, einem »gewundenen Pfad« zu folgen und »eine andere Richtung einzuschlagen, wenn ich auch nicht wusste, wohin sie mich führen würde«. Diana drückte nicht den Wunsch aus, selbst etwas zu erreichen. Stattdessen sprach sie davon, einen bedeutenden Mann zu heiraten. Ein rührend begrenztes Streben, das kaum über die Heirat mit einem Landadeligen hinausging. Die Boulevardreporter fanden dieses Ziel jedoch bemerkenswert. Richard Kay von der *Daily Mail* schrieb, dass es »innerhalb von Dianas Familie wohl bekannt war, dass sie bereits als kleines Kind überzeugt war, eines Tages eine berühmte Persönlichkeit zu heiraten«. Ihrer Astrologin Penny Thornton soll Diana anvertraut haben, dass ihr Vater schon in ihrer Kindheit gewusst habe, »dass sie zu Großem bestimmt sei«.

Wie so häufig, weicht Dianas Erinnerung deutlich von den Berichten anderer ab. »Als Kind hat sie nicht davon gesprochen«, widersprach eine Verwandte. »Niemand von uns hegte große Hoffnungen für Diana. Sie war bloß ein weiteres Kind.« Ein Interview, das Johnnie Spencer der Zeitschrift *Woman's Own* sieben Jahre nach Dianas Hochzeit gab, stützte diese Aussage. »Er habe ihr nie gesagt, dass sie eines Tages eine Prinzessin werden würde ... In Wirklichkeit hat er ihre Zukunft mit keinem Wort angesprochen.« »Ich nahm immer an, sie würde mit Kindern arbeiten, etwa in der Kinderbetreuung«, erklärte Johnnie. Wieder weist Dianas Deutung ihrer Kindheit einen Unterschied zwischen dem nach außen hin »gewöhnlichen Mädchen« und den Gedanken auf, die sie in ihrem Inneren hegte.

Nachdem Diana zweimal die Zwischenabschlussprüfungen nicht bestanden hatte, musste sie West Heath im Alter von 16 Jahren verlassen. Zu Beginn des Jahres 1978 trat sie in das Schweizer Institute Alpin Videmanette in der Nähe von Gstaad ein. Zum zweiten Mal reiste sie außer Landes. Das Institut war eine klassische »Abschlussschule«, die neben Kurzschrift und Maschineschreiben Kurse in »Haushaltswissenschaften« wie Kochen und Nähen anbot, in denen die Mädchen auf die

Ehe vorbereitet werden sollten. Der gesamte Unterricht wurde in Französisch abgehalten, und man erwartete von Diana, dass sie die Sprache ebenso erlerne wie Sarah Jahre zuvor.

Diana erklärte später, dass diese Schule sie vollkommen entmutigt habe. Nur neun der sechzig Schülerinnen beherrschten Englisch, sie war fünf Monate nach Beginn des Unterrichtsjahres eingetreten, und ihr Französisch war so schlecht, dass sie ausschließlich Englisch sprach. »Diana fühlte sich gänzlich im Stich gelassen«, erklärte die Mutter einer ihrer Freundinnen aus West Heath. »In diesem Internat hatte man es als Engländerin nicht leicht. Die meisten Mädchen kamen aus Spanien und Italien und vereinten sich in Cliquen.«

Diana schloss mit den Engländerinnen Freundschaft und nahm mit ihnen, gequält von heftigem Heimweh, am Schiunterricht teil. In dem verzweifelten Versuch, diesem Ort zu entfliehen, schrieb sie im ersten Monat wie eine Besessene »etwa 120 Briefe« an ihre Eltern. Das entspricht ungefähr vier Briefen pro Tag. »Ich schrieb und schrieb, denn ich fühlte mich völlig fehl am Platz ... Es war einfach zu erdrückend für mich«, erklärte sie. Nach sechs Wochen ließen sich ihre Eltern erweichen, und Diana kehrte im März nach England zurück. Wehmütig besuchte sie immer wieder ihre alten Freundinnen in West Heath, wo es Violet Allen nicht entging, dass sie während des kurzen Aufenthalts in der Schweiz stark abgenommen hatte.

Rückblickend machte Dianas Versagen in der Abschlussschule deutlich, zu welchen Reaktionen sie imstande war, wenn sie sich ausgesetzt und unsicher fühlte. Nach den chaotischen Jahren ihrer Kindheit hatte sie sieben Jahren in der institutionellen Abgeschiedenheit von Internaten verbracht. In vielerlei Hinsicht hatten sich Riddlesworth und West Heath vorteilhaft auf Diana ausgewirkt. Umgeben von fröhlichen Mädchen der gleichen Herkunft, waren ihre Tage mit zahlreichen Aktivitäten erfüllt, so dass sie wenig Gelegenheit hatte, sich einsam zu fühlen. Sie musste sich an Regeln halten, die sich als nützliche Stütze für ein Mädchen erwiesen, das gewöhnt war, seine eigenen Wege zu gehen. In den Hausmüttern, die die Schlafräume überwachten, fand sie einen Mutterersatz, und vor allem boten ihr Riddlesworth und West Heath eine Atmosphäre der Stabilität und Sicherheit, die ihre Ängste in Zaum hielt. »Wann immer sich Diana in einer ruhigen und sicheren Umgebung befand, fühlte sie sich wohl«, formulierte es Ruth Rudge.

# KAPITEL 5

Dianas unvollständige Erziehung und ihr Alter – in vier Monaten würde sie ihren 17. Geburtstag feiern – stellten ihre Eltern bei ihrer Rückkehr im März 1978 vor große Probleme. Mit 18 Jahren waren ihre beiden Schwestern nach London gegangen, wo ihnen ihre ausreichend guten Zeugnisse eine Anstellung bei *Vogue* sicherten. Sarah konnte Diplome von Schulen in der Schweiz und Österreich vorweisen, die zusätzlich durch einen Kurs in Kurzschrift aufgewertet wurden. Nach ihrem ausgezeichneten Abschluss in West Heath hatte Jane sechs Monate lang in Italien Kunst studiert und einen Kurs für Sekretärinnen absolviert, ehe sie bei *Vogue* anfing. Die beiden Mädchen waren »in die Gesellschaft eingeführt worden«, wenn auch Janes Debüt weniger glanzvoll war als Sarahs. Diana hingegen hatte keinen Debütantinnenball gehabt und die sozialen Hürden der Londoner Ballsaison nicht überwunden. Ihren Freunden und Verwandten zufolge war dieser Umstand darauf zurückzuführen, dass Debütantinnenbälle aus der Mode gekommen waren und Diana kein Verlangen nach einem Fest verspürte, das von ihrer Stiefmutter geleitet wurde.

Zunächst war Diana mit den Vorbereitungen zu Janes im April stattfindender Hochzeit mit Robert Fellowes beschäftigt, einem ehemaligen Nachbarn aus Norfolk, der als Privatsekretär der Königin tätig war. Nach der Hochzeit besorgten ihr ihre Eltern eine Anstellung auf dem Land als Kinderfrau bei Freunden der Familie. Diana erklärte, dass sie es kaum erwarten konnte, nach London zu gehen. Ihre Eltern hatten jedoch bestimmt, dass sie sich erst mit 18 Jahren in London niederlassen sollte. Drei Monate später setzte sich Diana durch und übersiedelte in das Haus ihrer Mutter am Cadogan Place 69 in Chelsea. »Ende der siebziger Jahre hatten Diana und ihre Mutter zweifellos ein gutes Verhältnis. Zu diesem Zeitpunkt war Raine bereits auf der Bildfläche erschienen«, erklärte Robert Spencer.

Obwohl Frances damals in Schottland lebte, blieb Diana nicht sich selbst überlassen. Sie hatte zwei Mitbewohnerinnen – Laura Grieg, eine

Freundin aus West Heath, und Sophie Kimball, die Diana während ihres Aufenthalts in dem Schweizer Abschlussinternat kennen gelernt hatte. Diana genoss die finanzielle Unterstützung ihrer Familie und würde in zwei Jahren, im Alter von 18, von ihrer amerikanischen Urgroßmutter Fanny Work ein Erbe erhalten, das ihr den Kauf eines eigenen Apartments in London gestatten würde. Unglücklicherweise mangelte es Diana an Ausbildung, um einen vielversprechenden Job zu bekommen. Angespornt von ihren Eltern, besuchte sie einen dreimonatigen Kochkurs, der jedoch lediglich zu einigen Aufträgen für Häppchen bei Cocktailpartys führte. Wiederum auf Anraten ihrer Mutter trug sie sich für eine dreijährige Ausbildung zur Ballettlehrerin ein.

Als frisch gebackene Ballettlehrerin in dem von Betty Vacani in Kensington geleiteten Studio war Diana für die Arbeit mit mehr als einem Dutzend Zweijähriger verantwortlich. In der Theorie erschien diese Situation ideal, verband sie doch ihre Liebe zum Tanz mit ihrer Zuneigung zu kleinen Kindern. Diana fühlte sich jedoch nicht nur von der Zahl ihrer Schüler überfordert, sondern auch von der Tatsache, dass sie unter dem prüfenden Blick von Müttern und Kindermädchen Unterricht erteilen sollte. Da ihr die Geborgenheit des Freundeskreises fehlte, wurde sie wie in dem Schweizer Internat von Unsicherheit geplagt. Nach drei Monaten gab sie die Stelle ohne Erklärung auf. Morton zufolge konnte Diana ihre Tätigkeit nicht fortsetzten, da sie sich bei einem Schiunfall »sämtliche Bänder des linken Knöchels« gezerrt hatte. Nach einer anderen Version hatte sie sich »leicht« am Fuß verletzt. Als schließlich jemand vom Ballettstudio Vacani anrief und sich nach dem Grund ihrer Abwesenheit erkundigte, erklärte Diana, dass ihr Fuß verletzt sei und sie nicht weitertanzen könne.

Zu diesem Zeitpunkt zeigte sich deutlicher als je zuvor, dass Diana nicht imstande war, sich langfristig einer Aufgabe zu widmen. Sie führte jedoch kein untätiges Leben. »Sie war keineswegs inaktiv«, berichtete Robert Spencer. »Immer etwas Nützliches zu tun lag in ihrem Charakter.« Einerseits brauchte Diana Beschäftigung, andererseits glitt sie von einer vorübergehenden Anstellung in die nächste. Stressfreie, anspruchslose Tätigkeiten wie Wohnungen putzen und auf Kinder aufpassen zehrten an ihrem freundlichen Wesen. Als sie diese Erfahrungen später schilderte, bezeichnete sie ihre Arbeitgeber spöttisch als »samtene Haarbänder« und drückte ihre Wut darüber aus, dass »mir niemand für meine Arbeit dankte«.

Im Herbst 1979 sicherte sich Diana erstmals eine feste Anstellung als Teilzeitassistentin im Young England Kindergarten, der von Kay King, einer älteren Absolventin von West Heath, geleitet wurde. »Was Kinder betraf, besaß sie die außergewöhnliche Gabe, sich auf ihre Ebene zu begeben«, berichtete King. »Die Kinder reagierten gut auf sie, und sie selbst fühlte sich in ihrem Kreis rundum wohl. Von ihnen ging in keiner Weise eine Bedrohung aus.« Sechs Monate später fand Diana einen zweiten Job als Babysitter bei einer amerikanischen Familie, die am eleganten Belgrave Square wohnte. Die beiden Anstellungen verliehen Dianas Leben eine beruhigende Routine, die ihr Selbstvertrauen stärkte, und vermittelten ihr das Gefühl, gebraucht zu werden. Stundenlang spielte sie mit ihrem amerikanischen Schützling auf dem Boden, unternahm weite Spaziergänge mit dem Kinderwagen, organisierte die kreativen Tätigkeiten im Kindergarten und räumte am Ende des Tages auf.

Inmitten der Geschäftigkeit und der Verlockungen der Großstadt führte Diana ein bemerkenswert abgeschiedenes Leben, das an ihre Tage in West Heath erinnerte. Ihre Mitbewohnerinnen und andere Freundinnen kannte sie aus dem Internat oder aus ihrer Kindheit in Norfolk. Sie bildeten eine Gruppe und hatten bei Büchern, Filmen und Kleidung – Tweedröcke und lange Westen, Laura-Ashley-Blusen mit Perlenapplikatur und robuste Schuhe – den gleichen Geschmack. Diana und ihre Freundinnen entsprachen der Definition von »Sloane Rangers« (ihre männlichen Gegenstücke bezeichnete man als »Hooray Henrys«), jungen Frauen, deren Leben sich um die Geschäfte und Restaurants des Londoner Sloane Square drehte. »Diana war ein Sloane Ranger erster Güte«, meinte Peter York, jener Anthropologe, der diesen Ausdruck in den siebziger Jahren prägte.

Dianas Freundeskreis führte ein echtes »Square«-Leben, in dem sogar der gesellschaftliche Druck, Alkohol, Nikotin und Drogen zu konsumieren, fehlte. Wahre Sloane Rangers lehnten diesen Konsum ab. »In jenen Tagen gab es noch Nischen, in denen sich die Unschuld verbarg«, erklärte ein mit Diana in den achtziger Jahren befreundeter Mann. Ihr gesellschaftliches Leben bestand aus kleinen Dinnerpartys, Kino- und Restaurantbesuchen, Ballettvorstellungen und Hauspartys auf dem Land. Dies war »die neue Schule der wiedergeborenen altmodischen Mädchen, die auf Sicherheit abzielen und früh gebären«, schrieb Tina Brown in *Vanity Fair*. Diese »postfeministische, postverbale Weiblichkeit ... orientiert sich am Konzept der passiven Macht der fünfziger

Jahre« und ist »durch das völlige Fehlen intellektueller Neugier« gekennzeichnet.

Während Andrew Morton Diana in diesen Jahren als »Einzelgängerin aus Gewohnheit und Neigung« beschrieb, schien sie in Wirklichkeit gerade in der Abgeschiedenheit in sich zusammenzusinken. Wie in West Heath fand Diana im Kreis ihrer Freundinnen Sicherheit. In ihrer Mitte funktionierte sie, oberflächlich betrachtet, weitgehend, hatte viel Spaß und war zu Streichen aufgelegt. »Ich behielt meine Gedanken immer für mich«, erinnerte sie sich. Rory Scott, einer ihrer Verehrer, der als Leutnant bei den Royal Scots Guards diente, bemerkte: »Ich gewann immer den Eindruck, dass ich vieles von ihr nie erfahren würde.« Alles außerhalb von Dianas eigener Welt bedrohte ihr Gleichgewicht. »Diana liebte Partys nicht sehr«, schrieb Penny Junor. »Sie ging nur, wenn sie wusste, dass sie Freunde treffen würde ... aber nicht bloß aus Vergnügen an einer Party. Und sie hatte kein Verlangen, neue Menschen kennen zu lernen. Nachtklubs waren ihr ebenfalls verhasst ... vermutlich, weil sich in ihnen all jene extravaganten, kultivierten Leute trafen, in deren Gesellschaft sie sich besonders unsicher fühlte.«

Misstrauisch vermied Diana auch innerhalb ihres Freundeskreises enge Beziehungen zu jungen Männern. »Sie hatte einfach keinen Kontakt zu Jungen«, erzählte die Mutter einer ihrer Freundinnen. »Häufig meinte sie: ›Lasst uns doch mit den Mädchen ausgehen.‹ Das war ihr lieber.« Diana hatte mittlerweile ihre volle Größe von 1,78 Meter erreicht. Sie war hübsch, trug ihr mausbraunes Haar aber jungenhaft geschnitten, wirkte etwas plump und kleidete sich betont jugendlich. Sie errötete leicht und hielt den Kopf meistens gesenkt. Andererseits war sie eine angenehme Begleiterin, und zahlreiche Männer fühlten sich zu ihr hingezogen. Sie hingegen wahrte Distanz. Rory Scott erinnerte sich, dass er sie »sexuell anziehend« fand, und »soweit es mich betraf, war die Beziehung keineswegs platonisch gemeint. Dabei blieb es aber auch.«

George Plumptre, ein weiterer Verehrer, schrieb Jahrzehnte später in Dianas Nachruf für den *Daily Telegraph*, dass es »im Londoner Leben von Lady Diana an einem Element mangelte, das die Presse unaufhörlich, doch vergeblich, aufzuspüren versuchte: Männerbeziehungen. Sie schien sich in der Gesellschaft eines kleinen Kreises enger Freunde wohl zu fühlen und hatte keinerlei Verlangen nach einer ernsten Beziehung.«

Typischerweise lieferte Diana verschiedene Erklärungen für ihre ersten Beziehungen zu Männern. In der dramatischsten, die sie in ihren

Interviews mit Morton enthüllte, war von ihrer heimlichen Überzeugung, vom Schicksal für die Ehe mit einem bedeutenden Mann bestimmt zu sein, die Rede. Diana berichtete, dass sie das einzige Mädchen ihres Umfeldes war, das keinen Freund hatte, »denn ich wusste, dass ich sehr auf mich aufpassen musste wegen dem, was noch mit mir geschehen würde«. Inmitten der wilden siebziger Jahre vermittelte Diana tatsächlich den Eindruck einer niedlichen Jungfrau. »Sie war ungewöhnlich, ein braves Mädchen, von außergewöhnlicher Unschuld«, bemerkte ein langjähriger männlicher Freund. »Mir ist nie auch nur der geringste Hinweis zu Ohren gekommen, dass sie vor ihrer Ehe Sex gehabt hätte. Das war so selten wie Pferdeäpfel von einem Schaukelpferd.« Möglicherweise fürchtete Diana den Kontakt zum anderen Geschlecht aufgrund des Traumas, das die Scheidung ihrer Eltern ausgelöst hatte. »Ich hatte nie einen Freund«, erklärte Diana. »Jungen bedeuteten bloß Schwierigkeiten, daher hielt ich sie auf Abstand – außerdem ertrug ich sie emotional nicht. Ich glaube, ich war sehr angespannt.«

Indem sich Diana vor bedeutungsvollen Beziehungen zu jungen Männern verschloss, schuf sie in ihrem Leben ein emotionales Vakuum. Sie lernte die Verantwortung nicht kennen, die mit einer Beziehung einherging, und machte nicht jene Art von »Erfahrungen«, die für eine Ehe wertvoll sein können. Darüber hinaus nahm sie auf diese Weise nicht an dem Spiel von Geben und Nehmen teil, auf dem eine gesunde gegenseitige Abhängigkeit mit einem Mann gründet.

Ungeachtet ihrer unbekümmerten Fassade litt sie nach wie vor an einem geringen Selbstvertrauen. Sie kam sich plump vor, wusste jedoch die Heißhungeranfälle und das erzwungene Erbrechen gut zu verbergen. Im Ballettstudio Vacani war bekannt, dass Diana, sobald sie unter Stress geriet, über die Straße eilen würde, »um eine ordentliche Portion Huhn zu verschlingen«. Während ihres Kochkurses im Herbst 1978 wurde Diana nach eigener Aussage »fürchterlich fett«. »Meine Finger tauchten immer wieder in die Soßenpfanne«, erinnerte sie sich. Ihr Bekannter Rory Scott entsann sich lebhaft des einen oder anderen Bridgespiels, bei dem Diana ein ganzes Pfund Süßigkeiten verspeiste.

Offensichtlicher waren Dianas zwanghafte Sauberkeitsanfälle. In diese flüchtete sie, sobald sie sich von etwas überfordert fühlte. Das Apartment, das sie im Alter von 18 Jahren am Colherne Court kaufte, hielt sie selbst in Ordnung. Bei Dinnerpartys war sie dafür bekannt, noch vor Beendigung der Mahlzeit aufzustehen und mit dem Abwasch zu beginnen, da sie den Anblick von schmutzigem Geschirr nicht ertragen konnte.

Dianas Ankunft in London fiel mit einem Wendepunkt im Leben ihrer Schwester Sarah zusammen. Im Juni 1977 hatte Sarah – noch immer so mager, dass ihre Knochen beinahe durch die Haut stachen – eine Anstellung in einem Londoner Immobilienbüro angenommen. Ungeachtet ihrer Krankheit war sie mit 22 Jahren eine begehrte junge Frau, die von der Königin während der Rennen in Ascot zu einer Gesellschaft auf Schloss Windsor eingeladen worden war. An diesem Wochenende stellte Prinz Andrew Sarah seinem damals 28-jährigen Bruder Prinz Charles vor, den sie seit ihrer Kindheit in Sandringham von Ferne kannte.

Sarah zufolge begrüßte Charles sie mit der taktlosen Frage: »Leidest du an Anorexie?« »Wie jeder Alkoholiker behauptete ich, nicht krank zu sein«, erinnerte sie sich. »Ich wusste, dass ich ihn nicht täuschen konnte, er verweilte aber auch nicht länger bei dem Thema.« Dessen ungeachtet, genossen die beiden jungen Leute die Gesellschaft des anderen, und sechs Wochen danach meldete sich Sarah im Regent's Park Nursing Home an, um ihre Essstörung behandeln zu lassen. »Der Geist hatte über die Materie gesiegt, und ich hatte meine Probleme schließlich gelöst«, erklärte Sarah später. Zahlreichen Berichten zufolge hatte Charles Sarah auf den Weg der Besserung gebracht, sie selbst schrieb diesen wichtigen Schritt jedoch »meiner Mutter und meinem gesunden Menschenverstand« zu. »Innerhalb einer Woche nahm sie sieben Kilo zu«, erinnerte sich eine von Sarahs Freundinnen. »Sobald sie gegessen hatte, hinderte eine Krankenpflegerin sie daran, die Toilette aufzusuchen.«

Es ist schwer zu erklären, warum Sarah ihre Essstörung relativ leicht ablegte, sobald sie sich einer wirkungsvollen Behandlung unterzog, während es Diana zwei Jahrzehnte nicht gelang, die Symptome ihres Leidens zu überwinden. »Bulimie tritt in einer Bandbreite auf, die von Modeerscheinung bis zu schwerwiegenden Persönlichkeitsstörungen reicht«, erklärte der Kinder- und Jugendpsychiater Dr. Kent Ravenscroft, Fachmann auf dem Gebiet Essstörungen. »Wenn Bulimie als vorübergehende Konfliktsituation oder vorübergehende neurotische Periode in der frühen bis mittleren Jugend auftritt, kann sie von kurzer Dauer sein ... Ist sie jedoch mit einer ernsten Störung verwoben, erweist ihre Behandlung sich mitunter als schwierig.«

Mitte Juli 1977 waren Sarah und der Prinz von Wales den Zeitungen eine Nachricht wert. Der *Daily Express* berichtete sogar von der »berührenden Seite dieser Freundschaft«: »Wie mir ein Mitglied der Familie erzählte, litt Lady Sarah an Anorexie: ›Sarah hat in den letzten Monaten mehrmals das Krankenhaus aufgesucht und sich dazwischen immer wieder mit Prinz Charles getroffen.‹« Sarah besuchte regelmäßig Polospiele, an denen Prinz Charles teilnahm, und schloss sich der königlichen Familie Ende des Sommers bei ihrem Ferienaufenthalt im schottischen Balmoral an. »Er bringt mich zum Lachen, und wir genießen es, zusammen zu sein«, erklärte sie der *Sun* im November. »Ich habe aber noch zwei, drei weitere Freunde, mit denen ich mich ebenso häufig treffe«, fügte sie dreist hinzu. James Whitaker, einer der Boulevardreporter, die sie zu jener Zeit ständig verfolgten, setzte ihrem angeblichen Desinteresse den Bericht eines »Freundes« von Sarah entgegen: »Sie ist verrückt nach dem Prinzen. Sie sollten ihr Schlafzimmer sehen. Die gesamte Wand ist mit Fotos von ihm behängt.«

War sie nun von ihm verzaubert, oder ließ er sie kalt? Einem Kindheitsfreund von Sarah zufolge fühlte sie sich durch die Aufmerksamkeit des Prinzen geschmeichelt. »Sie erkannte jedoch sehr früh, dass er nicht für sie bestimmt war. Zudem reizte er sie nicht.« Charles' langjähriger Kammerdiener Stephen Barry schrieb später: »Ich nahm nicht an, dass aus dieser Sache [mit Sarah] etwas werden würde.« Barry zufolge war sie nicht mehr als das »Nachbarmädchen« aus den Tagen in Norfolk. Zu dieser Zeit wirkte der bald dreißigjährige Thronerbe mit seinen Romanzen besonders unberechenbar. »Seine engsten Freunde begannen sich über die Geschwindigkeit zu sorgen, mit der junge Frauen in seinem Leben auftauchten und wieder verschwanden. Sie waren der Ansicht, dass er sie zu rasch auswählte, nur um sich ihrer aus einer Laune heraus wieder zu entledigen«, schrieb sein autorisierter Biograf Jonathan Dimbleby. »All diese Begegnungen schienen ihm selbst wenig Vergnügen zu bereiten.«

Sarah Spencer lud Prinz Charles dennoch im November 1977 zur Fasanenjagd nach Althorp ein. Diana stand kurz vor ihrem zweiten Versuch, die Zwischenabschlussprüfungen zu bestehen, und kam über das Wochenende aus West Heath nach Hause. Angeblich hatte Diana bereits seit Jahren aus der Ferne sehnsuchtsvoll an Prinz Charles gedacht. »Im Alter von zwölf Jahren trat Diana in das exklusive Internat West Heath in Kent ein, wo sie ein Bild von Charles über ihrem Bett aufhängte«, berichtete die Zeitschrift *Time*. Das entsprach zwar nicht der Wahrheit, aber diese Gschichte zeigt, auf welche Weise die Boulevardpresse wesentliche Teile der Diana-Saga selbst zurechtzimmerte. »Nachdem Charles 1969 als Prinz von Wales eingesetzt worden war, schickte Cecil King, der damals bei *News of the World* beschäftigt war, seiner Enkelin Lorna ein großes Bild von der Feierlichkeit nach West Heath«, erzählte die Direktorin von West Heath, Ruth Rudge. »Wir hängten es in einem der Schlafräume auf. Als die Presse später die Schule besuchte, kamen wir auch an diesem Schlafzimmer vorüber. Ich zog die Tür auf und sagte: ›Vermutlich hat Diana einige Male hier geschlafen.‹ Die Mädchen wechselten nämlich am Ende jedes Semesters ihre Schlafräume und Mitbewohnerinnen. Die Reporter stürzten auf das Bild zu, unter dem Diana möglicherweise geschlafen hatte, starrten es fasziniert an und machten eine große Geschichte daraus.«

Aufgrund des Altersunterschieds von 13 Jahren hatten sich Dianas und Charles' Wege während ihrer Kindheit in Sandringham nur selten gekreuzt, so dass sie dem Prinzen an jenem Wochenende in Althorp zum ersten Mal richtig vorgestellt wurde. Die Umstände ihrer Begegnung auf einem gepflügten Feld von Nobottle Wood, das ebenfalls zum Anwesen gehörte, nahmen totemhafte Bedeutung an. Den eigenen Erinnerungen zufolge war keiner vom anderen überwältigt. »Sein erster Eindruck von ihr war der eines ›fröhlichen‹, ›munteren‹, unberührten Teenagers, wie seine Freunde es ausdrücken würden. Sie wirkte entspannt, ungezwungen und freundlich«, schrieb Dimblebly.

Diana schildert das Treffen weniger positiv. Ihr zufolge wurde es von ihren Selbstzweifeln und dem plötzlich mit ihrer älteren Schwester entbrannten Konkurrenzkampf kompliziert. »Meine Schwester stürzte sich auf ihn wie ein Hautausschlag, und ich dachte: ›O Gott, wie muss er das hassen‹«, erinnerte sich Diana – eine scharfsinnige Beobachtung für eine 16-Jährige. Wahrscheinlicher ist jedoch, dass sich Diana in ihrer Version das später erworbene Wissen zunutze machte, dass Charles Liebesbezeugungen in der Öffentlichkeit ablehnte. Sie beschrieb sich selbst als »fettes, pummeliges, dümmliches Mädchen ohne Make-up«, gestand jedoch, dass sie durch lautstarkes Auftreten versuchte, Charles' Aufmerksamkeit auf sich zu ziehen, was er zu genießen schien. Bei dem an diesem Abend von der Familie Spencer gegebenen Ball bat Charles Diana, ihm die Gemäldegalerie von Althorp zu zeigen. Sie wollte seinem Wunsch gerade nachkommen, als Sarah dazwischentrat und Diana aufforderte »zu verschwinden«.

Während der Jagd am nächsten Tag ignorierte Diana den Tadel ihrer Schwester und bezog neben Charles Stellung. Sie war »etwas überrascht«, dass er ihr Beachtung schenkte. »Warum sollte sich jemand wie er für mich interessieren? Und war es tatsächlich Interesse?«, fragte sie sich. Dianas Erklärung lautete: »Er war der Charme in Person.« Möglicherweise entwickelte Diana an jenem Wochenende eine heftige Schwärmerei für Charles, ein deutlich erkennbarer Funke sprang zwischen ihnen jedoch nicht über. Einer der Boulevardreporter berichtete, dass Sarah und Charles »gesehen wurden, wie sie Hand in Hand durch die Gänge spazierten«, und einige Wochen später war Sarah zu Gast bei der königlichen Familie in Sandringham.

Ungeachtet ihrer wahren Gefühle für den Prinzen von Wales schien Sarah von der Aufmerksamkeit der Öffentlichkeit beeindruckt gewesen zu sein. Dem *Sun*-Reporter James Whitaker zufolge besaß sie ein mit Ausschnitten über ihre Beziehung zu Charles gefülltes Album, das sie »eines Tages ihren Enkelkindern zeigen wolle«.

Im darauf folgenden Februar lud Charles Sarah ein, sich einer Gruppe von Freunden zu einem zehntägigen Schiurlaub in Klosters in der Schweiz anzuschließen. Die Boulevardreporter verfolgten sie auf sämtlichen Pisten, die Fotografen machten ein Foto nach dem anderen. In London beging sie einen schwerwiegenden Fehler, als sie sich mit zweien ihrer neuen Freunde von der Presse – James Whitaker und Nigel Nelson von der *Daily Mail* – in einem Restaurant in Mayfair traf. Sie erschien in einem langen blauen Rock und einem grünen Vinylparka und enthüllte über einem Gericht aus geräuchertem Lachs und Fischpastete ihre Gefühle für den Prinzen von Wales.

Nachdem sie ihn als »Romantiker« charakterisiert hatte, der »sich leicht verliebe«, erklärte sie, selbst nicht in Prinz Charles verliebt zu sein. »Als Wirbelwind halte ich nicht viel von einer sich langsam entwickelnden Werbung. Ich versichere Ihnen, wenn es zwischen Prinz Charles und mir zu irgendeiner Verständigung gekommen wäre, wären wir längst verlobt. Ich könnte nie einen Mann heiraten, den ich nicht liebe – ob es nun ein Müllmann oder der König von England ist. Wenn er mir einen Antrag machte, würde ich ihn ablehnen ... Er will ohnehin nicht heiraten und ist für die Ehe noch nicht bereit ... Unsere Beziehung war immer nur geschwisterlich, nie etwas anderes ... Fest steht, dass ich nicht die zukünftige Königin von England bin. Ich glaube auch nicht, dass er ihr schon begegnet ist.«

Am 18. Februar 1978 veröffentlichten die *Daily Mail* und die *Sun* Sarahs Aussagen über ihre Beziehung mit Charles und ergänzten sie mit einem kurzen Hinweis auf ihre ehemaligen Essstörungen. »Zum ersten Mal spricht eine von Charles' Freundinnen öffentlich und unbefangen über ihre Beziehung zum Prinzen«, schrieb Nelson in der *Mail*. Die *News of the World* verkündete am nächsten Tag schadenfroh: »Was für ein Mädchen! Prinz Charles sollte sich glücklich schätzen, wenn er eine Frau findet, die sich mit ihr in Bezug auf Offenheit, Charme und gesunden Menschenverstand messen kann.«

Erst einen Monat später geriet Sarah wegen ihrer Indiskretion in ernste Schwierigkeiten. Auf der Grundlage des Interviews schrieb Whitaker unter dem Namen Jeremy Slazenger, einem seiner sechs Pseudonyme, einen längeren Artikel für die viel gelesene Zeitschrift *Woman's Own*. (Ein Klatschkolumnist des *Daily Express* beschrieb Whitaker als »vor Angst schwitzende Gestalt, die mich anflehte, ihre wahre Identität nicht zu enthüllen«). Whitaker bereitete Sarahs Aussagen über Prinz Charles unter dem Namen Slazenger neu auf und fügte hinzu, dass sie aufgrund von Alkoholproblemen aus dem Internat verwiesen worden sei. Er berichtete in allen Einzelheiten vom Kampf gegen ihre Essstörungen und führte ihre Behauptung an, »Tausende von Freunden« gehabt zu haben. Als Sarah Charles anrief, um ihn auf den Artikel aufmerksam zu machen, gab er laut Whitaker folgende Antwort: »Damit hast du eine außergewöhnlich große Dummheit begangen.« Verzweifelt bemühte sich Sarah, den Schaden zu begrenzen. Sie behauptete, die *Daily Mail* habe ihre Aussagen »durch unlautere Mittel« erhalten. Offenbar vergaß sie, dass eine gekürzte Version bereits in zwei Zeitungen, darunter der *Mail*, erschienen war.

»Meine Schwester hat mit der Presse gesprochen, und, um ehrlich zu sein, ... das war ihr Ende«, erzählte Diana später ihrer Londoner Arbeitgeberin Mary Robertson. Dennoch war Diana von Sarahs plötzlicher Berühmtheit fasziniert. Als James Whitaker im April 1978 bei der Hochzeit von Jane in der Kapelle der Königlichen Garde in London erschien, erkannte Diana ihn und sprach ihn an. »Ich weiß, wer Sie sind. Sie sind der niederträchtige Mr. Whitaker«, erklärte sie. »Und wer sind Sie?« fragte Whitaker. »Ich bin Sarahs kleine Schwester«, gab Diana zur Antwort, »und ich weiß alles über Sie.«

# KAPITEL 6

Sarah Spencer hatte Recht mit ihrer Behauptung, dass Prinz Charles »noch nicht für die Ehe bereit« war. »Er war ein echter Junggeselle«, erklärte Michael Colborne, der dem Prinzen von 1975 bis 1985 als Berater zur Seite stand. »Wenn er nicht gezwungen gewesen wäre, einen Erben für den Thron hervorzubringen, hätte er vermutlich nie geheiratet.«

Als sich im November 1978 Charles' dreißigster Geburtstag näherte – ein Fixpunkt, den er sich in einem Interview mit der Zeitschrift *Woman's Own* im Februar 1975 voreilig gesetzt hatte –, wurden seine romantischen Verwicklungen in der Boulevardpresse zum Tagesthema. »Ich habe mich schon in die verschiedenartigsten Mädchen verliebt, aber immer darauf geachtet, nicht die erste Person zu heiraten, in die ich mich verliebt habe ... dreißig Jahre erscheint mir ein gutes Alter für einen Mann, um zu heiraten«, hatte er erklärt.

Mit diesen unbeschwerten Worten hatte Charles die Boulevardreporter unabsichtlich herausgefordert, die sich bereits über die Berichte von dem schneidigen jungen Marineoffizier amüsierten, der als »Action Man« Fallschirm sprang, Düsenflugzeuge flog, Schi lief, surfte und Polo spielte. Charles belastete sich körperlich bis an seine Grenzen und wollte damit der Welt zeigen, dass er aus beträchtlich härterem Holz geschnitzt war, als man ein Jahrzehnt zuvor noch vermutet hätte.

Charles wurde in den ersten Jahren des nach dem Krieg einsetzenden Baby-Booms geboren und entwickelte sich zu einem auffallend schüchternen Knaben mit einem empfindsamen, leicht verletzbaren Wesen. Wie die meisten seiner adeligen Zeitgenossen war er vorwiegend von Bediensteten erzogen worden. Die Beziehung zu seinen Eltern folgte einem strengen Ritual: Am Morgen verbrachte er dreißig Minuten mit seiner Mutter, abends neunzig. Selbst in ihrer Zeit als Prinzessin Elisabeth lasteten die öffentlichen Pflichten schwer auf seiner Mutter, und als sie im Alter von 25 Jahren Königin wurde, wuchs die Distanz weiter.

Keiner der Elternteile neigte zu starken Gefühlsäußerungen, und beide befanden sich an Charles' Geburtstag oder während seiner Ferien häufig auf Staatsbesuch. Seinem offiziellen Biografen Jonathan Dimbleby zufolge hegten sie eine »tiefe, wenn auch unausgesprochene Liebe zu ihrem Sohn«. Ihr Lebensstil hinderte sie jedoch daran, mit Charles viel Zeit zu verbringen. Sein Vater war ein intelligenter, nüchterner Mann, dem es jedoch am nötigen Einfühlungsvermögen mangelte, um einen zurückhaltenden Jungen zu motivieren. Philip erschien Charles' Verhalten als Schwäche. In seinem Ärger verspottete und kritisierte er den Jungen häufig ungerechtfertigt. Charles zog sich daraufhin weiter in sein Schneckenhaus zurück, und seine Mutter unterließ es einzugreifen. »Sie war nicht gleichgültig, sondern unbeteiligt, denn sie hatte sich entschlossen, sich in häuslichen Angelegenheiten vollkommen dem Willen des Vaters zu unterwerfen«, erklärte Dimbleby.

Emotionalen Trost fand Charles bei zwei Frauen: seinem Kindermädchen Mabel Anderson und seiner Großmutter Königin Elisabeth, der Mutter der Königin. Anderson versorgte Charles während seiner gesamten Kindheit und schenkte ihm körperliche Zuneigung und moralische Unterstützung. Diese Art von »stellvertretender Mutter« hätte auch Diana gut gebrauchen können. Wenn seine Eltern längere Zeit unterwegs waren, verbrachte Charles viel Zeit mit seiner Großmutter, die ihn in den Arm nahm, mit Geschichten unterhielt und sein Interesse an Kunst und Musik förderte. Sein Verhältnis zur Königinmutter zählte zu den »innigsten Beziehungen des Prinzen innerhalb der Familie ... Sie war für ihn eine lebenswichtige Quelle von Lob und Ermutigung«, schrieb Dimbleby.

Von frühester Kindheit an wurde Charles durch seine Erziehung darauf vorbereitet, Thronerbe seiner Mutter zu sein. Bis zum Alter von fünf Jahren hatte er eine Hauslehrerin, danach wurde er nach Hill House geschickt, eine Londoner Privatschule, in der er mit dem Alltagsleben außerhalb des Königshauses in Kontakt kommen sollte. Wie Diana war er ein mittelmäßiger Schüler. Mit neun Jahren ging er nach Cheam, einem Internat in Berkshire, in dem sein Vater gute Leistungen erbracht hatte. Charles fühlte sich verloren, es gelang ihm jedoch, seinen Kummer zu verbergen. Selbst als er gegen Ende seines fünften Jahres in Cheam zum Schulsprecher gewählt wurde, brachte er wenig Begeisterung für das Internat auf.

Anlässlich seines 13. Geburtstags entsandte ihn sein Vater nach Gordonstoun, ein weiteres Internat in Schottland, das stolz darauf war, seine Schüler zu körperlicher und geistiger Härte auszubilden. Dies war nach Prinz Philips Ansicht genau die richtige Umgebung für einen zurückhaltenden Jungen. Die Königinmutter zog für ihren Enkel Eton vor. Im Schatten von Windsor Castle gelegen, hätte Eton Charles die Möglichkeit geboten, Freundschaft mit Jungen zu schließen, die ihm ähnlicher gewesen wären. Philip setzte jedoch seine Wahl durch.

Die berühmten kalten Duschen von Gordonstoun, der Morgenlauf und der Bekleidungskodex, der das ganze Jahr über kurze Hosen vorschrieb, waren von zweifelhaftem Wert. Die in der Theorie bestehende Gleichstellung und die Vielfalt der Schüler boten jedoch die Möglichkeit, den geistigen Horizont eines privilegierten königlichen Prinzen zu erweitern. Die in der Praxis unter den Jungen herrschende Kultur der Demütigung, die sich in grausamen spöttischen Bemerkungen und grundlosen Schlägereien äußerte, wobei sich ältere Unruhestifter zu Gangs zusammenschlossen und den jüngeren Schülern auflauerten, wurde für Charles eine wahre Tortur. Aufgrund seiner Stellung entlud sich der Großteil aller Quälereien über ihn. »Ich fürchte mich, zu Bett zu gehen, weil ich dann wieder die ganze Nacht lang geschlagen werde«, schrieb er in einem Brief.

Gordonstoun verstärkte Charles' natürliche Neigung zum Einzelgänger. »Ich bin kein geselliger Mensch«, meinte Charles später. »Ich habe das Alleinsein oder die Gesellschaft nur einer einzigen anderen Person immer vorgezogen.« Auf akademischem Gebiet erbrachte Charles mit fünf bestandenen Zwischenabschlussprüfungen gute Leistungen. Dank verschiedener talentierter Lehrer gewann er als Künstler Selbstvertrauen an der Töpferscheibe sowie als Hauptdarsteller in *Macbeth*. Am Cello entwickelte er solche Fertigkeit, dass er Ruth Fermoy, der engsten Freundin seiner Großmutter, das Lob entrang, ein »einfühlsamer Musiker« zu sein. Eine derartige Beurteilung verweigerte sie dem Klavierspiel ihrer Enkelin Diana. Charles wurde jedoch nach wie vor von mangelndem Selbstbewusstsein gequält. Diese Zweifel wurden von der Düsterkeit von Gordonstoun und dem Umstand verstärkt, dass seine Eltern nicht imstande waren, seine Leistungen entsprechend zu würdigen.

Nach Charles 17. Geburtstag konfrontierte ihn Prinz Philip mit einer weiteren charakterbildenden Herausforderung: ein Studienjahr im australischen Hinterland in einer Schule namens Timbertop. Charles brachte diesen Plänen zunächst Widerwillen entgegen. Bei seiner Abreise teilte er seiner Großmutter mit, dass er zwei Uhren tragen werde. »Die eine werde ich auf die australische Zeit einstellen und die andere auf die englische«, erklärte er. »Auf diese Weise kann ich mir immer vorstellen, was du gerade tust.« Wie in Gordonstoun wurden auch in Timbertop vorrangig Eigeninitiative und Selbstvertrauen gefördert. Diesmal trug der Unterricht Früchte. Charles blühte auf, während er lernte, seine Mahlzeit selbst zuzubereiten, Bäume umzusägen, um Brennholz herzustellen, und die Wildnis zu durchqueren.

Er gewann sogar einige Freunde und fand in David Checketts, dem Stallmeister seines Vaters, der dem jungen Prinzen als Berater zur Seite stand, einen »Ersatz für einen älteren Bruder«, wie Dimbleby berichtete. Die Wochenenden verbrachte Charles mit Checketts, seiner Frau und deren drei Kindern. Auf diese Weise kam der Prinz zum ersten Mal mit einem echten Familienleben in Kontakt und entspannte sich in der Zwanglosigkeit des Zuhauses der Familie Checketts. In Australien fühlte sich Charles »frei von Gordonstoun, fern von seinen Eltern, fern von der britischen Presse und fern von den erstickenden Vorschriften des königlichen Lebens«, schrieb Dimbleby.

Der Aufenthalt in Australien half Charles, das letzte Jahr in Gordonstoun besser zu ertragen. Er wurde zum Schulsprecher ernannt, eine Stellung, die ihn mit einer neuen Verantwortung ausstattete, wie etwa als Vermittler zwischen Schülern und Lehrkörper aufzutreten, ihm aber auch Privilegien einbrachte. Vom gemeinschaftlichen Schlafraum übersiedelte Charles in ein eigenes Zimmer, das an das Apartment seines Kunstlehrers Robert Waddell grenzte, der in langen Gesprächen über Musik, Kunst, Geschichte und Archäologie seine intellektuelle Neugier weckte. Im Hinblick auf diese Begegnungen unterschieden sich Charles' Internatsaufenthalte deutlich von Dianas Erfahrungen. Einerseits musste er die Quälereien seiner Klassenkameraden erdulden, andererseits waren seine Lehrkräfte aufgrund der Tatsache, dass er ein Junge und der Thronfolger war, stark daran interessiert, ihn intellektuell zu Bestleistungen anzuregen. Mit 18 Jahren bestand Charles die Abschlussprüfungen und sicherte sich die Zulassung zum Trinity College in Cambridge.

In Cambridge stieß Charles zu jungen Männern mit dem gleichen Hintergrund, wie er sie in Eton kennen gelernt hätte: Adelige, die sich die Freizeit mit Jagen, Schießen, Fischen und Polo vertrieben. Er schloss sich der Theatergruppe an, trat in einem Kabarett auf, studierte ein Semester am University College of Wales, um Walisisch zu lernen, und gab anlässlich seiner Einsetzung als Prinz von Wales im Jahr 1969 seine ersten Radio- und Fernsehinterviews. Charles war ein fleißiger, aber gewiss kein ausgezeichneter Student. Als er 1970 in Geschichte mit einem »Gut« abschloss, war er aber der erste zukünftige König, der ein akademisches Diplom vorweisen konnte. Auf Anraten seines Vaters und seines Großonkels, Lord Mountbatten, trat Charles im Herbst 1971 als ersten Schritt zu einer Laufbahn innerhalb der Streitkräfte in das Royal Naval College in Dartmouth ein. Damit folgte er erneut den Fußspuren seines Vaters.

Da es Charles unmöglich war, vertrauliche Themen mit seinen Eltern zu besprechen, fragte er angesichts seines spät erblühenden Interesses für Romantik Mountbatten um Rat. Dieser ermutigte ihn, sich »seine Hörner abzustoßen«, und bot sein Anwesen Broadlands als vor der neugierigen Presse sicheren Ort für Stelldicheins an.

Kurz nach Charles' 23. Geburtstag im November 1971 stellte ihm Lucia Santa Cruz, die Tochter des chilenischen Botschafters, die er aus Cambridge kannte, jemanden vor, den sie »als das richtige Mädchen« für ihn betrachtete. Ihr Name lautete Camilla Shand, und sie war ein Jahr älter als Charles. Als Tochter von Major Bruce Shand, einem Weinhändler und begeisterten Jäger, war Camilla mit Lord Ashcombe aus der Familie Cubitt verwandt, von der zahlreiche Mitglieder im eleganten Londoner Stadtteil Belgravia wohnten. Darüber hinaus war sie die Urenkelin von Alice Keppel, der Langzeitgeliebten von König Eduard VII. Dem Klatschkolumnisten Nigel Dempster zufolge veranlasste diese Verbindung Camilla, Charles bei ihrer ersten Begegnung mit »forschem Blick« zu mustern und zu erklären: »Meine Urgroßmutter war die Geliebte deines Urgroßvaters.« (Als Dempster diese Anekdote im Juli 1981 druckte, soll Camillas Ehemann, Andrew Parker Bowles, laut Dempster erklärt haben, dass sie »den Nagel genau auf den Kopf trifft«.)

Camilla war für ihre Schlagfertigkeit bekannt und besaß jenes Selbstvertrauen, an dem es Diana mangelte. Sie hatte eine ebenso wenig herausfordernde Erziehung genossen, die durch einen Aufenthalt in einer Schweizer Schule und ihre Beliebtheit bei ihrem Londoner Debüt gekrönt wurde. Männer fanden sie attraktiv. »Sie hat lachende Augen und ist ein unendlich warmherziges, mütterliches, fröhliches Geschöpf mit enormem Sexappeal«, bemerkte ein Freund der Familie Shand. Darüber hinaus besaß Camilla eine für ein junges Mädchen einnehmende Offenheit und Natürlichkeit, die, einem anderen Freund zufolge, in ihrer vom Rauchen »rauen, sexy klingenden Stimme« zum Ausdruck kam. »Bei ihr denkt man an Hunde, Jagdstiefel und ein behagliches Leben«, fuhr derselbe Freund fort. Sie teilte Charles' selbstkritischen Humor und seine Neigung zum Absurden ebenso wie seine Liebe zum Land und den damit verbundenen Sportarten. Vor allem vermittelte ihm Camilla jedoch das Gefühl von Sicherheit, da sie sich selbst in ihrer Haut wohl fühlte. »Er hatte immer schon einen Hang zu älteren Frauen«, erzählte eine Freundin der Königin, die Charles von Kindheit an kannte. »In ihrer Gesellschaft kann er sich entspannen.« »Mit aller Heftigkeit, zu der eine erste Liebe fähig ist, verlor er sein Herz nahezu augenblicklich [an Camilla]«, schrieb Dimbleby.

Als 1992 die berüchtigten Tonbänder von einem Telefongespräch zwischen Charles und Camilla veröffentlicht wurden, das 1989 heimlich aufgenommen worden war, zeigte sich deutlich, dass Camilla wusste, womit sie dem Prinzen eine Freude machen konnte, und ihn möglicherweise auch manipulierte. Die Aufmerksamkeit konzentrierte sich zwar vorwiegend auf eine dumme, anzügliche Bemerkung (Charles hatte den Wunsch ausgedrückt, als Camillas Tampon wiedergeboren zu werden, um »in [ihren] Hosen zu leben«), bezeichnender jedoch ist Camillas Sorge um Charles: Es drängte sie, seine Reden zu lesen, ihm den Schweiß von der Stirn zu wischen, seine Zweifel zu besänftigen und ihn bei jeder Gelegenheit zu ermutigen (»Ich glaube, dass du dich, wie immer, unterschätzt ... Du bist ein kluger alter Kerl mit einem verdammt guten Kopf, oder etwa nicht?«).

Zur Zeit ihrer ersten Begegnung mit Charles ging Camilla häufig mit Andrew Parker Bowles aus, einem attraktiven Offizier der berittenen Königlichen Garde, dessen Vater Derek ein enger Freund und entfernter Verwandter der Königinmutter war. Der etwa zehn Jahre ältere Parker Bowles hatte sich mit Charles beim Polospiel und bei der Jagd angefreundet. Parker Bowles liebte die Frauen, und seine Beziehung zu Camilla hatte ihre Höhen und Tiefen.

Im Sommer 1972 begannen Charles und Camilla eine Beziehung und verbrachten ihre Zeit gemeinsam in London und auf dem Landgut von Lord Mountbatten. Dimbleby zufolge gewann Charles in Camillas Gesellschaft an Selbstvertrauen. Er beabsichtigte jedoch nicht, sich in nächster Zukunft zu verehelichen, zudem stand ihm ab Januar eine längere Seereise bevor. Ihr letztes gemeinsames Wochenende verbrachten Charles und Camilla im Dezember in Broadlands. Er bat sie allerdings nicht, auf ihn zu warten. In einem Brief an seinen Großonkel vermerkte Charles, dass dies »für acht Monate das letzte Mal war, dass ich sie sah«.

Auf See machte er von Zeit zu Zeit eine Eintragung über Camilla in sein Tagebuch, das Paar unterhielt jedoch keinen Briefwechsel. Camilla nahm ihre Beziehung zu Andrew Parker Bowles wieder auf, und im April 1973 erfuhr Charles, dass Camilla den Kavallerieoffizier im Juli heiraten würde. Charles schrieb einem Freund, dass es ihm nach einer »solch glückseligen, friedlichen und beiderseits befriedigenden Beziehung« ungerecht erschien, dass er und Camilla nur sechs Monate gemeinsam hatten genießen dürfen. Er klagte, dass er in England nun »niemanden« habe, zu dem er zurückkehren könne, und fügte hinzu: »Ich nehme an, dass das Gefühl der Leere eines Tages verebben wird.«

Charles erfuhr von Camillas Hochzeit während seines Urlaubs im Haus von Mountbattens Tochter Patricia Brabourne auf der Karibikinsel Eleuthera. Zu jener Zeit hatte er aber bereits Zerstreuung bei Brabournes Tochter Amanda Knatchbull gefunden. »Ich muss sagen, Amanda hat sich zu einem ausgesprochen attraktiven Mädchen entwickelt – überaus beunruhigend«, schrieb Charles an Mountbatten zwei Tage, bevor er ihm seine düsteren Gedanken wegen des Verlusts von Camilla anvertraute.

Angeregt von seinem Großonkel, der das Paar auf die Möglichkeit einer Heirat zuzusteuern versuchte, begann Charles einen Briefwechsel mit Amanda. »Vielleicht weil ich fern der Heimat bin und die Gelegenheit hatte, über das Leben, die Zukunft (und sie) nachzudenken, befasse ich mich nun etwas ernsthafter mit der Vorstellung zu heiraten«, schrieb Charles 1974 an Mountbatten. Er berichtete, dass Amanda »ungemein liebevoll und treu ist und einen herrlichen Sinn für Spaß und Humor besitzt. Sie liebt aber gleichzeitig das Land, was ebenfalls sehr wichtig ist.«

Ohne das Wissen der Presse traten in jenen Jahren auch zahlreiche andere Frauen in das Leben des Prinzen, um dann wieder aus ihm zu verschwinden. Als er im Dezember 1976 die Marine verließ, geriet er ins Rampenlicht der Boulevardblätter. Abgesehen von der Abdankung von König Eduard VIII. im Jahr 1936, der Wallis Simpson heiraten wollte, hatten sich die Reporter nur oberflächlich für das Königshaus interessiert. Der Prinz von Wales hatte jedoch ihre Aufmerksamkeit erregt, und als sein dreißigster Geburtstag vorüberging, wartete die gesamte Boulevardpresse geradezu besessen auf das letzte Kapitel. »Unser Herausgeber erklärte ... ›Wir wollen der britischen Öffentlichkeit als Erste verkünden, wen Prinz Charles heiraten wird‹«, beschrieb der Veteran unter den Boulevardreportern, Harry Arnold, die Situation.

1978 hatte Charles noch immer keinen Hinweis geliefert, wer seine Braut sein könnte. Ungeachtet seiner Sprunghaftigkeit in der Liebe hatte er einige Richtlinien für sein Brautideal entworfen, die er seit einem Fernsehinterview anlässlich seiner Inthronisierung als Prinz von Wales im Jahr 1969 immer wieder informell verkündet hatte. Die teils romantischen, teils pragmatischen Erklärungen enthüllten sein ernsthaftes Streben nach einer Seelenkameradin, die seine Interessen und sein Pflichtgefühl teilte und ihm jene Achtung entgegenbrachte, die er mittlerweile von allen Menschen seiner Umgebung erwartete. Seine Worte enthielten auch eine Vorahnung von der Verantwortung, die seine Gemahlin zwangsläufig auf sich nehmen müsste.

Als Charles im Jahr 1969 dem Reporter gegenüber diese privaten Gedanken zur Sprache brachte, wirkte er merklich nervös: »Sie dürfen nicht vergessen ... dass Sie in meiner Position jemanden heiraten, der möglicherweise eines Tages Königin wird. Daher glaube ich, dass mit äußerster Sorgfalt eine Person gewählt werden muss, die diese bestimmte Rolle zu erfüllen imstande ist. Da Menschen wie Sie [der Interviewer] von dieser Person vieles erwarten würden, muss es wirklich eine ganz besondere Frau sein.« Später wurde die Tatsache hochgespielt, dass Charles eine Jungfrau heiraten müsse, obwohl dies an sich nicht zu seinen Forderungen zählte. Der königliche Historiker Hugo Vickers hingegen schrieb: »Seine Braut muss einen Charakter von so unbestreitbarer Würde besitzen, dass derartige Fragen irrelevant werden.«

Mountbatten drängte Charles daraufhin (zweifellos mit dem Gedanken an seine Enkelin), »ein geeignetes Mädchen mit freundlichem Charakter zu wählen, bevor sie sich in einen anderen verliebt«. Dies war im Jahr 1974. Im selben Jahr betonte Charles, dass sich eine Ehefrau an die Welt ihres Ehemannes anpassen müsse: »Eine Frau heiratet nicht nur einen Mann; sie heiratet auch einen Lebensstil, zu dem sie ihren Beitrag leisten muss«, erläuterte er Kenneth Harris von der Zeitung *The Observer*. »Sie muss seine Welt kennen und ein Gefühl für sie besitzen, sonst kann sie nicht wissen, ob sie ihr gefallen wird. Und wenn sie sie nicht kennt, wäre es für sie riskant, nicht?« Charles erklärte ferner, dass Ehe »die letzte Entscheidung ist, bei der ich meinen Verstand von meinem Herzen leiten lassen will«.

Im Jahr darauf führte Charles aus, wie wichtig es für ihn ist, gut aufeinander abgestimmt zu sein und gemeinsame Interessen zu besitzen. »Meine Ehe muss für alle Zeiten andauern«, erklärte er. »Viele Menschen haben eine falsche Vorstellung von Liebe. Sie bedeutet mehr, als sich Hals über Kopf in jemanden zu verlieben, und für den Rest des Ehelebens eine Liebesaffäre zu haben ... Im Grunde genommen ist sie eine besonders starke Form von Freundschaft. Mitunter fehlt es an gemeinsamen Interessen, an Ideen und Zuneigung, und mitunter nicht. Ich glaube, wer eine Person findet, die ihn körperlich und geistig anzieht, ist besonders glücklich zu preisen. Mir scheint die Heirat ... als einer der größten und verantwortungsvollsten Schritte im Leben ... Eine Ehe ist etwas, woran man arbeiten muss. Man kann mir leicht das Gegenteil beweisen, aber ich beabsichtige, an meiner Ehe zu arbeiten, sobald ich verheiratet bin.«

In dem Interview für *Woman's Own*, das Charles Douglas Keay im Februar 1975 gab, sprach er ein weiteres entscheidendes Thema an: Er wünsche sich »eine gefestigte Familieneinheit, in der Kinder glücklich und in Sicherheit aufwachsen können, denn darum handelt es sich in einer Ehe. Im Grunde müssen die Partner gute Freunde sein. Ich bin davon überzeugt, dass Liebe aus Freundschaft erwächst und immer tiefer und tiefer wird.« Allmählich begann Charles jedoch, an den Absichten verschiedener Frauen aus seinem Umfeld zu zweifeln. »Sie müssen augenblicklich heiraten«, erklärte der Fernsehreporter Alistair Cooke Charles bei einem gemeinsamen Mittagessen im Jahr 1976. »Nun, das ist nicht so einfach«, gab Charles zurück. »Denn sobald mir ein Mädchen sagt, dass sie mich liebt, muss ich mir die Frage stellen, ob sie mich tatsächlich liebt oder bloß Königin werden will. Und welche Frau ich auch immer wähle, in jedem Fall wartet eine schwierige Aufgabe auf sie. Ständig muss sie in meinem Schatten stehen, einige Schritte hinter mir gehen und Ähnliches mehr.«

Als Charles dreißig Jahre alt wurde, warnte ihn ein zunehmend ungeduldiger Mountbatten, dass er nun »an der Kante jenes Abhangs« stehe, »der das Leben deines Onkels David (Eduard VIII.) zerstörte und zu seiner schändlichen Abdankung und seinem nutzlosen weiteren Leben führte«. Charles fühlte den wachsenden Druck. »Ich gestehe, dass mich all das Gerede über meinen Egoismus allmählich beunruhigt«, erklärte er im April 1979 gegenüber einem Freund. »Ständig sagt man mir, dass die Ehe für mich die einzige Kur wäre – und vielleicht ist sie es tatsächlich! ... Die Medien werden mich nicht ernst nehmen, bis ich nicht verheiratet bin und Verantwortung übernehme. Ich bin davon überzeugt, dass sie mich im Augenblick als ›Ehe‹- oder ›Vogel‹-Futter betrachten.«

Während der gesamten siebziger Jahre behielt Charles Amanda Knatchbull im Auge. Zweifellos bewunderte und respektierte er sie und anerkannte, dass sie instinktiv begriff, welche Anforderungen dieser »Job« mit sich brachte. Kurz nachdem Mountbatten Charles getadelt hatte, selbstsüchtig zu sein, brachte Charles Amanda gegenüber das Thema Ehe zur Sprache. Sie wies ihn freundlich, aber ohne zu zögern, ab. Ihr waren die Opfer, die sie als seine Ehefrau würde bringen müssen, nur allzu deutlich bewusst: Sie müsste ihre Unabhängigkeit aufgeben, würde innerhalb der königlichen Familie ihre Identität verlieren und wäre ständig der Presse ausgesetzt.

»Sie empfand tiefe Zuneigung zu dem Prinzen«, erklärte ein Mann, der sie gut kannte, »aber sie wusste, dass dieses Leben unerträglich wäre.« Ironischerweise sprachen genau die Eigenschaften, die sie bewogen, Charles abzulehnen, für sie als seine Gefährtin: Sie war sich ihrer Identität bewusst, hegte keine Illusionen über die Monarchie und besaß eine realistische Vorstellung von dem, was sie sich im Leben wünschte. »Sie ist eine sehr attraktive, warmherzige, einfühlsame Frau, die mit beiden Beinen auf dem Boden steht«, fuhr ihr Freund fort. »Da die Mountbattens dem Thron näher standen als die Spencers, war sie sich der Pflichten besser bewusst als Diana.«

Amanda Knatchbull wusste scheinbar nicht, dass Charles erst kürzlich seine Beziehung zu Camilla Parker Bowles wiederaufgenommen hatte, die zu diesem Zeitpunkt bereits sechs Jahre verheiratet und Mutter zweier Kinder war, von denen das jüngere 1979 geboren worden war. Aufgrund der Freundschaft der Familie Parker Bowles mit der Königinmutter waren Andrew und Camilla häufig in die verschiedenen königlichen Wohnsitze eingeladen worden, wo sie sich mit Prinz Charles trafen. In vielerlei Hinsicht führten Andrew und Camilla Parker Bowles eine für die Oberschicht typische, männlich dominierte Ehe. Sie lebten im Grunde getrennt, er mit einer Reihe von Geliebten in London und sie auf dem Land, wohin er am Wochenende zur Jagd zurückkehrte. Camilla war keine Närrin und sich der Verfehlungen ihres Mannes bewusst. »Sie führten eine offene Ehe, und er vertrat sich häufig die Beine«, erklärte ein Freund des Paares.

1979 führte Charles lange Telefongespräche mit Camilla, die er mittlerweile als seine beste Freundin betrachtete und der er all seine Hoffnungen, sein Glück, seine Ängste und seine Geheimnisse anvertraute. Nach der Darstellung Dimblebys fühlte er sich aufgrund »ihrer Wärme und ihres Mangels an Ehrgeiz und Hinterlist, ihres gesunden Humors und ihrer Freundlichkeit« zu ihr hingezogen. Sie verliebten sich ineinander, und als Andrew in diesem Jahr für sechs Monate nach Simbabwe (das damalige Rhodesien) versetzt wurde, nahmen Charles und Camilla ihre intime Beziehung wieder auf. Enge Freunde und Familienmitglieder »begannen zu vermuten, dass sie eine heimliche Affäre hatten ... Schließlich warnte man [Charles], dass eine unerlaubte Verbindung seinem Ansehen schaden würde«, berichtete Dimbleby. Ihrer üblichen Politik der Nichteinmischung folgend, weigerte sich die Königin einzugreifen, um die Beziehung zu beenden.

Im September 1978 wurde Diana Spencer mit einer weiteren Familientragödie konfrontiert. Im Alter von 54 Jahren erlitt ihr Vater eine schwere Gehirnblutung. Monatelang lag er im Koma, während Raine seine Pflege in einem Londoner Krankenhaus überwachte. »Die Chirurgen wollten nicht operieren, da sie davon überzeugt waren, dass ich sterben würde«, erklärte Johnnie ein Jahrzehnt später. »Sie forderte sie auf, ›verdammt noch mal zu schneiden!‹, und rettete damit mein Leben.« Als Johnnie eine Lungenentzündung bekam, bediente sich Raine ihrer Kontakte und holte ein nicht erprobtes Medikament aus Deutschland, das ihn heilte. »Ich war nach den Ratten der erste Mensch, an dem es ausprobiert wurde«, erzählte Johnnie.

Die damals 17-jährige Diana und ihre Geschwister lehnten Raines kontrollierendes Verhalten ab. Sie fühlten sich durch sie daran gehindert, ihren Vater im Krankenhaus zu besuchen. Nur Sarah setzte sich durch und besuchte ihn trotzdem. Nach alldem gewann Diana den Eindruck, dass sich die Persönlichkeit ihres Vaters verändert hatte. Nun wirkte er auf sie »entfremdet, aber liebenswert«.

Den einzigen Lichtblick in diesem ansonsten düsteren Herbst bildet Dianas Einladung zu einem Ball in den Buckingham Palace, der aus Anlass des dreißigsten Geburtstags von Prinz Charles am 14. November 1978 gegeben wurde. Wegen ihrer Freundschaft mit Charles war Sarah Spencer selbstverständlich eingeladen worden. Dass auch Diana an diesem Fest teilnehmen durfte, war jedoch eine Überraschung. Wie bei ihrem ersten Treffen mit Charles im Jahr zuvor war Diana von Sarahs offensichtlicher Eifersucht fasziniert.

Sarah, die an Dianas Signalen erkannte, dass diese »nichts begriffen hatte«, fragte sich, warum ihre jüngere Schwester ebenfalls eingeladen worden war. Diana erklärte später, dass der Buckingham Palace sie nicht »eingeschüchtert« habe, gestand aber, dass er ihr als »erstaunlicher Ort« erschienen sei.

Nachdem ihr Vater im Januar 1979 das Krankenhaus verließ, um den langen Weg der Gesundung anzutreten, wurden Sarah und Diana zu einem Jagdwochenende nach Sandringham eingeladen; ihre Schwester Jane nahm aufgrund der Stellung ihres Mannes als Privatsekretär der Königin an der Gesellschaft teil. Der 1982 erschienenen Biografie von Penny Junor über Diana nach zu urteilen, »stellte dieses Wochenende den Beginn von Dianas Beziehung zu dem Prinzen von Wales dar ... Seit ihrer Begegnung im November 1977 schwärmte Diana noch wie ein Schulmädchen für ihn, was Charles nicht entgangen war und ihm schmeichelte.«

Der Boulevardreporter James Whitaker hatte an diesem Wochenende seine übliche Position vor den Toren von Sandringham eingenommen, wo er die königliche Familie gewohnheitsmäßig durch sein Fernglas zu beobachten pflegte. »Sie schossen Fasane«, erinnerte er sich, »und [Diana] war noch ein sehr junges Mädchen, das sich in der unmittelbaren Nähe des Prinzen von Wales aufhielt. Sarah war ebenfalls anwesend, doch Diana war eindeutig an seiner Seite, und er zeigte Interesse an ihr. Als wir feststellten, dass sie Sarahs Schwester war, nahmen wir an, dass sie wegen [seines jüngeren Bruders] Andrew an der Gesellschaft teilnahm. Seltsam war jedoch, dass sie den ganzen Tag über in Charles' Nähe blieb. Sie griff nach Charles' Fernglas, zog ihn zu sich, hielt das Fernglas an ihre Augen und blickte hindurch. Üblicherweise würde ihn ein solches Verhalten ärgern, doch dies war eindeutig nicht der Fall. Sie sah zu uns herüber, war entspannt, gab sich vertraut, und ließ sich nicht im Geringsten aus der Fassung bringen. Und Charles wirkte nicht verärgert. Es gab da eine gewisse Anziehungskraft, denn er widersetzte sich ihr nicht, wenn sie ihn in den Nacken kniff. Es war eine Art Flirt.«

Penny Junor ging in ihrem Buch näher auf dieses Ereignis ein und bot zwei leicht voneinander abweichende Deutungen für Charles' Gefühle gegenüber Diana an. »Vermutlich betrachtete Charles seine Beziehung zu ihr [Diana] in jenen Tagen als ausschließlich platonisch«, schrieb sie. »Er hat jedoch gewiss ihr humorvolles Wesen genossen und fand die Ungezwungenheit, die sie ihm entgegenbrachte, und ihren Mangel an Raffiniertheit überaus erfrischend.« Im Weiteren nahm

Junor eine entschlossenere Haltung an und behauptete: »Charles fühlte sich auf seltsame Weise zu ihr hingezogen, wenn auch nicht in bewusst körperlichem Sinn ... Das Zusammensein mit Diana bereitete ihm Freude ... Sie belebte die Gesellschaft. Einerseits war sie nicht so unberechenbar wie Sarah, andererseits geradezu respektlos humorvoll, mädchenhaft und doch auch einfühlsam. In gewisser Hinsicht erinnerte sie an ein kleines Mädchen, in anderer wiederum bewies sie verblüffende Reife. Charles fand diese seltsame Mischung überaus anziehend.«

Junors Biografie zufolge traf Charles Diana im Jahr 1979 »häufig« – jedoch nicht als seine Freundin, sondern als Teil einer Gruppe. »Aus heiterem Himmel rief er am Cadogan Place an und lud sie ins Ballett, in die Oper und oft auch zu Kostümstücken ein ... Diana galt als »gute Gesellschaft ... denn sie gewährleistete, dass sich alle gut unterhielten«. Als Begleiterin stellte sie nach Junors Schilderung »keine hohen Ansprüche. Offensichtlich genoss sie es, mit ihm zusammen zu sein, was ihm wiederum schmeichelte.« Dabei nahm niemand von Diana Notiz. Reporter, die sich zu dieser Zeit mit den Aktivitäten des Prinzen befassten, besitzen keine genaue Erinnerung an sie. »Selbst wenn sie Teil der Gesellschaft war, bemerkte ich sie oft nicht«, erklärte Michael Colborne, ein enger Berater in jener Zeit. Dem Kammerdiener von Charles, Stephen Barry, nach zu urteilen, war Charles bei der Zusammenstellung der Gästeliste »unorganisiert« und fügte häufig improvisierte Gruppen zusammen.

Im Juli feierte Diana ihren 18. Geburtstag. Nach ihrem üblichen Aufenthalt bei ihrer Mutter in Schottland besuchte sie ihre Schwester Jane in deren Cottage in Balmoral, wo auch Charles und seine Familie die Ferien verbrachten. Während dieser Tage ereignete sich nichts Bemerkenswertes. Charles' Gedanken galten seiner wachsenden Zuneigung zu Camilla, und Diana kehrte nach London zurück, wo sie sich der Ausgestaltung ihres neuen Apartments widmete.

Einen Monat später, im August 1979, brach erstmals über Charles eine Tragödie herein. Sein geliebter Großonkel Mountbatten wurde beim Fischen vor der Westküste Irlands von IRA-Terroristen ermordet. Mountbattens 14-jähriger Enkel Nicholas wurde ebenfalls getötet, außerdem der irische Bootsführer und Lady Doreen Brabourne, die Mutter von Mountbattens Schwiegersohn. Mountbattens Tochter Patricia, ihr Ehemann John und Nicholas' Zwillingsbruder erlitten schwere Verletzungen. »Ich habe einen in meinem Leben unendlich wichtigen Menschen verloren«, schrieb Charles an jenem Abend in sein Tagebuch, »jemanden, der mir viel Zuneigung zeigte, mir auch unangenehme Dinge sagte, die ich nicht hören wollte, und mich lobte und kritisierte, wann immer es angebracht war; jemand, dem ich mich immer anvertrauen konnte, und den ich als weisesten Berater schätzte.«

Charles fand in jenem Herbst bei anderen Trost. Einerseits sicherlich bei Camilla, andererseits bei Amanda Knatchbull, zu der er weiterhin eine innige Freundschaft aufrechterhielt. Darüber hinaus verliebte er sich in die 25-jährige Anna Wallace, die er im November bei der Jagd kennen gelernt hatte. Die Tochter eines schottischen Millionärs und Großgrundbesitzers hatte als Privatsekretärin einer extravaganten iranischen Gastgeberin namens Homayoun Mazandi gearbeitet. Die in Gesellschaftskreisen als »Kaviarkönigin« berühmte Mazandi feierte in ihrem prachtvollen sechsgeschossigen Haus am Chester Square 46 in London verschwenderische Partys. Mazandis Sekretärin war ebenso temperamentvoll wie sie und hatte sich aufgrund ihrer Begeisterung für die Jagd bei Freunden den Spitznamen »Peitschenriemen-Wallace« erworben.

Anna war sehr attraktiv und Charles von ihr bezaubert. Die Enthüllungen in Nigel Dempsters Klatschkolumne ließen jedoch Zweifel an ihrer Eignung als Charles' Ehefrau aufkommen. »Von Anna ist ein gewagtes Foto in Umlauf – und ich besitze eine Kopie davon«, schrieb er am 10. Juni 1980. »Sie wird nie Königin von England.« Die Boulevardpresse spekulierte, dass Charles ihr einen Heiratsantrag gemacht und sie ihn abgewiesen hatte. »Ich glaube nicht, dass er daran interessiert war, sie zu heiraten«, widersprach ein guter Bekannter von Charles. »So wichtig war sie nicht.« Stephen Barry bemerkte, dass sich der Prinz »stark zu Wallace hingezogen fühlte, bei ihr jedoch mehr Vorsicht walten ließ als bei seinen bisherigen Freundinnen«.

Ungeachtet der Tatsache, dass Charles in seinen Romanzen Zerstreuung fand, wurde Diana Spencer immer wieder eingeladen. Im Februar 1980 reiste sie erneut zu einem Jagdausflug nach Sandringham, diesmal in Begleitung von Amanda Knatchbull. Lucinda Craig Harvey, eine Zimmergenossin von Sarah Spencer, erinnerte sich, dass Dianas Begeisterung angesichts der Aussichten, dass sich irgendetwas Ernsthaftes zwischen ihr und dem Prinzen von Wales entwickeln könnte, von Selbstkritik getrübt wurde: »Kannst du dir mich in Glacéhandschuhen und einem Abendkleid vorstellen?«

Etwa zur gleichen Zeit nahm Diana ihre Tätigkeit als Babysitter bei ihrer amerikanischen Arbeitgeberin Mary Robertson auf, die von ihrem aufblühenden Äußeren fasziniert war: »Eine vollkommene englische Haut, leicht gerötete Wangen und klare blaue Augen. Sie strahlte regelrecht vor Jugend und Gesundheit.« Dianas Schönheit fiel einem Mann ins Auge, der sie auf der Party zum 21. Geburtstag der Herzogin von Westminster – der ehemaligen Natalia Phillips, die Diana seit ihrer Kindheit kannte – zum ersten Mal sah. »Ich sagte: ›O Gott, was für ein hübsches Mädchen‹«, erinnerte er sich. »Sie hatte eindeutig etwas von einem scheuen Reh an sich.« Neben ihrer Unsicherheit besaß Diana jedoch auch eine kühne Seite. Den Mann auf der Geburtstagsfeier überraschte sie, indem sie ihn als Freund einer ihrer Schwestern erkannte und sich ihm vorstellte. »In England tut man so etwas einfach nicht«, erklärte er. »Die Menschen sind so zurückhaltend. Sie schien sich an keine ›Regeln‹ zu halten. Damit meine ich, dass sie vollkommen natürlich handelte.«

Nach einigen »zufälligen Begegnungen« mit Diana »begann Charles, ernsthaft über sie als mögliche Braut nachzudenken«, berichtet Dimbleby. »Seine Gefühle für sie waren deutlich stärker geworden« während der mehr als zwei Jahre, seit sich ihre Pfade in Althorp gekreuzt hatten. Das nächste Treffen fand im Juli 1980 kurz nach Dianas 19. Geburtstag statt. Beide waren zu einem Wochenende in Robert de Pass' Haus in Sussex eingeladen worden, dessen Sohn Philip zu Dianas Londoner Freundeskreis zählte. »Du bist frisches Blut«, hatte Philip ihr gegenüber geäußert. »Du könntest ihn amüsieren.«

Diana beobachtete Charles während ihres Wochenendes im Hause der Familie de Pass beim Polospiel, und der Veteran unter den Boulevardreportern, James Whitaker, erinnerte sich, sie auf dem Turnier gesehen zu haben, brachte sie jedoch nicht mit Charles in Verbindung. Bei dem von den de Pass' veranstalteten Barbecue im Anschluss an das Polomatch saßen Diana und Charles, für die Kameralinsen der Presse unerreichbar, gemeinsam auf einem Heuballen. Diese Szene nahm jedoch in ihrer Saga einen zumindest ebenso herausragenden Platz ein wie ihr erstes Treffen auf dem gepflügten Feld.

Dianas Schilderung dieser Begegnung offenbart Charles' Signale und ihre beunruhigenden Deutungen: »Er hat sich regelrecht an mich herangemacht ... es war sehr seltsam«, erinnerte sie sich. »Ich dachte: ›Na, das ist nicht gerade kühl.‹ Bisher hatte ich angenommen, dass Männer sich nicht so eindeutig benehmen sollten. Das Ganze erschien mir sehr eigenartig.«

Diana sprach Charles darauf an, wie traurig er während Lord Mountbattens Begräbnis gewirkt hatte, und sagte ihm, dass ihr Herz für ihn geblutet habe. »Im nächsten Augenblick sprang er mich praktisch an, und ich dachte, das ist nun wirklich eigenartig. Außerdem wusste ich nicht, wie ich auf all dies reagieren sollte.« Sie brachte zum Ausdruck, dass diese plötzliche Körperlichkeit sie erschreckte, wirkte jedoch bekümmert, als sich Charles augenblicklich beherrschte und sich damit zufrieden gab, bloß mit ihr zu plaudern. »Frigide ist nicht das richtige Wort«, erklärte sie. »In solchen Situationen erstarrte ich zum Eisblock.«

Charles war von Dianas Mitgefühl für seine Trauer um Mountbatten tief gerührt und erinnerte sich, »dass sie seine Einsamkeit und sein Bedürfnis nach einer Person gefühlt hatte, die für ihn Zuneigung empfand«. Einige Wochen später vertraute er seine Gefühle einer engen Freundin an, bei der es sich vermutlich um Lady Susan Hussey handelte. Sie war einige Jahre älter als Charles und hatte zwei Jahrzehnte lang als Hofdame der Königin gedient. »Mit Lady Susan sprach er über seine Freundinnen und Probleme«, so Stephen Barry. »Sie hielt sich immer im Palast auf.« Ende Juli 1980 erzählte Charles seiner Vertrauten, dass »er ein Mädchen kennen gelernt hätte, das er zu heiraten beabsichtige«, schrieb Dimbleby. »Er sprach über Diana Spencers offenes, natürliches Wesen, ihre Wärme, ihre Begeisterung für das Landleben und ihre Herkunft, aufgrund welcher sie seine Familie ein wenig kannte – und gewiss gut genug, um sich nicht allzu heftig davor zu fürchten, in sie einzuheiraten.«

Zu diesem Zeitpunkt hatte Charles Diana bereits in unterschiedlicher Umgebung getroffen. Sie hatten gemeinsam beim Goodwood-Ball getanzt und begegneten einander nach dem Wochenende im Hause der Familie de Pass erneut in Balmoral, wo Diana einige Tage bei ihrer Schwester Jane und deren neugeborenem Baby verbrachte. Diana war »so liebevoll, fröhlich und munter wie immer, versuchte stets, in seiner Nähe zu sein, hing an jedem seiner Worte, genoss seine Gesellschaft, stärkte sein Ego und wartete noch immer wie ein junges Hündchen auf ein Zeichen von Zuneigung«, schrieb Junor in ihrer 1982 erschienenen Biografie. Diana schien mit dem Landleben vollkommen zufrieden und »vermittelte der Familie und den Freunden des Prinzen den Eindruck, ein echter Wildfang zu sein«, heißt es bei Dimbleby. Während dieses privaten Intermezzos in Balmoral lernten Charles und Diana einander besser kennen, und dabei festigte sich seine Einschätzung, dass sie die Richtige war.

»Der Sommer 1980 war für Diana in rosigste Farben getaucht«, erzählte ihr Cousin Robert Spencer. »Sie war glücklich, verstand sich gut mit ihren Eltern, besaß eine neue Wohnung und hatte jede Menge Geld. Möglicherweise dachte sie an den Prinzen von Wales, befand sich jedoch nicht in der Position, in der sie die Angelegenheit in irgendeiner Weise hätte beeinflussen können. Der Sommeraufenthalt bei ihrer Schwester war jedoch entscheidend. Damit wendete sich das Blatt zu ihren Gunsten. Die Romanze begann meiner Ansicht nach erst während dieses Besuchs. Sie hatte mich zu Anfang des Sommers aufgesucht, damals aber noch kein Wort über Prinz Charles verloren.«

Auf Charles' Einladung hin schloss sich Diana während der in der ersten Augustwoche stattfindenden Cowes-Segelregatta – der letzten Segelveranstaltung der englischen Sommersaison – der Gesellschaft auf der königlichen Jacht *Britannia* an. Diana erinnerte sich, dass sie sich leicht unbehaglich fühlte und von Misstrauen und Unsicherheit gequält wurde: Charles' ältere Freunde, »die wie ein Hautausschlag an mir klebten«, erschreckten sie. Sie habe gefühlt, dass »irgendjemand redete«, erklärte sie geheimnisvoll.

Die Boulevardreporter sollten später berichten, dass Diana ihr Können im Wasserschilauf zur Schau gestellt hatte und kokett gegen Charles' Windsurfer gestoßen war. Der Eindruck, den Diana tatsächlich hinterlassen hatte, dürfte jedoch subtiler gewesen sein. »Lady Dianas Auftreten beeindruckte mich von Anfang an«, schrieb Stephen Barry, dem die verschiedenen Seiten ihrer Persönlichkeit nicht entgangen waren. Wie er beobachtete, verband sie »natürliche Reife mit charmanter Arglosigkeit«. »Sie schien sich deutlich von all den anderen Frauen zu unterscheiden, die bisher die Aufmerksamkeit des Prinzen auf sich gezogen hatten.« Barry erinnerte sich, dass sie »gleichzeitig scheu und selbstbewusst war«, »wundervoll aussah« und augenblicklich bei der Mannschaft beliebt war, die sie durch ihre erfrischende Freundlichkeit für sich eingenommen hatte. Charles »schien ihr zunächst nicht viel Beachtung zu schenken, obwohl ihre Augen ihm überall hin folgten«, bemerkte Barry.

Der Prinz blieb auf seine Weise beharrlich und lud sie während der Braemar-Spiele zu Beginn September nach Balmoral ein. Diana hatte ihre Schwester Jane bereits mehrmals zuvor dort besucht, diesmal würde es jedoch anders sein. »Ich machte mir vor Angst fast in die Hose. Ich fürchtete mich, weil ich noch nie zuvor dort übernachtet hatte und alles richtig machen wollte«, erinnerte sie sich. Möglicherweise war sie tatsächlich von Angst erfüllt, nun, da sie zum ersten Mal eingeladen war, mehrere Tage im Schloss zu verbringen. Später erklärte sie, dass »alles in Ordnung war, sobald ich das Eingangstor hinter mir ließ«. Charles war an diesem Wochenende von seinen engsten Freunden umgeben, zu denen auch Camilla und Andrew Parker Bowles gehörten. Patty und Charlie Palmer-Tomkinson, ein weiteres Paar der Gesellschaft, waren von Dianas Lebhaftigkeit und ihrer offensichtlichen Leidenschaft für die Jagd begeistert. Gemeinsam stapften sie auf der Rehpirsch durch den Schlamm und fischten am Dee. »Sie war ein prachtvolles englisches Schulmädchen, das für jeden Spaß zu haben war«, erzählte Patty Palmer-Tomkinson. »Selbstverständlich noch sehr jung, aber liebenswert, fest entschlossen und begeistert von Charles, den sie für sich gewinnen wollte.«

Diana stimmte sich ganz auf Charles' Bedürfnisse ein. Sie fragte Stephen Barry nach den Vorlieben und Abneigungen des Prinzen und »kaufte ihm immer wieder kleine Geschenke« wie Hemden und Krawatten, »um seine Garderobe zu verschönern«, berichtete Barry. »Instinktiv begriff sie, was Prinz Charles benötigte«, beobachtete Charles' Kammerdiener Barry, an den sie sich in jenen ersten Tagen um Rat wandte, »um alles richtig zu machen ... Sie verstand meine Signale erstaunlich schnell. Ich musste sie nur mit hochgezogener Braue warnen, wenn sie Späße machen wollte, während sich Charles nach Stille sehnte, die er von Zeit zu Zeit benötigte. Dann griff Diana eilig nach einem Buch oder der von ihr so geliebten Gobelinarbeit und setzte sich schweigend zu ihm.«

Im September »gestand Charles einem seiner Freunde, dass er sie zwar noch nicht liebe, sie jedoch liebenswert und warmherzig fand und sicher sei, sich in sie verlieben zu können«. Er verwendete auch den etwas altmodischen Ausdruck, dass er »als ihre erste Liebe auch ihre letzte sein würde«, und war überzeugt, dass sie mit ihren 19 Jahren ausreichend formbar war, um ihre Rolle als seine Gemahlin zu erlernen.

In späteren Jahren beschuldigten Kritiker Charles, in der Zeit seiner Werbung um Diana zynisch gewesen zu sein. Dieser Eindruck wurde von Diana bestätigt, die sich Morton gegenüber als »Jungfrau und Opferlamm« bezeichnete – eine interessante Wortwahl, da Morton Diana ein Jahr vor ihrem Interview in der *Sunday Times* als »jungfräuliches Brautopfer« bezeichnet hatte. Charles' komplizierte Gefühle für Camilla Parker Bowles brachten ihn in seiner Annäherung an Diana gewiss in Konflikt. Vermutlich war seine Handlungsweise jedoch weniger von Zynismus als von seinem theoretischen Modell einer Ehe geprägt – und von seiner außergewöhnlichen Stellung als Prinz von Wales, die Alan Bennet in seinem Theaterstück *The Madness of George III.* »nicht als Position, sondern als Zwangslage« charakterisierte. Der Fernsehmoderator Clive James, ein begeisterter Anhänger von Diana, schätzte Charles als »einen der besten und ehrlichsten Männer, denen ich je begegnet bin«. Gleichzeitig verwies er darauf, dass Charles »in ein Leben hineingeboren wurde, in dem Menschen auf magische Weise auftauchten, sobald er etwas benötigte«.

Wie viele Männer seiner Generation und Klasse war Charles nicht dazu erzogen worden, auf eine Frau einzugehen. Dieser Mangel vereinigte sich mit dem grundsätzlichen Egoismus, der ihm als Thronerben anerzogen worden war. Eine gleichberechtigte Partnerschaft war für ihn unvorstellbar. Er erwartete, dass man ihm zuhörte, ihn respektierte und ihm gehorchte. Gleichzeitig suchte er nach einer Seelenkameradin, einem vom Landleben begeisterten Mädchen mit Verstand und Humor, das seine Hobbys mit ihm teilte, seine Leidenschaften annahm und seine Werte in Ehren hielt; seine Ehefrau musste loyal und pflichtbewusst sein, sich vollkommen an seine Wünsche anpassen und zwei Schritte hinter ihm gehen, wie er Alistair Cooke erklärt hatte. Dieses Modell entsprach der königlichen Tradition und befriedigte vor allem sein Bedürfnis nach Unterstützung durch eine beständige und zuverlässige Frau.

Charles war darüber hinaus überzeugt, dass eine »arrangierte« Ehe funktionieren konnte, wie dies bei seinen Großeltern, der Königinmutter und Georg VI., der Fall gewesen war, die eine tiefe Zuneigung zueinander fassten. »Er wiederholte immer wieder, dass er sich eine ebenso dauerhafte und glückliche Ehe wünschte wie die seiner Großmutter«, erzählte eine Freundin, Patty Palmer-Tomkinson. »Einem unvoreingenommenen oder ungeschulten Beobachter, der nicht dem Establishment angehört, erscheint es bizarr, dass er nicht an Leidenschaft dachte«, urteilte jemand, der Charles nahe stand. »Wir leben in einem romantischen Zeitalter, in dem der Leidenschaft ein hoher Stellenwert eingeräumt wird. Er hingegen war sich der Tatsache bewusst, dass er jemandem einen Job anbot ... Abgesehen von den üblichen Prüfungen einer Ehe stellte er sich stets die Frage: ›Wer würde jemals diesen Job annehmen wollen?‹ Dies erklärt vielleicht seine Zurückhaltung.«

Hätte Diana Charles' zahlreiche Aussagen über die Ehe gelesen, wäre ihr klar gewesen, was er von seiner Gefährtin erwartete und welche Haltung er ihr gegenüber einnahm. Sie zeigte jedoch keinerlei Bedürfnis, diese Art von Hausaufgaben zu erledigen. Ihr 19-jähriger Geist beschäftigte sich ausschließlich damit, einen Ehemann zu finden, nun, da ihre Schwester Jane bereits ihr erstes Kind geboren und ihre Schwester Sarah im vergangenen Mai geheiratet hatte. Dianas Rivalität mit Sarah bildete weiterhin den Hintergrund für ihr Interesse an Charles. Jahre später erzählte sie ihrer Freundin Elsa Bowker, dass Sarah »es mir sehr übel nahm, dass ich Prinz Charles' Einladungen annahm«. Ihrer Arbeitgeberin Mary Robertson gestand sie, dass Sarahs ständige Fragen über den Stand ihrer Beziehung sie verärgerten. »Ich traue mich nicht einmal, das Telefon in meiner Wohnung abzunehmen, weil ich fürchte, es könnte Sarah sein«, erklärte Diana.

Für solches Misstrauen schien kein triftiger Grund zu bestehen, es war jedoch tief in ihrem Wesen verwurzelt. Sarah war bereits vergeben. Sie hatte sich für Neil McCorquodale entschieden, einen reichen Gutsbesitzer und ehemaligen Offizier der Coldstream Guards, den ein Freund als »soliden, sehr beständigen, zurückgezogenen, ruhigen Mann mit einem prächtigen Sinn für Humor« beschrieb. In vielerlei Hinsicht war er das Gegenteil von Sarah, die überschäumend und unternehmungslustig war, zur Unberechenbarkeit neigte und gern im Rampenlicht stand. Nur wenige Wochen vor ihrer Hochzeit im Februar 1980 sagte Sarah die Feier ab, um sie drei Monate später anzusetzen. »Sarah war klug genug zu wissen, dass sie einen Mann wie Neil brauchte«, erklärte ein Freund des Paares. »Einen Mann dieses Schlages hätte auch Diana heiraten sollen, sie hatte jedoch ehrgeizigere Pläne.«

Diana idealisierte die Institution der Ehe zu einem Fantasiebild, das in scharfem Kontrast zu Charles' sorgfältig durchdachter Ansicht stand. »Als junges Mädchen hatte ich so viele Träume«, erinnerte sie sich. »Ich hoffte und wünschte, ... dass mein Mann für mich sorgen würde. Er würde eine Vaterfigur sein, die mich unterstützen, mich ermutigen und mir sagen würde ›gut gemacht‹ oder ›nein, das war nicht gut genug‹. Von alldem habe ich nichts bekommen. Ich konnte es einfach nicht glauben. Ich bekam nichts davon. Die Rollen waren vollkommen vertauscht.« Da Charles sich »für alle Zeiten« verehelicht hatte, glaubte Diana, vor einer Scheidung sicher zu sein, und betrachtete den königlichen Haushalt als sicheren Zufluchtsort. Im Gespräch mit Freunden über eine mögliche

Heirat mit Charles soll sie erklärt haben, dass sie sich zum ersten Mal in ihrem Leben sicher fühlen werde.

Während sich Charles eine liebevolle Partnerschaft vorstellte, in der er die Fäden zog, sehnte sich Diana nach einem selbstlosen Mann, der ihre Leere füllen und sie ständig mit Hingabe überhäufen würde. Ihre Erwartungen waren umso unrealistischer, als sie weder Charles' reges öffentliches Leben noch seine Zeit raubenden Hobbys, noch das Wesen und die Beschränkungen der königlichen Familie berücksichtigten. Stephen Barry zufolge hatten Frauen »noch nie sein [Charles'] Leben beherrscht«. »Prinz Charles lässt sich ausschließlich von seiner Arbeit dominieren. Danach kommen seine sportlichen Aktivitäten, und erst an dritter Stelle Mädchen.«

Dianas Verleumder beschuldigten sie, Prinz Charles während der Zeit der Werbung manipuliert zu haben und ihm eine Persönlichkeit vorgespielt zu haben, die sie nicht besaß. Diana ging mit »großer Gerissenheit« vor, schrieb Penny Junor in ihrem 1998 veröffentlichten Buch über Prinz Charles. »Sie gab intensives Interesse für alles, was er sagte und tat, vor und bekundete tiefes Mitgefühl und Verständnis für die Prüfungen und Probleme seines Lebens ... Sie sprach von ihrer Liebe zum Land, zur Jagd und zum Pferdesport, und sie mochte seine Freunde ... All das war geheuchelt. Diana hatte kein Interesse für diese Dinge. Sie hasste das Landleben, hatte kein Verlangen nach Jagd, Pferden und Hunden und fand seine Freunde in Wirklichkeit nicht sympathisch, sondern betrachtete sie als alte, langweilige Schmeichler.«

Wie so vieles, was über Charles und Diana geschrieben wurde, wirkt auch diese Beurteilung übertrieben hart. Dass Diana von Charles' Freunden enttäuscht war, die »kriecherisch zu ihm aufsahen und seine Füße küssten«, war vorherzusehen. Häufig stürzte sie sich begeistert auf etwas, nur um einen Augenblick später zahlreiche Gründe für Kritik und Misstrauen zu finden. Ihr Interesse an Charles' Vorlieben spiegelte ebenfalls eher ihre tiefen Gefühle für ihn als wohl durchdachte Berechnung wider. »Wenn man verliebt ist, behauptet man plötzlich, Dinge zu mögen, die man in Wirklichkeit nicht mag«, erklärte Charles' ehemaliger Berater Michael Colborne.

Diana begriff nicht, wie umfangreich die Pflichten sein würden, die sie auf sich nehmen müsste, und verwendete auch nicht viele Gedanken daran. Jahre später meinte sie, dass sie an ihrem Hochzeitstag »erkannte, dass sie eine schwierige Rolle angenommen hatte, von der sie nicht wusste, wie sie sie spielen sollte – nicht im Geringsten«. Während der Zeit der Werbung schien sie vorwiegend von dem Gedanken verzaubert, eine Prinzessin zu werden. »Sie hatte romantische Ansichten vom Leben«, äußerte eine Kindheitsfreundin. »Die Bücher von Barbara Cartland sind jedoch nicht die geeignete Vorbereitung. Sie stellen eine Traumwelt dar, eine überaus romantische Flucht aus der Wirklichkeit, und Diana war leicht zu beeinflussen.« Selbst ihre Arbeitgeberin Mary Robertson war beunruhigt, dass ihre Verliebtheit »auf einem romantischen Bild von ihm basierte, und das in Verbindung mit seiner hohen Stellung«. Während ihres Besuchs auf Balmoral im Juli 1980 schlug Diana einen Besorgnis erregenden Ton an. Eine Freundin erinnerte sich, dass Diana von der Vollkommenheit eines königlichen Picknicks mit Tischwäsche, Silberbesteck und Menükarte begeistert war. »Oh! Das ist das richtige Leben für mich!« rief sie aus. »Wo ist der Diener?« Dianas Reaktion war einerseits reizend und erfrischend, andererseits aber beunruhigend kindlich.

Ungeachtet all seiner Äußerungen über das Wesen einer Ehe war Charles offenbar nicht imstande, seine hohen Prinzipien mit sicherem Blick auf Diana anzuwenden. Vielleicht war er bei seiner Wahl nicht berechnend genug vorgegangen. Wäre er dies, hätte er bemerkt, dass sie nur die Hälfte seiner grundlegenden Heiratsanforderungen erfüllte: Sie war tatsächlich »besonders« in ihrer einnehmenden Mischung aus edler Herkunft, natürlicher Würde, erfrischender Ungezwungenheit und jungfräulichem Image; ihre Liebe zu Kindern zeigte, dass sie eine gute Mutter in einer »sicheren Familieneinheit« sein könnte, und sie besaß jenes liebevolle Wesen, das er sich von einer Ehefrau und Mutter wünschte.

In anderen entscheidenden Bereichen wies sie jedoch Mängel auf. Charles gab sich mit der Annahme, dass die Nähe ihrer beider Familien Diana vorbereitet hätten, seine Welt und die Rolle zu begreifen, die sie darin spielen würde, einem Wunschdenken hin. Er schien vergessen zu haben, dass er sechs Jahre zuvor besorgt geäußert hatte, wie »riskant« es sei, wenn eine junge Frau »keine Ahnung hätte«, wie sie die königliche Rolle erfüllen solle. Außerdem hat er vermutlich nicht erkannt, dass ihn mit Diana, abgesehen von ihrer offensichtlichen Begeisterung für das Landleben, ihrem bezaubernden Sinn für Humor und ihrer Liebe zur klassischen Musik, wenig gemeinsame Interessen und Vorstellungen verbanden. Ebenso dürfte er Dianas Starrköpfigkeit übersehen haben, die ein Zeichen dafür war, dass sie sich vielleicht nicht mit einem Leben in seinem Schatten begnügen würde. Hätte Charles der Beziehung mehr Zeit gewidmet oder sich eingehender mit Dianas Vergangenheit befasst, wäre er gewiss auf Anzeichen einer psychologischen Zerbrechlichkeit gestoßen, die ihm zu denken gegeben hätte.

Einem Berater des Königshauses zufolge, der Charles seit mehreren Jahren kannte, beeinflusste Charles' emotionale Reaktion sein Urteilsvermögen. Diana tauchte im richtigen Augenblick auf, und ein älterer Mann wie Charles konnte der Bewunderung einer hübschen und vordergründig betrachtet geeigneten jungen Frau einfach nicht widerstehen. »Er akzeptierte ihre Schwärmerei und betrachtete sie als charmanten Bestandteil ihrer Annäherung und ihres Charakters«, erklärte ein Berater. »Er ließ sich durch ihr freundliches, liebevolles und unterhaltsames Wesen mitreißen und untersuchte es nicht näher.« Kurz gesagt, obwohl Charles behauptet hatte, sich in allen Fragen bezüglich seiner Ehe nicht von seinem Herzen leiten zu lassen, tat er genau das.

# KAPITEL 7

»Er ist wieder verliebt! Lady Di ist die neue Freundin von Charles«, verkündete die *Sun* lautstark am 8. September 1980 in ihrer Überschrift. Der von Harry Arnold verfasste Artikel beschrieb Lady Diana Spencer als »vollkommene englische Rose« und stellte die Frage: »Ist es diesmal die Richtige für Charles?« Die Antwort ließ keine Zweifel offen und bot eine überraschend scharfsinnige Erklärung: »Einige Beobachter sind der Ansicht, dass der Prinz dem von verschiedenen Königen vorgegebenen Muster folgt und eine Freundin heiratet, die er lieben lernen kann.«

Wie sich herausstellte, war Arnold für die entscheidende Beobachtung nicht selbst in Balmoral gewesen. Sein größter Rivale, James Whitaker, hatte Diana mit seinem Fernglas ausfindig gemacht. Sie verbarg sich hinter einem Baum, während Prinz Charles am Dee fischte, und während Whitaker Diana nicht augenblicklich erkannte, beobachtete sie ihn im Spiegel ihrer Puderdose. »›Was für eine gerissene Lady‹, dachte ich«, schrieb Whitaker später. »Die würde uns gewiss große Probleme bereiten. ... Man muss wirklich ein Profi sein, um daran zu denken, uns in einem Spiegel zu beobachten, während wir sie beobachten.«

Sobald Whitaker Dianas Identität festgestellt hatte, griff er aus Höflichkeit zum Telefon, rief den 350 Kilometer entfernten Arnold an und gab ihm einen Kurzbericht durch. Die Zeitung, für die Whitaker zu dieser Zeit arbeitete, versteckte die Geschichte im Inneren des Blattes, während die *Sun* sie auf der Titelseite groß herausbrachte. »Sie haben sie aufgebauscht«, grollte Whitaker. »Die Aussage ›Er ist verliebt‹ gründet sich ausschließlich auf die Tatsache, dass diese Frau anwesend war.« Prinz Charles' langjähriger Kammerdiener Stephen Barry würde später schreiben, dass sich während des Besuchs in Balmoral »bestimmt keine offensichtliche Romanze« entwickelte. »Der Prinz und Diana schienen einander zu mögen, auf eine aufkeimende Liebesaffäre wies jedoch nichts hin.«

Die *Sun* brachte jenen Knüller heraus, auf den die Boulevardpresse seit 1976 gewartet hatte. Ihre kühnen Worte waren typisch für das immer aggressivere Verhalten der Fleet Street gegenüber dem Königshaus. Die ehemals angenehme Beziehung wandelte sich vorwiegend durch den Einfluss des australischen Medienbarons Rupert Murdoch, dem Eigentümer der beiden beliebtesten Boulevardblätter, *Sun* und *News of the World*, sowie der *Times* und der *Sunday Times*. Die *News of the World* hatte eine Sonntagsausgabe und veröffentlichte als niedrigste der wenig anspruchsvollen Zeitungen vorwiegend zweifelhafte Geschichten über Sex und Gewalt. Markenzeichen der *Sun* war das Bild einer barbusigen Frau auf der dritten Seite.

Murdoch war ein überzeugter Antimonarchist, zu dessen Rezepten für die Boulevardpresse eine reichliche Portion Tratsch und Klatsch aus dem Königshaus gehörten. Nach einem Jahrzehnt in der englischen Pressewelt wandte sich Murdoch Ende der siebziger Jahre Amerika zu, wo er mehrere Zeitungen und Zeitschriften aufkaufte. »Die Tatsache, dass die Zeitung einem Ausländer mit Murdochs Haltung gehörte, verlieh uns eine gewisse Freiheit«, erklärte Andrew Neil, der in den achtziger und frühen neunziger Jahren als Herausgeber bei der *Sunday Times* arbeitete.

Der bedeutendste Nutznießer von Murdochs Freiheit war Kelvin MacKenzie (auch unter verschiedenen Spitznamen wie MacFrenzy und MacNasty bekannt), der im Juni 1981 zum Herausgeber der *Sun* aufstieg. »Kelvin ist von Natur aus ein Unruhestifter«, erklärte Neil. »Unter Kelvins Leitung nahm die *Sun* gegenüber der königlichen Familie eine hochgradig respektlose, kritisch musternde Haltung ein, die bald schon in allen Zeitungen zu spüren war.« »Kelvin war imstande, die morgendliche Besprechung mit einem spöttisch schockierten Gesichtsausdruck und der Aussage zu eröffnen: ›Ich fürchte, wir haben den Palast verärgert. Was unternehmen wir heute?‹« erinnerte sich Roy Greenslade, der zunächst bei der *Sun* für MacKenzie arbeitete und ihm später als Herausgeber des *Daily Mirror* Konkurrenz machte. Um die Kontrahenten in Angst und Schrecken zu versetzen, blähten die Zeitungen routinemäßig kleine Ereignisse zu sensationellen Titelgeschichten auf, die man auf der ganzen Welt las. Bereitwillig ignorierten sie die herrschenden Regeln für eine präzise Berichterstattung, da es die königliche Familie ohnehin unterließ, auf Artikel über sich einzugehen oder sie zu kommentieren. Der Hauptgrund war jedoch die Tatsache, dass das Königshaus in jenen Jahren keine Klagen einbrachte, was später sehr wohl geschah.

Nachdem Diana mitangesehen hatte, wie die Presse die Chancen ihrer Schwester bei Charles zerstört hatte, fühlte sie sich von den Reportern gleichzeitig angezogen und abgestoßen. Die Meute aus der Fleet Street verfolgte sie schonungslos in den Herbst 1980 hinein. Diana hatte zwar wenig Selbstwertgefühl, besaß jedoch das Selbstvertrauen der Oberschicht und die von ihrem Vater ererbte nüchterne Offenheit. Im Gegensatz zum Königshaus schenkte Diana den Reportern Aufmerksamkeit. Sobald sie sich auf der Treppe vor ihrem Londoner Apartmenthaus versammelten, zeigte sie sich stets höflich, sprach ihre Verfolger mit ihrem Namen an, und nahm auch mitten in der Nacht Telefongespräche entgegen, selbst wenn sie nichts zu sagen hatte. »Da sie sie ohnehin umringen würden, entschloss sie sich, sie zu tolerieren. Darin nahm sie einen pragmatischen Standpunkt ein«, erzählte eine ihrer Verwandten. Als Fotografen der Boulevardpresse sie in Verlegenheit brachten, indem sie Fotos schossen, auf denen aufgrund des Sonnenlichts die Umrisse ihrer Beine durch einen dünnen Rock zu erkennen waren, weinte sie insgeheim. Ihnen gegenüber versicherte sie jedoch: »Ich verstehe Ihre Probleme und hege keinen Groll.«

Die männlichen Boulevardreporter (weibliche Reporter waren die Ausnahme) verliebten sich in Diana. Sie waren von ihrem umwerfenden Aussehen, ihrem strahlenden Lächeln, ihrem ansteckenden Kichern und ihrer Natürlichkeit hingerissen. Harry Arnold zufolge »hatte [Diana] eine Art, ... allen das Fell über die Ohren zu ziehen. Sie hatte die Gewohnheit, Männer zu sammeln, ... nach der altmodischen romantischen Methode. Dabei schenkte sie dir einen Blick unter niedergeschlagenen Wimpern hervor ... und tief in deinem Inneren wusstest du, dass sie ein Spiel spielte und noch dazu ein sehr kluges, keineswegs zynisches. Damit gewann sie alle für sich.« Wie Whitaker später schrieb, beschlossen die Jagdhunde nahezu augenblicklich, dass Diana »perfekt passte ... Sie war die aussichtsreichste Kandidatin für die Stellung einer zukünftigen Königin, die ich seit Jahren gesehen hatte«.

Die Jagdhunde gaben sich ebenso wie Charles damit zufrieden, Dianas reizende Erscheinung zu mustern, und beurteilten sie ebenfalls nach ihren hervorstechendsten Qualitäten: ihrer Schönheit, dem Ansehen ihrer Familie und ihrem Image von Unberührtheit. Von den überschwänglichen Zeitungsberichten gefesselt, verliebte sich auch die Öffentlichkeit in Diana. Während der Zeit der Werbung wurden Whitaker und andere Reporter zu Dianas leidenschaftlichsten Fürsprechern, und sie begann, deren Anerkennung zu suchen.

Whitaker und Arnold waren die Anführer der Presse-Jagdhunde. Zu ihnen zählten ferner Ross Benson vom *Daily Express*, Andrew Morton, der nach Whitakers Wechsel zum *Daily Mirror* im Jahr 1982 den *Daily Star* übernahm, und der schwülstige *Daily Mail*-Klatschkolumnist Nigel Dempster.

»James und Harry glichen einem Labrador und einem Jack Russell«, erzählte Morton. Whitaker war 39 Jahre alt und hatte das Königshaus bereits 13 Jahre lang im Auge behalten, als er Diana erstmals erblickte. Der Sohn eines Angestellten der Sperry Rand Corporation war ein rotbackiger, untersetzter Mann mit einem Heiligenschein aus Locken. »Die Menschen sprechen über mich, als käme ich aus dem Nichts«, äußerte er gegenüber einem Reporter. »Dabei besaß mein Vater Rennpferde und fuhr immer einen guten Wagen.« Nach seinem Abschluss im Internat The Elms in Colwall besuchte Whitaker kurzfristig das Cheltenham College und arbeitete vorübergehend als Buchhalter, ehe er beim Journalismus landete.

Whitakers Überschwang war sowohl in seinen Kolumnen als auch bei seinen häufigen Fernsehauftritten legendär. Er sprach laut und begeistert, dämpfte seine Großspurigkeit aber mit einem gewissen Maß an Selbstkritik, indem er sich als »Meister des Belanglosen« bezeichnete. Er gestand, sich der Jagd auf das Königshaus angeschlossen zu haben, nachdem er während der Berichterstattung über ein Polomatch, bei dem Champagner und geräucherter Lachs serviert wurde, eine Kostprobe vom Leben der Oberschicht bekommen hatte.

Whitaker folgte Diana und Charles einmal in Begleitung des *Daily-Star*-Herausgebers, Peter McKay, nach Ascot. Beide Männer trugen einen Stresemann. Whitaker hatte seine förmliche Kleidung jedoch mit einem Hemd belebt, das er als »kräftig scharlachrot mit weißem Kragen« beschrieb. »Sein Gesicht hatte die Farbe roter Bete, das passte ausgezeichnet zu dem Hemd«, berichtete McKay. Die beiden Männer schlichen sich in das für die Whites reservierte Zelt. Die adeligen Mitglieder dieses exklusiven Männerklubs trugen jedoch gewiss keine roten Hemden. »Man wollte uns gerade hinauswerfen, als Charles und Diana eintraten. Diana kam lächelnd auf uns zu und nannte uns beim Vornamen, so dass die Leute in dem Zelt begriffen, dass wir in Ordnung waren«, erzählte McKay.

Nach seiner Schilderung »erklärte sich Whitaker von Beginn an zum Royalisten und behielt sich das Recht vor, alles zu offenbaren, was er nur konnte.« Stundenlang lag er auf einem Felsen oberhalb von Balmoral, eine Brotzeit neben sich, und beobachtete die königliche Residenz durch sein Fernglas. Egal, ob Diana ein Polospiel oder die Oper besuchte oder lediglich an einem Empfang im nächsten Raum teilnahm, Whitaker verfolgte sie mit seinem starken Fernglas. »Ich weiß, dass ein Fernglas aufdringlich ist, aber ich habe auf diese Weise eine ganze Menge zu sehen bekommen«, sagte er.

Um Dianas Vertrauen zu gewinnen, umwarb Whitaker sie mit Schmeicheleien, Rosenbuketts und sogar homöopathischen Heilmitteln und behauptete später, aufgrund »einiger intimer Gespräche« eine »Beziehung« zu Diana entwickelt zu haben. Sie verlieh ihm den Spitznamen »große rote Tomate«.

Ebenso wettbewerbsorientiert, jedoch weniger aufdringlich, war Harry Arnold, der Terrier der beiden. Er war ein Jahr jünger als Whitaker und »ähnelte einem Londoner Taxifahrer«, wie Douglas Keay in seinem Buch *Royal Pursuit: The Palace, the Press and the People* schrieb. Arnold kleidete sich gerne schick und liebte auffällige Accessoires wie goldene Ringe und graugetönte Brillengläser. Da er vor der Berichterstattung über Diana für die *Sun* und für den *Mirror* über Mordprozesse geschrieben hatte, hielt er sich im Vergleich zu Whitaker für einen bedeutend gründlicheren Reporter. Er erklärte, die Monarchie zu unterstützen, war aber als politisch liberal bekannt und betrachtete die Oberschicht mit finsterem Blick.

Andrew Morton wuchs in Yorkshire auf und erwarb an der Universität von Sussex ein Diplom in Geschichte. Als ihn der *Daily Star* mit 28 Jahren zum königlichen Korrespondenten bestellte, vermutete man, dass er diese Position seiner Größe von 1,93 Meter zu verdanken habe, aufgrund derer er die Menge gut überblicken könne. Der Brillenträger mit dem markanten Kinn wurde häufig wegen seiner Ähnlichkeit mit Clark Kent geneckt, was ihn dazu verleitete, bei einem Auftrag in einem Superman-Kostüm aufzutauchen. Von Anfang an war er von Diana verzaubert: »Ihre blauen Augen sahen direkt in deine, mit einem Blick so offen, freundlich ... und sexy«, berichtete er.

Ross Benson vom *Daily Express* galt als jemand, der *bona fide* handelte, da er in Gordonstoun dieselbe Klasse besucht hatte wie Charles. Benson »gab sich gern dem Glauben hin, dass sie Freunde waren, aber ich war mir nicht so sicher«, erklärte seine Frau Ingrid Seward. Der attraktive und stets makellos gekleidete Benson war der glühendste

Royalist der Reporterschar. Seward war Herausgeberin von *Majesty*, dem ersten Fantasy-Magazin über das Leben der königlichen Familie. »Wenn sie einen Artikel über Prinz Charles' Manschettenknöpfe bringt, wird es gewiss der maßgeblichste Artikel sein, den Sie jemals über die Manschettenknöpfe der königlichen Familie gelesen haben«, bemerkte Benson.

Faszinierender als Bensons Berichterstattung über das Königshaus war seine Langzeitfehde mit dem *Daily-Mail*-Kolumnisten Nigel Dempster. Sie deckten nicht nur Fehler in den Kolumnen des anderen auf, sondern beleidigten sich auch persönlich. Dempster bezeichnete Benson als »verweichlichten Angsthasen« und Benson Dempster als »tonsurierten Verleumder«. Dempster, im Alter von sechs Jahren von Australien nach Großbritannien ausgewandert, verließ das Internat Sherborne mit 16. Seine Ehe mit der Tochter des elften Herzogs von Leeds brachte ihm von allen Presseleuten die besten Beziehungen zu den Adelskreisen ein. Er machte sich jedoch einen Namen mit besonders scharfzüngigem Klatsch über die Aristokratie – nicht über die »alteingesessenen« Granden, die er bewunderte, sondern über jene, »die ihre Privilegien missbrauchen und unhöflich zu Kellnern sind«.

Im Grunde beteiligte sich Dempster nicht an der Treibjagd auf das Königshaus, seine Kolumne in der *Daily Mail* wurde jedoch ein magnetischer Leckerbissen an Informationen über die Königsfamilie. Mit der für ihn typischen Unbescheidenheit verdammte Dempster die gesamte Boulevardpresse. »[Sie] kannten niemanden«, erklärte er. »Kein einziger Journalist, mit Ausnahme meiner Wenigkeit, erhielt in jenen Tagen Informationen aus der königlichen Familie. [Prinzessin Margaret] war eine gute Freundin von mir, so dass ich vieles erfuhr. Prinz Charles' Büro hatte ich ebenfalls in der Tasche.«

Dempster meldete im September 1980, dass Prinz Charles' »neue Freundin« die Zustimmung der »beiden glücklich verheirateten Frauen« erhalten habe, »die [ihn] in persönlichen Angelegenheiten beeinflussen: Lady Tryon und Camilla Parker Bowles«. Diana gestand, dass sie die Kolumne gelesen habe, gab aber keinen Kommentar dazu ab. Ab September füllte die Boulevardpresse ihre Titelseiten mit Beschreibungen von jedem noch so kurzen Blick, den sie von Charles und Diana erhaschen konnten: ein Pferderennen in Shropshire, die Feier zum fünfzigsten Geburtstag von Prinzessin Margaret (»eng umschlungen tanzten sie die ganze

Nacht hindurch«, schrieb Whitaker) und ein Ausritt im Tiefland von Berkshire.

Sie verfolgten Diana zu ihrem Arbeitsplatz im Kindergarten und sogar zu einem Geschäft in Knightsbridge, wo es »romantische Unterwäsche« gab. »Sobald ich in ein Restaurant oder auch nur in einen Supermarkt gehe, versuchen sie, mich zu fotografieren«, beschwerte sich Diana gegenüber Danae Brook, einer *Daily-Mail*-Reporterin, die in ihrem Apartmenthaus wohnte. Am Wochenende um Charles' Geburtstag am 14. November folgten die Reporter Diana nach Sandringham, wodurch sie sich gezwungen sah, die gesamte Zeit über im Haus zu bleiben und schließlich sogar vorzeitig abzureisen. Stephen Barry berichtete, dass sie deshalb »sehr niedergeschlagen« war.

Diana lernte, den Reportern auszuweichen, so dass es ihr und Charles gelang, für mehrere Wochenenden zu entkommen, von denen die Presse erst im Nachhinein dank der Hinweise von Bediensteten niederen Ranges berichtete. In den siebziger Jahren hatte Charles begonnen, Broadlands als »sicheren Zufluchtsort« für romantische Begegnungen zu nutzen, und diese Gewohnheit auf die Häuser seiner Freunde ausgeweitet. Er nahm Diana mehrmals nach Broadlands und in das Haus des Ehepaars Parker Bowles in Wiltshire mit. Stephen Barry schrieb, dass Camilla »die Romanze förderte«. Im November 1980 bemerkte Whitaker, dass es »beinahe scheint, als müssten die Parker Bowles' sicherstellen, dass der Pfad der wahren Liebe so eben wie möglich verläuft«.

Der genaue Zeitpunkt, zu dem Charles und Camilla ihre intime Beziehung beendeten, ist unbekannt. Jonathan Dimbleby schrieb als zuverlässigste Quelle, dass Charles »seit seiner Verlobung im Februar [1981] Camilla Parker Bowles nur noch ein einziges Mal getroffen hatte, und zwar mehr als vier Monate später, um sich von ihr zu verabschieden. Seine Gefühle [für sie] hatten sich nicht verändert, aber beide anerkannten die Tatsache, dass ihre intime Beziehung nicht länger aufrechterhalten werden konnte.« Dimbleby schwieg über die Frage, ob das Paar auch nach Beginn von Charles' Romanze mit Diana im Juli 1980 sein vertrauliches Verhältnis weitergeführt hatte. In ihrem 1998 erschienenen Buch über Charles behauptete Penny Junor, dass die Affäre ein Ende fand, sobald Charles ernsthaft um Diana zu werben begann. Camilla blieb jedoch weiterhin »seine beste Freundin«.

Im Sommer 1980 traf Charles die Entscheidung, Diana zu seiner Gemahlin zu nehmen. Die Werbung wurde zu einer Übung, die ihm bestätigen sollte, dass er die richtige Wahl getroffen hatte. Da die Presse Diana so begeistert aufnahm, hatte Charles keine Möglichkeit, seine Meinung zu ändern. »Der Druck auf den Prinzen wirkte wie eine Flutwelle, die einem unentrinnbaren Schicksal zustrebte«, schrieb Dimbleby. Diana erschien in dieser Zeit reif und besonnen und machte keinen Hehl aus ihrer Hingabe zu ihm. »Sie war eindeutig in ihren Prinzen verliebt«, erklärte Stephen Barry. »Wann immer er sie anrief, war sie bereit, sich seinen Plänen anzupassen.« Als Charles ihr stolz Highgrove zeigte, ein Landhaus, das etwa 18 Kilometer vom Heim des Ehepaars Parker Bowles entfernt lag und das er im vergangenen Juni gekauft hatte, spürte Barry Dianas Enttäuschung. Denn das Haus strahlte nicht jene Pracht aus, die sie aus Althorp gewöhnt war. Vor Charles verbarg Diana derartige Gefühle jedoch. Sie reagierte etwas steif und war gekränkt, als Charles sie bat, ihr bei der Ausstattung des Hauses zu helfen, obwohl sie noch nicht verlobt waren. Ihrer Ansicht nach hatte Charles in diesem Fall unangemessen gehandelt.

Nach etwa einem Monat begann die Boulevardpresse, Dianas Charakter mit wachsender Autorität zu beschreiben. In einem der zutreffenderen frühen Berichte beschrieb Paul Callan vom *Mirror* sie als »auf stille Weise einnehmend ... bescheiden ... keine große Unterhalterin, etwas nervös, offenbar besonnen ... immer zum Lachen bereit ... blickt mitunter sehr ernst, doch selbst bei einem mäßigen Witz erstrahlt ihr Gesicht fröhlich ... spricht leise, nicht ausgesprochen vornehm ... [mit] einem angenehmen, klassenunspezifischen Akzent«. Eine spekulativere, aber herausfordernd intuitive Einschätzung ergab sich zur selben Zeit anhand einer astrologischen Lesung im *Daily Star*: Diana neige dazu, »sich auf ihre Instinkte zu verlassen ... ›zu fühlen‹, was richtig ist«, und sei von Natur aus unbeständig, schrieb die Astrologin Lena Leon. »Jeder Morgen ist anders – einmal benommen, dann voller Späße, einmal schmollend, dann wieder samtweich ... auf Kälte folgt Wärme ... Vertrauen ist ... überaus wichtig.«

Ein Großteil der Berichterstattung über Diana bestand jedoch aus Verzerrungen und puren Erfindungen, die die Schablone für Dianas Porträt abgaben. Es enthielt Charakterzüge, die sie nicht wiedererkannte, und übertrieb ihre Vertrautheit mit dem königlichen Lebensstil.

James Whitaker zum Beispiel beschrieb Dianas »Ruf als rasante Autofahrerin ... die mit überraschend kühner Geschwindigkeit durch London saust«, ohne jedoch zu erwähnen, dass sie nur so schnell fuhr, weil sie Verfolgern wie Whitaker und anderen Reportern entkommen wollte. (Er prahlte sogar später damit, »mit 130 Kilometern pro Stunde einen Luftsprung gemacht zu haben, während er neben ihrem Wagen herfuhr und ein Fotograf von Diana Fotos schoss«.) Innerhalb weniger Tage übernahmen andere Reporter die Geschichte von Dianas »fliegendem Geschwindigkeitsrekord«. Harry Arnold trug zu dem fälschlichen Eindruck bei, indem er »die seit Jahren zwischen Charles und Diana bestehende Freundschaft« aufbauschte. Ebenso unrichtig war seine Behauptung, dass Diana »von Kindheit an darauf vorbereitet wurde, sich der Gesellschaft von Balmoral anzuschließen«.

Die Presse verzerrte auch die Rolle der Königinmutter und von Dianas Großmutter Ruth Fermoy, die als die verschwörerischen Architekten einer arrangierten Heirat präsentiert wurden. Andrew Morton schrieb in einem repräsentativen Artikel, dass Charles' »Brautwahl durch die Machenschaften seiner von ihm verehrten Großmutter und von Dianas Großmutter zustandegekommen ist«. Sowohl die Königinmutter als auch Ruth Fermoy standen der Heirat überaus positiv gegenüber, traten jedoch erst in Erscheinung, nachdem die Beziehung bereits ihren Anfang genommen hatte. Lady Fermoy signalisierte ihre Zustimmung in jenem Herbst, als sie Diana und Charles zu einer Aufführung von Verdis *Requiem* begleitete, mit anschließendem Abendessen im Buckingham Palace.

Die Spekulationen über die Verschwörung der Großmütter setzten nach Dianas Besuch im Oktober 1980 in Birkhall ein, dem Wohnsitz der Königinmutter in Balmoral, bei dem auch Lady Fermoy anwesend war. »Die beiden Großmütter kannten einander gut«, schrieb Anne DeCourcy Wochen später. »Selbstverständlich ist es verlockend zu glauben, dass die eine oder andere Bemerkung im Sinne von ›Wäre es nicht nett, wenn‹ gefallen ist.« In der britischen Presse war es nur ein kleiner Sprung von »Selbstverständlich ist es verlockend« bis zu der unerschütterlichen Behauptung, dass die beiden ältlichen Frauen die Heirat arrangiert hatten, was zu einem Stützpfeiler des Mythos um Diana wurde.

Ruth Fermoy hatte ihre Zweifel bezüglich der Verbindung. »Sie wagte nie, etwas zu sagen«, erklärte ein Mann aus Charles' unmittelbarer Umgebung, »aber sie hielt Diana für ungeeignet und unzuverlässig.« Kurz vor ihrem Tod im Jahr 1993 gab Lady Fermoy ihre unausgesprochenen Zweifel preis. »Hätte ich [Charles] gesagt: ›Sie begehen einen gewaltigen Fehler‹, hätte er meiner Warnung vermutlich kaum Beachtung geschenkt, denn die Ereignisse überrollten ihn.« Diana erinnerte sich, dass Ruth Fermoy während der Zeit ihrer Werbung vorsichtig warnte, dass der »Humor« und der »Lebensstil« der Königsfamilie »anders« seien und ihr möglicherweise nicht zusagen würden.

Einige der unzutreffenden Behauptungen schildern Prinz Charles bewusst in ungnädigem Licht, um Diana emporzuheben. Er »schickte nie Blumen«, schrieb Whitaker entrüstet, obwohl Danae Brook von der *Daily Mail* berichtete, dass zwei Dutzend dunkelroter Rosen von Charles vor Dianas Tür abgeliefert worden waren. »Sie tat mir oft Leid«, erklärte Whitaker, »da sie ... Hunderte Kilometer fahren musste ... um bei ihm zu sein ... Kein anderer Mann dürfte sich gegenüber seiner Freundin ein solch anmaßendes Verhalten erlauben.« Charles' Kammerdiener Stephen Barry beschrieb später ausführlich, dass er Diana während der Zeit der Werbung häufig im Haus ihrer Schwester oder Großmutter abholte und sie, um der Presse zu entgehen, zu einem Treffen mit Charles auf dem Land fuhr, nur um am folgenden Tag »in einer frühmorgendlichen Hetzjagd« zurückzukehren.

Zwangsläufig mischten sich in das Bild, das von Diana entstand, auch einige weniger günstige Züge. Ein Butler aus Althorp erzählte dem *Daily Star*, dass Diana als Kind »eine echte Plage« gewesen sei, sagte jedoch gleichzeitig vorher, »dass sie sich mit etwas Übung an die strengen Regeln und Vorschriften eines königlichen Haushalts anpassen könne«. Judy Wade von der *Sun* grub ein Interview mit Raine Spencer aus dem Jahr 1976 aus, in dem sie behauptete, von Diana und ihren Schwestern abgelehnt worden zu sein. Größtenteils schlug die Presse jedoch die Trommeln zu Dianas Gunsten und befahl Charles praktisch, ihr einen Heiratsantrag zu machen, da »ihn ansonsten das ganze Land lynchen würde«, wie sich Whitaker erinnerte. »Es ist Zeit, dass sich Prinz Charles vermählt. Es ist seine Pflicht«, verkündete Whitaker lautstark im *Daily Star* vom 10. November.

Die Monate vor ihrer Verlobung wurden für Diana zu ihrer ersten großen Charakterprüfung, und sie beeindruckte die Reporter durch Gelassenheit während ihrer Belagerung. In einem Artikel wurde sogar ihre »bemerkenswert ruhige und reife Haltung« gepriesen. Sie wurden Zeuge ihrer selbst auferlegten Fähigkeit, »einen erstaunlich glücklichen Eindruck zu vermitteln«, selbst wenn sie noch so entmutigt war. Diana wusste nicht, dass sie schon bald unter dem Druck zusammenbrechen sollte. Jahre später erklärte sie, dass die Reporter »unerträglich waren ...

In meinen eigenen vier Wänden weinte ich wie ein kleines Kind. Ich konnte all das einfach nicht mehr ertragen.« Zu jener Zeit enthüllte Diana nur ein einziges Mal ihre Gefühle in einem Interview mit ihrer Nachbarin Danae Brook von der *Daily Mail*. »Ich bin weniger gelangweilt als zutiefst unglücklich«, erklärte Diana. »Es ist sehr erschöpfend und dauert nun schon wochenlang an, ohne jegliche Unterbrechung.«

Während sich Charles darauf beschränkte, die *Times* zu lesen, verschlang Diana »alles, was sie in die Finger bekommen konnte«, berichtete Stephen Barry. Nach mehreren Monaten in der Öffentlichkeit beobachtete ein Reporter des *Daily Mirror*, dass »es scheint, als ob ... Lady Diana ... es allmählich genießt, erkannt zu werden«. Tatsächlich gab es Augenblicke, in denen Diana die Aufmerksamkeit herauszufordern schien. Im Dezember 1980 heiratete Charles' ehemalige Freundin Anna Wallace Johnny Hesketh in der Guards Chapel in London. Zur Überraschung einer ihrer Freundinnen tauchte Diana in der Nähe der Kapelle mit einem Kinderwagen auf. »Ich sagte: ›Um Gottes willen, dort haben sich dreihundert Presseleute versammelt. Du solltest lieber von hier verschwinden‹«, erinnerte sich die Freundin.

In ihrem Interview mit Morton beschwerte sich Diana bitterlich, dass Prinz Charles ihr zu wenig Unterstützung bot. Sie erinnerte sich, dass er sich lediglich um Camilla Parker Bowles sorgte, die sich eine Hand voll Reporter vom Leib halten musste, während 34 die Wohnungstür von Diana belagerten. Stephen Barry enthüllte jedoch, dass Charles in Wirklichkeit über die Auswirkungen, die die Belästigung der Presse auf Diana haben könnten, »besorgter« war als sie selbst. In jüngeren Jahren hatte Charles ein herzliches Verhältnis zur Presse unterhalten. Als sie jedoch begannen, Jagd auf seine verschiedenen Freundinnen zu machen, wandte er sich brüsk von ihr ab. »Immer wieder sagte er zu mir: ›Ich wünschte, die verdammte Presse würde [Diana] in Ruhe lassen‹«, berichtete Barry. Anfang Dezember warf Charles der britischen Presse »Sensationsgier« und einen Mangel an moralischen Werten vor. »Ich möchte die Gelegenheit nutzen, Ihnen allen ein glückliches Neues Jahr zu wünschen und Ihren Herausgebern ein besonders schlechtes«, brachte er hervor, sobald er die Reporter in Sandringham entdeckte.

Diana behauptete, sie habe es als unangemessen betrachtet, sich bei Charles wegen der Presse zu beschweren. Deshalb habe sie geschwiegen. Sie fügte hinzu, dass sie ihn und das Pressebüro des Buckingham Palace um Hilfe gebeten habe, von beiden jedoch zurückgewiesen worden sei.

»Sie erklärten lediglich, dass ich auf mich selbst gestellt sei.« Ihre damalige Arbeitgeberin Mary Robertson erzählt jedoch eine andere, vielsagendere Geschichte. Im November 1980 berichtete Diana ihr, dass ihre Großmutter Lady Fermoy »vorgeschlagen hatte ... den Buckingham Palace um Hilfe im Umgang mit der Presse zu bitten.« Als Diana fragte, was sie tun solle, erteilte ihr Robertson einen Ratschlag, den Diana unglücklicherweise befolgte – eines von vielen Beispielen gut gemeinter Ratschläge schlecht informierter Personen, die das Ausmaß von Dianas Problemen nicht erfassten. »Ich würde nicht um Hilfe bitten, solange ich möglicherweise imstande bin, selbst mit der Situation fertigzuwerden«, meinte Robertson. »Wenn der Palast glaubt, dass du dem Druck bereits jetzt nicht standhältst, nimmt er vielleicht an, dass du dazu ebenfalls nicht in der Lage sein wirst, sobald du erst Teil der königlichen Familie bist. Wenn es dir mit dieser Romanze ernst ist, solltest du versuchen, dich allein durchzukämpfen.«

Über Dianas Angst, fotografiert zu werden, ist viel geschrieben worden. Vor Fotografen schien sie jedoch instinktiv gewusst zu haben, was sie tun musste, denn sie fühlte sich wohler, als sie zugeben wollte. Bereits als Kind hatte sie gern vor der allgegenwärtigen Kamera ihres Vaters posiert. »Automatisch machte sie eine Geste oder nahm eine bestimmte Stellung ein«, erinnerte sich ihr Bruder Charles. »Sie war von Natur aus eine Schauspielerin. In der Art, wie sie auf die Kamera reagierte, zeigten sich ihre Starqualitäten.«

Felicity Clark, die damalige Schönheitsredakteurin von *Vogue*, kannte Dianas ältere Schwestern durch deren Anstellung bei der Zeitschrift. Als Diana 16 Jahre alt war, erfuhr Clark, dass sie »wirklich hübsch« war und versuchte, sie als eines der »jungen neuen Gesichter« zu fotografieren, das zu beobachten sich lohnte. »Diana zeigte großes Interesse daran«, erzählte Clark, musste den Termin jedoch wegen einer Blinddarmentzündung gezwungenermaßen absagen.

Als im Herbst 1980 Geschichten über Diana und Charles in Umlauf kamen, fragte Clark erneut an, und Diana stimmte zu, sich von Lord Snowdown, dem Gemahl von Prinzessin Margaret, für die Februarausgabe 1981 fotografieren zu lassen. Nach der »Mantel-und-Degen-Methode« arrangierte *Vogue*, dass Diana für die Aufnahmen unbemerkt in Snowdowns Studio gebracht wurde. Clark entging es nicht, dass Diana »allgemein stark angespannt war ... sehr nervös, weil die Presse sie überallhin verfolgte«. Daher beeindruckte es Clark umso mehr, dass Diana trotz ihrer Unerfahrenheit »keinerlei Nervosität vor dem erkennen ließ, was sie mit uns tun würde.« Die abgeschirmte Atmosphäre besänftige Dianas Ängste, und die Aufmerksamkeit stärkte ihr Selbstwertgefühl. »Sie fühlte sich wohl mit Snowdown«, meinte Clark. »Er wusste, was er zu tun hatte, und machte es ihr leicht.«

Der Tiefpunkt in der Zeit der Werbung trat am 16. November ein, als der *Sunday Mirror* auf der Titelseite einen Sensationsartikel mit der Überschrift »Königlicher Liebeszug« herausbrachte. Dem Bericht zufolge hatte sich Diana zweimal in diesem Monat spätnachts mit Prinz Charles im königlichen Zug getroffen. Die beiden Reporter Wensley Clarkson und Jim Newman behaupteten, sie sei in einem »blauen Renault« »in wilder Fahrt die 160 Kilometer« von London nach Wiltshire gefahren und um eine Polizeisperre gelotst worden. In der darauf folgenden Nacht sei Diana dem *Sunday Mirror* zufolge in das »Landhaus der Freundin und engen Vertrauten von Prinz Charles«, Camilla Parker Bowles, gereist, »ehe sie wiederum über dieselben einsamen Landstraßen zurückgeeilt« sei. Die Geschichte war reichlich mit Andeutungen gespickt und deutete an, dass Diana »mehrere Stunden in dem Wagen verbrachte, den üblicherweise der Herzog von Edinburgh benutzt« und »ihn in den frühen Morgenstunden verlassen habe«.

Als der *Sunday Mirror* Diana am Abend vor der Veröffentlichung anrief, erwiderte sie entschieden, dass die Geschichte unwahr sei (eine Entgegnung, die die Zeitung nicht einmal abdruckte). Auch in den darauf folgenden Tagen wiederholte sie ihre Behauptung, mit ihren Mitbewohnerinnen zu Hause gewesen zu sein, was diese bestätigten. Whitaker zufolge war sie nicht ausgegangen, weil »ich mich schwach und übel fühlte« nach der Geburtstagsfeier von Prinzessin Margaret am Abend zuvor. Gegenüber Roger Tavener von der *Press Association* erklärte sie: »Ich habe ein kleines Abendessen zu mir genommen und etwas ferngesehen, ehe ich früh zu Bett ging ... Ich habe die Wohnung nie verlassen.« Ebenso entschieden widersprach sie einem an diesem Tag erschienenen Zeitungsartikel, »in dem behauptet wird, dass sie nach der Party einen Kater gehabt habe ... ›Ich habe nie einen Kater.‹« Nachdem sie der *Daily Mail* gegenüber eine weitere Entgegnung vorgebracht hatte, gab sie sich scheinbar geschlagen: »Das Problem ist, dass die Menschen glauben, was sie lesen«, erklärte sie.

Da Diana weder ein Mitglied der königlichen Familie und noch nicht einmal die Verlobte des Prinzen war, war der Buckingham Palace nicht offiziell verpflichtet, sie zu schützen. Die Königin und der Prinz von Wales waren jedoch erzürnt über den Bericht und die Anspielungen auf ein sexuelles Verhältnis. Statt die Geschichte zu ignorieren, wie die Boulevardpresse es von ihr erwartet hatte und wie es ihrem bisherigen Verhalten entsprach, konterte die Königin mit einem eindeutigen Dementi von ihrem Pressesekretär Michael Shea: »Mit Ausnahme der Tatsache, dass der Prinz von Wales ... in den besagten zwei Nächten den königlichen Zug verwendete, ist jede weitere von Ihnen getätigte Behauptung frei erfunden ... Die einzigen in beiden Nächten anwesenden Gäste im Zug waren der Sekretär des Herzogtums von Cornwall, dessen Nachfolger und der lokale Verwalter des Herzogtums.«

Die Geschichte über den königlichen Zug nahm in James Whitakers 1993 veröffentlichtem Buch über die Ehe des Prinzenpaares von Wales eine weitere erfundene Wendung, in der der Tatsache Rechnung getragen wurde, dass sich Diana nicht im Zug befunden hatte. Selbst nach Aussagen aus erster Hand, dass sich absolut keine Frau im Zug aufgehalten hatte, fügte Whitaker seine neueste reißerische Fantasiegeschichte hinzu und behauptete, dass »eine blonde Frau eilig den Zug bestieg ... Die Frau im Zug war Camilla Parker Bowles.«

Zu Whitakers Beweisen zählte ein Telefon-Logbuch aus dem königlichen Zug, das besagte, »dass ein Anruf getätigt worden war ... zu dem nahe gelegenen Haus des Ehepaars Parker Bowles«. Camillas Ehemann Andrew erklärte Ross Benson, dass »mich Prinz Charles aus dem Zug angerufen hat. Das Gespräch bezog sich auf die Jagdvorbereitungen für das Wochenende. Nichts weiter«.

Whitakers Geschichte wurde auch von Personen widerlegt, die über den Verbleib des Prinzen genauestens Bescheid wussten. »Ihr fehlte jede Grundlage«, erklärte Michael Colborne, der damalige Berater des Prinzen von Wales. Charles' Kammerdiener Stephen Barry äußerte sich mit derselben Entschiedenheit: »Ich befand mich selbst im Zug, gemeinsam mit ... zwei Polizisten ... Es hielt sich keine weibliche Person in seinem Zug auf, weder Lady Diana noch eine andere Frau.«

Ungeachtet der überwältigenden Gegenbeweise wurde die Geschichte über den königlichen Zug Teil des Mythos um Diana. Von jenen, die sie glaubten, behaupteten einige, Diana sei anwesend gewesen, während andere darauf bestanden, dass es Camilla gewesen sei. Später führte Diana ihr Misstrauen gegenüber Camilla auf diese Periode zurück, obwohl sie die Geschichte über den königlichen Zug nicht spezifisch anführte. Sie erinnerte sich, gefühlt zu haben, »dass irgendjemand im Spiel war«, als Camilla so überaus gut über den Verlauf von Charles' jüngster Romanze informiert war.

Diana nahe stehende Personen erkannten, dass die Berichterstattung in den Medien allmählich ihren Preis forderte. Frances Shand Kydd war ausreichend beunruhigt, um der *Times* Anfang Dezember einen Brief zu schreiben, in dem sie sie beschuldigte, über Diana »unverzeihliche« Lügen gedruckt zu haben (obwohl sie »fantastische Spekulationen« seltsamerweise gestattete, sofern sie sich »im Bereich guten Geschmacks« befanden). Den Herausgebern aus der Fleet Street stellte sie die Frage: »Empfinden Sie es als notwendig oder fair, [meine] Tochter täglich von Sonnenaufgang bis Sonnenuntergang zu schikanieren? Ist es fair, von irgendeinem menschlichen Wesen, ungeachtet der Umstände, zu verlangen, sich auf diese Weise behandeln zu lassen?« Einen Monat später richtete Dianas Vater ebenfalls einen Appell an die Presse: »Die Dinge sind ihr etwas zu viel geworden«, erklärte er den Reportern, die seine Tochter bis zu seinem Anwesen verfolgten. »Gönnt ihr ein wenig Frieden und Stille.«

Diana selbst versuchte, sich zu verteidigen, indem sie sich gezielt an die Presse wandte. Im selben Monat, in dem die Geschichte über den Zug veröffentlicht wurde, besuchte Roger Tavener von der *Press Association* gemeinsam mit ihr den Young England Kindergarten. Sein nachfolgender Bericht sorgte für Schlagzeilen. »Ich würde gern bald heiraten ... Mir erscheinen 19 Jahre nicht zu jung. Das hängt von der jeweiligen Person ab«, zitierte er sie. Erschrocken über ihre eigene Unbedachtheit, wies Diana das Zitat wütend zurück. Einem Artikel des *Daily Express* zufolge »ersuchte Lady Diana Spencer gestern Abend den *Express*, ›mitzuhelfen, den Bericht richtigzustellen ... Ich habe nichts davon gesagt. Ich habe nie die Ehe mit auch nur einem Wort erwähnt.‹ ... Ihre blauen Augen sprühten Funken, während sie den Bericht der Agentur durchlas ... ›Wir sprachen lediglich zwei Minuten miteinander. Ich sagte kaum ein Wort.‹« Nachdem David Chipp, der Herausgeber der *Press Association*, Taveners Notizen überprüft hatte, bestätigte er die Richtigkeit der Geschichte. Durch ihren schnellen Gegenschlag war es Diana jedoch gelungen, die Wirkung des Interviews zu mildern.

Dianas Familie war bewusst, dass sie »Schwierigkeiten mit der Wahrheit« hatte, wie ihr Bruder es einmal nannte. Bereits in einem frühen Stadium ihrer Beziehung begannen die Boulevardreporter Ähnliches zu vermuten. Für die Öffentlichkeit schrieb James Whitaker, dass Diana »mich nie belog«, obwohl er vom Gegenteil überzeugt war. »Die gesamte Angelegenheit war überaus kompliziert«, meinte Whitaker. »Sie war in keiner Weise geradlinig und sehr trickreich.«

Ungeachtet des gegenseitigen Misstrauens unterhielten Diana und die Boulevardreporter herzliche Beziehungen. Da die Journalisten erkannten, dass Diana in den Prinzen von Wales vernarrt war, verdoppelten sie ihre Bemühungen zu ihren Gunsten. Die Reporter förderten und schützten sie, lehnten es ab, Kommentare abzudrucken, die ihr abträglich sein konnten, und rieten ihr sogar, was sie sagen oder nicht sagen sollte. »Diana war sich durchaus bewusst, dass sie die Presse auf ihrer Seite benötigte, wollte sie bei Prinz Charles Fortschritte erzielen ... um zu erklären, wie fantastisch sie war und was für ein Narr er wäre, wenn er sie nicht heiratete«, berichtete Whitaker.

Mitunter schlugen die Anstrengungen der Presse fehl, etwa, als Whitaker ihren Onkel Lord Fermoy mit der Aussage zitierte: »Ich kann Ihnen versichern, [Diana] hatte nie einen Liebhaber.« Später gestand Whitaker ein, dass dieses Eindringen in ihre Privatsphäre Diana »entsetzt« habe. Zwei Wochen danach ging Diana in die gleiche Falle, als sie der *Daily Mail* gegenüber erklärte, »nicht wahllos von Bett zu Bett gesprungen zu sein, wie alle anderen es scheinbar getan haben«.

Vernünftigerweise hätten Charles und Diana genug Zeit miteinander verbringen sollen, um einander eingehend kennen zu lernen und sich in verschiedenen Situationen zu erleben. Der Platz im Rampenlicht machte jedoch jede normale Werbung unmöglich, und als sich das Jahr 1980 seinem Ende entgegenneigte, zeigte sich allmählich Dianas Ängstlichkeit. »Wenn es nicht gut geht, möchte ich nur noch sterben«, vertraute sie Mary Robertson an. »Ich könnte mich nie wieder blicken lassen.« Kurz vor Weihnachten kam Charles während eines Besuchs im Hause des Ehepaares Parker Bowles einem Heiratsantrag am nächsten, als er meinte: »Was würdest du sagen, wenn ich dich um deine Hand bäte?« Diana antwortete mit einem Kichern. Während ihres Aufenthalts in Althorp im Monat darauf, war ihr der Kummer über die anhaltende Ungewissheit deutlich anzusehen. »Ich rief an und sprach mit Raine«, erinnerte sich Elsa Bowker. »Ich fragte: ›Wie geht es Diana?‹ und sie antwortete: ›Sie ist sehr traurig. Sie spaziert einsam durch den Park und weint, weil Charles ihr keinen Heiratsantrag gemacht hat.‹«

Einem glaubwürdigen Artikel zufolge begann Prinz Philip, Charles zur Heirat zu drängen, ehe sich Diana für einen anderen entscheiden würde. »Bereits seit einiger Zeit erklärte er, dass Charles keine passende Braut finden würde, wenn er sich nicht beeilte«, bemerkte Stephen Barry. Da die Geschichte über den königlichen Zug ein schlechtes Licht auf Diana geworfen hatte und andeutete, dass sie mit Charles das Bett geteilt hatte, bestand Philip darauf, dass Charles entweder um ihre Hand anhalten oder die Beziehung beenden sollte. »Er mahnte seinen Sohn, dass er die Entscheidung nicht länger aufschieben dürfe; damit würde er das Ansehen von Diana Spencer bleibend schädigen«, schrieb Dimbleby. »Der Prinz legte die Haltung seines Vaters als Ultimatum aus.«

Vor diesem von Drängen geprägten Hintergrund traten im Januar 1981 Charles' Freunde Penny Romsey und Nicholas Soames an ihn heran und gaben ihren Vorbehalten gegenüber Diana Ausdruck. Penny Romsey, die mit Mountbattens Enkel Norton Romsey verheiratet war, »fühlte, dass von Charles' Seite starke Gefühle für Diana fehlten«, schrieb Dimbleby. Sie wies darauf hin, wie wenig Gemeinsamkeiten das Paar besaß, und war beunruhigt, da Diana die Pressefotografen zu umwerben schien, so dass diese sie »von ihrer besten Seite« zeigten. Vor allem sorgte sie sich jedoch, weil Diana offensichtlich »stärker in eine Idee als in einen Menschen verliebt sei« und sich verhielt, als »spräche sie für die Hauptrolle in einem Kostümstück vor«, statt die »gewaltige Bedeutung« ihrer Rolle als Gefährtin zu begreifen. Norton Romsey bestätigte die Eindrücke seiner Frau nachhaltig, was den Prinzen verärgerte. Einem Freund von Charles zufolge wogen Penny Romseys Bemerkungen jedoch schwer, da sie »zu den schärfsten Beobachtern unter den Freunden des Prinzen zählte. Instinktiv fühlte sie, dass etwas nicht stimmte.«

Nach Aussage eines Angestellten des Palastes hatte Nicholas Soames seinen Ärger darüber zum Ausdruck gebracht, dass Philip »seinen Sohn zu so einem entsetzlichen Fehlschritt« gedrängt hatte. Als ehemaliger Stallmeister von Charles identifizierte sich Soames so stark mit dem Prinzen, dass sein Haus einem Freund zufolge »einem Denkmal ihrer Beziehung glich, mit dem Federmotiv des Prinzen von Wales auf allem und jedem und den Bildern des Prinzen von Wales überall«. Dass er unter diesen Umständen dennoch das Missfallen von Charles riskierte, spricht für die Tiefe von Soames' Gefühlen. Soames war nicht für sein Einfühlungsvermögen gegenüber Frauen berühmt. Einem Freund von Soames zufolge erklärte er Charles jedoch, dass er und Diana einander »völlig unähnlich« seien. »Nick war der Ansicht, dass Diana nicht derselben Gewichtsklasse angehörte wie Charles, um einen Ausdruck aus dem Reitsport zu verwenden. Sie war ziemlich kindlich und unausgereift.«

Inmitten all des Drängens und der Bedenken erklärte Charles einem anderen Freund, dass er »verwirrt und ängstlich« sei. »Selbstverständlich beunruhigt es mich, diesen ungewöhnlichen Sprung ins Ungewisse zu tun, aber ich erwarte, dass er sich letztlich als richtig herausstellen wird.« Nach einem Schiurlaub in der Schweiz mit dem befreundeten Ehepaar Palmer-Tomkinson, deren »Unterstützung seine Nerven stählte«, lud er Diana am Abend des 6. Februar nach Windsor Castle ein, wo er sie bat, ihn zu heiraten, und sie augenblicklich einwilligte.

Dianas Beschreibung des Heiratsantrags ist sowohl von Qualen gezeichnet als auch von Widersprüchen gespickt und bietet einen viel sagenden Einblick in ihre raschen Stimmungswechsel. Ihre Worte sollten zudem vor dem Hintergrund ihrer Unsicherheiten und ihrer späteren Feindseligkeit gegenüber Charles betrachtet werden. »[Charles] hatte nie etwas Fassbares«, klagte sie. »Das war außergewöhnlich.« Sie erinnerte sich, dass sie lachte, als Charles sie um ihre Hand bat, und dachte, »das ist ein Scherz.« Eine überaus unpassende Reaktion in einem Augenblick, den sie so lange eindeutig ersehnt hatte.

In ihrem Interview mit Morton berief sich Diana mehrmals auf die »innere Stimme«, die sie nahezu gegen ihren Willen anzutreiben schien, ein Ausdruck jener ungewöhnlichen Ablösung, die sie seit ihrer Kindheit fühlte. In diesem Augenblick »sagte eine Stimme in meinem Inneren zu mir: ›Du wirst zwar nicht Königin sein, aber eine schwere Rolle erfüllen müssen.«‹ Zu einem anderen Zeitpunkt erklärte sie: »Vom ersten Tag an wusste ich, dass ich nicht die nächste Königin sein würde.« In dem Interview, das Diana 1995 *Panorama* gab, ließ sie Zweifel an ihren früheren Erinnerungen aufkommen: »Was die Frage der zukünftigen Königin anbelangte, stand sie bei der Heirat mit meinem Mann nie im Vordergrund. Dieser Gedanke lag mir fern.« Um weitere Widersprüche hinzuzufügen, schrieb Morton 1991 in einem Artikel, dass Diana ihren Freunden gegenüber erklärt habe: »Nach allem, was ich durchgemacht habe, bin ich entschlossen, die nächste Königin von England zu werden.«

Nach Dianas Schilderung habe sie Charles nach seinem Antrag gesagt, dass sie ihn liebe, worauf er lediglich mit den Worten »was auch immer Liebe bedeutet« geantwortet habe. »Nun, dachte ich, das ist großartig! Ich glaubte, dass er es tatsächlich meinte!« erinnerte sie sich, vermutlich sarkastisch. Augenblicke später machte sie in ihrer Erinnerung eine Wendung um 180 Grad und behauptete: »Ich glaube, dass er sehr in mich verliebt war, was auch tatsächlich der Fall war, denn er hatte immer einen etwas berauschten Blick an sich.« Ebenso rasch schwenkte sie wieder um und fügte hinzu: »Aber es war nicht echt.« Es war ein weiterer Hinweis auf ihre ständige Angst, zurückgewiesen zu werden. Dianas Gefühl der Isolation und ihre verworrene Identität wurden in einer weiteren rätselhaften Beobachtung sichtbar: »Wer war dieses Mädchen, das so anders war? Er konnte es einfach nicht begreifen, da er in diesem Bereich höchst unreif war.«

Einige Tage nach dem Abend in Windsor Castle reiste Diana nach Australien, um mit ihrer Mutter die ersten Hochzeitsvorbereitungen zu treffen. Diana schmerzte die Trennung sehr, sie bezeichnete sie als »absolute Katastrophe«. Später behauptete sie, dass sie Charles stark vermisst habe, er sie aber nie angerufen und auch nicht zurückgerufen habe, wenn sie ihn zu erreichen versuchte. Stephen Barry berichtete hingegen, Charles und Diana hätten »ständig, aber zurückhaltend miteinander telefoniert ... Im Allgemeinen rief sie an. Da seine Verpflichtungen weit im Vorhinein festgelegt waren, wusste sie ihn stets zu finden.« Charles erinnerte sich in einem Fernsehinterview daran, was geschah, als er erstmals in Australien anrief und Diana zu sprechen wünschte, wo Frances Shand Kydd ihre Tochter sorgsam vor der Presse verbarg. »Wir nehmen keine Gespräche an«, erhielt er zur Antwort. Erst als er eifrig auf sie einredete, gelang es ihm, sie von der Tatsache zu überzeugen, dass er tatsächlich der Prinz von Wales war. Dianas Behauptung, dass Charles sie nicht angerufen habe, die in ihrer Klage gegen Charles zu einem bedeutenden Beweis seiner Gefühllosigkeit wurde, illustrierte auf klassische Weise, wie sie um sich schlug, wenn sie sich verlassen fühlte. Dieses Verhaltensmuster sollte sich während ihrer gesamten Ehe wiederholen.

Die Verlobung wurde am 24. Februar verkündet, und das Fernsehinterview, das Charles und Diana an jenem Tag gaben, wurde zu einer noch größeren Neuigkeit als die Verlobung selbst. Das Paar wirkte außerordentlich nervös. Diana biss sich auf die Lippen, während Charles Grimassen schnitt. »Finden Sie Worte, um auszudrücken, wie Sie sich heute fühlen?« fragte der Interviewer. »Schwierig, die richtigen Worte zu finden«, gab Charles zurück und blickte zu Diana, die zustimmend nickte. »Einfach erfreut und glücklich. Ich bin überrascht, dass sie so mutig ist, mich zu nehmen«, fügte Charles hinzu, während er sich Diana grinsend zuwandte. Beide lachten, während der Interviewer nahezu beiläufig fragte: »Und verliebt, vermute ich?« »Selbstverständlich!« erklärte Diana, während sie halb lächelnd das Gesicht verzog und die Augen rollte. »Was auch immer ›verliebt‹ bedeutet«, warf Charles lächelnd ein, während Diana kichernd mit einem »Ja« zustimmte. »Wählen Sie Ihre eigene Interpretation«, fügte Charles hinzu. »Dann bedeutet es zwei sehr glückliche Menschen«, bemerkte der Interviewer. »Wie Sie sehen können«, gab Diana nickend und lächelnd zurück.

Aus diesem kurzen Gespräch, das von viel sagender Körpersprache und kaum zu übersehender Verlegenheit geprägt war, wurden Charles' fünf Worte – »was auch immer ›verliebt‹ bedeutet« – im Verlauf der Jahre zahllose Male wiederholt, um seine Kälte und innere Distanz zu dokumentieren. Diana erzählte ihrer Astrologin Debbie Frank, dass sie von seiner Antwort bei dem Interview »schockiert« gewesen sei, wenn sie auch eingestand, dass er in der Nacht seines Heiratsantrags ähnliche Worte verwendet hatte. »Sie sagte mir, dies ... sei der erste echte Hinweis ... dass Charles weder dachte noch fühlte wie ein gewöhnlicher Mensch«, erklärte Frank. Betrachtet man das Interview in seiner Gesamtheit und bezieht man Dianas neckisches Augenrollen ein, als sie »Selbstverständlich« sagte und nach Charles' unsicheren Worten ein bestimmtes »Ja« einwarf, wirkt seine Antwort weniger beleidigend, als viele gerne unterstellen.

Angesichts der zahlreichen Male, die Charles in der Öffentlichkeit über die Bedeutung von Liebe und Ehe gesprochen hatte, stimmte seine Antwort mit seiner Neigung überein, Fragen des Herzens zu intellektualisieren, insbesondere, wenn sie sich mit seinem Pflichtbewusstsein kreuzten. »Das war eine idiotische Frage, und die Antwort war für [Charles'] selbstzweiflerische, forschende Persönlichkeit typisch«, erklärte ein Freund von Charles und Diana. Wie jeder Mann der Oberschicht schrak Charles vor öffentlichen Gefühlsäußerungen zurück, die man jedoch von ihm erwartete. »Er konnte ausgezeichnet verbergen, was er dachte, und hatte seine Gefühle immer gut unter Kontrolle«, bemerkte Stephen Barry.

Die Frage, ob die beiden ineinander verliebt waren, bleibt – sowohl für sie als auch für ihn – bis zum heutigen Tag unbeanwortet. Nach einer von James Whitaker und dem königlichen Biografen Anthony Holden aufgestellten Theorie wandelten sich Charles' Gefühle, als er nach der Verlobung nach Australien reiste. »Wohin er auch ging, überall sah er ihr Bild im Fernsehen«, erinnerte sich Holden, der zum Presseaufgebot gehörte. »James und ich glauben beobachtet zu haben, dass er sich in den Gedanken verliebte, sie aus der Ferne zu betrachten.«

In diesem März zeigte Charles in seinem Briefwechsel mit Freunden eine besondere Zurückhaltung: »Ich bin sehr glücklich, dass mich ein so besonderer Mensch wie Diana so sehr zu lieben scheint. Ich entdecke bereits, wie angenehm es ist, jemanden um sich zu haben, mit dem man etwas teilen kann.« Charles wirkte nicht, als wäre er von Anfang an in Diana »verliebt« gewesen. Er mochte sie und hoffte, dass seine Gefühle durch eine Vertiefung ihrer gemeinsamen Werte und Interessen zu Liebe heranwachsen würde.

Dianas Ansichten über Charles' Gefühle schwankten im Laufe der Jahre heftig, und so bot sie ihren Freunden je nach ihrer augenblicklichen Stimmungslage verschiedene Versionen an. Sobald sie sich wie ein »Opferlamm« fühlte, beschuldigte sie Charles, sie nur ausgewählt zu haben, um einen männlichen Nachfolger zu gebären. Während ihrer ersten Treffen mit der Astrologin Penny Thornton im Jahr 1986 sprach Diana von ihrer »unerwiderten Liebe für Charles« und erzählte, wie niedergeschlagen sie in der Zeit vor ihrer Hochzeit war, weil ihr Charles »kategorisch jede Liebe verweigerte«. Ein Jahr später soll Diana Thornton erklärt haben, »dass die Heirat eindeutig ... von der Großmutter ... und der Königinmutter ... arrangiert worden war« und dass die Romanze »ausschließlich von den Medien erschaffen worden war«.

Zu anderen Zeiten grollte Diana all jenen, die an Charles' Liebe zweifelten. »Die Behauptung, dass Charles sie nie geliebt habe, verletzte [sie] tief«, berichtete die Astrologin Debbie Frank. »Er liebte mich, und ich liebte ihn. Es war nicht bloß arrangiert«, beharrte Diana gegenüber Frank. Einer engen Freundin zufolge »erklärte Diana, dass er zu Beginn in sie verliebt war, aber dass sich seine Vorstellung von Liebe von ihrer etwas unterschied«.

Charles konnte erkennen, dass Diana für ihn schwärmte, doch selbst er war sich nicht sicher, wie tief ihre Gefühle gingen, wie sich aus seiner nachdrücklichen Bemerkung »Ich bin sehr glücklich, dass mich ein so besonderer Mensch wie Diana so sehr zu lieben *scheint*«, seinen Freunden gegenüber ablesen lässt. Auf die Frage, ob Diana möglicherweise stärker in den Titel ihres Verlobten als in ihn selbst verliebt sei, entgegnete ihr Bruder Charles: »Niemand mit unaufrichtigen Motiven kann so glücklich aussehen.« Dianas Mutter erkannte bei Diana und Charles ebenfalls »echtes Glück und tiefe Zuneigung zueinander«. »Als sie sich in ihn verliebte, spielte die Tatsache, dass er der Prinz von Wales war, zunächst selbstverständlich mit, aber er war in vielerlei Hinsicht liebenswert ... Er war ihre erste echte Liebe, der einzige Mann, der sie wirklich beeindruckte«, erklärten enge Freunde von Diana.

Wenn Dianas spätere Erinnerungen ein authentisches Maß für ihre Stimmung im Jahr 1980 und Anfang 1981 darstellen, fühlte sie neben ihrer Zuneigung auch unermässlichen Groll, Wut, Angst, Depression und Eifersucht. Diana benötigte Trost und Fürsorge. Hätte sie sich sicher gefühlt, wären ihre beunruhigenden Untertöne möglicherweise schwächer geworden. Das Leben mit der königlichen Familie hinter den Mauern des Palastes bot jedoch nur die Illusion von Schutz. Diana war eine emotional verletzte junge Frau ohne klar definierte Identität, und das strenge Protokoll und die fischglasähnlichen Einschränkungen des königlichen Lebensstils wurden bald schon zu einer Quelle der Angst statt zu einer sicheren Zuflucht.

Sie musste ihre Freunde, ihre Arbeit und ihren beruhigenden Tagesablauf aufgeben – ein Umfeld, in dem sie tat, was ihr gefiel, und Verwicklungen vermied, die ihr zerbrechliches Selbstvertrauen bedrohten. (»Ich ertrug sie emotional nicht. Ich glaube, ich war sehr angespannt.«) Nun sollte sie sich einer intimen Beziehung zu einem mächtigen Mann hingeben, eine anspruchsvolle Rolle erfüllen, auf die sie nicht vorbereitet war, und sich dem strengen und unaufhörlichen Urteil der aufdringlichen Presse unterwerfen. Unweigerlich sollte sie von ihrer Unzulänglichkeit überwältigt werden und Enttäuschungen und Verrat kennen lernen. Ihre Angst, zurückgewiesen zu werden, würde sich zu einem Muster aus selbstzerstörerischem Verhalten und emotionalem Rückzug wandeln, das nicht nur die königliche Familie, sondern auch Diana selbst erschrecken sollte.

# KAPITEL 8

»Ich bin erleichtert, dass sie schließlich doch Schutz vom Buckingham Palace erhält... Ich bin mir sicher, dass der Titel einer Prinzessin von Wales Diana in keiner Weise verändern wird. Für mich wird sie immer meine entzückende, liebenswerte kleine Schwester bleiben.«

Sarah Spencer McCorquodale
in der Daily Mail vom 25. Februar 1981

Sobald die Verlobung bekannt gegeben worden war, übersiedelte Diana nach Clarence House, dem Wohnsitz der Königinmutter. An jenem Abend speiste sie mit Charles und seiner Großmutter – ein Ereignis, das Diana unerwähnt ließ, sooft sie sich später beklagte, dass »niemand mich willkommen geheißen hat«.

Drei Tage später bezog Diana ihr eigenes Apartment im Buckingham Palace, wo sie bis zur königlichen Hochzeit am 29. Juli wohnen sollte.

Theoretisch war der Palast von Menschen gefüllt, die Diana helfen konnten, sich mit ihrer Rolle vertraut zu machen. Wie ihre Schwester hoffte, war Buck House, wie der Palast häufig genannt wurde, eine Schutzmauer, hinter der sich Diana vor der aufdringlichen Presse verbergen konnte. Damit endete das Gefühl von Sicherheit aber auch. Mit seinen zahllosen Räumen und mehr als zweihundert Angestellten ist der Buckingham Palace ein verbotener Ort, der eher einem großen Wohnblock und Bürogebäude denn einem einladenden Heim ähnelte. Jedes Mitglied der königlichen Familie besitzt ein eigenes Apartment, und da sie, wenn sie sich im Palast befinden, einen Großteil der Zeit allein verbringen und auch getrennt essen, ist ein Gefühl von Abgeschlossenheit nahezu unvermeidlich. »An der Eingangstür wird man von Dienern erwartet und geht dann durch widerhallende Gänge, in denen man niemanden zu Gesicht bekommt, außer hin und wieder eine Putzfrau«, berichtete jemand aus Prinz Charles' unmittelbarer Umgebung.

Dianas Suite bestand aus einem Wohnzimmer, einem Schlafzimmer, einem Badezimmer und einer kleine Küche. Man hatte ihr ein Dienstmädchen und einen Diener zugewiesen, und obwohl sie mit Personal aufgewachsen war, klagte der Diener gegenüber Charles' Kammerdiener: »Was soll ich tun? Lady Diana scheint nie einen Wunsch zu haben.«

Nach eigenem Eingeständnis war Dianas Auffassung vom königlichen Leben erstaunlich einfach: »Ich besaß mein eigenes Geld und lebte in einem großen Haus. Es wirkte einfach nicht so, als würde irgendetwas anderes auf mich zukommen.«

Unterstützt von ihrer Mutter und ihrem neuen Privatsekretär Oliver Everett, beschäftigte sie sich mit Hochzeitsvorbereitungen wie Einkaufen, Listen erstellen und Dankesbriefe schreiben. Sie sehnte sich so sehr nach Gesellschaft, dass sie mit Dienern und Dienstmädchen plauderte und eine in der königlichen Familie bislang nicht gekannte Ungezwungenheit an den Tag legte. (Aufgrund ihres Bedürfnisses, stets alles unter Kontrolle zu halten, erstarrte sie jedoch, sobald sich ein Angestellter die Freiheit nahm, sie in allzu vertraulicher Weise anzusprechen.) Die meiste Zeit verbrachte sie allein, sah sich im Fernsehen Seifenopern an, stickte ein wenig oder steppte stundenlang. Charles' Kammerdiener Stephen Barry erinnerte sich, dass ihre Tanzübungen ein solches Ausmaß annahmen, dass sie »das Parkett im Musikzimmer stark beschädigte«.

»Der Prinz von Wales hat mir alles sehr erleichtert«, erklärte sie wenige Tage vor ihrer Hochzeit den Reportern. Als sie Jahre später auf diesen Lebensabschnitt zurückblickte, sprach sie jedoch mit vernichtenden Worten über die königliche Familie und die Höflinge des königlichen Haushaltes – das hochrangige Personal, das der Familie diente. Sie beschwerte sich, dass man sie kühl behandelt habe und niemand sie mit ihren zukünftigen Aufgaben vertraut gemacht habe: »Ich wurde einfach ins kalte Wasser gestoßen.« Diana fügte sogleich hinzu, dass sie die Hürden aufgrund ihrer Erziehung überwunden habe. Ihr Verhalten ließ jedoch etwas anderes erkennen. Nach ihrer eigenen Aussage wusste sie bei ihren ersten offiziellen Auftritten grundlegende Dinge nicht, wie etwa in welcher Hand sie ihr Täschchen halten sollte und ob sie beim Eintreten Charles den Vortritt lassen sollte. Ihre ehemalige Arbeitgeberin Mary Robertson bestätigte: »Diana erzählte mir ... dass sie von der königlichen Familie nie Unterstützung oder Ratschläge erhalten hatte.«

Diana stammte aus einer Familie von Höflingen: Ihr Vater war Stallmeister von König Georg VI. und Königin Elisabeth gewesen, und ihre Großmütter seitens der Spencers und Fermoys hatten als Hofdamen der Königinmutter gedient. Die höchste Stufe der Höflinge setzte sich traditionellerweise aus Mitgliedern der Oberschicht zusammen, die an öffentlichen Eliteschulen erzogen worden waren oder dem Offizierskorps der Armee angehörten. Sie übernehmen die Aufgaben von Privatsekretären – den persönlichen Beratern der einzelnen Mitglieder der königlichen Familie –, Pressesekretären, Stallmeistern, die die offiziellen Reisen planen und überwachen, sowie einer Reihe von Assistenten. Eine Stufe unter ihnen finden sich Angestellte, die als Buchhalter und Bürovorstände arbeiten. Der niedrigsten Stufe des Haushalts gehören die Diener, Dienstmädchen, Butler und andere Bedienstete an, die ihre Aufgabe »unter der Treppe« erfüllen.

Die verschiedenen Hofdamen der Königin und anderer weiblicher Mitglieder der königlichen Familie kommen ebenfalls aus adeligen Familien, ihre Position ist jedoch nicht so angesehen wie die der männlichen Höflinge. »Die Hofdame ist zum Teil Sekretärin und zum Teil Dienerin«, erklärte eine der königlichen Familie nahe stehende Frau. »Sie ist für die Beantwortung der Korrespondenz verantwortlich, und wenn eine Person meines Standes zu Besuch kommt, muss sie mir ein Getränk anbieten und meine Taschen tragen.«

Die hochrangigen Höflinge werden traditionell schlecht bezahlt, ihr Ansehen und die Sondervergünstigungen sind jedoch beträchtlich. Höflinge werden häufig kostenfrei in von der Krone zur Verfügung gestellten Apartments untergebracht, die an die königlichen Residenzen anschließen, unternehmen weite Reisen und sind aufgrund ihrer Nähe zum Königshaus in eine Aura von Wichtigkeit gehüllt. Diese Kultur fördert Schmeicheleien im Umgang mit den Mitgliedern der königlichen Familie. »Nur wenige Personen kritisieren die Handlungen des Prinzen von Wales«, erklärte Stephen Barry, was einer starken Untertreibung gleichkommt.

Allgemein ist bekannt, dass Diana »weniger Ausbildung in ihrem neuen Job erhielt als eine durchschnittliche Supermarktkassiererin«. Es gibt jedoch zahllose Hinweise, einschließlich überschwänglicher Dankesbriefe von Diana, die darauf schließen lassen, dass sie ab ihrer Ankunft im Buckingham Palace viel Unterstützung zuteil wurde. John Dimbleby beschreibt, auf welche Weise verschiedene Ratgeber versuchten, »sie in das höfische Leben einzuführen und sie auf das vorzubereiten, was sie als ihre Pflichten betrachteten ... Sie erklärten, dass ihre zukünftige Rolle als Gemahlin ... weit komplizierter sein würde, als sie möglicherweise annahm, und dass ihr Gemahl nicht so oft an ihrer Seite sein würde, wie beide Ehepartner es vielleicht wünschten. Sie sagten ihr auch ... dass man von ihr erwartete, immer etwas in seinem Schatten zu stehen.«

Diana schien diese Anweisungen anzunehmen, während sie in

Wirklichkeit überfordert und verärgert war. Diese Haltung entsprang ihrer Unsicherheit, ihrer Entschlossenheit, an alten Gewohnheiten und Verhaltensmustern festzuhalten, und ihrem reflexiven Misstrauen gegenüber ihrer Umgebung. Die Höflinge und Mitglieder der königlichen Familie ließen ihr gegenüber Zurückhaltung erkennen. »Ich glaube nicht, dass auch nur einer von ihnen ihr tatsächlich half«, erklärte Michael Colborne, der damalige Berater von Prinz Charles. »Sie lehnten sie nicht ab, waren jedoch ihretwegen besorgt. Würde sie sich formen lassen?« Die Hofangestellten waren vielleicht der Ansicht, das Richtige zu tun, aber sie unterschätzten die enormen Herausforderungen, vor die sich eine verletzliche junge Frau gestellt sah.

Die Diana zugewiesenen Hofangestellten gehörten dem höchsten Rang an – ein Zeichen, dass die Königin ihr einen gründlichen Unterricht zukommen lassen wollte. Susan Hussey, die Charles seit seiner Kindheit nahe stand, galt als vertrauenswürdige Hofdame der Königin. Hussey war intelligent und erfahren, besaß eine starke Persönlichkeit und eine nüchterne Lebensauffassung. Aufgrund ihrer langjährigen Beziehung zu Charles und der Königin, der sie seit 1960 diente, nahm Hussey ihre Aufgabe ernst. Sie erteilte Diana Ratschläge in Fragen des Protokolls und anderer Aspekte des königlichen Lebensstils. »Aus ausführlichen Gesprächen mit ihr weiß ich, dass sie Diana eine Hilfe war«, erklärte ein ehemaliger Berater des Palastes.

Zu dieser Zeit schien Diana Hussey als ältere Schwester zu betrachten – zumindest äußerte sie sich dahingehend in ihren Briefen. Später behauptete sie jedoch, andere Gefühle empfunden zu haben. »Sie glaubte, dass Susan Hussey in Charles ein wenig verliebt war«, berichtete eine von Dianas engen Freundinnen. »Sie hatte den Eindruck, dass Susan sie vom ersten Augenblick ablehnte.« Im Nachhinein scheint es offensichtlich, dass Susan Husseins Freundschaft mit Charles eine Barriere bildete – Michael Colborne erklärte, dass sie »zu zweihundert Prozent hinter dem Prinzen von Wales stand« – und dass sie Diana durch ihre starke Persönlichkeit einschüchterte. »Sie besaß wenig Mitgefühl und tolerierte nichts, was nicht dem königlichen Benehmen entsprach«, berichtete eine Freundin der Königinmutter.

Als weiterer hochrangiger Hofangestellter war Edward Adeane zu Dianas Unterstützung abgestellt worden. Der peinlich korrekte Junggeselle war neun Jahre älter als Prinz Charles und hatte für ihn seit 1979 als Privatsekretär gearbeitet. Wie die Familie Spencer hatte auch die

Familie Adeane der königlichen Familie seit Jahren gedient. Edwards Vater Sir Michael hatte der Königin als Privatsekretär zur Seite gestanden. Edward Adeane selbst war für seinen ernsten Verstand und seine Steifheit bekannt und mit seiner asketischen Haltung und seinem Temperament gewiss kein idealer Lehrmeister für eine 19-Jährige. Später erklärte Diana, dass sie ihn bewunderte und gut mit ihm zurechtkam, in jener Zeit brachte sie jedoch zum Ausdruck, dass er für ihren Geschmack etwas zu förmlich war.

Ein besseres Verhältnis entwickelte Diana zu Francis Cornish, Adeanes 39-jährigem Assistenten, und zu Oliver Everett, einem weiteren Veteranen im Buckingham Palace, den Charles von seinem Diplomatenposten in Spanien zurückbeordert hatte, um ihn Diana als ersten Privatsekretär zur Seite zu stellen. Beide Männer hatten viele Jahre im diplomatischen Dienst verbracht. Sie unterwiesen Diana in den Anforderungen, die ihre Rolle in der Öffentlichkeit mit sich bringen würde. Insbesondere Everett erklärte sich bereit, ihren Sorgen zuzuhören und sie kurz über Ereignisse zu unterrichten, an denen sie teilnehmen würde, sowie über die Menschen, die sie treffen würde. »Vor der Hochzeit war Oliver ihr eine große Hilfe«, erklärte ein weiterer Berater des Palastes.

Dennoch fühlte sich Diana zu jener Zeit in der Gesellschaft ihrer Assistenten mit gutem Grund unwohl, da diese sie ein wenig herablassend behandelten. Sie erschienen Diana spießig und reserviert. Eine Ausnahme bildete Charles' Privatsekretär Colborne, der sich um die Buchhaltung des Prinzen kümmerte und sein Privatleben organisierte. Charles hatte gemeinsam mit Colborne in der Marine gedient und ihn 1975 als seinen Berater angestellt. »Ich entsprach nicht dem üblichen Menschentyp für diese Aufgabe«, erklärte Colborne. »So war ich der erste Absolvent eines öffentlichen Gymnasiums und galt als roher Diamant, was ich gewiss auch war.«

Der 25 Jahre ältere Colborne übte auf Diana einen beruhigenden Einfluss aus. »Ich war für sie Onkel Michael«, erinnerte er sich. Sie teilte ihr Büro mit Colborne und verbrachte viele Stunden damit, ihm von ihren Sorgen zu erzählen. »Das alles belastete sie sehr«, erklärte Colborne. »Einmal fragte sie: ›Glaubst du, dass ich mich ändern werde?‹ ›In fünf Jahren wirst du dich ändern‹, gab ich zur Antwort. ›Du wirst eine echte Plage sein, weil du nicht anders kannst, und von den Menschen erwarten, dass sie dich bedienen.‹«

Zunächst war Diana von der Königin vollkommen eingeschüchtert. Robert Runcie, der Erzbischof von Canterbury, saß am Abend der Bekanntgabe der Verlobung zwischen Diana und ihrer zukünftigen Schwiegermutter und konnte deutlich erkennen, dass »Diana sich vor ihr fürchtete«. Auf ihre Weise versuchte die Königin, Diana zu helfen, sich zu entspannen. »Ich hoffe, sie hin und wieder zu sehen«, schrieb die Königin an eine Freundin, »gleichzeitig hoffe ich aber auch, dass sie sich ungebunden genug fühlt, um zu kommen und zu gehen, wie es ihr gefällt.« Unglücklicherweise war Diana viel zu schüchtern, um ungebeten durch die offene Tür der Königin zu treten.

Nebenbei erteilte ihr ihre neue Familie einige Tipps zum königlichen Verhalten, wie etwa zum »königlichen Winken«. Hierbei wird die rechte Hand zu einer Kelle geschlossen und von einer Seite zur anderen gedreht, »als ob man eine Glühbirne einschraubt. Alles geschieht aus dem Handgelenk heraus«, bemerkte Dianas zukünftige Schwägerin Sarah Ferguson nach ihrem ersten Versuch. Diana wurde auch in die Kunst des Knickses eingewiesen. Die Königinmutter unterrichtete sie im Umgang mit dem Personal und lehrte sie, wie man sich an Gesichter in der Menge erinnert. Sie zeigte Diana auch, wie man während eines offiziellen Besuchs innehielt, um nach dem Datum zu fragen, ehe man sich in das Gästebuch eintrug; indem sie bei der Frage den Kopf hob, bot sie den Fotografen die Gelegenheit zu einem guten Bild. Die Königin und Prinz Philip führten ihr beispielsweise ihre Techniken im Umgang mit der Öffentlichkeit vor. Die Königin prägte sich eifrig Namen und Orte ein, während Prinz Philip dafür bekannt war, den Menschen ein Gefühl von Wichtigkeit zu vermitteln, indem er sie nach ihrem Beruf frage, um anschließend zu wiederholen, was sie soeben gesagt hatten. (»Ach, Sie sind der Bäcker!«)

Der Vorgehensweise fehlte es jedoch an Systematik, da die Mitglieder der Königsfamilie es vermieden, sich mit dem Leben der anderen zu befassen. Sie nahmen zudem an, dass sich Neulinge von selbst zurechtfinden würden. Da ihnen ihre Pflichten zur zweiten Natur geworden waren, erwarteten sie, dass Diana die Initiative ergreifen und sich anpassen würde. »Niemand erhält eine Ausbildung zur Prinzessin von Wales«, erklärte der Pressesekretär der Königin, Michael Shea. »Das stand immer außer Frage. Es ging lediglich darum, ihr Informationen zur Verfügung zu stellen, sobald sie jemanden darum ersuchte. Prinzessin von Wales zu sein ist ein Studium an sich.«

All die Fachleute, Informationsblätter und Anweisungen verwirrten Diana: »Ich war wirklich verängstigt. Überall lagen Papiere herum«, erzählte sie später. Diana erschien es ungerecht, dass sie sich strengen königlichen Regeln anpassen musste. »Die königliche Familie ist nicht wie unseresgleichen«, meinte eine Freundin der Königin, die Diana gut kannte. »Das kann sie nicht sein. Es ist schwierig, sich in dieser Welt zurechtzufinden und seine Flügel zu stutzen.« Wenn Diana nun an einem königlichen Empfang oder einer Gartenparty teilnahm, war es ihr nicht mehr möglich, sich einfach zu unterhalten. Sie musste unter dem durchdringenden Blick der Boulevardpresse mit hunderten Menschen charmant und angeregt Konversation machen. »Diana erschien das königliche Leben wie ein Kinofilm«, erklärte ihr Freund Roberto Devorik. »Während sie heranwuchs, war sie vom Königshaus begeistert. Dann betrat sie das Königshaus durch die Hintertür und wurde nicht damit fertig.«

Statt sie zu schützen, wandelten sich die Mauern des Palastes in eine undurchdringliche Barriere, die sie davon abhielt, ihr früheres Leben zu führen, und jeden spontanen Besuch ihrer Zimmergenossinen und Schulfreundinnen verhinderte. »Es war, als hätte man sie in einen Elfenbeinturm eingeschlossen ... so dass niemand sie je wieder zu Gesicht bekommt«, meinte ihre Freundin Carolyn Bartholomew. Ganz so aussichtslos dürfte die Situation nicht gewesen sein, denn immerhin lud Diana ihre Freundinnen von Zeit zu Zeit in ihr Wohnzimmer zu einem kleinen Essen ein, üblicherweise gemeinsam mit ihrer Mutter und ihrer Schwester Jane. Allerdings musste jeder Besucher das große Tor an der Vorderseite passieren und unter dem beobachtenden Blick der Touristen den weiten Hof zu einem von einem Diener bewachten Eingang überqueren. Für Dianas junge Freundinnen war dies beängstigend, so dass sie sie nicht so häufig besuchten, wie sie es andernfalls getan hätten. »Ich vermisse meine Mädchen so sehr«, klagte Diana. »Ich möchte wieder zurück und mit ihnen kichern, die Kleidung tauschen und über unsinniges Zeug plaudern, wie wir es immer getan haben.« Dass sich Diana nach ihrer »sicheren Behausung« sehnte, ist besonders bezeichnend.

Wie die übrige Familie, sah auch Prinz Charles keinen speziellen Grund, Diana zu verhätscheln. Er bemühte sich jedoch ernsthaft, ihr Tipps zu geben. Er lehrte sie, während eines Erscheinens in der Öffentlichkeit nur jeder 15. Person in der Menge die Hand zu schütteln, um Energie zu spa-

**1** Johnnie und Frances Spencer an ihrem Hochzeitstag, dem 1. Juni 1954, im Alter von 30 und 18 Jahren.

»Was ihn betraf, war es reine Liebe. Kurz nach der Verlobung schrieb er mir einen Brief, in dem er mit leidenschaftlichen Worten von ihr sprach.«

**2** Diana Spencer 1968 im Alter von sechs Jahren, einige Monate nachdem ihre Mutter die Familie verlassen hatte, um Peter Shand Kydd zu heiraten.

Diana war sich emotional selbst überlassen, nun da ihre Mutter gegangen war und ihr Vater immer tiefer in Melancholie versank.

**3** Diana im Alter von 13 Jahren im Westen Schottlands, während eines Besuchs bei ihrer Mutter.

»Diana misstraute Erwachsenen und reagierte häufig empfindlich auf ihre Alterskameraden.«

**4** Diana und ihre Schwestern Jane (links außen) und Sarah (rechts) im Jahr 1987 während eines Besuchs bei Ruth Rudges, der Leiterin der West Heath School.

»Wann immer sich Diana in einer ruhigen und sicheren Umgebung befand, fühlte sie sich wohl.«

**5** Johnnie Spencer und seine zweite Frau Raine auf dem Familiensitz in Althorp nach ihrer Heirat im Juli 1976.

»Gekränkt sahen die Spencer-Kinder zu, wie ihr Vater alles stehen und liegen ließ, um zu dieser Frau zu eilen, die ihn fest im Griff hatte.«

**6** Diana im Alter von 16 Jahren (rechts) als Brautjungfer bei der Hochzeit ihrer 21-jährigen Schwester Jane mit dem 35-jährigen Robert Fellowes, dem Assistenten des Privatsekretärs der Königin, am 20. April 1978.

»Robert ist absolut unbestechlich. Er gehört zu jenen, die mit der alten abgenutzten Lederaktentasche ihres Vaters auf dem Fahrrad zur Arbeit fahren.«

7 Diana führt als 19-Jährige das Leben einer »Sloane Ranger« in London.

»Ich hatte nie einen Freund. Jungen bedeuteten bloß Schwierigkeiten, daher hielt ich sie auf Abstand – außerdem ertrug ich sie emotional nicht. Ich glaube, ich war sehr angespannt.«

8 Diana mit ihrem Bruder Charles Spencer im Jahr 1980, während er bereits in Eton studierte.

Zu Charles verspürte Diana eine natürliche Affinität, da er ihr gefühlsmäßig näher stand als Sarah oder Jane. »Wie ich wird er immer leiden«, erklärte Diana.

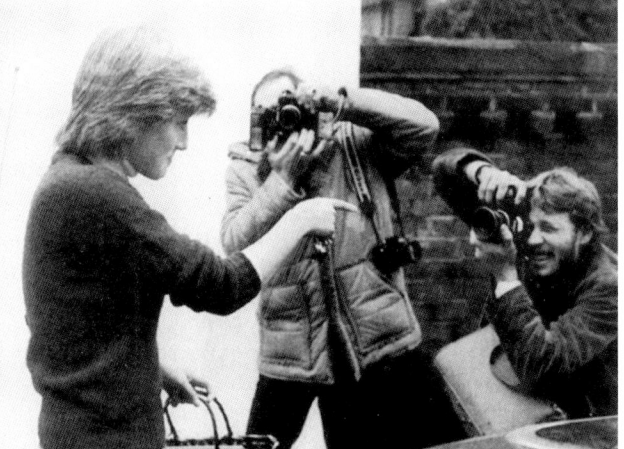

9 Diana scherzt im Sommer 1980 mit Fotografen, nachdem die Presse sie zur »neuen Freundin von Charles« ausgerufen hat.

»Automatisch machte sie eine Geste oder nahm eine bestimmte Stellung ein«, erinnerte sich ihr Bruder Charles. »Sie war von Natur aus eine Schauspielerin.«

10  Prinz Charles und Lady Diana Spencer im Buckingham Palace am 24. Februar 1981, dem Tag, an dem ihre Verlobung verkündet wurde.

»Als sie sich in ihn verliebte, spielte die Tatsache, dass er Prinz von Wales war, zunächst selbstverständlich mit, aber er war in vielerlei Hinsicht liebenswert. Er war ihre erste echte Liebe, der einzige Mann, der sie wirklich beeindruckte.«

11  Diana und Camilla Parker Bowles, die ehemalige Geliebte von Prinz Charles, im Jahr 1981 bei einem Hindernisrennen, an dem Charles teilnahm.

*Diana war jedoch weder selbstsicher noch zuversichtlich und Charles erkannte nicht, dass Dianas Misstrauen gegen Camilla weiter anwachsen würde, nun, da sie die wahre Natur der Beziehung kannte.*

12  Prinz Charles und Diana bei ihrer Ankunft in der Goldsmiths' Hall am 9. März 1981, als ihr Dekolleté Schlagzeilen hervorrief wie »Di wagt den Sprung«.

»Sie beabsichtigte, Aufsehen zu erregen und fantastisch auszusehen, denn sie wusste, dass die Augen der ganzen Welt auf ihr ruhen würden. Dann wurde sie aber von der Aufmerksamkeit geradezu überwältigt.«

**13** Diana in der VIP-Lounge am Flughafen Heathrow außerhalb von London. Sie zeigt ihren Kummer, nachdem Charles am 29. März 1981 zu einer fünfwöchigen Reise aufgebrochen ist.

*Die Reise verschlimmerte Dianas Trennungsängste und ließ ihr zu viel Zeit zu besorgtem Grübeln.*

**14** Diana mit der Königinmutter (Mitte) und Prinzessin Margaret (links) während der Rennen in Sandown Park in der Nähe von London, am 13. März 1981.

»Die Königinmutter besitzt ein großes Herz, aber sie ist in vielen Dingen sehr streng. Sie fordert, dass jemand, der in das Königshaus einheiratet, ein bestimmtes Verhalten zeigt, durchhält, stets beherrscht ist und keine Gefühle erkennen lässt.«

**15** Diana und Prinzessin Anne, ihre zukünftige Schwägerin, im Sommer 1981.

*Die beiden Frauen wiesen wenig Gemeinsamkeiten auf. Anne war schlicht, absolut nicht modebewusst und liebte das Land und den Reitsport. Während Diana verschlossen, unsicher und unberechenbar war, zeichnete sich Anne durch ihr direktes, selbstbewusstes und beständiges Wesen aus.*

16 Diana auf der Tribüne des Tidworth Polo Klubs am Samstag, dem 25. Juli 1981, kurz bevor sie in Tränen ausbrach und davoneilte.

*Charles erklärte ihren Zusammenbruch mit einem Hinweis auf die Menschenmengen bei dem Polospiel: »Es war etwas zu viel für sie.«*

17 Diana und Charles auf den Stufen der St. Paul's-Kathedrale nach der Generalprobe zu ihrer Hochzeit am Montag, dem 27. Juli; nur wenige Augenblicke zuvor war Diana zusammengebrochen.

*»Ich weinte mir die Augen aus und brach wegen all der Dinge völlig zusammen. Die Sache mit Camilla ging mir auch wieder durch den Kopf.«*

18 Diana und Charles an ihrem Hochzeitstag, dem 29. Juli 1981, nach der Zeremonie in der St. Paul's-Kathedrale auf dem Weg in den Buckingham Palace.

*»Als ich an jenem Tag zum Altar der St. Paul's Cathedral schritt, beschlich mich ein Gefühl, als raubte man mir meine Persönlichkeit und als würde nun die königliche Maschinerie Besitz von mir ergreifen.«*

**19** Diana und Charles an Bord der königlichen Jacht *Britannia* am 1. August, beim Ablegen zu ihrer Flitterwochenkreuzfahrt in Gibraltar.

*Dianas sporadische Depressionen wurden chronisch, und selbst Charles wusste nicht, dass ihre Bulimie mit bis zu »vier Anfällen pro Tag auf der Jacht« Besorgnis erregende Ausmaße annahm. Der scharfe Kontrast zwischen ihrem öffentlichen und privaten Wesen, der sich während ihrer Verlobungszeit entwickelt hatte, verfestigte sich zu einem beunruhigenden Muster.*

**20** Diana und Charles Ende August am 4. Tag ihrer Flitterwochen auf Balmoral in Schottland. Sie posieren für Fotoaufnahmen und beantworten kurze Fragen der Presse.

*Kurz vor Eintreffen der Presse hatte sich Diana plötzlich geweigert, an dem Termin teilzunehmen und ihre Meinung ebenso rasch geändert. Als Charles gefragt wurde: »Haben Sie schon Frühstück für sie zubereitet?«, erwiderte Diana knapp: »Ich esse kein Frühstück«, und Charles schwieg dazu.*

**21** Diana und Charles beim Verlassen des Krankenhauses nach Williams Geburt am 21. Juni 1982.

*»Ich war sehr erleichtert, denn nun kam alles wieder zur Ruhe, und ich selbst fühlte mich auch wieder eine Zeit lang wohl.«*

**22** Die Königin begleitet Diana und Charles während der Braemar Highland-Spiele in der Nähe von Balmoral im September 1982.

*Im Herbst nahm ihr Verhalten in Schottland eine neue Besorgnis erregende Form an: Diana begann, sich mit scharfen Gegenständen selbst zu verletzen.*

**23** Diana trifft im November 1982 in der Guildhall in London ein.

*Die Presse löste eine gänzlich neue Runde von Spekulationen aus, indem sie einige Elemente zusammenfügte: Dianas »unberechenbares« Verhalten in Balmoral, ihren Gewichtsverlust und den Kampf ihrer Schwester Sarah gegen ihre Essstörungen. Die Schlussfolgerung lautete: Diana litt an Anorexie.*

**24** Charles und Diana im April 1983 in Neuseeland, umgeben von einer gewaltigen Menschenmenge während ihrer 45-tägigen Odyssee durch die Antipoden.

*»Man hörte bloß, ›Oh, sie ist auf der anderen Seite‹. Nun, wenn Sie ein Mann sind, und dann noch ein so stolzer wie mein Ehemann, lässt es Sie nicht ungerührt, wenn Sie das tagaus tagein vier Wochen lang hören.«*

**25** Im sechsten Monat ihrer zweiten Schwangerschaft sieht Diana am 6. Juni 1984 während eines Polospiels in Windsor lächelnd zu Charles empor.

*Über die Sommermonate vor Harrys Geburt äußerte Diana später, dass sie und Charles einander näher gewesen wären als je zuvor.*

**26** Charles und Diana verlassen am 15. September 1984 nach der Geburt von Harry das Krankenhaus.

*»Diana erklärte, dass die Ehe nach Harrys Geburt eine Wende zum Schlechten nahm. Sie gab immer wieder vor, sie wisse nicht, warum.«*

**27** Diana und Charles mit Dianas Schwestern Jane (rechts) und Sarah (rechts außen) und ihrem Bruder Charles, anlässlich der Feier zu seinem 21. Geburtstag im Mai 1985.

*Dianas Beziehung zu ihrer Familie verlief »in Zyklen«. Einer wurde immer bevorzugt, während ein anderer in Ungnade fiel.*

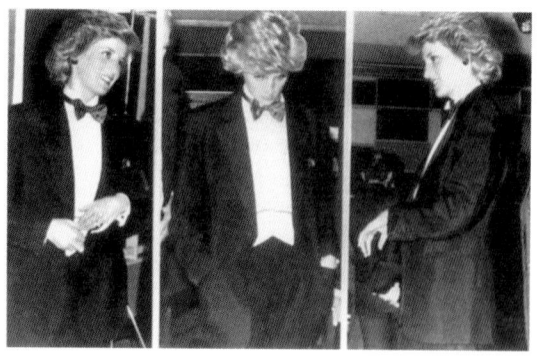

**28** Diana in einem eigens für sie abgeänderten Jackett aus Charles' Kleiderschrank bei der Party von Popstars im Londoner West End im November 1985.

*Sie wirkte wie eine zum Leben erwachte Papierpuppe, die sich herausputzte, um die Fantasien der Frauen anzuregen.*

**29** Auf ihrer zweiten Reise nach Australien im November 1985 trug Diana ein sechs Millionen DM teures Halsband aus Smaragden und Diamanten wie einen indianischen Kopfschmuck quer über die Stirn.

*Wenn sie ausging, versuchte sie, die Aufmerksamkeit der Presse auf sich zu ziehen, indem sie etwas Neues oder Auffälliges trug. Und wenn sie sich für ein altes Kleid entschied, dann hatte es gewiss ein besonderes, neues und stilvolles Detail an sich. Sie wusste das Spiel zu spielen.*

**30** Im Dezember 1985 trat Diana in der königlichen Oper mit dem Tänzer Wayne Sleep in einer vierminütigen Tanznummer auf, die sie als Überraschung für Charles einstudiert hatte.

»*Vielleicht war Charles ein wenig beunruhigt, ob sich dies schickte, und dachte, dass sie vielleicht ein anderes Kostüm hätte wählen sollen. Das Kleid war ein wenig aufreizend. Sie hatte sich sehr bemüht, ihn zu beeindrucken, möglicherweise aber nicht die beabsichtigte Wirkung erzielt.*«

**31** Hauptmann James Hewitt, mit dem Diana eine fünf Jahre andauernde Liebesaffäre einging, als Charles im November 1986 den Mittleren Osten bereiste.

*Vom ersten Augenblick ihres Kennenlernens an kontrollierte Diana je nach ihrer Gefühlslage die Beziehung zu Hewitt, ergriff die Initiative, stellte Forderungen, intensivierte das Verhältnis oder zog sich zurück.*

**32** Diana und Charles während der Filmfestspiele von Cannes im Mai 1987. Wenige Stunden davor hatte Diana untröstlich geweint, als sie vom Tod ihres ehemaligen Geliebten, Unteroffizier Barry Mannakee, bei einem Motorradunfall erfahren hatte.

*Kaum in Cannes angekommen, bewies Diana erneut, dass sie die verblüffende Fähigkeit besaß, eine fröhliche Fassade zur Schau zu tragen. In den darauf folgenden Wochen wirkte Diana keineswegs aufgewühlt.*

**33** Dianas Flirt mit Philip Dunne im Jahr 1987 führte in der Presse zu einer Welle von Spekulationen.

*»Sie ließ ihre Hand durch [sein] Haar gleiten und küsste ihn auf die Wange.«*

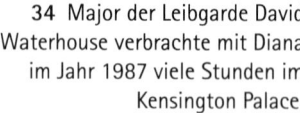

**34** Major der Leibgarde David Waterhouse verbrachte mit Diana im Jahr 1987 viele Stunden im Kensington Palace.

*Die Jagdhunde machten auch Dunne und Waterhouse das Dasein unerträglich und durchkämmten mit kriminaltechnischer Genauigkeit ihr Leben. Das ging so weit, dass Waterhouse schließlich der* Sun *gegenüber erklärte: »Wir haben keine Affäre.«*

**35** Der Prinz und die Prinzessin von Wales während einer militärischen Feier im Zuge eines offiziellen Besuchs in Frankreich im November 1988.

*Die Regenbogenpresse war begeistert von diesem »Triumphzug«. Drei Jahre später berichtete James Whitaker vom* Mirror, *dass eine »verbitterte Stimmung« in der Luft gelegen habe.*

36 Der Autohändler James Gilbey wurde im Sommer 1989 häufig als Dianas Begleiter gesichtet.

Sie sagte ihm, dass er »der netteste Mensch auf der ganzen Welt« sei, und er nannte sie »Squidgy« und »alter Kommandostiefel« und machte ihr Komplimente für das »heiße« rosa Oberteil, das sie auf einem Zeitungsfoto trug.

37 Charles beim Verlassen des Cirencester Hospital mit Diana am 1. Juli 1990 – ihrem 29. Geburtstag – nachdem er sich bei einem Polospiel an zwei Stellen den Arm gebrochen hatte.

Während seiner viermonatigen Genesung verbrachte Diana nur wenig Zeit mit ihm in Highgrove und unterließ es, ihn in Schottland zu besuchen. Diana hatte das Gefühl, Charles hätte ihre Bemühungen, ihm Zuneigung und Pflege anzubieten, »beiseite gefegt«, und sie wusste, dass Camilla diese Rolle übernehmen würde.

38 Diana und ihr Sohn William grüßen die Menge während einer Reise nach Wales am 1. März 1991.

Diana manipulierte die Öffentlichkeit, um den Eindruck zu erwecken, dass sie eine liebevolle, engagierte Mutter war und Charles ein kalter, distanzierter Vater. Dadurch, dass Charles auf Äußerlichkeiten wenig Wert legte und treu ergeben an seiner Pflichterfüllung festhielt, spielte er ihr in die Hände.

**39** Diana und Charles während eines offiziellen Besuchs in Brasilien im April 1991.

»Mitunter konnten der Prinz und die Prinzessin sehr entspannt miteinander umgehen, selbst wenn die Dinge nicht zum Besten standen. Es war nicht gesagt, dass sie immer verkrampft waren, wenn sie aufeinander trafen. Oft waren sie sehr gelöst.«

**40** Diana und ihre Schwägerin Fergie, zu der sie während ihrer Ehekrise im Jahr 1991 eine enge Freundschaft entwickelt hatte.

»Wir fassten erstmals den unaussprechlichen Gedanken in Worte ... dass eine von uns oder beide möglicherweise die königliche Familie verlassen würden. Nächtelang telefonierten wir, bis die Drähte glühten, und tauschten Geheimnisse aus.«

41 An den Zeitungsreporter Andrew Morton wandte sich Diana im Sommer 1991 mit der Geschichte ihrer Ehekrise und ihrer psychischen Probleme.

*Man konnte darauf vertrauen, dass er Dianas Rolle geheim hielt. Zudem würde er ewig dankbar sein über das Geschenk dieser sensationellen Geschichte. Mit anderen Worten, er war steuerbar.*

42 Diana mit ihrer Großmutter mütterlicherseits, Ruth Fermoy (rechts), und ihrer Tante Mary Roche (Mitte) vor einem Konzert im Hampton Court Palace am 11. Juni 1991.

»Ruth war über Dianas Verhalten sehr betrübt. Sie stand voll und ganz auf Charles' Seite ... und betrachtete Diana als Schauspielerin und Intrigantin.«

**43** Diana vor dem Tadsch Mahal am 11. Februar 1992.

*Entgegenkommenderweise nahm sie eine Haltung »melancholischer Einsamkeit« an.*

**44** Am nächsten Tag wandte sie demonstrativ den Kopf ab, als Charles sie nach einem Polospiel in Jaipur zu küssen versuchte.

*Diana war sich nur allzu bewusst, dass die Boulevardpresse auf einen echten Kuss gehofft hatte. Sie hatte die Gelegenheit zu diesem Foto sogar vorab mit ihren Beratern besprochen.*

ren; sich auf die Innenseite der Lippe zu beißen, um ein unangemessens Lachen zu unterdrücken; eine allgemeine Frage als Auftakt zu einem Gespräch mit einer Gruppe zu stellen (»Kommen Sie alle hier aus der Gegend?«); und sich mit einem freundlichen Lächeln aus einer langweiligen Konversation zu befreien.

Charles war in vieler Hinsicht aufmerksam. Dimbleby zufolge war er bekannt für »die Sorgfalt, mit der er persönliche Freundschaften pflegte und Mitgefühl erkennen ließ, ... wenn ein Mitglied seines Personals von einem persönlichen Schicksalsschlag getroffen wurde«. Daneben wies Charles' Charakter eine Neigung zur Egozentrik auf, die sich aus seiner Stellung im Königshaus ergab. Von Natur aus introvertiert, gab er diesem Wesen nach. »Es kostet viel Mühe, ihn herauszulocken«, erklärte ein langjähriger Freund. Charles war von seiner Arbeit besessen. Er überwachte Wohltätigkeitsorganisationen, traf sich mit Regierungsvertretern, hielt öffentliche Reden und versuchte ständig, sich etwas zu beweisen und seine Rolle zu rechtfertigen. Sofern er am Wochenende nicht jagte, fischte oder Polo spielte, vergrub er sich in Schreibarbeit. »Der Prinz von Wales arbeitete immer an etwas«, berichtete sein Berater Michael Colborne. »Er schrieb unaufhörlich Briefe oder malte.«

Charles lief im wahrsten Sinne des Wortes von einem Ort zum anderen und wurde ungeduldig, wenn jemand nicht mit ihm Schritt halten konnte. »Ich habe immer das Gefühl, dass man mich (und die Monarchie) für unwichtig hält und mich lediglich als Playboy betrachtet, wenn ich nicht unaufhörlich von einer Aufgabe zur nächsten stürze und zu helfen versuche«, vertraute er einem Freund an. Häufig rief er sein Personal auch außerhalb der Dienstzeit an und erwartete von ihnen eine augenblickliche Antwort. Fiel sie nicht zufrieden stellend aus, konnte er sehr aufbrausend sein. Darüber hinaus erteilte er im Falle guter Leistungen selten ein Kompliment. »Er ist nicht diktatorisch«, erläuterte einer seiner Freunde, »aber wie andere Mitglieder des Königshauses daran gewöhnt, dass die Dinge auf seine Weise erledigt werden.«

Beschäftigt mit der Tagesplanung für seine offiziellen Pflichten und üblichen Aktivitäten, schien Charles kaum zu bemerken, dass sich Diana nach und nach zu verändern begann. »Wenn jemand nicht liest und sich nicht für das Tagesgeschehen interessiert, wird er einsam und verbittert«, erklärte Michael Colborne. »Sie besaß keine Ausbildung und glich einem leeren Gefäß. Zugegeben, einem hübschen Gefäß, aber nichtsdestotrotz leer.« Da es Diana sogar an Hobbys und sportlichen Aktivitäten fehlte, die sie hätten zerstreuen können, wurde sie mit jener erzwungenen Einsamkeit konfrontiert, die sie seit ihrer Kindheit zu vermeiden versucht hatte. Der Buckingham Palace mit all seinen distanzierten, wenig entgegenkommenden Menschen verwirrte sie, und sie fühlte sich eingeschlossen. Jahre später erzählte sie ihrem Freund Roberto Devorik, dass sie während dieser Monate einen ständig wiederkehrenden Traum über Charles' Krönung gehabt hätte: Die Krone passte ausgezeichnet auf seinen Kopf, doch als man eine auf ihren Kopf setzte, stellte sich heraus, dass sie die falsche Größe hatte. Dies nahm sie als Zeichen, dass sie nie Königin werden würde.

Diana sorgte sich um Charles während seiner häufigen Abwesenheit. Sie erinnerte sich an ihre Kindheit, in der sie ständig beunruhigt war, wenn ihr Vater zu längeren Reisen aufbrach. Mitunter litt sie unter Stimmungsschwankungen, war dann niedergeschlagen und unberechenbar und versank in Depressionen. »Sobald sie in den Buckingham Palace übersiedelte, begannen die Tränen zu strömen«, erzählte ihre frühere Zimmergenossin Carolyn Bartholomew. »Diana war nicht glücklich. Plötzlich war sie all diesem Druck ausgesetzt. Für sie glich es einem Albtraum. Der Beschuss aus allen Richtungen machte sie schwindlig. Es war ein Wirbelwind, und sie war aschfahl, sie war grau.« Bereits in ihrer Kindheit hatten sich bei Diana Depressionen angedeutet, sie beharrte jedoch darauf, dass sie bis zu ihrer Verlobung »nicht gewusst hatte, was Eifersucht, Depressionen oder Ähnliches waren«.

Es fiel ihr sehr schwer, mit Charles' und seinem selbst angesichts ihrer offensichtlichen Qualen unbeugsam aufrecht erhaltenen Pflichtbewusstsein umzugehen. Wenn er sie eines Termins wegen verlassen musste, »sagte ihr das ganz und gar nicht zu«, erklärte Colborne. »Sie begriff nicht, warum er nicht bei ihr blieb und warum er nicht tun konnte, was er wollte.« Diana ängstigte sich bereits, wenn Colborne sie allein im Büro zurückließ. »Es missfiel ihr, wenn ich zum Mittagessen ging, denn dies war die einzige Zeit, in der das Telefon nicht läutete, und das störte sie«, berichtete Colborne. Charles erschienen ihre Einwände unvernünftig, und ebenso wie seine engsten Berater versuchte er, ihr seine Pflichten zu erklären.

Nur einen Monat nach der Verkündung der Verlobung brach Charles zu einer fünfwöchigen Reise durch Australien und Neuseeland auf, auf die Kurzaufenthalte in Venezuela und den Vereinigten Staaten folgten. Einem Freund gegenüber gestand er, dass er die Reise, mit der er längst zugesagte Verpflichtungen erfüllte, »zutiefst bedaure«. Diana weinte in aller Öffentlichkeit, als sie sich am Flughafen trennten, und Charles versuchte, ihr Mut zuzusprechen, indem er sie täglich anrief. Die Reise verschlimmerte Dianas Trennungsängste und ließ ihr zu viel Zeit zu besorgtem Grübeln.

Ihr Misstrauen gegenüber ihrer Umgebung verstärkte sich während der Abwesenheit ihres Verlobten. Wie sie später erklärte, »teilte man mir etwas mit, während in Wirklichkeit etwas anderes geschah. Überall waren Lügen und Betrug.« In ihrer Unsicherheit konzentrierte sie sich auf Charles' ehemalige Freundinnen und befragte Michael Colborne und Francis Cornish über sie. Zu dieser Zeit begann sie, sich übermäßig über Dale »Kanga« Tryon Gedanken zu machen, eine lebhafte australische Freundin von Charles, die Anthony Tryon geheiratet hatte, einen Charles nahe stehenden englischen Baron. Diana belegte Kanga während ihrer Verlobungszeit geradezu mit einem Bann, was diese Stephen Barry gegenüber zu der Klage veranlasste: »Ich kann einfach nicht begreifen, warum wir nie eingeladen werden.« Als Kanga zu einer königlichen Gesellschaft im Buckingham Palace erschien, teilte Barry dies Diana mit. »Oh, sie ist hier?« fragte Diana verdutzt. »Wie nett.« »[Diana] begrüßte sie nicht. Jung, wie sie war, fürchtete sie leicht, eine andere Frau könnte [Charles] mehr interessieren als sie«, meinte Barry.

Noch stärker war Diana auf Camilla Parker Bowles fixiert. Sie erzählte Colborne und Cornish, dass sie Charles gefragt habe, ob er noch immer in Camilla verliebt sei, und dass er ihr eine zweideutige Antwort gegeben habe. Als sie die zwei Männer fragte, wie sie reagieren sollte, lehnten beide es ab, ihr einen Rat zu erteilen, zum Teil, weil sie nicht für Charles sprechen konnten. In Dianas Fantasie wurden diese wohlmeinenden Ausflüchte zu »Lügen und Betrug«. Später behauptete sie, Charles habe auf ihre Frage geantwortet, dass seine ehemaligen Freundinnen »keine Gefahr« darstellten, da sie verheiratet waren.

Dianas Instinkte konzentrierten sich vor allem auf Camillas Beziehung zu Charles. Ihr tränenreicher Abschied von Charles am Flughafen hätte »nichts mit seiner Abreise zu tun«, erklärte sie, sondern wäre von einem Anruf von Camilla am Abend zuvor hervorgerufen worden. Das Telefon läutete, als Diana und Charles gerade in der Bibliothek plauderten. Diana, die den Raum verlassen hatte, »um freundlich zu sein« und die beiden ungestört sprechen zu lassen, berichtete später, dass ihr die Tatsache, dass Camilla am Abend vor einer Reise anrief, »das Herz gebrochen hat«, obwohl an der Situation selbst nichts Verstohlenes war.

Während Charles' Abwesenheit aßen Diana und Camilla auf Camillas Vorschlag gemeinsam zu Mittag. Camillas Einschätzung nach verbrachten sie die Zeit in herzlicher Atmosphäre, Diana dagegen erinnerte sich an eine mit bösen Vorzeichen erfüllte Begegnung. Später kam Diana zu dem Schluss, dass Camilla – »wirklich sehr raffiniert« – nach Informationen fischte. Die ältere Frau interessierte sich vor allem dafür, ob Diana zu jagen beabsichtigte. Da sie in dieser Hinsicht keine Pläne hatte, gelangte sie zu der Ansicht, dass Camilla den Bereich der Jagd als ihren »Weg der Kommunikation« für die Zeit nach Charles' Hochzeit bestimmt hatte.

In der für ihn typischen ernsten, wenn auch etwas naiven Weise gestand Charles Diana, dass Camilla »eine seiner intimsten Freundinnen« gewesen sei, versicherte ihr aber, dass es mit seiner Verlobung und Heirat keine andere Frau in seinem Leben geben werde. Er lehnte es ab, »unnötig ins Detail« zu gehen, da er annahm, Diana würde ihn beim Wort nehmen. Für eine selbstsichere und zuversichtliche Frau wäre dies der geeignete Augenblick gewesen, ihm für seine Offenheit zu danken und ihm zu versichern, dass sie auf seine Liebe vertraue. Eine so liebevolle Vergebung hätte Charles gewiss Respekt abgerungen. Diana war jedoch weder selbstsicher noch zuversichtlich, und Charles erkannte nicht, dass Dianas Misstrauen gegen Camilla weiter anwachsen würde, nun, da sie die wahre Natur der Beziehung kannte.

Diana wusste Charles' Ehrlichkeit nicht zu schätzen und erklärte später, dass sie selbst alles über Charles und Camilla »herausgefunden« habe. Vage fügte sie hinzu, dass sie »den Beweis gefunden hatte und einige zum Reden bereit waren«. Sie ging noch einen Schritt weiter, als sie ihrer Freundin Elsa Bowker 1994 anvertraute, »nichts von Charles und Camilla gewusst zu haben, bis sie Charles' Schreibtisch aufbrach und Liebesbriefe von Camilla fand«. Bowker zufolge erkärte Diana, ihre Entdeckung etwa sechs Monate nach der Hochzeit gemacht zu haben. Zu Dianas Behauptung befragt, meinte Michael Colborne, keinen Hinweis auf eine derartige Handlung gefunden zu haben.

Dianas Freunde fragten sich häufig, warum sie sich nicht einfach auf ihre Vorteile verließ – auf ihre Schönheit, ihre Jugend und ihren natürlichen Charme – statt sich darauf zu konzentrieren, Camilla aus Charles' Gedanken zu löschen. Diese Strategie setzte jedoch ein Selbstvertrauen voraus, an dem es Diana mangelte. Stattdessen entfremdete sie sich Charles, indem sie ihn drängte, sein neues Landhaus in Highgrove zu verkaufen, weil es bloß 18 Kilometer von Camillas Haus entfernt lag. Durch den ständigen inneren Aufruhr entwickelte Diana eine Besessenheit und vielleicht sogar Wahnvorstellungen. Später erzählte sie, Charles habe Camilla »Blumen geschickt, als sie Hirnhautentzündung hatte. ›Für Gladys von Fred‹«. Michael Colborne wusste nichts davon, dass Charles Blumen mit einer derartigen Karte gesendet hatte oder Charles und Camilla untereinander die Spitznamen »Gladys« und »Fred« verwendeten. Er bezeichnet Dianas Bericht als »etwas verworren«.

Das Ausmaß von Dianas Qualen und die Heftigkeit ihrer Gefühle schockierten Charles, der sie als »ihre dunkle Seite« bezeichnete und sich ernstlich um sie sorgte. »Wann immer der Prinz von einem Termin zurückkehrte, lautete seine erste Frage: ›Ist mit Lady Diana alles in Ordnung?‹« erinnerte sich Stephen Barry. Charles erkannte, dass er die falsche Wahl getroffen hatte, konnte die Hochzeit jedoch nicht absagen, ohne Diana großen Schaden zuzufügen. In diesem Stadium teilte er weder seiner Familie noch seinen Freunden seine Besorgnis mit. Lediglich seine Berater wurden Zeuge von Dianas Verhalten. »Ich war an seine Launen gewöhnt«, meinte Michael Colborne, »aber ihre Stimmungsschwankungen waren ziemlich beängstigend für eine 19-Jährige. Sie entsprangen tiefstem Kummer.«

In ihrer Erinnerung beschuldigte Diana Charles der Unbeständigkeit, die *sie* durchlebte. »Er war besessen von mir«, berichtete sie. »Aber es war ein ständiger Wechsel von heiß und kalt. Ich wusste nicht, in welcher Stimmung er sich befinden würde. Es ging immer auf und ab, auf und ab.« Die eigenen unangenehmen Charakterzüge auf eine andere Person zu übertragen, bezeichnet man in der Psychotherapie als »primitive Verteidigung«. Dass sie sich bei Diana zeigte, zeigt ihre hochgradige Beunruhigung.

Als sich Diana und Charles im Frühjahr zu Ehevorbereitungsgesprächen mit dem Erzbischof von Canterbury Robert Runcie trafen, konnten sie die Probleme in ihrer Beziehung nicht verbergen. Runcie erinnerte sich, dass sein Assistent Richard Chartres – »ein sehr guter Beobachter« – bemerkte, dass Charles »ernstlich niedergeschlagen« war. »Man konnte es an seiner Stimme erkennen.« Runcie und Chartres schlossen daraus, dass es sich um eine arrangierte Ehe handelte, wobei Runcie der Ansicht war, dass Diana noch »in sie hineinwachsen würde«. Runcie mochte Charles und betrachtete ihn als »sehr empfindsamen« Mann, der zu »verborgener Freundlichkeit imstande« wäre. Der Erzbischof war gerührt, als Charles »[Diana] kräftig Mut zusprach, die etwas ängstlich und bleich wirkte«. Seinem scharfen Blick entging nicht, dass Diana »sehr zart und unausgereift war«, gleichzeitig aber »eine gewisse Scharfsinnigkeit besaß und alles um sich herum aufmerksam beobachtete«. Sie schien Charles mit Ehrfurcht zu begegnen. »Charles ist sehr tiefsinnig«, erklärte sie Runcie in kindlicher Bewunderung.

Niemand, nicht einmal Charles, wusste, dass Diana praktisch seit ihrer Verlobung an schwerer Bulimie litt. In ihrer Kindheit und Jugend hatte sich gezeigt, dass Diana nur in geringem Maß stressbeständig war und ein sicheres Umfeld benötigte, in dem sie akzeptiert und ermutigt wurde. Angesichts ihrer Verletzlichkeit befand sie sich nun in der für sie schlimmsten Lage: Sie hatte einen Verlobten, der sich ihr nicht vollkommen widmen konnte, und eine Familie, die sie nicht unterstützte. Darüber hinaus forderten Presse und Öffentlichkeit ihre Aufmerksamkeit und erwarteten ein hervorragendes Schauspiel.

Wenn Diana in der Vergangenheit mit einer stark stressgeladenen Situation konfrontiert wurde – wie etwa ihren Zwischenabschlussprüfungen –, war sie zusammengebrochen und hatte versagt. Fühlte sie sich in ihrem Privatleben unter Druck gesetzt, suchte sie Trost im Essen. Die Belastung, die mit ihrem Status als zukünftige Braut des Prinzen von Wales einhergingen, waren zu viel für sie. Ein Rückfall in ihre Bulimie schien nahezu unvermeidlich. »Unter gewissen Umständen kommen Schwierigkeiten an die Oberfläche«, erklärte ein führender britischer Psychologe. »Einige zeigten sich in leichter Form, andere waren kaum zu erkennen. Ich kann mir vorstellen, dass sie ihre Lage anders empfunden hätte, wenn sie mehr Unterstützung erfahren hätte.«

Später beschuldigte Diana Charles für den neuerlichen Ausbruch der Bulimie kaum eine Woche nach ihrer Verlobung. »Alles war sehr seltsam. Ich fühlte mich einfach elend ... [Charles] legte seine Hand um meine Taille und meinte: ›Oh, ein wenig rundlich hier, nicht wahr?‹ Das löste etwas in mir aus – und dann die Sache mit Camilla. Ich war verzweifelt, einfach verzweifelt«, erzählte sie Andrew Morton. Möglicherweise war Charles' gedankenlose Neckerei tatsächlich der Auslöser. Dem Fachmann auf dem Gebiet der Essstörungen Kent Ravenscroft zufolge, »können Bemerkungen wie diese bei Teenagern tatsächlich einen Kreislauf von Heißhungeranfällen und erzwungenem Erbrechen in Gang setzen«.

Selbst Dianas engste Freunde gestanden jedoch, dass noch stärkere

Kräfte am Werk waren. »All die entsetzlichen Erinnerungen aus ihrer Kindheit und die Unsicherheiten kamen zurück, und sie erkrankte schwer«, erklärte eine Freundin. Einer anderen Freundin zufolge »wurde ihre Bulimie von der Verantwortung ausgelöst, nun eine in der Öffentlichkeit stehende Person zu sein. Sie war Perfektionistin, und für ihre Bulimie waren zahlreiche unterschiedliche Gründe verantwortlich. Um die Menschen auf ihre Seite zu ziehen, war es jedoch günstiger, sie glauben zu machen, Charles hätte die Bulimie ausgelöst statt ihre öffentlichen Pflichten und die an sie gestellten Erwartungen.«

Entscheidend war jedoch, dass sich Diana um ihre Darstellung in der Presse sorgte. Am 9. März erschien sie bei ihrer ersten königlichen Verpflichtung, einer Benefizvorstellung der königlichen Oper in der historischen Goldsmiths' Hall. Sie trug ein extravagantes trägerloses Taftkleid, dessen tiefes Dekolletee ihre üppigen Brüste zur Geltung brachte. Der ehemaligen *Vogue*-Schönheitsredakteurin Felicity Clark zufolge hatte Diana seit den Fotoaufnahmen von Snowdown für die *Vogue* im vergangenen Herbst Gewicht zugelegt. Clark, die später als Teil des *Vogue*-Teams häufig den Buckingham Palace besuchte, um Diana in Fragen der Garderobe zu beraten, erklärte, Diana habe das Kleid gewählt, da die Zeit nicht reichte, um ein Abendkleid anfertigen zu lassen. Das Modell war zu kühn für den Anlass, und zudem tat Diana mit der Farbe Schwarz einen Fehlgriff, die die königliche Familie traditionellerweise ausschließlich bei Trauerfällen trug. »Dies geschieht, wenn jemand zum ersten Mal Erwachsenenkleidung trägt«, meinte Clark. »Man träumt davon, wie man in einem bestimmten Kleidungsstück aussehen würde. Ich bin mir sicher, sie beabsichtigte, Aufsehen zu erregen und fantastisch auszusehen, denn sie wusste, dass die Augen der ganzen Welt auf ihr ruhen würden.«

Wie erhofft, machte sie Furore, »wurde dann aber vom Ausmaß der Aufmerksamkeit geradezu überwältigt«, wie Clark erzählte. Unter Schlagzeilen wie »Di's kühnes Debüt« im *Daily Express* und »Di wagt den Sprung« im *Daily Mirror* bejubelten die Reporter das Kleid, wenn auch Jean Rook im *Daily Express* auf die »ein oder zwei Unzen Babyspeck« unter Dianas Armen verwies. Diana hatte bereits ihrer Unzufriedenheit über das eigene Aussehen im Fernsehen Ausdruck verliehen, indem sie ihr Gesicht in den Händen geborgen und »O Gott, ich sehe grässlich aus« gestöhnt hatte. Nun, da man ihr Gewicht auf so direkte Weise kritisiert hatte, wuchs ihre Besorgnis weiter an.

Diana beschrieb ihre Bulimie als »meinen Fluchtmechanismus« – Worte, die sie auf der Couch eines Psychotherapeuten gehört hatte. Als sie nach ihrer Verlobung zum ersten Mal erkrankte, »war sie zutiefst erregt, da sie glaubte, dies wäre nun die Befreiung von allen Spannungen«. Sie verglich Bulimie mit »einer heimlichen Krankheit«. »Du fügst sie dir selbst zu, weil dein Selbstbewusstsein einen Tiefpunkt erreicht hat und du dich weder für nützlich noch wertvoll hältst. Du füllst deinen Magen vier- oder fünfmal am Tag – einige sogar öfter – und bist dann getröstet. Es ist, als umarmte dich jemand, doch die Empfindung ist bloß vorübergehend. Dann ekelt dir vor deinem aufgeblähten Bauch, und du brichst alles wieder heraus. Dieses sich ständig wiederholende Muster ist überaus schädlich.«

»Wenn jemand an Bulimie leidet, schämt er sich und hasst sich. Und da die Menschen dies als Vergeudung von Essen betrachten, spricht man nicht darüber«, gestand sie. »Bei Bulimie bleibt das Gewicht immer gleich, während man bei Anorexie sichtbar abnimmt. Daher kann man sich bei Bulimie leicht verstellen. Es gibt keinen Beweis.« In Dianas Fall gab es jedoch zahlreiche Hinweise. Seit dem erneuten Ausbruch der Bulimie im März 1981 bis zur Hochzeit im Juli verlor Diana annähernd sieben Kilo – von siebzig auf 63 Kilo – und ihre Taille verengte sich von 73,5 auf sechzig Zentimeter. »Ich bin zu einem Nichts zusammengeschrumpft«, erklärte sie.

Ähnlich wie ihre Schwester Sarah schwankte Diana zwischen bulimischen Heißhungeranfällen und Erbrechen und anorexischer Selbstaushungerung. Sowohl Anorexie als auch Bulimie sind mit einer morbiden Angst vor Fettleibigkeit verbunden, die Diana und Sarah teilten. Sarah litt jedoch vorwiegend an Anorexie und reduzierte ihr Gewicht zusätzlich zum Fasten gelegentlich durch Erbrechen. Diana war vorrangig bulimisch veranlagt, gab ihren Heißhungeranfällen nach und kompensierte ihre Gefräßigkeit mit erzwungenem Erbrechen, Fastenkuren, exzessiven sportlichen Übungen, in späteren Jahren auch mit Einläufen. Ungeachtet der engen Beziehung dieser beiden Krankheiten zueinander, gehen die Psychiater davon aus, dass Frauen, die an Bulimie leiden, sich »psychologisch unterscheiden« von jenen, die an Anorexie leiden. Dies dürfte bei Sarah und Diana der Fall gewesen sein.

Dianas Nahrungsmissbrauch stellte keine vorsätzliche Selbstschädigung dar, sondern eine Möglichkeit, die innere Unruhe zu bewältigen. In einem Brief, den Diana fünf Monate vor der Hochzeit an eine Verwandte schrieb, meinte sie: »Ich schäme mich, daran zu denken, dass ich [vor kurzem während eines Mittagessens] alles in meiner Reichweite aß. Mein einziger Trost ist, dass ich mich mit gefülltem Magen um so vieles besser fühlte.« Beim Erbrechen werden ebenso wie bei schweren körperlichen Übungen vom Gehirn Endorphine freigesetzt. Diese chemischen Substanzen wirken beruhigend. »Es ist ein ausgezeichneter Mechanismus gegen Depressionen und Angstzustände«, erklärte Dr. Kent Ravenscroft. »Einige Menschen werden aufgrund der sekundären physiologischen Wirkung abhängig.«

Dianas Fixierung auf Essen erscheint rückblickend allzu offensichtlich. Selbst vor der Verlobung bemerkte Charles' Kammerdiener, dass »sie Süßigkeiten liebte. Immer wenn sie in den Wagen stieg, hatte sie Schokoriegel oder Tütchen mit Toffees bei sich.« Nach ihrer Übersiedlung in den Buckingham Palace waren ihre rätselhaften Essgewohnheiten nicht zu übersehen. »Lady Diana aß nie eine richtige Mahlzeit«, erklärte Stephen Barry. »Wie ein Vögelchen nahm sie kleine Bissen von Schokolade, Joghurts und Getreideflocken. Sie trank nie Obstsäfte, [aß] jedoch eine Unmenge an Obst, lief in jenen Tagen immer zum Küchenchef hinunter und bat ihn um einen Apfel oder Überreste von Bäckereien. Das kam uns seltsam vor. Sie passte sich in keiner Weise dem königlichen Haushalt an. Der Prinz hatte seit Jahren nicht mehr den Küchentrakt besucht, der sich im rückwärtigen Teil des Palastes, fern von allem anderen, befindet. Das ist ein langer Weg für einen Apfel.« Bezeichnenderweise verschlang Diana große Mengen an Eiskrem, die bulimische Personen häufig vor anderen Nahrungsmitteln essen, um das Erbrechen leichter auszulösen.

Man hätte vermuten können, dass Dianas unmittelbare Familie ihr Leiden vor allen anderen entdecken würde. Ihre Mutter Frances erklärte später, dass sie aufgrund der Erfahrungen mit Sarah »bei Diana sämtliche Symptome rasch erkannte«. Wenn sie jedoch während der Verlobungszeit von der Krankheit wusste, schlug sie keinen Alarm und griff auch nicht direkt in Dianas Leiden ein, wie sie es bei Sarah getan hatte. Ihre etwas schwache Erklärung lautete: »Für den Ausbruch von Anorexie und Bulimie sind eine Vielzahl von Gründen verantwortlich. Um helfen zu können, muss man diese kennen.« Über die Gründe hüllte sich Dianas Mutter jedoch in Schweigen. Möglicherweise weigerte sich Diana, sie ihr mitzuteilen, vielleicht vermied Frances es aber auch, danach zu fragen. »Es ist schwierig, da man in dieser Angelegenheit nicht allzu entgegenkommend sein soll. Womöglich verstärkt das das Problem. Schenkt man ihm jedoch keine Beachtung, kann das ebenso schädlich sein«, erläuterte Frances.

In den Monaten vor der Hochzeit verbrachte Frances mehr Zeit mit Diana als in vielen Jahren davor. Einigen Berichten zufolge herrschten zwischen Mutter und Tochter Spannungen, doch wen hätte dies unter den gegebenen Umständen überrascht. Frances begleitete Diana mehrmals pro Woche zum Einkauf und half im Büro. Dianas Schwester Jane kam auch regelmäßig zu Besuch, um Unterstützung anzubieten, wo immer sie konnte, und Diana hielt sich gelegentlich in Janes Apartment im Kensington Palace auf. In jener Zeit unterhielt Diana eine enge Beziehung zu Jane und stützte sich auf den Rat von deren Ehemann Robert Fellowes.

Dianas Vater wahrte Distanz. Nach der Verlobung hatten er und Raine einige Aussagen getätigt, die Diana zusätzlich belastet haben könnten. Im Hinblick auf Dianas Durchhaltekraft angesichts des musternden Blicks der Presse erklärte Earl Spencer gegenüber der *Times*: »Diana bricht gewiss nicht zusammen, denn sie bricht nie zusammen«. Raine fügte übertrieben zuversichtlich hinzu, dass Diana weder stark angespannt sei noch zu Depressionen neige.

Dianas Eltern und Geschwister waren zu sehr an einer erfolgreichen königlichen Hochzeit interessiert, um ihre Gefühle eingehend zu untersuchen. Die Aufregung war ansteckend und riss alle mit. »Wäre ihre Familie vereint, wäre alles in Ordnung gewesen«, erklärte Michael Colborne. »Während der Verlobungszeit kam ihre Mutter täglich in mein Büro. Ihre Besuche waren gewiss nützlich, aber ich glaube, Diana hatte noch nie zuvor so etwas erlebt. Sie luden einander gegenseitig auf, und das Adrenalin strömte nur so.«

Allem Anschein nach vergnügte sich Diana, was zu den sichtbarsten Aspekten eines Lebens als Prinzessin zählte. Sie liebte es, ihre Hochzeitsgeschenke zu begutachten; als sie die aus Armband, Uhr, Halskette und Ohrringen bestehende Saphirgarnitur sah, die König Faisal von Saudiarabien geschickt hatte, rief sie aus: »O Gott, ich werde noch eine reiche Lady!« Sie widmete sich zudem der Erweiterung ihrer Garderobe, eine Aktivität, die Charles förderte.

Durch Vermittlung ihrer Schwester Jane traf sich Diana mit den vier Herausgebern der Zeitschrift *Vogue*, die ihr bei der Auswahl ihrer Kleidung halfen, ihr Tipps für das Make-up gaben und sie lehrten, sich durch eine Menge zu bewegen und vor der Kamera zu posieren. »Zu Beginn sagten ihr die Leute von der *Vogue*, ›Sie sollten dies zu jener Gelegenheit tragen und dies hier zu einer anderen‹, und sie hörte zu und lernte eine Menge«, erinnerte sich Roberto Devorik, der mit den Herausgebern der *Vogue* zusammenarbeitete. »Diana schien den neuen Glamour zu genießen.« Die *Vogue*-Redakteurin Felicity Clark erinnerte sich, dass »Charles sehr an ihrer Kleidung interessiert war. Gelegentlich beteiligte er sich bei der Auswahl einzelner Stücke. Das war liebenswert und nett.«

Diana ließ ihr neues glanzvolles Image bei einer Reihe öffentlicher Auftritte sehen. So aß sie mit dem König von Saudiarabien zu Abend, promenierte in Ascot, besuchte ein Polospiel in Windsor und ein Tennismatch in Wimbledon. Von all diesen Ereignissen berichtete die Presse ausführlich. »Lady Di-ät!« verkündete die *Sun*, sehr zufrieden mit Dianas anmutigerer Figur.

Die stets wachsamen Reporter entdeckten einige Hinweise auf Spannungen. James Whitaker beobachtete, dass Diana in Ascot Charles verließ, um sich einige Zeit einem alten Freund namens Humphrey Butler zu widmen, und dass Charles daraufhin allein aufbrach. Einige Wochen später zitierte er einige scharfe Bemerkungen, die Diana gegenüber dem Tennisstar Chris Evert Lloyd über Charles hatte fallenlassen. »Er kann nicht stillsitzen«, beschwerte sie sich. »Er ist wie ein großes Baby. Aber ich hoffe, dass ich ihn eines Tages zur Ruhe bringen kann.«

Charles versuchte, sich in seinen Gewohnheiten an eine Frau anzupassen, die wesentlich mehr Aufmerksamkeit benötigte, als er erwartet hatte. Seine Besorgnis brachte er in einem gemeinsamen Fernsehinterview zum Ausdruck, das einige Tage vor der Hochzeit aufgenommen wurde. »Ich führe ein chaotisches Leben, versuche immer, mich mit zu vielen Dingen zu befassen, und hetze von einer Sache zur nächsten«, erklärte er. »Das wird mir nun zum Problem. Ich muss versuchen, mich zu beherrschen und einen Weg zu finden, der uns ein richtiges Familienleben ermöglicht. Das ist nicht einfach.« Auf die Aussage der Interviewerin Angela Rippon, »Sie werden eine Gemahlin an Ihrer Seite haben, das wird gewiss eine große Veränderung für Sie bedeuten«, antwortete Charles: »Nun, es ist fantastisch, viel Unterstützung zu haben.« Diese Worte veranlassten Diana zu murmeln, »Wäre auch besser, wenn es dir gefällt«, als wolle sie sich später grimmig an sie erinnern.

Ende Juni nahmen Charles und Diana an der Feier zum 21. Geburtstag von Prinz Andrew auf Windsor Castle teil, wo Diana Berichten zufolge »Rocknummern verlangte und zu Liedern von Shakin' Stevens schwungvoll tanzte«. »An jenem Abend war sie in großartiger Form«, erinnerte sich ein Mitglied von Dianas Familie. »Sie sah strahlend aus.«

Hinter den Kulissen konzentrierten sich Dianas Ängste Mitte Juli auf ein neues unglückseliges Ziel. Charles hatte Michael Colborne ersucht, ihm bei der Auswahl von Geschenken für verschiedene Freunde als Zeichen seiner Dankbarkeit zu helfen. »[Charles] hatte mehr als ein Dutzend Geschenke versammelt, die Lady Tryon, Camilla und anderen überbracht werden sollten«, erinnerte sich Colborne. Auf Anraten eines Freundes hatte sich Charles für Camilla ein besonderes Andenken ausgedacht: ein goldenes Armband mit einer blauen Emailscheibe, auf der die Buchstaben GF eingeprägt waren, die für »Girl Friday« standen, Charles' Spitznamen für sie.

Colborne bestellte das Armband, das mit verschiedenen anderen Geschenken in seinem Büro abgeliefert wurde. Diana behauptete später, Colborne habe ihr von dem Armband erzählt, dieser bestand jedoch darauf, dass Diana die Schatulle auf seinem Schreibtisch gefunden und geöffnet habe. »Wer es sich zur Gewohnheit macht, aus Neugier Pakete und Briefe zu öffnen, wird vom Blitz getroffen«, erklärte ein Freund von Charles. Diana war überzeugt, die Initialen stünden für »Gladys« und »Fred«, was auf Camilla und Charles als Paar hingedeutet hätte. »Ich war vollkommen niedergeschmettert«, erinnerte sie sich.

Diana zufolge verriet Colborne ihr, dass Charles beabsichtigte, Camilla das Geschenk an diesem Abend zu überreichen. Erfüllt von »Wut, Wut und nochmals Wut« stellte Diana Charles zur Rede, der das Geschenk zu erklären versuchte. Sie blieb jedoch unerschütterlich. Ein erbitterter Streit entbrannte, als Charles ihr mitteilte, dass er entschlossen war, Camilla das Armband als elegante und höfliche Geste des Abschieds zu überreichen. Diana bezichtigte ihn der Unehrlichkeit und erklärte später, dass er sie »wie Luft behandelte«.

Charles entschloss sich, Camilla das Armband bei einem gemeinsamen Mittagessen am Montag, den 27. Juli, zu schenken. Am Samstag, den 25. Juli, zerbrach Dianas für die Öffentlichkeit bestimmte Fassade aus Heiterkeit während eines Polospiels in Tidworth. Sie brach in Tränen aus und eilte davon. Prinz Charles holte sie in Broadlands ein, wohin sie sich zurückgezogen hatte, um sich auszuruhen. »Es war ihm deutlich anzusehen, dass er sich sorgte«, erklärte Stephen Barry. Am nächsten Tag waren die Zeitungen voll von Geschichten über ihren Zusammenbruch, den Charles mit einem Hinweis auf die Menschenmengen bei dem Polospiel erklärte: »Es war etwas zu viel für sie.« Sämtliche Reporter fanden sich tags darauf erneut ein, da Diana zu einem weiteren Polospiel im Windsor Great Park erwartet wurde. Unter der Überschrift »So ist es besser!« berichtete Whitaker, dass sich Diana »von ihrer strahlenden Seite« gezeigt habe, während die *Daily Mail* erklärte, dass sie »ihre Haltung und ihr Lächeln bewahre«.

Nur John Edwards vom *Daily Mirror* stimmte nicht in den Jubel über eine rasche Erholung ein, sondern beschrieb eine düsterere Stimmung: »Das strahlende Lächeln für die Fernsehkameras am Ende des Tages konnte die Dinge nicht verändern«, erklärte er. »Irgendetwas ist eindeutig geschehen. Diana war überwiegend müde und angespannt ... Sie lächelte kaum.« Er bemerkte, dass sie sich längere Zeit im Privatraum der Königin aufgehalten habe, »ihre weiße Weste in den Händen zerknüllte und nervös durch die Tür auf die Menge spähte«. Später beobachtete er, dass Diana »ihren Kopf unsicher von einer Seite zur anderen drehte ... Sie rieb sich mit beiden Händen die Stirn und wirkte beunruhigt. Sie war nicht einen Augenblick lang entspannt.«

Edwards deutete ihre Körpersprache richtig. Diana fürchtete sich vor Charles' für den nächsten Tag angesetztes Treffen mit Camilla. Während er am Montag das Armband überbrachte, aß Diana mit Sarah und Jane zu Mittag. Später erinnerte sie sich, ihren Schwestern erzählt zu haben, dass die Hochzeit nicht stattfinden könne. Worauf sie antworteten: »Nun, Pech für dich, Duch, dein Gesicht ist selbst auf Geschirrtüchern abgedruckt. Zum Kneifen ist es jetzt zu spät.« Unpassenderweise gefiel ihr diese Reaktion. Ihre Schwestern hatten ihre Qualen auf einen Scherz reduziert. Gespräche dieser Art zeigten, wie rasch Diana von ernsthaftem Kummer zu fröhlicher Heiterkeit wechseln konnte. Mit solchen Stimmungsschwankungen verwirrte sie andere, die dann nicht mehr wussten, welchen Signalen sie nun Beachtung schenken sollten.

Später begaben sich Diana und Charles im Scheinwerferlicht der Fernsehkameras zur Generalprobe für ihre Hochzeit in die Kathedrale von St. Paul. »Plötzlich wurde die Spannung übermächtig«, erinnerte sich Diana. »Ich weinte mir die Augen aus und brach wegen all der Dinge völlig zusammen. Die Sache mit Camilla ging mir auch wieder durch den Kopf.« Reinhold Bartz, der Ehemann von Dianas Cousine ersten Grades, Alexandra Berry, sagte später, dass Dianas Kummer auch während des kleinen Empfangs anhielt, der am frühen Abend für Familie und

Freunde gegeben wurde. »Ihre Augen waren geschwollen, als hätte sie geweint.« Diese Beobachtung verleitete ihn zu der Schlussfolgerung, dass »sie unter der Belastung zusammengebrochen ist«. Bei dem großen Ball, den die Königin an jenem Abend veranstaltete, lächelte Diana, während sie mit Charles am oberen Treppenabsatz die Glückwünsche der Gäste entgegennahm.

In jener Nacht, »in den Stunden vor seiner Hochzeit mit Lady Diana Spencer, lag Prinz Charles im Buckingham Palace im Bett mit Mrs. Camilla Parker Bowles«, verkündete James Whitaker auf der ersten Seite eines Buches, das er 1993 über die Ehe des Prinzenpaares von Wales schrieb. Er bezeichnete Charles' Handlungen als »schändlichsten Betrug an seiner zukünftigen Gemahlin«, und behauptete, »Diana diente einzig einer Vernunftheirat«. Whitaker zufolge hatte Charles Camilla am Montag, den 27. Juli, in sein Bett genommen, während Diana nach dem Ball bei der Königin in Clarence House übernachtete.

Es war eine der schädlichsten Beschuldigungen, die je gegen den Prinzen von Wales erhoben wurden, und zuverlässigen Berichten zufolge war sie noch dazu falsch. Whitaker zitierte für diese Auskunft zwei Quellen: einen namentlich nicht genannten Informanten und Stephen Barry, der zum Zeitpunkt des Erscheinens des Buches bereits tot war. In seinem eigenen Buch *Royal Service: My Twelve Years as Valet to Prince Charles*, das 1983 veröffentlicht wurde, hatte Barry geschrieben: »Der Buckingham Palace war für jede Art von Heimlichkeit vollkommen ungeeignet.« Michael Colborne, der jenem Team angehörte, das Tag und Nacht im Buckingham Palace an den Hochzeitsvorbereitungen arbeitete, erklärte, dass dieses Stelldichein »nicht stattgefunden hat. So viel steht fest. Es hätte sich nicht ereignen können, ohne dass eine Vielzahl von Personen davon erfahren hätte. So etwas war einfach unmöglich, selbstmörderisch. Eine derartige Tat passte außerdem nicht zum Charakter des Prinzen.«

Camilla nahm an jenem Montagabend gemeinsam mit ihrem Ehemann Andrew an dem Ball teil, der später gegenüber Nigel Dempster abstritt, dass seine Frau im Buckingham Palace geblieben sei. Darüber hinaus hatten Diana und Charles das Fest gemeinsam verlassen, und Diana hatte wie üblich in ihrem Apartment im Palast übernachtet und nicht in Clarence House. In der darauf folgenden Nacht, dem Abend vor ihrer Heirat, übersiedelte Diana tatsächlich in den Wohnsitz der Königinmutter, während Charles nach dem abendlichen Feuerwerk lange wach blieb und mit Susan Hussey sprach. Dimbleby zufolge blickte er »in nachdenklicher Stimmung« aus den Fenstern des Buckingham Palace. Er befand sich »nicht in Hochstimmung, sondern war sich der Bedeutung des kommenden Tages und seiner Pflichten deutlich bewusst. Zudem erfüllte ihn Sorge um seine Braut angesichts der Prüfung, die ihr bevorstand.« Zurück in seinen eigenen Räumlichkeiten, beobachtete Charles die Menschenmenge, die sich am Fuß des Victoria-Denkmals versammelte und »Rule Britannia« sang. »Das war ein wirklich bemerkenswertes Erlebnis«, erinnerte er sich 1985 in einem Fernsehinterview. »Ich stand am Fenster, und Tränen liefen mir über die Wangen.«

Ebenso wie die Geschichte über den königlichen Zug fügte sich auch das angebliche Stelldichein vor der Hochzeit in den Mythos um den Prinzen und die Prinzessin. Diana quälte sich selbst, indem sie sich auch dieses unwahre Ereignis zu Herzen nahm. Im März 1986, als Diana zum ersten Mal die Astrologin Penny Thornton zu Rate zog, erzählte sie eine Version der Geschichte und behauptete nicht nur, dass Charles »die Nacht vor der Hochzeit mit dieser Frau verbracht habe«, sondern Diana »kategorisch mitteilte, dass er sie nicht liebe«. Diese Aussage würde Diana später ableugnen.

In der letzten Nacht vor ihrer Hochzeit war Diana verstört, verbarg ihre Sorgen jedoch vor Jane, die ihr in Clarence House Gesellschaft leistete. Sie erlitt einen heftigen Anfall von Bulimie und aß »alles, was ich finden konnte, was meine Schwester sehr erheiterte«. Weder Jane noch sonst jemand erfasste das Ausmaß von Dianas Problemen. »Es geschah heimlich«, erinnerte sich Diana. »In jener Nacht war ich krank wie ein Papagei.«

Ihr Hochzeitstag verlief nicht weniger emotional. Dianas spätere Beschreibung war typischerweise zweideutig. Im einen Augenblick brachte sie ihre Freude über die Bewunderung der Menge zum Ausdruck, und im nächsten erklärte sie: »Ich glaube nicht, dass ich glücklich war.« Sie sei »ruhig wie der Tod« gewesen und habe sich wie ein »Opferlamm« gefühlt, das zur »Schlachtbank« geführt werde. Gleichzeitig erzählte sie: »Ich war so verliebt in meinen Mann, dass ich meine Augen nicht von ihm abwenden konnte. Ich hielt mich einfach für das glücklichste Mädchen auf der ganzen Welt.« Sie erinnerte sich, all ihre Aufmerksamkeit ihrem Vater gewidmet zu haben, der nach seinem Schlaganfall Mühe hatte zu gehen, und ihn sicher durch das Kirchenschiff zum Altar geleitet zu haben, erklärte aber auch, in der Menge nach Camilla gesucht zu haben. Dann entdeckte sie »einen blassgrauen verschleierten Hut, der an eine Pillenschachtel erinnerte, und ihren Sohn Tom, der auf einem Stuhl stand. Bis zum heutigen Tag ... ist mir das Bild in lebhafter Erinnerung geblieben.« Dies war ihr einziger Blick auf Camilla an diesem Tag, da sie und Kanga Tryon auf Dianas Wunsch von der Gästeliste für das »Hochzeitsfrühstück« (in Wirklichkeit ein Mittagessen) gestrichen worden waren, das auf die Zeremonie folgte.

Als Diana Jahre später über den schlimmsten Augenblick in ihrem Leben befragt wurde, machte sie eine ernüchternde Bemerkung über ihren Hochzeitstag: »Als ich an jenem Tag zum Altar der St. Paul's Cathedral schritt, beschlich mich das Gefühl, als raubte man mir meine Persönlichkeit und als würde nun die königliche Maschinerie Besitz von mir ergreifen.« Als sie Liebe, Glück und Jubel über ihre Position in der Welt hätte empfinden können, erinnerte sie sich lediglich an ein Gefühl vollkommener Wehrlosigkeit.

Der Familie, ihren Freunden, der Presse und der Öffentlichkeit vermittelte sie den Eindruck völliger Gelassenheit. Charles Spencer bemerkte, dass sie »sehr gefasst war ... glücklich und ruhig«. Frances, die ihren Kindern nach der Zeremonie sagte, dass »wir nun wieder zu unserem normalen Leben zurückkehren können«, bemerkte ebenfalls, dass ihre Tochter »unglaublich ruhig und von all den Ereignissen unbelastet erschien. Ich glaube nicht, dass sie nervös war.« Schärfere Augen konnten jedoch in ihrem Verhalten eine manische Neigung entdecken. Nach dem Hochzeitsfrühstück, den Fotografen und dem Erscheinen auf dem Balkon des Buckingham Palace vor tausenden Gratulanten, hielt Diana auf dem Bahnsteig in der Station Waterloo inne und gab impulsiv den beiden hochrangigen Angestellten, die die Hochzeit organisiert hatten, Sir »Johnnie« Jonston, dem Controller der Königin, und Lord MacLean, dem Haushofmeister, einen Kuss. Trotz all ihrer überwältigenden Herzlichkeit kam in dieser eindeutig unköniglichen Geste in einem einzigen Augenblick jene Unberechenbarkeit zusammen, die Diana zunehmend prägen sollte.

# KAPITEL 9

Charles und Diana verbrachten zu Beginn ihrer Ehe eine lange Zeitspanne miteinander. Auf eine zweiwöchige Kreuzfahrt mit der königlichen Jacht *Britannia* folgte ein zweieinhalb Monate dauernder Aufenthalt in der Zurückgezogenheit von Balmoral, Charles' liebstem Zufluchtsort. Der Plan schien ideal. Ungestört von Verpflichtungen und der Presse, konnten sie eine Beziehung zueinander aufbauen und jene gemeinsamen Werte und Interessen entwickeln, die eine glückliche Ehe über Jahre hinweg stützen.

Allem Anschein nach war die Kreuzfahrt ein großer Erfolg. »Ich liebe es, verheiratet zu sein und jemandem meine Zeit widmen zu können«, schrieb Diana ihrem ehemaligen Kindermädchen Mary Clarke. Nachdem das frisch vermählte Paar in Gibraltar an Bord gegangen war, winkten Charles und Diana eng umschlungen der jubelnden Menge vom Achterdeck aus zu. Lady Hassan, die Gemahlin des Oberbevollmächtigten von Gibraltar, war gerührt, dass Diana von ihren Emotionen so überwältigt wurde, »dass sie beinahe weinte«. Der einzige weitere Blick der Öffentlichkeit auf das Paar erfolgte in Ägypten, wo Charles und Diana lächelnd und winkend von Bord gingen, um mit dem ägyptischen Präsidenten Anwar Sadat und seiner Gemahlin zu speisen. Beim Abschied gab Diana beiden unerwartet einen Kuss.

Charles' Kammerdiener Stephen Barry, einer der vier Privatbediensteten an Bord, gab einen Augenzeugenbericht der gemeinsamen Tage des Paares ab, der eine Atmosphäre von Entspanntheit und Harmonie vermittelt. Sie verbrachten »die meisten Abende allein am königlichen Deck«, erzählte er, »und wir wussten nie, wann sie zu Bett gingen«. Charles und Diana aßen häufig »in intimem Rahmen« in ihrem Aufenthaltsraum und sahen sich nach dem Essen Videos an, darunter auch eine Aufnahme von ihrer Hochzeit. Oft suchten sie einsame Strände auf, um ein Picknick abzuhalten, zu schwimmen und in der Sonne zu baden. Die aus mehr als zweihundert Mann bestehende Mannschaft versuchte Barry zufolge, stets »diskret Abstand zu wahren«. Während Charles selten sein Deck verließ, spazierte Diana häufig umher, lachte und plauderte mit den Seeleuten und machte Fotos. Sie sang mit der Besatzung und spielte sogar einmal zu deren Vergnügen »Greensleeves« auf dem Klavier.

Aus Gründen, die kein einziges Mitglied der Mannschaft der *Britannia* jemals hätte enträtseln können, befand sich Diana in Wirklichkeit in schlechter Verfassung. Sobald sie mit Charles allein war, wechselte ihre Stimmung plötzlich von tiefem Kummer zu extremer Wut. Dianas sporadische Depressionen wurden chronisch, und selbst Charles wusste nicht, dass ihre Bulimie mit bis zu »vier Anfällen pro Tag auf der Jacht Besorgnis erregende« Ausmaße annahm, wie sie später erklärte. Ironischerweise brach Diana zusammen, sobald der Druck von außen auf ein Minimum sank. Die Reporter konnten das Paar nicht erreichen, und sie musste nur selten in der Öffentlichkeit erscheinen. (Später berichtete Diana, dass sie die Belastung hasste, die Offizieres des Schiffs während des Abendessens unterhalten zu müssen.) Der scharfe Kontrast zwischen ihrem öffentlichen und privaten Wesen, der sich während ihrer Verlobungszeit entwickelt hatte, verfestigte sich zu einem beunruhigenden Muster.

Charles fiel es schwer zu ergründen, was Diana aus der Fassung bringen würde. Mit nahezu rührender Unüberlegtheit hatte er zu seinem Vergnügen und zu Dianas Erbauung einen Stapel Bücher in die Flitterwochen mitgenommen. Unter ihnen befanden sich die Werke von Laurens van der Post, eines ältlichen mystischen Philosophen, der für Charles zu einer Art Guru wurde, und Bücher des Psychoanalytikers Carl Jung, der ebenfalls zu Charles' Lieblingsautoren zählte. Er nahm an, dass Diana ebenso wie im Sport seine Vorliebe für seine Lieblingsliteratur teilen würde. Am zweiten Abend präsentierte Charles seine Bücher zu Dianas Missvergnügen, die dies als den »schlimmsten Augenblick« während der Flitterwochen bezeichnete. Ihrem Bericht zufolge machten seine pygmalionartigen Bemühungen ihre »unendlichen Hoffnungen« (vermutlich auf Glück) zunichte und schufen eine »grimmige« Atmosphäre. Diana erzählte später, dass Charles darauf bestand, seine letzte Lektüre jeden Tag nach dem Mittagessen mit ihr zu besprechen. Auf Balmoral würde Charles sogar laut aus van der Post und Jung vorlesen. Abhandlung über Spiritualismus und Psychologie laut vorzulesen, war weit von Dianas Tagträumen von einer Ehe entfernt: »die ideale Braut kocht das Abendessen und stopft die Socken ihres Mannes«.

Charles war kein Intellektueller, aber er hatte einen gewissen Forschergeist entwickelt. Er vertiefte sich ernsthaft in spirituelle Rätsel, versuchte sich in Psychologie und genoss es, über Umwelttheorien und Sozialpolitik zu diskutieren. Im Grunde besaß er einen ernsthaften Geist, während Diana oberflächlichen Interessen nachging und keinerlei Neigung verspürte, gewichtige Themen zu erforschen. Darüber hinaus litt sie in Bezug auf ihre Intelligenz an einem Minderwertigkeitskomplex und ließ sich leicht von klugen Menschen einschüchtern. »Sobald jemand einen abstrakten Gedanken anschnitt, konnte man beobachten, wie sich ihre Augen verschleierten und ihre Lider schwer wurden«, erinnerte sich Erzbischof Robert Runcie. Runcie begriff jedoch, wie er Diana aus ihrer Erstarrung wecken konnte. Diese Einsicht fehlte Charles und seiner Familie: »Man musste sie lediglich ermutigen, über Menschen und Persönlichkeiten zu sprechen. Dafür war sie sehr empfänglich.«

Selbst die intellektuelle Kluft zwischen den beiden wäre von wenig Bedeutung gewesen, wären Diana und Charles imstande gewesen, aufeinander einzugehen. Beide strebten danach, dass die Ehe ein Erfolg würde. Diana, weil sie eine traumatische Scheidung vermeiden wollte, und Charles, um seine Pflicht zu erfüllen. »Eine Ehe ist etwas, woran man arbeiten sollte«, hatte Charles einige Jahre zuvor erklärt. »Ich habe die Absicht, das auch zu tun, sobald ich verheiratet bin.« Aber keiner von beiden besaß ein geeignetes Temperament, um die Bedürfnisse des anderen unterzubringen. »Sie verstand ihn nicht und er sie nicht«, meinte Michael Colborne. Darüber hinaus waren beide zu sehr daran interessiert, verstanden zu werden, statt dem anderen Verständnis entgegenzubringen.

Seit seiner Schulzeit hatte Charles Einsamkeit und Zurückgezogenheit genossen. Er sehnte sich nach einem gewissen Maß an Ruhe in seinem Leben, was Diana nicht begriff. Sie hatte versucht, ihn beim Lachsfischen auf Balmoral zu begleiten, war jedoch zu ungeduldig, um stundenlang im eisigen Wasser zu stehen. Sie brachte auch nicht mehr die Toleranz auf, die sie während der Zeit der Werbung hatte erkennen lassen, als sie mehrere Stunden schweigend verbrachte, während sich Charles stillen Betrachtungen hingab. Charles war vollkommen zufrieden damit, während ihrer Flitterwochen in seiner Kabine zu bleiben, lange Briefe zu schreiben oder sich mit einem Buch zurückzulehnen. »Diana stürmt umher, plaudert mit sämtlichen Seeleuten, den Köchen in der Kombüse etc., während ich mich wie ein Eremit auf das Verandadeck zurückziehe und mich mit reiner Freude in Laurens van der Posts Bücher vertiefe«, schrieb er einem Freund, ohne zu wissen, dass er damit die Kluft zwischen ihnen betonte.

Diana sehnte sich nach Charles' ungeteilter Aufmerksamkeit und missverstand seine Beschäftigung als Zurückweisung. Derartige Ängste spiegeln ein allgemeines Verlangen wider, doch nur zutiefst aufgewühlte Personen würden ihre Sorge wie Diana zum Ausdruck bringen: »Ich verschlang alles, was ich finden konnte, und zwei Minuten später war mir unendlich übel ... Meine Stimmung schwankte so sehr, dass ich in einem Moment glücklich war und mir im nächsten die Tränen in die Augen schossen. Ich erinnere mich, dass ich mir während unserer Flitterwochen die Augen ausweinte.« Charles blieben Dianas unberechenbare Stimmungen ein Rätsel. Er schrieb sie den Anspannungen vor der Hochzeit zu und nahm an, dass sich ihre Qualen bald legen würden.

Mehr denn je zuvor konzentrierte Diana ihre Ängste auf Camilla. Sie erinnerte sich, zweimal während der Kreuzfahrt von ihrer Eifersucht auf die Rivalin überwältigt worden zu sein. Beim ersten Mal sollen zwei Fotos von Camilla aus Charles' Kalender gefallen sein, und beim zweiten Mal habe sie bemerkt, dass Charles Manschettenknöpfe mit zwei ineinander verschlungenen C's trug. Als sich Diana erkundigte, ob die Manschettenknöpfe ein Geschenk von Camilla seien, gestand Charles, dass sie sie ihm tatsächlich geschenkt habe, jedoch lediglich als Zeichen der Freundschaft. Wieder nährte Charles' Ehrlichkeit Dianas Wut und löste einen weiteren Streit aus.

Dianas Emotionen verstärkten sich, sobald sie Ende August auf Balmoral eintrafen und sie mit der alltäglichen Wirklichkeit einer königlichen Ehe konfrontiert wurde. »Dies würde ihr Leben sein«, erzählte Colborne. »Sie würde die Regentage mit Schießübungen verbringen, die sie hasste.« Diana wurde ständig von Albträumen über Camilla gequält und »war von ihr vollkommen besessen. Sie vertraute [Charles] nicht und glaubte, er würde [Camilla] alle fünf Minuten anrufen, um sie zu fragen, wie er mit seiner Ehe fertigwerden solle«. Charles gestand Feunden, dass Diana auf Camilla fixiert wäre und es ihm nicht gelänge, sie davon abzubringen. Wiederholt versicherte er ihr, dass er das Buch mit Camilla vor der Hochzeit geschlossen habe, Diana weigerte sich jedoch, seine Worte zu akzeptieren, und sagte, dass sie »überzeugt ist, dass [er] sie noch immer betrügt ... Mehr als einmal explodierte sie in einem Wutausbruch, vor dem er sich verwirrt und mutlos zurückzog« – so die Darstellung von Dimbleby. Gleichzeitig fühlte sich Diana verlassen, sobald Charles allein fischen oder mit Freunden auf die Rehpirsch ging. Auch wenn er sie noch so erzürnte, konnte sie seine Abwesenheit nicht ertragen.

Diana verbarg ihre Bulimie, nahm jedoch weiter ab. Seit Februar hatte sie 14 Kilo verloren und wog nun kaum mehr als 55 Kilo – ein alarmierend niedriges Gewicht bei einer Größe von 1,78 Meter. »Alle sahen, dass ich immer dünner und dünner wurde, während sich meine Krankheit verstärkte«, erinnerte sich Diana. Sie schlief schlecht, weinte stundenlang und vergrub sich, den Kopf auf die Knie gelegt, in einem Stuhl. »Selbst vor anderen weinte sie«, erzählte eine Freundin, die Jahre später Zeugin ihrer Weinanfälle wurde. »Ihr war nicht zu helfen. Sie schlang einfach ihre Arme um sich. Niemand wagte es, sie anzusprechen oder zu berühren, denn alle wussten, dass sie nichts ausrichten konnten.« Im Herbst 1981 versuchte Michael Colborne einmal, Diana einen gesamten Tag lang zu trösten, während sie zwischen Tränen und Schweigen hin und her schwankte und ihr Gesicht in den Händen verbarg.

Diana zu helfen, scheiterte an der Kombination aus Verletzlichkeit und Abwehrhaltung. Einerseits sehnte sie sich nach Trost, andererseits stieß sie jeden zurück, der sie zu beruhigen versuchte – und vor allem Charles. Ihr Schweigen, das häufig voller Vorwürfe war, war besonders schwierig zu deuten, da es Dianas Unfähigkeit entsprang, das, was sie quälte, auszudrücken.

Vor allem aufgrund von ihrem unberechenbaren Verhalten reagierte Charles widersprüchlich und sogar kontraproduktiv. »Ihm war ein Leiden wie das seiner Frau unbekannt«, erzählte Michael Colborne. »Damit kam er einfach nicht zurecht.« Charles fiel es leichter, mit ihrem schweigenden Schmollen als mit ihren Tränen umzugehen. Sobald sie weinte, knetete er verzweifelt die Hände und fragte: »Was ist los, Diana? Was habe ich gesagt, dass du nun weinst?« Ungeachtet, ob sie wütend war oder weinte, verhielt er sich üblicherweise abwartend, kapitulierte vor ihren Wünschen, versuchte, sie aufzuheitern, blieb lange bei ihr und sprach ihr Trost zu, den sie ignorierte, während sie gleichzeitig darauf bestand, dass er blieb. Bei anderen Gelegenheiten zog er sich verzweifelt zurück und verstärkte damit ihre Trennungsängste. In derartigen Fällen verschloss sich Diana entweder oder schlug erneut um sich. War Charles nicht aus der Ruhe zu bringen, steigerte sich ihre Wut.

Diana stellte Charles' Hingabe auf die Probe und erforschte auch ihre eigenen Grenzen. Mitunter tadelte Charles sie, doch weder er noch eine andere Person zogen Diana wegen ihres Verhaltens je zur Rechenschaft. Sie aufzufordern, Haltung anzunehmen, war ebenso fruchtlos wie sämtliche Bemühungen, sie aus ihrem Kummer herauszulocken. Charles' Zuneigung zu Diana hatte sich nicht zu jenem tieferen Gefühl entwickelt, auf das er gehofft hatte. Er beschützte sie und fühlte aufrichtiges Mitleid mit ihr. Wenn sie ihn jedoch mit ihren Besitzansprüchen zu ersticken drohte, zog er sich zurück. Je weiter er sich zurückzog, desto heftiger versuchte sie, ihn durch Wünsche und Bitten zurückzuholen, was ihn noch weiter von ihr entfernte.

Da Charles ihr nicht sagen konnte, dass er sie bedingungslos liebte, was sie jedoch sehnlichst hören wollte, gab er ihren Wünschen nach. Diana war scharfsinnig genug zu wissen, dass er ihr lediglich ihren Willen ließ, und bediente sich noch extremerer Verhaltensweisen, um seine Aufmerksamkeit zu gewinnen.

Als Charles erkannte, dass all seine Versuche erfolglos waren, suchte er bei anderen Hilfe. Er lud Laurens van der Post als Ratgeber nach Balmoral ein, doch Diana fand keine Anknüpfungspunkte mit dem Philosophen und gewann den Eindruck, dass er sie missverstand. Daraufhin organisierte Charles einen Besuch von Dianas ehemaligen Zimmergenossinnen Virginia Pitman und Carolyn Bartholomew in der Hoffnung, sie würden Diana zerstreuen und unterhalten. Einmal nahm Charles Diana sogar nach Craigowan mit, einen noch abgelegeneren Landsitz als Balmoral, um mit ihr allein zu sein. Augenblicklich blühte Diana auf. »In Craigowan war die Prinzessin glücklicher, da sie sich außer Reichweite des königlichen Systems befand und das Haus nach eigenen Wünschen führen konnte«, bemerkte Stephen Barry.

Als Diana ihrem Kummer verstärkt mit aufsässigen Worten Ausdruck verlieh, war es weder der königlichen Familie noch ihren Angestellten möglich, ihn zu übersehen. »Ich hatte frühzeitig von Dianas Stimmungsschwankungen gehört«, erinnerte sich ein Mitglied der Königsfamilie. »Plötzlich weigerte sie sich, zum Abendessen zu kommen. Wenn die Königin Charles dann aufforderte, sie zu überreden, kehrte er mit gerötetem Gesicht zurück und erklärte, dass es ihm nicht gelungen war. Ich war fasziniert, denn ich konnte mir nicht vorstellen, selbst so zu handeln. Doch es geschah tatsächlich, und allen Anwesenden war die Situation unendlich peinlich. Die Königsfamilie betrachtete sie jedoch nicht als krank. Seelische Krankheiten stoßen bei ihr auf Unverständnis.«

Es ist nicht einfach, sich das Leben in der königlichen Familie vorzustellen. Während das übrige England die Welt als gesellschaftliche Hierarchie betrachtet, unterteilt das Königshaus sie in »wir« und »alle anderen« und macht keinen Unterschied zwischen dem Herzog von Devonshire und dem örtlichen Lebensmittelhändler. Darüber hinaus halten sie unerschütterlich an ihren eigenen Gesetzen fest: Die Pflicht siegt immer, alle beugen sich den Wünschen der Königin, Emotionen werden nicht öffentlich gezeigt, und über persönliche Angelegenheiten spricht man nicht. Das natürliche Recht, Ansprüche zu stellen, ist in der Königsfamilie tief verwurzelt. Bietet ein Freund zum Beispiel an, für ein Mitglied des Königshauses eine Konzertkarte zu besorgen, würde es diesem nicht in den Sinn kommen, dafür zu bezahlen. »Die Königsfamilie ist verwöhnt, doch nicht im üblichen Sinn«, erklärte Mark Lloyd, ein Londoner Unternehmer und Freund des Königshauses. »Sie sind verwöhnt durch Ehrerbietung. Sie erhalten im Leben ausschließlich Zustimmung. Macht ein Mitglied der Königsfamilie einen müden Scherz, brechen alle Umstehenden in dröhnendes Gelächter aus. Stimmt jemand nicht mit der Königsfamilie überein, empfindet sie dies als unerträglich.«

In ihrem letzten Interview vor ihrem Tod erklärte Diana: »Sobald ich in die Königsfamilie eintrat, konnte ich nichts mehr auf natürliche Weise tun.« Die königliche Familie betrachtet jedoch ihre Verhaltensweisen und Gewohnheiten als Routine: Sie kennt kein anderes Leben. Den Großteil des Jahres über folgt sie ihrem eigenen Terminplan. Es konnte leicht geschehen, dass die Königin und ihr Gemahl gemeinsam frühstückten, nur um später auf der Treppe zu erfahren, dass sie denselben Londoner Stadtteil besuchen würden. Zu gewissen Zeiten jedoch, wie etwa im August, September und Oktober in Balmoral, im Dezember und Januar in Sandringham und im Juni in Windsor, versammelte sich die Königsfamilie und genoss gemeinsam sportliche Aktivitäten, Barbecues, Teepartys, Konzerte, Picknicks, Cocktailstunden und große formelle Dinners.

Die Gespräche drehten sich meist um Tagesthemen und Belangloses. Brachte jemand beim Abendessen ein persönliches Problem oder ein unangenehmes Thema zur Sprache, reagierte man üblicherweise mit Schweigen. »Die Königsfamilie ist eine seltsame Familie, denn Gespräche werden nicht fortgesetzt«, erklärte Robert Runcie seinem Biografen Humphrey Carpenter. »Das Überleben hat oberste Priorität, und man muss sich als vertrauenswürdige Person erweisen, die als Freund betrachtet werden kann und nicht überall mit ihrer Beziehung zum Königshaus prahlen wird.«

Selbst in Kleinigkeiten fiel es Diana schwer, eine Beziehung zur Königsfamilie aufzubauen. »Man kann sie nicht mit unseren Maßstäben messen«, meinte eine Freundin von Diana, deren Familie dem Königshaus diente. »Sie leben auf einem anderen Planeten. Dinge, die uns begeistern, verfehlen bei der Königsfamilie ihre Wirkung ... da sie sie nicht einmal bemerkt. Sie nimmt vieles nicht wahr.« Die königliche Familie ist zudem bekanntlich sparsam, während Diana zu extravaganter Großzügigkeit neigte. Sie erzählte Freunden später, wie verblüfft sie bei der ersten königlichen Weihnachtsfeier war, dass die einzelnen Familienmitglieder besonders stolz darauf waren, einander wenig aufwendige Geschenke zu machen, wodurch ihre im Vergleich unangemessen verschwenderisch wirkten. Ruth Fermoy hatte ihre Enkelin zwar gewarnt, dass der Humor der Königsfamilie »anders« wäre, Diana erklärte jedoch später, dass ihre »albernen« Insiderwitze sie dennoch abgestoßen hätten. Paradoxerweise pries Diana in einem im Dezember 1981 auf Sandringham verfassten Brief die »Großzügigkeit« der Familie und schien sogar das königliche Feingefühl zu genießen, denn sie bemerkte: »Obwohl wir hier dreißig Personen sind, wurde viel gelacht.«

Diana behandelte die Königin respektvoll, verriet aber privat einen Hauch von Feindseligkeit. Sie gewann den Eindruck, dass die Königin sie nach der Verlobung aus für sie unerklärlichen Gründen als Bedrohung betrachtete. Ihre feindselige Haltung äußerte sich in Kleinigkeiten: Traf sich die Familie zum Beispiel zu einem Drink, ärgerte sich Diana, dass Charles korrekterweise erst seiner Mutter und seiner Großmutter ein Glas anbot. »Ausgezeichnet, kein Problem«, knurrte Diana. »Ich habe immer geglaubt, die Ehefrau käme zuerst – was für ein lächerlicher Gedanke!« Ebenso wenig konnte sie die Zuneigung der Königin zu ihren Hunden ertragen, eine herrschende königliche Sitte. »Die Königin ist immer von Corgis umgeben, so dass man ständig das Gefühl hat, auf einem sich bewegenden Teppich zu stehen«, sagte sie einmal.

Ungeachtet ihrer näselnden Stimme und ihrem matronenhaften Äußeren ist die Königin von einem mächtigen geheimnisvollen Nimbus umgeben. Durch eine knappe Kopfbewegung kann sie jedes Gespräch unterbrechen, und ihre steife Selbstbeherrschung fordert Aufmerksamkeit. »Es ist schwierig, sich der Königin gegenüber natürlich zu verhalten, da sie sehr Furcht einflößend ist«, äußerte eine Freundin der Königinmutter. »In Wahrheit fürchtet sie sich aber auch vor uns.« Die Furcht der Königin, die eigentlich Scheu ist, schafft eine Atmosphäre der Unruhe, in der sich viele Menschen unwohl fühlen. »Die Königin zeigt ihre Gefühle nicht«, erklärte ein ehemaliger Hofangestellter. »Sie ist kein ›Kuschelbär‹. Aber sie ist freundlich und warmherzig. Von Natur aus ist sie sehr schüchtern, hat ihre Scheu jedoch überwunden.« Diana würde es Sarah Ferguson, der Herzogin von York, später übel nehmen, dass sie mit ihrer gemeinsamen Schwiegermutter so gut zurechtkam; Fergie war extrovertierter als Diana, was der Königin zusagte.

Klug und unverbindlich, gab die Königin im Umgang mit ihrer Familie wenig von sich preis. Einerseits war sie im Grunde einfühlsam, andererseits brachte sie kein Verständnis für maßloses Weinen auf. »Die Königin ist das Gegenteil von Diana«, berichtete ein ehemaliger Hofangestellter. »Sie ist die uneigennützigste Person, die mir je begegnet ist. Ihr scheint es uninteressant, über sich zu sprechen, und sie empfindet auch die Bemühungen anderer, über sich zu sprechen, als unangemessen.« Ihr Missfallen drückte sie durch einen ernsten Blick aus. Gleichzeitig vermied sie es aber aufgrund ihres Wesens, Konflikte heraufzubeschwören. »Auch wenn sich Prinzessin Margaret ihr gegenüber unhöflich verhält, lässt sie nie ein Wort verlauten«, erklärte ein langjähriger Freund der Königsfamilie. »Das ist ihre Politik. Ihren Kindern erteilt sie ebenfalls nie einen Tadel. Sie ist eine überaus anständige Person, die sich nie in die Angelegenheiten anderer einmischen würde.«

Diana empfand sich als Außenseiter und unternahm wenig Anstrengungen, sich in die königliche Familie einzugliedern. Sie zeigte ihre Gefühle und setzte sich mit Ungezwungenheit über das königliche Protokoll hinweg, was die Hofangestellten nahezu vom ersten Tag an zu Kommentaren anregte. In gewissem Sinn ging sie von der Annahme aus, dass sie schlussendlich siegen würde. »Diana wuchs ohne Mutter auf«, erklärte eine ihrer Freundinnen, »und ich glaube nicht, dass sie verstand, dass es so etwas wie Pflichten gegenüber dem Ehemann und seiner Familie gibt.«

»Ihr Starrsinn war eine direkte Folge ihrer Unsicherheit«, erklärte ihr Berater Michael Colborne. Die königlichen Hauspartys ängstigten sie, wie in ihrer Jugend Gesellschaften von Menschen, die nicht ihrem Kreis angehörten. »Plötzlich achteten die Menschen auf jedes ihrer Worte«, erinnerte sich ihre Freundin Rosa Monckton. »Nur dass ich keines hervorbringe«, hatte Diana ihr anvertraut. Sie konnte es nicht ertragen, dass die

Gäste auf Balmoral sie »die gesamte Zeit über anstarrten und behandelten, als wäre sie aus Glas«. Aus Angst, für unpassend befunden zu werden, verließ Diana mitunter abrupt die Tafel oder erschien erst gar nicht. Später erklärte sie ihr Verhalten, indem sie die Reglementierung des Lebens im königlichen Haushalt als altmodisch und langweilig bezeichnete und behauptete, sich eingeschlossen gefühlt zu haben. Sie betonte, dass sie Schottland liebe, die gespannte Atmosphäre von Balmoral jedoch hasste, da sie ständig »Untertöne der Stimmungen« wahrnahm und die Familie ihre Kräfte erschöpfte.

Einerseits war Diana möglicherweise von der königlichen Familie eingeschüchtert, andererseits fühlte sie sich ihr auf seltsame Weise überlegen, was ihre Aufsässigkeit verstärkte. Sie besaß das, was der Historiker Paul Johnson als »Härte der Whig-Frauen« bezeichnete. »Da ihre Familie auf das Königshaus hinabsah, hielt sie dessen Mitglieder fälschlicherweise für deutsche Emporkömmlinge«, führte Andrew Roberts, ein weiterer Historiker, aus.

Die Mitglieder der königlichen Familie ignorierten Dianas Launen in der Hoffnung, dass sich das Problem von selbst lösen würde. »Es ist eine zutiefst nüchterne Familie«, erklärte eine Freundin der Königin. »Es fiel ihr schwer, ein kompliziertes Mädchen zu begreifen, das noch sehr jung war und erst lernen musste, mit den Dingen umzugehen. Irgendjemand hätte jedoch eingreifen müssen.« Wie Jonathan Dimbleby berichtete, »hatte die Familie die Symptome des Kummers der Prinzessin wahrgenommen, wünschte jedoch nicht einzugreifen. Sie war daran gewöhnt, den Blick abzuwenden.« Die Königsfamilie hat sogar einen Namen für ihre Fähigkeit, Unangenehmes zu ignorieren, und bezeichnet sie als »Vogelstraußpolitik«. »Möglicherweise war ich das erste Mitglied dieser Familie, das je an Depressionen gelitten oder öffentlich geweint hat«, vermutete Diana. »Das hat sie offensichtlich erschreckt. Denn wenn man etwas noch nie zuvor erlebt hat, wie soll man dann helfen?«

Die Tatsache, dass die Königsfamilie ihren Schmerz nicht anerkannte, geschweige denn Mitgefühl zeigte oder Trost spendete, verstärkte Dianas Gefühl der Isolation und Verletztheit. In ihrer Reaktion fasste sie all jene Augenblicke zusammen, in denen sie sich zurückgewiesen gefühlt hatte: »Sie sagte mir, ›Ich bin unerwünscht. Ich wurde geboren, dabei wünschten sie sich einen Jungen. Ich heiratete Charles und war unerwünscht, denn die königliche Familie lehnte mich ab‹«, so ihre Freundin Elsa Bowker. Verständlicherweise fühlte sich Diana von der

Königsfamilie wie in ihrer Kindheit nach der Scheidung ihrer Eltern emotional im Stich gelassen.

Als Diana nach zahlreichen Regentagen kurz davor stand, »sich die Pulsadern aufzuschneiden«, wie sie es ausdrückte, überredete Charles sie im Oktober 1981 endlich, in London professionelle Hilfe in Anspruch zu nehmen. Ein bedeutender Schritt angesichts des Unbehagens, das die Familie gegenüber Geisteskrankheiten empfand. Dianas Leiden konnte jedoch weder treffend diagnostiziert noch behandelt werden, da sie sich weigerte, ihre Bulimie einzugestehen, neben ihren Stimmungsschwankungen und ihren Depressionsanfällen ein wichtiges Symptom. Diana lernte »sämtliche Analytiker und Psychiater kennen, von denen man nur träumen kann«, war allerdings als misstrauische Patientin nicht bereit zuzugeben, dass sie ernstlich krank war.

Anstelle eines Antidepressivums verschrieben ihr die Ärzte das Beruhigungsmittel Valium. Diana weigerte sich, das Medikament einzunehmen, da sie glaubte, man wolle das Problem lösen, indem man sie einfach ruhigstellte. In der Schilderung ihrer ersten Begegnungen mit Psychiatern enthüllt sich ihre Wut, ihr Groll und ihr Verweigerung: Sie sprach in der dritten Person, als handelte es sich um jemand anders. »Die noch immer stark anwesende Diana hatte entschieden, dass sie lediglich etwas Zeit, Geduld und Anpassung benötigte«, berichtete sie. Sie war überzeugt, die Ärzte hätten ihr lediglich Pillen verschrieben, um ungestört in dem Wissen schlafen zu können, dass »die Prinzessin von Wales niemanden niederstechen würde«.

Diana kehrte keineswegs geheilt, sondern noch misstrauischer nach Balmoral zurück. »Man hatte sie zur Untersuchung nach London gebracht, aber sie verweigerte aus Angst die Mitarbeit«, erklärte Michael Colborne, der ihre Krankheit für schwerwiegender hielt als alle anderen. »Irgendwann sind all die Ratschläge einfach zu viel, und man handelt nach eigenen Wünschen, bis man merkt, dass es so nicht weitergehen kann. Sie wusste, dass sie Probleme hatte, war jedoch nicht bereit, Hilfe anzunehmen.«

Inmitten dieses Aufruhrs an Gefühlen erfuhr Diana, dass sie im ersten Monat schwanger war. Sie betrachtete diesen Umstand als »Gottesgeschenk«, da sie nun etwas hatte, »das ihren Geist beschäftigte«. Nach Aussage eines Freundes war auch Charles erleichtert, als er von der Schwangerschaft erfuhr, da er annahm, sie würde Diana stabilisieren, ihr ein neues Ziel geben und sie davon überzeugen, dass ihre Ehe Zukunft hatte. Andererseits verhinderte die frühe Schwangerschaft, dass sich das Paar stärker aneinander gewöhnte und erlegte einer unreifen Frau, die noch mit sich selbst ins Reine zu kommen versuchte, eine weitere Rolle auf.

Ende Oktober reisten Diana und Charles zu ihrem ersten offiziellen Besuch nach Wales. Drei Tage lang herrschte kaltes regnerisches Wetter, und das aufreibende Programm sah am ersten Tag fünf Termine, am zweiten acht und am dritten erneut acht Termine vor. Ungeachtet Dianas Schwangerschaft und ihres heiklen seelischen Zustands wurde die Reise planmäßig durchgeführt. Diana hielt sich ausgezeichnet angesichts der überwältigenden Menschenmenge, schüttelte unermüdlich Hände und gab sogar einige kurze Bemerkungen von sich – drei Sätze in Englisch und einen in Walisisch. Weder Charles noch Diana hatten je einen Auftritt wie in Wales, der sie beide erschöpfte, erlebt. Charles lächelte stolz, während sie die Reihen abschritt. Zum ersten Mal zeigte sich jedoch eine beunruhigende Dynamik. »Wir wollen Diana«, riefen die Menschen, sobald sich die Prinzessin auf der anderen Straßenseite befand. »Ich fürchte, Sie müssen mit mir vorlieb nehmen«, erklärte Charles. »Armer Charles«, bemerkte Douglas Keay, der für die Berichterstattung über den königlichen Besuch zuständig war. »Nicht ein einziger Fotograf machte von ihm ein Foto, und dies, wo er sein gesamtes Leben über im Mittelpunkt der allgemeinen Aufmerksamkeit gestanden hatte.«

Hinter der Kulisse litt Diana »wie ein Papagei« an Bulimie und war davon überzeugt, alles falsch zu machen. Zwischen den einzelnen Terminen weinte sie im Wagen vor Angst, der Menge nochmals gegenübertreten zu müssen. Charles ermutigte sie und forderte sie auf, »hinauszugehen und es einfach zu tun«. Sie befolgte den Rat und verließ sich auf ihre Fähigkeit, eine freundliche Maske aufzusetzen, wie unwohl sie sich in Wirklichkeit auch fühlte. Später beschwerte sie sich bitterlich, dass sie von Charles »nie ein Lob hörte« – obwohl der Prinz beim Bankett des Oberbürgermeisters von London öffentlich erklärte: »Die Reaktion der Menschen in Wales ist ausschließlich der Wirkung zuzuschreiben, die meine geliebte Gemahlin auf die Leute ausübt.«

Diana war auch gekränkt, dass kein Mitglied der königlichen Familie ihren guten Auftritt anerkannte. Wenn sich die Königin überhaupt anerkennend äußerte, dann geschah dies üblicherweise nebenbei. »Diana konnte es nicht ertragen, dass niemand etwas wie ›gut gemacht‹ sagte«, erinnerte sich ein ehemaliger Berater des Palastes. »Da alle ihre

Pflicht erfüllen, fällt es niemandem ein, darin etwas Außergewöhnliches zu sehen. Sie nehmen eine selbstverständliche ›Bin dort gewesen, habe das und das getan‹-Haltung ein. Diana beschwerte sich einmal, kein Lob zu erhalten, aber es liegt einfach nicht in deren Natur. Das wunderte sie, die Anerkennung in stärkerem Maß als die meisten anderen benötigt hätte.«

Diana fürchtete sich so sehr davor, allein in der Öffentlichkeit aufzutreten, dass sie bereits beim Gedanken daran zu zittern begann. Schließlich nahm sie einen Solotermin wahr, bei dem sie die Weihnachtsbeleuchtung auf der Regent Street in London einschalten und einen drei Sätze langen Gruß sprechen musste. »Ich fürchtete mich zu Tode«, erklärte sie später. Bei den anderen öffentlichen Auftritten hielt sie sich an Charles' Seite.

Kurz nach ihrer Rückkehr aus Wales nahmen sie an der Eröffnung der Ausstellung »Splendours of the Gonzagas« im Victoria und Albert Museum teil. Dem Museumsdirektor Roy Strong hatte man den Platz neben Diana zugewiesen, und Edward Adeane hatte ihn ausdrücklich gebeten, sich um sie zu kümmern. Diana erschien Strong sehr nervös. Sie erinnerte ihn an »ein Fohlen mit den besten Absichten, aber völlig unausgereift«. Charles hingegen wirkte »selbstsicher und reif ... entfaltete einen wundervollen Humor, und seine Persönlichkeit strahlte viel Wärme aus (ebenso wie ihre)«. »Ich glaube nicht, dass er sich genug um sie kümmerte«, bemerkte Strong bezeichnenderweise.

Diana wurde durch die Schwangerschaft nicht ruhiger, sondern sogar noch unbeständiger. Ihre Bulimie blieb und wurde nun durch schwere morgendliche Übelkeit kompliziert. In den ersten beiden Novemberwochen musste sie vier offizielle Anlässe absagen. Einmal, weil Prinz Charles darauf beharrte, dass sie im Bett blieb. Sie verlor ihren Appetit, und ihre Schlafstörungen wurden immer heftiger. »Die Ärzte versuchten, mir Pillen zu verabreichen, damit meine Übelkeit aufhört«, erklärte sie. »Ich lehnte sie jedoch ab und fühlte mich daher ständig unwohl.«

Bei den regelmäßigen Abendessen mit der königlichen Familie musste sie sich gelegentlich entschuldigen. »Ich verlor entweder das Bewusstsein oder wurde von Übelkeit gequält«, erinnerte sie sich. Zudem fühlte sie sich wegen ihrer morgendlichen Übelkeit wie ein Außenseiter inmitten einer Familie, der derartige Leiden unbekannt waren: Als höchste Leistung galt es, das Krankenbett zu verlassen, um einer öffentlichen Verpflichtung nachzukommen. Sie glaubte, die Familie betrachte sie ausschließlich als »Problem« und »Plage« und weigerte sich, irgendeinen Rat anzunehmen und sich in ihr Zimmer zurückzuziehen, wenn ihr übel war. »Ich empfand es als meine Pflicht, am Tisch zu sitzen«, sagte sie. »Pflicht war allgegenwärtig.« Ihrer Ansicht nach wurde ihre Zwangslage durch Charles' Unwilligkeit verschärft, sie zu beraten.

»In gewisser Hinsicht wartete sie verzweifelt darauf, dass ihr irgendjemand sagen würde: ›Du brauchst nichts zu tun‹«, erklärte ein ehemaliger Berater des Palastes. »Sie hatte es mit Ärzten zu tun, die ihr ihren Willen ließen. Rückblickend sehnte sie sich jedoch in ihrer Lage nach Anweisungen. Hätte irgendjemand einen Arzt aufgefordert, ihr zu sagen ›Unterlassen Sie dies oder jenes‹, hätte sie die Entwicklung mit klarem Kopf aufhalten können. Unglücklicherweise stammte sie aus einer Familie, in der ihr Vater sie gelehrt hatte, niemanden im Stich zu lassen, und heiratete in eine Familie, in der Pflichten sogar noch mehr Bedeutung zukam, in der nie ein Termin abgesagt wurde und man kein Verständnis aufbrachte, wenn sich jemand einmal nicht wohl fühlt.«

Die Presse verfolgte denselben Kurs, indem sie unaufhörlich an dem Märchendrehbuch festhielt. Der einzige Kontakt zwischen dem königlichen Paar und den Boulevardreportern ergab sich am vierten Tag ihrer Flitterwochen auf Balmoral, als Charles und Diana für einige Fotos posierten und ein kurzes Interview gaben. Wie so häufig in den darauf folgenden Jahren verkündete der *Daily Express* bei diesem Anlass zum ersten Mal, dass Diana »der Welt ein neues selbstbewusstes Gesicht zeigt ... vorüber ist das scheue Lächeln und der gesenkte Kopf aus der Zeit vor der Hochzeit«. Das Paar hatte die Arme umeinander geschlungen, und Charles küsste Diana galant die Hand. Er wirkte jedoch ernst und unruhig. Möglicherweise war dies darauf zurückzuführen, dass sich Diana kurz vor Eintreffen der Presse plötzlich weigerte, an dem Termin teilzunehmen und ihre Meinung ebenso rasch änderte. Auf die Frage, ob Diana das Eheleben genösse, lächelte sie und erklärte: »Ich kann es sehr empfehlen.« Als Charles jedoch gefragt wurde: »Haben Sie schon Frühstück für sie zubereitet?«, erwiderte Diana knapp: »Ich esse kein Frühstück«, und Charles schwieg dazu.

Weniger als drei Wochen später nahm die Presse dank einiger Hinweise aus Balmoral den Geruch von Kummer wahr. In dem zunehmend härter werdenden Wettstreit um die königliche Berichterstattung innerhalb der Murdoch-Gruppe waren die Reporter dazu übergegangen, für

Informationen zu zahlen. Verstimmte ehemalige und derzeitige Mitglieder des Personals waren gegen Bargeld, dessen Spuren nicht zurückverfolgt werden konnten, gerne bereit zu plaudern. Stuart Higgins, ein ehemaliger Herausgeber der *Sun*, machte keine Anstalten, sich für diese Politik zu entschuldigen. »Die *Sun* hat häufig königliche Informanten für eine Geschichte bezahlt«, erklärte er. »Personen, die den Dienst quittierten, wie Butler oder rangniedrige Personalmitglieder, wussten das eine oder andere.«

James Whitaker verwarf zunächst die Hinweise auf Eheprobleme und schrieb im *Daily Star*: »Diana lachte über die jüngsten Behauptungen, dass sie unter der Belastung litte, Charles' Gemahlin zu sein.« Die *News of the World* und die *Sun* blieben jedoch beharrlich. Die *News of the World* berichtete, dass Diana »allein spazieren ging oder auf dem Dee ruderte, um der steifen Atmosphäre formeller königlicher Pflichten zu entkommen«. Die *Sun* ging noch einen Schritt weiter und erklärte, dass Diana »in ihrem neuen Leben als Mitglied der Königsfamilie eine persönliche Krise durchlebt. Es ist bekannt, dass sie zutiefst aufgewühlt ist.«

Die Zeitung bemerkte, dass sie weiterhin an Gewicht verlor, und schrieb dies den Schwierigkeiten zu, sich an den königlichen Alltag zu gewöhnen und »all den an sie gestellten Erwartungen« zu entsprechen. Sämtliche der erwähnten Gefahrenzeichen wie etwa ihre Weigerung, an Jagdausflügen teilzunehmen, ihr vorzeitiger Aufbruch von langen Abendessen und Charles' Entschluss, mit ihr nach Craigowan zu reisen, waren tatsächlich Ausdruck ihres Unbehagens.

Nach der erfolgreichen Reise nach Wales und der Verkündigung von Dianas Schwangerschaft lösten sich alle während ihres Aufenthalts in Balmoral aufgekeimten Vermutungen auf. Diesem Muster sollte die Berichterstattung während der gesamten Ehe folgen. Die Reise festigte das Image eines glücklichen Paars, und solange sich Diana von ihrer besten Seite zeigte, nahm die Presse an, dass es ihr gut ging. Die Königin hingegen war sich Dianas seelischer Zerbrechlichkeit deutlicher bewusst, als sie zugab, denn sie beauftragte im Dezember ihren Pressesekretär Michael Shea, 21 Herausgeber aus der Fleet Street sowie Vertreter von Rundfunk und Fernsehen zu einem höchst ungewöhnlichen Treffen in den Buckingham Palace einzuladen, wie es seit 25 Jahren nicht mehr der Fall gewesen war.

Shea sprach offen darüber, dass die Königin und die übrigen Mitglieder der königlichen Familie über das Eindringen der Presse in Dianas

Privatsphäre besorgt waren. Er erklärte, Diana sei in zunehmendem Maß »niedergeschlagen«, weil sie das Haus nicht mehr verlassen könne, ohne von einer Armee von Fotografen abgelichtet zu werden, die sie belagerten. Sie sei jung, befinde sich in den ersten Monaten ihrer Schwangerschaft und habe das Recht auf ein Privatleben. Als der Herausgeber der *News of the World*, Barry Askew, fragte, ob dies ein Hinweis darauf sei, dass Diana am Rande eines Nervenzusammenbruchs stehe, erklärte Shea, dass er nichts Derartiges suggerieren wolle.

Die Zeitungen berichteten auch weiterhin pausenlos über das königliche Paar, während sich die Fotografen etwas zurückzogen und eine Periode relativer Stille schufen. Charles und Diana verbrachten einen ruhigen Urlaub in Windsor. Er schenkte ihr einen wundervollen, mit einem Smaragd und Diamanten besetzten Ring, über den sie in einem Brief aus dieser Zeit schrieb: »Ich verbringe die meiste Zeit damit, ihn fassungslos zu betrachten«. Charles schrieb einem Freund: »Wir verlebten wundervolle Weihnachtsfeiertage – nur wir beide. Es war außergewöhnlich beglückend und angenehm, sie gemeinsam verbringen zu können.«

Zur selben Zeit verkündete die Boulevardpresse ihre eigenen ekstatischen Spekulationen über das Paar. James Whitaker berichtete im *Daily Star*, dass Diana »nach einer Phase, in der sie mitunter verzweifelt war, sich eingeschlossen und unglücklich gefühlt hatte ... nun wieder kultiviert und elegant war. Sie hat gelernt, sich vor der Kamera zu bewegen. Wenn es ihr gefällt, ›flirtet‹ sie sogar mit den Fotografen.« Wenig hilfreich war seine Bemerkung, dass sie »nun auch ihre etwas zu große Nase durch Make-up zu retuschieren wisse«. Whitaker fügte hinzu, dass das königliche Paar »sehr ineinander verliebt ist ... Dianas liebevolle sanfte Seite und Prinz Charles' romantische Seite bereiten beiden die größte Freude. Er ist ein Mann, der Blumen liebt, leichte Musik ... weiches Licht und außerordentliche Zärtlichkeit. ... Sie schenkt ihm Hemden und Krawatten ... Er schenkt ihr Pralinen, Badesalz und Parfüms ... Man sagte mir, dass der Prinz ihr regelmäßig Blumen schenkt und abends kleine Geschenke unter ihrem Kopfkissen verbirgt.« Diese Darstellung steht in scharfem Kontrast zu Whitakers späterem Urteil, dass der Prinz gefühllos und zynisch wäre.

Krankheiten der Seele folgen einem verschlungenen Pfad. Ungeachtet der hoffnungsvoll stimmenden Zeichen zu Weihnachten, hatte sich Dianas Melancholie in Wirklichkeit nicht aufgelöst. Wenn sie Charles zu öffentlichen Auftritten begleitete, schien die Begeisterung, die ihr überall entgegenschlug, sie mitunter zu erfreuen; dann wiederum wirkte sie verwirrt. Manchmal weigerte sie sich sogar, vor Reportern und Fotografen zu erscheinen und brachte damit ihr Personal in eine schwierige Situation.

Ihre Berühmtheit stärkte und ängstigte sie gleichzeitig. Sie fühlte sich losgelöst von dem Superstar, den sie täglich im Fernsehen und in den Zeitungen sah. Später erklärte sie, dass sie sich selbst als »fettes, pummeliges 20- oder 21-jähriges Mädchen« betrachtete und »all das Interesse an ihr nicht verstehen konnte«. Diana war sich auf schmerzliche Weise des Unterschieds zwischen ihrem öffentlichen und privaten Wesens bewusst. Ihrer Ansicht nach wollte die Öffentlichkeit »eine Märchenprinzessin, die einherschwebte und sie berührte«, während »sie sich selbst innerlich peinigte, da sie sich nicht für gut genug hielt«.

Auf Charles und das Personal wirkte Diana apathisch. Ihre Weinanfälle wurden heftiger, und sie schien mitunter vor Verzweiflung über die Zukunft geradezu gelähmt. Dimbleby zufolge »verbrachte sie viele Stunden mit den Freunden und Beratern des Prinzen und sprach über die Notlage, in der sie sich befand, den Verlust ihrer Freiheit, das Fehlen einer Rolle, die Langeweile, die Leere in ihrem Leben und die Herzlosigkeit ihres Gemahls. Sie hörten ihr zu und taten ihr Möglichstes, um Trost und Zuversicht zu spenden.«

Wie stets musste Charles seinen Verpflichtungen nachkommen. Diana nahm ihm das übel und widersetzte sich. Eine Zeit lang war sie mit verschiedenen Aufgaben beschäftigt, die sie zerstreuten, wie etwa die Renovierung von Highgrove und ihres Apartments im Kensington Palace. Einem ehemaligen Hofangestellten zufolge »eilte sie wie eine Hummel hin und her und übersiedelte den Haushalt«. Sobald sie sich jedoch eingerichtet hatte, fand sie außer Einkaufsbummeln und Essen mit Freunden kaum etwas, um ihre Tage zu füllen. »Sie suchte nach einer Rolle für sich«, erklärte ein ehemaliger Höfling. »Da sie William in Bälde erwartete, übernahm sie nur wenige öffentliche Verpflichtungen, und da sie keine neuen Dinge ausprobierte, hatte sie nicht genug zu tun. Ihre Einsamkeit zeigte sich in kleinen Dingen, und eine gewisse Labilität war unterschwellig immer vorhanden.«

Sobald Diana von ihren extremen Stimmungsschwankungen erfasst wurde, verfiel sie in ein impulsives und sogar gefährliches Verhalten. Eines Nachts sprang sie aufgewühlt in ihren Wagen und fuhr davon, ohne ihr Ziel bekannt zu geben. Über diesen Zwischenfall bewahrte man

Schweigen, andere sickerten jedoch bis zur Presse durch. Der berühmteste war der Sturz von der Treppe in Sandringham zu Beginn des Jahres 1982.

Anfang Februar tauchten neue Gerüchte über Missklänge zwischen Charles und Diana auf, etwa ein Bericht über einen »heftigen Streit in aller Öffentlichkeit« während einer Fasanenjagd. Eine Woche später verkündeten die *Sun* und der *Daily Mirror*, dass Diana kurz nach Neujahr in Sandringham die halbe Treppe hinabgestürzt sei, was einen »eindeutig beunruhigten« Prinz Charles veranlasste, den örtlichen Arzt zu rufen. Charles blieb an ihrer Seite, bis der Arzt eintraf. Dieser stellte nach einer Untersuchung fest, dass weder die Mutter noch das Baby Verletzungen davongetragen hatten. Diana ruhte mehrere Stunden, ehe Charles sie zu einem königlichen Barbecue mitnahm.

Neun Jahre später erklärte Diana Andrew Morton, dass sie und Charles an diesem Tag gestritten hätten. Als er ihr nicht zuhören wollte, hatte sie sich die Treppe hinabgeworfen, »um die Aufmerksamkeit [ihres] Gemahls zu gewinnen«. Diana zufolge hatte Charles vorher erklärt, dass sie »blinden Alarm schlägt«. Nach dem Sturz, der die Königin »erschütterte« und »entsetzte«, sei Charles ausgeritten und habe bei seiner Rückkehr ein Verhalten gezeigt, dass sie als »einfach abweisend, vollkommen abweisend«, bezeichnete. Sie fügte hinzu, dass sie »wusste, dass sie das Baby nicht verlieren würde«, erklärte jedoch nicht, woher dieses Wissen stammte.

Dianas Schilderung, die von Morton als Selbstmordversuch dargestellt wurde, stimmte nicht mit dem überein, was sie einer ihr zu dieser Zeit nahe stehenden Frau erzählt hatte. »Ich sprach danach mit ihr«, berichtete die Frau, »und sie sagte, sie sei gestrauchelt, die Treppe hinabgefallen und zu Füßen der Königin gelandet. Ich hatte nicht den Eindruck, dass es sich um etwas anderes als einen Unfall handelte. Auf mich wirkte es, als sei sie gefallen und man habe vorsorglich einen Arzt gerufen. Ferner dürfte es keine große Sache gewesen sein. Niemand erwähnte mir gegenüber etwas wie ›du solltest dir im Klaren sein, dass dies ein Selbstmordversuch war‹. Besonders widersprüchlich an ihrem Bericht gegenüber Andrew Morton erschien mir, dass sie nie etwas getan hätte, was ihr oder dem Baby hätte schaden können.«

Die Geschichte, die Diana ihrer Freundin erzählt hatte, stimmte mit den Zeitungsberichten aus jener Zeit überein. Mortons Version scheint hingegen dazu bestimmt gewesen zu sein, ein für alle Mal festzulegen, dass Charles Diana ignorierte und sie herzlos behandelte. Um der Erzählung eine weitere Wendung zu geben, erklärte Diana später ihrer Freundin Elsa Bowker gegenüber, dass sie zu dieser Zeit Charles' Schreibtischlade aufgebrochen und den Briefwechsel zwischen Charles und Camilla entdeckt habe. Diese Behauptung bestritt Michael Colborne. »Sie erklärte, dies sei der Grund gewesen, warum sie sich in Sandringham die Treppe hinuntergestürzt habe«, so Elsa Bowker. »Ihrer Ansicht nach lohnte es sich nicht mehr, zu leben oder ein Baby zu bekommen.« Wie so oft dürfte sich Diana zur Zeit des Sturzes, aber auch zur Zeit der verschiedenen Schilderungen des Ereignisses, in aufgewühltem Gemütszustand befunden haben, so dass ihre Aussagen möglicherweise nicht verlässlich waren.

Kurz nach den Enthüllungen über Dianas Sturz in Sandringham machte sie mit Charles Urlaub auf der zu den Bahamas gehörenden Windermere Island. Die Boulevardpresse verfiel in ihr gewohntes schlechtes Benehmen, und James Whitaker und Harry Arnold gaben den Auftrag zu einem »Schandfleck« (einem besonders aufdringlichen Foto) von Diana, den die Fotografen der Zeitungen mit starken Vergrößerungslinsen von einem nahe gelegenen Strand machten. Die Aufnahmen, die Diana im fünften Monat schwanger in einem Bikini zeigten, wurden von Whitakers Bemerkung begleitet, dass »sie ihre sensationelle Figur nicht verloren hat«, und von Arnolds Kommentar, dass »die sorglose Diana alle königlichen Warnungen, keine aufschlussreichen Kleidungsstücke zu tragen, in den Wind schlug«.

Die Königin beschuldigte die Boulevardpresse »eines beispiellosen Einbruchs in die Privatsphäre«, worauf die Zeitungen eine halbherzige Entschuldigung anboten. Whitaker gestand: »Ich habe in meinem ganzen Leben noch nie etwas so Aufdringliches getan, aber es war ein journalistischer Höhepunkt.« Später gab Whitaker bekannt, dass er von seinem verborgenen Beobachtungsposten aus gesehen habe, dass Diana und Charles »überglücklich« wirkten, während sie einander im Wasser stehend »unablässig küssten«. Diese Beobachung hatte er seinen *Daily Star*-Lesern vorenthalten, denen er lediglich mitteilte, dass »Charles Diana zur Abkühlung ins Wasser geleitete. Die Prinzessin lachte vor Vergnügen, als die kalten Wellen an ihr hochspritzten.«

Zumindest bis zu dem »Schandfleck« hatte der Urlaub Diana gut getan, sie konnte sich entspannen. Für ihre Gastgeber Penny und Norton Romsey stand jedoch eindeutig fest, dass die Beziehung zwischen

Charles und Diana wackelte. Selbst in Anwesenheit des Ehepaars Romsey protestierte Diana, sobald Charles lesen oder malen wollte, und brachte ihre Langeweile während eines Gesprächs mit ihm unverhüllt zum Ausdruck.

Je weiter Dianas Schwangerschaft fortschritt, desto seltener zeigte sie sich in der Öffentlichkeit. Und wenn sie es tat, warf ihr Verhalten Fragen auf. Bei den Cheltenham-Rennen im März bekamen die Reporter Diana erneut in verdrießlicher Stimmung zu sehen. Als Charles sie nervös »mit einer Reihe von Fragen bombardierte, mussten die Besucher des Rennens entsetzt mitansehen, wie sie jedes Mal den Kopf schüttelte und sich anschließend mit düsterem Gesichtsausdruck abwandte«. Während des Rennens »schweifte ihr Blick ziellos über die Landschaft«. Wenige Wochen später erschien in der *Sun*, wie vorherzusehen war, ein Folgebericht mit der Überschrift: »Warum Di weiterhin schwankt«. In diesem Artikel wurden Beispiele ihres »seltsamen Verhaltens« angeführt, und ein Londoner Kardiologe stellte die Theorie auf, dass »der Druck auf die Prinzessin einfach zu groß ist«.

Am 21. Juni, dem längsten Tag des Jahres, schenkte Diana William Arthur Philip Louis das Leben. Die Wehen wurden eingeleitet, da Diana unter der Belastung der ständigen Pressespekulationen über die Geburt des Babys zusammenzubrechen drohte. Mit Charles ständig an ihrer Seite durchstand sie eine schwierige, 16 Stunden dauernde Geburt, die beinahe mit einem Kaiserschnitt geendet hätte. Charles beschrieb das Ereignis seiner Patin Patricia Brabourne als »erstaunliches Erlebnis ... Ich hatte tatsächlich das Gefühl, ich sei tief in den Prozess der Geburt eingebunden«. Ein Jahrzehnt später hatten Dianas Erinnerungen unglücklicherweise einen bitteren Nachgeschmack: Sie erzählte sarkastisch, dass das Datum so gewählt worden war, damit »Charles rechtzeitig zur Geburt von seinem Polopony steigen konnte. Das war sehr freundlich, ich war wirklich dankbar dafür!« Im Juni 1982 hingegen fühlte sie aufrichtige Begeisterung und teilte mit Charles die Freude über einen gesunden Sohn. »Ich war sehr erleichtert, denn nun kam alles wieder zur Ruhe«, meinte sie Jahre später. »Und ich selbst fühlte mich auch wieder eine Zeit lang wohl.«

# KAPITEL 10

Die Ruhe nach Williams Geburt war von kurzer Dauer. Diana stillte das Baby nur drei Wochen lang und widersetzte sich Charles' Bemühungen, das liebste seiner eigenen Kindermädchen, Mabel Anderson, zur Unterstützung in der Babypflege hinzuzuziehen. Stattdessen wählte Diana selbst ein Kindermädchen. Als William kaum einen Monat alt war, verfiel Diana in eine Depression, die noch schwerer war als jene während der Flitterwochen und der Schwangerschaft. »Wenn du am Morgen aufwachst, möchtest du am liebsten nicht aus dem Bett steigen«, erinnerte sie sich. »Du fühlst dich missverstanden und einfach unendlich elend.« Gleichzeitig wuchsen Dianas Trennungsängste. »O Gott, was war ich besorgt«, sagte sie. Wenn Charles nicht pünktlich zu Hause eintraf, geriet sie in Panik und brach in Tränen aus, da sie glaubte, dass »ihm etwas Fürchterliches zugestoßen ist«. Diana zufolge erfuhr Charles jedoch nichts von ihren Panikanfällen, da sie diese vor ihm verbarg und ihn bei seiner Rückkehr ungerührt erwartete.

Die zwei Jahre zwischen der Geburt von William im Juni 1982 und der ihres zweiten Sohns Harry im September 1984 beschreibt Diana als »vollkommene Dunkelheit«. Sie behauptete, kaum eine Erinnerung an diese Zeit zu besitzen, da sie sie »ausgelöscht« habe. »Es war einfach zu schmerzlich.« Es sei der Beginn ihres »dunklen Mittelalters« gewesen. Dennoch schilderte sie lebhaft Ereignisse aus dieser Periode, von denen viele unangenehm waren, einige aber auch Glanzpunkte ihres Lebens darstellen. Ihren Freunden erzählte sie häufig, dass die beiden Monate vor Harrys Geburt zu den glücklichsten ihrer Ehe zählten.

Nachdem sie das Krankenhaus freundlich winkend und lächelnd verlassen hatte, zog sich Diana einen Monat zurück und tauchte erst Ende Juli bei einem Gottesdienst in St. Paul wieder auf. Die Berichterstattung in der Presse genügte, um sie wieder in ihr Versteck zu treiben. Gefühllos hatten die Reporter kritisiert, dass sie plump aussehe (»Ihre Figur ist, um es freundlich auszudrücken, üppig«, erklärte der *Mirror*) und sich unangemessen benehme (Diana war unruhig [und] flüsterte einem peinlich berührten Prinz Charles unablässig etwas zu«, verkündete der *Daily Express*).

Für den Rest des Sommers und während des Herbstes hielt sich Diana der Öffentlichkeit fern und versank in tiefem Unbehagen. Sie nahm ihren 21. Geburtstag am 1. Juli kaum wahr und aß lediglich mit Sarah Ferguson zu Mittag, die sie seit ihrer Jugend kannte, da die Mütter der beiden jungen Frauen gemeinsam Downham besucht hatten. Die Herausgeberin der Zeitschrift *Vogue*, Felicity Clark, sah Diana während des Sommers, als sie Lord Snowdon bei den Aufnahmen von Diana und William im Kensington Palace assistierte. Clark entdeckte keinerlei Anzeichen einer düsteren Gemütsstimmung, war aber von »ihrer allgemeinen Melancholie« berührt. Bei Williams Taufe Anfang August sah man Diana deutlicher an, dass sie Qualen litt. Später beklagte sie sich, dass man sie bei der Terminvereinbarung für die Zeremonie nicht zu Rate gezogen habe und dass sie von der Königsfamilie »völlig ausgeschlossen« worden sei. »Ich fühlte mich nicht sehr wohl und weinte mir die Augen aus«, erklärte sie. Nur ein weiteres Mal gab Diana ihre Zurückgezogenheit auf und reiste unerwartet nach Monaco zum Begräbnis von Prinzessin Gracia Patricia, der sie einmal begegnet war und die sie sehr bewunderte. Die Presse deutete ihre – für ein Mitglied der Königsfamilie ungewohnten – öffentlichen Tränen als Zeichen ihrer »einnehmenden Menschlichkeit« und ihres »großen Herzens«.

Am 14. August, dem Tag, an dem Charles, Diana und William zum jährlichen Urlaub der königlichen Familie nach Balmoral aufbrachen, brachte die Boulevardpresse einen Artikel heraus, der Dianas Kummer steigerte. Für Godon Honeycombe's neue Biografie über Diana hatte ihre Mutter ein »Exklusivinterview« gegeben, in dem sie die Ereignisse rund um ihre Trennung und Scheidung vor 15 Jahren detailgetreu schilderte. Die Presse griff Frances' »scharfe« Wortwahl« auf: Johnnie habe darauf »bestanden«, dass die Kinder bei ihm blieben, und »sich geweigert«, sie mit ihr nach London zurückkehren zu lassen. Auf diese Weise beschuldigte sie Johnnie, starrsinnig und grausam gewesen zu sein, und stellte sich selbst als einfühlsame Frau dar. Die Zeitungen druckten gleichzeitig Johnnies Verurteilung von Frances' Interview ab, das er als »höchst unfreundlich« und »billige Publicity« bezeichnete und das Diana »lediglich verletzen würde«, da es alte Wunden wieder aufriss. Und tatsächlich war Diana »zutiefst betrübt«, die erbitterte Auseinandersetzung ihrer Eltern auf solch öffentliche Weise nochmals mitzuerleben.

Auf Balmoral wurde Diana von Schlaflosigkeit geplagt – einmal verbrachte sie drei Nächte schlaflos – und fuhr mit dem Kreislauf von Heißhungeranfällen und Erbrechen fort. Erneut nahm sie besorgniserregend viel ab. Sie spürte, dass einige Mitglieder der königlichen Familie von ihrer Bulimie wussten. Offenbar zogen sie es jedoch vor, das Problem zu ignorieren und fanden es sogar »ziemlich amüsant«, dass sie so gewaltige Mengen essen konnte, ohne zuzunehmen. Michael Colborne erinnerte sich, dass »sie die Bulimie geheim hielt« und »niemand Verdacht schöpfte«. Menschen aus Charles' und Dianas Umgebung waren verblüfft über ihre »irritierende Neigung, große Mengen an Junk-Food (Eiskrem, Kekse und Popcorn) zu konsumieren«. Weder Charles noch irgendjemand anderes erkannten jedoch ihre Essstörung.

Dianas Eifersucht auf Camilla hatte ebenso wenig nachgelassen. Sie verkörperte noch immer Dianas Angst, von Charles zurückgewiesen zu werden. Ungeachtet Charles' gegenteiliger Behauptungen beschuldigte Diana ihn, auch weiterhin eine Affäre zu haben. Dimbleby berichtete, dass Dianas Verdächtigungen »zu einem Krebsgeschwür zwischen den beiden anwuchsen, das auf beiden Seiten jeden Versuch zerstörte, einander näherzukommen«. In ihrem Interview mit Morton behauptete Diana, dass sich ihre schlimmsten Befürchtungen bewahrheiteten, als sie absichtlich an Charles' Tür lauschte. Er sprach von seinem Badezimmer aus über ein schnurloses Telefon und bestätigte Camilla: »Was auch immer geschehen mag, ich werde dich immer lieben.« Diana schrieb dieses Gespräch keinem bestimmten Zeitpunkt zu, Morton jedoch gab an, dass es kurz nach Williams Geburt stattgefunden und sie es »unabsichtlich« mitgehört habe.

Da dieses Ereignis eine zentrale Stellung in der Saga um Diana und Charles einnimmt, lohnt es sich, es näher zu untersuchen. Jonathan Dimbleby schrieb unzweideutig, dass Charles nach seiner Verlobung »praktisch über fünf Jahre lang keinen Kontakt zu Camilla Parker Bowles hatte« und dass er sie lediglich »flüchtig« bei »gesellschaftlichen Anlässen« sah. Sie hatten »einige wenige Male« während der Verlobungszeit miteinander telefoniert und »nur einmal« nach seiner Hochzeit. Bei diesem Gespräch im Herbst 1981 teilte Charles Camilla mit, dass Diana schwanger war. Dimbleby zufolge hatten Camilla und Charles einander bis nach Williams Geburt nicht getroffen und »sogar nicht einmal miteinander gesprochen«, bis sie im Jahr 1986 ihre Beziehung wiederaufnahmen.

Andere in die Geschehnisse verwickelte Personen sagten aus, dass Charles seine Beziehung zu Camilla tatsächlich beendet habe, es jedoch wahrscheinlich sei, dass die ehemaligen Geliebten direkt oder indirekt in Kontakt blieben. Stuart Higgins, der von 1994 bis 1998 als Herausgeber der *Sun* tätig war, führte in seiner Zeit als Reporter und Juniorherausgeber zwischen 1982 und 1992 regelmäßig informelle Gespräche mit Camilla Parker Bowles. Er hatte sie bei der Berichterstattung über Sportereignisse am Wochenende kennen gelernt und kontaktierte sie, nachdem er 1982 von einem Auftrag in den USA zurückkam.

»Ich sprach zehn Jahre lang einmal pro Woche mit ihr«, erklärte Higgins. »Wir sprachen über Diana und Charles, und sie wies mich auf unwahre oder anders gelagerte Dinge hin. Ich hatte nicht den Eindruck, dass sie den Kontakt zu Charles verloren hatte. Sie war eingebunden, doch nicht zwangsläufig in eine Romanze oder Affäre mit Charles verstrickt. Sie wirkte nicht, als wäre die Verbindung abgebrochen. Andererseits bin ich davon überzeugt, dass die romantische Beziehung beendet war und Charles große Anstrengungen zum Gelingen seiner Ehe unternahm.«

Camilla wurde für Higgins zu einer zuverlässigen Quelle für Informationen über Diana und Charles, der sie schützte, indem er die Verbindung zu ihr geheimhielt. »Unsere Beziehung diente uns beiden«, erklärte Higgins. »Wir führten einige lange Gespräche, in denen sie zu beurteilen versuchte, ob die Presse hinter ihr [und Charles] her sei. So hatte auch sie Interesse daran, in Kontakt zu bleiben.«

Es ist vorstellbar, dass Diana ein Gespräch wie das, das Andrew Morton beschrieb, gehört hatte. Sie besaß die unangenehme Neigung, an Türen zu lauschen, und ungeachtet seiner öffentlichen Zurückhaltung zeigte Charles im Gespräch und im Briefwechsel mit engen Freunden seine Gefühle in überschwänglicher Form. »Er pflegte Worte wie ›Mit all meiner Liebe‹, ›Ich liebe dich‹ und ›Was auch immer geschieht, ich werde immer für dich sorgen‹ zu sagen, sobald jemand eine schwierige Zeit durchlebte«, meinte ein Freund von Charles. Angesichts von Dianas aufgewühltem Gemütszustand und ihrer Neigung, sich immer das Schlimmste vorzustellen, könnte sie zu der Schlussfolgerung gelangt sein, dass Camilla die Empfängerin von Zärtlichkeiten war, während die Worte in Wirklichkeit vollkommen unschuldig waren. Eine Alternative wäre, dass Diana das Gespräch erfunden hatte. Denn die von ihr beschriebenen Umstände trafen erst Jahre später zu. Berichten zufolge hatte Charles erst im August 1986 ein schnurloses Telefon angeschafft.

Ungeachtet der wahren Natur der Angelegenheit, wirkte sich Dianas Fantasie stark auf die Beziehung und ihr Verhalten aus, das im Herbst 1982 in Schottland eine neue Besorgnis erregende Wendung nahm: Diana begann, sich mit scharfen Gegenständen selbst zu verletzen. Wie sie später berichtete, versuchte sie, sich die Pulsadern aufzuschneiden, und verletzte sich an Armen und Beinen mit einem Sägemesser und Glassplittern eines Fensters, das sie zerbrochen hatte. Verschiedene derartige Vorfälle ereigneten sich auf Balmoral, die dramatischsten fanden jedoch statt, sobald Diana und Charles erneut allein in Craigowan weilten. Wie schnell ihre Stimmung umschlug, zeigt sich daran, dass sie bei ihrer Ankunft vollkommen ruhig schien. In einem Brief vom 21. September an eine Verwandte bemerkte sie: »Wir haben nun [das Jagdhaus] bezogen, und es ist wirklich wundervoll und sehr entspannend.«

Wie Diana später erklärte, wurden ihre gewalttätigen Handlungen dadurch ausgelöst, »dass mir niemand zuhörte ... Du empfindest in deinem Inneren so viel Schmerz, dass du dich an der Außenseite zu verletzen versuchst, weil du dich nach Hilfe sehnst.« Sie beabsichtigte nicht, »Aufmerksamkeit zu erregen«, sondern »schrie in Wirklichkeit auf, um wieder gesund zu werden«. Mit diesem »verzweifelten Hilferuf« wollte sie »den Menschen begreiflich machen, welche Qualen ich in meinem Kopf litt«. Sie »ertrug sich selbst nicht« und schämte sich, »weil sie dem Druck nicht standhalten konnte«. Diana selbst bezeichnete ihre Handlungen nicht als Selbstmordversuche, obwohl sie in der Presse als solche dargestellt wurden, sobald Morton sie in seinem Buch preisgab. Später erklärte sie, sie habe mehrmals versucht, Selbstmord zu begehen, ohne jedoch ins Detail zu gehen.

Selbstverstümmelung zählt zu den schwersten Symptomen seelischer Leiden und tritt vorrangig (in nahezu drei Viertel aller Fälle) in Form von selbst zugefügten Schnittwunden auf. Einer 1986 durchgeführten Studie zufolge handelt es sich bei 96 Prozent aller Personen, die sich selbst verstümmeln, um Frauen. Psychiater stimmen im Allgemeinen darin überein, dass selbstzerstörerisches Verhalten eine ernste Krankheit ist und einer unmittelbaren und gründlichen psychiatrischen Untersuchung bedarf – häufig auch einer Einweisung in eine Klinik.

Selbstverstümmelung tritt mitunter als Begleiterscheinung von Bulimie auf, verweist jedoch oft auch auf ein weiteres Feld psychischer

Störungen. Sie entspringt Depressionen und Hoffnungslosigkeit und ist ein verzweifelter Hilferuf, um auf das Ausmaß des inneren Leidens aufmerksam zu machen, wie es auch bei Diana der Fall war. Besorgniserregender ist die Tatsache, dass sich in Selbstverstümmelung möglicherweise der Wunsch ausdrückt, Schmerz als Alternative zu Gefühllosigkeit zu empfinden. Eine Studie aus dem Jahr 1986 ergab, dass Personen, die sich selbst Schnittwunden zufügen, genau wissen, wann sie aufhören müssen, da sie sich an einem gewissen Punkt getröstet fühlen. 23 Prozent der Teilnehmer an der Studie empfanden nur mäßigen Schmerz, 67 Prozent keinen oder sehr geringen Schmerz. Erfolgt die Selbstverstümmelung vor einer anderen Person, ist damit üblicherweise die Absicht verbunden, diese Person zu strafen.

Diana fügte sich einige Verwundungen in Anwesenheit von Charles zu, um ihm damit zu zeigen, dass er zu wenig Anteilnahme zeigte, weil er die Gründe für ihre Handlungen nicht verstand. Auf der Grundlage ihrer späteren Erzählungen verurteilten Dianas Freunde Charles noch heftiger: Morton zitierte einen von ihnen, der behauptete, Charles' »Gleichgültigkeit habe sie die Klippe hinabgestürzt«. Dianas beklagenswertes Verhalten beunruhigte Charles jedoch zutiefst. Er vertraute seine Ängste wenigen engen Freunden und Ratgebern an. Aus Furcht vor undichten Stellen gab er derartig explosive Information nur mit äußerster Vorsicht weiter. »An einem Tag glaube ich, dass wir einen Schritt vorankommen«, schrieb er am 10. Oktober 1982 in einem Brief an einen seiner Vertrauten, »nur um zu erkennen, dass wir am nächsten wieder eineinhalb Schritte zurückgefallen sind ... Heute Nachmittag hat mich ein düsteres Gefühl erfasst.«

Nachdem sich Charles mit seinen Vertrauten beraten und mit Diana gesprochen hatte, stimmten sie überein, dass sie psychiatrische Hilfe hinzuziehen sollte. (Weder die Königin noch ein anderes Mitglied der königlichen Familie war in diese Gespräche eingeweiht.) Da sich Charles der Essstörungen von Diana nach wie vor nicht bewusst war, war ihre Selbstverstümmelung Anlass für die Behandlung. »Sie wussten nicht mehr weiter, nur dass sie psychiatrische Hilfe benötigte. Sie wollten irgendetwas unternehmen, das Schlagwort lautete jedoch immer noch nicht Bulimie«, erklärte ein Freund von Charles.

Am 17. Oktober, eine Woche nachdem Charles in einem Brief seiner Sorge um Dianas Krankheit Ausdruck verliehen hatte, brachte er sie, William und das Kindermädchen nach London, damit Diana ihre Behandlung beginnen konnte. In jenem Herbst kehrte sie nicht mehr nach Balmoral zurück. Wie ein Jahr zuvor, als Charles Diana drängte, wegen ihrer Depressionen und Stimmungsschwankungen professionelle Hilfe in Anspruch zu nehmen, zeigte er auch diesmal, dass ihm ihre Symptome ernst genug schienen, um einen Spezialisten hinzuzuziehen.

Einen Tag nach der Abreise des Prinzenpaares nach London berichtete James Whitaker im *Daily Mirror*, dass Diana nach einer zweieinhalbwöchigen Regenperiode in Balmoral niedergeschlagen gewesen sei. Sie habe sich »beschwert und geschmollt« und verkündet, dass sie in London einkaufen und ihre Freundinnen treffen wolle, was zu einer »heftigen Auseinandersetzung« mit Charles geführt habe. Ihre abrupte Rückkehr nach London »überraschte viele der königlichen Ratgeber«. Andrew Morton verfolgte im *Daily Star* eine ähnliche Linie und schrieb, dass Diana in Balmoral »zu Tränen gelangweilt« gewesen sei. Er fügte hinzu, dass man sie bei einer »Einkaufsorgie« bei Harrods »gesichtet« habe.

Im Verlauf der kommenden Monate schwoll der vereinzelte Trommelwirbel zu einer außergewöhnlichen Kakophonie an. Den Beginn bildete der 13. November 1982, als Diana den unerklärlichen Fauxpas beging, zur jährlichen Gedenkfeier für die Gefallenen des Zweiten Weltkriegs zu spät zu kommen, einem feierlichen Ereignis, dem die Königin und andere Mitglieder der königlichen Familie vorstanden. (»Niemand, aber auch wirklich niemand, kommt *je* zu spät zur Königin«, donnerte Whitaker.) Prinz Charles hatte bereits verkündet, dass sich Diana »unwohl« fühle und nicht an der Feierlichkeit teilnehmen werde, als sie unerwartet und offensichtlich schlecht gelaunt auftauchte. Damit war allen klar, dass das königliche Paar vor ihrem Eintreffen eine Auseinandersetzung gehabt hatte. »Ich werde es nie vergessen«, erklärte eine Frau, die in der benachbarten Loge saß. »Diana und der Prinz von Wales stritten nebenan. Ich wollte Charles kneifen und ihn warnen, dass man möglicherweise seine Lippen lesen könnte. Prinz Philip warf Diana finstere Blicke zu. Es war quälend.« Am darauf folgenden Tag waren die Zeitungen voll von Kommentaren über Dianas verhärmtes Aussehen und ihr nervöses Benehmen.

Die beiden Presserivalen James Whitaker und Harry Arnold setzten zu einem Sprung an, der eine ganz neue Runde von Spekulationen auslösen sollte. Jeder der beiden fügte einige Elemente zusammen: Dianas »unberechenbares« Verhalten in Balmoral und während der Gedenkfeier, ihren Gewichtsverlust und den Kampf ihrer Schwester Sarah gegen ihre Essstörungen. Die Schlussfolgerung lautete: Diana litt an Anorexie.

»Wird Diana alles zu viel?« fragte der *Daily Mirror* in der Schlagzeile am 15. November, zu der Whitaker die Geschichte geschrieben hatte. Er berichtete, dass Charles so besorgt sei, dass er, »wann immer es ihm möglich ist, mit Diana zu Mittag isst«. Zudem stolperte er über neue Beweise für Dianas Ordnungszwang. Er zitierte die Aussage eines »Freundes der Familie« (den Whitaker später als Dianas Pressesekretär Vic Chapman enthüllte): »Sobald ... ihre Schuhe geputzt worden sind, wünscht sie, dass sie in einer geraden Linie zurück in den Kasten gestellt werden. Sie ist davon besessen, dass alles und jeder in ihrem Umfeld perfekt sein soll.«

In seinem am gleichen Tag erschienenen Bericht erklärt Arnold, dass Prinz Charles »ernstlich beunruhigt« sei und »auf höchster Ebene medizinischen Rat eingeholt« habe. Arnold und Whitaker waren etwas auf der Spur, obwohl sie bislang nur ein flüchtiges Schlaglicht auf das Phänomen Anorexie geworfen hatten. Arnold wusste zudem nicht, welche Art medizinische Hilfe Charles tatsächlich bemüht hatte.

Nahezu augenblicklich brachten andere Zeitungen Artikel heraus, in denen der Pressesprecher des Buckingham Palace abstritt, dass Diana an Anorexie litt und erklärte, sie sei »fit, wohlauf ... und in glänzender Form«. Die mitfühlendste Entgegnung kam von Nigel Dempster, der einige Tage später einen Bericht für die *Mail on Sunday* schrieb. Dempster beschuldigte die *Sun* und den *Mirror*, Spekulationsgeschichten herausgebracht zu haben, in denen die »unvermeidlichen Belastungen« der Ehe des Prinzenpaares von Wales übertrieben dargestellt worden seien. Er unterbot seine Kritik durch die Auflistung verschiedener Anzeichen dafür, dass Diana »einem Zusammenbruch nahe« sei und zitierte ein Mitglied des »inneren Kreises«, das behauptete: »Sie verliert einfach die Nerven.« »Meine Informanten berichten, dass die Prinzessin durch diese Art von Enthüllungen so verwirrt ist, dass sie möglicherweise psychiatrische Hilfe in Anspruch nehmen muss.«

Diese Erklärungen lösten eine Welle von Geschichten aus, die Dempster in Misskredit brachten. Andrew Morton schrieb im *Daily Star*, dass Dempster bloß ein »Heckenschütze« sei, und tat derartige »professionelle Hausierer« ab als »weitab vom Schuss«. Einige Tage später brachte der *Daily Express* einen Artikel mit der Überschrift »Sie sieht gut aus und fühlt sich großartig«, der Dianas »neue Energie und Schwung«

beschrieb; zum ersten Mal absolvierte sie allein 13 öffentliche Auftritte in drei Wochen. »Diana entschied selbst, dass die Zeit reif für eine Solorunde sei«, berichtete die Zeitung.

Den erstaunlichen Schlusspunkt dieser überhitzten Berichterstattung bildete Dempsters Auftritt in der ABC-Sendung *Good Morning America* Anfang Dezember 1982. Kaum zwei Wochen nach seiner Bitte an die Zeitungen, »ihr eine Chance zu geben«, ließ Dempster eine Schimpftirade gegen Diana los und bezeichnete sie als »Scheusal« und »Ungeheuer«. »Diana ist der Herr im Hause«, führte er aus und fügte hinzu: »Charles ist verzweifelt und unglücklich ... weil ihn die Fleet Street zu dieser Heirat gezwungen hat.« 16 Jahre später betrachtet Dempster seine Information als ebenso zuverlässig wie damals. »Ich erfuhr es direkt von einem von Prinz Charles' Angestellten«, berichtete er.

Wie vorherzusehen war, verurteilten die Konkurrenten in der Zeitungsbranche ihn scharf. Die *News of the World* bezeichnete seine Bemerkungen als »größten Schnitzer aller Zeiten des kahl werdenden 41-jährigen Kolumnisten«. Nur wenige Wochen später, zu Beginn des Jahres 1983, stürzte sich dieselbe Zeitung jedoch mit einem Artikel ins Gefecht, der besagte, dass Diana »die meiste Zeit über den Tränen nahe ist ... und ihr aufbrausendes Wesen immer nur dicht unter der Oberfläche liegt«. Weiter heißt es dort, dass die Ursache für ihr Problem in der Tatsache liege, dass sie es nicht ertrage, allein gelassen zu werden. Der Artikel kam zu der Schlussfolgerung, dass »sie möglicherweise auf einen Zusammenbruch zusteuert«.

Andrew Morton widersprach den schlechten Nachrichten erneut. Diesmal verwarf er im *Daily Star* auf sechs Seiten den »Unsinn«, dass Diana »am Rande eines Nervenzusammenbruchs stehe«. Morton schrieb, dass Charles »als ihr Berater und Lehrer fungiert. [Er] entfernt sich nur selten für längere Zeit von Prinzessin Diana«. Mortons Bericht basiert auf einem »offenen Gespräch« mit einem »zuverlässigen Informanten aus der unmittelbaren Nähe des Palastes«, dessen Sprachgebrauch praktisch mit dem von Michael Shea, dem Pressesekretär der Königin, identisch war. Dieser maßgeblichen Quelle zufolge hatten Diana und Charles »gelegentlich Krach« und »einige Auseinandersetzungen mit sprühenden Funken«. »Das ist eine wilde Ehe« erklärte die Quelle, die außerdem betonte, dass Charles und Diana »einander sehr zugeneigt« seien.

Mit dieser abschließenden positiven Wendung verebbte der Pressetumult. Diana, die die Berichterstattung über sich sehr ernst nahm, war jedoch niedergeschmettert. Sie war verletzt, weil die Presse sie mit Schimpfworten bedacht hatte, und gestand, dass es ihr »schwerfiel, Kritik anzunehmen«. »Einmal bin ich niemand und dann wieder Prinzessin von Wales, Mutter, Spielball der Medien und Mitglied der [königlichen] Familie. Für eine einzige Person war das damals einfach zu viel«, erklärte sie.

Die Familie Spencer hielt sich während Dianas akuter psychologischer Krise auffallend im Hintergrund. »Niemand in meiner Familie wusste von alledem [Bulimie, Selbstverstümmelungen, Selbstmordversuchen] ... Ich habe mich nie auf jemanden gestützt«, berichtete sie – ein trauriges Eingeständnis der Distanz, die sie zu ihren Eltern und Geschwistern fühlte. Der öffentliche Schlagabtausch zwischen Frances und Johnnie wegen ihrer Scheidung hatte Diana verletzt und peinlich berührt, und sie machte ihre Mutter für diese schlechte Publicity verantwortlich. Bereits zuvor war die Beziehung zwischen Mutter und Tochter abgekühlt. Dianas Mutter war mit ihrem eigenen Leben beschäftigt und teilte ihre Zeit zwischen Schottland und ihrer Farm in Australien auf. »Ich glaube fest daran, dass Mütter überflüssig werden können«, erklärte Frances der *Daily Mail* im Juni 1982, kurz nach Williams Geburt. »Wenn Töchter heiraten, richten sie sich ihren eigenen Haushalt ein und schätzen es nicht, wenn die Schwiegermutter ständig zu Besuch kommt. Sie sollten ungehindert ihre eigenen Entscheidungen treffen und vielleicht auch ihre eigenen Fehler machen können.«

Frances' Gefühle spiegelten ihr Selbstvertrauen und ihre Unabhängigkeit wider. Gleichzeitig enthüllten sie, wie wenig sie ihre Tochter verstand, über deren labiles Verhalten nur Wochen zuvor Berichte aus dem königlichen Haushalt nach außen gesickert waren. Was Diana zu dieser Zeit brauchte, war die bedingungslose Unterstützung und Bestätigung ihrer Mutter – wie sie später ihren Freunden anvertraute.

Johnnie Spencer erklärte seinem Cousin Robert, dass Diana nach Williams Geburt durch die »ständige Aufmerksamkeit aufgebracht« gewesen sei. Johnnie erkannte die Lage seiner Tochter ebenso wenig wie Frances. Sein Blick wurde durch das Selbstbewusstsein getrübt, der Familie Spencer anzugehören. »Ich weiß, dass die königliche Familie wirkt, als würde sie jeden verschlingen, der einheiratet«, meinte er in einem Interview im Jahr 1983. »Uns könnte das jedoch nie passieren. Wir halten dem Druck stand.« Er begriff nicht, wie verwirrt seine Tochter oft war, und hielt an seinem Glauben fest, dass Diana als Prinzessin von Wales obsiegen würde, da sie »ihren eigenen Geist kennt«.

Während der Zeit der spekulativen Artikel über Dianas gesundheitlichen Zustand zitierte James Whitaker »ein enges Familienmitglied der Prinzessin«: »Ich bin ihretwegen zutiefst besorgt ... Allerdings kann ich nicht mit Sicherheit behaupten, dass Diana an Anorexie leidet ... Irgendwann sollte sich jemand zu ihr setzen und mit ihr reden.« Einige Jahre später brach Whitaker das Siegel der Verschwiegenheit und nannte Dianas Schwester Sarah als seine Quelle. »Sie erzählte mir, dass damals alle äußerst beunruhigt waren«, berichtete er. »Zu diesem Zeitpunkt konnte ich ihren Namen jedoch nicht preisgeben.« Diana selbst sagte aus, dass ihr von Sarah und Jane lediglich oberflächliches Mitgefühl zuteil geworden sei. Obwohl sie Jane »wundervoll beständig« fand, sagte sie, dass ihre Schwester, hätte sie sich mit einem Problem an sie gewandt, vermutlich erwidert hätte: »Meine Güte, Duch, wie entsetzlich, wie traurig und wie furchtbar!« Sarahs Reaktion wäre ähnlich ausgefallen: »Arme Duch, dass dir so etwas Schreckliches passieren muss.«

Dianas Beziehung zu ihrer Familie verlief einem Verwandten zufolge »in Zyklen«. »Es ging darum, wie sie ihre Familie behandelte. Ein Problem war es allerdings nicht, denn ihrer Familie gegenüber konnte sie Dampf ablassen ohne Furcht vor Verrat. Einer wurde immer bevorzugt, während ein anderer in Ungnade fiel. Darüber hinaus waren [die Mitglieder ihrer Familie] die Einzigen, die ihr immer die Wahrheit sagten.«

Nach Ansicht einer Freundin war dies auch der Grund, warum Diana kein engeres Verhältnis zu ihrer unmittelbaren Familie aufbauen konnte: »Sie konnte sich an niemanden wenden. Diana durchlebte mit Jane und Sarah immer wieder Höhen und Tiefen. Als wir darüber sprachen, erklärte sie: ›Ich beneide dich so sehr um die Beziehung zu deiner Familie‹. In ihrer Familie war es stets Hassliebe, auf und ab, nie gab es so etwas wie Stabilität oder Beständigkeit. Ihre Schwestern waren emotional anders geformt. Diana sehnte sich danach, dass man ihr zuhörte, sie liebte, ihr sagte, dass sie das Richtige tat. Sie wollte hören, dass sie wundervoll war. Ihre Familie brachte sie jedoch auf den Boden der Wirklichkeit zurück.«

Ihrer Großmutter Ruth Fermoy, zu der sie nie eine enge Beziehung gehabt hatte, gegenüber entwickelte Diana allmählich ein starkes Misstrauen. Ruth Fermoys Loyalität galt in erster Linie der Königsfamilie. Bereits in einem frühen Stadium der Ehe des Prinzenpaares von Wales drückte sie ihren Missfallen darüber aus, wie Diana Charles behandelte, der ihrer Ansicht nach »eine Frau brauchte, die er lieben konnte und von der er geliebt würde«. Während eines Essens auf Balmoral im März 1982 sagte Ruth Fermoy zu ihrem Sitznachbarn, Roy Strong, dass Diana über das königliche Leben »noch eine Menge zu lernen« habe. Ihrem engen Freund Robert Runcie gegenüber wurde sie noch deutlicher. »Ruth war über Dianas Verhalten sehr betrübt«, erinnerte sich Runcie. »Sie stand voll und ganz auf Charles' Seite, da sie ihn hatte aufwachsen sehen und ihn wie alle Frauen am Hof liebte. Diana betrachtete sie als Schauspielerin und Intrigantin.«

# KAPITEL 11

Am 20. März 1983 verließen Charles, Diana und William mit ihrem Gefolge England zu ihrer ersten großen königlichen Besuchsreise, die sie 45 Tage lang durch Australien und Neuseeland führen sollte. Die Reise wurde zu einer Wende im Leben von Diana, die – wenn auch nicht im konventionellen Sinn – eine »neue Reife« entwickelte. Im Kampf zwischen Dianas starken Charakterzügen und ihrem zerbrechlichen Temperament siegte unter extremen Belastungen ihre Stärke. Aufgrund der hohen Anforderungen an Charles und Diana, die unter enormem Druck makellose Auftritte absolvieren mussten, war die Reise ein bedeutendes verbindendes Erlebnis für das Paar. In anderer Hinsicht jedoch vergrößerte sie die Kluft zwischen ihnen. Das Ereignis wiegte Presse und Öffentlichkeit in dem Glauben, Diana sei zu jener außergewöhnlichen Frau herangewachsen, die sie nicht sein konnte, solange sie ihre grundlegenden psychologischen Probleme nicht in Angriff nahm.

Der Besuch führte das Paar durch jeden Staat Australiens, aus glühender Hitze an einem Tag in eisigen Regen am nächsten. Als »Veteran« mit mehr als fünfzig Überseereisen im Alter von 34 Jahren wusste Charles, wie sehr er seine unerfahrene und emotional verletzliche 21-jährige Gemahlin würde unterstützen müssen; selbst für jemanden, der doppelt so alt war wie Diana und über ein gefestigtes Selbstvertrauen verfügte, wären die Aussichten entmutigend gewesen, 45 Tage lang »im Rampenlicht« zu stehen. Charles gestand in einem Brief an einen Verwandten: »Es ist außerordentlich schwierig ... unsere Begeisterung beizubehalten, wenn jeder Tag dem vorigen aufs Haar gleicht. Nach drei Wochen überfällt dich so ein seltsames Gefühl, beim Anblick einer weiteren Menschenmenge möchtest du aufschreien und so schnell wie möglich davonlaufen.«

Auf dieser »Odyssee durch die Antipoden«, wie Charles die Reise nannte, waren aller Augen auf Diana gerichtet: Sie musste auf jedes ihrer Worte achten, unablässig lächeln und für jeden und alles, was ihr begegnete, Begeisterung aufbringen. Charles ließ Diana nur selten allein und geleitete sie sanft von einem Ort zum anderen. Häufig wurde er beobachtet, wie er ihr leicht die Hand drückte, um ihr Selbstvertrauen zu stärken. In ihrer späteren Verbitterung beklagte sich Diana, dass ihr während der Reise »niemand auch nur in irgendeiner Weise geholfen« habe.

In einem Brief an einen Freund aus dieser Zeit lobte sie Charles jedoch, weil er ihr Mut zusprach, wenn sie sich überfordert fühlte, und brachte ihre Bewunderung für seine Fähigkeit zum Ausdruck, andere durch sorgfältig gewählte Worte aufzumuntern. Darüber hinaus erwiesen sich Mitarbeiter wie Dianas Pressesekretär Vic Chapmann als beruhigend und hilfreich. »Er konnte sie blendend durch verschiedene Ereignisse hindurchlotsen«, berichtete ein ehemaliger Hofangestellter. »Er unterrichtete sie in knappen Worten über das, was sie erwartete. Ein einleitender Satz von ihm konnte zum Beispiel folgendermaßen lauten: ›Sobald Sie aus dem Wagen steigen, werden Sie von viertausend jubelnden Kindern empfangen.‹«

In Australien und Neuseeland versammelten sich erstaunlich große Menschenmengen. In Brisbane waren es sogar mehr als 100.000 Personen. Während dieser Station der Reise kämpfte Diana schweißüberströmt gegen eine Hitze von dreißig Grad Celsius an. Charles griff rasch ein, legte seinen Arm um ihre Taille und geleitete sie in einen Raum, in dem sie ein wenig rasten konnte. In diesem Augenblick war sie einem Zusammenbruch in aller Öffentlichkeit am nächsten. Diana bewegte sich zwanglos durch die Menge, »mischte sich unter das Volk«, schüttelte (Schätzungen zufolge mehr als 6000) Hände und machte die eine oder andere sachliche Bemerkung. Von Zeit zu Zeit beschwerte sie sich über die lastende Hitze. Falls sie gelangweilt war, ließ sie es nicht erkennen, und ihr Gemütszustand wirkte stabil. »Sie kann wundervoll mit Menschen umgehen«, schrieb Charles einem Verwandten. »Ihre Schlagfertigkeit leistet ihr gute Dienste.« Gelegentlich brach ihr spitzbübischer Humor durch: Als sie beispielsweise einen einarmigen Mann begrüßte, platzte sie heraus: »Ich wette, es bereitet Ihnen großen Spaß, in der Badewanne Ihrer Seife hinterherzujagen!« Diana gelang es jedoch, diese Bemerkung so reizend hervorzubringen, dass der Mann nicht beleidigt war.

Eine der scharfsinnigsten Beurteilungen ihres öffentlichen Wesens stammte von Simon Hoggart vom *Observer*: »Die Prinzessin war schlicht und einfach verlegen«, schrieb er. »Vermutlich ist dies einer der Gründe für ihre erstaunliche Berühmtheit auf der ganzen Welt. Ihre Stimme klingt eher durchschnittlich und ein wenig eintönig ... Ihr Gesicht mit dem selbstkritischen kleinen Lächeln und den bezaubernden Grimassen zeigt, dass sie ein ganz normales, nettes, schüchternes Mädchen ist. Irgendwie wirkt sie gleichzeitig unbeholfen und graziös. Sie ist sowohl Prinzessin als auch Bürgerliche, die lebendige Verkörperung von Millionen Fantasien.«

Die außergewöhnliche Verehrung von Diana, die das königliche Paar erstmals in Wales erlebt hatte, steigerte sich in Australien und Neuseeland zu einer wahren Flutwelle der Begeisterung. Wiederum musste sich Charles mit der Nebenrolle zufrieden geben. Während die Menge seine Ankunft mit Applaus begrüßte, brach sie beim Anblick von Diana in Jubelrufe aus. Charles nahm diesen einseitigen Empfang gut gelaunt auf: Wann immer ihn Dianas Anhänger baten, sie auf ihre Straßenseite zu bringen, sie sich jedoch unbeirrt auf der anderen Seite mit den Menschen unterhielt, erklärte er scherzhaft: »Heutzutage kann man einer Frau nicht mehr sagen, was sie tun soll.« In privaten Augenblicken versuchte Charles, die Spannungen dieser Begegnungen abzuschütteln, indem er klassische Musik hörte oder sich in Iwan Turgenjews *Erste Liebe* oder Carl Jungs *Analytische Psychologie* vertiefte. Einem Freund gegenüber gestand er, dass diese Aktivitäten ihm halfen, »seinen Verstand und Glauben zu bewahren«.

Charles war stolz auf Dianas Auftreten, wenn ihn auch ihre Reaktion auf die Menge etwas beunruhigte. Mitunter verängstigten all diese Menschen sie, dann wieder genoss sie die Macht, die sie ihr verliehen. Charles wusste, welche Gefahr in einer derartigen Vergötterung lag, er kannte die Unberechenbarkeit von Berühmtheit. »Das entsetzliche daran ist, dass [die Menge] ein Podest errichtet, dich darauf stellt und erwartet, dass du auf diesem scheußlichen Ding balancierst ... Dazu kommen die Abbruchspezialisten jenes Menschenschlags, dem es Freude bereitet, etwas niederzureißen«, schrieb er einem Freund.

Gleichzeitig empfand Charles etwas wie Groll, den er zu verbergen versuchte. Diana jedoch wusste davon. »Überall hörte man bloß ›Oh, sie ist auf der anderen Seite‹«, erinnerte sich Diana. »Nun, wenn Sie ein Mann sind, und dann noch ein so stolzer wie mein Ehemann, lässt es Sie nicht ungerührt, wenn Sie das tagaus tagein vier Wochen lang hören.« In einem Brief an einen Freund, den Diana am 1. April schrieb, schilderte sie die Lage, betonte jedoch, dass sie einander unterstützten. In ihrem

Rückblick nahm Diana einen unversöhnlicheren Standpunkt ein und behauptete nicht nur, dass sich Charles nicht mit ihr über ihren Erfolg freue, sondern dass er »eifersüchtig« sei und »seine Gefühle [an ihr] auslasse«. Dafür finden sich jedoch keine Beweise.

Nach allem, was man hörte, zeigte Charles öffentlich seine Freude über ihre Beliebtheit, während er sich privat über die Auswirkung dieser unangemessenen Bewunderung sorgte. »Ich fürchte um Diana«, schrieb er einem Freund am 4. April. »Sie kann keinen Schritt tun, ohne dass diese grauenvollen und meiner Überzeugung nach geistlosen Menschen sie dabei fotografieren ... Können sie nicht erkennen, was sie ihr damit antun? Wie kann man erwarten, dass irgendjemand, geschweige denn eine 21 Jahre junge Frau, diese besessene und verrückte Aufmerksamkeit unbeschadet übersteht?«

Am schwierigsten war die erste Woche der Reise zu überstehen, in der Diana von der Belastung nahezu erdrückt wurde. Sie litt an Bulimieanfällen, weinte sich an der Schulter ihrer 29-jährigen Hofdame Anne Beckwith-Smith aus und flehte, nach Hause zurückkehren zu dürfen. Allmählich entspannte sie sich und konzentrierte sich auf ihre Aufgabe als Vertreterin des Königshauses. In einem Brief, den Diana in der zweiten Reisewoche an einen Freund schrieb, erklärte sie, dass ihre Depressionen nachgelassen hätten und sie ihr früheres Verhalten in London und Balmoral bereue, das sie als »selbstsüchtig« bezeichnete. Dass William in ihrer Nähe war, tröstete sie. Die Besuche bei William auf der Schaffarm, wo er mit seinem Kindermädchen blieb, bildeten für Diana und Charles eine willkommene Fluchtmöglichkeit. »Dort waren wir überglücklich«, schrieb Charles seinen Freunden, dem Ehepaar van Cutsem. »Das Schönste daran war, dass wir diese Tage ganz allein zusammen verbrachten.«

Diana und Charles zeigten öffentlich ihre Zuneigung zueinander. Ein Reporter schrieb: »Seine Hand lag auf ihrer, ihr Blick war auf ihn gerichtet, diese Art viel sagender Dinge.« Als Diana Charles zuzwinkerte, während er in Neuseeland einen Baum pflanzte, warf er die Schaufel beiseite, hob sie auf seine Schulter und trug sie in ein nahe gelegenes Gebäude, wo sie in Gelächter ausbrachen. Und als ein Fotograf in einem Aufzug in Melbourne zufällig auf das Prinzenpaar stieß, soll Charles auf Diana gedeutet und gesagt haben: »Ist sie nicht einfach wunderschön? Ich bin so stolz auf sie.«

Am Ende der Reise flüchteten Diana und Charles für einen neuntägigen Erholungsurlaub auf Windermere Island, diesmal von der Boulevardpresse ungestört. Kaum wiederhergestellt, unternahmen sie eine 17-tägige Reise durch Kanada, jedoch ohne William. Wiederum erfüllte Diana unter beträchtlichem Druck ihre Aufgabe ausgezeichnet. »Es bleibt nicht ein einziger Augenblick zum Durchatmen«, gestand sie in einem Brief einer Verwandten. »Es fällt mir schwer, die endlosen Empfänge durchzustehen, bei denen die Menschen dazu neigen, ungewöhnlich persönliche Fragen zu stellen.« Sie hatte jedoch auch Sinn für das Absurde ihrer Lage, wie sich in ihrer Schilderung von Kindern zeigt, die Kaugummi kauten: »Während wir versuchten, ihnen einen Satz zu entlocken, sahen wir, wie er sich als knallrosa Masse wie im Inneren einer Waschmaschine weiter und weiter drehte.«

Diana und Charles versäumten Williams ersten Geburtstag am 21. Juni. Etwas überrascht schrieb Diana ihrer Verwandten: »Ich habe William nicht so stark vermisst, wie ich es erwartet hatte«, und bewies am Geburtstag ihres Sohns, dass sie die Medien inzwischen gut kannte: »Ich habe mich den gesamten Tag über blödgelächelt, denn die Presse war fest entschlossen, eine ›traurige Mutter‹ zu sehen.«

Der ehemalige Premierminister von Neufundland, Brian Peckford, bezeichnete Diana als »sehr geistreich« und erklärte: »Sie stellte Fragen über die Dinge, die wir als einfach betrachten und die in Wirklichkeit die einzigen sind, die zählen.« Darüber hinaus lobte er ihre Fähigkeit, während eines Krankenhausbesuchs Kontakt mit den Patienten zu bekommen: »Sie setzt sich bei jedem Einzelnen ans Bett und führt ein kurzes Gespräch. Sie spricht sehr leise, hebt nie die Stimme und bringt die Menschen dazu, sich ihrer Lautstärke anzupassen. Das ist einfach liebenswert.«

Bedeutender ist jedoch, dass Diana Peckford gegenüber erklärte: »Es fällt mir schwer, dem Druck standzuhalten, Prinzessin von Wales zu sein ... Ich habe in den letzten Monaten viel gelernt ... [und] glaube, meine Aufgabe nun besser zu erfüllen als vorher. In letzter Zeit bin ich sehr gereift und habe mich daran gewöhnt, mit Dingen fertigzuwerden.« Nur Tage zuvor hatte Diana einem Zeitungsbesitzer aus Halifax gestanden, dass sie das königliche Leben mitunter als quälend empfand. »Wenn sie etwas Entsetzliches schreiben, schmerzt es mich genau hier«, erklärte Diana und deutete auf ihre Brust.

Zu jener Zeit wurde jedoch nichts »Entsetzliches« über Diana berichtet. Flugblätter und Tageszeitungen rühmten sie gleichermaßen für die meisterhafte Erfüllung ihrer königlichen Rolle. »Prinz Charles ist weitgehend für dieses neugewonnene Selbstvertrauen verantwortlich«, verkündete James Whitaker, »das größte Lob gebührt jedoch Diana selbst«. Andrew Morton behauptete im *Daily Star*, dass Diana »nun ein großes Mädchen« sei, »weit entfernt von jener nervösen jungen Frau, die vor ihrer Hochzeit zweimal [in der Öffentlichkeit] in Tränen ausbrach, als der Druck zu groß wurde. Wenn sie morgen ihren 22. Geburtstag feiert, wird sie sich von der ›Scheuen Di‹ verabschieden und eine selbstbewusste und selbstsichere Prinzessin willkommen heißen«.

Die günstige Beurteilung von Dianas Fortschritt gründete lediglich auf ihrem Charme, ihrem Aussehen und ihrer durch Übung, Ausdauer und Entschlossenheit erworbenen Fähigkeit, die königliche Rolle zu erfüllen. Ein Verwandter des Königshauses, der während dieses Jahres ein öffentliches Ereignis mit Diana besuchte, erinnerte sich: »Sie sagte: ›Ich atme jetzt fünfmal tief durch, springe dann mitten hinein und spreche mit all diesen Menschen.‹ Nun, das tat sie auch.« Diana hatte eindeutig durch den Empfang, der ihr auf beiden Reisen bereitet worden war, an Selbstvertrauen in der Öffentlichkeit gewonnen. Ihre spätere Beteuerung, dass sie aus Australien als »anderer Mensch« zurückgekommen sei, erwies sich als Illusion. Sie täuschte sich und die Öffentlichkeit, indem sie lernte, sich in ihrer öffentlichen Rolle zu bewegen. Die Symptome ihres emotionalen Aufruhrs wie etwa ihre Stimmungsschwankungen, die Bulimie, die Selbstverstümmelungen und Depressionen, traten im privaten Bereich auch weiterhin auf, während sie nach außen hin ausgezeichnet funktionierte.

Im Herbst 1983 hatte Diana längst ihre Psychotherapie beendet. Sie hatte sich der Behandlung mehrere Monate lang unterzogen, sie jedoch zu Jahresbeginn mit der Erklärung abgebrochen, dass sie sie nicht mehr benötige. »Die Therapie schien für sie keine Lösung zu sein«, meinte ein Freund von Charles. Da sich Diana noch immer nicht zu ihrer Bulimie bekannte, blieb die Diagnose unvollständig, was die Wirkung der Therapie einschränkte. Sie hatte zumindest zwei Therapeuten aufgesucht: Dr. Allan McGlashan, ein Jung-Spezialist, der mit dem auf Traumanalyse konzentrierten Laurens van der Post befreundet war, und David Mitchell, der ihre Reaktionen auf alltägliche Ereignisse und ihre Gespräche mit Charles untersuchte. Die im Kensington Palace abgehaltenen Sitzungen mit Mitchell rührten Diana häufig zu Tränen. Sie hatte nicht den Eindruck, dass ihre Therapeuten sie wirklich verstünden, und ohne dieses grundlegende Vertrauen war der Therapie kein Erfolg beschieden.

In gewisser Hinsicht schien sich Diana in jenem Herbst besser zu fühlen. Dies war größtenteils darauf zurückzuführen, dass sie ihre königlichen Pflichten so zuverlässig erfüllte. Jonathan Dimbleby zufolge »hielten ihre Stimmungsschwankungen an, und die Perioden des Kummers erschöpften beide [Charles und Diana]«. Darüber hinaus litt sie nach wie vor an Weinkrämpfen, bei denen Charles »sie stundenlang tröstete und ihr Mut zusprach«.

Im Februar 1984 unternahm Diana erstmals allein eine Auslandsreise. Auf diesem zweitägigen Besuch in Oslo eroberte sie die Norweger und wurde Schirmherrin von sieben neuen Organisationen, zusätzlich zu den fünf, die sie zuvor bereits übernommen hatte. Unter ihnen befanden sich Ballett- und Operngesellschaften, Schulen und Gruppierungen, die sich dem Kampf gegen Krebs bei Kindern und anderen Krankheiten widmeten. Von den 76 öffentlichen Verpflichtungen des Jahres 1983 erfüllte sie 45 ohne Charles. Jahre später beklagte sie sich, dass Prinz Charles aufgrund der stark auf sie gerichteten Aufmerksamkeit »beschloss, dass wir getrennten Verpflichtungen nachkommen sollten. Dies tat mir Leid, da ich seine Gesellschaft genoss. Wieder blieb mir keine andere Wahl.« Wie andere aus Rache getätigte Erklärungen von Diana scheint auch diese unwahr und leider unfair. Als sie Ende 1982 zu ihrer ersten Soloreise aufbrach (vor der Reise nach Australien), ergab sich aus den Presseberichten eindeutig, dass die Initiative dazu von ihr ausgegangen war.

Die öffentliche Wahrnehmung von Diana basierte vorwiegend auf ihrem schillernden Äußeren. »Die Kombination von Stil und Ausstrahlung war immer explosiv«, verkündete die Zeitschrift *Woman's Own* im Januar 1984, »und Dianas Markenzeichen ist ihre positive Kraft.« Jeder Bericht über ihre öffentlichen Auftritte enthielt eine detaillierte Beschreibung ihrer Kleidung, die üblicherweise von Kritik zu ihrem letzten modischen Statement begleitet wurde. Sie machte einige Fehler, umgab sich jedoch mit den besten Beratern und besaß einen großartigen Stil. Nach dem ersten Jahr verließ sich Diana nicht mehr auf die Herausgeber der Zeitschrift *Vogue*, sondern wählte ihre Kleidung selbst. »Sie besaß ein lebhaftes Interesse an Mode«, erinnerte sich die frühere *Vogue*-Herausgeberin Felicity Clark. »Sie wusste, was ihr gefiel und was ihr nicht gefiel. Zu Beginn ihrer Ehe trug sie keine kurzen Röcke, da sie diese nicht mochte, und wählte bewusst Schuhe mit niedrigem Absatz, um ihren Mann nicht zu überragen. Hüte wiederum kaufte sie, weil sie Hüte liebte. Eine unserer Aufgaben bestand darin, die Kollektion zu überarbeiten. Als sie anfangs zu Modeschauen ging und sich dort alles ansah, machte sie noch einige Fehler. Die meisten Designer haben einige wenig geglückte Stücke in ihrer Kollektion, und ein oder zweimal entschied sie sich für so eines.«

Nach mehreren Jahren in der Öffentlichkeit begann Diana, die Macht durch ihre Berühmtheit zu schätzen, insbesondere den Umstand, dass sie mit einem auffallenden neuen Look die Aufmerksamkeit auf sich zog. Da sie diesem Impuls zu häufig nachgab, fehlte es ihrem Image an Beständigkeit. Ständig veränderte sie ihr Aussehen, mal aus Unsicherheit, dann wieder, um erneut im Scheinwerferlicht zu stehen. Bereits zu Beginn ihrer Ehe entwickelte Diana die Gewohnheit, Zeitungen durchzusehen, um die von ihr veröffentlichten Fotos zu mustern. Stundenlang konnte sie sich dieser Aufgabe widmen, entsetzt ausrufen, wie furchtbar sie in den Zeitungen abgebildet sei, ihre Mitarbeiter zu Komplimenten über schmeichelhafte Fotos einladen und sich von ihnen im Falle ungünstiger Bilder beruhigen lassen.

Neben ihrer Stellung als »Modekönigin« besaß Diana keine spezifische Rolle. Niemand dachte über eine Aufgabe für sie nach, und sie bot den Angestellten des Buckingham Palace wenig Hinweise auf ihre Interessen, die stets äußerst beschränkt waren. Wie die *Times* schrieb, neigte sie dazu, »die sehr jungen, sehr alten und kranken Menschen zu besuchen, denen sie mit rührender Direktheit begegnete«. Indem die königlichen Planer für sie eine vertraute, angenehme Umgebung wählten, konnten sie sich auf ihre natürlichen Fähigkeiten verlassen, die sie während ihrer freiwilligen Tätigkeit in einem Internat entwickelt hatte.

Später erklärte Diana, Charles hätte ihr keine Interessen zugestanden: »Ich glaube, für ihn war ich immer das 18-jährige [sic] Mädchen, mit dem er sich verlobt hat.« Einem Freund zufolge »wollte Charles, dass sie Dinge fand, an denen sie Freude hatte«, und versuchte, ihr zu helfen, einige Fertigkeiten zu entwickeln. 1982 hatte Charles seinen Freund Eric Anderson hinzugezogen, seinen ehemaligen Schauspiellehrer in Gordonstoun und damaligen Direktor von Eton, um Dianas Schreibstil zu verfeinern und einen intellektuellen Funken zu entzünden. »Es diente ihrer Erziehung«, meinte ein ehemaliger Berater des Palastes. »Er kam regelmäßig und sprach mit ihr über Poesie und Shakespeare.« Diese einmal wöchentlich abgehaltenen Sitzungen im Kensington Palace erstreckten sich jedoch lediglich über einen Zeitraum von weniger als sechs Monaten. »Sie war begeistert, aber nur kurzfristig«, erklärte der Hofangestellte. »Ich weiß nicht warum, aber nach einigen Monaten endete es. Das war ein übliches Muster.«

In den ersten Jahren sträubte sich Diana, bei irgendetwas in die Tiefe zu gehen. »Sie war beunruhigt, dass ihre öffentlichen Pflichten sie langweilen könnten«, erläuterte ein ehemaliger Mitarbeiter des Palastes. Wenn ihr ihre Berater Listen von Wohltätigkeitsorganisationen vorlegten und Beschreibungen hinzufügten, was diese für sie bedeuten könnten, zeigte sie kein Interesse, sie eingehend kennen zu lernen. »Sie verstand nicht, dass es ihre Pflicht war, gut vorbereitet zu sein, wenn sie neben einem Architekten oder einem Universitätsdozenten saß«, erklärte Michael Colborne. »Diana verfügte über ausreichende Intelligenz«, bemerkte ein weiterer ehemaliger Hofangestellter. »Wenn man ihr einen Bericht vorlegte, las sie ihn durch. Alles war jedoch eine Frage von intellektueller Disziplin und Eifer. Sie hatte nicht die Kraft, sich auf irgendetwas zu konzentrieren. In anderer Hinsicht war sie allerdings sehr wohl diszipliniert. So hätte sie nie jemanden im Stich gelassen.«

Dieses sprunghafte Verhalten forderte unter den königlichen Mitarbeitern seinen Tribut. In den ersten vier Jahren der Ehe verließen etwa vierzig Angestellte das Prinzenpaar, unter ihnen Butler, Kammerdiener, Privatsekretäre, Leibwächter und Chauffeure. Steven Barry, der für Prinz Charles lange Jahre als Kammerdiener tätig gewesen war, ging als einer der Ersten. Seine philosophische Erklärung lautete, dass es »überaus verständlich sei, dass [Diana] niemanden in ihrer Nähe und der ihres Gemahls wünschte, der ihn aus früheren Zeiten kannte, als es noch andere Freundinnen gab«.

Mehrere Mitglieder des Personals gingen in den Ruhestand oder suchten sich einen besseren Job, einige wurden durch Dianas Missfallen aus ihrer Stellung gedrängt. Mitunter war es lediglich eine Frage ungünstiger Wechselwirkungen, so bei einigen Leibwächtern, die Diana »nervös« machten. Häufiger erfolgte die Entlassung auf eine vorhersehbare Abfolge von Ereignissen. Es begann zum Beispiel damit, dass Diana einen Angestellten ins Vertrauen zog und ihn mit intimen Einzelheiten ihrer Ängste belastete, die ihm Unbehagen bereiteten. Indem er ihre Vertraulichkeit missdeutete, überschritt er vielleicht eine unsichtbare Grenze oder machte eine Äußerung, die Diana unpassend oder illoyal schien, worauf sie sich ohne Vorwarnung weigerte, weiterhin mit ihm zu sprechen oder seine Anwesenheit zu bemerken.

Es beunruhigte Charles, dass ihm treu ergebene Mitarbeiter ihre Stellung kündigten, und es bekümmerte ihn, dass Diana ihn zwang, einige seiner engsten Freunde aufzugeben, von denen er viele seit seiner Kindheit kannte. Selbst der Pressesekretär der Königin, Michael Shea, gestand ein, »dass gewisse Freunde gehen mussten, weil sie nicht mehr passten, und dass Charles und Diana als Paar neue Freunde fanden«. Die Ehepaare Parker Bowles und Tryon führten die Liste der Verbannten aus offensichtlichen Gründen an. Ähnlich unnachgiebig zeigte sich Diana auch gegenüber den Brabournes, den Romseys, den Palmer-Tomkinsons und Nicholas Soames, mit dem Charles bis dahin nahezu täglich telefoniert hatte. Die Palmer-Tomkinsons standen drei Jahre lang im Regen, Soames über zwei Jahre.

Diana war überzeugt, dass diese Freunde ihr von Anfang an ablehnend gegenüberstanden. Einem Freund von Charles zufolge war dieser Eindruck unzutreffend: »Sie glaubten, dass sie aufgrund ihrer Jugend Hilfe benötigen würde, um ihren Weg zu finden«, erklärte der Freund. »Niemand brachte ihr Feindseligkeit entgegen oder sagte so etwas wie ›Sie ist eine neue Hexe und wir mögen sie nicht‹. Anfangs waren sie außerordentlich hilfsbereit, doch schon bald wandte sich [Diana] gegen sie.«

Diana hatte wenig Verwendung für Soames, ein konservatives Mitglied des Parlaments, bekannt für seine Größe und seine beißenden Bemerkungen (»Reichen Sie den Portwein weiter, es ist nicht meine Sorte«). Sie bezeichnete ihn als »schweres Möbelstück«. Bei den anderen war sie davon überzeugt, dass sie die Beziehung deckten, die Charles ihrer Meinung nach mit Camilla weiterführte, oder sie in anderer Weise boykottierten. So wandte sie sich gegen die Romseys, sobald sie erfuhr, dass das Ehepaar Charles von einer Heirat mit ihr abgeraten hatte. Wegen der Peinlichkeit der Situation scheute sich Charles, seinen Freunden unumwunden mitzuteilen, warum er sie nicht mehr treffen konnte. Stattdessen rief er sie nicht mehr an und unterließ es, sie zu Wochenenden aufs Land oder Ferientagen auf Balmoral einzuladen.

Jene Freunde, die ihre Wertschätzung nicht einbüßten, wie etwa Hugh und Emilie van Cutsem, Charles und Antonia Douro, Rick und Libby Beckett und Gerald und Tally Westminster, ebenso wie neue Freunde aus der Polowelt wie Galen und Hilary Weston und Geoffrey und Jorie Kent mussten sich mit Dianas breiter Palette an beunruhigenden Symptomen und dem Selbstmitleid auseinander setzen, das ihre Stimmungen bei Charles hervorriefen. Zunächst versuchten viele, sich mit Diana anzufreunden. »In vielerlei Hinsicht verliebte ich mich in ihre Art, wie Charles es getan hatte. Sie war jedoch die schwierigste Frau der Welt«, meinte ein Freund. »Bei einem Abendessen neben ihr zu sitzen, war Schwerstarbeit. Sie reagierte einfach nicht. Wenn man ihr eine Frage stellte, antwortete sie nicht. Darüber hinaus hatte sie kein Interesse, etwas zu lesen oder zu lernen. Sie unternahm nicht einmal einen Versuch. Stattdessen warf sie mit Essen und tat andere kindische Dinge. Sie konnte spontan und reizend sein, im Grunde jedoch wurde sie nie erwachsen.«

Verschiedene der Ehefrauen und insbesondere Emilie van Cutsem wurden zu Dianas Vertrauten. Sie war ebenso alt wie Charles, war in Holland geboren und hatte einige altmodische Ansichten wie etwa, dass »Jeans Kleidung für Arbeiter« seien. Sie errang bei Diana den Status einer Mutterfigur, die ihr ihre Schwierigkeiten anvertraute und sie um Rat fragte. »Emilie war Diana von Anfang an eine große Hilfe«, berichtete ein ehemaliger Berater des Palastes. Antonia Douro, die Ehefrau des Erben des Herzogs von Wellington und eine bedeutende Gastgeberin der Londoner Gesellschaft, war ebenfalls mit Diana befreundet. Als die Presse Diana einst als dominierende und fordernde Frau darstellte, wies sie diese Vorwürfe in einer geistreichen öffentlichen Aussage zurück.

Sowohl Emilie als auch Antonia waren auch enge Freundinnen von Camilla Parker Bowles, und als Charles im Jahr 1986 zu Camilla zurückkehrte, unterstützten sie die Affäre. Antonia stellte ein Landhaus in Schottland zur Verfügung, und das Ehepaar van Cutsem lud Charles ein, sobald er sich in Highgrove aufhielt. »Diana entdeckte, dass Camilla ankam, sobald sie das Haus van Cutsem verließ«, erzählte eine von Dianas Freundinnen. »Diese Erkenntnis erschütterte sie zutiefst. Ihrer Ansicht nach war das Doppelmoral.« Häufig fand Diana Hinweise auf einen derartigen Verrat durch Tricks heraus, da sie im Grund niemandem vertraute. »Sie öffnete Briefe über Wasserdampf und hörte Telefongespräche ab«, berichtete ein Freund von Charles. »Dabei handelte es sich lediglich um Briefe von Freunden. Sie gewöhnte sich an, gelegentlich Briefe aus dem Postsortiersystem zu nehmen, und, wenn sie an Charles adressiert waren, über Wasserdampf zu öffnen. Was die Briefe betraf, wurde sie rasch auf frischer Tat ertappt.«

Am Valentinstag des Jahres 1984 verkündeten Charles und Diana, dass sie im September ihr zweites Kind erwarteten. Die Schwangerschaft dürfte diesmal ruhiger verlaufen sein, obwohl Diana im März und Juni öffentlich erklärte: »Ich habe mich seit dem ersten Tag nicht wohl gefühlt.« »Es war ein gutes Jahr«, meinte Michael Colborne. »Das zweite Kind war unterwegs, alles verlief ruhig, sie hatten mehrere erfolgreiche Reisen absolviert, und sie litt nicht unter der Übelkeit wie bei William.« Williams Gegenwart wirkte sich stabilisierend aus. Obwohl ein Kindermädchen in der Residenz anwesend war, übernahm Diana eine aktive Rolle in der Kinderpflege und widmete ihrem Sohn am Morgen drei Stunden, ehe sie sich offiziellen Aufgaben zuwandte. Darüber hinaus konzentrierte sie sich darauf, ihr emotionales Gleichgewicht durch Sport aufrechtzuerhalten. Zwei- bis dreimal wöchentlich fuhr sie in den Buckingham Palace, wo sie ihrem Pressesprecher Vic Chapman zufolge »etwa eine halbe Stunde lang sehr energisch schwamm«. Als bedeutend für ihre seelische Ausgeglichenheit erwies sich auch ihr mit offiziellen Pflichten angefüllter Terminkalender. Bei diesen Pflichten handelte es sich vorwiegend um Besuche in Krankenhäusern, anderen medizinischen Einrichtungen und Forschungszentren. Nur ein einziges Mal zeigte sie in der Öffentlichkeit Schwäche, als sie mitten während der Aufführung von Aida wegen Übelkeit die Königliche Oper verlassen musste.

Im April gab die Königin ihre übliche Zurückhaltung auf und lobte Diana in einer offiziellen Stellungnahme, die der Pressesprecher des Buckingham Palace bekannt gab: »Die Königin könnte mit ihrer Schwiegertochter nicht zufriedener sein. Sie ist sehr stolz auf die Aufgaben, die die Prinzessin rund um die Welt und in ihrem Zuhause erfüllt.« Zu jener Zeit hatte sich zwischen Diana und ihrer Schwiegermutter ein angenehmeres Verhältnis entwickelt. Wenn Diana zum Schwimmen in den Palast kam, brachte sie üblicherweise William mit, der im Garten spielte, während sie die Königin besuchte.

Charles hatte seinen eigenen gefüllten Terminkalender, der drei große Reisen nach Übersee vorsah: im Februar fünf Tage nach Brunei, den gesamten März über nach Afrika und im August eine Woche nach Papua-Neuguinea. Zudem besuchte das königliche Paar die üblichen Wohltätigkeitskonzerte und andere königliche Ereignisse. Dimbleby zufolge lebten sie jedoch »in der Zurückgezogenheit einer normalen Ehe, der es nach wie vor an jener Vertrautheit und jenem gegenseitigen Verständnis mangelte, ohne die eine Beziehung nicht wachsen kann. Da sie keinerlei gemeinsame Interessen besaßen, fanden sie kaum ein Gesprächsthema, abgesehen von banalen Vereinbarungen, wie sie notwendig sind, wenn zwei Menschen unter demselben Dach wohnen.«

Im dritten Ehejahr von Charles und Diana zeigte sich das gesamte Ausmaß ihrer Unvereinbarkeit deutlicher als je zuvor. Ihre Unterschiede wurden üblicherweise als Fragen des Geschmacks oder der Vorlieben bezeichnet: Während sie die Stadt liebte, zog es ihn aufs Land. Sie verehrte Elton John und Abba, er lauschte Opernaufnahmen. Sie genoss die Gesellschaft von Filmstars, er die von Philosophen und Wissenschaftlern. Sie liebte neue Trends, er schätzte Tradition bis hin zu seiner Jagdkleidung, einer unmodernen Norfolk-Jacke der gleichen Art, die sein Vater und Großvater trugen.

Selbst in ihrem Schreibstil wurde ihre Verschiedenheit erkennbar: Charles war dafür bekannt, dass er sich Zeit nahm und fünf bis sechs Seiten lange Briefe verfasste, die er mit leidenschaftlichen Ausbrüchen und kräftig unterstrichenen Satzteilen versah. In seinen Briefen setzte er sich intensiv mit einer eventuellen Notlage des Empfängers oder seiner eigenen Situation auseinander. »Seine Briefe waren gequält, besorgt und auch extrem humorvoll«, erzählte ein Freund. »Sie zeigten seinen Charakter, seine Überzeugungen und seine Hoffnungen, was ihn beunruhigte oder ihm gefiel, was ihn bekümmerte und was ihn optimistisch stimmte.«

Dianas Briefe waren kurz und gefüllt mit Klatsch und mädchenhaften Gedanken, die sie mit ihrem vielsagenden, immer wieder aufblitzenden Humor ausglich (»eine ganze Menge Tiara-Veranstaltungen, von denen man lediglich Kopfschmerzen bekommt«). Sie schrieb überschwänglich und beschrieb alles, was sie im Augenblick tat und fühlte. Ihrer ehemaligen Arbeitgeberin Mary Robertson zufolge streute sie »gelegentlich einen Schreib- oder Grammatikfehler ein, oder strich etwas aus«. »Mitunter zuckte man zusammen, wenn man einen Brief erhielt«, meinte eine Langzeitfreundin. »So schrieb sie ›lots of love‹ mit kleinen Smiles im Buchstaben »O« als Zeichen einer Umarmung. Die kleinen Gesichter waren ein Markenzeichen und die Worte etwas veraltet.« Ihre Briefe konnten jedoch unterhaltsam, charmant und häufig rührend sein.

Während sich bereits in ihren Briefen ihre stark unterschiedliche Persönlichkeit widerspiegelte, riefen Charles und Diana bei Menschen, die ihnen begegneten, noch erstaunlichere Reaktionen hervor. Insbesondere in Begleitung von Diana neigte Charles dazu, sich streng und gefasst zu geben. Häufig wirkte er, als fühlte er sich nicht behaglich, während sie sich überall wohl zu fühlen schien. Sein Charme war ruhig und zurückhaltend, während sie Glut, Magie, Anziehungskraft, Energie und Spontaneität ausstrahlte. Charles bemerkte, dass sich der Geräuschpegel erhöhte, sobald er eine Party verließ. »Was ist geschehen, nachdem ich weggegangen bin?« fragte er häufig. »Tatsache war, sobald Diana einen Raum betrat, erhöhte sie die Temperatur«, erklärte einer ihrer langjährigen Freunde. »Wenn in England ein Mitglied der Königsfamilie eintrifft, gefriert im Allgemeinen jede Party. Sie dagegen regte alle Männer an, sich von ihrer unterhaltsamsten Seite zu zeigen.«

In ihrer grundlegenden Polarität waren die Haltungen und Werte von Charles und Diana unvereinbar. In einigen Bereichen jedoch fanden sie ein gemeinsames Fundament: Diana war mit klassischer Musik aufgewachsen und entwickelte eine Liebe zur Oper, und sie teilte allmählich Charles' Interesse für alternative Medizin. In anderer Hinsicht besaß das Paar die Fähigkeit, voneinander zu lernen und Kompromisse zu schließen. Lange nachdem ihre Ehe gescheitert war, erklärte Diana Freunden, dass sie und Charles ein »erstaunliches Team« hätten bilden können. »Sie war sich bewusst, dass sie Stärken und Schwächen hatten«, sagte der Filmproduzent David Puttnam. »Wegen ihrer einander ergänzenden Eigenschaften war sie davon überzeugt, dass sie ein gutes Team ergeben hätten.« Ihre unterschiedlichen Temperamente – Dianas unablässiges Misstrauen, ihre Unsicherheit, ihr besitzergreifendes Wesen und ihre Unberechenbarkeit gegenüber Charles' Unfähigkeit, mit ihren Problemen umzugehen, sowie sein ständiges Bedürfnis nach Ermutigung – erwiesen sich als zu großes Hindernis.

Während des gesamten Jahres 1984 verstärkte die Presse den Eindruck einer Märchenehe, indem sie nach Beweisen für Harmonie suchte, etwa den »langen Blick und raschen Kuss« bei einem Polospiel an ihrem dritten Hochzeitstag. In einem Artikel mit der Überschrift »Tausend Tage Di« erklärte Judy Wade von der *Sun* im April, dass Diana »Gespräche steuert ... und die Unterhaltung mit Charles dominiert«. Diese Bemerkung traf offenkundig nicht zu, wie der Herausgeber der *Sunday Times*, Andrew Neil, selbst feststellen konnte, als er gemeinsam mit dem Herausgeber der *Times*, Charles Douglas-Home (einem Cousin von Diana), in diesem Monat mit dem Prinzenpaar von Wales im Kensington Palace speiste. »Das königliche Paar hatte eindeutig wenig Gemeinsamkeiten«, schrieb Neil. »Charles sprach ausführlich über Tagesthemen ...

Diana nahm kaum am Gespräch teil ... Charles unternahm keinerlei Bemühungen, sie einzubeziehen.«

Neil versuchte, Diana durch einen Hinweis auf das Konzert der Gruppe Dire Straits, dem sie am Abend zuvor beigewohnt hatte, aus ihrem Schweigen zu locken. »Daraufhin begann sie lebhaft zu erzählen«, erinnerte sich Neil. Ein zweites Mal schaltete sie sich ein, als der bevorstehende Besuch von Ronald und Nancy Reagan in London zur Sprache kam. Diana bezeichnete Reagan als »Horlicks«, ein Sloane-Ranger-Begriff für eine langweilige alte Person, und erklärte, dass Nancy Reagan ausschließlich daran interessiert sei, mit der Königsfamilie abgebildet zu werden. »Es überraschte mich ein wenig, wie bitter sie in ihren Kommentaren war«, stellte Neil fest.

Diana zog sich im Juli von ihren öffentlichen Pflichten zurück, und das königliche Paar fuhr Ende August zu seinem jährlichen Urlaub nach Balmoral. Sie war erschüttert über den Tod ihres Onkels Edmund Fermoy, der in diesem Monat im Alter von 45 Jahren Selbstmord begangen hatte, und weinte bei seinem Gedenkgottesdienst in aller Öffentlichkeit. Nur wenige Tage später, als Charles zu einem Angelausflug in die Highlands fuhr, schrieb Diana zwanglos an eine Freundin: »Ich kann es nicht ertragen, fern von ihm zu sein, für den Fall, dass ich nun mein Ei lege.« Diese Zeit gehörte Diana zufolge dem »dunklen Mittelalter« an. Über die Sommermonate vor Harrys Geburt äußerte sie jedoch später, dass sie und Charles einander näher gewesen wären als je zuvor.

Unpassenderweise enthielt Diana ihrem Ehemann eine wichtige Tatsache vor. Seit dem Ultraschall vom April wusste sie, dass sie einen Sohn erwartete, hielt das Geschlecht ihres Kindes jedoch geheim. (Sowohl Diana als auch Charles hatten im Frühjahr erklärt, sich ein Mädchen zu wünschen: Diana sagte, dass sie auf ein Mädchen »hoffe«, während Charles meinte, dass es »nett wäre«, ein Mädchen zu bekommen). »Diana verwies darauf, dass in der königlichen Familie immer zunächst ein Junge und dann ein Mädchen geboren würde«, berichtete ein ehemaliger Hofangestellter. »Da sie sich an [Charles'] Wunsch nach einem Mädchen erinnerte, verbarg sie vor ihm, dass sie einen Jungen erwartete. Es war geradezu zwanghaft.«

Zudem war Diana nach wie vor wegen Camilla besorgt, eine Fixierung, die zu einem ständigen Bestandteil der ehelichen Dynamik geworden war. Im Lauf der Jahre widersprach sich Diana so häufig in Bezug auf ihre Verdächtigungen gegen ihren Mann, dass es nahezu unmöglich ist festzustellen, was sie zu einem gegebenen Zeitpunkt tatsächlich dachte. Verschiedentlich erklärte sie sich überzeugt, dass Charles nie aufgehört habe, Camilla zu treffen, dass er zynischerweise nach der königlichen Hochzeit zu ihr zurückgekehrt sei und dass sie mit Charles übereinstimme, dass die Affäre mit Camilla im Jahr 1986 wiederaufgenommen wurde, als die Ehe des Prinzenpaares »unheilbar zerrüttet« war. Im Gespräch über die Geburt ihres zweiten Kindes erklärte Diana gegenüber Andrew Morton: »Damals wusste ich bereits, dass er zu seiner Geliebten zurückgegangen war. Irgendwie gelang es uns jedoch, Harry zu bekommen«.

Die widersprüchlichen Botschaften, die Diana an Charles aussandte, wurden nach der Geburt von Henry Charles Albert David am 15. September noch komplizierter. Später erklärte Diana, dass sie von der Enttäuschung in Charles' Stimme entsetzt gewesen war, als er sagte: »O Gott, es ist ein Junge«, gefolgt von »und noch dazu mit rotem Haar«. In diesem Augenblick »sei irgendetwas in ihr zerbrochen ... Es gab einfach einen großen Krach, und unsere Ehe und alles stürzte in sich zusammen«. Ein Mann aus Charles' direkter Umgebung hingegen erklärte, dass Diana den Augenblick vollkommen falsch interpretierte. »So etwas mit Abscheu oder Ablehnung zu sagen, entsprach nicht seinem Charakter. Möglicherweise hatte er scherzhaft ausgerufen: ›Oh, rotes Haar‹. Als er zur Zeit der Veröffentlichung des Morton-Buchs von dieser Deutung erfuhr, war er zutiefst entsetzt.«

Freunde von Charles und Diana betrachteten Dianas Bemerkung, dass »etwas zerbrochen« sei, als Ende ihrer sexuellen Beziehung. »Sie erklärte, dass [die Ehe] nach Harrys Geburt eine Wende zum Schlechten nahm«, berichtete eine Freundin von Diana. »Mir gegenüber gab sie immer wieder vor, sie wisse nicht, warum.« Ein Freund des Prinzen aber beobachtete, dass Charles Diana nach Harrys Geburt nicht zurückwies. »Das passt einfach nicht mit den verfügbaren Beweisen zusammen«, behauptete dieser Freund. »Zu diesem Zeitpunkt gab es praktisch nichts, was [Diana] das Gefühl vermittelte, dass ihre Bedürfnisse gestillt würden. Angesichts ihrer Probleme genügte es nicht, ihr Zuneigung zu zeigen und zu versuchen, ihren Wünschen zu entsprechen.«

# KAPITEL 12

Möglicherweise war in Diana alles zerbrochen, aber das bedeutete nicht, dass die Ehe zerrüttet war. Die Beziehung schien in eine Abwärtsspirale geraten zu sein, die von feindseligen Presseberichten beschleunigt wurde. Charles versuchte auch weiterhin, mit Dianas rätselhafter Unbeständigkeit zurechtzukommen. Sie schwankte zwischen Schatten und Licht, wobei ihre Verzweiflung von Perioden trügerischer Ruhe durchbrochen war. Ihre »glücklichen Momente« wurden in der Regel von ihren beiden Söhnen ausgelöst, deren Possen sie zu herzlichem Lachen anregten. An anderen Tagen war Diana wegen vermeintlicher Verunglimpfungen oder kritischer Überschriften in den Morgenzeitungen am Boden zerstört.

Soweit in der Öffentlichkeit bekannt war, hatte sich Diana dem königlichen Lebensstil angepasst und sich in ihrer Rolle als Ehefrau und Mutter zurechtgefunden. Der *Sunday Telegraph* berichtete: »Professionelle Diana-Beobachter erklären, dass 1984 das Jahr war, in dem die Prinzessin ihren Stil als Frau gefunden hatte, wusste, wer sie war und wie sie dem beträchtlichen Druck standhalten konnte, der auf ihr lastete.« Während Dianas in der Öffentlichkeit gezeigte Sorglosigkeit lediglich Schauspiel war, besaß sie eine aufrichtige Vorliebe für die Mutterschaft. Ihr Hair-Stylist Kevin Shanley besuchte sie wenige Tage nach Harrys Geburt und fand sie in »großartiger Form« vor, »überglücklich über Harry«. Während sie William lediglich drei Wochen gestillt hatte, stillte sie Harry fast drei Monate.

Sie litt auch nicht unter postnataler Depression. Zum Teil war das darauf zurückzuführen, dass sie bereits im November ihre dicht gedrängten Termine in der Öffentlichkeit wieder aufnahm, Behandlungszentren für Taube und Blinde besuchte, einen neuen Kindergarten inspizierte und ein Kreuzfahrtschiff taufte. Sie schien entschlossen, Fassung zu wahren. So stand sie frühzeitig auf, schwamm täglich, ging abends selten aus und begab sich bald zur Ruhe.

Ihre Unsicherheit in Bezug auf Charles dürfte sich jedoch verstärkt haben. Einige von Charles' Freunden waren beunruhigt über das Ausmaß, in dem sie seine Anwesenheit forderte, und sorgten sich, wie Dimbleby schrieb, dass »sie ihn zu besitzen versuchte, nur um ihn zurückzuweisen«. Auf Dianas Drängen hatte Charles bereits seine Jagdausflüge eingeschränkt. Während der Jagdsaison des letzten Jahres, die von Oktober bis Januar dauerte, ließ er seine Gewehre zu Hause und ging nur gelegentlich auf die Fuchsjagd, statt zweimal wöchentlich wie vor seiner Ehe. Im Gegensatz zu der beliebten Theorie der Presse, dass Diana diese Aktivitäten aus philosophischen Gründen als »blutigen Sport« ablehnte, empfand sie sie lediglich als langweilig und ärgerte sich über die langen Zeiträume, die sie Charles von ihr fernhielten.

Polo missfiel ihr ebenfalls. Der Sport erschien ihr rau und langweilig. Diese Abneigung verstärkte sich an dem Tag, an dem Charles sie und Harry aus dem Krankenhaus abholte, um anschließend an einem Spiel in Windsor teilzunehmen. Trotz Dianas Widerstand hielt Charles hartnäckig an diesem Spiel fest. Er betrachtete es als »überaus wichtig für mein körperliches und geistiges Wohlbefinden. Zudem erfüllt es mich mit einem unendlich guten Gefühl ... und zählt neben der Malerei zu den besten mir bekannten Möglichkeiten ... die Belastungen und Komplikationen des Lebens zu vergessen. Seltsamerweise ist es gerade die notwendige intensive Konzentration, die [dieses Spiel] so entspannend macht.«

Nach Harrys Geburt ersuchte Diana Charles, seine offiziellen Verpflichtungen einzuschränken, um mehr Zeit zu Hause mit den Jungen zu verbringen. Diana informierte den steifen Edward Adeane sogar darüber, dass er nicht erwarten solle, Charles am frühen Morgen zu treffen – eine Tageszeit, zu der der Privatsekretär bisher gewöhnt war, ungestört mit Charles zu arbeiten –, da ihr Ehemann im Kinderzimmer gebraucht werde. Adeane beantwortete ihre Nachricht mit düsterem Blick, erhob jedoch keine Protest. Charles fühlte sich schuldig, weil er sich seinen Pflichten entzog, kam jedoch Dianas Wünschen nach.

In der Folge entwickelte Charles eine engere Beziehung zu seinen beiden Söhnen. Später erklärte Diana, dass Charles es genossen habe, bei der Pflege seiner beiden kleinen Jungen zu helfen, ihnen Fläschchen zu geben und mit ihnen zu spielen, und dass er diese Aufgaben gut erfüllt habe. Den Adleraugen der Boulevardblätter entging es natürlich nicht, dass Charles die öffentliche Arena seltener betrat. Sie führten anhand des »Hofrundschreibens« Buch, das täglich auf der Rückseite der *Times* und des *Telegraph* erschien und das öffentliche Erscheinen der Mitglieder der königlichen Familie an diesem Tag bekannt gab. Periodisch veröffentlichten die Zeitungen eine Tabelle, anhand derer sie die relative Pflichterfüllung der einzelnen Mitglieder des Königshauses verglichen. Als Charles in einem Zeitraum von drei Monaten lediglich 15 öffentliche Auftritte vorzuweisen hatte – im Gegensatz zu den 56 seiner unermüdlichen Schwester Anne –, zögerte die Presse keinen Augenblick, seine Unzulänglichkeit zu betonen. Annes »Höhepunkt königlicher Produktivität fällt mit dem deutlichen Rückzug ihres Bruders aus dem königlichen Kreis zusammen, da er so viel Zeit wie möglich mit seinen Kindern verbringen möchte«, berichtete der *Daily Express*.

Anfang Januar kündigte Edward Adeane abrupt, wofür die Presse ungerechterweise Diana verantwortlich machte. Dem *Daily Express* zufolge hatten Adeanes Freunde »keine Zweifel daran, dass ihn die Prinzessin von Wales aus dem königlichen Dienst gedrängt hatte«. Nigel Dempster, der Reporter mit der rasiermesserscharfen Zunge, erklärte Charles zu einem »Schlappschwanz ersten Ranges« und meinte, dass Diana »gute Aussichten hat, ein erstklassiges Miststück zu werden«. Die Spannungen zwischen Adeane und Diana hatten zwar zu seinem Rücktrittsentschluss beigetragen, der Hauptgrund lag jedoch in einer philosophischen Differenz mit Charles. Adeane hatte pflichtbewusst gehandelt, als er dem Prinzen riet, Kontroversen in seiner Rolle zu meiden. Charles hingegen wollte seine unkonventionellen Ansichten zu bedeutenden Themen wie Stadtplanung kundtun, eine Offenheit, die Adeane nicht ertragen konnte.

Zwei Wochen später sauste Diana den Schiabfahrtshang in Liechtenstein hinab, nachdem sie sich während eines vorab vereinbarten Fototermins über die Fotografen geärgert hatte. »Ich werde dafür bezahlen müssen«, murmelte Charles. Andrew Morton stellte zwischen Adeanes Kündigung, Dianas Gereiztheit und Charles' neuem Image als Hausmann eine Verbindung her und stellte in einem Artikel die Frage, ob Charles nun ein »schwächlicher Wicht« sei, der der Gnade seiner »diamantharten Frau« ausgeliefert war, eine »königliche Maus« oder ein »durch und durch moderner Mann«. Nach Erörterung aller gegebenen Faktoren schloss Martin, dass »Diana zu Hause die Oberhand behält, Charles jedoch in der Öffentlichkeitsarbeit des Königshauses fest im Sattel sitzt«. Im Gegensatz zu dem Eindruck von Schwäche, den Charles vermittle, besitze er »eine aus Eisen geschmiedete Seele« und sei in Wirklichkeit »eine brüllende Maus«.

Die übrigen Zeitungen kamen zu anderen Schlussfolgerungen. Eine bezeichnete Diana als »wahre Herrscherin« und Charles als »echten Pantoffelhelden«. Die *Sun* erklärte, Diana sei eine »Primadonna« und eine »Frau aus Stahl«, der es »vollkommen gleichgültig« sei, wenn sie ihren Ehemann in der Öffentlichkeit demütigte. »Kein Mann hat je mehr Mühen auf sich genommen, um die Wünsche einer Frau zu erfüllen«, schrieben Harry Arnold und Judy Wade. »Sie muss dem Mann, der eines Tages das Land regieren wird, zugestehen, in seinem eigenen Heim zu regieren.«

Im April 1985 verbrachte das Prinzenpaar zwei Wochen in Italien, wo sich die Menschen drängten, um einen Blick auf Diana zu erhaschen, während die italienische Presse erbarmungslos über jeden Schritt Bericht erstattete. Charles war gerührt von den »Höhenflügen des menschlichen Geistes«, die Italien zu bieten hatte, und die *Daily Mail* berichtete optimistisch, dass die Reise Diana »auf geistiger Ebene zu einer engeren Kameradin von Charles« mache. Diana war keineswegs begeistert, verbarg ihr mangelndes Interesse jedoch hinter ihrer Haltung und ihrem Lächeln. Während eines Spaziergangs durch einen Garten in Florenz sah Charles Diana durch einen Torbogen treten und rief: »Pass auf deinen Kopf auf.« »Warum? Es ist doch sowieso nichts darin«, gab Diana scherzhaft zurück. Charles missfiel Dianas Beliebtheit, aber er verbarg seine Unsicherheit hinter den ihn umgebenden Schönheiten aus Kunst und Architektur.

Vor der Abreise des Prinzenpaares aus England hatten die Zeitungen über das kleine Vermögen spekuliert, das Diana für ihre Garderobe für den Italienaufenthalt aufgewendet hatte. Als sie jedoch zu viele bekannte Kombinationen trug, bezeichnete sie die Presse als »Secondhand-Rosa«. Die italienischen Modekritiker bekrittelten sie als »stillos«, vor allem in Bezug auf ihre Kollektion »abscheulicher Hüte«. Besonders die weibliche Öffentlichkeit konnte jedoch von Dianas Abfolge neuer Looks nicht genug bekommen. Sie wirkte wie eine zum Leben erwachte Papierpuppe, die sich herausputzte, um die Fantasien der Frauen anzuregen.

Während Presse und Öffentlichkeit Diana als modische Offenbarung betrachteten, überraschte sie mit stets kühneren Schwelgereien – einem knöchellangen Seidenkleid in Fuchsie, Rosa und Türkis im Stil eines Bademantels, einem Kleid in Silberlamé, das das von Joan Collins in den Hintergrund drängte, ein speziell umgearbeitetes schwarzes Dinnerjacket aus Charles' Kleiderschrank, ein rückenfreies Kleid mit einer Perlenkette, die »verkehrt herum« getragen wurde, und eine ihrer spektakulärsten Inspirationen: ein sechs Millionen DM teures Halsband aus Smaragden und Diamanten, das sie wie einen indianischen Kopfschmuck quer über die Stirn trug. »Wenn sie ausging, versuchte sie, die Aufmerksamkeit der Presse auf sich zu ziehen, indem sie etwas Neues oder Auffälliges trug. Und wenn sie sich für ein altes Kleid entschied, dann hatte es gewiss ein besonderes, neues und stilvolles Detail an sich. Sie wusste das Spiel zu spielen«, berichtete ein ehemaliger Berater des Palastes.

Diese Gags brachten ihr Applaus ein, erweckten jedoch auch den Eindruck von Oberflächlichkeit und Exhibitionismus. »Selbst wenn man in eine königliche Dynastie einheiratet, bedeutet der Titel einer Prinzessin mehr, als nur ein Image zu kreieren«, belehrte die *Times*. Dianas Unsicherheit über ihr Bild in der Öffentlichkeit wuchs, und sie beklagte sich sogar bei ihrem Freund Roberto Devorik, wenn sie als besonders schön oder schick bezeichnet wurde. »Sie fragte: ›Warum sagen sie nicht, was für ein wundervoller Mensch ich bin?‹« erinnerte er sich.

Während dieses turbulenten Winters und Frühjahrs übersah die Presse eine bedeutende Entwicklung im Leben von Diana und Charles: den stillen Abschied von Charles' Berater Michael Colborne am 1. Januar nach zehn Jahren im königlichen Dienst. Colborne war beiden Ehepartnern eine solide Stütze gewesen, vorwiegend weil er wusste, wie er reagieren sollte, ohne eine unsichtbare königliche Grenze zu überschreiten, was bei Diana besonders wichtig war. Seine Position brachte ihn zwangsläufig in die Rolle eines Schiedsrichters zwischen zwei Krieg führenden Parteien, was seine Begeisterung für seine Aufgabe dämpfte. Die Wende trat während der Kanadareise Mitte 1983 ein.

Während sich Charles auf einer Öffentlichkeitsrunde befand, blieb Diana auf der *Britannia* zurück und ersuchte Colborne, sie dort zu treffen. Sie fühlte sich allein und wünschte seine Gesellschaft – eine Rolle, die er oft gespielt hatte, um ihr Gleichgewicht zu wahren. Nachdem Colborne einige Vereinbarungen für Charles getroffen hatte, verbrachte er den Nachmittag mit Diana. Als Charles zurückkehrte, rief er Colborne in seine Kabine und explodierte vor Wut. Er beschuldigte seinen treuen Berater, seine fürstlichen Bedürfnisse kurz abzufertigen, und ließ sich nicht durch Colbornes Erklärung beschwichtigen, dass seine Hilfe für Diana im Interesse aller wäre. Als Charles' Wutausbruch endete, öffnete er die Tür, nur um Diana tränenüberströmt beim Lauschen zu ertappen.

Obwohl sich Charles später entschuldigte, entschied Colborne, nicht weiterzumachen. Charles' »Spannungen und Zerrissenheit« schmerzten ihn, während ihm Dianas Verhalten »wie ein Albtraum erschien, jenseits jeder Vernunft und völlig außer Kontrolle«. Colborne kündigte im April 1984. Charles und Diana überredeten ihn jedoch, bis nach der Geburt ihres zweiten Kindes zu bleiben. »Beide traf meine Kündigung hart«, erzählte Colborne. »Ich hatte nicht erwartet, dass es ihn so aufwühlen würde, und als sie mich gehen sah, hatte sie zwei Kinder, einen gefüllten Terminkalender und keine Möglichkeit, das zu ändern. Sie sah, was auf sie zukam. Es war ein Blick in die Zukunft.«

Mitte des Jahres 1985 verbreitete sich in aristokratischen Kreisen die Nachricht, dass die düsteren Geschichten über die Ehe des Prinzenpaares von Wales mehr als nur Presseklatsch waren. Die Prinzessin Michael von Kent, eine Nachbarin von Charles und Diana im Kensington Palace, war sowohl für ihre Indiskretion als auch für ihre scharfe Beobachtungsgabe bekannt. Zudem hatte sie mit Diana, die sie als glanzvollstes Mitglied der Königsfamilie entthront hatte, noch eine Rechnung offen. Während einer Veranstaltung im Victoria und Albert Museum vertraute die Prinzessin dem Museumsdirektor einige Nachrichten an, die ihn erschreckten. Sie bezeichnete Diana als »Katastrophe« und drückte ihr Mitgefühl für den »armen Prinz Charles« aus, »der Highgrove gekauft hatte, um seinen ehemaligen Freundinnen nahe zu sein. Niemand war glücklich. Diana war steinhart, es gab weder gemeinsame Bemühungen noch Ziele, alles war ein großes Missgeschick für ihn ... Darüber hinaus ist Diana zu einer Medienkönigin geworden, was alles nur verschlimmert.« Wie die Prinzessin Michael Strong erklärte, geriet Charles »in eine zunehmende Isolation, da sich auch die Königin zurückgezogen hatte«. Mit einiger Voraussicht bezeichnete sie Diana als »Zeitbombe«.

Genährt von Berichten, die zu verschiedenen Redaktionsmitgliedern durchgesickert waren, tanzte die Boulevardpresse an der Klippe der sich enträtselnden Ehe des Prinzenpaares von Wales. Die ersten ernstlichen Zweifel meldete ironischerweise die amerikanische Zeitschrift *Vanity Fair* an. Da der Artikel von Tina Brown verfasst war, der in Großbritannien geborenen Hauptherausgeberin, erregte er in der Heimat augenblicklich Aufmerksamkeit. Im Grunde fasste der Bericht Themen zusammen, die während dieses Jahres bereits in den Zeitungen behandelt worden waren, ergänzte sie um neue Informationen und provokante

Deutungen und verpackte das Ganze in Glanzpapier. Unter dem Titel »Die brüllende Maus« stellte die Geschichte alles auf den Kopf, was Andrew Morton zuvor geschrieben hatte, und behauptete, dass Diana, und nicht Charles, die »eiserne Maus« sei. Die Darstellung schloss mit der Bemerkung, dass »der Erbe des Throns, wie es scheint, von nun an bis in alle Ewigkeit unter der Knute eines Kätzchens stehe«. Der Artikel verwies auf Dianas »besessene Auseinandersetzung mit ihrem Image« und warnte vor ihrer »ablehnenden Haltung gegenüber der Presse«, die »den ersten Schritt zu einem vom Ruhm ausgelösten Rückzug aus dem Leben bedeutet. Der zweite Schritt ist ›Graceland‹, wenn die Welt der Wirklichkeit völlig in sich zusammenbricht. Es besteht die Gefahr, dass dieser Prozess bei Diana bereits begonnen hat.«

Der Buckingham Palace wies die Geschichte als »Unsinn« zurück, und die Zeitungen griffen die »snobistische *Vanity Fair*« erwartungsgemäß wegen ihrer »erstaunlichen«, »verblüffenden« und »abscheulichen« Attacke an, während sie die einzelnen Punkte sorgfältig bis ins kleinste Detail zerpflückten. Der *Daily Mirror* prangerte den Bericht einerseits als »törichten Klatsch« an, gestand andererseits jedoch, dass »Teile davon äußerst einleuchtend wirken und nur allzu leicht zu glauben sind«. Die *News of the World* insistierte, dass Charles kein »königlicher Weichling« sei und fügte eigene Beweise für Spannungen in der Ehe hinzu. Deidre Fernand, die ehemalige Korrespondentin der *Times* über das Königshaus, erinnerte sich, dass die Auseinandersetzung über »›Die brüllende Maus‹ wohl eine Wirkung hatte, die Menschen sie jedoch für unwahr hielten und lediglich als gehässigen New Yorker Klatsch betrachteten«.

Charles und Diana waren durch die Berichterstattung hinreichend getroffen, um in einer langfristig angekündigten Fernsehsendung Ende Oktober zu reagieren. Die Sendung wurde seit dem Sommer vorbereitet, als die Berater des Palastes entschieden, dass es für das Prinzenpaar an der Zeit sei, in einem ausführlichen Interview den über ihre Ehe zirkulierenden Geschichten entgegenzutreten. Eine begleitende Dokumentation, die ein Jahr später ausgestrahlt wurde, beinhaltete auch Fotomaterial des Paares zu Hause und bei der Arbeit. Das 1985 aufgezeichnete Interview mit Sir Alastair Burnet berührte eine Palette von Themen, die von ihren öffentlichen Pflichten bis zu den Presseberichten über das Paar, und von Charles' exzentrischem Wesen bis zu Dianas Essgewohnheiten und ihrem Geschmack für Mode reichte.

Da sich Diana geradezu panisch davor fürchtete, öffentlich zu sprechen, zog Charles den Filmregisseur Richard Attenborough hinzu, um sie zu schulen. (Als sie einige Monate zuvor gebeten wurde, eine Aufklärungskampagne zum Drogenmissbrauch vorzustellen, geriet sie so in Verwirrung, dass sie lediglich »O Gott, ... nun, ... äh ... ich drücke die Daumen« hervorbrachte.) Attenborough lehrte Diana, sich vor der Kamera zu bewegen, aufmerksam zuzuhören, während sie gefragt wurde, und langsam und deutlich zu sprechen. Um ihre Nervosität zu lindern, gewährte Burnet Diana eine vollständige Generalprobe.

Nebeneinander auf einem Sofa sitzend, boten Diana und Charles vor einem Fernsehpublikum von zwanzig Millionen Menschen ein Bild der Selbstsicherheit und des Charmes. Auf die Frage, ob sich Diana durch die böswilligen Berichte über ihr Privatleben verletzt fühle, blickte sie direkt in die Kamera und sprach in enthüllender Weise über ihre Ängste: »Selbstverständlich. Man fühlt sich verletzt und denkt, ›O Gott, ich möchte heute nicht hinausgehen und meine öffentlichen Auftritte erfüllen. Niemand will mich sehen, Hilfe, Panik‹. Aber man muss sich selbst einen Ruck geben.« In Bezug auf die Beschuldigung, dass sie im eigenen Heim regiere, plädierte Diana auf ›nicht schuldig‹ und gestand lediglich, »dass ich mir gegenüber eine Perfektionistin bin, aber nicht zwangsläufig auch anderen gegenüber«. Um ihrem Image eines modesüchtigen, oberflächlichen Wesens entgegenzuwirken, bestand sie darauf, dass »meine Kleidung nicht mein Hauptanliegen ist«, räumte aber gleichzeitig ein, »dass ich mitunter etwas maßlos sein kann«. Ebenso behauptete sie, »ich bin nie wirklich auf Diät ... Vielleicht bin ich so hager, weil ich so viel Sport treibe.« Als ihre wichtigste Aufgabe führte sie an, dass »ich meinen Mann unterstütze, wo immer ich kann, und ihm stets zur Seite stehe. Besonders wichtig ist es jedoch für mich, Mutter und Ehefrau zu sein.«

Charles gestand, »dass ich mit zunehmendem Alter exzentrischer werde«, erklärte jedoch, dass sein Interesse an alternativer Medizin seinen Wunsch widerspiegle, »geistig offen zu bleiben«. Besonders scharf wies er die Kritik an seinen Bemühungen zurück, seine freimütigen Ansichten über Architektur zu äußern. Im Jahr zuvor hatte er eine flammende Rede über den »gewaltigen Karbunkel« gehalten, der der National Gallery hinzugefügt werden sollte. Diese lebendige Metapher führte dazu, dass der ursprüngliche Entwurf durch einen hochgerühmten anderen ersetzt wurde. »Mitunter, aber nicht allzu oft, gewinne ich den

Eindruck, dass ich einen Stein in einen Teich werfen und beobachten kann, wie die Wellen Diskussionen auslösen, die hoffentlich zu einem besseren Ergebnis führen«, erklärte er.

Sowohl der Prinz als auch die Prinzessin ließen immer wieder selbstkritischen Humor durchscheinen; Diana etwa verteidigte den Umfang ihrer Garderobe für eine Auslandsreise mit der Bemerkung: »Ich kann doch wohl nicht in einem Leopardenfell in der Öffentlichkeit auftreten.« Und Charles bezeichnete sich selbst als »von der alten Garde.« Als Diana sagte, dass sie nun die Zeichensprache erlerne, um mit Tauben zu kommunizieren, warf Charles ein: »Ich freue mich darauf, dass sie sie auch mir beibringt, denn sie behauptet, ich sei ohnehin taub.«

Eine leichte Gereiztheit war zu erkennen, als Burnet die Frage stellte, ob das Prinzenpaar auch miteinander streite. »Ich vermute, dass die meisten Ehemänner und Ehefrauen glauben, häufig zu streiten«, meinte Charles. »Aber wir nicht«, konterte Diana. »Gelegentlich doch«, beharrte Charles. »Nein, wir nicht«, entgegnete sie. Der Wortwechsel wurde von der *Daily Mail* als »freundschaftlicher Krach« bezeichnet. Dass Diana so beharrlich eine offenkundige Wahrheit ableugnete, schien jedoch seltsam.

Verglichen mit ihrem unbeholfenen einsilbigen Verhalten während des Verlobungsinterviews wirkte Diana nun selbstsicher und redegewandt; möglicherweise war sie sogar etwas wortreicher als ihr Ehemann. Sämtliche Zeitungen gaben der Sendung hohe Noten und zogen außergewöhnliche Schlussfolgerungen über den Zustand der Ehe. »Was für ein fantastisches Prinzenpaar«, schrieb James Whitaker im *Daily Mirror*. »Es gibt auf der ganzen Welt keinen freundlicheren, rücksichtsvolleren Menschen als Prinz Charles.« Die *Sun* verkündete: »Di und Charles sind heftig ineinander verliebt«, als schriebe man wieder Juli 1981.

Nach ihrem Fernsehtriumph unternahm das Paar eine weitere Auslandsreise. Es kehrte nach Australien zurück und besuchte erstmals die Vereinigten Staaten. Charles und Diana schenkten sich einen tiefen Blick, während sie in Melbourne zu Stevie Wonders Lied »Isn't She Lovely« tanzten. In Washington und Palm Beach stahlen ihnen ihre Tanzpartner die Show: John Travolta und Clint Eastwood mit Diana im Weißen Haus und Joan Collins mit Charles in Florida (»ein unglaubliches Dekolleté ... Die Augen machen sich selbständig – ein großes Problem!« schrieb er einem Freund).

Einer der ergreifenderen Augenblicke in der Ehe des Prinzenpaares von Wales ereignete sich Ende Dezember während der weihnachtlichen Wohltätigkeitsveranstaltung der Freunde von Covent Garden in der Königlichen Oper. Die jährliche Varietéaufführung zeigte die Künstler von Covent Garden bei außergewöhnlichen Gesangs-, Tanz- und Schauspieldarbietungen. Im Jahr zuvor hatte Charles einen engagierten Auftritt als Romeo in einem Shakespeare-Ausschnitt, und dieses Jahr hatte sich Diana entschlossen, ihn mit einer Kostprobe ihres eigenen Talents zu überraschen. »Sie versuchte, ihm zu gefallen, damit er stolz auf sie wäre«, erinnerte sich eine Freundin. Im Oktober kontaktierte sie den Tänzer Wayne Sleep, der mit 1,58 Meter zwanzig Zentimeter kleiner war als Diana, und ersuchte ihn, ein Duett mit ihr zu Billy Joels Lied »Uptown Girl« zu choreografieren.

Diana studierte die Schritte heimlich ein und entschuldigte sich am Abend der Vorstellung zur festgesetzten Zeit aus der königlichen Loge. Sie wechselte ihr rotes Samtkleid gegen ein eng anliegendes, tief ausgeschnittenes weißes Satinkleid und erschien mit ihrem kleinwüchsigen Partner auf der Bühne. Das Publikum hielt den Atem an. Ihre vierminütige Nummer erhielt für jeden Schritt begeisterten Applaus. Obwohl Diana Sleep weit überragte, hob er sie im Verlauf der Darbietung hoch über seinen Kopf und trug sie sieben Meter weit über die Bühne. Der Fotograf von Covent Garden Reg Wilson bezeichnete Dianas Auftritt als »provozierend und sinnlich ... Ihr Blick war stets auf Charles gerichtet. Die beiden hatten unendlichen Spaß an der Aufführung.« Charles war wie betäubt, doch er lächelte und applaudierte begeistert während der acht Vorhänge, die das Publikum forderte. Danach erklärte er Sleep, dass Diana eine »fantastische« Tänzerin sei, insgeheim jedoch hatte ihn Dianas Salome-Darstellung verunsichert. »Vielleicht war er ein wenig beunruhigt, ob sich dies schickte, und dachte, dass sie vielleicht ein anderes Kostüm hätte wählen sollen. Das Kleid war ein wenig aufreizend«, meinte ein Freund des Paares. »Sie hatte sich sehr bemüht, ihn zu beeindrucken, möglicherweise aber nicht die beabsichtigte Wirkung erzielt.«

1985 präsentierte sich das Prinzenpaar von Wales nach wie vor in der Öffentlichkeit als Einheit und fuhr sogar mit den neckischen Küssen im Anschluss an Polospiele fort, war jedoch nur selten gemeinsam bei gesellschaftlichen Ereignissen zu sehen. Seit Beginn der Ehe hatte Diana wenig Begeisterung gezeigt, selbst Feste auszurichten, da es ihr als Gastgeberin an Selbstvertrauen mangelte. Diana mied Menschen, die ihr zu klug erschienen. Sie beklagte sich über die »Schwergewichte« aus dem Außenministerium und Politiker, die pflichtbewusst mit ihr plauderten, wenn sie bei einem Abendessen den Platz neben ihr erhielten. Ihr geringes Selbstbewusstsein in nicht vertraute Situationen weitete sich sogar auf Kinderfeste aus. »Sie wagte es kaum, andere Mütter zu begrüßen«, erzählte eine Freundin. »Wenn sie gut gelaunt war, sprach sie mit den Kindermädchen oder spielte mit den Kindern. In schlechter Stimmung beschränkte sie sich darauf, mit den Kindern zu spielen.«

In Dianas und Charles Privatleben waren die ersten Hinweise darauf zu erkennen, dass das Paar getrennter Wege ging. Diana erschien bei mehreren Festen allein und wirkte deutlich entspannter als in Gesellschaft ihres Mannes. Bei einer Hausparty alter Freunde tanzte sie bis vier Uhr früh. Der Gastgeber, ein Hauptmann der Coldstream Guards namens Richard Clowes, soll später erklärt haben, dass Diana in »glänzender Form« war. Charles war dazu übergegangen, sich wieder mit seinen exilierten Freunden zu treffen, darunter Nicholas Soames, die Brabournes, Romseys, Palmer-Tomkinsons und sogar Kanga Tryon. Der Wiederannäherung an Kanga schloss sich Diana unübersehbar an. Sie zeigte ihre Zustimmung, indem sie die Boutique besuchte, die Kanga am Beauchamp Place führte, und mehrere Kleider kaufte. Kurz darauf wurden die beiden Frauen bereits bei einem gemeinsamen Mittagessen gesichtet. Möglicherweise hatte Diana Hintergedanken, da Kanga dafür bekannt war, dass sie in ihrem Wettstreit um Charles' Aufmerksamkeit »gelb vor Eifersucht auf Camilla« war, wie der Londoner Innendekorateur Nicholas Haslam behauptete. »Zwischen Camilla und Kanga herrschte in den achtziger Jahren eine gespannte Stimmung«, erklärte der *Sun*-Journalist Stuart Higgins, der regelmäßig mit Camilla in Kontakt war.

Irgendwann im Lauf des Jahres 1985 – niemand weiß genau, wann – entschloss sich Diana, unabhängig von Charles nach Zuneigung und Unterstützung zu suchen. Ende des Frühjahrs war Unteroffizier Barry Mannakee als neuer Leibwächter eingestellt worden. Er war ein unwahrscheinlicher Kandidat für eine Romanze. Der etwas schwerfällige Mann mit dem schütter werdenden braunen Haar stammte aus der Arbeiterklasse. Durch seine humorvolle Persönlichkeit fühlte sich Diana jedoch augenblicklich wohl in seiner Umgebung. Die erste Annäherung erfolgte, als er sie während eines Weinkrampfes und Depressionsanfalls tröstete. Einem anderen Mitglied des Personals gegenüber erwähnte er, dass sie vor einem öffentlichen Auftritt zusammengebrochen sei und darauf beharrte, dass sie nicht imstande sei, ihrer Verpflichtung nachzukommen. Ihm blieb keine andere Wahl, als seinen Arm um sie zu legen und sie zu trösten, damit sie zu weinen aufhörte und ihre Fassung wiedererlangte.

Diana gewöhnte sich daran, auf sein Mitgefühl zu vertrauen, und suchte seine Zustimmung, wenn sie unsicher war. Häufig fragte sie ihn, wie sie aussah: Ob zum Beispiel der Schmuck zu ihr passte oder das Kleid ihr schmeichelte. Er überschüttete sie üblicherweise amüsiert grinsend mit Komplimenten, und vor dem übrigen Personal zogen sie einander damit auf, »eine Schwäche füreinander« zu empfinden. Diana flirtete mit ihm, hörte ihm aufmerksam zu und scherzte mit ihm. Schließlich nahm ihre Beziehung eine Wende zu einer anderen Art von Vertrautheit, und Diana verbrachte viel Zeit mit ihm allein in Kensington Palace, während sie dem restlichen Personal freigab.

Sie war von Mannakee so eingenommen, dass sie ein Jahrzehnt später dem Biografen ihres Mannes, Anthony Holden, erzählte, dass er »die Liebe meines Lebens« gewesen sei. Die gleichen Worte hatte sie in Gesprächen mit engen Freunden über Charles verwendet. Wie Charles bereits erfahren hatte, bedeutete eine Annäherung an Diana, sich ihrem übermächtigen Besitzerdrang zu unterwerfen. In ihrer Angst, zurückgewiesen zu werden, glaubte sie, nur dann auf jemand zählen zu können, wenn sie dessen vollständige Aufmerksamkeit besäße. Barry Mannakee war verheiratet und hatte zwei Kinder, und obwohl er Mitgefühl für ihren Kummer aufbrachte, konnte er ihr nicht jene ununterbrochene Unterstützung bieten, die sie sich wünschte. »Sobald es begann, war [Mannakee] wegen seiner Beziehung zu ihr sehr verstört«, erklärte ein Freund von Charles. »Ihre Intensität kannte keine Grenzen, und es fiel ihm schwer, damit umzugehen.«

Das Verhältnis zwischen Leibwächter und geschützter Person ist per Definition ungewöhnlich, vor allem wenn eine Frau einen männlichen Sicherheitsbeamten anstellt. »Es ist intensiv und eigenartig«, erklärte eine Freundin von Diana. »Die Leibwächter wussten persönlichste Dinge. Sie begleiteten sie zum Zahnarzt, zum Arzt und zu Marks and Spencer, um Damenhöschen und Büstenhalter zu kaufen.« Aus diesem Grund war ihre Anstellung üblicherweise auf vier bis fünf Jahre begrenzt, nach denen sie erneut bei Scotland Yard in Dienst traten, um traditionelle Polizeiaufgaben zu erfüllen.

Als Barry Mannakee nach kaum einem Jahr im Juli 1986 plötzlich auf einen anderen Posten versetzt wurde, spekulierte das Personal, dass er und Diana einander »zu nahe« gekommen waren, wie ein Hofangestellter es ausdrückte. Mannakee wurde von seinem vorgesetzten Sicherheitsoffizier, Colin Trimming, gewarnt, dass sein vertraulicher Umgang mit Diana unschicklich sei und er ihn beenden solle. Der Leibwächter hatte jedoch keinen Einfluss auf Dianas Verhalten, und wann immer sie ihn zärtlich ansprach oder ihn liebevoll drückte, notierte Trimming den Vorfall. In Anbetracht des Drucks, den Diana auf Mannakee ausübte, war seine Versetzung vermutlich für alle das Beste, denn sie entschärfte eine hoffnungslose – und potenziell explosive – Situation. Diana traf sein Abschied jedoch schwer.

Während das Personal Zeuge von Vertraulichkeiten geworden war, wusste Charles zu diesem Zeitpunkt nichts von Dianas Affäre mit Mannakee, sondern erfuhr erst einige Jahre später davon. In typisch königlichem Stil war er an derartigen Angelegenheiten nicht interessiert. »Ich will [Diana] nicht nachspionieren oder in irgendeiner Weise in ihr Leben eingreifen«, schrieb Charles in einem Brief. Daraus ergab sich auch die Behauptung eines Freundes: »Es ist vollkommen unwahr, dass es für die Wiederaufnahme seiner Beziehung zu Camilla etwas wie Auslöser und Wirkung gab. Er kehrte aus gänzlich anderen Gründen zu ihr zurück.«

In der Frage, warum Charles seine Romanze mit Camilla wiederbelebte, gilt Jonathan Dimblebys Biografie als maßgeblich. Einem ehemaligen Hofangestellten zufolge las Charles das Buch vor seiner Veröffentlichung im Jahr 1994 Zeile für Zeile durch, ebenso wie sein Privatsekretär Richard Aylard, der sämtliche Fakten nachprüfte. Das Buch spiegelt unbestreitbar Charles' Ansicht der Ereignisse wider, mit einer leichten Färbung durch Dimbleby.

Diesem Bericht zufolge gewann Charles nach fünf Jahren den Eindruck, dass seine Ehe nicht mehr zu retten war. Dianas Wutanfälle hatten sich nicht allmählich gelegt, sondern sogar verstärkt. »Ein entsetzlicher Konflikt schien in ihrem Inneren zu toben, der plötzlich in Wut oder Kummer zum Ausbruch kam. Während ihre Wertschätzung in der Öffentlichkeit stieg, stürzte sie in ihrem Privatleben in immer tiefere Qualen.« Erschöpft von Dianas kräfteraubenden Emotionen, gab Charles schließlich auf: »Es war kein besonderes Ereignis, das das Ende der Bemühungen des Prinzen darstellte, seine Ehe aufrechtzuerhalten. Sie brach allmählich zusammen ... Während des Jahres 1986 löste sich ihre Ehe langsam auf.«

Dimbleby zufolge zeigte sich während der gemeinsamen Reise nach Kanada und Japan im Mai 1986, dass Charles »[ihr] allmählich seine Unterstützung entzog ... da seine Reserven an Mitgefühl und Zuneigung erschöpft waren«. Diana litt unter ständiger Appetitlosigkeit und war ungewöhnlich angespannt. Charles hingegen versank in tiefes Brüten. Die kanadische Presse machte Anzeichen ihrer Entfremdung ausfindig und wandte sich gegen das Prinzenpaar, verlieh Charles den Spitznamen »Fledermausohren« und warf Diana ihr »Plastiklächeln« vor. Während eines Ausstellungsbesuchs in Vancouver verlor Diana plötzlich das Bewusstsein. Sie wurde im Fallen von zwei Männern ihres Personals aufgefangen, die ihr in einen benachbarten Raum halfen, wo sie von einem Arzt und mehreren Helfern wieder zu Bewusstsein gebracht wurde. »Ich wusste nichts über Bewusstlosigkeit«, erklärte Diana, obwohl sie nach eigener Aussage während ihrer Schwangerschaft mehrmals in Ohnmacht gefallen war.

Später beschrieb Diana Charles' Gefühllosigkeit mit bitteren Worten: »Mein Mann schimpfte mich aus«, erklärte sie, weil sie sich nicht in einen privaten Raum zurückzog, sobald sie den Schwächeanfall kommen fühlte. Ihrer Aussage nach bestand er zudem darauf, dass sie abends nochmals ausging, um Spekulationen über eine ernstliche Krankheit vorzubeugen. Während Charles' Verhalten den Beratern nicht unverhohlen grausam erschien, entdeckten sie nach den Worten eines ehemaligen Palastangestellten nun »zum ersten Mal einen echten Mangel an Mitgefühl. Es stand eindeutig fest, dass etwas in dieser Beziehung verloren gegangen war. Er war nicht so fürsorglich wie zuvor.«

Das Hauspersonal des Prinzenpaares fühlte ebenfalls eine neue Art der Kälte. »Selbst wenn sie zusammen waren, waren sie getrennt«, schrieb Dimbleby. Diana und Charles benutzten bereits seit längerem getrennte Schlafzimmer und folgten einem unterschiedlichen Rhythmus. Während sie sich früh zurückzog, blieb er noch lange wach, hörte Opernmusik und erledigte Schreibarbeiten. Wenn Diana nun tränenüberströmt vom Frühstückstisch in ihr Zimmer flüchtete, unterließ Charles es, ihr zu folgen. Sie trafen in Highgrove mit verschiedenen Autos ein, wobei Charles üblicherweise einen Tag früher ankam und erst am Montag abreiste, während Diana mit den Jungen am Sonntagnachmittag aufbrach und häufig so heftig weinte, dass sie sich nicht verabschieden konnte. Nach einer Auseinandersetzung mit Charles verharrte sie mehrere Tage in Schweigen oder ließ ihre Enttäuschung an ihrem Personal aus. Mitunter warf Diana auch unmittelbar vor Charles die Tür ins Schloss und beschimpfte ihn. Bei anderen Gelegenheiten umarmte sie ihn unerwartet, während er im Garten arbeitete. Reagierte er dann nicht augenblicklich, zog sie sich verzweifelt zurück. So überraschte es nicht, dass das Personal »Sturmwarnung« oder »Schutzhelm auf« rief, sobald es Schwierigkeiten erwartete.

In seiner höchsten »Verzweiflung« schrieb Charles im Jahr 1986 einem Freund: »Ich fühle mich jetzt, als wäre ich in einem Käfig eingeschlossen ... und sehne mich nach Freiheit. Wie entsetzlich es doch ist, unvereinbar zu sein ... Dieses außergewöhnliche Drama besitzt alle Merkmale einer griechischen Tragödie.« In seinen gelegentlichen Selbstbeobachtungen gab sich Charles die Schuld am Scheitern der Ehe. »Ich habe nie geglaubt, dass es so enden würde«, schrieb er einem Freund. »Wie konnte ich alles so falsch machen?«

Zu diesem Zeitpunkt wandte sich Charles Camilla zu, weil sie Dimbleby zufolge »Wärme, Verständnis und Beständigkeit« zu bieten hatte, die er »bei keiner anderen Person je hatte finden können«. Camilla ihrerseits litt weiterhin unter der chronischen Untreue ihres Mannes und hegte nach wie vor eine tiefe Zuneigung für Charles. Die Beziehung lebte durch Telefonanrufe wieder auf, die zu Camillas Besuchen auf Highgrove führten, bei denen sie üblicherweise von ihrem Mann oder anderen Freunden von Charles begleitet wurde: »Selten gab es Gelegenheit, längere Zeit zu zweit zu verbringen. Daran, dass die beiden einander liebten, bestand jedoch kein Zweifel.«

Wäre Camilla einfach aus Charles Leben verschwunden, hätte sie möglicherweise auch den Bereich seiner Fantasie verlassen. Eine der seltsamen Folgen von Eifersucht ist jedoch, dass sie den Gegenstand der Eifersucht in seiner Bedeutung erhöht. Durch ihre ständigen Klagen und Fragen hielt Diana Camilla in Charles' Gedanken wach. Er war mit einer von der ganzen Welt geliebten Frau verheiratet, die dennoch auf eine ältere und weniger attraktive Rivalin fixiert war, als erkenne sie in Camilla etwas, das Charles vermisste.

Charles begriff schließlich das Ausmaß von Dianas Besessenheit; Camilla war zum »Krebsgeschwür« seiner Ehe geworden. Er nahm die Beziehung zu Camilla in dem Bewusstsein auf, dass Diana ihr dürftiges Gleichgewicht womöglich völlig verlor, sobald sie die Lage erkannte –

was gewiss geschehen würde. Charles wusste nur allzu gut, dass Diana einen ausgezeichneten Spürsinn besaß, zusätzlich an Türen lauschte und Briefe öffnete. Möglicherweise glaubte er, keine andere Wahl zu haben. Die Wiederaufnahme seines Verhältnisses mit Camilla führte ihn jedoch auf einen gefährlichen Pfad.

Bis Diana ihren lange gehegten Verdacht bestätigt sah, verging nicht viel Zeit. In ihren etwas kryptischen Antworten in der Sendung *Panorama* erklärte sie, dass sie 1986 »durch Menschen, denen unsere Ehe etwas wert war« von Charles und Camilla »wusste«. Das Hauspersonal von Highgrove hatte rasch begriffen, was vor sich ging. Zunächst wussten nur die Sicherheitsbeamten davon, doch schon bald erriet auch das übrige Personal, wohin sich ihr Arbeitgeber wandte, wenn er sonntagabends zum Essen ging. Er schickte seinen treuen Diener Paddy Whiteland mit Briefen, Blumen, Bonbons und anderen Geschenken zu Camilla, und Camillas Haushälterin führte Aufzeichnungen über Charles' Besuche, die sie an den Stallburschen von Highgrove weitergab.

Diana behauptete zudem, »anhand von verschiedensten Einzelheiten, die dem Instinkt einer Frau nicht entgehen«, bemerkt zu haben, dass »sich das Verhalten [ihres] Mannes änderte ... War die Situation bisher schon belastet, wurde sie nun noch schwieriger.« Diana nannte zwar Camillas Namen nicht, begann jedoch, ihren Kummer mit Worten zum Ausdruck zu bringen. »Erst Mitte der achtziger Jahre begann sie zu sprechen«, erinnerte sich eine Freundin. »Im Jahr 1986 war es vor allem wegen der mangelnden Möglichkeit, mit Charles zu kommunizieren und jenes Mitgefühl und Verständnis zu erhalten, das sie benötigte.« Als Diana im März erstmals die Astrologin Penny Thornton aufsuchte, verwies sie auf Charles' Affäre mit »einer bestimmten Frau«. Später erklärte sie, dass sie Thornton zu einem Zeitpunkt kontaktierte, zu dem sie fühlte, dass »ich ausbrechen musste. Ich konnte es nicht länger ertragen.« Etwa zu dieser Zeit schrieb Charles einem Freund über Dianas Kummer: »Es schmerzt zu wissen, dass jemand das alles so sehr hasst. Es erscheint ihr gegenüber so ungerecht.«

Diana erklärte Thornton, dass sie »dem ganzen königlichen ›System‹« entfliehen wolle. Thornton gelang es jedoch, sie davon abzubringen. Nachdem sie Dianas Horoskop gelesen hatte, besprach sie es vier Stunden lang mit ihr im Kensington Palace. Thornton riet Diana, »Charles nicht länger wegen seines Kontaktes zu einer anderen Frau zu verurteilen« und »aus ihrer Gegnerin eine Freundin zu machen«. Ihr Rat war vernünftig, angesichts von Dianas seelischem Zustand aber vergeblich. Mit Erfolg hatte sie hingegen eine drohende Krise abgewendet. Am selben Abend erfuhr sie von Sarah Ferguson, die sie Diana vorgestellt hatte, dass Charles für ihre Hilfe dankbar war. Wie sich herausstellte, hatte Diana am Morgen vor ihrem Gespräch mit Thornton bereits ihre Koffer gepackt.

Von Charles' und Camillas Affäre mit aller Gewissheit zu wissen, war »ziemlich niederschmetternd«, erklärte Diana später. Ihre Bulimie wurde »zügellos«, sie wurde von »dem Gefühl aufgefressen, in nichts gut und nutzlos zu sein, keine Hoffnung zu haben und in jeder Hinsicht versagt zu haben«. James Hewitt, einem ihrer zukünftigen Liebhaber, würde sie später anvertrauen, dass sie sich in Vancouver »zu Tode gefürchtet hatte«, dass man ihre Bulimie entdecken würde, als sie das Bewusstsein verlor. Während des Sommerurlaubs mit König Juan Carlos von Spanien und seiner Familie war Diana vollkommen erschöpft und »verbrachte die gesamte Zeit mit dem Kopf über der Toilette«. Sie erinnerte sich, Charles gegrollt zu haben, denn der König und seine Gemahlin Sofia »dachten ständig, was für ein prachtvoller Mensch er doch war ... und wie er bloß an so ein Mädchen geraten war?« Wie verwirrt sie in Bezug auf ihre eigene Identität war, zeigt sich auch anhand anderer Hinweise. So erinnerte sie sich, »dass irgendetwas in mir war, das nicht herauskommen konnte, und von dem ich nicht wusste, wie ich es nutzen oder sichtbar machen sollte«. Bei dem darauf folgenden Aufenthalt auf Balmoral konnte Dianas neue Schwägerin Fergie nicht umhin, die beunruhigenden Sypmtome an Diana zu bemerken: »Sie war ständig den Tränen nahe, zurückgezogen und schlechter Stimmung«.

Als Diana diesen Sommer ein Porträt von sich anfertigen ließ, zitterte sie vor Anspannung. Regelmäßig für Porträts zu sitzen war ein Ritual, dem sich jedes Mitglied der königlichen Familie unterziehen musste. In den fünf Jahren ihrer Ehe war Diana bereits siebenmal gemalt worden. Zu Beginn des Jahres 1986 hatte Richard Foster in 16 Stunden ein Gemälde von ihr angefertigt und sie erstaunlich unsicher in der Frage gefunden, welches Image sie sich geben sollte. Nur wenige Monate später absolvierte Diana erneut sechs einstündige Sitzungen mit Emily Patrick, die ziemlich verwirrt war. »Sie war bis in die Fingerspitzen gespannt, konnte nicht einen Augenblick stillsitzen ... und wollte ständig über das Abnehmen sprechen«, erinnerte sie sich. Für Patricks geübtes Auge stand fest, dass »Diana mit ihrem Wesen unzufrieden war und so vieles verbarg, dass es schwierig war, ein gutes Porträt von ihr anzufertigen«. Auf dieses Problem stießen auch andere Künstler.

Camilla oder die Versetzung von Barry Mannakee könnten im Sommer 1986 der Auslöser von Dianas schwersten gesundheitlichen Problemen gewesen sein. Wie sie sich erinnerte, erhielt sie »nach fünf Ehejahren« etwa zu dieser Zeit Besuch von ihrer Schwester Jane (einer Nachbarin im Kensington Palace), »um mich zu überprüfen«. Am Abend zuvor hatte Diana während einer Auseinandersetzung mit Charles ein Taschenmesser von seiner Kommode genommen und sich »schwer an der Brust und beiden Oberschenkeln geschnitten«. Diana behauptete, dass Charles ungeachtet der »beträchtlichen Menge Blut keinerlei Reaktion zeigte«. Als sich Jane nach den Verletzungen auf Dianas Brust erkundigte, gab Diana zurück: »Oh, das ist nichts.« Und als Jane beharrlich weiterfragte, weigerte sich Diana, sie aufzuklären.

Diana war nun 25 Jahre alt und ließ seit mehr als fünf Jahren Anzeichen einer seelischen Erkrankung erkennen. Wie im Herbst der Jahre 1981 und 1982 wäre es in diesem Augenblick entscheidend gewesen, dass irgendjemand eingriffe und eine langfristige Behandlung für sie fände. Es gibt jedoch keinen Hinweis darauf, dass von Charles' oder anderer Seite eine derartige Bemühung unternommen worden ist. Will man Diana Glauben schenken, so vertraute sie nach ihrer Ohnmacht in Kanada ihrem Arzt an, dass sie an Bulimie litt. Sie erinnerte sich, dass er ihr nicht helfen konnte, weil er das Ausmaß ihrer Probleme nicht erkannte. »Er verabreichte mir lediglich eine Tablette und schloss mich ein«, erzählte sie. Nach Aussage eines Dieners von Balmoral hatte ein Psychiater Diana in diesem September mehrmals besucht, nachdem die Auseinandersetzungen zwischen den Ehepartnern besonders heftig geworden waren. Wiederum zeigte sich, dass Dianas unmittelbare und angeheiratete Familie nicht imstande war, mit der Situation fertig zu werden.

Diana verdächtigte Charles' Freunde, sich gegen sie verschworen zu haben, und fürchtete, zur Behandlung fortgeschickt zu werden – eine angesichts des Ausmaßes ihrer Symptome vernünftiges Vorgehen. »Die Freunde meines Mannes behaupteten, dass ich erneut unbeständig und krank wäre, und sprachen sich dafür aus, dass ich zur Genesung in eine Klinik oder eine andere Einrichtung gesteckt werden sollte«, erinnerte sie sich. Ihrer Ansicht nach bezweckten sie lediglich, ihre Persönlichkeit durch Isolation »zu zerstören«.

Für Diana und Charles war es ein Glück, dass die Presse im Jahr 1986 ihre Aufmerksamkeit der im Juli stattfindenden Hochzeit seines jüngeren Bruders Andrew mit Sarah Ferguson, allgemein als Fergie bekannt, zuwandte. Ihre Romanze hatte im Juni 1985 begonnen, als die Königin Sarah einlud, sich bei den Rennen in Ascot ihrer Gesellschaft in Windsor anzuschließen. Es war Diana, die Fergie der Königin vorgeschlagen hatte – weshalb Fergie sie später als »Diana, die Kupplerin« bezeichnete – und dafür gesorgt, dass sie während des Mittagessens einen Platz neben Andrew erhielt. Fergie war lebhaft und sogar ausgelassen, Eigenschaften, die Andrew sehr anziehend fand, der selbst lebhaft, aber auch etwas passiv war. Das Kennenlernen verlief in aller Stille, gefördert von Diana und Charles, der Sarah nach Highgrove, in den Kensington Palace und zum Schilaufen nach Klosters einlud. Als Andrew Sarah im Februar 1986 einen Heiratsantrag machte, war Diana überglücklich. Wegen der Spannungen in ihrer eigenen Ehe sehnte sie sich nach einer mitfühlenden Gleichaltrigen im Palast.

Nach fünf Jahren Familientreffen in Sandringham, Balmoral und Windsor wiesen Dianas Beziehungen zu den einzelnen Mitgliedern der Königsfamilie eine Bandbreite von herzlich bis unbefriedigend auf. Einmal erklärte sie, ihre angeheiratete Familie beraube sie jeder Energie und setze sie so stark unter Druck, dass ihre Bulimie sich jedes Mal in ihrer Nähe verschlimmere.

Diana hatte eine korrekte, wenn auch nicht allzu herzliche Beziehung zur Königin entwickelt, während sie sich in Prinz Philips Gegenwart unbehaglich fühlte, den sie hinter seinem Rücken »den Griechen« nannte. (Dianas Respektlosigkeit erstreckte sich gelegentlich auch auf die Königin, die sie ihren Freunden gegenüber scherzhaft als »Brenda« bezeichnete, ein Spitzname, den ihr die Zeitschrift *Private Eye* verliehen hatte.) Philip, der schöne Frauen zu schätzen wusste, war von Diana zunächst begeistert gewesen. »Ich erinnere mich an ein Fest für Prinz Philip, zu dem das Prinzenpaar von Wales verspätet kam«, erzählte eine Freundin der Königsfamilie. »Diana begrüßte Philip, und ihre Hände lagen einen Augenblick lang ineinander. Ich dachte: ›Wie entzückend.‹ Das konnte nicht gespielt sein.« Wegen Dianas Verhalten verflüchtigte sich Philips Begeisterung für sie schließlich, und er betrachtete sie als schwierig.

Die Königinmutter machte Diana aus verschiedenen Gründen von Beginn an nervös, so etwa aufgrund ihrer engen Beziehung zu Ruth Fermoy, die, wie Diana behauptete, »mich zu verletzen versuchte«. Darüber hinaus liebte sie Prinz Charles hingebungsvoll, was zu Spannungen führte, sobald die Entfremdung in der Ehe des Prinzenpaares einsetzte. Zu alledem kam noch ihre langjährige Freundschaft mit der Familie Parker Bowles. »[Charles'] Großmutter sieht mich immer mit einem seltsamen Blick in den Augen an«, erklärte Diana einst. »Es ist kein Hass, sondern eine Mischung aus Interesse und Mitleid ... Auf gewisse Weise ist sie von mir fasziniert, weiß aber das Rätsel nicht zu lösen.«

Trotz ihres Images einer plumpen, lächelnden Matrone war die Königinmutter eine harte Frau, scharfzüngig und klug. »Die Königinmutter besitzt ein großes Herz, aber sie ist in vielen Dingen sehr streng«, urteilte ein Freund der königlichen Familie. »Sie fordert, dass jemand, der in das Königshaus einheiratet, ein bestimmtes Verhalten zeigt und durchhält, stets beherrscht ist und keine Gefühle erkennen lässt.« Als Diana in keinem einzigen dieser wichtigen Bereiche den Maßstäben der Königinmutter gerecht wurde, verlor sie deren Unterstützung.

Von der gesamten Königsfamilie brachte die Schwester der Königin, Prinzessin Margaret, die Diana »Margo« nannte, ihr das meiste Mitgefühl entgegen. In gewisser Hinsicht identifizierte sich Diana mit der angeheirateten Tante. Als junge Frau hatte sich Margaret im Jahr 1955 in den Oberst der Luftwaffe, Peter Townsend, verliebt, der wie Wallis Simpson geschieden war. Schließlich wies Margaret Townsend als unpassend ab, und die Presse bereitete die Tatsache groß auf, dass sie ihr Glück gezwungenermaßen ihrem Pflichtgefühl unterordnete. Als Margaret mehrere Jahre später den Fotografen Anthony Armstrong-Jones (später Lord Snowdon) heiratete, unterschied sich das Paar vom königlichen Klischeebild, indem es ein Jetset-Leben führte und sich mit vornehmen Freunden außerhalb des britischen Establishments umgab. Nach 18-jähriger Ehe ließ sich Margaret 1978 von ihrem Ehemann scheiden, da ihre Beziehung »unheilbar zerrüttet« war.

»Diana fühlte sich zu Margaret hingezogen, weil sie unglücklich war«, erläuterte eine von Dianas Freundinnen. Margaret war häufig gereizt und anmaßend, konnte jedoch durch einen Scherz leicht in gute Stimmung gebracht werden, und ihre Freunde bezeugten ihre Loyalität. »Diana sagte mitunter, dass Prinzessin Margaret ihre Schwiegermutter hätte sein sollen«, meinte Roberto Devorik. »Sie bewunderte, dass Margaret in einem zerbrochenen Zuhause ihren Weg gefunden hatte. Zudem wusste sie, dass Margaret immer im Schatten ihrer Schwester stand.

Dennoch bewahrte sie sich ihre Kämpfernatur.« Diana teilte Margarets Liebe zum Ballett, genoss ihren bissigen Witz und kam gut mit ihren beiden Kindern David Linley und Sarah Amstrong-Jones zurecht. Margaret fand ihrerseits Dianas Humor anziehend und war von ihrer spontanen Zuneigung gerührt.

Von Charles' Geschwistern fühlte sich Diana in Andrews Gesellschaft am wohlsten, da sie vermutete, dass ihn hinter seinem schroffen Verhalten »etwas beunruhigte« und er sich von seiner Familie »erdrückt« fühlte. Sie fand ihn scharfsinnig, während er ihrer Ansicht nach von seiner Familie als »Idiot abgetan« wurde. Dianas Einschätzung traf im Großen und Ganzen zu, jedoch unterschätzte sie seinen Stellenwert bei der Königin, die unendlich stolz darauf war, dass er im Falkland-Krieg als Marineoffizier gedient hatte.

Edward, das jüngste Kind des Hauses Windsor, kam zunächst gut mit Diana zurecht, wenn sie auch keine enge Beziehung zueinander entwickelten. Er war klug, einfühlsam, etwas scheu und fand Diana attraktiv. Im Lauf der Zeit wuchs jedoch die Distanz, da er der Ansicht war, dass sie die königliche Familie schwächte.

Die schwierigste Beziehung verband Diana mit Prinzessin Anne, und auch die Presse nannte die beiden regelmäßig als Rivalinnen, wenn nicht gar Feindinnen. Dass Anne nicht an Harrys Taufe teilnahm, war Anlass für zahlreiche Spekulationen. Angeblich war sie »verärgert«, dass man sie nicht gebeten hatte, Patin des Kindes zu sein. Anne und Diana standen einander gewiss nie nahe und suchten auch nur selten die Gesellschaft des anderen, obwohl Highgrove nur zwanzig Minuten von Annes Landhaus entfernt lag. Die beiden Frauen hatten wenig Gemeinsamkeiten. Anne war schlicht, absolut nicht modebewusst und liebte das Land und den Reitsport. Während Diana verschlossen, unsicher und unberechenbar war, zeichnete sich Anne durch ihr direktes, selbstbewusstes und beständiges Wesen aus. Als junge Frau galt Anne als überaus streitlustig (die Presse hatte ihr einst den Spitznamen »Ihre königliche Rüdheit« verliehen) und gab Pferden gegenüber Menschen den Vorzug. Ihr Image wandelte sich jedoch, als sie sich der Organisation Save the Children verschrieb, die zu ihrer Lebensaufgabe wurde.

Anne wuchs zu einer professionellen und leistungsstarken Prinzessin heran, die ihre Reden sogar selbst schrieb. Diana bewunderte Annes Einsatz, ihren lebhaften Geist und ihren Drang nach Unabhängigkeit. Dennoch gestand sie, dass sie nicht gerne »an ihrem Käfig rüttelte« und ihr stattdessen lieber »aus dem Weg ging«. Als Dianas glanzvolle Auftritte die Titelseiten zu füllen begannen, übersah man häufig Annes ausgezeichnete Arbeit. Anne behielt ihr Missfallen meistens für sich. Einmal jedoch hatte sie zahlreiche Farmen in Ulster besucht, und abends erschien Diana bei einer Londoner Gala in einem tiefausgeschnittenen burgunderroten Kleid. Am nächsten Tag war Dianas Bild überall zu sehen, und Anne wurde in sämtlichen Zeitungen ignoriert. Die einzige Ausnahme bildete der *Daily Telegraph*, der auf Seite 14 berichtete: »Ein Salut aller Rinder von Ulster für Prinzessin Anne«. Einem Bericht zufolge war Anne »fuchsteufelswild und hielt sich nicht zurück, das auch auszudrücken«.

Im Vergleich zu dem Frösteln, das Dianas Schwägerin Anne verbreitete, wirkte Sarah Ferguson wie eine warme Brise. Die Freundschaft zwischen den beiden Frauen sollte sich sogar für Dianas Verhältnisse als außerordentlich turbulent herausstellen. Sie setzte sich zusammen aus ausgelassenen, mädchenhaften Scherzen, gegenseitiger Unterstützung und Zuneigung, tiefer Eifersucht, erstaunlichen Einschätzungsfehlern und einer ungesunden Angst vor Palastintrigen. Fergie stellte Diana neuen Freunden vor und führte sie in die Welt der Astrologen, Hellseher und Alternativtherapeuten ein. Die Erforschung dieses Gebietes definierte ihre Beziehung und führte sie beide in die Irre. Ihre zerstörerische Synergie wirkte sich schließlich nachhaltig auf die Ehe des Prinzenpaares von Wales aus. »Ich frage mich, was geschehen wäre, wenn Sarah nicht da gewesen wäre«, meinte ein ehemaliger Berater des Palastes, »denn gemeinsam versuchten sie, das System zu brechen.«

Diana war von wesentlich edlerer Herkunft als Fergie, die ihre Familie als »niedrigen Landadel mit ein wenig altem Geld« bezeichnete. Ihr Vater, Major Ronald Ferguson, stammte von einer »langen Linie vornehmer Gentleman-Soldaten ab«, verließ jedoch den aktiven Dienst, um Polo zu spielen, leitete später für Prinz Philip den Guards Polo Club und wurde schließlich zu Prinz Charles' Polomanager. Fergies Mutter, ehemals Susan Wright, kam aus einer alteingesessenen irischen Familie, die einst in der Nähe von Dublin große Ländereien besessen hatte.

Ungeachtet ihrer unterschiedlichen Abstammung besaßen Fergie und Diana eine Gemeinsamkeit: Ihre Mütter waren Schulfreundinnen gewesen, hatten beide ihre Ehemänner wegen eines anderen Mannes verlassen und waren in die Ferne gezogen – Fergies Mutter mit dem Polospieler Hector Barrantes nach Argentinien. Die Ehe von Fergies Eltern wackelte bereits seit einiger Zeit, dennoch hatte sie ihren Eltern »nie streiten gehört«, und die Trennung erfolgte erst, als Sarah 13 Jahre alt war. Bis zu diesem Zeitpunkt verlebte sie eine relativ glückliche Kindheit mit einer Mutter, die in das Leben ihrer beiden Töchter eingebunden war, sie reiten lehrte und mit ihnen in den Schiurlaub fuhr.

Sarah bewunderte ihren Vater, einen Taugenichts, der diese Bewunderung nicht wirklich verdiente. Er reiste viel, um Polo zu spielen, und »war zu häufig zu weit fort«, wie Fergie es ausdrückte. Zu ihrer Mutter entwickelte Fergie trotz der geografischen Distanz eine innige Beziehung, ebenso wie zu ihrem Stiefvater Hector.

Fergie kämpfte ebenfalls mit emotionalen Problemen wie einem geringen Selbstwertgefühl, das von der ständigen Sorge um ihr Übergewicht kompliziert wurde. Ihr starkes Bedürfnis nach Zustimmung und ihr Wunsch, anderen zu gefallen, drückten sich in einer grenzenlosen Anpassungsfähigkeit aus. Sie spielte den Clown und versuchte dadurch, die Aufmerksamkeit auf sich zu ziehen. Zudem handelte sie oft impulsiv und ohne Berücksichtigung der möglichen Folgen. Sie war jedoch wesentlich kontaktfreudiger als Diana, galt als Mädchen, mit dem man sich sicherlich gut amüsierte, war stets zu allen Schandtaten bereit. Fergie arbeitete in einer Londoner Kunstgalerie und sah sich nach Projekten für einen Kunstbuchverlag um. Sie reiste sechs Monate lang durch Südamerika und die USA und putzte Toiletten, um das Geld für ein Busticket zu verdienen. Als Sarah Andrew kennen lernte, hatte sie eine Beziehung zu einem zwanzig Jahre älteren Witwer.

Fergie erinnerte sich, dass sie sich mit Diana ein Jahr vor ihrer Hochzeit mit Charles angefreundet hatte. Sie hatte ihr während ihrer einsamen Verlobungszeit im Buckingham Palace Gesellschaft geleistet und war zur Hochzeit des Prinzenpaares eingeladen. Dass sie vom anschließenden Mittagessen ausgeschlossen wurde, hatte sie gekränkt.

Diana schilderte den Ursprung ihrer Freundschaft etwas gehässiger. Als sie Charles kennen lernte, »tauchte [Fergie] aus irgendwelchen Gründen auf«, erinnerte sich Diana. »Sie schien alles über das Königshaus zu wissen ... Plötzlich war sie da und saß bei unserer Hochzeit in der vordersten Kirchenbank.«

Als die Boulevardpresse Sarah Ferguson entdeckte, verliebte sie sich ebenso in sie wie vorher in Diana. Mit ihren 26 Jahren (sie war zwei Jahre älter als Diana) gewann Fergie die Reporter durch ihr unprätentiöses Auftreten und ihre überschwängliche Persönlichkeit für sich. Diana neidete Sarah nicht nur die Presseberichte, sondern auch, dass sie bei der königlichen Familie in vielerlei Hinsicht Erfolg hatte, der ihr versagt geblieben war. Sarah war ein Mädchen vom Land, das Balmoral liebte, weil es »mich befreite« – nämlich von den Einschränkungen des Stadtlebens. Vergnügt stampfte sie durch den »Pissregen«, wie Dianas Freunde ihn nannten, um auf die Pirsch zu gehen, zu jagen und zu fischen. »Ich war robust, fröhlich und nicht zu hochgestochen«, erinnerte sich Sarah. Die schmerzlichen Ähnlichkeiten sollten sich nur allzu früh zeigen.

»Warum kannst du nicht ein wenig mehr sein wie Fergie?« fragte Charles Diana während ihres ersten gemeinsamen Schiurlaubs in Klosters im Februar 1986. Fergie sauste die steilsten Hänge hinab, während Diana noch immer unsicher herumrutschte. »Für Diana muss es die Hölle gewesen sein«, gestand Sarah. Während des Aufenthalts in Sandringham im Herbst 1986 wuchs Dianas Eifersucht weiter an, besonders, als sie sah, wie rasch Sarah eine Beziehung zur Königin entwickelte. »Diana hatte den Eindruck, die Königin behandelte Fergie mit größerer Herzlichkeit und bot ihr mehr Chancen«, meinte Roberto Devorik. »Unsere gemeinsamen Interessen und unsere Bekanntschaft bestanden schon seit langem«, erklärte Sarah ihre Beziehung. »Die Königin und ich lieben Pferde, Hunde, das Farmleben und die frische Luft.« Fergie ritt gemeinsam mit der Königin aus und berichtete, dass sie sich »auserwählt und geehrt fühlte«. Mit dem Lob für ihre Schwägerin und die günstigen Zeitungsberichte über sie wuchs Dianas Unsicherheit, und sie überlegte, »vielleicht sollte ich doch werden wie Fergie«.

In der Presse war Fergie »der Hit des Monats«, wie Diana es ausdrückte, während man sie erneut in düsteren Farben schilderte. Abgesehen von den routinemäßigen Artikeln über ihre öffentlichen Auftritte, schenkten die Zeitungen Dianas Rolle in der Öffentlichkeit kaum Aufmerksamkeit. Man war stärker daran interessiert, ihr Äußeres und ihre Essgewohnheiten aufzulisten. Dieser Aufgabe widmeten sich die Reporter im März 1985 mit wiedergewonnener Aggressivität, als ihr Gewicht abermals auf etwa 55 Kilo sank. Ihre Schulterblätter stachen scharf unter der Kleidung hervor, ihre Haut wirkte durchscheinend. Durch ihren Ohnmachtsanfall während der Reise nach Kanada machte ihr Gewicht Schlagzeilen und löste eine Welle von Spekulationen über Diäten und Anorexie aus.

Die Reporter wussten nichts von Charles' wenig mitfühlender Reaktion auf Dianas Zusammenbruch – James Whitaker bezeichnete ihn gar als »festen Rückhalt; keine Frau kann einen fürsorglicheren und verständnisvolleren Ehemann haben« – und entschlossen sich daher, stattdessen dem Opfer die Schuld zuzuweisen. Der *Daily Express* kritisierte, dass Diana »nahezu besessen ist von ihrem Aussehen und dem, was die Menschen über sie sagen und schreiben. Sie verhält sich wie ein Topmodel aus der Modebranche.« James Whitaker tadelte sie im *Daily Mirror* wegen der »kalten Gleichgültigkeit auf ihrem Gesicht, während sie den Fotografen trotzte«, und beschwerte sich, dass sie »das Funkeln vermissen lässt, das wir erwarten«.

Während sich die Presse nach wie vor auf ihre mögliche Anorexie konzentrierte, schien es beinahe, als würde Diana sie verspotten, indem sie immer wieder zeigte, wie viel sie essen konnte. In Japan verschlang sie deutlich sichtbar ein zehngängiges Mahl und erklärte den japanischen Journalisten: »Ich weiß nicht, warum all diese Geschichten kursieren, dass ich zu dünn bin. Ich esse doch eine ganze Menge.« Nach ihrer Rückkehr nach England besuchte sie ein medizinisches Versorgungszentrum und verkündete: »Es ist einerlei, was ich esse. Ich nehme nie auch nur ein Gramm zu!« Und als ihr Blick auf eine Sauerkirsch-Quarktorte und mehrere Pizzas fiel, meinte sie: »Das könnte ich alles aufessen!«

Mitte des Jahres kamen zwei Zeitungen der Wahrheit näher. Judy Wade schrieb in der *Sun*, dass sich Dianas Personal allmählich wegen ihrer »Fastenkuren und Festessen« sorgte. Wade erklärte, dass Diana in der Öffentlichkeit wenig aß – ein Mitglied ihres Haushaltes sagte aus, dass sie sich tagelang weigern würde, etwas zu essen, sobald sie kritisiert worden war –, zu Hause jedoch für ihre Festmähler bekannt war: »Nachts kann sie der Versuchung nicht widerstehen und schwelgt in ihren Lieblingsspeisen – Eiskrem und Schokolade.« Vom Erbrechen war zwar keine Rede, aber ein Personalmitglied bemerkte, dass »der Genuss dieser süßen Leckerbissen bei ihr immer Schuldgefühle hervorzurufen scheint. Danach isst sie tagelang kaum einen Bissen.« In *News of the World* konzentrierte sich Fiona McDonald Hull vorwiegend auf Dianas »tränenreiche Selbstzweifel, ihre Nervenschwäche und ihre Verzweiflung«, merkte jedoch an, dass ihr Personal »immer glaubte, dass ihr emotionales Wesen und nicht der Wunsch nach einer Diät sie vom Essen abhält ... Selbst wenn sie entspannt ist, fällt es ihr schwer, einen Bissen hinunterzubringen.«

Angesichts der üblichen Halbwertszeit der in der Presse erörterten

Gedanken lösten sich diese scharfsinnigen Beobachtungen ohne weiteren Kommentar in Luft auf. Sie wurden von einer weiteren Welle schizophrener Berichte über die Ehe des Prinzenpaares abgelöst. Diesmal war der Mallorca-Urlaub mit König Carlos im August 1986 der Aufhänger. Wenn sich Diana nicht regelmäßig zurückzog, um »ihren Kopf über die Toilettenmuschel zu hängen«, lag sie in der Sonne oder schwamm. Die Fotografen machten unzählige Schnappschüsse. Die Zeitungen jubelten über die Bilder der glücklichen Familie: »Ein wenig spanische Sonne genügt, um wieder Glanz in eine Ehe zu bringen!«; »Sie verleben eine großartige Zeit!«; und, besonders absurd: »Jüngste Sorgen um Hungerkuren sind gebannt«, denn Diana »hat genau an den richtigen Stellen zugelegt«.

Als Charles nach Balmoral flog und Diana und die Jungen ihren Urlaub allein beendeten, standen die Schwarzseher bereit: »Gehen Charles und Di getrennter Wege?« fragte die *Sun* und behauptete, das Ehepaar habe spezielle Vereinbarungen getroffen, die Diana mehr Zeit für »all jene Dinge zugestehen, die sie genießt und Charles nicht«. Die Grundaussage lautete, Diana werde »stets rastloser« und habe »Charles wiederholt mit Klagen in Verlegenheit gebracht wie ›Meinem Mann gefällt das Buch nicht, das ich lese‹«.

Niemand kannte das Ausmaß von Dianas emotionalen Problemen oder wusste von Camilla. Nicht einmal Stuart Higgins von der *Sun*, der regelmäßig mit Camilla in Kontakt stand, begriff, was vor sich ging. »Ich weiß nicht, ob es an schlechter journalistischer Forschungsarbeit lag, oder ob sie so gut im Verbergen von Dingen war«, meinte er. *News of the World* könnte einer Verwechslung zum Opfer gefallen sein, als sie berichtete, dass »Charles mit Kanga [Tryon] stundenlange Telefonate führt ... und sie aus seinem schalldichten Arbeitszimmer über seine Privatleitung anruft«. Mit seinem neuen Mobiltelefon machte er sogar lange Spaziergänge auf Highgrove »und erledigte mitten auf einem Feld einen Anruf«.

Die Einzelheiten derartiger Berichte waren oft weither geholt und fantasievoll ausgeschmückt, Charles' und Dianas angespannte Körpersprache jedoch genügte als Hinweis auf ihre ehelichen Probleme. Vor dem Urlaub auf Balmoral wurden zwei Reporter Zeuge eines bestürzenden Zwischenfalls nach einem Polospiel: Charles gab Diana einen leichten Klaps auf den Hinterkopf, was sie veranlasste, sich unerwartet umzudrehen und nach ihm zu treten, worauf Charles sie gegen ihren Wagen stieß. Als sich Diana auf dem Fahrersitz niedergelassen hatte, holte Charles nochmals zu einem letzten Klaps auf ihren Nacken aus. Alles hätte spielerisch wirken sollen, die in aller Öffentlichkeit gezeigte Wut war aber nur allzu echt.

In diesem Herbst wurde die begleitende Dokumentation zu dem Interview aus dem Jahr 1985 mit Alastair Burnet im britischen Fernsehen ausgestrahlt. Im Gegensatz zu den vorigen Versuchen war dieser intime Einblick in das Leben des Prinzen und der Prinzessin erfolglos. Der *Daily Mail* zufolge lautete die allgemeine Kritik, dass »Diana bekam ständig Kicheranfälle und wirkte nicht gerade übermäßig intelligent, Charles dagegen war humorlos und wortkarg«. Sowohl Charles als auch Diana machten Aussagen, die sie endlosem Spott aussetzen würden und die sie nicht mehr würden abschütteln können. Im Gespräch mit einem Jungen aus einem Waisenhaus erklärte Diana: »Ich habe meine Zwischenabschlussprüfungen nicht bestanden, weil mein Gehirn so klein wie eine Erbse ist.« Auf eine Frage über seinen Garten antwortete Charles: »Ich komme einfach und spreche mit den Pflanzen. Mit ihnen zu sprechen ist sehr wichtig. Sie antworten.«

Dies sollte ihre letzte gemeinsame Fernsehsendung sein. Das Paar versuchte, sich nach wie vor den Anschein zu geben, einander zugeneigt zu sein, ihr Kummer war jedoch zu offensichtlich. Da es sich um die Ehe des Thronerben handelte, waren Diana und Charles in ihrer Position gefangen. Sie würden weiterhin etwas vorgeben, ohne die Folgen ihrer Farce in vollem Umfang zu begreifen.

# KAPITEL 13

Im November 1986 lud Diana den Hauptmann der Kavallerie, James Hewitt, zu einem Abendessen zu sich in den Kensington Palace. Sie hatte ihn Ende des Sommers bei einer Londoner Cocktailparty kennen gelernt, und er hatte ihr in den darauf folgenden vier Monaten im Hyde Park Reitunterricht erteilt. Mit seinen 28 Jahren war er drei Jahre älter als Diana, die zugegebenermaßen eine Schwäche für Männer in Uniform hatte. Der rothaarige schlanke Hewitt war ebenso sorgfältig auf sein Äußeres bedacht wie Diana. Seine allzu offenkundige Eitelkeit glich er durch erlesene Umgangsformen aus. Zudem besaß er die Fähigkeit, eine Frau durch jene einstudierte Aufmerksamkeit für sich einzunehmen, die ihr das Gefühl vermittelte, »als gebe es keine andere Frau – was selbstverständlich nicht der Fall ist«, wie seine ehemalige Freundin Emma Younghusband verbittert erklärte. In zahlreichen Eigenheiten, wie etwa, dass er Grimassen schnitt, wenn er nachdachte, mit seinem Siegelring spielte und sich scheute, zu viel Gefühl zu zeigen, wies James Hewitt eine geradezu unheimliche Ähnlichkeit mit Prinz Charles auf.

Diana fand Hewitt attraktiv, charmant und mitfühlend genug, um ihm ihre Angst vor Pferden anzuvertrauen, die von einem Sturz in ihrer Kindheit herrührte. Als sie ihn fragte, ob er ihr helfen könne, ihre Selbstsicherheit im Sattel wiederzufinden, bot er an, Übungsstunden in der vom Kensington Palace nicht weit entfernten Knightsbridge-Kaserne zu organisieren, wo er die Leitung über den Reitstall der berittenen Königlichen Leibgarde innehatte. Einen Tag nach ihrem Treffen rief Diana ihn an und nahm sein Angebot an.

Begleitet von Hazel West, einer Hofdame und vollendeten Reiterin, ritt Diana ein- bis zweimal wöchentlich frühmorgens mit Hewitt aus. Hewitt erteilte Diana geduldig Unterricht und plauderte mit ihr danach lange bei einer Tasse Kaffee im Offizierskasino. Bereits nach kurzer Zeit vertraute sich Diana ihm an und erzählte ihm, dass sie und Charles sich auseinandergelebt hätten und nun getrennt lebten. Hewitt fand nach dem Geständnis ihrer unglücklichen Ehe und ihrer aus der Kindheit übernommenen Unsicherheiten tröstende Worte. Als sie nach Hause zurückkehrte, rief sie ihn an und dankte ihm für seine Unterstützung. Wann immer sie ab diesem Zeitpunkt ein wenig Aufheiterung benötigte, griff sie zum Telefonhörer.

Nach dem Staatsbesuch des königlichen Paares im Mittleren Osten lud sie ihn zum Abendessen ein. Diana und Charles hatten eine erfolgreich Reise durch Oman, Katar, Bahrain und Saudiarabien abgeschlossen, und während Diana die Heimreise nach England antrat, fuhr Charles mit der *Britannia* durch den Suezkanal nach Zypern, wo er sich aufhielt, als James Hewitt im Kensington Palace eintraf. Diana hatte ihrem Personal für den Abend freigegeben, bat Hewitt, eine Flasche Champagner zu öffnen und servierte ihm von einem im Esszimmer vorbereiteten Büfett das Abendessen. Sie sprachen über die Reise in den Mittleren Osten, und nach dem Kaffee in ihrem Wohnzimmer saß Diana zunächst auf Hewitts Schoß, ehe sie ihn an der Hand in ihr Schlafzimmer führte, wo sie zu Geliebten wurden. »Es war nicht gerade eine typische Verführungsszene mit mir als großem weißen Jäger, der eine Prinzessin verfolgt«, erzählte Hewitt später.

So begann eine fünfjährige Affäre, die erstaunlich lange geheim blieb. Diana öffnete sich Hewitt, weil sie Aufmerksamkeit benötigte, aber auch als Reaktion auf das Verhalten ihres Ehemannes. Es war die traditionelle aristokratische Lösung für eine Beziehungskrise: Da ohnehin bereits drei Personen an der Ehe beteiligt waren, fügte Diana lediglich eine vierte hinzu. Weder gegenüber Hewitt noch gegenüber ihren Freunden, die von dem Verhältnis wussten, zeigte Diana Schuldgefühle. »Charles hatte eine Beziehung zu Camilla, und sie war der Ansicht, was dem einen recht ist, ist dem anderen billig«, erinnerte sich Hewitt.

Vom ersten Augenblick ihres Kennenlernens an kontrollierte Diana die Beziehung zu Hewitt, je nach Gefühlslage ergriff sie die Initiative, stellte Forderungen, intensivierte das Verhältnis oder zog sich zurück. Hewitt war trotz seines offensichtlichen Selbstvertrauens in vielerlei Hinsicht der falsche Mann für Diana. Insofern fügte er sich in ihr Muster, stets Partner zu wählen, die sie gewiss enttäuschen würden. »Ich suche in Männern immer das Unerreichbare«, erklärte sie der Astrologin Debbie Frank. Hewitt war schwach, emotional unreif, neigte zu Selbstmitleid und litt ebenso wie Diana an einem tiefen Gefühl der Unzulänglichkeit, das er zu kompensieren versuchte, indem er Frauen nachstellte. Der Sohn eines Offiziers der königlichen Marine und einer einfachen

Frau vom Land, die Reitunterricht gab, hatte als Mittelklassemann den Ehrgeiz, in die Oberschicht aufzusteigen. Da sein Vater während seiner Jugend häufig abwesend war, wuchs Hewitt in der weiblichen Gesellschaft seiner Mutter, seiner Zwillingsschwester und seiner 18 Monate älteren Schwester auf. Er zeichnete sich als Reiter aus, erbrachte in der Schule jedoch lediglich äußerst schwache Leistungen. Als im Alter von 13 Jahren bei Hewitt Dyslexie diagnostiziert wurde, wechselte er in das progressive Internat Millfield in Somerset. »Ich konnte nicht lesen und fürchtete, dass es mein Schicksal wäre, dumm und sprachlos durch das Leben zu gehen«, berichtete er später. »Mein Platz war immer am unteren Ende der Klasse.« In seiner Jugend erwies er sich ebenfalls als Spätentwickler: Bis ins Alter von 17 Jahren war er gerade 1,53 Meter groß, schoss dann jedoch zu seiner Erwachsenengröße von 1,83 Meter empor. »Ich hatte rotes Haar, war klein, langsam, überaus still und und besaß absolut kein Selbstvertrauen«, erinnerte er sich. Als Folge fühlte er sich auch noch mit über dreißig Jahren »sehr klein und unzulänglich«.

Während seiner Schulzeit betrieb Hewitt Sport, um seinen Minderwertigkeitskomplex zu überwinden. Er nahm an Wettkämpfen im Fechten, Schwimmen, Laufen und Rudern teil, und seine ausgezeichneten Reitkenntnisse führten ihn zum Polosport. Hewitt bestand trotz seiner Lernschwäche sechs Zwischenabschlussprüfungen, verließ jedoch danach die Schule und arbeitete als Reitlehrer. Mit 19 Jahren trat er den 5th Royal Inniskillen Dragoon Guards bei, einem Regiment der Oberschicht, in dem Hewitt als »provisorischer Gentleman« galt. Dieser Ausdruck stammte aus dem Ersten Weltkrieg und bezeichnete Offiziere mit hohen gesellschaftlichen Ambitionen. Hewitt wurde in Sandhurst ausgebildet und verfeinerte seine Reitkünste, indem er ein Jahr lang täglich sechs Stunden in der École Nationale d'Equitation übte. Während seines Auslandsaufenthaltes ließen sich seine Eltern scheiden. Die Nachricht traf ihn trotz seiner bereis 26 Jahre unerwartet hart. »Er verlor sein Vertrauen in Menschen und Beziehungen«, erklärte seine Biografin Anna Pasternak. Als Folge mied er emotionale Vertrautheit.

Dianas Freunde waren der Ansicht, dass sie sich gerade wegen seiner Unsicherheit von Hewitt angezogen fühlte. Er schüchterte sie nicht mit komplizierten Gedanken ein, wie dies bei Charles der Fall war. Diana wusste jedoch nicht, dass Hewitt ebenfalls untreu war. Während seiner Beziehung zu Diana hielt er ein Verhältnis mit Emma Stewardson (später Younghusband) aufrecht, die sich später als seine »Verlockung« bezeichnete. Emma wusste von Diana und tolerierte ihre Rivalin, selbst als Hewitt »lange im Flüsterton mit der Prinzessin telefonierte, während ich bei ihm war«.

Die leidenschaftliche Version von Dianas Verhältnis zu James Hewitt (»Sie verschränkte ihre Finger für einen Augenblick in seinen, und er fühlte heiße Erregung in seinen Armen hochsteigen«) wird in Pasternaks 1994 veröffentlichtem Buch *Princess in Love* erzählt. Hewitt erklärte später, der in Oxford ausgebildeten Autorin »vertraut« und mit ihr »zusammengearbeitet« zu haben (ihr Großonkel Boris war ein russischer Romanautor), »das Buch entsprach jedoch nicht meinen Vorstellungen«. Pasternak ihrerseits sagte, dass Hewitt, den sie »entfernt aus der Gesellschaft« kannte, sie ersucht hätte, seine Geschichte unter zwei Bedingungen zu schreiben: das Buch sollte vor dem Fortsetzungsband von Andrew Morton erscheinen, da Hewitt sich geweigert hatte, mit ihm für *Diana: Ihre wahre Geschichte in ihren eigenen Worten* zusammenzuarbeiten, und es sollte eine »Liebesgeschichte« werden. Pasternak schrieb das Buch in fünfeinhalb Wochen. Als es drei Wochen später auf den Markt kam, wurde es allerorts wegen seiner übersteigerten Prosa verspottet.

Diana gestand die Affäre in ihrem 1995 veröffentlichten Interview in der Sendung *Panorama* (»Ja, ich schwärmte für ihn. Ja, ich war verliebt in ihn«) und sagte aus, dass Pasternaks Buch »Fakten« anführte, fügte jedoch gleichzeitig hinzu, dass es auch »eine Menge Fantasie« bewies. Ebenso wie die Bücher von Morton und Dimbleby muss *Princess in Love* als die Schilderung einer einzigen Person betrachtet werden: James Hewitt. Neben den kühnen, auf Gedankenlesen basierenden Passagen (»Sie wusste, dass irgendwo, ängstlich und verlegen, eine Sehnsucht nach Sexualität lauerte, ein Bedürfnis, eine befriedigte, mächtige Frau zu fühlen ...«) und den unzutreffenden Behauptungen, die ausschließlich Selbstzweck waren, (»Dank James Hewitts unerschütterlicher Zuneigung und Geduld gelang es ihr, ihre Bulimie zu überwinden und den langen und oft beschwerlichen Pfad zur Selbsterkenntnis zu betreten.«) bietet die Erzählung einen chronologischen Überblick über die Ereignisse.

Dianas Romanze mit Hewitt intensivierte sich in den Monaten nach dem Abend im Kensington Palace, während die einzelnen Komponenten grundsätzlich gleich blieben: Ein bis zweimal pro Tag erzählte Diana in einem langen Telefongespräch Einzelheiten aus ihrem Alltag, während Hewitt geduldig und ohne zu klagen zuhörte. Sie erbat seinen Rat in Bezug auf ihre Kleidung und suchte ständig nach Bestätigung wegen ihres Aussehens. Hewitt zufolge »verbrachte [Diana] nachts im Bett zahlreiche Stunden damit, ihre körperlichen Mängel aufzuzählen und sich einzureden, dass sie nicht gut genug war«.

Das Gleichgewicht des Verhältnisses war ein ungesundes. Diana klammerte sich gleichzeitig an Hewitt fest und kontrollierte ihn, während er bereitwillig den Status des Untergeordneten annahm. »Ich war mit ihr zusammen, weil sie mich brauchte«, erinnerte er sich. »Für sie hätte ich mein Leben hingegeben ... Ich hätte für sie sein können, was Camilla für Charles bedeutete, und hätte auch eine unterstützende Rolle akzeptiert.« Dies bedeutete, auf der Welle ihrer Stimmungsschwankungen mitzuschwimmen und »Erlösung von den Spannungen zu bieten, die ihr tägliches Leben kennzeichneten«.

Dianas »emotionale Achterbahnfahrt« erschreckte Hewitt. Wie zur Zeit ihres Kennenlernens mit Charles, beobachtete sie Hewitt zu Beginn schweigend, während er las. Aufgrund ihrer ständigen Übererregung und Rastlosigkeit war sie selbst nicht imstande zu lesen. Je mehr Zeit sie miteinander verbrachten, desto häufiger wurde Hewitt Zeuge ihrer Stimmungswechsel. Während sie ruhig und ausgeglichen wirkte, bemächtigte sich ihrer plötzlich ein »heftiger Verzweiflungsanfall«. Den Tiefpunkt erreichte sie meist gegen Ende ihrer gemeinsamen Wochenenden, wenn ihre Gereiztheit angesichts seiner bevorstehenden Abreise zunahm. Dieser Augenblick »traf sie wie eine Zurückweisung«.

Hewitt gestand seinem Vater, dass er »noch nie einen Menschen so verstört erlebt habe, so aufgewühlt ... dass er gar fürchtete, sie würde sich das Leben nehmen, wenn er die Beziehung zu beenden versuchte«. Besonders beunruhigend war Dianas Ablösung, ein Zustand, den sie seit ihrer Kindheit kannte: »Sie fühlte sich oft, als stünde sie als Beobachter an der Schwelle des Lebens, während alle anderen ... aktiv teilnahmen.« Im Frühjahr 1987, als ihr Verhältnis bereits sechs Monate dauerte, erzählte sie ihm von ihrer Bulimie. Hewitt versuchte, sich durch Bücher über das Leiden zu informieren und es zu begreifen, dennoch verblüffte ihn Dianas »Mangel an Beherrschung« und ihr »anscheinend unstillbarer Heißhunger«.

Im Gegensatz zu Charles, der versucht hatte, Diana durch Überredungskunst zu beruhigen, und gereizt reagierte, als es ihm nicht gelang, drückte Hewitt seine Liebe zu ihr aus und versprach ihr, sich um sie zu kümmern. Innerhalb kürzester Zeit zeigte seine Vorgangsweise bei

Diana Erfolg, die unablässig mit ihrem Personal über ihn sprach. »Sie war verrückt nach ihm«, erklärte ein ehemaliger Berater des Palastes. »Er war ihr eine große Stütze und versuchte, ihre Stimmung aufzuheitern und ihr durch Kleinigkeiten Freude zu bereiten. Mit ihm war sie glücklich, und ›glücklich‹ ist gewiss kein Wort, das man allzu häufig auf sie anwenden konnte.«

Im Verlauf der Zeit zeigte Hewitt jedoch nicht die Offenheit, die sich Diana wünschte. Als sie ihn bat, ihr die Ängste zu enthüllen, die sich hinter seiner Reserviertheit verbargen, war es ihm unmöglich, ihr anzuvertrauen, wie sehr ihn ihre Unbeständigkeit erschreckte und wie schwer die Verantwortung auf ihm lastete, ihr Gleichgewicht aufrechtzuerhalten. Da Diana wusste, wann Hewitt etwas vor ihr verschwieg, fühlte sie sich abgelehnt.

Aufgrund seiner Einfältigkeit erkannte er im Gegensatz zu Charles nicht, dass Diana die Hilfe von Fachleuten benötigte. »Ich betrachte Depression als Schwäche ... und glaube, dass es wichtig ist, Haltung zu wahren«, ließ er verlauten. Einen Psychologen um Rat zu fragen, war ihm ein Gräuel. »Einige gehen zum Psychiater oder nehmen Drogen«, erklärte er. Diana hingegen »benötigte Liebe und Unterstützung. Sie brauchte jemanden, der ihr versicherte, dass alles wieder in Ordnung kommen würde.«

Diana zeigte ihre Zuneigung zu Hewitt, indem sie ihn mit Geschenken überhäufte. Zu diesen zählten eine mit einem Diamanten verzierte Krawattennadel, ein aus Gold und Silber gefertigter Wecker von Asprey sowie zahllose Kleidungsstücke. Später prahlte sie ihrem Freund James Gilbey gegenüber, dass sie den Armeeoffizier »von Kopf bis Fuß eingekleidet« hätte. »Das hat mich einiges gekostet.« Hewitt las ihr Passagen aus Tennyson oder Wordsworth vor und nannte sie »Dibbs«. Gemeinsam blätterten sie die Magazine von *Country Life* durch und wählten Traumhäuser aus. Von Zeit zu Zeit trafen sie sich in Dianas Lieblingsrestaurant San Lorenzo zum Mittagessen. Hewitt stellte sie seinem Vater vor, und Diana besuchte Hewitt und seine Mutter mehrmals über das Wochenende in Devon. Carolyn Bartholomew, Dianas Freundin aus West Heath, wusste ebenfalls von der Romanze und verbrachte einige Wochenenden mit dem Paar.

Im Frühjahr 1987 wurde Hewitt zum Major befördert und übersiedelte in die Combermere-Kaserne in der Nähe von Windsor Castle. Diana setzte ihre Reitstunden mit Hewitt dort fort und brachte ihre damals fünf- und zweijährigen Söhne William und Harry mit für einen Rundgang durch die Kaserne. Wenn Charles unterwegs war, trafen sich Diana und Hewitt im Kensington Palace und in Highgrove. Die heimlichen Stelldicheins waren riskant, da William und Harry nachts unvermutet in Dianas Schlafzimmer auftauchen konnten. Dem Haus- und Sicherheitspersonal war die Situation ebenso unangenehm wie das Verhältnis von Charles und Camilla. Mindestens ein Dienstmädchen war besorgt, was sie sagen sollte, falls Charles ihr Fragen stellte. Dazu kam es jedoch nicht, da Charles nach Ansicht eines Freundes »die großartige Gabe besaß, etwas nicht zu bemerken, wenn er es nicht bemerken wollte«.

Hewitt vermutete, dass Diana während der ersten Monate ihrer Beziehung die Hoffnung auf eine Einigung mit Charles noch nicht aufgegeben hatte und sie »alles versuchen würde, um ihn wiederzugewinnen«. Während dieser Zeit unternahmen einige Freunde von Diana und Charles Bemühungen, die Ehe zu kitten. Der Filmproduzent David Puttnam und seine Ehefrau Patsy wurden zu verschiedenen Essen eingeladen, die »einen Versuch anderer darstellten, dem Prinzen und der Prinzessin zu helfen, aus sich herauszugehen«, erinnerte sich Puttnam. »Es fiel auf, wie sehr Diana während dieser Abendessen an der Beziehung arbeitete, um eine gute Ehefrau zu sein. Sie war aufmerksam und bemühte sich sehr, sich von einer besonderen Seite zu zeigen.«

Angesichts dessen, was Diana als ständige Ablehnung empfand, gab sie schließlich auf. Von nun an erzählte sie Hewitt, dass sie Charles hasste. Zudem ging sie dazu über, von ihrem Mann geplante Dinnerpartys zu boykottieren. Wenn die Gäste eintrafen, blieb sie oben in ihrem Zimmer und überließ es Charles, steif zu erklären, dass sie sich nicht wohl fühle und nicht an der Gesellschaft teilnehmen könne. Während eines Abendessens zu Ehren von 18 Gönnern der Königlichen Akademie wurde sie beim Schwimmen gesichtet, während die Gäste ihre Drinks einnahmen. Charles zeigte Diana gegenüber keine derartige Feindseligkeit, sondern drückte lediglich seinen ständigen Kummer darüber aus, dass seine Ehe vollkommen auseinandergebrochen war. »Das ist das eigentlich Quälende an dieser Situation«, schrieb er im Oktober 1987 einem Freund.

Die Auseinandersetzungen zwischen Charles und Diana nahmen in ihrer Häufigkeit ab, sobald sich das Frösteln zwischen den Ehepartnern zu einem Kalten Krieg verhärtete und sie, außer in Anwesenheit der Söhne, auf jede grundlegende Form von Höflichkeit verzichteten. In Highgrove absolvierte Diana jeden Morgen ein ausgiebiges Schwimmprogramm (selbst Hewitt kam nicht umhin zu bemerken, dass Schwimmen für sie »zu einer Besessenheit geworden ist. Sobald sie sich gefühlsmäßig überfordert fühlte, stürmte sie davon und tauchte in den Pool.«) und zog sich dann in ihr Zimmer zurück, um mit den Jungen Filme anzusehen oder zu telefonieren, während sich Charles im Garten verlor.

Wären Diana und Charles widerstandsfähiger gewesen, hätten sie für die Öffentlichkeit die Illusion einer glücklichen Ehe aufrechterhalten können. Beide waren jedoch zu sensibel – wenn auch in unterschiedlicher Weise –, um die Spannungen zu verbergen. Wie immer spielte die Presse eine entscheidende Rolle. Simon Jenkins, der Herausgeber der *Times* zwischen 1990 und 1992, erklärte, die Reporter spürten, der »größten Geschichte aller Zeiten auf der Spur zu sein. Es war eine gescheiterte Liebesgeschichte, und wie wir alle wissen, gibt es nur eines, was besser ist als eine Liebesgeschichte, und das ist eine gescheiterte Liebesgeschichte.« Zu diesem Zeitpunkt wies die Boulevardpresse Diana die Rolle der Heldin zu und setzten zu einer ernst zu nehmenden Verunglimpfung von Charles an. In Ermangelung zuverlässiger Informationen über den tatsächlichen Stand der Dinge, mussten sich die Reporter auf Körpersprache, ihren eigenen Instinkt und Tipps verlassen, die eine neue Flut von Spekulationen über die Ehe des Prinzenpaares von Wales auslösten. Ab dem Jahr 1987 veröffentlichte die Presse das, was Jonathan Dimbleby als »eine Version der Tatsachen« bezeichnete, »die mehr als nur eine flüchtige Ähnlichkeit mit der Wirklichkeit aufwies«. In vielen Einzelheiten war dieses Bild jedoch unzutreffend.

Der erste bedeutende Hinweis ergab sich während des offiziellen Besuchs in Portugal im Februar 1987, als die Presse von der Neuerung erfuhr, dass Charles und Diana getrennte Schlafzimmer bezogen hatten. Diana erklärte gebenüber Andrew Morton, dass sie auf der Portugalreise »einander das letzte Mal als Mann und Frau nahe gewesen waren«. Diese Aussage scheint im Widerspruch zu ihrer Behauptung zu stehen, dass nach Harrys Geburt in der Ehe »etwas zerbrochen« wäre und sie »eine Wende zum Schlechten« genommen hätte. In den darauf folgenden Monaten beobachtete die Presse, wie viel Zeit das Paar getrennt verbrachte. Ihre Ergebnisse gipfelten in einer 39-tägigen Periode Ende des Sommers.

Charles hatte die Jagd wiederaufgenommen, auf die er bislang verzichtet hatte, um Dianas Wunsch zu entsprechen, und verbrachte mehrere Urlaube allein. Er reiste einige Male nach Italien, verbrachte vier Tage in der Kalahari, zog sich auf die Hebriden zurück, um Schafe zu hüten, und verweilte lange in Balmoral. Diese Flucht in die Einsamkeit, um nachzudenken und zu malen, veranlasste Diana, ihm vorzuwerfen, dass er sie vernachlässige, und weckte bei der Presse den Eindruck, ein gleichgültiger Ehemann und Vater zu sein. Nachdem Diana im September 1987 mit den Jungen aus Schottland nach London zurückkehrte, während Charles weitere drei Wochen allein in Balmoral blieb, deuteten einige Zeitungsberichte ungerechter- und fälschlicherweise an, dass er eine Affäre mit zweien seiner Gäste hätte: Kanga Tryon und Sarah Keswick, der Ehefrau von Sir Chippendale Keswick, dem Präsidenten der Hambros Bank und einem Freund des Prinzen und der Prinzessin von Wales.

Ein Jahr vor seinem vierzigsten Geburtstag zog sich Charles vollkommen zurück. Dimbleby zufolge wurde diese Isolation durch die Tatsache ausgelöst, dass er »im Schatten der Prinzessin stand, ihr die öffentliche Bewunderung übel nahm und verletzt war von der Verachtung, die ihm seitens der Presse entgegenschlug«. Er wurde zunehmend launenhaft, introvertiert und trübsinnig – »Im Augenblick kann ich am Ende eines äußerst erschreckenden Tunnels kein Licht erkennen«, schrieb er einem Freund im Herbst 1987. Er stützte sich stärker auf seine Freunde, da er »nicht imstande war, das Elend seines Privatlebens und seines Ansehens in der Öffentlichkeit mit seinen Eltern zu besprechen«, schrieb Dimbleby. Charles erklärte: »So entsetzlich und niederschmetternd es auch ist, wenn eine Ehe auseinanderbricht, ... sind hilfreiche, verständnisvolle und ermutigende Freunde das Wichtigste. Sonst wird man völlig verrückt.«

Statt sich nach innen zu wenden, wie Charles es tat, sah sich Diana nach neuen Freunden und Aktivitäten um. Sie begann, Tennis zu spielen, und versuchte, Charles zu überreden, für sie in Highgrove einen Tennisplatz anzulegen. Als er sich weigerte, teils wegen der Kosten und teils, weil ein Tennisplatz die Ästhetik seines sorgfältig geplanten Gartens stören würde, wurde sie Mitglied des exklusiven Vanderbilt Racquet Club in London. Drei Jahre lang spielte sie regelmäßig im Doppel mit einer Gruppe, zu der auch Antonia Douro zählte, deren Bündnis mit Camilla Diana noch nicht entdeckt hatte. Diana zeigte wenig Talent für diesen Sport, und wie bei so vielen anderen Dingen, die sie in Angriff nahm, mangelte es ihr an Disziplin, um ihre Fähigkeiten durch Übungsstunden zu verbessern. Zudem war es ihr vorrangiges Ziel, mit Menschen an einem Ort gesellschaftlichen Umgang zu pflegen, an dem die Fotografen sie nicht erreichen konnte.

Dianas Privatleben drehte sich vor allem um Hewitt, dessen Anwesenheit sie beruhigte, obwohl er sich nur als nützliches Sicherheitsventil erwies, solange sie zusammen waren: »Die Tatsache, dass sie sich nur ihrer Verantwortung enthoben fühlte, solange er bei ihr war, bedeutete, dass ihre Angst in größerem Ausmaß zurückkehrte, sobald er nicht in ihrer Nähe war«, schrieb Pasternak. »Mitunter versetzte sie die Aussicht, mit ihrer Labilität allein fertig werden zu müssen, in solche Hysterie, dass ihr keine andere Möglichkeit blieb, als vor sich selbst zu fliehen. Dann wählte sie verzweifelt James' Nummer, um seine Stimme zu hören, damit er sie beruhigte und ihr Gleichgewicht wiederherstellte.«

Dianas Unbeständigkeit zeigte sich im Mai 1987 besonders deutlich, sobald sie erfuhr, dass ihr ehemaliger Geliebter Barry Mannakee bei einem Motorradunfall ums Leben gekommen war. Erst ein Jahr zuvor war er aus seiner Anstellung beim Prinzenpaar von Wales versetzt worden. Das königliche Paar verließ soeben den Kensington Palace, um abends an den Filmfestspielen in Cannes teilzunehmen, als Charles und Mitglieder des Personals vom Tod Mannakees erfuhren. Charles teilte Diana die Nachricht in der Abgeschiedenheit ihrer Limousine auf dem Weg zum Flughafen Northolt mit, wo sie privat ihr Flugzeug bestiegen. Den gesamten Flug nach Cannes über weinte Diana untröstlich, während Charles und ihre Hofdame sie zu beruhigen versuchten.

Penny Junors Bericht, dass sich Diana während des Flugs »selbst verletzt« habe und forderte, dass ihr Kleid für Cannes »abgeändert würde, um die Schäden zu verbergen«, war jedoch eine Übertreibung. Falls sich Diana tatsächlich verletzt hatte, blieben die Verwundungen für ihr Personal unsichtbar, und das lange Kleid, das sie für die nächtliche Feier mitgebracht hatte, war einfach nicht abzuändern, handelte es sich doch um ein blassblaues trägerloses Chiffonkleid, das ihre makellosen Arme, ihren Rücken, ihr Dekolleté und ihre Schultern freiließ. Dazu trug sie einen lose um den Hals gelegten, ebenfalls blassblauen Chiffonschal, der keineswegs fest verknotet war, wie es nötig gewesen wäre, um verräterische Schnittwunden abzudecken. Der geringste Windhauch oder eine ungewollte Bewegung hätten ihn leicht verrücken können.

Kaum in Cannes angekommen, bewies Diana erneut, dass sie die verblüffende Fähigkeit besaß, eine fröhliche Fassade zur Schau zu tragen. Sie war geradezu überschwänglich, als sie sich an jenem Abend mit der Fernsehberühmtheit Clive James traf, dem Zeremonienmeister für das Dinner. »Sie wirkte wie der strahlende Morgen«, schrieb James, »wenn die Sonne kichernd aufgeht.« Neckisch flirtete sie mit James und lachte über die Ausschnitte aus seinen japanischen Spieleshows, die er in seiner wöchentlichen Sendung vorführte. »Du bist *schrecklich*«, scherzte sie und wechselte rasch das Thema, sobald auf der anderen Seite des Raumes der Medientycoon Robert Maxwell auftauchte. »Oh. Dort ist dieser widerliche Maxwell. *Ihn* will ich gewiss nicht wiedersehen. Pfui Teufel.«

In den darauf folgenden Wochen wirkte Diana keineswegs aufgewühlt wegen Mannakees Tod, und auch die Presse erfuhr nichts von ihrem Kummer während des Ausflugs nach Cannes. Zu Beginn des Jahres 1987 bekam sie jedoch Wind von einigen Ereignissen, in die Diana verwickelt war und die ein beunruhigendes Muster in ihrem öffentlichen Verhalten aufzeigten. An mehreren der Geschehnisse waren Männer beteiligt. Nach ihrer eigenen Aussage versuchte sie sich in einer neuen überschäumenden, Fergie-ähnlichen Identität, offenbarte dadurch jedoch auch ihre Verwirrtheit. Der von Diana verursachte Aufruhr erwies sich für die Presse als unwiderstehlich.

Während eines Schiurlaubs im Februar in Klosters zogen Diana und Fergie die Aufmerksamkeit auf sich, indem sie sich auf der Piste spaßeshalber gegenseitig anstießen, was die *Daily Mail* zu der Aussage veranlasste, die beiden Frauen verhielten sich »würdelos«. Einige Monate später platzte Diana vor einer Gruppe von Reportern damit heraus, dass sie darüber nachdenke, sich einen »schwarzen Geliebten« zu nehmen; lächelnd wohnte sie einer Parade von Kadetten in Sandhurst bei; und in Ascot stieß sie gemeinsam mit Fergie Lulu Blacker, eine von Fergies Freundinnen, mit einem zusammengerollten Regenschirm ins Gesäß.

Die unmissverständlichsten Kommentare rief sie mit ihrer in aller Öffentlichkeit gezeigten Koketterie hervor, wie etwa in Klosters, wo »sexy« Diana ohne den »griesgrämigen« Charles nächtelang in Diskotheken tanzte. Dem Auge der Presse verborgen, war Dianas Bulimie erneut ausgebrochen, so dass sie Abend für Abend James Hewitt aus Klosters anrief, um sich bei ihm über ihre Einsamkeit zu beklagen und ihm mitzuteilen, wie sehr sie ihn vermisse.

Zwei Männer aus Dianas Umkreis wurden im Winter des darauf folgenden Jahres zum Gegenstand endloser Vermutungen: der Major der Garde, David Waterhouse, und der Banker Philip Dunne. Sarah Ferguson hatte die beiden Männer Diana vorgestellt, die zu jenem lebhaften neuen Gesellschaftskreis gehörten, der sich um die Prinzessin gebildet hatte. Waterhouse und Dunne waren fest im Establishment verwurzelt. Dunnes Vater, Hauptmann Thomas Dunne, war Lord Lieutenant in Hereford und Worcester und durfte sich mit seiner Gemahlin Henrieta zu den engen Freunden der Königin zählen. Seine Schwester Camilla, die sich ebenfalls mit Diana anfreundete, heiratete Nicholas Soames' Bruder Rupert. Waterhouse war der Sohn von Hugo Waterhouse, einem Major der Leibgarde, und Lady Caroline Spencer-Churchill, der Schwester des Herzogs von Marlborough, die ebenfalls mit der Königin befreundet waren.

Entrüstet äußerte sich die Boulevardpresse über das Benehmen von Diana und Philip Dunne anlässlich des Hochzeitsempfanges des Marquis von Worcester und der Schauspielerin Tracy Ward im Juni 1987. Sie tanzte den gesamten Abend ausgelassen mit verschiedensten Partnern, etwa einem »mysteriösen dicken Mann«, der sich später als der glücklich verheiratete Londoner Kunsthändler David Ker herausstellte. Besonders fiel jedoch auf, wie Diana mit Dunne tanzte. Den Reportern zufolge »ließ sie ihre Hand durch [sein] Haar gleiten und küsste ihn auf die Wange«. Charles verließ das Fest gegen zwei Uhr morgens (einem Bericht zufolge »stürmte er davon«, einem anderen nach »wirkte er beleidigt«), nachdem er lange Zeit im Gespräch mit seiner ehemaligen Freundin Anna Wallace verbracht hatte. Diana tanzte bis in die frühen Morgenstunden weiter, was die Presse in den nächsten Wochen dazu bewegte, intensiv das Wesen ihrer Beziehung zu Dunne zu erforschen.

Das darauf folgende Erscheinen von Diana mit Philip Dunne und David Waterhouse bei Konzerten, Filmen, Hauspartys und in vornehmen Londoner Restaurants wirkten etwas zu sehr in Szene gesetzt. Zu dieser Zeit war sie tief in ihr Verhältnis mit James Hewitt verflochten, die erregten Presseberichte über eine Reihe anderer Männer waren lediglich ein ausgezeichnetes Ablenkungsmanöver. Einer Freundin zufolge »entzündete Diana jedoch ein Feuer, das mitunter außer Kontrolle geriet«. Die Boulevardpresse verurteilte Diana als »flirtsüchtig« und als »verwöhnte Prinzessin«, »die gerne im Mittelpunkt der Aufmerksamkeit steht«. Die Jagdhunde machten auch Dunne und Waterhouse das Dasein unerträglich und durchkämmten mit kriminaltechnischer Genauigkeit ihr Leben. Das ging so weit, dass Waterhouse schließlich der *Sun* gegenüber erklärte: »Wir haben *keine* Affäre.«

Die Presse konzentrierte sich wegen seines attraktiveren Äußeren vorwiegend auf Dunne, während Diana in Wirklichkeit Waterhouse näher stand, der im selben Regiment diente wie James Hewitt. Unter Dianas Freunden aus dieser Zeit befasste sich Dimbleby in seinem Buch vor allem mit Waterhouse, den er als »häufigen Besucher im Kensington Palace« bezeichnete, »der immer wieder in Begleitung seines Hundes eintraf und stundenlang mit der Prinzessin spazieren ging«. Waterhouse besuchte Diana auch in Highgrove, wenn Charles unterwegs war. Hewitt war auf Waterhouse eifersüchtig, und Diana musste »ihm wieder und wieder versichern, dass sie und David nur Freunde waren«, wie Pasternak schrieb.

Da sich die Presse so intensiv mit der Ehe des Prinzenpaares befasste, bemerkte sie kaum etwas von Charles' und Dianas öffentlichem Wirken. Dies verärgerte vor allem Charles, der immer weniger Verständnis für Dianas Fixierung auf die Berichterstattung aufbrachte. Seine Gereiztheit angesichts ihres Kummers über einen negativen Artikel wurde zu einem der stärksten Spannungspunkte zwischen ihnen. Charles weigerte sich, etwas zu lesen, das er als Unsinn betrachtete. Von seinen Sekretären erhielt er jedoch eine Zusammenfassung der erschienenen Reportagen. Er warf Diana vor, die Presse zu ermutigen, wenn sie ihr so viel Aufmerksamkeit schenkte. In einem Brief an einen Freund schimpfte Charles über den »wahren Hurrikan selbstgerechten, belehrenden und überkritischen Geschwätzes in den Zeitungen«. Im Herbst 1987 waren sowohl Diana als auch Charles zutiefst unglücklich. Sie verbrachten mehrere Wochenenden gemeinsam mit Dianas Mutter in Highgrove, die das Paar zu überreden versuchte, die Ehe aufrechtzuerhalten, und Diana aufforderte, sich in der Öffentlichkeit angemessener zu verhalten. Eine Beratergruppe um Charles skizzierte die Bedingungen eines möglichen Waffenstillstands: das Paar könne sein getrenntes gesellschaftliches Leben auf diskrete Weise weiterführen, solle jedoch durch mehr gemeinsame Auftritte das Bild einer vereinten Front stärken.

Diana erklärte später, in jenem Herbst aus eigenem Impuls erkannt zu haben, dass sie sich von ihrem Image als »Disco Di« und *femme fatale* trennen müsse. Nach so vielen »Schnitzern« sagte sie sich: »Diana, das ist nicht gut, das musst du augenblicklich verändern, hier geht es um Publicity. Du musst erwachsen werden und Verantwortung übernehmen ... Du musst dich an deine Position anpassen und den Kampf einstellen.« So entschloss sie sich, »die wahre Diana Spencer wiederzuentdecken«. Wie sie ihrer Astrologin Penny Thornton erklärte, war sie mit Charles übereingekommen, einander einen »vergleichsweise zivilisierten ›Raum‹« zuzugestehen: Sie würde den Kensington Palace als Hauptstandort wählen, er Highgrove.

Der neue Entschluss des Prinzenpaares kam zum ersten Mal während der Australienreise im Januar anlässlich der 200-Jahrfeier des Landes zum Ausdruck. »Nach fast einem Jahr zeigten sie sich erneut in strahlender Form«, erklärte der *Sunday Mirror*. Diana unterzog sich der Mühe, die australische Nationalhymne zu lernen und sang sie von Herzen mit, während Charles, der den Text nicht kannte, »seine Frau liebevoll betrachtete und im Takt mitklopfte«. Verwirrt beobachtete James Hewitt das königliche Paar im Fernsehen beim Tanzen. Wie konnte Diana mit jenem Mann so glücklich erscheinen, den »sie nun zutiefst und bitterlich hasste«.

Die Reise schien Charles und Diana zumindest vorübergehend gut zu tun. Bei ihrer Rückkehr nach England erschienen sie ihrem Personal ruhiger und im Privatleben höflicher als zuvor. Bei Diana konnte eine Periode des Friedens jedoch nicht lange andauern: Als sie mit Charles zu ihrem dritten Schiurlaub in den Schweizer Wintersportort Klosters fuhr, kehrte ihre Bulimie in aller Heftigkeit zurück. Ständig telefonierte sie mit Hewitt, der ihre Stimmung als »Verschlechterung gegenüber ihrer üblichen Melancholie« bezeichnete.

Am Nachmittag des 10. März 1988 blieben Diana und Fergie gemeinsam im Chalet zurück. Diana litt an einer Erkältung, und ihre im vierten Monat schwangere Schwägerin erholte sich von einem Sturz am Morgen. Während der Abfahrt über eine wenig benutzte Piste wurden Charles und seine Freunde Hugh Lindsay und Patty Palmer-Tomkinson von einer Lawine erfasst. Charles trug keine Verletzungen davon, Lindsay jedoch kam ums Leben, und Palmer-Tomkinson erlitt schwere mehrfache Brüche.

Der Prinz handelte heldenhaft. Er blieb an Palmer-Tomkinsons Seite, grub sie mit seinen Händen aus dem Schnee, hielt ihren Kopf und sprach unaufhörlich auf sie ein, damit sie bis zum Eintreffen des Rettungshubschraubers bei Bewusstsein blieb. Später kehrte er völlig gebrochen ins Chalet zurück. In ihrem Bericht über die Ereignisse dieses Tages erwähnte Diana gegenüber Penny Thornton, dass sie Charles zu trösten versucht habe, er in seinem Kummer jedoch allein zu sein wünschte. Statt seine Reaktion als vorhersehbar anzuerkennen, da sie seinem Wesen entsprach, mit derart starken Gefühlen umzugehen, fühlte sich Diana zurückgewiesen. »Er stieß mich einfach zur Seite«, erklärte sie Thornton. »Wäre ihr Charles damals in die Arme gefallen ... hätte ihre Beziehung vermutlich eine völlig andere Richtung genommen«, vermutete die Astrologin.

Diana war stolz darauf, die Logistik ihrer Rückkehr nach England zu organisieren. »Ich fühlte mich für die gesamte Angelegenheit verantwortlich«, erinnerte sie sich. Sie hatte darauf bestanden, dass Hugh Lindsays Leichnam unmittelbar zu seiner Witwe nach England überführt wurde, und Charles' Argumente für einen längeren Aufenthalt zurückgewiesen. Diana betrachtete ihre Fähigkeit, Entscheidungen zu treffen und die Kontrolle zu übernehmen, als Zeichen, dass sie sich gegen Charles zur Wehr setzen konnte, der ihr das Gefühl vermittelte, »in jeder nur erdenklichen Weise unzulänglich zu sein«.

Die Presse nutzte die Gelegenheit, um Diana zu loben und Charles erneut zu verdammen. »Inmitten des Kummers wahrte unsere zukünftige Königin Haltung« lautete die Überschrift im *Daily Express*. »Wir trauerten mit Prinz Charles, der um sich selbst trauerte«, erklärte der *Express*. »Niemand stärkte jedoch der 26-jährigen Diana den Rücken, die sich so tapfer hielt ... Im Gegensatz zu ihrem Gemahl war sie nicht imstande, am Kampf um das Leben ihres Freundes teilzunehmen. ... Diana litt schweigend neben ihrem offensichtlich emotional erstarrten Ehemann, der sich nicht ihr zuwandte, sondern seinem eigenen Schmerz ... In Klosters bewies sie ... innere Stärke.«

Diana, die jedes Wort in der Presse las, entging die Botschaft nicht. Die Tragödie von Klosters nahm überdimensionale, mythische Bedeutung an: »Damit erwachten allmählich die Eigenschaften und Fähigkeiten, die in ihr schlummerten«, schrieb Morton. Diana konnte gut mit vom Schicksal getroffenen Menschen umgehen. Ihre Reaktion auf das Unglück war daher ganz natürlich. Ebenso wie ihre Umgebung, zeigte sie sich der Situation gewachsen. In ihrer Fantasie wurden ihre Handlungen jedoch zum Symbol jener selbstbewussten, fähigen Frau, die sie gerne sein wollte. Nach ihrem Wochenende in Klosters war sie keineswegs reifer als zuvor, und ihr allgemeines Verhalten veränderte sich ebenfalls kaum merklich. Ihrem Gefühl nach hatte sie jedoch etwas erreicht, selbst wenn es zu Lasten von Charles ging.

In England weinte sich Diana bei Hewitt aus und wandte zum ersten Mal ihre Wut nicht gegen Charles, sondern gegen ihren Geliebten. Sie befand sich mit ihm über das Wochenende im Haus seiner Mutter in Devon, als sie sich während eines Picknicks zu wenig beachtet fühlte. Wütend beschuldigte sie ihn, ihrer überdrüssig geworden zu sein und sie für unzulänglich zu erachten. Als Hewitt ihr erklärte, dass er sich lediglich auszuruhen versuche, lief sie wütend über die Felder davon, ohne dass er ihr gefolgt wäre. Schließlich kehrte sie in düsterer Stimmung zurück. Erst nach zahlreichen Versicherungen Hewitts, dass sie die »schönste Frau auf Erden« sei und er sie »selbstverständlich attraktiv« finde, beruhigte sie sich wieder.

Auf diesen Zeitabschnitt zurückblickend, behauptete Diana, ihre jahrelangen bulimischen Essstörungen hätten ihrem attraktiven Äußeren keinen Abbruch getan. Weder ihre Haut noch ihre Zähne hätten durch den jahrelangen Kontakt mit Magensäure aufgrund des erzwungenen Erbrechens Schaden genommen. Hingegen bemerkten einige Menschen aus ihrem Umkreis im Verlauf des Jahres 1988, dass ihre Gesichtsfarbe unter dem starken Make-up rau und ungesund wirkte. Diese Beobachtungen fanden jedoch nicht ihren Weg in die Presse. Nach einem Jahr, in dem die Reporter ihrer Figur nur flüchtige Beachtung geschenkt hatten, fiel es ihnen auf, dass sie wiederum »quälend dünn und nahezu hager« war.

Eines Tages im Frühjahr 1988 erwachte Diana plötzlich und »erkannte, dass ich mich selbst verlieren würde, wenn ich nichts unternahm«. Ihre Freundin Carolyn Bartholomew rüttelte sie geradezu wach, indem sie mit jener Entschlossenheit eingriff, die Diana benötigte. Nachdem sie ihrer Schulfreundin zu guter Letzt anvertraut hatte, dass sie an Bulimie litt, warnte Carolyn sie davor, dass sie durch den ständigen Kreislauf von übermäßigem Essen und Erbrechen lebenswichtige Minerale für den Körper verlieren würde, und stellte ihr ein Ultimatum: Wenn sie sich nicht augenblicklich an einen Arzt wandte, würde Carolyn die Presse anrufen und ihr die gesamte Geschichte erzählen.

Die Drohung wirkte: Diana rief Dr. Maurice Lipsedge an, einen Psychiater des Guy's Hospital in London, der sich häufig mit Essstörungen befasste. Fünf Jahre waren vergangen, seit sie zum letzten Mal mit Therapeuten in Kontakt gewesen war. Zu Lipsedge hatte sie jedoch eine Beziehung, da er ihre Schwester Sarah behandelt hatte. Diana empfand Lipsedges Mischung aus Mitgefühl und Direktheit beruhigend und bezeichnete ihn als »sehr nett und einen echten Schatz«. Als er fragte, wie oft sie versucht hatte, Selbstmord zu begehen, erklärte sie ihm gegenüber unbekümmert »vier oder fünfmal«. Sie stimmte der von ihm vorgeschlagenen Behandlungsmethode zu, die aus einer Gesprächssitzung pro Woche bestand und durch Bücher zum Selbststudium über Essstörungen ergänzt wurde. Lipsedges Therapie wirkte auf Diana leicht durchführbar, hatte er ihr doch versprochen, dass sie innerhalb von sechs Monaten eine deutliche Besserung spüren würde, sofern sie lernte, Essen auch tatsächlich im Magen zu behalten.

Andrew Morton erzählte sie in ihren Interviews im Jahr 1991, dass sie sich durch diese Behandlung »wie neugeboren« fühlte und ihre Bulimie im Jahr 1989 »ein Ende fand«. Im nächsten Atemzug gestand Diana ein, dass sie auch 1990 noch an den Symptomen von Heißhungeranfällen und erzwungenem Erbrechen gelitten hatte, zu diesem Zeitpunkt jedoch lediglich in einem Abstand von drei Wochen statt viermal täglich. Die traurige Wahrheit ist, dass Diana ihre Behandlung bei Lipsedge ebenso wie die vorhergehenden Therapien nach wenigen Monaten abbrach. Die Essstörungen blieben ebenso wie die Symptome ihrer psychischen Probleme.

Seltsamerweise schien im Frühjahr 1988 niemand ernstlich Sarahs Beispiel in Betracht zu ziehen, die ihre Essstörungen erst nach einem sechswöchigen Krankenhausaufenthalt überwand. Eine stationäre Behandlung kam für Diana jedoch nicht in Frage. Sie fürchtete sich zu sehr davor, als geisteskrank stigmatisiert zu werden. Zudem war aufgrund ihrer Rolle in der Öffentlichkeit zu erwarten, dass sich die Nachricht von ihrem Leiden verbreiten und von der Presse zu Sensationsberichten aufbereitet werden würde.

# KAPITEL 14

Wegen ihres natürlichen Misstrauens gegenüber der Psychiatrie brachte Diana nicht jenes Durchhaltevermögen auf, das für eine wirkungsvolle Therapie erforderlich gewesen wäre. Gleichzeitig wusste sie, dass sie Hilfe benötigte, um ihre Stimmungsschwankungen, Depressionen und ihr selbstzerstörerisches Verhalten zu überwinden. Nachdem sie sich von Maurice Lipsedge abgewendet hatte, suchte sie auf dem Bazar der Alternativtherapien nach einfachen Lösungen.

»Ende der achtziger und Anfang der neunziger Jahre umgab sie sich mit verschiedensten Menschen«, erklärte ein ehemaliger Palastangestellter. »Sie spazierten ein und aus, und ich weiß nicht, wie sie hereingelangten. Sobald man sich jedoch in dieser Szene bewegt, ist das ein Hilferuf.« Diana sendete verwirrende Signale an die von ihr gewählten »Therapeuten« aus; wie in anderen Bereichen ihres Lebens hielt sie auch diese Beziehungen streng unter Kontrolle. Wenn sie rief, mussten sie springen. »Sie fragte nie, ob sie mich störte, wenn sie mich aus heiterem Himmel anrief«, meinte die Astrologin Debbie Frank. Diana »neigte dazu, sich mit Menschen zu umgeben, die ihr sagten, was sie gerne hörte«, erinnerte sich die Astrologin Penny Thornton. »Aufgrund ihrer Unbeständigkeit fiel es ihr schwer, rationale Entscheidungen zu treffen.« Diana mangelte es darüber hinaus an der analytischen Fähigkeit festzustellen, ob ihr ihre »Heiler« tatsächlich gut taten.

Ihre Vorgehensweise entsprach der klassischen Reaktion eines Erwachsenen auf eine Vernachlässigung im Kindesalter, wie sie Hugh Missildine, der Autor von *In dir lebt das Kind, das du warst* beschreibt: Das Verhaltensmuster beinhaltet laut Missildine, dass der Betroffene »von einer Person zur anderen eilt in der Hoffnung, das zu erhalten, was ihm fehlt«. Aufgrund der Unfähigkeit, emotionale Zufriedenheit zu erlangen, fühlt er sich »rastlos und verängstigt«. »Jeder, der Bewunderung und Respekt anbietet, wirkt anziehend«, bemerkte Missildine. »Da das Bedürfnis nach Zuneigung übergroß ist, ist die Fähigkeit, Unterschiede zu erkennen, vergleichsweise sehr gering.«

Diana hatte ihre Suche bereits im Jahr 1986 aufgenommen, in dem sie Thornton zu Rate zog. Drei Jahre später kam Debbie Frank hinzu. Als Diana Frank erstmals im Februar 1989 anrief, war diese überrascht, dass die Prinzessin »mir augenblicklich all ihre Probleme enthüllte, als würden wir uns bereits ein Leben lang kennen«. Diese Willkür scheint nicht mit Dianas stark ausgeprägtem Misstrauen übereinzustimmen, zeigte in Wirklichkeit jedoch, zu welchen impulsiven Handlungen sie fähig war. Zwei Jahre später wandte sie sich an einen weiteren Astrologen namens Felix Lyle, der Diana als »leicht zu entwaffnen«, »selbstzerstörerisch« und unberechenbar bzeichnete. Er unterschätzte jedoch ihren Starrsinn, als er daraus schloss, dass »sie sich bereitwillig von Personen mit starkem Charakter dominieren lässt«.

Diana hatte eine zwiespältige Meinung über Astrologen, und so wanderte sie auf der Suche nach den von ihr gewünschten Antworten von einem zum anderen. Die übergeordnete Frage lautete, ob es ihr gelingen würde, Charles zurückzugewinnen und ihre Ehe wiederzubeleben. »Was wird mit mir geschehen? Werde ich je glücklich sein?« fragte sie Frank, die Diana drängte, »einen geeigneten Therapeuten« aufzusuchen, was ihr hoch anzurechnen ist. Die Prinzessin stützte sich vor allem auf Astrologen, wenn sie zu unsicher war, um eigenständige Entscheidungen zu treffen. »Diana glaubte an Astrologie«, erklärte eine ihrer Freundinnen. »Sie öffnete sich Astrologen, wie sie es nie in einem Wohnzimmer tun würde, wo sich etwas herumsprechen konnte«, stellte eine andere Freundin fest. »Verriet ein Astrologe sie jedoch, ließ sie ihn mit der Bemerkung fallen, dass er es ohnehin nur auf ihr Geld abgesehen hatte.«

Einerseits behauptete Diana, auf astrologische Prophezeiungen zu hören, fügte aber hinzu, dass sie »[der Astrologie] nicht vollständig vertraue. Sie gebe eher eine Richtung oder eine Tendenz an als das, was tatsächlich eintreffen wird.« Ihr Vertrauen in die Astrologie schien jedoch größer, als sie zugeben wollte. »Sie wurde nicht von jeder Vorhersage beherrscht«, schrieb Morton, »zu gewissen Zeiten war ihr Glaube hingegen allumfassend.« Diana flocht ihre Astrologen in Gespräche ein, etwa als sie ihrem Freund James Gilbey (der ihre Begeisterung für die Sterndeutung teilte) von Debbi Franks Vorhersage erzählte, dass er »eine Wandlung durchmachen würde« und dass ein anderer Astrologe Diana die Botschaft hatte zukommen lassen, dass sie »alles, was sie sich wünsche, im kommenden Jahr erhalten würde«.

Ebenso leichtgläubig war Diana in Bezug auf die von ihr zu Rate gezogenen Spiritisten. Die Hellseherin Rita Rogers, die ihr – wie Penny Thornton – von Fergie vorgestellt worden war, erkannte, dass Diana »einen starken Willen besitzt und imstande ist, sich eine eigene Meinung zu bilden«. Rogers versuchte, Diana »innere Stärke« zu vermitteln, indem sie sie mit verstorbenen Verwandten und Freunden in Kontakt brachte. Durch Rogers und andere Medien glaubte Diana, mit ihrer Großmutter Spencer zu kommunizieren – die aus der »Geisterwelt« auf sie herabblickte – sowie mit ihrem Onkel Edmund Fermoy und ihrem ehemaligen Geliebten Barry Mannakee. Diana widerstrebte es jedoch, Freunden und Familienmitgliedern von ihren spirituellen Kontakten zu erzählen, da sie fürchtete, als »verrückt« gebrandmarkt zu werden.

Betty Palko, die monatlich für Diana die Tarotkarten legte, erklärte, dass die Prinzessin »starke emotionale Probleme« habe. Bei ihrem Versuch zu helfen, verstärkte Palko lediglich Dianas Unsicherheit. »Während einer Lesung betonte ich, dass es unendlich wichtig sei, sorgsam auszuwählen, wem sie ihr Vertrauen schenkt«, berichtete Palko. »Zu jener Zeit sah ich in ihrer Umgebung viel Betrug.«

Vier Jahre lang besuchte die Energieheilerin Simone Simmons die Prinzessin wöchentlich. Während ihrer ersten Sitzung behauptete Simmons, »bei der Analyse ihrer Aura Wagenladungen negativen emotionalen Mülls« bei Diana entfernt zu haben, und erklärte, »selten jemanden getroffen zu haben, der einer physischen und emotionalen Heilung so stark bedurfte«. Sie pflegte acht Stunden mit der Prinzessin zu telefonieren, wobei ihr Diana »immer im Vollbesitz ihrer geistigen Kräfte« erschien.

Dianas spirituelle Ratgeber unterstützten ihr »magisches Denken«, eine weitere primitive Form psychologischer Verteidigung, die ein falsches Gefühl von Macht vermittelt. Die Prinzessin behauptete, Déjà-vu-Erlebnisse zu haben, sobald sie sich an Orten befand, die sie zu kennen glaubte, oder Menschen traf, die ihr aus einer vorigen Inkarnation bekannt waren. »Es klingt ein wenig verrückt, aber ich habe bereits früher einmal gelebt«, erklärte sie James Gilbey. Einem Bericht zufolge behauptete sie, in einem früheren Leben eine Nonne gewesen zu sein, während sie Penny Thornton erzählte, als Märtyrer zu Christi Zeiten gelebt zu haben. Sie sprach von Stimmen, die sie zu bestimmten Handlungen oder Gedanken aufforderten, und von Vorwarnungen wie ihrem »seltsamen Gefühl«, dass ihr Vater »fallen würde« – einen Tag, bevor er einen Hirnschlag erlitt.

Zusätzlich experimentierte Diana mit einer Vielzahl anderer Methoden. Sie verwendete Hypnotherapie, um ihre Wut zu »visualisieren« und in einem »imaginären Kamin zu verbrennen«; eine »wutlösende« Therapie, bei der sie schrie und gegen einen Sandsack schlug; und als umstrittenste Heilmethode Einläufe in den Grimmdarm, um »alle Aggressionen aus mir hinauszuspülen«. Simone Simmons zufolge vereinbarten Diana und Fergie die Termine für ihre Einläufe so, »dass sie zur gleichen Zeit in unterschiedlichen Räumen der Klinik behandelt würden und anschließend gemeinsam darüber lachen könnten«. In Wirklichkeit handelte es sich bei den Einläufen um eine Art Abführmittel, bei dem »mit Hilfe einer sonderbaren Mixtur der Versuch unternommen wurde, Schlechtes auszuspülen und durch eine Beschleunigung der Verdauungstätigkeit Gewicht zu verlieren«, lautet die Ansicht des Fachmanns für Essstörungen, Kent Ravenscroft. Ärzte stehen dieser Methode, die häufig ohne medizinische Begleitung angewendet wird, äußerst skeptisch gegenüber.

Vermutlich als Folge von Stress litt Diana an Rückenschmerzen und wandte sich zur Behandlung dieses Leidens ebenfalls an Alternativpraktiker, etwa einen Osteopathen, der Massage anwendete, und einen Chiropraktiker, der ihre Wirbelsäule mit speziellen Handgriffen bearbeitete. Physischen und mentalen Trost suchte sie in der Reflexologie, einer Reflexzonenmassage der Füße, die darauf abzielt, in verschiedenen Bereichen des Körpers Schmerzen zu lindern und Spannungen abzubauen; Aromatherapiemassage mit ätherischen Ölen; Tai Chi Chuan, eine langsame Bewegungsübung zur Steigerung der Energie; und Akupunktur, die altchinesische Therapie, bei der an strategischen Punkten Nadeln in die Haut gesetzt werden, um Druck und Schmerzen zu lindern. Akupunktur »hilft mir, ruhig und entspannt zu bleiben«, erklärte Diana einmal. »In meinem Job kann ich es mir nicht leisten, in Panik zu geraten.« Den geringsten Erfolg hatten ihre Meditationsversuche. Diana war eben einfach zu nervös, um Ruhe zu finden.

Ihr wichtigster »Geist-Körper-Spezialist« war Stephen Twigg, ein ehemaliger Steuerprüfer, der sich auf Tiefenmassage, Diätbegleitung und Newage-Beratung spezialisiert hatte, mit deren Hilfe er nach eigener Aussage tief unter der Hautoberfläche liegende Probleme aufspüren könne. Als Twigg Diana im Dezember 1988 erstmals besuchte, »hatte sie tatsächlich einen Tiefpunkt erreicht«, erinnerte er sich. Sie litt unter »unendlich schmerzlichen Emotionen und Gedanken, Muskelspannungen,

Verdauungsproblemen und anderen körperlichen Leiden.« Er behauptete, Diana gelehrt zu haben, »sich aus dem Loch emporzuarbeiten, das sie für sich gegraben hatte«, und ihre Bulimie im Jahr 1992 endgültig zu besiegen. Andere Therapeuten stießen jedoch auch in den darauf folgenden Jahren auf dieses Problem. Die Akupunkteurin Lily Hua Yu behandelte Diana noch im Jahr 1996 gegen Depressionen und »eine Essstörung, die der chinesischen Lehre zufolge durch ein Ungleichgewicht zwischen Magen und Milz ausgelöst wird«.

Obwohl Diana kreuz und quer durch die Welt der Alternativbehandlungen hastete, findet sich kaum ein Hinweis, dass sie tatsächlich Heilung von ihren Leiden fand. Die Akupunktur bildet möglicherweise eine Ausnahme, da Untersuchungen erbrachten, dass sie imstande ist, bei einer gemäßigten Form von Depression Abhilfe zu verschaffen. Im besten Fall boten ihr die zahlreichen Behandlungen Beschäftigung und Zeitvertreib und jede Menge mitfühlender Zuhörer, so dass sie sich von ihrer Angst befreite, die Kontrolle zu verlieren. Allen Behauptungen ihrer zahlreichen Heiler zum Trotz, wurde Diana bis an ihr Lebensende von ihren Symptomen begleitet. Sie war verletzlich und leichtgläubig, stützte sich auf ihre Therapeuten ebenso wie auf ihre Freunde und Geliebten und rief sie an, »nur um mir zu erzählen, was sie heute erlebt hatte«, wie sich das Medium Rita Rogers erinnerte. Die Astrologin Debbie Frank empfand Dianas Benehmen während dieser häufigen Anrufe überraschend kindlich. »Vor allem benötigte sie jemanden, mit dem sie sprechen, dem sie ihre Probleme erzählen konnte«, meinte sie.

Seit Anfang der achtziger Jahre, als Diana nach einer öffentlichen Rolle für sich zu suchen begann, neigte sie dazu, sich mit Kranken und Sterbenden zu befassen. Diese Arbeit wurde für sie ebenso zu einer Quelle des Trostes wie für die Betroffenen. Die Menschen, die sie »unterstützte und liebte«, »waren sich nicht bewusst, wie viel heilende Kraft sie mir spendeten. Diese Kraft hielt mich aufrecht«, erklärte sie. Häufig hörte man, dass Diana eine »neue königliche Rolle geschaffen hatte«, indem sie sich den Opfern widmete und ihre Position nutzte, um bedeutende Angelegenheiten zu unterstützen. Ihr Ehemann und seine Schwester hatten sich jedoch bereits seit langem auf ähnliche Weise engagiert: Charles hatte sich für die benachteiligten Gebiete der Innenstädte eingesetzt, Anne für Kinder in der Dritten Welt. Die von Diana ausgehende Wirkung war vorrangig eine Frage des Stils: Ihr unkompliziertes Verhalten und ihr tiefes Mitgefühl standen in scharfem Kontrast zur steifen königlichen Formalität. Sie besaß jedoch nicht die Absicht, sich allzu tief in die eine oder andere Sache einzuarbeiten und Fachkenntnis zu erlangen. Stattdessen reagierte sie auf Ereignisse und hielt einige Zeit leidenschaftlich an Ansichten fest, ehe sie weiterging. Ungeachtet ihrer aufrichtigen Gefühle für ein wichtiges Thema verhinderte ihr labiles Temperament, dass ihre Unterstützung längerfristig war, wodurch sie viele enttäuschte und verwirrte, die auf sie gerechnet hatten.

Dianas Suche nach einer bedeutungsvollen Rolle in der Öffentlichkeit war eng mit ihren Bemühungen verknüpft, ihr eigenes Wesen zu begreifen. »Ich sehne mich nach dem Gefühl, gebraucht zu werden«, meinte sie. »Ich möchte etwas tun, nicht nur einfach existieren.« Während sie nach einer Neudefinition ihrer Person strebte, fiel es ihr schwer zu entscheiden, welche Richtung sie einschlagen sollte. Immer wieder erlag sie dem Irrglauben, Berühmtheit erlangt zu haben, während ihre tatsächlichen Leistungen wenig darstellten. »Mit ihrer Moral und ihrem Selbstwertgefühl ging es ständig bergauf und bergab«, berichtete ein ehemaliger Palastangestellter. »Mitunter war sie selbstbewusst, dann wieder unsicher über ihre eigenen Fähigkeiten und ihren Wert, und hinterfragte ihre Wirkung als menschliches Wesen.«

Eine Wende in Dianas öffentlicher Rolle ergab sich im April 1987, als sie in einer Geste von enormer Symbolkraft einem Aids-Patienten ohne Handschuh die Hand schüttelte. Die Aufklärungsarbeit für das Problem Aids wurde zu einem Eckpfeiler ihres öffentlichen Lebens, und die Presse feierte diesen ersten Schritt typischerweise als Akt einzigartigen Mutes in ihrem Bestreben, den Außenseitern der Gesellschaft zu helfen. In Übereinstimmung mit der vorherrschenden Mythologie setzte sich Diana über den Rat von Freunden hinweg und trotzte den Beratern des Buckingham Palace, als sie zu einem Kreuzzug für eine Minderheitenkrankheit aufbrach, die mit Homosexualität in Beziehung gebracht wurde. Der *Sunday Express* bezeichnete dies als »den härtesten Kampf ihres königlichen Lebens«, nachdem »königliche Berater ... sie gewarnt hatten, dass ihr Einsatz ihre Position als zukünftige Königin schädigen könnte«.

In Wirklichkeit waren ihre Aids-Aktivitäten vom Palast genehmigt und sorgfältig gesteuert, und ihre anfängliche Entscheidung wurde vorwiegend durch persönliche Überlegungen motiviert und nicht durch das ehrgeizige Streben, ein soziales Problem in Angriff zu nehmen. Dianas emotionale Bindung zu Aids war auf ihre Freundschaft mit dem Londoner Kunsthändler Adrian Ward-Jackson zurückzuführen, den sie Mitte der achtziger Jahre bei einer Ballettgala im Sadler's Wells Theater in London kennen lernte. Ward-Jackson war sympathisch und gebildet, ohne jedoch bedrohlich zu wirken. »Er war ein Ballettkenner«, erklärte eine ihm nahe stehende Person.

Etwa zur selben Zeit, als ihre Freundschaft begann, erfuhr Ward-Jackson, dass er HIV-positiv war, was er Diana nahezu unmittelbar anvertraute. Auf diese Weise entwickelte sie ein Interesse an dieser Krankheit. »Er erklärte mehr oder weniger: ›Es wäre sehr freundlich von dir, wenn du mir hindurchhelfen würdest‹«, berichtete ein Freund von Ward-Jackson. »Sie sagte: ›Selbstverständlich werde ich das tun.‹ Noch bevor viele von Adrians Freunden wussten, dass er HIV-[positiv] war, war dieser Pakt bereits geschlossen.« »Diana war Adrian und seinem Partner Harry Baily eine gute Freundin«, erklärte William Haseltine, ein amerikanischer Forschungswissenschafler, der sich frühzeitig für Aids-Aufklärung aussprach. »Sie verbrachte viel Zeit mit ihnen, ehe sich der Zustand der beiden verschlechterte. Harry starb zuerst, und sie wusste nur allzu gut, dass auch Adrian an Aids litt.«

Im Januar 1987 lernte Diana den Londoner Arzt Michael Adler kennen, der mit Aids-Patienten zusammenarbeitete. Er bat sie, ihm zu helfen, das Bild der Krankheit in der Öffentlichkeit zu verändern. »Sie war überaus nervös«, erinnerte sich Adler. »Aids war nach wie vor eine höchst umstrittene Krankheit.« Das Middlesex Hospital gab noch im selben Monat bekannt, dass Diana im April die erste speziell der Behandlung von Aids-Patienten gewidmete Abteilung eröffnen würde. Bei der Vorbesprechung für ihr Erscheinen ersuchte Adler Diana, keine Schutzkleidung wie Operationsmaske oder Handschuhe zu tragen, und versicherte ihr, dass sie sich damit keiner Gefahr aussetze. »Wir hoffen, dass die Eröffnung der Abteilung durch die Prinzessin von Wales zu einer Entmystifizierung und Entstigmatisierung von Aids beiträgt«, erklärte Adler damals.

Einige Wochen später erschien im *Daily Mirror* ein Artikel, in dem ein Arzt namens Graham Sharp mit dem Ausspruch zitiert wurde: »Prinzessin Diana sollte einem Aids-Kranken die Hand schütteln«, um der Öffentlichkeit die Furcht vor einer möglichen Übertragung der Krankheit auf diesem Wege zu nehmen. In dieser Zeit war die Angst weit verbreitet, sich durch Berührung, ein gemeinsames Bad in einem Swimmingpool oder ein gemeinsames Abendessen zu infizieren. Man erwog sogar, mit dem Virus infizierte Personen unter Quarantäne zu stellen. Ein einfacher Händedruck mit jemandem in Dianas Position konnte tatsächlich weitreichende Folgen haben.

Adler schlug dem Buckingham Palace vor, dass Diana nicht nur einem Aids-Patienten die Hand schütteln, sondern dass die Geste auch fotografiert werden sollte. »Die gesamte Angelegenheit war überaus sorgfältig geplant und einstudiert«, erklärte Adler. »Da wir uns um die Vertraulichkeit und Privatsphäre des Patienten sorgten, unterbreiteten wir dem Palast den Vorschlag, mit nur einem Kamerateam ein Foto über die linke Schulter des Patienten aufzunehmen (das an sämtliche Zeitungen verteilt werden sollte). Die ganze Sache war somit im Vorhinein geplant und keineswegs ein entspannter, spontaner Besuch. Ich glaube nicht, dass Diana wusste, welche Aufgabe sie übernahm, als sie all dem zustimmte. Plötzlich stand sie mit an den Rand gedrängten Menschen in einem höchst umstrittenen Gebiet im Mittelpunkt der Aufmerksamkeit.« Das Foto zeigte weltweit Wirkung, und auch Diana war zutiefst ergriffen: »Ich vertiefte mich immer mehr in das Schicksal von Menschen, die von der Gesellschaft ausgestoßen waren ... und fand darin eine Seelenverwandtschaft.«

Im Jahr 1988, nachdem das Waffenstillstandsabkommen zwischen Charles und Diana in Kraft getreten war und sich die Prinzessin entschloss, »erwachsen zu werden und Verantwortung zu übernehmen«, konzentrierte sich die Boulevardpresse auf die jüngste Manifestation einer »neuen Diana«. »Die mitfühlende Prinzessin hat sich mit vollem Einsatz in ihre Arbeit gestürzt«, berichtete *Today* im Mai 1988. Vier Monate später sprach Georgina Howell in der *Sunday Times* von einer »besonneneren und unabhängigeren Prinzessin von Wales«, gefolgt von Richard Kay, der in der *Daily Mail* verkündete, dass eine »ganz und gar selbständige neue Prinzessin« aufgetaucht sei, die es drängte, ihre Meinung mit »einem Selbstvertrauen und einer Reife auszudrücken, die den Beobachter überrascht«.

Diana hatte bislang kaum eine öffentliche Rede gehalten und beschränkte sich auf kurze Bemerkungen, die sie atemlos und mit monotoner Stimme vorbrachte. Als Turning Point, eine Organisation, die sich der Behandlung von Drogen- und Alkoholkranken widmete und deren Schirmherrin Diana war, mit der Bitte an die Prinzessin herantrat, anlässlich ihrer Konferenz im Mai 1989 eine Ansprache zu halten, ersuchte sie Richard Attenborough um Hilfe, der sie bereits auf das Interview mit Alastair Burnet im Jahr 1985 vorbereitet hatte. Attenborough unterstützte Diana, die Rede in ihrer eigenen Ausdrucksweise zu verfassen, und sie verbrachte mehrere Tage damit, sich jede Phrase einzuprägen und ihre Worte auf Tonband aufzunehmen, um an ihrem Vortrag zu feilen. Die Prinzessin sprach sechs Minuten lang über die schädlichen Auswirkungen von Alkohol- und Drogensucht auf Familien und sagte an einer Stelle: »Die Linie zwischen gelegentlichem Genuss und schleichender Sucht ist gefährlich dünn.« Dem üblichen verschwenderischen Lob für Diana entsprechend, bezeichnete Richard Kay von der *Daily Mail* ihre Rede als »bemerkenswert«.

Hinter dieser Übertreibung gab es tatsächlich Hinweise auf einen Fortschritt bei der Wahrnehmung ihrer öffentlichen Pflichten. Diana arbeitete härter – 250 Veranstaltungen im Jahr 1988 gegenüber 153 von Fergie und 665 von Prinzessin Anne – und zeigte eine größere Bereitschaft, die notwendigen Vorbereitungen auf sich zu nehmen. Es war ihr noch immer nicht möglich, umfangreiche Dokumentationen aufzunehmen, aber sie widmete dem von ihren Mitarbeitern vorgelegten Material größere Aufmerksamkeit. »Briefingpapiere durchzulesen, entsprach nicht ihrer Vorstellung von Vergnügen«, meinte ein ehemaliger Palastangestellter, »aber sie besaß ein natürliches Wissen aus dem Alltag und eine natürliche Intelligenz, um die richtigen Fragen zu stellen.« Darüber hinaus hatte sie gelernt, Aspekte ihrer Persönlichkeit, die andere als Mängel sehen hätten können, zu ihrem Vorteil zu nutzen. Als leidenschaftliche Zuschauerin von Seifenopern wie *Coronation Street* sprach sie bei ihren öffentlichen Auftritten über die einzelnen Folgen: »Ich sage zum Beispiel, ›Haben Sie dies oder jenes gesehen?‹ ›War das nicht ein Spaß, als das eine oder andere geschah?‹« Durch derartige Verbindungen durchbrach Diana die Barriere zwischen dem Adel und den gewöhnlichen Menschen und begab sich »unmittelbar auf dasselbe Niveau«.

»Für einen Besuch in einer Krankenstation für Aids-Patienten war sie außerordentlich gut geeignet«, erklärte einer ihrer Mitarbeiter. »Die meisten Menschen würden denken: ›Ich habe eine Stunde Zeit, was in aller Welt soll ich sagen?‹ Ich sagte dann etwa: ›Fünf der Patienten liegen im Sterben, mit denen können Sie nicht sprechen, sechs haben Besuch und weitere acht sind in ziemlich guter Verfassung.‹ Daraufhin würde sie alles berücksichtigen und genau wissen, wie viel Zeit sie mit jedem Einzelnen verbringen dürfte, um die Stunde zu füllen.«

Sie unternahm auch intensivere Anstrengungen, über Wohltätigkeitsorganisationen auf dem Laufenden zu bleiben. »Wenn ich sie bei einer Veranstaltung wie etwa einer Konferenz traf, informierte ich sie über die Entwicklungen im Bereich Aids«, erklärte Michael Adler. »Sie stellte zwar keine tiefgründigen Fragen, zeigte jedoch Stärke, sobald sie das Problem eines Menschen spürte.« William Haseltine, der sie ebenfalls über Aids unterrichtete, fand, dass sie »ihre öffentliche Funktion hervorragend erfülle. Sobald sie erschien, tat sie, was sie tun musste, war sachkundig, freundlich, gesprächig, warmherzig und verhielt sich der Situation angemessen.«

Um Dianas Interesse zu wecken, musste man sicherstellen, dass sie eine emotionale Beziehung zu einem Thema fand. »Ich schrieb ihr die ungeheuerlichsten Zusammenfassungen«, berichtete Vivienne Parry, die landesweite Organisatorin von Birthright, einer Forschungsgruppe, die sich auf die Verhinderung von Frühgeburten konzentrierte. »Ich wusste, wenn ich schrieb, ›Herr Soundso war von 1979 bis 1983 Vorsitzender des Finanzausschusses‹, würde ihr das nichts bedeuten. Fügte ich jedoch eine kurze Charakterbeschreibung einer Person ein, was mir ebenso wie ihr unendliches Vergnügen bereitete, konnte sie im Gespräch auf ein persönliches Detail eingehen, und die jeweilige Person strahlte vor Freude, dass sich die Prinzessin von Wales an diese Einzelheit erinnerte.«

Diana entwickelte auch anderen Themenkreisen gegenüber starke Gefühle, mit denen sie sich Ende der achtziger Jahre auseinander zu setzen begann, wie Drogen- und Alkoholmissbrauch, Sterbebegleitung, geistig behinderte Kinder, Lepra und – besonders faszinierend – Eheberatung. 1988 besuchte sie erstmals die Zentren von Relate, einer Beratungsgruppe für Paare mit Eheproblemen. Sie nahm an Sitzungen zu Sexualtherapie teil, spielte eine überreizte Mutter und drückte ihr Interesse für die Zusammenarbeit mit Paaren aus, die vor der Scheidung standen. »Sie setzte sich wirklich sehr ein«, erklärte Rose Spurr vom Bristol Relate Center nach Dianas Rollenspiel. Ironischerweise hatten sie und Charles keinen Eheberater hinzugezogen, so dass es wirkte, als versuchte Diana, sich durch ihre Arbeit mit Relate selbst zu unterrichten. Auf ihrem Nachttisch lag sogar eine Ausgabe des *Relate Guide to Martial Problems.*

Dianas ungewöhnlich herzliches Verhältnis zu Fremden, einschließlich verunstalteter und sterbender Menschen, wurde in diesen Jahren deutlicher sichtbar. Durch die Kombination von natürlicher Wärme und Interesse an Menschen, einer sanften Berührung und ihrer durchdringenden Intensität stellte Diana augenblicklich eine Verbindung her. »Einigen Menschen fällt es schwer, sich mit stark behinderten Personen auseinander zu setzen«, meinte Roger Singleton vom Waisenhaus Barnardo. »Damit geht sie sehr direkt und offen um.« Der katholische Priester und Freund Dianas, Alexander Sherbrooke, gestand, dass er sich geistig auf einen Besuch bei einem Kranken oder Sterbenden vorbereiten müsse. Diana hingegen »verließ sich vollkommen auf ihre Intuition und sah in jedem menschlichen Wesen etwas Besonderes«.

Nachdem sie jahrelang ihre Wirkung auf andere beobachtet hatte, gelangte Diana zu der Überzeugung, dass von ihr eine spezielle Heilkraft ausginge. »Sie hatte eine starke Ausstrahlung«, bestätigte Michael Adler. »Man glaubte ihr, dass ihre Berührung magisch war, und in gewissem Sinn war sie das auch. Sie besaß außergewöhnliche Fähigkeiten und ganz gewiss ein großes Herz.« »Ihr Charisma war keineswegs normal«, meinte eine von Dianas engen Freundinnen. »Ihre Besuche brachten Licht in das Leben der Kranken, so dass sie sich besser fühlten.« Dieselbe Freundin erinnert sich an Dianas Besuch bei einem Mann, der von einer Landmine verletzt worden war. »Er verwandelte sich in ihrer Anwesenheit. Zuvor war er zutiefst betrübt und hatte sich in seinem Bett zusammengekauert, und als sie ihn verließ, war er glücklich. Von da an ging es ihm von Tag zu Tag besser. Er war froh, dass sie ihn ausgewählt hatte.«

Dianas kompliziertes Temperament fügte der Wechselwirkung zwischen ihr und den Leidenden eine psychologische Komponente hinzu. Ihr verblüffendes Einfühlungsvermögen erwuchs aus ihrem dürftigen Selbstwertgefühl. Sie konnte von ihren eigenen Problemen erzählen und ihre innere Leere kompensieren, indem sie sich in den Träumen anderer verlor. Auch wenn es nur für einen Augenblick war, konnte sie tatsächlich eine andere Person sein. Auf diese Weise verbreitete sie jenes Mitgefühl, nach dem sie sich selbst so heftig sehnte. Hier zeigte sich das positive Extrem von Dianas sensibler Persönlichkeit. Zu anderen Zeiten gelang es ihr nicht, ihre innere Leere auf konstruktive Weise zu füllen, und fühlte sich verlassen. Da sie sich in diesem Zustand vorstellte, dass andere von ihr nur das Schlechteste dachten, reagierte sie mit Panik oder Wut.

Diana gewann sichtlich an Kraft, wenn sie jemandem Trost spendete, der noch schwächer war als sie. »Heute morgen traf ich in abscheulicher Stimmung ein, und nun fühle ich mich überglücklich«, berichtete sie Christopher Spence, dem Präsident von London Lighthouse, einer Pflegeeinrichtung für HIV-Infizierte und Aids-Kranke, nach ihrem Besuch bei sterbenden Patienten. Eine Freundin erinnerte sich, Diana auf eine Visite in einer Krankenabteilung begleitet zu haben, wo »ein indischer Mann einen schweren Herzanfall erlitten hatte. Seine Familie wusste nicht, was sie tun sollte. Diana übernahm die Leitung und erklärte: ›Sie setzen sich ins Nebenzimmer, Sie tun dies, und Sie tun jenes.‹ Von ihr ging eine natürliche Autorität aus.«

In derartigen Situationen bewies Diana eine trügerische Reife. »Wenn es sich hingegen um ihr eigenes Leben handelte, fühlte sie sich häufig machtlos«, erklärte ihre Astrologin Debbie Frank. In einem Krankenhaus »wusste sie genau, was sie tun oder sagen sollte«, bestätigte ihre Freundin Cosima Somerset. »Sobald sie eine Rolle übernahm, war alles in Ordnung. Nur im gesellschaftlichen Bereich fiel ihr das nicht so leicht.« Der Großteil ihres Mitgefühls war auf jene gerichtet, denen sie sich näher fühlte als gesellschaftlich gleichgestellten Personen, wie Kinder, ältere Menschen, soziale Außenseiter und Sterbende, die ihr »offener, verletzlicher und weit wirklicher« erschienen als andere Menschen.

Diana war zur »mitfühlenden Prinzessin« geworden, deren Bild nahezu täglich in den Boulevardzeitungen zu sehen war. Während sie in der Gunst der Presse stieg, stürzte Fergie ab. Diana und Fergie zeigten zwar häufig Zuneigung füreinander, gleichzeitig war ihre Freundschaft jedoch durch Konkurrenzkampf belastet: Diana dominierte die Titelseiten, solange Fergie nichts Ungehöriges tat.

Die Jagdhunde hatten Fergie die Schuld für Dianas unbesonnenes Verhalten im Jahr 1987 zugewiesen, und gegen Ende des Jahres wurde die Herzogin von York auch nach eigenem Eingeständnis zur »Verliererin« erklärt. Fergie erinnerte sich, dass durch Dianas Rehabilitierung »in der Fleet Street die Stelle des ›schwarzen Schafs des Königshauses‹ frei wurde.« Ein Verhalten, das vorher als erfrischend und lebhaft gepriesen wurde, galt nun als »entsetzlich ... haarsträubend, rüde, wild und bar jeder Würde«, klagte Fergie. Gnadenlos neckte man sie wegen ihres Übergewichts, wie etwa mit der unvergesslich grausamen Überschrift »Duchess of Pork!« Fergies Schwierigkeiten wuchsen, als ihr Vater im Sommer 1988 in einem Londoner Massage- und Sexsalon gesichtet wurde.

Prinz Andrew verbrachte die meiste Zeit in der Marine (Fergies Zählung zufolge war er lediglich 42 Tage pro Jahr zu Hause), und sie fühlte sich in dem düsteren Apartment des Buckingham Palace mit der »heimeligen intimen Atmosphäre eines Bahnhofhotels« bei lebendigem Leibe eingemauert. Abgesehen von seinem Gehalt von 35.000 £ (etwa 102.000 DM) von der königlichen Marine hing das Ehepaar York vollkommen von der Unterstützung der Königin und Prinz Philip ab. Diana und Charles hingegen lebten unabhängig von 1 Million £ (mehr als 2,8 Millionen DM), dem verfügbaren Jahresertrag des Herzogtums Cornwall, dessen 128.000 Morgen (51,2 ha) Land sich auf neun Grafschaften aufteilten und das 1.500 Wohnungen in London umfasste, deren Vermietung ausschließlich dem Unterhalt des Prinzen von Wales diente. Zusätzlich stand Charles ein Einkommen von mehr als 2 Million £ (mehr als 5,6 Millionen DM) aus Kapitalanlagen zur Verfügung, die er im Lauf der Jahre aus dem nicht aufgewendeten Einkommen des Herzogtums angesammelt hatte.

»Sarah hätte das Leben der Ehefrau eines Marineoffiziers in Dorset führen, sich dort ein Heim einrichten und das eine oder andere tun sollen. Stattdessen versuchte sie, Diana nachzueifern«, erklärte ein ehemaliger Palastangestellter. »Es herrschte tiefe Eifersucht. Diana konnte es sich gestatten, ein exotischeres Leben zu führen und zu kaufen, was sie wollte.« Sarah bemühte sich, zu ihr aufzuschließen, indem sie sich »in eine Einkaufsorgie nach der anderen stürzte und all jenen Mächten trotzte, die ihre Ausgaben einzuschränken versuchten.« Auf diese Weise häufte sie einen sechsstelligen Schuldenberg in englischen Pfund an und kämpfte gegen Palastberater an, die sie als »graue Männer« bezeichnete, da diese nicht nur ihre Aufwendungen missbilligten, sondern auch ihr »hoffnungslos launenhaftes« Verhalten. Um die Dinge zusätzlich zu komplizieren, wurde der Privatsekretär der Königin, Robert Fellowes, zu ihrem Hauptberater bestellt, der zum einen ein Cousin ersten Grades ihres Vaters und zum anderen Dianas Schwager war. »Robert Fellowes stürmte immer wieder in Fergies Büro und warf einen Stapel Papiere mit den Worten auf ihren Schreibtisch: ›Heute haben wir uns nicht sehr gut betragen‹«, erzählte ein Freund des Ehepaares Fellow.

Diana erkannte allmählich, dass sich Fergies Eifersucht gelegentlich in Illoyalität wandelte. In einem Gespräch mit ihrem Freund James Gilbey bezeichnete Diana Fergie als »Rotschopf« und bemerkte, dass sie »tatsächlich eine große Stütze war ... Ich weiß jedoch nicht, warum.« Ein anderer Freund von Diana erinnerte sich: »Bei einer Dinnerparty, an der Fergie und Prinz Andrew teilnahmen, wurde viel über die Ehe der Yorks gesprochen, als Fergie plötzlich erklärte: ›Wenn sie wüssten, was im Kensington Palace vor sich geht.‹« Als Ende der achtziger Jahre Diana argwöhnte, dass Fergie aus ihrer Freundschaft Nutzen ziehen wollte, zog sie sich von ihr zurück. Einer ihrer Freundinnen zufolge wusste Diana, dass »die Beziehung zu Fergie lediglich Kritik bedeutete, und sie konnte keine weitere Kritik mehr ertragen«.

# KAPITEL 15

Nachdem im Jahr 1987 die »Ehevereinbarung« zwischen Diana und Charles in Kraft getreten war, konnte Charles ungehindert allein in Urlaub fahren. Er ging in Afrika auf Safari, reiste nach Italien und in die Türkei, um zu malen, fuhr zum Schilaufen in die Schweiz und verbrachte zusätzlich seine übliche Zeit in verschiedenen königlichen Residenzen. Diana tat dasselbe. Sie reiste nach Italien und in die Karibik. Da jeder längere gemeinsame Aufenthalt zu Spannungen führte, gestalteten Charles und Diana ihre Terminpläne so, dass sie einander so selten wie möglich in Highgrove oder im Kensington Palace trafen. Sie zeigten wenig Interesse für die Aktivitäten des anderen, und ihre Telefongespräche konzentrierten sich vorwiegend auf William und Harry. Mitunter vergingen Wochen, ohne dass sie miteinander sprachen, und wenn sie sich dennoch gemeinsam zum Essen setzten, konnte es vorkommen, dass Diana tränenüberströmt davonstürmte.

Dianas Stimmung war weiterhin starken Schwankungen unterworfen. Während sie sich scheinbar ihrer Vereinbarung gebeugt hatte, war sie mitunter vor Groll und Wut ganz aufgelöst. Einen weiteren emotionalen Schlag versetzte ihr im Juni 1988 die Ankündigung der Scheidung ihrer Mutter und ihres Stiefvaters. Peter Shand Kydd verließ Frances wegen einer anderen Frau. Dies traf Frances so schwer, dass sie vier Jahre benötigte, um sich wieder zu erholen. »Es war sehr schwierig, wieder auf die Beine zu kommen. Das nahm viel Zeit in Anspruch«, erklärte sie später. Hartnäckig nannte sie die ständige Beobachtung seitens der Regenbogenpresse als entscheidenden Faktor. »Die Medien stürzten sich auf [Diana] ... und haben auch mich seitdem nicht in Ruhe gelassen«, klagte sie. »Ich glaube, der Druck war übermächtig und wurde Peter schließlich zu viel ... Ich wurde zu Di's Mutter statt zu seiner Ehefrau. Man kann nicht behaupten, die Ehe wäre von Beginn an nicht stark genug gewesen: Das wäre, als behauptete man, ein Haus wäre nicht gut genug gebaut worden, nachdem ein Hurrikan darüber hinweggegangen ist.«

Als Diana und Charles im November Frankreich einen offiziellen Besuch abstatteten, erwiesen sie sich im Hinblick auf ihr freundschaftliches Verhältnis in der Öffentlichkeit als geschickte Schauspieler. Diana bewies ihr ernsthaftes Interesse an der Aids-Forschung, in dem sie das Pasteur Institute besuchte, und begeisterte die Franzosen mit ihrer Schönheit und ihrer Eleganz. »Sie haben sämtliche Männer Frankreichs verführt«, erklärte Jacques Chirac, der damalige Bürgermeister von Paris. Die Boulevardreporter erfreute Diana durch einen improvisierten »Verlockungstanz« für Charles nach dem Dinner in einem französischen Chateau, wo sie »die Hüften wiegte und sich shimmyartig bewegte, bis sie und ihr Gemahl in Lachen ausbrachen«. Zur Abwechslung dominierte jedoch das staatsmännische Auftreten von Charles die Schlagzeilen. »Die Waage ist wieder ausgeglichen«, erklärte ein Mitglied des Personals. Die Regenbogenpresse war begeistert von diesem »Triumphzug«, der ein »romantisches« Dinner bei Kerzenlicht während einer Bootsfahrt auf der Seine einschloss. Drei Jahre später berichtete James Whitaker vom *Mirror*, die Bootsfahrt sei in Wirklichkeit eine »Katastrophe« gewesen. Eine »verbitterte Stimmung« habe in der Luft gelegen und Charles und Diana hätten sich »den gesamten Abend über nicht einen Blick geschenkt«.

Mitte November 1988 traf sich das Prinzenpaar von Wales erneut anlässlich des Balls zu Charles' vierzigstem Geburtstag im Buckingham Palace. Diana gelang es, James Hewitt unter die dreihundert Gäste zu schmuggeln, der den ganzen Abend düster vor sich hin blickte, da er ihr nicht nahe sein durfte. Seiner Ansicht nach »hielt sie sich tapfer«. Wenn er sie jedoch mit Freunden tanzen oder lachen sah, fühlte er Eifersucht in sich aufblitzen. Schließlich gelang es ihm, sie für einen Tanz zu gewinnen, den sie mit gespielter Gleichgültigkeit absolvierten.

Der Fernsehstar Clive James traf Diana an diesem Abend zum zweiten Mal und entdeckte gegenüber ihrem ersten Treffen in Cannes vor 18 Monaten eine Veränderung. James war sich bewusst, dass Charles und Diana »zum Wohl der Monarchie und ihrer Kinder gemeinsam auftraten, ansonsten jedoch getrennter Wege gingen«. Diana zeigte ihre übliche Herzlichkeit, James sah jedoch, »dass die Lichter in ihrem Gesicht auf etwa drei Viertel ihrer Stärke gedimmt waren. ... Körperlich war sie noch anwesend, doch ihre Seele hatte sich entfernt, und ohne Seele fehlte es der Party an Leben.«

Einen Monat darauf versuchte der Masseur Stephen Twigg, Diana im Umgang mit ihren »schmerzlichen Emotionen und Gedanken« zu helfen. Zu diesem Zeitpunkt hatte sich Dianas Fixierung auf Camilla drastisch verstärkt. Ohne erkennbar provoziert worden zu sein, war Diana dazu übergegangen, über ihre Rivalin offen zu ihren Freunden und dem Personal zu sprechen. Wie die Astrologin Debbie Frank berichtete, setzten sich Dianas erste Konsultationen bei ihr zu Beginn des Jahres 1989 vorwiegend mit der »Anwesenheit von Camilla« auseinander. »Es wurde zu einer wahren Besessenheit«, erzählte ein ehemaliger Palastangestellter. »Alles wandelte sich in Wut gegen Camilla. ›Wie kann sie es wagen, dies zu tun?‹« Loderte diese Wut während eines öffentlichen Auftritts auf, mussten Dianas Berater rasch handeln. »Dann setzte sie sich wutschäumend in den Wagen, und ich versuchte alles, um sie zu beschwichtigen«, erzählte ein ehemaliger Berater. »Ich nahm es einfach in mich auf, hörte zu, drückte mein Mitgefühl aus, stimmte zu oder widersprach ihr, bis sie sich schließlich beruhigte.«

Diana entschloss sich, ihrer Feindin von Angesicht zu Angesicht gegenüberzutreten, als sie gemeinsam mit Charles im Februar zu einer Feier anlässlich des vierzigsten Geburtstags von Camillas Schwester Annabel Elliot im Hause des Milliardärs und Tycoons James Goldsmith und seiner Frau Annabel eingeladen wurde. Die Einladung war in der Erwartung verschickt worden, dass lediglich Charles ihr folgen würde. Im letzten Augenblick entschied sich Diana jedoch, ebenfalls teilzunehmen, da ihr »eine innere Stimme sagte: ›Tu es einfach!‹« Vielleicht hatte sie aus der kürzlich erfolgten Reise nach New York Mut geschöpft. Immerhin war dies die erste Überseereise gewesen, die sie allein unternommen hatte. Vor ihrer Ankunft hatte die *New York Post* sie als »berühmteste Wohlfahrtsmutter der Welt« bezeichnet, und *Women's Wear Daily* hatte verkündet, dass dieser Besuch »out« sei. Drei Tage später brachte Diana die Skeptiker zum Schweigen, indem sie eine Wohlfahrtsgala mit Besuchen im Bowery-Obdachlosenheim und dem Harlem Hospital ausbalancierte, wo sie ein Kleinkind umarmte, das an Aids sterben würde. Gegen Ende ihres Aufenthalts bejubelten die New Yorker Blätter sie als »Di-vine«.

Ehe Diana eine endgültige Entscheidung wegen der Goldsmith-Party traf, beriet sie sich mit James Hewitt, der sie drängte, teilzunehmen und »den Kopf hochzuhalten«. Später erklärte Diana, dass es ihr gelungen sei, »ihren Teil zu tun«. Sie erinnerte sich, dass Charles ihr im Wagen auf dem Weg zur Party »die ganze Zeit kleine Nadelstiche versetzte, ... pik, pik, pik«. Das Haus der Goldsmith' in Ham Common in Richmond war mit Freunden von Charles und Camilla gefüllt, so dass sich Diana augenblicklich fehl am Platz fühlte. Dennoch »sah sie hinreißend aus und begeisterte alle mit ihrem Charme. Sie war voller Energie«, erzählte einer der Gäste. Nach dem Abendessen bemerkte Diana, dass Charles und Camilla verschwunden waren. Sie unterhielt sich eine Weile mit zweien von Charles' Freunden, Christopher Balfour, dem Direktor von Christie's Europe, und Rick Beckett, der mit der Schwester von David Waterhouse verheiratet war. Nach gut einer Stunde entschloss sich Diana, Charles ein Geschoss tiefer im Speisesaal zu suchen.

Als sie Charles gemeinsam mit Camilla und einem weiteren Freund antraf, schloss sich Diana dem Gespräch an, »als wären wir die besten Freunde«. Sie erinnerte sich, dass sie die beiden Männer ersuchte, Camilla allein sprechen zu dürfen. Charles und sein Freund gingen nach oben, wo Annabel Goldsmith Charles vorschlug, ihm die Malereien ihrer Tochter Jane Birley zu zeigen. Charles nahm das Angebot höflich an, jedoch war ihm deutlich anzusehen, dass er nervös war und gerne in den Speisesaal zurückgekehrt wäre.

Dianas Bericht zufolge teilte sie Camilla mit, dass »sie nicht von gestern sei« und von der Affäre sehr wohl wisse. Sie sei sich bewusst, »im Weg« zu sein, empfinde es jedoch als beleidigend, dass Charles und Camilla sie wie eine ahnungslose »Närrin« behandelten. Sie habe sich an diesem Abend keineswegs aggressiv gegenüber Camilla verhalten, erinnerte sich Diana, sondern »ruhig wie der Tod«. Kurz darauf kehrte Charles mit anderen Gästen zurück. Sie fanden Diana und Camilla am Tisch sitzend vor. »Nicht die kleinste Welle war zu spüren«, berichtete einer der Gäste. Kurz darauf brachen Diana und Charles auf, und ihrer Aussage nach habe Charles sie im Wagen zurechtgewiesen.

»Das war ... die sieben Jahre lang aufgestaute Wut«, erinnerte sie sich. »Ich weinte und weinte und weinte.« Nach einer schlaflosen Nacht empfand Diana noch immer Wut und Eifersucht, wenn auch nicht mehr in der Intensität des Vorabends. Mehrere Tage später erklärte Diana Charles, dass sie Camilla in dem Gespräch lediglich mitgeteilt habe, »dass ich dich liebe«.

Als eine Freundin Diana kurz nach der Party über die Begegnung befragte, erzählte sie eine weniger dramatische, aber ergreifendere Version. »Diana erklärte, dass nicht viel geschehen sei«, meinte die Freundin. »Sie habe Camilla lediglich niedergeschlagen gefragt: ›Was mache ich falsch? Was stimmt nicht mit mir? Warum will er lieber mit Ihnen als mit mir zusammen sein?‹ Sie hätte ihn gerne zurückgewonnen, wusste aber nicht, was sie tun sollte.«

Diana schien nicht aufzufallen, dass ihre Wut auf Camilla nicht mit ihrer eigenen Romanze mit James Hewitt zusammenpasste, dem sie am darauf folgenden Tag einen detaillierten Bericht der Goldsmith-Party gab. Die Affäre mit Diana dauerte nun bereits zwei Jahre an, und Hewitt hatte sich an einen Rhythmus gewöhnt, der sich vollkommen an Dianas emotionalen Zustand anpasste: »Einige Wochen lang fühlte sie sich wohler, frisch belebt und gesund«, schrieb Pasternak, »und dann wirkte es, als hätte sie sich zu früh zu weit vorgewagt, und plötzlich waren ihre Energien erschöpft. Sie versank in ein tieferes Tal als zuvor.«

Charles' Romanze mit Camilla unterschied sich grundlegend von Dianas Affäre mit Hewitt, da Diana die Beziehung zu Hewitt streng geheim hielt. Dies gelang ihr, da er nicht ihrer Welt angehörte, während sich Camilla und Charles in derselben Gesellschaftsschicht bewegten. Dennoch ist es bemerkenswert, dass Hewitts häufige Besuche im Kensington Palace und in Highgrove sowie die gemeinsamen Abendessen mit Diana im Restaurant San Lorenzo unbeobachtet blieben. Sie kokettierte jedoch mit der Gefahr, als sie Hewitt zur Feier von Raine Spencers sechzigstem Geburtstag im Mai 1989 nach Althorp einlud.

Angesichts der fünfhundert Gäste fiel es Hewitt leicht, in der Menge unterzutauchen, und Charles tauchte erst gar nicht auf. Diana benahm sich jedoch wesentlich gewagter als bei Charles' vierzigstem Geburtstag. Sie begleitete Hewitt bei einer Führung durch Althorp und tanzte, plauderte und trank Champagner mit ihm. Gegen Ende des Abends lotste sie ihn in das Badehaus, wo sie einander liebten. Wieder einmal bemerkte die Presse nichts, und ihre Romanze blieb geheim.

Ende 1989 wurde Hewitt für zwei Jahre nach Deutschland versetzt. Als er Diana die Nachricht überbrachte, war sie völlig außer sich und flehte ihn an, sie nicht zu verlassen. Er erklärte, dass er seine Laufbahn weiterverfolgen müsse. Diana empfand seine Haltung als Zurückweisung. Sie weigerte sich, seine Telefongespräche anzunehmen, rief ihn jedoch wieder an, sobald er in Deutschland stationiert war.

Der Historiker Paul Johnson, ein Freund und treuer Anhänger von Diana, verglich sie einst mit einer Schönheit des 17. Jahrhunderts, Madame de Chevreuse, die in den *Memoirs of Cardinal de Retz* beschrieben wird: »Sie liebte mit unvergänglicher Liebe, wechselte jedoch immer wieder die Person.« Als James Hewitt nach Deutschland ging, war Diana bereit, das Objekt ihrer Liebe zu wechseln, und kehrte zu einem Autohändler aus der Gilbey-Familie zurück, den sie während ihrer ersten Jahre in London kennen gelernt hatte. Der dreißigjährige James Gilbey war schlank und attraktiv und hatte dunkelbraunes Haar, das sich an der Stirn etwas lichtete.

Im Sommer 1989 waren Diana und Gilbey Gäste auf der Party zum dreißigsten Geburtstag ihrer gemeinsamen Freundin Julia Samuel in Berkshire. Freunden zufolge war Diana an jenem Abend beunruhigend aufgewühlt. »Sie fühlte sich elend«, erzählte eine Freundin. »Gilbey tauchte eben auf der Bühne auf, und das machte Diana nervös. Dabei hätte man glauben sollen, dass sie vor Freude tanzen würde. All ihre Freunde waren anwesend, nur Charles fehlte. Stattdessen saß sie mit ihrer Schwester Jane an einem Tisch.« Andrew Morton, der sich mit Dianas Einwilligung der Zusammenarbeit von Gilbey für sein Buch versichert hatte, berichtet, dass Diana und Gilbey auf der Party schließlich doch zusammengekommen wären und über »ihr jeweiliges Liebesleben sprachen ... er über eine eben in die Brüche gegangene Romanze und sie über ihre sich auflösende Ehe«.

In den darauf folgenden Monaten trafen sich Diana und Gilbey immer wieder. Unter der Bedienung der Restauranteigentümerin Mara Berni speiste sie mit ihm häufig bei San Lorenzo, so wie sie es mit Hewitt getan hatte. Ende Oktober deckte *Sunday People* Dianas Geheimnis auf. Sie sei »bei einem heimlichen Treffen spätabends« beobachtet worden, als sie eilig Gilbeys Apartmenthaus an der teuren Londoner Adresse Lennox Gardens betreten habe. Nervös gestand Gilbey Dianas Besuch ein, behauptete jedoch, sie sei Teil einer Bridgerunde gewesen. »Es ist nicht leicht für die Prinzessin, alte Freundschaften aufrechtzuerhalten«, erklärte er. »Das bereitet mir großen Kummer.« Die Reportermeute belagerte Gilbey mehrere Tage, zog sich dann jedoch zurück, und die Beziehung verschwand im Untergrund.

Unter nach wie vor ungeklärten Umständen wurden im Dezember 1989 Telefongespräche zwischen Diana und Gilbey sowie Charles und Camilla aufgenommen und an verschiedene Londoner Zeitungen weitergegeben. Beide Gespräche beinhalten peinliche sexuelle Anspielungen und bieten eine Momentaufnahme des Zustands der Ehe des Prinzenpaares. Über ein Mobiltelefon sprach Gilbey mit Diana zu Silvester, die sich zu einem weiteren unglücklichen Urlaub mit der königlichen Familie in Sandringham befand. Sie klatschten über gemeinsame Freunde, verglichen ihre Horoskope und ließen sich respektlos über das

Königshaus aus. Die Leichtigkeit, mit der er sie vertraulich »Darling«, »Honey« und »Squidgy« nannte, fiel besonders auf. Sie schickten einander Küsse durchs Telefon, versicherten, einander zu vermissen, und verfielen an einer Stelle in Telefonsex, als sie davon sprachen, »mit sich selbst zu spielen«.

Gilbey übernahm mit anzüglichen Aussprüchen die Führung, und Diana stimmte zu (»Ich liebe es« antwortete sie auf Gilbeys »Diese Art von Gefühl. Das magst du doch?«) oder machte eine kurze Anmerkung. »Ich habe gestern Nacht einen erstaunlichen Traum über uns gehabt. Nichts Körperliches, hatte damit nichts zu tun«, erklärte Gilbey. »Das ist etwas Neues«, spottete Diana. »Ich nahm dich in die Arme und beschützte dich«, fuhr er fort. »Ja, bitte.« Als sie davon sprachen, einander in zwei Tagen zu sehen, äußerten beide, dass sie am liebsten die Zeit schnell bis zu dem Augenblick vorspulen würden, an dem er sie »einfach wieder eng an mich pressen« würde. Diana, die nach allgemeinen Berichten zu diesem Zeitpunkt keine körperliche Beziehung zu Charles mehr unterhielt, erklärte Gilbey: »Ich will nicht schwanger werden«, und erwähnte eine Episode der Seifenoper *Eastenders*, in der eine der Hauptdarstellerinnen »ein Baby bekam. Man dachte, es sei von ihrem Ehemann, aber es war von einem anderen.«

Der Tonfall der Unterhaltung war eher liebevoll (sie sagte, dass er »der netteste Mensch auf der ganzen Welt« sei) und neckisch (er nannte sie »alter Kommandostiefel« und machte ihr Komplimente für das »heiße« rosa Oberteil, das sie auf einem Zeitungsfoto trug) als tatsächlich leidenschaftlich. Selbst Dianas Abschiedsworte »mit aller Liebe der Welt« wirkten ebenso leichthin gesagt wie das unter Freunden in England übliche »alles Liebe«. Es überrascht keineswegs, dass Diana Zurückhaltung wahrte, während Gilbey sie stets aufs Neue seiner Zuneigung versicherte und mit Komplimenten überschüttete: »Du brauchst mich nicht daran zu erinnern, dass ich an dich denken soll. In den letzten drei Monaten habe ich nichts anderes getan ... Dein Lächeln erscheint, und du beginnst vor Charme zu strahlen ... Darunter bist du eine so wundervolle Person. ... *Du* machst Menschen glücklich. Das ist es, was du ihnen schenkst.«

Das Gespräch bot einige Einblicke in Dianas Charakter. Sie zeigte ihre Fähigkeit zur Täuschung, indem sie verschiedene Tarnungsgeschichten erfand: Um ihre Anrufe zu erklären, forderte sie Gilbey auf: »Erzähl, dass ein Verwandter von dir krank ist und deine Mutter bloß anruft, um dich auf dem Laufenden zu halten«. Um ihre Reise nach London zu einem Treffen mit Gilbey zu rechtfertigen, schlug sie vor: »Ich werde vorgeben, zur Akupunktur zu gehen und meinen Rücken behandeln zu lassen.« Ebenso leicht verstellte sie sich gegenüber Gilbey, als er fragte: »Es stört dich doch nicht, mein Liebling, wenn ich so häufig mit dir sprechen will?« und antwortete: »Nein, ich *liebe* es. Ich hatte das nie zuvor.« Gleichzeitig offenbarte sie ihre Besorgnis über ihr Image in den Zeitungen. Als Gilbey auf die an diesem Tag in der Boulevardpresse veröffentlichten Fotos verwies, antwortete sie: »Ich lächle immer, nicht wahr? Daran habe ich heute gedacht.«

Besonders enthüllend war das Ausmaß an Bitterkeit in ihren Bemerkungen über die königliche Familie. Das Weihnachtsfest auf Sandringham wäre dieses Jahr mit den typischen Spannungen verlaufen. Diana erklärte Gilbey, dass sie beinahe während des Essens zusammengebrochen sei angesichts der Traurigkeit, die sie übermannte. »Ich dachte, ›Zum Teufel, nach allem, was ich für diese verdammte Familie getan habe‹.« Sie sprach von ihrem Wunsch, »etwas Dramatisches zu tun, da ich die Beschränkungen dieser Ehe nicht mehr ertragen kann«, und berichtete von einer Autofahrt mit Charles, bei der sie kaum miteinander gesprochen hatten. »Es ist einfach zu schwierig, zu kompliziert«, erklärte sie. »Ich bin zu dem Schluss gekommen, dass er mein Leben zu einer wahren Qual macht.«

Diana und Gilbey hatten zweifellos eine intime Beziehung, obwohl zwei Personen aus ihrer unmittelbaren Nähe behaupten, dass es sich nicht um eine stürmische Liebesaffäre handelte. Die eine bezeichnete die Verbindung als »Flirt«, und die andere meinte: »Ich weiß, dass sich das auf Band nicht gut macht, aber sie waren wirklich gute Freunde.« Diana bestätigte in ihrem *Panorama*-Interview die Echtheit des Gesprächs, wies jedoch jede »ehebrecherische Beziehung« zu Gilbey zurück, während sie ihre Affäre mit Hewitt eingestand. »Selbstverständlich hatten sie eine Romanze«, hielt eine von Dianas Freundinnen dagegen. »Gilbey fühlte sich zu ihr hingezogen. Dass sie [ihre Beziehung] zu Hewitt gestand, ist bizarr. Er war das größte Opfer außerhalb des Kreises. Außerdem hatte er bereits sein eigenes Buch herausgebracht.«

Charles' auf Band aufgenommenes Telefongespräch mit Camilla fand einige Wochen zuvor, am 18. Dezember 1989, statt und ist etwa nur ein Drittel so lang wie das »Squidgy«-Band. Die Aufnahme enthält keinerlei Verbitterung wie die Dianas, ein wenig von Gilbeys dümmlicher sexueller Verspieltheit und deutlich mehr sexuelle Leidenschaft. Neben Charles' berüchtigten Überlegungen über ein Leben als Tampon in Camillas Hosen, bedienten sich er und Camilla einer eindeutigeren sexuellen Sprache: Er würde sie ausfüllen und ihre »Titte« drücken. »Gott, ich wünschte, ich wäre härter und härter«, erklärte Charles. Ihre Sehnsucht war quälend, und sie beteuerten sich häufig ihre gegenseitige Liebe. Camilla bemühte sich, Charles' Ego zu stärken (»Diese Art von Menschen haben viel für dich übrig«), und Charles brachte seine Dankbarkeit für Camillas Liebe und Loyalität zum Ausdruck (»Du erträgst all diese Demütigungen, Qualen und Verleumdungen«). Ähnlich wie Diana und Gilbey, sprachen auch Charles und Camilla überaus nüchtern über ihre Täuschungsmanöver: Welche Landhäuser von Freunden sie für ihr Rendezvous benutzen würden, wie lange die Anreise dauern würde und wem sie vertrauen oder nicht vertrauen konnten.

Etwa zu der Zeit, zu der diese Gespräche stattfanden, erhob die Regenbogenpresse die Prinzessin von Wales zur »Heiligen Diana«. Erst kürzlich war sie mit Charles nach Indonesien gereist, wo sie erstmals eine Lepramissionsstation besucht hatte. »Zum ersten Mal konfrontiert mit dem Grauen von Lepra, schüttelte [Diana] einem kleinen Mädchen die Hand«, schrieb der *Sunday Mirror*. »Sie zögerte keinen Augenblick, die knorrigen, verkrümmten Finger von Patienten zu ergreifen«, »die blutigen Bandagen eines alten Mannes zu berühren« und »den Arm einer Frau zu streicheln«.

In einer Hinsicht erwies sich das kommende Jahr für Diana als »erfüllend«, wie sie Gilbey von der Prophezeiung ihrer Astrologin erzählt hatte. Die Reporter schrieben weiterhin auf Charles' Kosten begeistert über sie. Diana »verschließt ihre Augen ... vor der unglaublichen Selbstsucht von Prinz Charles«, bemerkte der *Daily Express* im Juli 1990. Überschwänglich rühmten sie ihre »Starqualitäten« und ihre guten Taten. Die wenigen Kritiken an Diana behandelten Belangloses: So erschienen eine Flut von Berichten über ihre neue kurz geschnittene »Hitzewelle-Frisur« (lediglich der *Daily Star* bezeichnete den Haarschnitt als »Katastrophe«), und ein Artikel von Andrew Morton, in dem er ihre jährlichen Ausgaben für Kleidung mit 100.000 £ (etwa 280.000 DM) bezifferte. Diese Notiz wies sie als »schlecht informiert« zurück. Ansonsten hatte Diana wenig Grund zur Klage.

In Bezug auf die Ehe des Prinzenpaares machte sich beim Personal des Buckingham Palace etwas wie Entspannung breit. »Wir alle fühlten, dass die Dinge nicht zum Besten standen, erwarteten aber, dass entweder eine Verbesserung eintreten würde oder sie einen Modus vivendi finden und Kompromisse schließen würden«, meinte ein Angestellter. Im Juni 1990 wendete sich das Blatt jedoch zum Schlechteren, nachdem Charles beim Polospiel einen schweren Unfall erlitten hatte. Er brach sich an zwei Stellen den rechten Arm, was ihm so heftige Schmerzen bereitete, dass im September eine zweite Operation durchgeführt werden musste. Die Knochen wurden aneinandergeschraubt, um eine bleibende Verkrüppelung zu verhindern.

Während seiner viermonatigen Genesungsphase in Highgrove und Balmoral verzweifelte Charles an seiner Untätigkeit und dem Schmerz. Solange er sich im Krankenhaus aufhielt, saß Diana an seinem Bett, verbrachte jedoch nur wenig Zeit mit ihm in Highgrove und unterließ es, ihn in Schottland zu besuchen. Penny Thornton zufolge hatte Diana das Gefühl, Charles habe ihre Bemühungen, ihm Zuneigung und Pflege anzubieten, »beiseite gefegt«, und sie wusste, dass Camilla diese Rolle übernehmen würde. Camilla zählte zu den häufigen Besuchern von Highgrove, ebenso wie seine engen Freunde Nicholas Soames, die Palmer-Tomkinsons, van Cutsems und Romseys, die viele Stunden damit verbrachten, Charles aufzuheitern.

Meistens wurde Camilla als eine von vielen Freunden genannt, die Charles umgaben, um ihn »aus seiner düsteren Stimmung zu locken«. Ein langer Ausschnitt aus Andrew Mortons neuem Buch *Diana's Diary*, der im September in der *Sunday Times* erschien, verlieh der Ehe des Prinzenpaares von Wales gar einen positiven Anstrich. Morton zufolge hatte Diana »in ihrer Ehe ein liebevolles Zuhause gefunden ... Scheidung steht nicht zur Debatte ... Das königliche Paar hat ein freundschaftliches Bündnis erreicht ... Eine auf Verständnis basierende Kameradschaft hat die wechselseitige Gleichgültigkeit ersetzt ... Ihre Ehe gründet auf Vertrauen.«

Die Herausgeber der Zeitung waren sich jedoch Charles' Affäre mit Camilla bewusst. Zu Beginn des Jahres 1990 hatte die *News of the World* »Berichte im Erpresserstil« erhalten, die Einzelheiten über angebliche Treffen von Prinz Charles und Camilla enthielten. Die stets direkt bei der Zeitung abgegebenen Briefe waren entweder mit Schablone geschrieben oder aus ausgeschnittenen Zeitungsbuchstaben zusammengesetzt. Teils aus rechtlichen Gründen und teils aus selbst auferlegter Zurückhaltung, verzichtete die Zeitung darauf, diesen mysteriösen Anhaltspunkten nachzugehen, ebenso wie der dem Mainstream angehörige *Telegraph*, sobald er auf direktere Weise über die Affäre informiert wurde.

»Ich wusste von Charles und Camilla«, erklärte Max Hastings, der damalige Herausgeber des *Daily Telegraph*, ungeachtet »der vereinten Bemühungen von Prinz Charles' Umgebung, die Geschichte abzuleugnen. Zu einem gewissen Zeitpunkt vertraute mir ein Freund des Prinzen an: ›Sie sollten endlich einsehen, dass es im Leben des Prinzen nur eine Frau gibt, und das ist Camilla.‹ Das war im Jahr 1990, als die Schwierigkeiten allgemein bekannt waren, jedoch niemand an Scheidung dachte.«

Im November 1990 reiste das königliche Paar zu einem Besuch nach Japan, den der Palast offiziell als »gelungen« bezeichnete. »Diana war wieder einmal in Höchstform und strahlte geradezu.« Ihre privaten Qualen hielten dennoch an. Während der Weihnachtsfeiertage weinte sie häufig und schrie Charles auf eine Weise an, dass das Personal befürchtete, sie werde Selbstmord begehen.

Wie sich herausstellte, gingen Diana viele Gedanken durch den Kopf. Ihre unmittelbare Sorge galt einer alarmierenden Nachricht über ihr Gespräch mit Gilbey zu Silvester, von der sie soeben erfahren hatte. Zu Beginn des Jahres war der *Sun* eine Aufzeichnung des Telefongesprächs zugespielt worden. Stuart Higgins, der damalige Herausgeber der Zeitung, überwachte die Überprüfung des Tonbandes. »Wir gingen sämtliche genannte Personen durch und konfrontierten schließlich auch Gilbey«, erzählte Higgins. »Wir erhielten nie eine hundertprozentige Bestätigung, anhand der gegebenen Beweise war es jedoch unvorstellbar, dass es sich nicht um Diana und Gilbey handelte.« Aus Angst vor möglichen Folgeschäden durch die Enthüllung des Bandes entschieden sich Rupert Murdoch und seine Herausgeber, die Aufnahme in einem Safe zu verwahren. »Ich war von ihrer Echtheit überzeugt«, versicherte Higgins. »Andere Kräfte trugen dafür Sorge, dass wir das Band geheimhielten« – was für eine Zeitspanne von zweieinhalb Jahren auch geschah.

Andrew Knight, Murdochs Stellvertreter und Vorsitzender von *News International*, war vorrangig dafür verantwortlich, dass das Gilbey-Band und andere Geschichten über die Ehe des Prinzenpaares, von denen der Verlag Kenntnis erhielt, geheim blieben. Neben den erpresserischen Briefen über Camilla, hatte *News of the World* durch den Obergefreiten Malcom Leete, Hewitts illoyalen Diener, von der Affäre zwischen Diana und James Hewitt erfahren. »Die Herausgeberin Patsy Chapman wollte die Hewitt-Story bei mindestens einem Dutzend Gelegenheiten veröffentlichen«, erinnerte sich Knight. »Ich sagte jedoch ein entschiedenes Nein, da ich sie nicht glaubte. Sie versicherte mir, sicher zu wissen, dass Hewitt Dianas Geliebter war, und Beweise dafür erbringen zu können. Ich wandte ein: ›Mir gefällt der Tonfall der Geschichte nicht, und wir werden sie nicht herausbringen.‹ Mit der Zeit wurde es schwerer, der Versuchung zu widerstehen, und bei ihrem letzten Versuch, sie doch zu veröffentlichen, musste ich Rupert Murdoch zu Hilfe rufen, um es zu verhindern.«

Es findet sich kein Hinweis, dass Diana von der Leete-Geschichte erfahren hatte. Sie wusste jedoch von der Gilbey-Aufnahme. »Unzweifelhaft kannte Diana den Inhalt und hatte eine Abschrift davon gesehen, allerdings weiß ich nicht, woher«, sagte Stuart Higgins. »Vermutlich hat sie Ende 1990 oder Anfang 1991 von dem Band gehört, während wir seine Echtheit prüften.« Schließlich fand jedoch eine andere Kopie der Aufzeichnung ihren Weg zu Richard Kay von der *Daily Mail*. Kay kontaktierte jemanden »aus [Dianas] unmittelbarer Nähe«, der bestätigte, dass dies tatsächlich Dianas Stimme war. Daraufhin beriet sich Kay mit seinen Herausgebern, die zustimmten, dass das Band nicht veröffentlicht werden sollte. Kay »legte es beiseite und glaubte, dass es nie in einer britischen Zeitung erscheinen würde«. Diana wusste jedoch, dass die Aufzeichnung nicht für alle Zeiten geheim bleiben konnte, und wünschte sich, dass die Geschichte von Charles und Camilla zuerst an die Öffentlichkeit gebracht würde. Sie hatte allerdings noch keine Möglichkeit gefunden, ihr Ziel zu erreichen.

James Gilbey spielte für Diana noch immer eine Rolle, auch wenn ihre Gedanken weiterhin bei James Hewitt weilten. Seit der irakischen Invasion in Kuwait im vorigen August bereitete ihr die Lage am Persischen Golf Sorge, da sie fürchtete, Hewitt könnte zu einem Kampfeinsatz entsandt werden. Als sich im Januar 1991 die Vereinigten Staaten, Großbritannien und andere Verbündete auf einen Krieg gegen den Irak vorbereiteten, verfolgte Diana die Nachrichtensendungen im Radio und Fernsehen, wann immer sie dazu Gelegenheit hatte. Den gesamten Herbst über hatte sie Hewitt in Deutschland angerufen, und als er kurz vor Weihnachten nach England zurückkehrte, nahmen sie ihre intime Beziehung während einer Zusammenkunft in Highgrove wieder auf, wo er ihr mit Smaragden und Diamanten besetzte Ohrringe schenkte.

Nach Hewitts Abflug an den Golf schrieb Diana ihm Briefe, die sie an »Liebster James«, »James, mein Liebling« und »Mein geliebter James« adressierte und mit »Diana«, »D«, »Julia« und »Susie« unterzeichnete. Diana schrieb ein bis zwei Briefe pro Tag, einmal sogar vier. Pasternak, die sie gesehen hatte, beschrieb sie als »lange, fließende Briefe auf unendlich vielen Blättern. Jeder Gedanke, der ihren Geist kreuzte, strömte aufs Papier. Nichts hielt sie zurück.« Sie verfiel in den gleichen zügellosen Gefühlserguss, mit dem sie bereits in ihrer Kindheit und Jugend auf Stress reagiert hatte.

Während der Bombardierung des Irak und dem nachfolgenden Bodenkrieg klebte Diana an der Fernsehberichterstattung und blieb die gesamte Nacht über wach, um Nachrichten über Hewitts Einheit zu erhaschen. Sie las über militärische Strategien und verbrachte viele Abende allein im Kensington Palace, betete in der Kirche und besuchte sogar Hewitts Mutter in Devon. In ihren Briefen an Hewitt beschrieb Diana die Verzweiflung, die ihre Einsamkeit in ihr auslöste, versicherte ihm jedoch, dass sie »nun endgültig versuche, sich selbst zu begreifen«. Noch eigenartiger ist ihre Aussage, dass es sie beunruhige, dass »die Wahrheit über Charles und Camilla ... noch nicht an die Öffentlichkeit gelangt ist«. Sie war davon überzeugt, dass die Menschen sie dann besser verstehen würden. In ihren Gedanken über ihre Ehe schwankte Diana stets zwischen Aussprüchen, dass sie Charles hasse und es nicht ertragen könne, mit ihm im selben Raum zu sein, und dem Wunsch, dass er sie um Verzeihung bitte und sie von neuem beginnen könnten.

Sie schien nicht mehr bereit, sich dem Abkommen zu fügen, dass sie mit Charles drei Jahre zuvor geschlossen hatte. Hewitt gegenüber erklärte sie, dass sie den Betrug nicht länger erdulden könne und Charles ein Ultimatum gestellt habe: »Irgendetwas muss mit dieser Ehe geschehen.« Fergie zufolge, der sich Diana während ihrer gemeinsamen Eheprobleme im Jahr 1991 wieder angenähert hatte, »fassten wir erstmals den unaussprechlichen Gedanken in Worte ... dass eine oder beide von uns möglicherweise die königliche Familie verlassen würden. Nächtelang telefonierten wir, bis die Drähte glühten, und tauschten Geheimnisse aus ... die niemand außer uns verstehen würde.«

Dianas Affäre mit James Hewitt geriet im Februar in ernste Schwierigkeiten, als Nigel Dempster enthüllte, dass Diana »Grund zur Sorge« habe, da ihr »guter Freund« James Hewitt am Golf stationiert sei. Dies war das erste Mal, dass Hewitt öffentlich erwähnt wurde. Dempster verkündete, dass Hewitt Diana nicht nur Reitunterricht erteilt, sondern sie auch zu »Picknicks und Tees nach Windsor Castle begleitet hatte, wenn der Prinz von Wales unterwegs war«. Die Spur zu Hewitt war gefunden, und als dieser Diana am Telefon erreichte, war er überaus nervös und ließ sich auch nicht durch Dianas Versicherung beruhigen, dass die Regenbogenpresse das Interesse verloren habe.

Kaum einen Monat später wurde Hewitt in die Öffentlichkeit gezogen. Seine ehemalige Freundin, Emma Stewardson, hatte ihre Geschichte an die *News of the World* verkauft und offen gelegt, dass Diana Hewitt Briefe und Geschenke an den Golf geschickt hatte und Hewitt von Diana so betört war, dass er einmal eine Verabredung mit ihr abbrach, um den Tag in Highgrove verbringen zu können. Emma verzichtete lediglich darauf, ausdrücklich zu behaupten, dass Hewitt und Diana ein Liebespaar waren. Der *Daily Mirror* wies Hewitt die Schuld für diese wenig schmeichelhaften Enthüllungen zu und erklärte: »Diana kann es sich nicht leisten, Gegenstand von Gerüchten zu werden, wie falsch sie auch sein mögen.«

Als Hewitt einige Monate später, nach der Befreiung Kuwaits, nach England zurückkehrte, lud Diana ihn nach Highgrove ein. Er war mittlerweile zur Zielscheibe einer Pressebelagerung geworden und musste sich im Kofferraum eines Wagens verbergen, der von einem Mitglied des Personals von Highgrove gefahren wurde. Durch seine Bloßstellung in der Presse hatte Diana die Kontrolle über ihre Beziehung verloren. Nach einer tränenreichen Wiedervereinigung zeigte Diana ein immer kühleres Verhalten, bis sie die Beziehung schließlich beendete und Hewitt mit dem Gefühl, »zurückgewiesen« und »missbraucht« worden zu sein, zurückließ. »Sie hörte einfach auf, mich anzurufen und meine Anrufe entgegenzunehmen«, erklärte Hewitt einige Jahre später. »Es gab keine Trennung. Ich hatte nie Gelegenheit, mich von ihr zu verabschieden.«

In der Öffentlichkeit spielte Diana weiter das königliche Spiel. Als das Prinzenpaar dieses Frühjahr Brasilien besuchte, »blitzte die alte Magie wieder auf«, wie der *Sunday Express* schrieb. Der *Sunday Mirror* sprach von einer »vereinten Front gegenüber der Welt.« »Ihre Nähe ließ die dicht gedrängten Reihen von männlichen und weiblichen Medienfachleuten vor Begeisterung erschauern.« Dieser Eindruck überraschte einen der älteren Berater des Palastes nicht. »Mitunter konnten der Prinz und die Prinzessin sehr entspannt miteinander umgehen, selbst wenn die Dinge nicht zum Besten standen«, erklärte er. »Es war nicht gesagt, dass sie immer verkrampft waren, wenn sie aufeinander trafen. Oft waren sie sehr gelöst.«

Sowohl Charles als auch Diana gefiel die Tageseinteilung der Brasilienreise. Charles hatte sich stark dafür eingesetzt, eine Gruppe bedeutender Umweltschützer zu einem internationalen Seminar zusammenzubringen, wie etwa den Leiter der Environmental Protection Administration, William Reilly, und Senator Al Gore, um den im nächsten Jahr stattfindenden Umweltschutzgipfel in Rio vorzubereiten. Das Seminar war ein großer Erfolg, ebenso wie Dianas Besuche bei Aids-kranken Babys und Waisenkindern.

Auf dem Rückflug nach England war Reilly von Dianas Überschwänglichkeit und dem Verhältnis beeindruckt, das sie zu Charles zu haben schien. »Als ich einstieg, lachten Diana und Prinz Charles gemeinsam«, erzählte Reilly. »Ich hatte ihn noch nie auf diese Weise lachen sehen. Diana beschrieb Verschiedenes, das sie an diesem Tag getan hatte, und er wirkte aufrichtig amüsiert. Möglicherweise war das alles Show, aber sie schienen die Gesellschaft des anderen zu genießen.« Lucia Flecha de Lima, die Gemahlin des brasilianischen Botschafters in Großbritannien und spätere enge Freundin von Diana, gewann einen anderen Eindruck bei ihrem ersten Treffen mit der Prinzessin. Sie erinnerte sich, dass Diana »sehr angespannt war. Die Ehe steckte in einer Krise, und es gab noch andere Probleme. Sie fühlte sich nicht wohl und vermittelte auch nicht diesen Eindruck«.

Derartig widersprüchliche Ansichten waren keine Neuigkeit, zeigten jedoch, wie sich der Eindruck eines Beobachters mit Dianas augenblicklicher Stimmung veränderte. »Nicht alle öffentlichen Auftritte führten zu [Tränen]«, so ein ehemaliger Palastangestellter. »Es gab Zeiten in ihrem Leben, da konnte alles Mögliche Kummer in ihr auslösen. Dann war es unsere Aufgabe, ihr zu helfen. Sie war ein echter Profi und hatte viel Spaß an einem großen Besuch wie dem in Brasilien. Auf eine längere Zeit in der Öffentlichkeit oder auch eine längere Phase guter Stimmung folgte häufig ein Tief. Es kam nicht automatisch, aber nach der Belastung, stets Haltung wahren zu müssen – nicht dass sie sich verstellt hätte, aber einfach das Wissen, dass die Öffentlichkeit sie sichtlich glücklich erwartete –, musste sie Spannung abbauen, selbst wenn sie es genossen hatte. Dieser Spannungsabbau war für sie meistens qualvoll.«

Hinter ihrer Unterwerfung gegenüber Charles in der Öffentlichkeit, führte Diana in zunehmendem Maß auf passiv-aggressive Weise einen

Konkurrenzkampf gegen ihn, indem sie ihn bei den alltäglichen öffentlichen Auftritten zu übertreffen versuchte. »1991 erhöhte sie plötzlich die Zahl ihrer Schirmherrschaften«, erinnerte sich ein ehemaliger Palastangestellter. »Sie stand sechzig [Wohltätigkeitsorganisationen] vor, und unvermittelt stiegen sie auf weit über hundert. Für sie war es eine Frage des Wettkampfes, je mehr Wohltätigkeitsorganisationen, desto besser. Denn dies bedeutete auch mehr Aufmerksamkeit. Sie plante mehr Engagements mit dem Hintergedanken: ›Wenn ich die Tabelle anführe, findet sich vielleicht sogar jemand, der mir dankt.‹« In der Folge sank Dianas Wirkung. »Wir wünschten uns, dass sie bei einer Reihe auserwählter Themen bliebe«, erklärte der Berater. »Es bereitete uns Sorge, dass sie sich nicht in ihre Arbeit vertiefen konnte. Das lehnte Diana ab. Wir versuchten, sie dazu zu drängen, aber was sie benötigte, war ein wenig Publicity, und dann ging sie zum Nächsten weiter.«

Diana nutzte diese Publicity häufig, um Charles aus dem Rampenlicht zu drängen. »Wenn sich Charles mit einem afrikanischen Staatsoberhaupt traf, besuchte sie einen großen Ball und fegte ihn von der Titelseite«, urteilte Andrew Neil, der Herausgeber der *Sunday Times*. Beunruhigender war Dianas Vorgehensweise, die Öffentlichkeit zu manipulieren, um den Eindruck zu erwecken, dass sie eine liebevolle, engagierte Mutter war und Charles ein kalter, distanzierter Vater. Dadurch, dass Charles auf Äußerlichkeiten wenig Wert legte und treu ergeben an seiner Pflichterfüllung festhielt, spielte er ihr in die Hände.

Im April lud Diana zum Beispiel ihre Söhne zu einem Ausflug in den britischen Vergnügungspark Thorpe Park ein. »Charles, der abwesende königliche Vater: Warum der Prinz mehr Zeit mit seinen Söhnen verbringen sollte«, so lautete am nächsten Tag die Überschrift in der *Daily Mail*, die darauf hinwies, dass Diana »oftmals als Ersatzvater auftreten muss ... Warum sehen wir bei ihm nicht jene Wärme, Zuneigung und Nähe, die Diana ihren beiden Söhnen so freigebig in der Öffentlichkeit zeigt?«

James Whitaker äußerte sich einige Wochen später im *Daily Mirror* ebenso unmissverständlich, als er von Dianas Schiurlaub mit ihren Söhnen im österreichischen Lech berichtete, und dem Artikel die Überschrift gab »Wir wünschten, du wärest hier, Papa«. »Charles besteht darauf, dass seine königlichen Pflichten allem anderen vorgehen – sogar seinen kleinen Söhnen«, schrieb Whitaker. »Es ist traurig, aber seine Abwesenheit von der Familie wurde zur Gewohnheit.«

Nach derartig vernichtenden Berichten ist es schwer zu begreifen, warum die Berater des Prinzen den Folgen einer Entscheidung, die er zwei Monate später treffen sollte, nicht mehr Aufmerksamkeit schenkten. Am 2. Juni 1991 wurde Diana während eines Essens in London unterbrochen und Charles in Highgrove alarmiert, dass William im Golfklub seines Internats in Ludgrove von einem Golfschläger am Kopf getroffen worden war. Beide Elternteile waren überaus besorgt, als sie im Royal Berkshire Hospital in Reading eintrafen, und erleichtert, William bei Bewusstsein und im Bett sitzend vorzufinden. Die Ärzte entdeckten eine »Impressionsfraktur« an der Stirn, wo der Golfschläger eine Einkerbung hinterlassen hatte. Daher entschlossen sie sich, William in das Great Ormond Street Hospital for Sick Children in London zur Operation zu schicken, um »die eingedrückten Knochen hervorzuholen und zu glätten«.

Diana und Charles begleiteten William nach London, wo die Chirurgen ihnen versicherten, dass der Eingriff nur ein geringes Risiko mit sich bringe. Da beschloss Charles, mit dem angesetzten Abendprogramm fortzufahren, einer Aufführung von *Tosca* in Covent Garden, und, wie seit langem geplant, eine Gruppe von europäischen und britischen Funktionären bei einem Empfang zu unterhalten. Anschließend reiste er noch in der Nacht nach Yorkshire, um einer Verpflichtung am Morgen nachzukommen, ehe er schließlich nach London zurückkehrte und William nach der erfolgreichen Operation besuchte.

Der Schaden, den Charles' Ruf erlitten hatte, war in den Tageszeitungen deutlich sichtbar. Der *Daily Mirror* stellte Dianas »Nachtwache am Krankenbett« Charles' »erstaunlicher Abreise« gegenüber. In den darauf folgenden Tagen setzten die Blätter noch eins obendrauf. Die *Sun* fragte: »Was für ein Vater sind Sie?« und bemerkte, dass »eine Schädelfraktur keine Belanglosigkeit ist«; der *Daily Express* brandmarkte Charles als »Phantomvater«; und *Today* beschrieb »das erschöpfte Gesicht einer liebenden Mutter«. Diana erzählte Morton später, dass Charles sie beschuldigt habe, die Schwere von Williams Verletzung übertrieben und auf diese Weise zu der negativen Berichterstattung beigetragen zu haben.

Am Morgen nach der Operation rief eine Freundin Diana an, die der Angelegenheit »einen freundlicheren Anstrich« zu geben versuchte. »Das ist eine typisch englische Reaktion. Niemand würde daraus eine große Sache machen.« Aber die Empörung, in die sich Diana steigerte, kam der

der Boulevardpresse gleich. Sie beklagte sich bei James Gilbey über Charles, der später sagte, dass Diana »entsetzt und ungläubig« auf den Unfall reagiert habe. »Es war nur um ein Haar gut gegangen. Sie konnte das Verhalten ihres Ehemannes nicht begreifen und verschloss sich ihm gegenüber daher.« Ihrem Freund Adrian Ward-Jackson erzählte Diana: »Ich kann nicht mit jemandem zusammen sein, der sich so verhält.«

In den Monaten vor Charles' und Dianas zehntem Hochzeitstag am 29. Juli legte die Regenbogenpresse die königliche Ehe unter ihr schmieriges Mikroskop und schwankte zwischen entrüsteten Anschuldigungen und sensationellen Enthüllungen hin und her. Im Mai war von Andrew Morton in der *Sun* die provokative Überschrift »Charles zeigt deutlich, dass er Camilla vorzieht« zu lesen. Er schrieb: »Seit sich der Prinz letzten Sommer den rechten Arm gebrochen hat ... hat er sich seinem eigenen Freundeskreis zugewendet ... Camilla Parker Bowles, die Frau, die er einst liebte und verlor, hebt sich in diesem Kreis besonders hervor. Während Dianas häufiger Abwesenheit trat Camilla als Gastgeberin bei Dinnerpartys in Highgrove auf ... und besuchte den kranken Charles auch tagsüber, um ihn zu trösten ... Sie nahm in den Gärten von Highgrove sogar Sonnenbäder im Bikini ... Freunde erklärten, dass sich [Diana] gedemütigt fühlt, weil ihr Mann es vorzieht, mit Camilla mehr Zeit zu verbringen als mit ihr«. Besonders vielsagend fügt er hinzu: »Noch mehr verärgert es [Diana], dass zwar nur wenig über Prinz Charles' Beziehung zu Camilla gesprochen wird, jede Unterhaltung von [Diana] mit einem ungebundenen Mann jedoch zu Schlagzeilen führt.«

Morton hatte Dianas tiefen Groll in Worte gefasst, doch das genügte nicht. »Diana war verbittert, rachedurstig und am Boden zerstört«, erklärte ein ehemaliger Palastangestellter, der zu dieser Zeit mit ihr zusammenarbeitete. Die Erfahrungen nach Williams Schädelverletzung hatten sie Charles zutiefst entfremdet. »Er ignoriert mich, wo er kann«, sagte sie etwas später im selben Jahr. »Ich werde und wurde überall seit langem ignoriert ... Er weist mich einfach ab.«

Ende Juni unternahm Diana ihren ersten unverhohlenen Versuch, die Berichterstattung zu beeinflussen, indem sie eine Geschichte über die Pläne zu ihrem dreißigsten Geburtstag am 1. Juli an die *Daily Mail* durchsickern ließ. Bis zu diesem Augenblick war Diana nur selten direkt mit der Presse in Kontakt getreten, sie wusste jedoch genau, wo ihre Verbündeten zu finden waren: Eine der sonderbarsten Eigenheiten der Berichterstattung über Diana und Charles ist das völlige Fehlen von Objektivität. »Es war ein offenes Geheimnis, dass die Zeitungen in das Diana- und in das Charles-Lager gespalten waren, wobei die Prinzessin die bei weitem größere Unterstützung genoss«, schrieb der Zeitungskolumnist Peter McKay. Zu Dianas Befürwortern zählten James Whitaker, Harry Arnold, Anthony Holden, Richard Kay und Andrew Morton. Auf Charles' Seite standen Ross Benson und Nigel Dempster.

Diana war die Bedeutung ihrer Lieblingszeitung, der *Daily Mail*, bewusst. Von sämtlichen Blättern hatte sich die *Mail* am beständigsten auf ihrer Seite befunden. Eine Ausnahme bildete Dempster, aus dessen Klatschkolumne häufig Kritik laut wurde. Unter der Chefredaktion von David English gelang es der *Mail*, die Mittelklasse, und vor allem die Frauen, durch mitfühlende menschliche Berichte für sich zu gewinnen. Selbst in der Aristokratie fand sich eine beträchtliche Leserschaft. »Alle Freunde von Diana lasen sie«, erklärte ein Mann aus Dianas Umgebung. »Sie war die bevorzugte Zeitung der Frauen, und es war wichtig, dass ihre Freunde das Richtige über sie lasen.«

Im Gegensatz zu den anderen Chefredakteuren hatte David English eine Beziehung zu Diana aufgebaut. Nach einem gemeinsamen Mittagessen im Jahr 1990 kehrte English »ganz begeistert von einer Geschichte« zurück, berichtete Sue Douglas, seine damalige Stellvertreterin. »Diana hatte mit ihm über ihre Probleme gesprochen, und er war sich sicher, dass sie ihm zu verstehen gab, dass die Dinge schlecht standen.« Da die Zeitung keine Bestätigung für ihre Aussagen hatte, wurde nichts veröffentlicht. Diana wusste jedoch, dass English und sein Blatt mit ihrer Sache sympathisierten, daher bot sich die *Mail* als nahe liegendes Sprachrohr für eine Nachricht über ihren Geburtstag an.

Unter der Überschrift »Alles Gute zum Geburtstag, Liebling, ich kann nicht zur Party kommen« erschien am 28. Juni 1991 ein Artikel von Emma Wilkins, in dem es hieß, dass »Prinzessin Diana ihren dreißigsten Geburtstag von ihrem Ehemann getrennt verbringen wird. Sie wird sich am Montag in London aufhalten, im Savoy zu Mittag speisen und eine Party für enge Freunde geben. Charles beabsichtigt, in Highgrove zu bleiben.« »Das war direkte PR von Diana«, erklärte Nigel Dempster, »und wir alle haben es geschluckt.«

Zwei Tage später erhielt Dempster am späten Nachmittag einen Anruf von einer Freundin von Prinz Charles. »Es war eine kultivierte weibliche Stimme«, erinnerte sich Dempster, »und sie sagte: ›Genau das Gegenteil ist der Fall. Prinz Charles hat ihr alles zu ihrem Geburtstag angeboten – Mittagessen, Abendessen, einen Ball –, was immer sie wollte. Aber sie hat abgelehnt, weil sie als Märtyrerin gelten will‹.« Zwei weitere Tage danach kam Dempster in der *Daily Mail* mit einer Titelgeschichte heraus: »Charles und Diana: Grund zur Sorge.« Hier beschrieb er, auf welche Weise Diana Charles' Pläne durchkreuzt hatte und vermerkte die »wachsende Kälte« in der Ehe.

Am nächsten Tag schlug Andrew Morton in der *Sun* zurück: »Traurige Wahrheit an dem königlichen Geburtstagsfest, das nie gegeben wurde ... [ist, dass] Prinzessin Diana es vorzieht, ihren dreißigsten Geburtstag allein zu verbringen, statt an einem Ball der Highsociety teilzunehmen, den ihr Mann ihr zu Ehren geplant hatte.« Auf der Grundlage eines Gesprächs »mit einer ihrer engsten Vertrauten« schrieb Morton, dass Charles' »Gästeliste all seine verstaubten alten Freunde umfasse statt ihres jungen Freundeskreises. Das konnte sie einfach nicht ertragen«.

Nachdem sich das Geburtstagsspektakel gelegt hatte, versuchten Hauptdarsteller und Presse erneut, eine Illusion von Harmonie heraufzubeschwören. Der *Evening Standard* erklärte, dass Dianas »Freundschaft mit Hewitt harmlos« gewesen war, und die *Daily Mail* schloss, dass Charles »Mrs. Parker Bowles als reife, angenehme, verständnisvolle Kameradin betrachtet, aber nicht als intellektuelle oder emotionale Bedrohung [für Charles]. Sie übernahm bei einigen Dinnerpartys des Prinzen in Highgrove die Rolle der Gastgeberin, da die Prinzessin diese Feiern oft als langweilig und einen Hauch zu steif empfand.«

Gegen Ende Juli berichtete man von dem mit einem »Abendessen für zwei« gefeierten Hochzeitstag des Prinzenpaares, und hoffnungsvolle Stimmen über eine gemeinsame Zukunft wurden laut. Die beste Zusammenfassung dieses Rückzugs fand sich unter der Überschrift »Waffenstillstand« in der *Sunday Times*. In dieser Zeitung erklärte Morton, »die Unzufriedenheit des Sommers entlud sich zwischen Charles und Diana in einem stürmischen Ausbruch ... doch nun hat sich der Himmel wieder geklärt«.

18 Monate nach dem Skandal beschuldigte Lord McGregor von Durris, der Vorsitzende der Press Complaints Commission, also der Kommission für Pressebeschwerden, Diana unmissverständlich, die Presseberichterstattung zu manipulieren. »Man sagte mir, dass der Prinz und

die Prinzessin Aussagen über ihre Ehe getätigt hätten«, erklärte er. »Ich habe jedoch weder zum damaligen Zeitpunkt noch später auch nur einen Hinweis darauf gefunden, dass der Prinz etwas Derartiges an die Presse weitergegeben hätte. Ich fragte bei den Zeitungsherausgebern nach und erfuhr zu meiner Zufriedenheit, dass die Angaben von der Prinzessin selbst stammten.«

Zutiefst verärgert, dass die Medien eine ihrer Ansicht nach geheuchelte Wiederannäherung akzeptierten, entschloss sich Diana im Sommer 1991 zur Zusammenarbeit mit Andrew Morton. Ebenso enttäuscht soll Diana einigen Freunden zufolge über die Tatsache gewesen sein, dass die Presse nicht bereit war, Camilla als Charles' Geliebte zu enttarnen. Eine ihrer Freundinnen erklärte: »Sie sehnte sich verzweifelt danach, dass alle erführen, was Camilla getan hatte«.

# KAPITEL 16

Als Diana und Charles anlässlich ihres zehnten Hochzeitstages am 29. Juli 1991 gemeinsam ein »gemütliches Abendessen« in Highgrove einnahmen, hatte Diana bereits etwas in Angriff genommen, das weitreichende Folgen für sie und ihre Ehe haben sollte. Zwei Wochen zuvor hatte sie begonnen, Interviews für Andrew Mortons Buch auf Band aufzunehmen. »Sie hielt es für einen klugen Schachzug und glaubte, ein cleverer Pokerspieler zu sein«, erzählte ihr Freund David Puttnam. »Ich glaube aber nicht, dass sie das war ... Meiner Meinung nach war es reiner Instinkt ... Ein oder zweimal hat sie dabei entsetzliche Fehler gemacht.«

Diana war von dem Wunsch besessen, Camilla Parker Bowles zu kompromittieren, und noch immer wegen der Tonbandaufnahme ihres Telefongesprächs beunruhigt. Zusätzlich hatte sie gehört, dass Charles' Freunde sie bei vornehmen Dinnerpartys als »verrückte Kuh« bezeichneten (»mad cow«, nach einer Gehirnerkrankung, die ein sprunghaftes Verhalten auslöst) und fühlte etwas, das ihre Freundin Vivienne Parry als »eine gewaltige Feindseligkeit ... der Menschen im Palast ... und nicht nur der königlichen Familie, sondern des gesamten Establishments dort« beschrieb. Parry berichtete, Diana sei überzeugt gewesen, dass eine »Flüsterkampagne« gegen sie im Gange sei mit Aussagen wie: »Diese Frau hat einen Sprung in der Schüssel. Sie ist vollkommen verrückt. Sie ist eine Gefahr für die königliche Familie.« Später erzählte Diana ihrem Freund Roberto Devorik, dass sie sich während dieser Zeit an die Königin und Prinz Philip um Hilfe gewandt habe und man ihr erklärt habe, dass »alles nur in ihrer Fantasie bestehe, sie einen Psychiater konsultieren und vielleicht eine psychiatrische Behandlung beginnen solle«.

Diana war der Meinung, die Königin hätte Charles' Affäre mit Camilla beenden und ihr helfen sollen, die Ehe zu retten. So verständlich ihre Enttäuschung auch war, mussten ihre Erwartungen angesichts des Wesens der königlichen Familie als unrealistisch betrachtet werden. »Ich glaube, Camilla wurde als keine große Gefahr für die königliche Familie

45 Diana mit ihrer Stiefmutter Raine beim Begräbnis ihres Vaters im März 1992. Der erste Schritt zu einer Annäherung, die ein Jahr später erfolgen würde.

*»Diana hatte Spaß mit Raine und fand sie amüsant. Sie nahm sie, wie sie war, und urteilte nicht über sie.«*

46 Dianas Schwester Jane (links außen), Schwager Robert Fellowes (Mitte vorn), Schwester Sarah (Mitte), Sarahs Ehemann Neil (Mitte hinten), Schwägerin Victoria (rechts) und Bruder Charles (rechts außen) bei einer Gedenkfeier für Johnnie Spencer am 20. Mai 1992 – drei Wochen vor der erwarteten Veröffentlichung von Ausschnitten aus Andrew Mortons Buch *Diana: Ihre wahre Geschichte* in der *Sunday Times*.

*Als Diana eine Zusammenarbeit mit Morton bestritt, glaubte er ihrem Wort, da er annahm, sie würde ihm eine ehrliche Antwort geben (wie er es getan hätte), und missachtete sämtliche Hinweise, die das Gegenteil andeuteten.*

47 Diana vor den Pyramiden während eines offiziellen Solobesuchs in Ägypten im Mai 1992.

*»Da ist es wieder, das unschuldige Opfer. Und wieder einmal war das Bild sorgfältig in Szene gesetzt.«*

**48** Diana verlässt das Haus ihrer Freundin Carolyn Bartholomew, einer der in Mortons Buch genannten Informationsquellen, vier Tage nachdem der erste Auszug des Buches in der *Sunday Times* erschienen war.

»*Sie stand seitens ihrer Freunde unter großem Druck, öffentlich ihre Unterstützung zu bezeugen. Sie wurden zu gesellschaftlichen Außenseitern und baten Diana: ›Bitte hilf uns.‹ Aus diesem Grund besuchte sie Carolyn Bartholomews Haus.*«

**49** Diana und ihre Mutter Frances Shand Kydd im Juli 1993 in Wimbledon während einer ruhigen Phase in ihrer von Höhen und Tiefen geprägten Beziehung.

*Mit ihrer Mutter steckte Diana in einer Zwangslage.* »*Sie fürchtete, ihr ihre Liebe zu schenken, und zurückgewiesen zu werden. Aus diesem Grund war es eine so schwierige Beziehung.*«

**50** Diana in einer Essensausgabestelle des Roten Kreuzes am 12. Juli 1993 während eines Besuchs in Simbabwe. Dieser Aufenthalt zählte zu den zahlreichen Reisen, die Diana im Jahr nach ihrer offiziellen Trennung von Charles im Dezember 1992 unternahm.

*Diana hatte einen dicht gedrängten Terminkalender. Stärker denn je zuvor stahl sie Woche für Woche Charles und anderen Mitgliedern des Königshauses mit ihren zeitlich gut gewählten Ansprachen und Besuchen bei Notleidenden die Schlagzeilen.*

**51** Diana trifft am 3. Dezember 1993 mit der Presse zusammen, nachdem sie soeben bei einem Essen für die Headway National Head Injuries Association in einer emotionalen Rede ihren »Abschied« vom öffentlichen Leben verkündet hatte.

*»Als sie sich zurückzog, wusste sie nicht, ob und warum sie es tat, und sobald sie es getan hatte, bereute sie es und vermisste das Rampenlicht.«*

**52** Dianas heimliches Treffen mit dem *Daily Mail*-Reporter Richard Kay im Mai 1995 wurde von einem Fotografen festgehalten und in der *Sun* veröffentlicht. Es enthüllte Kays Rolle als ihr Presse-Boswell.

*»Ich wollte Informationen, aber sie war niemand, den ich einfach anrufen und auffordern konnte: ›Gib mir eine Geschichte‹. Die Kontakte gingen von ihr aus.«*

**53** Diana mit ihren Söhnen William (links) und Harry (rechts) und ihren Freundinnen Catherine Soames (links hinten) und Kate Menzies (rechts hinten) während einer Schlittenfahrt in ihrem Schiurlaub im österreichischen Wintersportort Lech im März 1994.

»*Mit Catherine und Kate war Diana entsetzlich ausgelassen. Sie sprachen in kurzen Andeutungen, vertraulichen Scherzen und Abkürzungen.*«

**54** Begleitet von ihrem Freund Peter Palumbo (Mitte), begrüßt Diana Graydon Carter, den Herausgeber von *Vanity Fair*, anlässlich eines Wohltätigkeitsessens in der Londoner Serpentine Gallery am 29. Juni 1994. An diesem Abend wurde Jonathan Dimblebys Dokumentation über Prinz Charles im britischen Fernsehen ausgestrahlt.

*Diana hatte die Story gelesen und wollte wissen, wie schlecht die Familie Kennedy Jackie nach dem Tod ihres Mannes behandelt hatte. Dann sagte sie zu mir:* »*Ich weiß alles über eine derartige Behandlung.*«

**55** Dianas Beziehung zu dem Londoner Kunsthändler Oliver Hoare wurde im August 1994 in den Boulevardblättern mit einem Bericht über eine Reihe stummer Telefonanrufe enthüllt, die sie im Jahr zuvor getätigt hatte.

»*Er tat viel für sie, versuchte, ihr Vertrauen zu schenken, aber es war nie genug. Diana besaß wunderbare Charaktereigenschaften, aber sie war auch entsetzlich besitzergreifend.*«

**56** Diana mit Rosa Monckton bei der Taufe von Rosas Tochter Domenica am 3. Juli 1995.

»[Diana] lebte ein in zahlreiche enge Abschnitte unterteiltes Leben. Nur selten stellte sie Freunde einander vor. Zu sehr fürchtete sie sich davor, Menschen zu verlieren oder von ihnen zurückgewiesen zu werden.«

**57** Diana und ihre Freundin Julia Samuel in Wimbledon im Juli 1994.

Ihre Beziehung zu Diana hatte jedoch einen ernsthafteren Zug, da sie ausgebildete Therapeutin war. »Julia war hilfsbereit, eine großartige Zuhörerin und Diana sehr zugeneigt«, meinte eine von Dianas Freundinnen.

**58** Diana im Gespräch mit ihrer Freundin Marguerite Littman (Mitte) und der Modedesignerin Zandra Rhodes bei einem Cocktailempfang in New York am 23. Juni 1997.

»Während unserer Treffen versuchte ich immer, so viel Heiterkeit wie möglich zu verbreiten. Wenn ich ihr etwas über mich erzählt hätte, hätte sie das lediglich belastet.«

**59** Diana mit der in Ägypten geborenen Elsa Bowker, der Witwe eines britischen Diplomaten, nach einem Mittagessen im Londoner Restaurant L'Incontro im Juni 1996.

*»Diana liebte meinen Lebensstil, meine Erfahrung, und konnte mir alles anvertrauen. Sie wurde immer anhänglicher, bis sie mich wie eine Mutter behandelte, die sie nicht hatte.«*

**60** Diana mit ihren Freundinnen Annabel Goldsmith (rechts) und Annabels Tochter Jemima Khan (links) während einer Reise nach Pakistan im Februar 1996, wo sie das von Jemimas Ehemann Imran Khan gegründete Krebszentrum besuchte.

*Die zahlreichen mütterlichen Freundinnen in Dianas Leben spiegelten einerseits ihr Bedürfnis nach dieser Art von Unterstützung wider und andererseits ihren Wunsch, über eine derartige Anzahl zu herrschen. Stand eine Frau nicht zur Verfügung, konnte sich Diana immer an eine andere wenden, und wenn eine nicht aufmerksam zuhörte, ließ sich eine Alternative finden.*

**61** Diana mit Lucia Flecha de Lima, der Gemahlin des brasilianischen Botschafters in den Vereinigten Staaten, bei ihrer Ankunft in der Residenz des Botschafters in Washington D.C. im Juni 1997.

*Lucia war praktisch veranlagt, fürsorglich und immer bereit zuzuhören. Da ihre eigenen Kinder bereits erwachsen waren, konnte sie ihre Zeit Diana widmen.*

**62** Camilla Parker Bowles und ihr Ehemann Andrew, der im Januar 1995 die Scheidung des Paares nach 21 Jahren Ehe bekannt gab.

*Es »verunsicherte« Diana, dass ihre beiden Söhne möglicherweise Zeit mit Camilla verbrachten, der sie die Schuld für die »Zerstörung« ihrer Ehe zuschrieb.*

**63** Diana verlässt das Haus ihrer Psychotherapeutin Susie Orbach im Mai 1995.

*»Schließlich fand ich heraus, dass die Therapie für mich sinnlos war, denn die Menschen, die mir zu helfen versuchten, hatten nicht am eigenen Leib erlebt, was ich durchgemacht hatte.«*

**64** Diana vor ihrem letzten offiziellen Porträt, das Henry Mee im Sommer 1995 malte.

*»Diana war angeschlagen. Mehrmals waren ihre Augen gerötet. Offensichtlich hatte sie die ganze Nacht geweint. Es fiel ihr schwer, Haltung zu wahren.«*

**65** Nelson Shanks malte dieses Porträt von Diana im Sommer 1994 während der Aufregungen um Jonathan Dimblebys Dokumentation über Prinz Charles und der Enthüllungen ihrer Romanze mit Oliver Hoare in den Boulevardblättern.

*Das Shanks-Porträt mit seinem Hinweis auf Märtyrertum wurde zu Dianas Lieblingsbild.*

67 Der Fernsehreporter Martin Bashir überredete Diana im Herbst 1995 zu einem Interview in der BBC-Sendung *Panorama*, einem Programm zu Fragen des öffentlichen Interesses.

66 Diana mit Will Carling, dem Kapitän des englischen Rugby-Teams, bevor die Boulevardzeitungen im August 1995 von ihren »heimlichen Rendezvous« berichteten.

»Sobald Bashir Diana auf clevere Weise in ihren verschiedenen Ängsten bestärkt hatte, verfolgte sie die Sache auf eigene Faust.«

»Sie machte viele Scherze über Carling und meldete sich am Telefon mit ›Mrs. Carling‹. Doch dann erkannte sie, dass alles außer Kontrolle geriet.«

68 Diana während ihres *Panorama*-Interviews mit Martin Bashir am 20. November 1995.

»Über allem hing der üble Geruch von Rache. Mit dem Geschick einer verratenen Frau vernichtete sie ihren Ehemann und ihre Rivalin.«

**69** Alexandra »Tiggy« Legge-Bourke, eine Angestellte von Prinz Charles, die sich auch um die Prinzen William und Harry kümmerte, bei ihrer Ankunft in London nach einem Ferienaufenthalt in Schottland im Oktober 1993.

*Schon zwei Jahre lange hatte Diana einen Groll gegen Legge-Burke gehegt. Sie ärgerte sich jedes Mal, wenn sie in der Boulevardpresse Fotos von Legge-Bourke mit William und Harry sah.*

**70** Am 11. Dezember 1995 erhält Diana während eines Wohltätigkeitsessens für die United Cerebral Palsy Foundation in New York von Henry Kissinger eine Auszeichnung als »Menschenfreund des Jahres«.

*Diana glaubte, dass es in Amerika so viele berühmte Persönlichkeiten gebe, dass sie »untertauchen« könne. Sie war sich der Tatsache nicht bewusst, dass sie in Amerika als berühmte Persönlichkeit noch mehr gefeiert werden würde als in England.*

**71** Mit dem pakistanischen Chirurgen Hasnat Khan hatte Diana während der letzten zwei Jahre ihres Lebens eine Romanze.

»Ich habe nicht daran gezweifelt, dass sie Khan sehr liebte und ihn geheiratet hätte, wenn er damit einverstanden gewesen wäre ... Ich konnte nicht erkennen, ob er sie auf dieselbe Weise liebte ... Er erzählte lediglich, dass er mit der Publicity nicht fertig werde.«

**72** Jane Atkinson, Dianas Medienberaterin während der Scheidungsverhandlungen mit Charles im Jahre 1996.

*Diana war sehr geheimnistuerisch. Wenn sie von irgendjemand einen Rat bekam, sagte sie nicht, von wem. Sie hatte das Gefühl, niemandem trauen zu können, und musste alles unter Kontrolle halten.*

**73** Diana und ihr Privatsekretär Patrick Jephson nach einem Essen in Londons elegantem Restaurant Bibendum im Oktober 1995 – einen Monat vor dem *Panorama*-Interview, das sie ihm verschwiegen hatte.

»Er beschützte sie vor der Außenwelt und vor sich selbst. Er konnte die Elefantenfallen schon von weitem erkennen.«

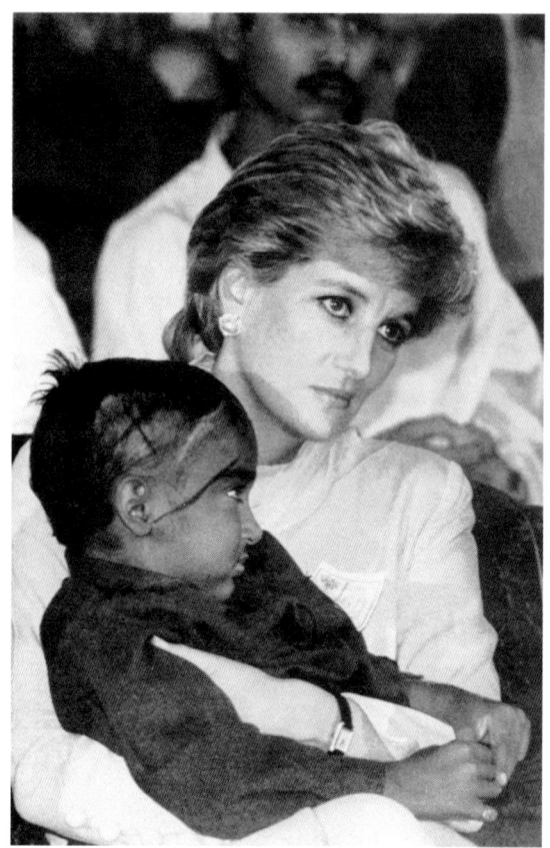

74 Auf ihrem Lieblingsfoto umarmt Diana einen blinden Jungen, der an Krebs sterben würde. Es wurde im Februar 1996 während ihrer Reise nach Pakistan in Begleitung von Annabel Goldsmith und Annabels Nichte Cosima Somerset aufgenommen.

»Ich scheine Kraft bei [unheilbar Kranken] zu finden. Und sie brauchen jemanden. Ich halte ihnen die Hand, rede mit ihnen, ich tue, was immer ihnen hilft.«

75 Im April 1996 beobachtete Diana einen chirurgischen Eingriff am offenen Herzen, der im Fernsehen übertragen wurde. Er zählte zu den zahlreichen Operationen, denen sie als Folge ihrer Romanze mit Hasnat Khan beiwohnte.

*Sie wurde nicht nur aufs heftigste vom medizinischen Establishment kritisiert, sondern wegen der Schaurigkeit des Bildes für die Kolumnisten auch noch zum Gegenstand höhnischen Gelächters.*

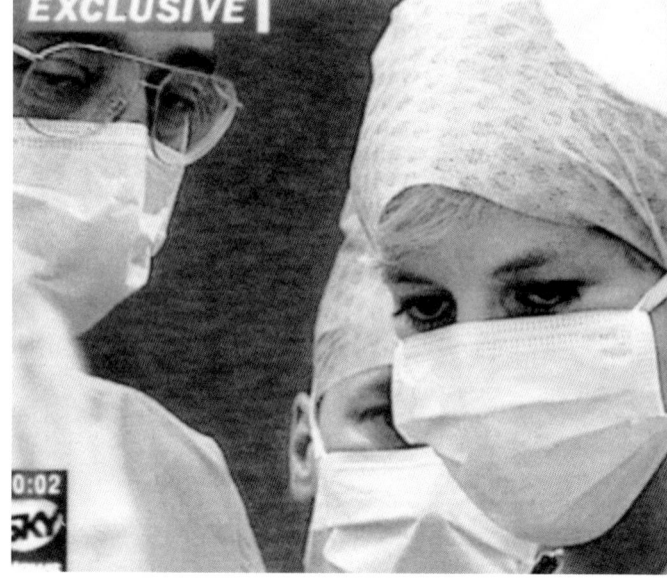

**76** Im Zuge ihrer Rot-Kreuz-Kampagne gegen Landminen durchquert Diana im Januar 1997 in Angola ein Minenfeld.

*Der Landminen-Kreuzzug trug stark zur Verbesserung ihres Images bei, das die* Times *nur wenige Monate zuvor als »befleckt« bezeichnet hatte.*

**77** Diana tanzt mit dem Talkshow-Gastgeber Phil Donahue anlässlich einer Wohltätigkeitsgala in Chicago im Juni 1996, während die begeisterten Menschenmassen an die frühesten Tage der »Di-Manie« erinnern.

*»Diana wirkte ›unglaublich jung‹. Ich musste an den Glasglocken-Effekt denken. Es schien, als habe sie aufgehört zu wachsen, als sie den Prinzen von Wales heiratete.«*

**78** Diana in Lahore im Mai 1997 auf ihrer zweiten Reise nach Pakistan innerhalb von 15 Monaten. Sie wird von Imran und Jemima Khan begleitet.

*Der heimliche Grund für die Reise war jedoch ihr Wunsch, Hasnat Khans Familie kennen zu lernen und »sie davon zu überzeugen, dass sie ein nettes Mädchen wäre.«*

79 Im August 1997 tröstet Diana in Bosnien eine Mutter, die am Grab ihres Sohnes weint. Während dieser zweiten Reise in ihrer Kampagne gegen Landminen verkündeten die Boulevardblätter Dianas neue Romanze mit dem Playboy Dodi Fayed.

»Das Landminenproblem war von der Tagesordnung verdrängt worden. Die Verliebtheit der Prinzessin hatte über die Mission triumphiert ... Der eigentliche Zweck war vergessen, Dianas Liebesleben wurde bloßgelegt.«

80 Diana während einer improvisierten Pressekonferenz mit erstaunten Boulevardreportern am 14. Juli 1997, ihrem dritten Ferientag mit der Familie Fayed in Südfrankreich.

Sie enthüllte, William »bedrücke« die Aufmerksamkeit der Presse, ja, er sei »regelrecht ausgeflippt«. »Was ich als Nächstes tun werde, wird Sie sehr verwundern«, erklärte sie schließlich.

**81** Diana und Dodi auf dem Rücksitz ihrer Mercedes-Limousine in Paris kurz vor Mitternacht am 31. August 1997. Nur wenige Minuten später raste der Wagen gegen die Wand eines Tunnels und beide wurden getötet.

*Sobald sich Dodi einer sichtlichen Bedrohung gegenüber sah, neigte er zur Überkompensation – zum Teil, um andere zu beeindrucken, zum Teil, um sich sicher zu fühlen.*

angesehen«, sagte eine Person aus deren unmittelbarer Nähe. »Rückblickend ist es leicht zu fragen: ›Warum hat man sie nicht fortgeschickt, [indem man das Paar an einen militärischen Stützpunkt im Ausland versetzte]?‹ In Wirklichkeit sah die Familie eine unmögliche Ehe und hielt es für besser, wenn Charles [eine Frau] an seiner Seite hätte, an deren Schulter er sich ausweinen könnte. Niemand glaubte daran, dass diese Situation zum Bruch der Ehe führen würde. Innerhalb der Königsfamilie und des Adels bestand seit Jahrhunderten die Tradition der Mätressen. Man führte einfach seine Ehe weiter und erfüllte seine Pflichten.«

Im Sommer des Jahres 1991 fühlte Diana, wie »der Deckel über ihr geschlossen wurde«, erzählte Morton. »Sie fürchtete, man würde sie öffentlich als untragbare Verrückte brandmarken«, erinnerte sich eine ihrer Freundinnen. »Wenn dies geschähe, würde sie einen möglichen Kampf um die Vormundschaft verlieren. Sie hatte panische Angst vor Rufmord und war wütend, dass einige ihrer eigenen Fehltritte bekannt würden, ohne dass je das Ausmaß von Charles' Untreue aufgedeckt würde.« Wie Diana in dem *Panorama*-Interview aussagte, litt sie noch immer an Bulimie und Depressionen und war »am Ende ihrer Kräfte«.

Durch einen unglücklichen Zufall saß Diana während dieser Zeit Modell für ihr zehntes Porträt, und der Künstler, Douglas Anderson, konnte es nicht vermeiden, das, was er als ihre »entsetzliche Traurigkeit« bezeichnete, auf der Leinwand einzufangen. Es wäre der »denkbar schlechteste Augenblick« gewesen, erinnerte er sich an die fünf Sitzungen im Verlauf mehrerer Wochen. »Sie stand am Rande eines Nervenzusammenbruchs, und ich malte, was ich sah. Sie war zum Zerreißen gespannt und etwas zehrte an ihr. Erfüllt von Sorge, war sie ständig den Tränen nahe. Ich hatte das Gefühl, dass sie in haltloses Weinen ausbrechen würde, sobald ich den Raum verließ.«

Diana fühlte sich von allen Seiten belagert und entschloss sich zu einem präventiven Schlag gegen Charles. »Sie war eine verschmähte Frau«, erklärte der Historiker und Journalist Andrew Roberts. »Sie konnte und wollte sich nicht zurückhalten und dachte: ›O Gott, ich bin die Geschichte, nicht die Krone.‹ Sie verursachte ihren Absturz in hohem Maß selbst.« Sie musste sich vor der Öffentlichkeit rechtfertigen, die sie »als Erweiterung ihrer Familie« betrachtete, wie eine ihrer Freundinnen berichtete. »Sie musste ihren Kummer erklären. Tief in ihrem Inneren sehnte sie sich nach Verständnis und Zustimmung. Ich erinnere mich, ihr gesagt zu haben, dass sie wie Jackie O. handeln solle. Wenn sie es täte, könnten sich die Menschen selbst ein Bild machen, aber Gewissheit gäbe es nicht. Sie stimmte mit mir überein, aber das war vor dem Buch.«

Diana vertraute ihre Beschwerden einer Gruppe vertrauenswürdiger Freunde an, die sie ermutigten, ihre Seite der Geschichte zu erzählen. »Die meisten Menschen, die sie seit Jahren kannten, nahmen an, dass sich die Situation für sie nicht verschlechtern konnte«, erklärte Morton. »Sie lebte mit einer Lüge, und [ihre Freunde] waren der Ansicht, dass sie den Kessel ebenso gut selbst zum Überkochen bringen könnte.« Unter ihren Ratgebern befanden sich auch James Gilbey und Adrian Ward-Jackson, die sich als entscheidende Katalysatoren erwiesen.

Ab April 1991 war Ward-Jackson durch seine Aids-Erkrankung ans Bett gefesselt. Um der Vereinbarung nachzukommen, dass sich Diana während seiner Krankheit um ihn kümmern würde, besuchte sie ihn ohne Kenntnis der Öffentlichkeit in seiner Wohnung und leistete ihm Gesellschaft. »Rund um das Krankenbett ereignete sich einiges«, erinnerte sich ein Freund von Ward-Jackson. »Adrian war vom Zustand der Ehe äußerst fasziniert. Sie vertraute ihm und vermittelte ein Bild von Verwirrung, Schmerz, Groll und Wut. Er zeigte Verständnis, und sie suchte Rat. Um die Stunden zu füllen, erzählte sie ihm von diesen Dingen. Das war auch für ihn überaus nützlich. Statt an sich selbst zu denken, hörte er ihren Problemen zu.«

Durch Ward-Jackson entwickelte Diana eine enge Beziehung zu seiner Freundin Angela Serota, einer ehemaligen Balletttänzerin, die seine Pflege überwachte. Der Umstand, dass sich Serota soeben von ihrem Mann trennte, verstärkte das Band zwischen ihr und Diana. Als Diana ihr von ihren ehelichen Qualen erzählte, hörte Serota aufmerksam zu. Morton zufolge »hatte Angela großen Einfluss« in der Frage, ob Diana an die Öffentlichkeit gehen sollte. »Sie sah, dass Diana litt.«

Diana hatte sich ferner dem Radiologen Dr. James Colthurst anvertraut, der seit einem Schiurlaub im Jahr 1979 zu ihren Freunden zählte. 1986 hatte er sie zu einem Besuch in sein Londoner Krankenhaus St. Thomas' eingeladen. Bei dieser Gelegenheit lernte Colthurst Morton kennen, der zum königlichen Presseaufgebot zählte. Die beiden Männer freundeten sich an und trafen sich regelmäßig zum Squash. Einem Mann aus Dianas Umgebung zufolge hatte Colthurst ihr den Vorschlag unterbreitet, ihre Geschichte Morton zu erzählen.

Warum sich Diana für den Veteranen unter den Presseleuten als ihr »Sprachrohr« entschieden hat, wie Morton sich selbst beschrieb, ist schwer zu begründen. Es entsprach nicht Dianas Natur, eine tief gehende Analyse von Mortons Fähigkeiten durchzuführen und seine Arbeit zu begutachten. Sie wusste jedoch, dass Morton an der Idee »herumkaute«, eine Biografie von ihr zu schreiben. Er blieb auch dann noch auf Dianas Radarschirm, als er die *Daily Mail* 1988 verließ und freiberuflich Artikel und Bücher schrieb (*Diana's Diary: An Intimate Portrait of the Princess of Wales* und *Inside Kensington Palace*).

Morton eignete sich ausgezeichnet für Dianas Absicht. Seit sie sich im Jahr 1982 dem königlichen Zug angeschlossen hatte, war er von ihr fasziniert und hatte Nigel Dempster als »königlichen Heckenschützen« angegriffen. Während er in seiner Berichterstattung zwischen der Rolle eines überzeugten Optimisten und der eines Panikmachers hin und her schwankte, wankte er keinen Augenblick in seiner Bewunderung für Diana. Selbst wenn er mit potenziell negativen Nachrichten zu tun hatte, änderte er sie zu ihren Gunsten. So etwa in seinem Artikel im Jahr 1986, als Meldungen laut wurden, dass Diana Charles beleidigt habe: »Dies zeigt erneut, wie eine willensstarke Prinzessin ungebrochen in ihrem Kampf siegt, die königliche Familie auf den rechten Weg zu bringen.«

In jüngster Zeit hatte sich Morton in Dianas nicht erklärtem Krieg gegen Charles an ihre Seite gestellt und sich in der Demaskierung von Camilla weiter vorgewagt als jeder andere Reporter. Er hatte einen professionellen, kommerziellen Schreibstil und konnte sich chamäleonartig von Regenbogenpresse auf Großformat umstellen: Seine Artikel über die Ehe des Prinzenpaares in der *Sunday Times* hatten ihm eine Patina der Ehrbarkeit verliehen.

Andrew Mortons größter Vorteil war sein Status als Außenseiter. Er konnte aus dem Blickfeld verschwinden, wie im Juli 1991, ohne Erklärungen abzugeben oder die Aufmerksamkeit auf sich zu ziehen. Da ihm als Freiberufler eine formelle Beziehung zu einer Zeitung fehlte, konnte man darauf vertrauen, dass er Dianas Rolle geheimhielt. Zudem würde er für das Geschenk dieser sensationellen Geschichte ewig dankbar sein. Mit anderen Worten, er war steuerbar.

Diana beauftragte ihren Freund James Colthurst, Morton ihre Geschichte in groben Umrissen zu skizzieren. Über einem Gericht von Eiern mit Speck erzählte Colthurst dem Reporter in einem Londoner Café von der königlichen Ehe, die sich langsam zu erkennen gab, und berichtete auch von Dianas Bulimieanfällen und ihren Selbstmordversuchen, für welche Diana ihre Probleme mit Charles und seine Untreue mit Camilla Parker Bowles verantwortlich machte. Morton verschlug es angesichts dieser sensationellen Enthüllungen die Sprache. »Ich wusste nichts von Bulimie und Selbstmordversuchen«, erinnerte er sich. »Wer wusste davon schon? Das zeigt nur, wie viele Geheimnisse gewahrt werden.« Später gestand Morton freimütig ein, dass Diana die Leitung übernommen hatte. »Für die Öffentlichkeit bin ich ein Zeitungsreporter, der sie hereingelegt hat. Sie nehmen an, dass sie nicht wusste, worauf sie sich einließ, und dass ich ihr Informationen entlockt habe, während das arme Mädchen sonst für alle Zeiten glücklich weitergelebt hätte«, berichtete Morton. »Das stammt aus dem Goebbels-Buch der Bestsellergeschichten. Tatsache jedoch ist, dass sie an mich herangetreten ist.«

Etwa zu dieser Zeit stellte Colthurst Diana einen neuen Astrologen vor, Felix Lyle, der ebenfalls mit Morton befreundet war. Einem Bericht zufolge setzte Diana das Projekt lediglich fort, nachdem Lyle grünes Licht gegeben hatte. Wie es so häufig bei Dianas Beratern der Fall war, bekräftigte er lediglich, wozu Diana ohnehin entschlossen war. »Sie traf ihn erst gegen Ende des Sommers, als das Projekt bereits angelaufen war«, erzählte Morton. »[Diana] hat es sich nicht nochmals überlegt, und im Verlauf des Projektes wuchs ihre Begeisterung.«

Morton und Colthurst entwarfen einen Plan, der es Diana ermöglichte, ihre Beteiligung an dem Buch »abzuleugnen«. Sollte sie gefragt werden, könnte sie sogar behaupten, Morton nicht einmal getroffen zu haben. Morton ließ ihr Listen von Fragen für eine Reihe von Interviews zukommen, die Colthurst auf Band aufnahm. »James war während der Interviews immer bei ihr«, erklärte Morton. »Sie beantwortete die Fragen, so gut sie konnte. Mitunter ignorierte sie sie auch. Insgesamt war es eine ziemlich klapprige Art, ein Buch zu schreiben.«

Das erste Interview bezeichnete Morton als »verwirrend«. »Alles stürzte einfach aus ihr heraus.« Angesichts so heikler intimer Themen wie Bulimie und Selbstmord, schickte Morton »James mit zwei Fragenlisten aus. Eine, für den Fall, dass sie den einen Weg beschritt, und eine weitere, falls sie abirrte«. Später gestand Morton, dass Diana ihn in Bezug auf James Hewitt getäuscht hatte, und obwohl Morton James Gilbey interviewte, wurden die noch immer geheimen Squidgy-Bänder nie erwähnt.

Die Vorgehensweise schloss nachfolgende Fragen, die der Überprüfung von Dianas Schilderung der Ereignisse hätten dienen können, aus. »Ein klassisches Beispiel bildeten die Selbstmordversuche«, erzählte Morton. »Dabei handelt es sich um einen überaus heiklen Bereich. Ich fragte nach dem Wann, Wo und Wie, und sie erklärte später: ›Er hat meinen Nachruf recht gut geschrieben.‹«

Morton beschrieb, wie ihre Stimmung zwischen der Energie und »atemlosen Hast«, die sie am Morgen häufig zeigte, und den Erschöpfungszuständen zu anderen Zeiten hin und her schwankte. Die »Trefferquote« wies eine umso größere Bandbreite auf, da Diana dazu neigte, das Interview kurzfristig anzusetzen, so dass Morton gezwungen war, seine Fragen eilig zusammenzustellen und »das Beste zu hoffen«. Ungeachtet ihrer offenkundigen Zerbrechlichkeit und der seelischen Leiden, die sie beschrieb, hatte Morton »Zweifel an ihrer Wahrheitstreue, aber nicht an ihrer Widerstandsfähigkeit«. So oft es ihm möglich war, versuchte er, ihre Angaben zu überprüfen, indem er ihre Freunde befragte. Wie Charles' Freunde später aufzeigten, hatte diese Methode den unübersehbaren Mangel, dass sich Morton auf diese Weise auf Personen verließ, die ausschließlich Dianas Version der Geschichte gehört hatten.

Eines der schwierigsten Gebiete bildete für Morton Charles' Beziehung zu Camilla, die er aus rechtlichen Gründen, »sehr zu Dianas Ärger und entgegen überwältigenden Beweisen«, als »geheime Freundschaft« und nicht als Ehebruch bezeichnete. Um eindeutige Beweise zu liefern, förderte Diana im August 1991 enthüllende Briefe zutage. »Sie schaffte sie herbei, da ich um sie gebeten hatte«, erzählte Morton. »Als wir unsere Gespräche begannen, wusste sie noch nichts von Briefen. Sie hingen schließlich nicht auf der Anschlagtafel in der Küche. Sie besorgte sie, da ich in Bezug auf die Sache mit Camilla zögerte, und die Briefe belegten, was [Diana] mir erzählt hatte. Darüber hinaus machte es mich glücklich, sie verwenden zu können. Die mir vorgelegten Briefe waren Mitteilungen von Camilla an Charles, die aus dieser Zeit des Jahres 1991 stammten. Ihr Anblick wühlte Diana stark auf.«

Anfang Herbst ersuchte Diana eine Gruppe von Freunden, mit Morton zusammenzuarbeiten. Die Erste war Angela Serota, die sich mit einem weiteren Freund beriet, der für Dianas Projekt entscheidend werden sollte: Andrew Knight, Rupert Murdochs Stellvertreter, der sowohl mit Serota als auch mit Ward-Jackson eng befreundet war. Wie Diana, hatte auch Knight Ward-Jackson im Sommer 1991 häufig am Krankenbett besucht, behauptete jedoch, Diana bei seinen Besuchen nie getroffen zu haben. Diana erfuhr von ihm über Ward-Jackson und Serota.

Einem ihrer engen Freunde zufolge gelangte Diana zu der Überzeugung, Knight stehe »auf ihrer Seite«.

»Angela rief mich an und erklärte, Diana hätte sie und andere ersucht, mit Andrew Morton für ein Buch zusammenzuarbeiten«, erinnerte sich Knight. »Diana will dem Märchen ein Ende bereiten. Wir wissen von dramatischen Geschehnissen«, erklärte Serota ihm, ohne näher darauf eingehen zu wollen. »Angela ist sehr zurückhaltend. Sie war an einem Gespräch mit mir nicht interessiert. All diese Menschen mussten überzeugt werden. Sie wussten nicht einmal, wie tief Diana in das Projekt verwickelt war und dass sie Interviews dafür gab«, berichtete Morton. Als Serota Andrew Knight fragte, ob sie mitarbeiten solle, riet er: »Ja, wenn [Diana] es wünscht, solltest du es tun«.

Serota vertraute Knight an, dass Diana »besorgt« wäre, dass das Buch als Serie in der *Daily Mail* erscheinen würde. »Sie will, dass es in der *Sunday Times* veröffentlicht wird«, erklärte sie. Ungeachtet ihrer Nähe zur *Mail*, kannte Diana die Pressewelt gut genug, um zu wissen, dass ein Auszug in der *Sunday Times* dem Buch mehr Glaubwürdigkeit und Autorität verleihen würde, als es für eine Zeitung der Mittelschicht möglich war. Knight versicherte Serota, dass er sich »bei Andrew Neil für das Buch einsetzen und darauf drängen würde, dass die *Sunday Times* es ernst nehme«.

Diana überwachte Mortons Kontakt zu ihren Freunden, die ohne ihre Einwilligung keine Interviews geben würden. Als einziges Familienmitglied schloss sie ihren Bruder Charles ein, auf dessen natürliches Misstrauen sie zählen konnte. Charles willigte ein, stellte jedoch die Bedingung, sich nur bis zu Dianas 18. Lebensjahr über ihr Leben befragen zu lassen. Im Verlauf des Projekts brachte Diana ihren Vater mit Morton in Kontakt, der ihm eine Auswahl aus den Fotos des Familienalbums anbot, die er über die Jahre angesammelt hatte. Die weiblichen Mitglieder ihrer Familie schloss sie aus. Ihre Schwester Jane schied aus allzu ersichtlichen Gründen aus. Sie war mit dem Privatsekretär der Königin verheiratet und musste im Dunkeln bleiben. Sarah und Frances Shand Kydd hingegen hatten sich in ihren Aussagen gegenüber der Presse bereits in der Vergangenheit als wenig hilfreich erwiesen.

Dieses Arrangement verdeutlichte erneut, dass Diana ein solides innerfamiliäres Fundament fehlte, das sie eventuell von dem Risiko des Morton-Buches hätte fernhalten können. Ihrem Vater mangelte es an Einfühlungsvermögen, um das Ausmaß ihrer Probleme zu erkennen.

Er war kaum zu mehr imstande, als ihr zu versichern: »Vergiss nicht, dass wir dich immer lieben.« So wichtig und aufrichtig diese Bestätigung auch war, zu einem Zeitpunkt, zu dem Diana entschieden Rat benötigt hätte, war sie unzulänglich. In seinen öffentlichen Stellungnahmen hielt Johnnie an dem Mythos einer glücklichen königlichen Ehe fest und bezeichnete die Geschichten über eheliche Auseinandersetzungen als »ebenso belanglos wie Moskitos«. Einmal brachte er seine Sorge zum Ausdruck, dass Diana zu hart arbeitete, konnte jedoch nicht umhin, ihre Berühmtheit zu bewundern. »Vor kurzem sagte man mir, dass der Papst und meine Tochter die berühmtesten Persönlichkeiten auf der ganzen Welt wären«, erklärte er 1989. »Darauf bin ich sehr stolz.«

Im September 1991 kam es zwischen Diana und ihrem Vater zu einer ihrer seltenen öffentlichen Auseinandersetzungen, als sie und ihre Geschwister sich gegen Raine Spencers Vorgehensweise auflehnten, die Kunstgegenstände und Erbstücke zu verkaufen, um ihren Lebensstil auf Althorp aufrechtzuerhalten. Um seine Meinung befragt, erklärte Johnnie verärgert, dass seine Kinder »undankbar« wären, und verwies darauf, dass »Diana nicht mit Geld umgehen kann. Sie hat keine Erfahrung mit Geld. Sie ist einfach zu jung.«

Derartige Auseinandersetzungen waren in Dianas wechselhafter Beziehung zu ihrer Mutter häufiger. Wenn sich Frances auch nicht in jenem Ausmaß vor der Presse zurückzog, wie häufig geschrieben wurde, genoss sie ihre Unabhängigkeit fern von der gepflegten Gesellschaft, indem sie sich mit Nonnen, Fischern und einfachen Schotten anfreundete, die ihre Privatsphäre respektierten. »Ich liebe Menschen um ihrer selbst willen«, erklärte sie einmal. »Man findet mich nicht bei raffinierten Dinnerpartys. ... Ich habe nichts mit der Londoner Gesellschaft zu tun ... Ich passe nicht dazu.«

Mitunter waren Frances und Diana ausgelassen wie Schwestern, nur um danach wieder für längere Zeit nicht miteinander zu sprechen. »Das war keine einfache Beziehung«, erklärte der Reporter Richard Kay. Frances hatte Diana und Charles im Herbst 1987 beigestanden, zwischen 1988 und 1992 – in den Jahren, in denen Dianas Ehe zerbrach – litt sie jedoch selbst an den Folgen ihrer gescheiterten Ehe, so dass die beiden Frauen einander wenig Unterstützung bieten konnten. Eine Freundin von Diana erinnerte sich, dass Frances »dreimal täglich anrief und Diana endlos mir ihr sprach. Sie versuchte, am Telefon mitfühlend zu sein, aber schließlich wurde sie doch wütend. Sie hatte das Gefühl, ihre Mutter riefe bloß wegen ihrer eigenen Probleme an«. Dieser Freundin zufolge befand sich Diana gegenüber ihrer Mutter in einer Zwangslage: »Diana fürchtete, der Mutter ihre Liebe zu schenken und zurückgewiesen zu werden. Aus diesem Grund war es eine so schwierige Beziehung.«

Diana fürchtete sich zudem vor Frances' Impulsivität. »Dianas Mutter hätte sich emotional zu tief verwickelt«, erklärte eine Freundin von Diana. »Sie hatte keine Angst zu sagen, was sie dachte.« Diese ungestüme Neigung zeigte sich, wenn Frances von Zeit zu Zeit auftauchte, um der Presse gegenüber irritierende und etwas unzusammenhängende Erklärungen abzugeben, die Diana in Verlegenheit brachten. »Ich weiß nicht, warum man mich ständig angreift«, beklagte sie sich gegenüber dem *Sunday Express*. »Man behauptet, ich hätte meinen Sohn Charles und Diana gegen ihre Stiefmutter aufgehetzt. Das ist eine schwere Anschuldigung ... Ich bin daran gewöhnt, ans Kreuz geschlagen zu werden. Warum darf ich nicht ich selbst sein? Ich weiß, wenn man mich mit überhöhter Geschwindigkeit ertappt, würde Myra Hindley [eine berüchtigte verurteilte Massenmörderin] wie eine Pfadfinderin aussehen.«

Morton hatte in seiner Abmachung Diana das Recht eingeräumt, sein Manuskript zu lesen und zu kommentieren. Um ihre Rolle zu tarnen, hatte er einige Zitate in der dritten Person angeführt und sie einer »engen Freundin« zugeschrieben, oder sie direkt zitiert und erklärt, dass sie das eine oder andere »ihren Freunden erzählt« hatte. »Das Buch enthielt viertausend Aussprüche von ihr, denen sie einschließlich der Zitate in der ersten Person zustimmte«, berichtete Morton. Nach seiner Darstellung nahm sie »einige Veränderungen an den Tatsachen und deren Gewichtung« vor. Seltsam war ihr Ersuchen, eine wichtige Einzelheit an dem Unfall auf der Treppe im Januar 1982 in Sandringham abzuändern: Die Königin hatte Diana am Fuß der Treppe gefunden. »Vermutlich aus Respekt« vor ihrer Schwiegermutter ersuchte Diana Morton jedoch, deren Namen gegen den der Königinmutter auszutauschen. Darüber hinaus nahm Diana nur geringfügige, mitunter rührende Änderungen vor. Als Morton von Charles als »der Mann, den sie heiraten wollte« sprach, korrigierte Diana »der Mann, den sie liebte«. Das Buch war »in jeder Hinsicht und Absicht ihre Autobiografie«, schloss Morton.

Während der ersten beiden Monate, die Diana mit Morton an dem Projekt arbeitete, befand sie sich ständig in einem Zustand hochgradiger Erregtheit, da sich Adrian Ward-Jacksons gesundheitlicher Zustand rasch verschlechterte. Angela Serota führte einen strengen Besuchsplan, und Diana kam drei- oder viermal pro Woche. Sie war aufmerksam und mitfühlend, aber auch aufgewühlt von der Atmosphäre, die in dem Apartment in der Mount Street herrschte. »Es war eine verrückte Stimmung«, erzählte ein anderer Besucher. »Sobald Diana ihre Besuche aufnahm, stellten sich auch alle anderen häufiger ein. Es wurde zu einem echten Ereignis.« Ein Freund von Ward-Jackson erinnerte sich, dass Diana »einmal mädchenhaft bemerkte, dass sie zum ersten Mal jemandem beim Sterben zusah. Es gab da eine Art morbides Interesse an allem. Sie betrachtete es als Teil des Erwachsenwerdens und als interessante Erfahrung.«

Als es im August zu schwierig wurde, die Tropfinfusion mit Morphin zu Hause durchzuführen, wies man Ward-Jackson ins St. Mary's Hospital ein. Zu diesem Zeitpunkt wurden Dianas Besuche der Öffentlichkeit bekannt. Ward-Jackson hatte ihr das Versprechen abgenommen, ihm an seinem Sterbebett zur Seite zu stehen, hatte jedoch nicht mit dem Medienzirkus gerechnet, der jeden ihrer Besuche begleitete. Sein Bruder sorgte dafür, dass Diana über einen privaten Eingang das Krankenhaus betreten konnte, doch sie weigerte sich, dieses Angebot anzunehmen. »Sie erklärte: ›Ich lasse mich nicht einschüchtern‹«, berichtete eine Freundin. »Von nun an veränderte sie täglich ihr Erscheinungsbild und genoss es. Sie wirkte wie ein kleines Mädchen, das den Paparazzi ausweichen wollte, gleichzeitig aber mit ihnen flirtete.«

Als Angela Serota in Balmoral anrief und mitteilte, dass Ward-Jackson im Sterben lag, eilte Diana nach London, wo sie um vier Uhr früh eintraf. In den nächsten vier Tagen verbrachte sie endlose Stunden an seinem Bett, zum Zeitpunkt seines Todes befand sie sich jedoch gerade auf dem Weg ins Krankenhaus. Die Boulevardpresse brachte die Geschichte der Totenwache groß auf der Titelseite heraus, bezeichnete ihr Mitgefühl als »außergewöhnlich« und staunte darüber, dass sie sechseinhalb Stunden aufgewandt hatte, »um seine trauernde Familie zu trösten«. (In Wirklichkeit traf sie seine Eltern erst Tage später beim Begräbnis.) Das Begräbnis wurde durch Dianas Anwesenheit, mit der sie sich dem königlichen Protokoll widersetzte, zu einem Medienspektakel. Dieses sah nämlich vor, dass die höchsten Mitglieder der königlichen Familie Begräbnissen von gewöhnlichen Bürgern nicht beiwohnen. »Während des Begräbnisses vergoss Diana Tränen«, schrieb die *Sun*, wie auch zwei Monate später anlässlich der Gedenkfeier für Ward-Jackson.

Dianas übersteigertes Verhalten behinderte ihr Engagement für Aids, da sie sich damit die Kritik reaktionärer Kolumnisten wie John Junor (dem Vater von Penny Junor) zuzog, der in der *Mail on Sunday* fragte: »Was könnte ihre Sorge für diese Krankheit erklären? Will sie wirklich als Schutzpatronin der Sodomie in die Geschichte eingehen?« Sie entfremdete sich auch Mitgliedern des Establishments, einschließlich einiger ihrer Freunde, die von ihrem theatralischen Benehmen verunsichert waren. »Die ganze Angelegenheit war überaus bizarr«, erklärte ein langjähriger Freund. »Sie nahm sich Adrians an wie eines kranken Hundes. Das fügte ihr im Establishment großen Schaden zu. In gewisser Weise wurde sie verrückt und verlor durch ihre Übertreibung einige Verbündete.«

Später schrieb sie Angela Serota, dass ihr die Sorge um Ward-Jackson einen »positiveren und ausgeglicheneren« Blick auf das Leben verliehen hätte – wenngleich ihre nachfolgenden Handlungen keine neue Reife erkennen ließen. Bereits zuvor war sie öfters zu ähnlich optimistischen Schlussfolgerungen gelangt, verlor sie jedoch in Zeiten persönlicher Not immer wieder aus den Augen. »Sie erwähnte Adrian danach kaum noch«, erklärte eine Frau, die sie gut kannte. »Ihr erschien das nicht eigenartig. Es war intensiv und aktuell, und wenn es vorüber war, war es vorüber: aus den Augen, aus dem Sinn.« »Damals berührte es sie zutiefst«, wusste ein Freund von Ward-Jackson zu erzählen. »Aber was sie aufnahm, blieb an der Oberfläche. Ich glaube nicht, dass sie langfristig etwas daraus gelernt hat.«

Diana erfüllte weiterhin ihre Pflichten und lebte mit dem Geheimnis des Morton-Buchs. Zu jener Zeit war ihr Täuschung bereits zur zweiten Natur geworden. Im August begleitete sie Charles und die Jungen auf der Jacht von John Latis, einem reichen griechischen Freund, auf eine Mittelmeerkreuzfahrt. Die Regenbogenpresse war entsprechend erstaunt und sprach von »zweiten Flitterwochen«. Das Prinzenpaar wäre wie »zwei Turteltauben«, »glücklicher und einander näher als seit langem, ... erstickt es alle Gerüchte über eine große Abkühlung.« Im Oktober absolvierten Charles und Diana gemeinsam mit William und Harry einen erfolgreichen offiziellen Besuch in Kanada, der auf einem von Dianas Lieblingsfotos verewigt ist: Lächelnd und mit ausgestreckten Armen läuft sie über die Laufplanke der *Britannia*, um ihre beiden Söhne zu begrüßen.

Inzwischen organisierte das Prinzenpaar seinen Alltag über seine Privatsekretäre. James Gilbey fasst ihr Dasein zu diesem Zeitpunkt folgendermaßen zusammen: »Sie verbringen ihr Leben in völliger Isolation.« Im selben Herbst feierte Diana während ihrer viertägigen Soloreise nach Pakistan weitere Erfolge und bot den Zeitungen damit erneut Gelegenheit, entscheidende Unterschiede festzustellen. »Während die mitfühlende Prinzessin verkrüppelte afghanische Flüchtlingskinder besucht, widmet sich Charles mit seinen Freunden dem Fischfang und der Hirschjagd«, schrieb Ashley Walton im *Daily Express*.

Penny Junor, die zu Beginn des Jahres ein Buch veröffentlicht hatte, in dem sie die Ehe des Prinzenpaares als »sehr gesund« bezeichnete, verkündete einen Monat später in einem Zeitschriftenartikel, dass 1991 »das großartigste Jahr in [Dianas] Leben« wäre, in dem sie zu einer »neuen Diana und vollkommenen Frau« herangereift wäre. Ihren Worten zufolge wären Charles und Diana »weit häufiger zusammen, als man anhand der Berichte der Boulevardblätter vermuten würde«.

Diana brannte darauf, während der Reise des Paares durch Indien im kommenden Februar eine gegenteilige Botschaft zu verbreiten. Ein unvergessliches Foto von Diana, die allein vor dem Taj Mahal sitzt, jener Begräbnisstätte, die ein Mogul für seine Frau hatte errichten lassen, dient als lebhaftestes Beispiel dafür, dass sie Fotografen für eine bestimmte Aussage einzusetzen wusste. Auf einer Reise vor mehreren Jahren hatte Charles seiner zukünftigen Frau einst versprochen, mit ihr dieses romantische Monument zu besuchen. Die Palastangestellten, die das Tagesprogramm für die Indienreise zusammengestellt hatten, wussten nichts von dem Versprechen des Prinzen und dachten nicht weiter darüber nach, dass Diana das Grabmal allein besuchte. Erst einen Tag davor erkannte sie anlässlich der Begeisterung der Meute von Journalisten, dass die Fotografen ein Foto zu schießen beabsichtigten, das in die von ihr geplante Geschichte passen würde. Diana verstand ebenfalls, worauf die Presse wartete, und nahm entgegenkommenderweise eine Haltung »melancholischer Einsamkeit« (*Daily Mail*) an als »herzergreifendes Mahnmal, dass der königliche Wunsch nicht in Erfüllung gegangen ist« (*Daily Mirror*). Dimbleby fasste ihre Botschaft in Worte: »Die Ehe war tatsächlich zu Stein erstarrt.«

Wie sich herausstellte, war dies das erste Foto einer Reihe wirkungsvoller Abbildungen, die Diana in jenem Frühjahr in Umlauf brachte. Als Charles sie am nächsten Tag ihrer Indienreise nach einem Polospiel zu küssen versuchte, wandte sie den Kopf ab, so dass die Kameras einen Schnappschuss einfingen, auf dem er unbeholfen ihren Nacken küsste. Diana war sich nur allzu bewusst, dass die Boulevardpresse auf einen echten Kuss gehofft hatte. Sie hatte die Gelegenheit zu diesem Foto sogar vorab mit ihren Beratern besprochen, und der *Evening Standard* hatte den Boden mit dem Ausspruch bereitet »die Augen aller werden auf ihnen ruhen«. »Kommen Sie, das können Sie doch besser, Charles!« tadelte der *Daily Mirror* auf seiner Titelseite lautstark und wies damit dem unglückseligen Prinzen die Schuld für den misslungenen Kuss zu. James Whitaker vom *Mirror* gestand später ein: »Sie schien dafür gesorgt zu haben, dass es nicht klappte. Sie wusste auch, dass darauf eine ganze Menge Kritik folgen würde.« Bei einer Soloreise nach Ägypten, die Diana einige Monate danach unternahm, wiederholte sie das Foto vom Taj Mahal, indem sie sich einsam vor den Pyramiden ablichten ließ. »Da ist es wieder, das unschuldige Opfer«, bemerkte die *Sunday Times*. »Und wieder einmal war das Bild sorgfältig in Szene gesetzt.«

Im März 1992 starb Johnnie Spencer unerwartet im Alter von 68 Jahren an einem Herzinfarkt, während sich das Prinzenpaar im österreichischen Lech zum Schiurlaub aufhielt. Selbst in ihrer Trauer wollte sich Diana in ihrer Einsamkeit präsentieren und stimmte einer gemeinsamen Rückreise mit Charles erst zu, nachdem ihre Mitarbeiter lange auf sie eingeredet hatten, dass eine getrennte Rückkehr »ein Fressen für die Regenbogenpresse« sei. Auf Dianas Wunsch hin trafen sie jedoch zum Begräbnis ihres Vaters getrennt ein und entfernten sich auch wieder getrennt. Diesmal war die Deutung der Presse zurückhaltend. Charles müsste anschließend an einer Sitzung teilnehmen und »überließ es Diana, an der Einäscherung ihres Vaters ohne ihn teilzunehmen«, berichtete die *Daily Mail*.

Diana vergrößerte den Abstand zwischen sich und Charles, und die Folgen des Morton-Buchs, das am 16. Juni erscheinen sollte, beunruhigten sie bereits. Einige Mitarbeiter des Palastes wussten von dem Projekt, kannten jedoch das Ausmaß von Dianas Engagement dafür nicht. Im November des Vorjahres hatte sich Dianas Freund Roberto Devorik mit Patrick Jephson, ihrem kürzlich bestellten Privatsekretär, im Mark's Club in London getroffen. Devorik hatte gehört, dass Diana an einem Buch mitgearbeitet und einem bislang unveröffentlichten Foto des französischen Fotografen Patrick Demarchelier für die Titelseite zugestimmt hatte. »Ich fragte: ›Wissen Sie von dem Buch?‹ und Patrick [Jephson] antwortete: ›Es ist mein Albtraum‹«, erinnerte sich Devorik. Im Januar versuchten Robert Fellowes und andere hochrangige Berater des Palastes herauszufinden, welche Haltung sie einnehmen sollten. Von Diana erhielten sie keine Hilfe. Sie erklärte wahrheitsgemäß, mit Andrew Morton nicht in Kontakt zu stehen, war durch die Frage jedoch sehr beunruhigt.

Im März hielt Diana bei der monatlichen Dinnerzusammenkunft hochrangiger Medienvertreter, die als Klub der Dreißig bezeichnet wurde, eine Rede zum Thema Aids. Etwa 150 Presseleute fanden sich im Claridge's ein, und obwohl Michael Adler, der Vorsitzende des Natinoal Aids Trust, ihr zur Seite stand, war Diana so nervös, dass sie sichtlich zitterte. Dennoch erhob sie sich und sprach über das Auftreten von Aids bei Frauen und beantwortete anschließend Fragen von hochrangigen Presseleuten wie dem Eigentümer des *Telegraph* Conrad Black und dem Eigentümer der *Mail* Lord Rothermere. »Es war eine hartgesottene Gruppe«, erklärte Andrew Knight. »Sie sprach ausgezeichnet, wenn auch sehr gekünstelt, ohne dabei viel auszusagen. Als Fragen gestellt werden konnten, gab sie etwas Freundliches von sich, und Michael Adler fügte die hieb- und stichfesten Informationen hinzu. Insgesamt hat sie es hervorragend gemacht.«

Das Bezeichnendste des Abends ereignete sich vor ihrer Rede. Während des Dinners saß sie neben dem Filmproduzenten David Puttnam, der zu ihren Freunden zählte, wenn auch nicht zum engsten Kreis. Möglicherweise aufgrund ihrer Nervosität »vertraute sie mir plötzlich an, wie unglücklich ihre Ehe sei«, erinnerte sich Puttnam. »Sie sagte: ›Wir sind beide nicht vollkommen, aber ich habe etwas wirklich Törichtes getan. Ich habe meine Zustimmung zu einem Buch über mich gegeben, denn ich hielt es für eine gute Idee. Es hätte die Atmosphäre ein wenig klären sollen. Aber jetzt halte ich es für eine dumme Sache, die entsetzliche Probleme verursachen wird.‹ Dann sagte sie: ›Ich würde den Film gerne zurückspulen. Das war das Dümmste, was ich je getan habe.‹«

Im Mai kamen die ersten Gerüchte auf, als die *Sunday Times* ankündigte, das Buch als Serie ab dem 7. Juni herauszubringen. Als Mortons Herausgeber Michael O'Mara das Buch Andrew Neil im März 1992 übergab, bemerkte der Herausgeber der *Sunday Times*: »Ich glaube, es würde sich in einer Boulevardzeitung besser machen.« Neil war fasziniert von O'Maras Beschreibung der Enthüllungen des Buches und seiner Versicherung, dass Diana es »wirklich« bewilligt hatte. »Ich konnte es zunächst nicht glauben«, erklärte Neil. »Es wirkte einfach zu fantastisch.«

Daraufhin traf sich Morton mit Neil und überzeugte ihn vom Gegenteil. »Er ging die Seiten durch und nannte Quellen, die nicht einmal im Buch angeführt waren, und fügte hinzu, dass er noch ›eine ganze

Menge Beweise‹ habe«, erinnerte sich Neil. »Ich war beeindruckt.« Er beauftragte seine Stellvertreterin Sue Douglas, das Manuskript zu lesen. Die »reißerische Sprache« stieß sie ab, von den Enthüllungen aber war sie begeistert, und dies umso mehr, sobald O'Mara ihr anvertraute, dass die Fotos von Dianas Vater stammten und dass einige ihrer besten Freunde mit dem Autor gesprochen hatten. Douglas traf sich mit Andrew Knight, der ihr mitteilte, welche Rolle Angela Serota bei dem Buch gespielt hatte, und für sie als einer »integeren Person« bürgte. »Wir haben hier eine ernst zu nehmende Sache in Händen«, erklärte Douglas Neil, der einer Veröffentlichung von Auszügen zustimmte, sofern Douglas und ein speziell zusammengestelltes Team unabhängige Beweise für die Behauptungen erbringen könnten.

Knight, der von Serotas Beteiligung an dem Buch wusste und sich an Dianas Bitte erinnerte, sprach sich für eine Publikation aus. »Ich konnte Andrew Neil sagen: ›Ich glaube, Sie haben Recht, wenn Sie Interesse an diesem Buch zeigen, denn ich habe es durch eine Person mitverfolgt, die durch und durch vertrauenswürdig ist und Diana sehr nahe steht.‹ Es war eine gewaltige Geschichte, die gewiss bei der einen oder anderen Zeitung herauskommen würde, und die *Sunday Times* hatte im Lauf der Jahre die Aufgabe übernommen, derartige Geschichten gnadenlos zu veröffentlichen.« Douglas' Spezialteam bestätigte das Buch zur allgemeinen Zufriedenheit. Einige der wichtigsten Informationsquellen hatten Erklärungen unterzeichnet, die ihre Zitate beglaubigten, und die Tatsache, dass die Fotos aus dem Besitz der Familie Spencer stammten, diente als Bestätigung für Dianas Ermächtigung. »Ich zweifelte nie daran, dass es sich um eine ziemlich treffende Version dessen handelte, was sie als die Wahrheit betrachtete«, erklärte Neil. Als Neil Rupert Murdoch informierte, dass die *Sunday Times* bereit war, das Manuskript zu veröffentlichen, »erklärte Rupert: ›Ich unterstütze euch, bei allem, was ihr tut. Ihr müsst euch allerdings im Klaren sein, dass sie euch zu zerstören versuchen werden, wenn ihr es tut.‹«

Die *Daily Mail* hatte das Manuskript ebenfalls gelesen und ein Angebot gemacht, die *Sunday Times* erhöhte den Einsatz jedoch auf 250.000 £ (etwa 820.000 DM) und sicherte sich damit die Rechte. Zu diesem Zeitpunkt waren Neil, Douglas und andere davon überzeugt, dass Diana das Manuskript gelesen hatte. Douglas wusste, dass »große Teile von Tonbandaufnahmen stammten. Andrew Morton ließ mich glauben, dass es sich hierbei um Freunde von Diana handelte, die von ihr Informationen erhalten hatten und deren Interviews er aufgezeichnet hatte«. Zudem hatte Morton Stuart Higgins von der *Sun* aufgefordert, »das Buch so zu behandeln, als hätte die Prinzessin jede einzelne Seite eigenhändig abgezeichnet.«

Angesichts der großen Zahl von Journalisten, die sich der Fingerabdrücke Dianas bewusst waren, war es vermutlich nicht zu verhindern, dass nur wenige Wochen vor der Veröffentlichung des Morton-Buchs ein beunruhigend treffender Artikel darüber erschien. »Man nimmt an«, schrieb der *Daily Express* Anfang Mai, dass »der Autor eng mit der Prinzessin und ihrer Familie zusammenarbeitete, um diese verblüffenden Enthüllungen über ihre Ehe vorzulegen ... Es heißt, die Prinzessin habe den Abzug gelesen und habe das Recht, Änderungen anzubringen ... Offizielle Stellen sind darüber besorgt, dass die Fotos in dem Buch aus dem Besitz der Familie der Prinzessin stammen und als weiterer Beweis für ihre stillschweigende Zustimmung betrachtet werden.«

Anlässlich eines Dinners, das wenige Tage später in der britischen Botschaft in Kairo stattfand, überraschte Diana die übrigen Gäste mit den Worten: »Ich sehe mich noch immer als Lady Diana Spencer.« Auf die Frage, was geschehen würde, sobald Charles König würde, antwortete sie: »Ich vermute, dass ich dann noch immer Lady Di sein werde.« Die Peinlichkeit des Augenblicks steigerte sich noch, als ein Ägypter erklärte: »Hier können wir unsere Königsfamilie nach ein paar Jahren immer wieder austauschen.« Diana, die seine Worte auffing, rief daraufhin durch den Saal: »In unserem Land kleben wir an der unsrigen fest.«

Die Zweifel, die Diana David Puttnam gegenüber zum Ausdruck gebracht hatte, schienen aufgelöst, und sie hatte wieder neuen Mut gefasst. Nur wenige Wochen vor ihrem 31. Geburtstag stand sie an der Schwelle, ihre »wahre Geschichte« abgedruckt zu sehen, unterstützt von der Zustimmung der angesehenen *Sunday Times*. Was Diana sich davon versprach, ist schwer zu sagen: gewiss Mitgefühl für die Behandlung, die sie erdulden musste, und Verständnis für ihre Probleme, aber auch den Untergang von Camilla Parker Bowles. Zudem dürfte sie überzeugt gewesen sein, dass die Presse ihre Geschichte akzeptieren und zum nächsten Thema übergehen würde, und dass sie ihre Ehe retten und ihre Unschuld bewahren könnte. »Die Prinzessin hoffte, dass die Presse ihr eine Gunst erweisen würde, wenn sie mit dem Morton-Buch ihre Sicht der Dinge offenbarte«, erklärte Robert Hardman vom *Daily Telegraph*. »Das war jedoch ein großer Irrtum.«

# KAPITEL 17

Der Aufruhr, der auf den Vorabdruck und die Veröffentlichung von Andrew Mortons Buch im Juni 1992 folgte, schockierte alle, einschließlich Diana. Die Enthüllung ihrer emotionalen Qualen und ihrer seelischen Erkrankung löste eine überwältigende Welle des Mitgefühls für sie aus, zerstörte Charles jedoch nahezu, indem es ihm die Schuld für ihre Probleme zuwies und ihn als gefühllosen und treulosen Ehemann und herzlosen Vater darstellte. Das vielleicht verletzendste Zitat stammte von Dianas engem Freund James Gilbey, der sagte: »Sie hält ihn für einen schlechten, selbstsüchtigen Vater; die Kinder müssen sich an alles anpassen, was er tut.«

Möglicherweise war es Diana gelungen, sich selbst der Öffentlichkeit zu erklären, gleichzeitig hatte sie sich jedoch ihrem Ehemann, seiner Familie und deren Gefolge, den Mitgliedern ihrer eigenen Familie und dem Establishment, deren Unterstützung sie benötigte, entfremdet. Sie hatte eine Gruppe ihrer Freunde der Belästigung durch die Presse ausgesetzt. Durch die Erfindung neuer Storys hatte sie vor allem »ihre eigene Privatsphäre« geschändet, wie Lord McGregor, der Vorsitzende der Press Complaints Commission, es ausdrückte. »Sobald wir erfuhren, wie schlecht die Dinge standen, gab es aus kommerzieller Hinsicht keinen Grund mehr, uns zurückzuhalten«, erklärte Max Hastings, der Herausgeber des *Daily Telegraph*.

In den Wochen vor der Veröffentlichung des Buches erachteten es die hochrangigen Berater des Palastes in zunehmendem Maß für wahrscheinlich, dass Diana in irgendeiner Form eine Absprache mit Morton hatte. Sie war Bemühungen, sie eindeutig darauf festzulegen, jedoch ausgewichen. Drei Tage, bevor der erste Auszug in der *Sunday Times* erschien, verkündete die *Sun* in einem Artikel, dass Diana »unter starken Druck gerät ... sich öffentlich [von dem Buch] zu distanzieren«, da selbst Morton und der Buckingham Palace eine Beteiligung ihrerseits »heftig abstritten«. Nachdem bekannt geworden war, dass die Fotos aus den Familienalben der Spencers stammten und sie ihre Zustimmung zum

Cover-Foto gegeben hatte, würden sich jedoch »andere Mitglieder des Königshauses« fragen, welche Rolle Diana tatsächlich gespielt hatte, berichtete die Zeitung. Morton bezeichnete die damalige Atmosphäre als »Kriegssituation. Ich stand ganz auf ihrer Seite.«

Dianas Schwager Robert Fellowes fragte sie direkt, und nicht nur einmal, sondern mehrmals, ob sie an dem Buch mitgearbeitet habe. Jedes Mal versicherte sie ihm, dass dies nicht der Fall sei, und er glaubte ihr.

Fellowes diente der Königin seit 15 Jahren und hatte seit 1990 die Stelle eines Privatsekretärs inne, der höchste Posten innerhalb der Rangordnung der Hofangestellten. Der ehemalige Gardeoffizier und Etonabsolvent wurde wegen seiner Intelligenz, Beständigkeit und Vorsicht geschätzt. Treue gegenüber seiner Herrscherin stand an oberster Stelle: Er widmete sich dem Schutz der Interessen der Königin und ging, wenn nötig, für sie durchs Feuer. Seit ihrer Heirat im Jahr 1978 waren Robert und Jane Fellowes ein Musterehepaar gewesen, das bescheiden lebte und das Rampenlicht scheute. »Robert ist absolut unbestechlich«, erklärte einer seiner Freunde. »Er gehört zu jenen, die mit der alten abgenutzten Lederaktentasche ihres Vaters auf dem Fahrrad zur Arbeit fahren. Er ist weder an Geld noch an Macht interessiert und in all seiner Integrität nicht modern.«

Neben seinen altmodischen Wertevorstellungen ließ Fellowes auch Scharfsinn und Weltklugheit erkennen und versuchte auf seine ruhige Art, die Monarchie zu modernisieren, indem er zum Beispiel die Königin drängte, Einkommensteuer zu bezahlen. Diana aber war sein Schwachpunkt, und da er sah, wie gequält sie war, entschied er im Zweifelsfall zu ihren Gunsten. »Für Robert wäre es vermutlich besser gewesen, wenn er etwas machiavellistischer eingestellt gewesen wäre«, äußerte ein anderer seiner Freunde. Möglicherweise hätte er dann auch mehr Fantasie entwickelt. Als Diana eine Zusammenarbeit mit Morton bestritt, glaubte er ihrem Wort, da er annahm, sie würde ihm eine ehrliche Antwort geben (wie er es getan hätte), und missachtete sämtliche Hinweise, die vom Gegenteil kündeten.

Der erste Auszug in der *Sunday Times* vom 7. Juni beleuchtete Dianas Bulimie, ihre Selbstmordversuche und Charles' und Camillas geheime Beziehung. Der Artikel war zwar offenkundig einseitig, bestach jedoch durch seine überzeugenden Details und die Tatsache, dass Dianas Freunde als Informationsquellen genannt wurden. Nachdem eine enge Freundin Dianas den Abdruck gelesen hatte, rief sie sie unmittelbar an. »Sie gab mir gegenüber vor, nichts mit der Sache zu tun zu haben«, erzählte sie. »Mein Mut sank, denn anhand dessen, was ich las, konnte ich ihre Beteiligung deutlich erkennen. Der Ausspruch ›Er hat sich regelrecht an mich herangemacht‹ verriet sie, aber ich habe sie nie wieder darauf angesprochen.« Einige Tage später erklärte Diana bei einem Essen mit einer anderen Freundin: »Ich konnte meine Freunde nicht davon abhalten zu sprechen.« »Das war eine fantastische Lüge. Wenn du mit der königlichen Familie befreundet bist, sprichst du nur, wenn man dich dazu auffordert«, erinnerte sich die Freundin.

»Ich habe an diesem Buch in keiner Weise mitgearbeitet«, zitierte der *Daily Mirror* Diana am 8. Juni. An diesem Tag kontaktierte Lord McGregor von der Press Complaints Commsision Robert Fellowes, der ihm ebenso wie der Pressesekretär der Königin, Charles Anson, versicherte, dass Diana nicht an Mortons Buch beteiligt war. McGregor entwarf daraufhin eine Stellungnahme, die die Berichterstattung über die Ehe des Prinzenpaares als »widerwärtige Demonstration von Journalisten« verdammte, »die ihre Finger in die Angelegenheiten anderer tauchten«. Bevor er seine Erklärung veröffentlichte, befragte McGregor Fellowes nochmals zu den hartnäckigen Gerüchten, dass Diana Informationen über die Ehe des königlichen Paares an die Presse weitergegeben habe. Fellowes erklärte, dass diese Gerüchte jeder Grundlage entbehrten.

Prinz Charles las den Auszug erstmals beim Frühstück am Sonntag in Highgrove. Als er mit Diana zu sprechen versuchte, floh sie tränenüberströmt nach London. Am nächsten Tag trafen sich Charles und Diana im Kensington Palace, um die nächsten Schritte zu besprechen. Diana erzählte Mortons Mittelsmann, James Colthurst, eine Version des Treffens, die dieser in einem Tagebuch aufzeichnete: »Diana und Charles kamen überein, dass sie unvereinbar seien, und entschlossen sich, getrennter Wege zu gehen ... Er verhielt sich vernünftig, erwachsen und ganz seinem Wesen entsprechend. Keine Tränen. Und Diana schlief zum ersten Mal wieder eine Nacht ohne Schlaftabletten.«

Am Dienstag schrieb Murdochs Stellvertreter, Andrew Knight, McGregor einen »pompösen« Brief, in dem er darauf bestand, dass die *Sunday Times* das Buch erst als Serie abdruckte, nachdem seine Echtheit bestätigt war. Colthursts Tagebuch zufolge rief Robert Fellowes Diana an diesem Tag nochmals an, um sie weiter über das Buch zu befragen, und erklärte, dass »sie ihm das Leben unerträglich mache«. Diana berichtete Colthurst ferner, dass sie mit Freunden darüber gesprochen hatte, einen Anwalt hinzuzuziehen und fünf in die »engere Wahl« genommen hätte.

Lord McGregor rief Knight am Mittwoch, den 10. Juni, an. »Wollen Sie tatsächlich behaupten, die Prinzessin wusste davon?« fragte McGregor. »Sie wusste davon«, antwortete Knight. »Sie hat ihre Zustimmung gegeben.« Nur wenige Augenblicke zuvor hatte Kelvin MacKenzie, der Herausgeber der *Sun*, ihn mit der Mitteilung kontaktiert: »Du errätst nie, was die Geschichte des heutigen Tages ist. Man hat uns angerufen und erzählt, dass wir ein Foto von Diana im Hause einer ihrer Freundinnen hereinbekommen haben.«

Auf Dianas Anweisung hin war die Boulevardpresse darauf aufmerksam gemacht worden, dass Diana am Abend ihre Freundin Carolyn Bartholomew besuchen würde, deren Name als eine der Informationsquellen in dem Buch genannt wurde. »Auf diese ausgefeilte Weise bestätigte Diana die Echtheit der Quelle«, erklärte Knight, der diese Information an McGregor weiterleitete: »Was würden Sie dazu sagen, wenn in den morgigen Zeitungen Fotos von der Prinzessin von Wales während eines sorgfältig geplanten Besuchs bei Carolyn Bartholomew erschienen?« McGregor war »vollkommen verblüfft«, erinnerte sich Knight.

Während sich Diana durch wiederholtes Ableugnen zu schützen versuchte, hatte sie alle anderen Personen, die Morton geholfen hatten, der Öffentlichkeit ausgesetzt. »Sie war gegenüber ihren Freunden, einschließlich Carolyn Bartholomew, großem Druck ausgesetzt, öffentlich ihre Unterstützung zu bezeugen«, meinte der Herausgeber der *Sunday Times*, Andrew Neil. »Vor allem Gilbey und Carolyn standen schwer unter dem Beschuss anderer Freunde, die immer wieder fragten: ›Wie konntet ihr Diana das antun?‹ Sie wurden zu gesellschaftlichen Außenseitern und baten Diana: ›Bitte hilf uns.‹ Aus diesem Grund besuchte sie Carolyn Bartholomews Haus.«

In der Donnerstagsausgabe der Zeitungen wurden Fotos von Diana verbreitet, wie sie Carolyn an der Tür begrüßt. McGregor erreichte Fellowes in Paris, wo sich die Königin zu einem Staatsbesuch aufhielt, und zog ihn wegen Irreführung der Press Complaints Commission zur Rechenschaft. Fellowes begriff augenblicklich, wie sehr Diana ihn getäuscht hat, und entschuldigte sich nicht nur bei McGregor, sondern bot auch der Königin seinen Rücktritt an. McGregor erkannte, dass Fellowes ehrenwert gehandelt hatte, und die Königin nahm seinen Rücktritt nicht an. Diana hatte jedoch ihren Schwager zutiefst beschämt, »die Kommission in Verlegenheit gebracht und den Zweck [ihrer Stellungnahme gegenüber der Presse] untergraben«, wie McGregor später in einem Brief schrieb. Diana und ihr Schwager sprachen auch weiterhin miteinander, ihre Beziehung war jedoch unrettbar zerstört, und die Distanz zwischen Diana und Jane wuchs.

Bis zu diesem Augenblick war Charles nach Darstellung seines Biografen, Jonathan Dimbleby, davon überzeugt, dass seine Ehe überleben könnte. Wie Fellowes, hatte sich auch Charles »an dem Gedanken festgeklammert, dass die Prinzessin keine Schuld an einer derartigen Böswilligkeit treffe«. Er änderte seine Meinung, als Diana sich weigerte, eine von seinem Privatsekretär Richard Aylard vorbereitete Erklärung zu unterzeichnen, die das Buch aufgrund seiner Ungenauigkeiten und Verzerrungen verdammte. Als Charles erfuhr, dass sich Fellowes bei Lord McGregor entschuldigt hatte, begriff er, wie tief Diana in das Projekt verstrickt war.

Kurz nach Erscheinen der Fotos von Carolyn Bartholomew, erhielt Diana von Premierminister John Major eine steife Mitteilung, die besagte, dass er ihr nicht helfen könne, »wenn sie versuchte, die Presse zu manipulieren«. An diesem Nachmittag brach Diana während des Besuches einer Sterbeklinik in Tränen aus; ihr kompliziertes Täuschungsmanöver fiel in sich zusammen, und sie war einem Zusammenbruch nahe. Nachdem sie stillschweigend die Zusammenarbeit ihrer Freunde eingestanden und sich geweigert hatte, Aylards Erklärung zu unterzeichnen, blieb ihr nur noch ein kleines Feigenblatt, um ihre persönliche Beteiligung abzuleugnen; ihre tatsächliche Rolle wurde von Morton erst nach ihrem Tod enthüllt.

In Paris besprach die Königin das Morton-Buch mit ihren engsten Beratern. Trotz seines vernichtenden Inhalts war die Königin imstande zu erkennen, dass sich Diana in einer verzweifelten Lage befand. Unterstützt von Prinz Philip, konzentrierte sich die Königin in einem ersten Impuls auf die Rettung der Ehe – zum Wohle von William und Harry, aber auch, weil von einer königlichen Vereinigung konstitutionelle Fragen und Erbfolgeansprüche abhingen. Dimbleby zufolge hatte Charles bis zum Erscheinen von Mortons Buch mit seinen Eltern nie über seine Ehe gesprochen. Als die Romseys, van Cutsems und verschiedene andere Freunde von Charles der Königin und Prinz Philip Einzelheiten seiner ehelichen Qualen enthüllten, und zwar auf eine Art und Weise, zu der Charles vermutlich nicht imstande gewesen wäre, gaben Charles' Eltern ihren neutralen Standpunkt auf und »stellten sich auf die Seite des Prinzen«.

Diana gestand später, dass die Königsfamilie »schockiert, entsetzt und zutiefst entttäuscht« war. Die schwerste Bestürzung lösten die Enthüllungen bei Dianas treuester königlichen Freundin, Prinzessin Margaret, aus. »Bis zu Mortons Buch mochte sie Diana«, erklärte eine ihrer Freundinnen. »Auf den Angriff gegen die Königin reagierte Prinzessin Margaret jedoch mit aller Heftigkeit. Seitdem hat sie noch nicht genug Böses über Diana gesagt.« Die übrige königliche Familie wechselte rasch von Entsetzen zu Wut. »Das Morton-Buch erschien allen als verabscheuungswürdige Methode, schmutzige Wäsche in der Öffentlichkeit zu waschen«, berichtete ein Mitglied der königlichen Familie. »Danach begannen sich die Räder zu drehen. Seit der Abdankung hatte die Königsfamilie nie wieder so unverhüllt im Blickpunkt der Öffentlichkeit gestanden wie durch die Veröffentlichung dieses Buches. Die Tatsache, dass jeder es lesen konnte, verschlimmerte die Angelegenheit zusätzlich.«

Als der zweite Auszug aus Mortons Buch am 14. Juni vom Band lief, befand sich die Königin mit ihrer Familie zu den Rennen von Ascot auf Schloss Windsor. Zwei Tage zuvor hatte Charles erstmals mit seiner Mutter die Vor- und Nachteile einer Trennung erörtert. Während einer Zusammenkunft am 15. des Monats auf Schloss Windsor, sprachen die Königin und Prinz Philip mit Charles und Diana. Der Gedanke an Scheidung tauchte auf, wurde jedoch verworfen. Die Königin »gelangte zu der Überzeugung, dass die Prinzessin dem Prinzen beistehen würde, und schlug eine sechsmonatige ›Abkühlphase‹ vor.«

Diana berichtete Colthurst von diesem Treffen mit ausdrucksstarken Worten. Sein Eintrag ins Tagebuch lautet wie folgt: »Hat sie völlig niedergeschmettert. Sie klagten sie an, das Buch gemacht zu haben.« Diana erklärte, dass die Königin und Prinz Philip sie gefragt hätten, ob sie mitgeholfen hätte, und sie hätte wiederum »unter vielen Tränen« abgeleugnet. Philip sei »verärgert, wütend und unfreundlich« gewesen, und auch auf ihr Drängen hin habe Charles mit keinem Wort den früheren Vorschlag wiederaufgenommen, »getrennter Wege zu gehen«: »Er stand vollkommen stumm da ... In Anwesenheit seiner Eltern war er nicht imstande, für sich selbst zu sprechen. Seine körperliche Nähe ließ sie kalt.« Freunden erzählte Diana, Philip habe erklärt, dass sie mit einer Scheidung von Charles ihren Titel verlieren würde. »Diana entgegnete: ›Als ich hierher kam, hatte ich meinen Titel. Ich brauche euren nicht‹«, erinnerte sich ihre Freundin Elsa Bowker. »Auch wenn sie es nicht aussprach, bedeutete es doch: ›Ich komme aus einer besseren Familie als ihr‹.«

Prinz Philip wählte seinen eigenen Weg der »harten Liebe« und schrieb Diana vier Briefe in teils tadelndem, teils flehentlichem Tonfall. Ohne über ihre tatsächliche Beteiligung an dem Buch informiert zu sein, rügte er sie, weil sie mit dem Autor zusammengearbeitet und ihren Freunden gestattet hatte, mit ihm zu sprechen. Er gestand jedoch auch seine Enttäuschung über das Verhalten seines Sohnes und appellierte an ihr Pflichtgefühl.

»Er versuchte, auf seine Weise beide Parteien zu vereinen«, so eine enge Freundin von Diana, die sich lange mit ihr über die Briefe unterhielt. »Er schrieb über Pflicht gegenüber der Familie, und was er nach dem Tod von George VI. empfunden hatte, als er seine geliebte Laufbahn für die Pflicht aufgeben musste. Diana hatte mit Prinz Philip Höhen und Tiefen erlebt, anerkannte jedoch seine Position innerhalb der Familie. Einige der Briefe befassten sich auf verletzende Weise mit dem Morton-Buch, und zunächst fand ich seine Schuldzuweisung ungeheuerlich. Als ich jedoch erkannte, dass sie wesentlich tiefer in die Entstehung des Buches verwickelt war, als ich bisher vermutet hatte, erkannte ich, dass er im Recht war. Das einzige Problem war, dass er Dianas Herz nicht erreichte. Das konnte er auch nicht, denn er argumentierte mit Worten der Pflichterfüllung und nicht der Liebe.«

Diana ging als Reaktion auf die Briefe ihres Schwiegervaters zum Angriff über und zog einen Rechtsanwalt hinzu, der ihr half, eine Erwiderung aufzusetzen, in der sie die schlechte Behandlung seitens der königlichen Familie darstellte. Ihre Beurteilung von Prinz Philips Briefen als »bissig«, »verletzend« und »wuterfüllt« waren neben weiteren Einzelheiten über den Inhalt gegen Ende des Jahres in einer aktualisierten Taschenbuchversion von Mortons Buch zu finden. Dass diese Informationen von Prinz Philip weitergegeben worden sind, ist unwahrscheinlich.

Charles hatte seinen Freunden strenge Anweisung gegeben, Dianas Angriff nicht zu erwidern. David Frost, der sowohl mit Charles als auch mit Diana befreundet gewesen war, verteidigte Charles in seiner morgendlichen Fernsehsendung *Frost on Sunday* als »liebevoll und einfühlsam« und verurteilte das Morton-Buch als »einseitig und reißerisch. ... Das wahre Bild des Prinzen fehlt.«

Nach den schweren Anschuldigungen, denen sich die *Sunday Times* durch diese tendenziöse Version der Ehe des Prinzenpaares ausgesetzt hatte, beauftragte der Herausgeber, Andrew Neil, mehrere Reporter, Charles' Seite darzustellen. Da sich Charles weigerte, mit ihnen zu sprechen, machten sie zunächst nur geringe Fortschritte. Schließlich traf Andrew Knight jedoch Charles' engen Freund und Cousin Norton Romsey bei einem Kricketspiel. Knight erinnerte sich, dass Romsey »sehr erregt und wütend« war, sich aber nicht imstande sah, in der Öffentlichkeit irgendeine Aussage zu tätigen. Daraufhin rief Knight König Konstantin von Griechenland an, einen engen langjährigen Freund von Charles, der Romseys Ansichten unterstützte. (»Sie hätten sie sehen sollen, wenn sie zusammen waren. Sie sprach mit ihm wie ein Fischweib.«) Der aber erklärte ebenfalls, Schweigen gelobt zu haben. Dennoch machte Knight Sue Douglas, die leitende Redakteurin des Artikels, auf Romsey und Konstantin aufmerksam, die daraufhin die beiden Männer anrief. Ihre Ansichten bildeten die Grundlage des Artikels, und die Zeitung nannte sie als Quellen, mit denen man »gesprochen« hätte, zitierte sie jedoch nicht wörtlich.

»Charles' Verteidigung« erschien in der *Sunday Times* am 28. Juni und bot wenig, um das Gleichgewicht wiederherzustellen. Er verkündete vorwiegend, wie ungerecht Charles' Freunde seine Darstellung empfänden, und dass er sie ersucht hätte, »würdiges Schweigen zu wahren ... aus Angst, eine Verschärfung der Krise würde seine Kinder verletzen«. Die *Sunday Times* fügte einige Beispiele für Dianas schwieriges Verhalten bei, wie etwa ihre Bemühungen, ohne Wissen ihres Ehemannes Williams erste Reise nach Wales zu organisieren, und ihre Weigerung, bei Charles zu bleiben, als er sich im Jahr 1990 von seinem gebrochenen Arm erholte. Besonders enthüllend war das Zitat eines »engen Freundes des Prinzen«, das einen möglichen Ausweg für Diana aufzeigte: »Er ist verärgert, dass die Prinzessin die Zusammenarbeit an dem Buch halbherzig ableugnet. Es wäre sein Wunsch, dass sie ihre Beteiligung eingesteht und zugibt, dass es ein Fehler war.«

Stattdessen betrachtete Diana den Artikel in der *Sunday Times* als Beweis einer groß angelegten Verschwörung und »Verspottungs- und Ächtungskampagne« von Charles' Freunden und Mitarbeitern. Ihre Paranoia steigerte sich Ende August, als die Abschrift der Squidgy-Bänder zu guter Letzt veröffentlicht wurde – zunächst in der amerikanischen Supermarktzeitung *National Enquirer*, dann im *Sunday Express* und schließlich am Montag, den 24. August, in der *Sun* unter der Überschrift »Mein Leben ist Qual.«

Als die Squidgy-Geschichte Schlagzeilen machte, hielt sich Diana in Balmoral auf. Später erklärte sie, dass man ihr mit der Verbreitung der Bänder »ernstlichen Schaden zuzufügen versuchte ... damit die Öffentlichkeit ihre Haltung mir gegenüber verändert«.

Kaum eine Woche später vermutete Diana eine weitere Verschwörung, als die *Sun* einen Artikel herausbrachte, der Diana und James Hewitt beschuldigte, »eine körperliche Beziehung« zueinander gehabt zu haben. Fotos, auf denen sie gemeinsam abgebildet waren, wurden auf Anzeichen einer Vertrautheit in ihrer Körpersprache untersucht. Hewitt verklagte die Zeitung augenblicklich wegen Verleumdung, und obwohl er niemals zu Gericht ging, nahm seine entrüstete Zurückweisung den Beschuldigungen der *Sun* die Schärfe. Da neben Gilbey nun auch Hewitt genannt worden war, wurde es für Diana zunehmend schwieriger, einen möglichen Ehebruch einfach abzutun. Freunde erklärten, die Berichterstattung habe sie »niedergeschmettert«.

Der einzige mögliche Vorteil von Mortons Buch lag darin, dass es die ernstlichen Symptome von Dianas psychischem Leiden aufdeckte. Unglücklicherweise wurde darin aber behauptet, dass Diana nach dem »dunklen Mittelalter« ihre Probleme überwunden habe. Als Folge suchte Diana keine Hilfe und man bot ihr auch keine an. Nach Mortons Schilderung hatte sie durch »Mut und Entschlossenheit ihre wahre Natur zum Erblühen gebracht« und wurde durch ihr »wachsendes Selbstwertgefühl« gestärkt. Wie Morton nur allzu gut wusste, war Diana zutiefst verzweifelt, befand sich auf einer »emotionalen Achterbahnfahrt« und zeigte nun auch in der Öffentlichkeit ein immer sprunghafteres Verhalten.

Zunächst hatte Diana das Buch als Publicrelations-Triumph betrachtet. Im Herbst sah sie es allmählich »als Anfang vom Ende«, nach den Worten einer Freundin. Sie versicherte ihren Freunden, wie sehr sie das Erscheinen des Buches bedauerte, und konstruierte eine neue Version über seine Entstehung. »Sie sagte mir, dass die Dinge außer Kontrolle geraten seien«, erinnerte sich eine enge Freundin. »Andrew Morton habe mit Menschen gesprochen, mit denen sie nicht wünschte, dass er spricht, und diese hätten ihm Dinge erzählt, die sie nicht an die Öffentlichkeit bringen wollte. Zu Beginn hatte sie nur wenig Beherrschung, und die verlor sie schließlich auch noch.«

Diese Verleugnung schloss auch Freunde ein, die sie bei dem Buch um ihre Mithilfe gebeten hatte. Dem Journalisten Richard Kay zufolge, der einige Monate nach Mortons Buch zu ihrem Vertrauten wurde, »ließ sie die meisten Menschen fallen, die mit Andrew Morton zusammengearbeitet hatten. Sie verlegte sich auf Ableugnen und musste sich von allen Beteiligten distanzieren. Gilbey wurde ebenso in die Dunkelheit verbannt wir Angela Serota. Carolyn Bartholomew überlebte, ihre Beziehung war danach jedoch nicht mehr so eng.« Damals berichtete Kay in der *Daily Mail*, dass sich Diana von all diesen Freunden getrennt hatte, da sie »erzürnt war ... angesichts der massiven Demonstration von Untreue«, die die Mitarbeit an Mortons »aufrührerischem Buch« bedeutete.

Eine faszinierende Ausnahme bildete James Colthurst, der bis 1994 ihr »unbezahlter Berater« blieb, wie Mortons Herausgeber, Michael O'Mara, versicherte. Über Colthurst versorgte Diana Morton weiterhin insgeheim mit Informationen. »James Colthurst war nach wie vor mein Mittelsmann«, gestand Morton und zitierte einen langen Artikel über Diana, den er Ende 1993 für die *Sunday Times* geschrieben hatte: »Sie rief James Colthurst zu sich, und ich webte eine Geschichte aus ihrem Garn.«

Die Mitarbeiter des Palastes konnten Dianas labyrinthartiger Vorgehensweise nicht folgen, obwohl sie nun bereits wussten, dass sie zu Verrat imstande war, wenn sie sich in die Enge getrieben fühlte. Da sie sich bewusst waren, dass sie plötzlich in der Öffentlichkeit auftauchen konnte und in hohem Maß unberechenbar war, lebten sie in ständiger Sorge. In einem Augenblick war sie erfüllt von Reue, und im nächsten schäumte sie vor Wut. Ihre unlogischen Handlungen entzogen sich der Kontrolle. Die meiste Zeit über wussten sie nicht, ob sie der königlichen Ehe entfliehen oder sie retten wollte. In jedem Fall fürchteten sie jedoch, ihr in die Quere zu kommen.

Drei Jahre später sprach Diana über diesen Zeitraum eigentümlich passiv, als wäre eine andere Person für das Morton-Buch und seine Auswirkungen verantwortlich. »Was im Verborgenen lag, oder, was wir glaubten, dass im Verborgenen läge, kam an die Öffentlichkeit und wurde zum Tagesgespräch«, erklärte sie. »Auf uns lastete der Druck, uns in irgendeiner Weise zurechtzufinden. Wollten wir zusammenbleiben oder getrennter Wege gehen? Und in den Medien tauchten tagtäglich die Worte ›Trennung‹ und ›Scheidung‹ auf. Wir kämpften uns durch und erfüllten unsere Verpflichtungen gemeinsam. Unser Privatleben verlief sichtlich turbulent. Mein Mann und ich sprachen in aller Ruhe darüber. Wir erkannten, was die Öffentlichkeit forderte. Sie verlangte Klarheit über eine Situation, die eindeutig unerträglich geworden war.«

Im Herbst 1992 berieten sich Charles und Diana mit Anwälten. Verschiedenen Berichten zufolge endeten die Begegnungen oft in Tränen und Wutausbrüchen. Dimbleby berichtete, dass Charles Arnold Goodman, einen seit langem für die berühmten Mitglieder des britischen

Establishments tätigen Rechtsberater, kontaktierte, nachdem Diana »offen über eine Trennung zu sprechen begann«. Er war jedoch nicht bereit, ein formelles Verfahren einzuleiten. »Verzweifelt kämpfte er sich weiter. Ich glaube nicht, dass einer der beiden tatsächlich eine Trennung wünschte«, vermutete ein Verwandter, der in diesem Herbst mit ihm sprach.

Diana hatte sich ebenfalls mit ihrem Anwalt Paul Butner beraten, jedoch in ihrer üblichen Mantel-und-Degen-Weise. Sie verwendete den Codenamen »Mrs. Walsh« und traf sich mit ihm heimlich in der Wohnung von Freunden und in abgelegenen Restaurants, ehe sie ihn in den Kensington Palace einlud. Seit langem fürchtete sie vor allem, die Vormundschaft für ihre Söhne zu verlieren und von der königlichen Familie »ins Exil geschickt« zu werden.

Während Diana schwankte und Charles zögerte, zwangen die Ereignisse zu entschlossenem Handeln. Seit Monaten hatten Diana und Charles für November einen offiziellen Besuch in Korea geplant. Während des Urlaubs im August auf Balmoral nahm Diana jedoch plötzlich von dem Vorhaben Abstand. Erst nach Intervention der Königin stimmte sie zu, den Besuch mit Charles zu absolvieren. Vor ihrer Abreise Anfang November versuchte Charles' Privatsekretär, Richard Aylard, einen positiven Ton anzuschlagen, indem er dem Herausgeber des *Express* auseinandersetzte, dass die Reise eine neue Harmonie zwischen dem Prinzenpaar zeigen würde. Gehorsam veröffentlichte die Zeitung einen Artikel mit der Überschrift »Warum Charles und Diana wieder vereint sind«.

Sobald das Paar in Seoul eintraf, machte Diana deutlich, dass sie unter äußerem Druck an der Reise teilnahm. Ihr Gesichtsausdruck reichte von gleichgültig bis kummervoll, und Dimbleby zufolge war sie »häufig verstört ... in einem Zustand der Verzweiflung, übermannt von Übelkeit und Tränen«. Einer ihrer ehemaligen Berater sagte aus, dass »Diana keine Notwendigkeit mehr sah, ihre Gefühle zu verbergen«. Charles bemühte sich, so gut er konnte, die Aufmerksamkeit von ihren sichtbaren Qualen abzulenken, doch auch ihm sah man an, dass er sich mitunter zutiefst unbehaglich fühlte. Die Regenbogenpresse verlieh ihnen den Spitznamen »Die Bedrückten«. In einem Brief an einen Freund schrieb Charles gegen Ende der Reise: »Die Belastungen sind unerträglich ... Ich fühle mich dem grauenvollen Geschäft menschlicher Intrige und allgemeiner Bösartigkeit nicht gewachsen ... Ich weiß nicht, was von *nun* an geschehen wird, aber ich *fürchte* mich davor.«

Während ihrer Abwesenheit hatten die Boulevardblätter Geschichten aus Mortons aktualisiertem Buch abgedruckt, einschließlich seiner Enthüllungen über Prinz Philips »bissige« Briefe. Diana hatte mit Freunden telefonisch über die Artikel gesprochen und fühlte sich bei ihrer Rückkehr nach London gezwungen, sich von Mortons Bericht mit einer kurzen Stellungnahme zu distanzieren, in der sie ihm die Schuld zuwies für die »jüngste Welle irreführender Aussagen über die königliche Familie ... Die Behauptung, dass die Königin und der Herzog von Edinburgh sich anders als mitfühlend und unterstützend verhalten hätten, ist unwahr und besonders verletzend.«

Innerhalb weniger Tage waren die Zeitungen mit einem weiteren Tonband-Skandal gefüllt, als der *Daily Mirror*, auf dem Fuß gefolgt von der *Sun*, einen verkürzten Auszug aus dem intimen Telefongespräch zwischen Camilla und Charles vom Dezember 1989 veröffentlichte, das als »Camillagate« bekannt wurde. (Im Gegensatz zu dem Squidgy-Band, das sich vor seiner Veröffentlichung nahezu drei Jahre in den Händen der Presse befunden hatte, war die Aufzeichnung dieses Gesprächs erst vor einigen Wochen beim *Mirror* eingetroffen.) Wie nach dem Squidgy-Band wahrte der Palast Schweigen, die veröffentlichten Passagen (»in deinen Hosen zu leben«) ließen jedoch keinen Zweifel am intimen Verhältnis zwischen Charles und Camilla und warfen Fragen über Charles' Eignung als König auf.

Als Diana in dieser Woche erneut Charles' Pläne für William und Harry zu durchkreuzen versuchte, »riss ihm endgültig der Geduldsfaden«. Die Familie hatte vereinbart, sich am 19. November zu Charles' jährlich stattfindender dreitägiger Jagdparty auf Sandringham zu treffen, als Diana ihm überraschend mitteilte, dass sie die Jungen an diesem Wochenende nach Windsor oder Highgrove mitnehmen würde. Ihre Entscheidung hatte sie offenbar nicht in diesem Augenblick getroffen, da sie ihrem Butler Paul Burrell bereits Wochen zuvor erklärt hatte, ein Wochenende mit ihrem Ehemann nicht ertragen zu können. Für Charles bestätigte diese Handlungsweise nur wenige Tage vor dem Wochenende, dass die Situation unhaltbar geworden war. »Er [Charles] sah in einer unter diesen Bedingungen geführten Beziehung keine Zukunft und erkannte, dass ihm keine andere Wahl blieb, als seine Gemahlin um eine rechtskräftige Trennung zu ersuchen«, schrieb der Biograf Jonathan Dimbleby.

Sobald Charles seine Entscheidung getroffen hatte, entwickelten sich die Ereignisse rasch. Am 25. November, weniger als eine Woche danach, teilte Charles Diana im Kensington Palace seine Entscheidung mit. Ungeachtet all ihrer Provokationen erklärte Diana später, dass sie eine Trennung »in keinster Weise« beabsichtigt habe, da »ich selbst aus einer geschiedenen Familie stamme und dasselbe nicht noch einmal durchmachen wollte«. Dennoch willigte Diana ohne weiteres ein, die Anwälte tauschten Dokumente aus, und Diana besuchte William und Harry in ihrem Internat in Ludgrove, um ihnen die Nachricht zu mitzuteilen. Am 9. Dezember verkündete Premierminister John Major die Trennung im Unterhaus. Diana, die unterwegs war und ihren öffentlichen Pflichten nachkam, »hörte es im Radio, und es war sehr, sehr traurig.« In der Öffentlichkeit wirkte Diana »unbekümmert, glanzvoll und äußerst zufrieden«, schrieb Lynda Lee-Potter in der *Daily Mail*. Den Abend verbrachte sie in trauriger und gedämpfter Stimmung bei Freunden. Sie ließ keine Erleichterung erkennen, erklärte jedoch, dass sie hoffe, ihr Leben werde sich nun irgendwie zum Besseren wenden. James Hewitt, der sie anrief, um ihr Mut zuzusprechen, sagte später: »Diana klang erschöpft und betrübt ... Sie hielt es für unmöglich, jemals zu bekommen, was sie wirklich wollte.«

Sowohl die Großformate als auch die Regenbogenpresse widmeten der Analyse des Falles und den Auswirkungen der Trennung ganze Seiten. Keineswegs überraschend war, dass sie sich von jeder Verantwortung freisprachen. Vergessen war die zwanghafte und häufig rücksichtslose Berichterstattung über Diana in den letzten Jahren, und *Daily Mail* ließ verlauten: »Die Medien haben das königliche Paar weder zusammengeführt noch getrennt. Diese Ehe ist von innen gestorben, wie es bei vielen Ehen der Fall ist.« Der *Evening Standard* erklärte, dass die Presse lediglich versuche, »die Wahrheit über die königliche Ehe zu berichten«, während man ihr »alle erdenklichen Hindernisse in den Weg stelle ... Die Zeitungen behielten Recht mit ihrer Behauptung, dass Prinz Charles und Prinzessin Diana ein unglückliches Paar seien ... Diese Wendung der Ereignisse rehabilitiert die Presse.«

In der Frage der Schuld zeigten die Boulevardblätter auf Charles. Der für die *Daily Mail* schreibende Historiker Paul Johnson gab die herrschende Meinung am besten wieder: Diana besaß die »königliche Magie« und »hätte sich als größte Stütze erwiesen«. Dass Charles »diesen wertvollen Schatz wegwirft ... zeigt sein schlechtes Urteilsvermögen.«

# KAPITEL 18

Nach der Trennung überlegte Diana, was sie tun sollte, und wandte sich an eine Anzahl von verschiedenen Freunden. Dieses berichteten später, auf welche Weise Diana eine Freundschaft exklusiv hielt. Nur selten traf sie sich mit zwei oder drei Freunden gleichzeitig, und auch dann nur, wenn sie einander bereits kannten. Diese Vorgehensweise war in der britischen Oberschicht ungewöhnlich, in der sich das gesellschaftliche Leben vorwiegend in Gruppenaktivitäten wie etwa Hauspartys abspielte. Prinz Charles umgab sich mit einer eng verwobenen Clique, die unter dem Namen »Highgrove Set« bekannt war.

Von einigen der Beziehungen Dianas wusste man, aber viele Freunde waren nach ihrem Tod überrascht, wer außer ihnen noch zu ihren engsten Vertrauten zählte. »Ihr Leben war in zahlreiche enge Abschnitte unterteilt«, meinte ihre Freundin Rosa Monckton. »Nur selten stellte sie Freunde einander vor. Zu sehr fürchtete sie sich davor, Menschen zu verlieren oder von ihnen zurückgewiesen zu werden.«

Dianas Haltung ihren Freunden gegenüber spiegelt ihr kompliziertes Temperament wider – ihr Misstrauen, ihre Unsicherheit, ihre Vorliebe für Geheimnisse, aber auch ihre Wärme, ihren Humor und ihre impulsive Großzügigkeit. Indem sie ihre Freunde voneinander trennte, behielt sie stets die Oberhand. Der Unternehmer aus der Modebranche, Roberto Devorik, schlug ihr einst vor, ein halbes Dutzend Freunde zu einem wöchentlichen Lunch zu versammeln, »um Dinge zu besprechen, bei denen du unsicher bist oder nicht weißt, welche Richtung du einschlagen sollst«. Diana wollte davon nichts wissen. Sie folgte dem Grundsatz »teile und herrsche«, wie Devorik erklärte. Die Tatsache, dass sie verschiedenen Freunden unterschiedliche Dinge anvertraute, bildete einen weiteren Grund, warum sie es vorzog, ihnen keine Gelegenheit zu bieten, ihr Wissen auszutauschen. »Jeder kannte einen Teil von ihr«, erinnerte sich eine enge Freundin. »Aber niemand kannte das Ganze. Ich glaube, sie fing damit an, weil sie es sich nicht leisten konnte, einer Person vollkommen zu vertrauen, und schließlich wurde es zu einer Gewohnheit.«

Ehrgeizige Menschen lehnte Diana ab. »Sie zog es vor, anderen etwas anzubieten, statt von anderen ein Angebot zu erhalten«, erklärte Marguerite Littman, eine in London lebende Amerikanerin, die Diana während der neunziger Jahre gut kannte. »Ich beobachtete sie, während sie Menschen beobachtete, die einen Schritt zurücktraten. Auf die ging sie dann zu. Sie mochte es nicht, wenn jemand zu ihr kam. Diana war zweifellos für Schmeicheleien anfällig, gleichzeitig befreundete sie sich jedoch häufig mit Menschen, die schwierige Zeiten durchlebten; sobald sich diese erholt hatten, entfernte sie sich manchmal wieder. Eine ihrer Freundinnen erinnerte sich jedoch, dass Diana den Kontakt zu ihr abbrach, »als ich mich auf dem Tiefpunkt befand und nicht verletzlicher hätte sein können. Möglicherweise war sie sich dessen nicht bewusst.«

Diana idealisierte jeden neuen Freund als jemanden, der kein Unrecht begehen konnte. Sie verschenkte große Rosenbuketts, Duftkerzen, Herend-Tierfiguren und Emailschatullen als Zeichen ihrer Zuneigung. (Auf einer Schatulle in Form einer Einkaufstasche stand »Shop 'Til You Drop« – Kaufe, bis du umfällst). Als der Freund einer von Dianas Freundinnen England für mehrere Monate verlassen musste, schickte Diana ihrer Freundin Blumen mit der Botschaft »Halt durch!« »Sie brauchte das Gefühl, beliebt zu sein, und wollte anderen eine Freude bereiten, um Reaktionen zu bekommen«, erklärte der Geschäftsmann Mark Lloyd, der in ihren letzten Lebensjahren mit ihr befreundet war.

Am Anfang fühlten sich die Menschen zu Diana aufgrund ihrer Schönheit, ihres Charmes und ihrer Berühmtheit hingezogen, und blieben ihr wegen ihrer Verletzlichkeit, ihrer spontanen Zuneigung und ihres überschäumenden Humors verbunden. »Die Menschen begingen den Fehler, sich zu tief auf sie einzulassen«, so ein Freund aus ihren letzten Jahren. »Sie waren wie von ihr besessen und Diana von ihnen, und wenn etwas schieflief, dann in großem Stil. Sie hatte etwas Paranoides an sich.«

Diana erwartete von ihren Freunden, dass sie augenblicklich verfügbar wären und ihren langen, gefühlsbetonten Tiraden am Telefon zuhörten. »Sie konnte sich nicht entspannen«, erklärte einer ihrer Freunde. »Wenn etwas sie beunruhigte, sprach sie wieder und wieder mit ihren Freunden darüber. Sie schätzte Beziehungen, ihre Intensität verursachte jedoch Probleme, die die Beziehungen zerstörten: ihre Qualen, ihre Deutungen und Interpretationen der Handlungen anderer. [Diana] versuchte im Leben stets einen Schritt voraus zu sein, immer auf der Hut.«

Einige Freunde widerstanden der Versuchung, »ihr ins Netz zu gehen«, wie jemand es ausdrückte, und sich ihr uneingeschränkt zu widmen. Diese Freunde hielten sich bedeutend länger. Mit einigen auserwählten Freunden besprach sie jeden Klatsch, während sie anderen gegenüber nicht einmal den Namen eines weiteren Freundes nannte. »Es stand vollkommen eins-zu-eins«, berichtete Cosima Somerset, die Diana in ihrem letzten Jahr intensiv freundschaftlich verbunden war. »Wir sprachen nicht über andere Menschen, sondern lediglich über das, was in ihrem und meinem Leben vor sich ging.«

Diana war leicht verletzt und fühlte sich rasch bevormundet. »Wenn etwas geschah, wofür sie die Schuld trug, übernahm sie nicht die Verantwortung dafür«, erklärte eine Freundin. »Äußerte man dann Kritik, fühlte sie sich abgelehnt.« Wegen der Unberechenbarkeit ihrer Reaktionen fürchteten ihre Freunde, etwas zu sagen, das sie kränken könnte. Dieses Verhalten erstreckte sich jedoch nicht auf geistreiche Respektlosigkeit, die sie vor allem bei Männern genoss. Einer ihrer männlichen Freunde neckte sie ständig und brachte sie zum Lachen, indem er unverschämte Spitznamen für ihre anderen Freunde erfand (Lucia Flecha de Lima wurde zu »Pressa de Flesha«) und sich über ihre Liebhaber lustig machte (der rothaarige Hewitt wurde zu »Ginger«).

So schnell sich Diana an Menschen band, so schnell ließ sie sie auch wieder fallen – üblicherweise ohne Erklärung und sogar ohne ersichtlichen Anlass. »Nicht die großen Dinge enttäuschten sie, sondern die kleinen«, berichtete eine ihrer Freundinnen. So zog sie sich zurück, sobald sie den Eindruck gewann, dass eine Freundin versuchte, die Steuerung zu übernehmen, wenn sie sich zu abhängig fühlte oder fürchtete, diese Person könnte sie zurückweisen. Besonders rasch reagierte sie, wenn sich jemand ihr gegenüber illoyal verhielt oder sie etwas Derartiges annahm. Gelegentlich führte sie mit ihren Freunden in hitzige Auseinandersetzungen, deren Ende üblicherweise durch Schweigen gezeichnet war. Dann nahm sie keine Telefongespräche entgegen, rief auch selbst nicht mehr an und wandte bei einem Zusammentreffen in Gesellschaft den Blick ab. »Es fiel ihr schwer, ihre eigenen Probleme zu lösen«, erklärte eine ihrer Freundinnen. »Da sie immer Freude bereiten wollte, erschien es ihr einfacher, ein Problem abzuschneiden, als es zu lösen.«

Meistens zogen sich die Menschen zurück, sobald Diana sie fallenließ. »Aufgrund ihrer Stellung zögerten viele, mit ihr erneut in Kontakt zu kommen«, berichtete ein Freund. In einigen Fällen rief Diana nach mehreren Monaten einen exilierten Freund aus einer Laune heraus an und nahm die Beziehung wieder auf, als wäre nichts geschehen. Machte ein Freund sie jedoch auf die Folgen ihrer Handlungen aufmerksam, gab sie ihre Abwehrhaltung auf und versuchte, ihr Verhalten zu ändern. Nach dem *Panorama*-Interview schrieb der Filmproduzent David Puttnam Diana einen Brief, indem er ihr Ratschläge erteilte, wie sie die Scherben wieder zusammenfügen könnte. Seine Kritik war vorsichtig vorgebracht und sein Ratschlag gut durchdacht, dennoch beantwortete sie seinen Brief nicht und strich Puttnam von ihrer Weihnachtsgrußliste. Ein Jahr später trafen sie sich zu einem Mittagessen. Puttnam sagte ihr unverblümt, wie sehr ihn ihr schroffes Benehmen verletzt habe, und als sie ihn als Entschuldigung »mit einer Geschichte abspeisen« wollte, akzeptierte er sie nicht. Er erklärte, dass sie ihn einfach fragen sollte, wenn sie an seiner Loyalität zweifelte: »Ich sagte: ›Wenn du derartige Dinge tust, bis du nicht wie andere Menschen. Ich konnte dich nicht anrufen. Dir steht jedoch die besondere Möglichkeit offen, mich anzurufen‹.« Wie ein Vater mit einer reumütigen Tochter ließ er sie später mehrmals den Satz wiederholen: »David, es tut mir Leid. Wenn ich in Zukunft je wieder an dir zweifle, werde ich zum Telefon greifen.« »Sie versuchte, mich mit ihrem Charme einzuwickeln. Nachdem sie Schelte bekommen hatte, verhielt sie sich wie ein Kind«, erinnerte sich Puttnam.

Der Innenarchitekt Nicholas Haslam wählte einen direkteren Weg. Nach einer fünfjährigen Freundschaft hatte Diana ihn fallengelassen, weil er ihren unbekümmerten Dankesbrief für ein Paar türkische Pantoffel in der Auslage seines Geschäftes ausgestellt hatte (»Sie haben genau die richtige Größe für meine gigantischen Klumpfüße«). Als sie einander auf einer Cocktailparty begegneten und sie ihn ignorierte, starrte er sie den gesamten Abend über an. Schließlich schickte sie eine gemeinsame Freundin mit der Frage aus: »Warum wirfst du Diana durchbohrende Blicke zu?« »Weil das Miststück mich schneidet«, antwortete Haslam. Die Freundin eilte davon, um Diana die Antwort zu überbringen. Bald darauf »flog sie durch den Raum auf mich zu und sagte: ›Ich habe dich nicht geschnitten, ich habe dich nur bis zum Schluss aufbewahrt.‹«

Das Wesen einer Frauenfreundschaft – einander emotional zu unterstützen und Erfahrungen mit Kindern und Ehemännern auszutauschen – war für Diana besonders wichtig. Stärker als die meisten Frauen teilte sie ihre männlichen und weiblichen Freunde in spezifische Kategorien ein. »Sie war so klug, uns verschiedene Rollen zuzuweisen«, berichtete Roberto Devorik. Es gab Urlaubsfreunde, Kameraden, mit denen man während eines Mittagessens gemeinsam ausgelassen sein konnte, Freunde, die ihren Horizont erweiterten, Mütter mit Kindern im Alter ihrer Söhne, Seelenverwandte, onkelhafte Freunde, brüderliche Freunde, Muttergestalten und Freunde außerhalb der Oberschicht. »Ich gehörte nicht demselben gesellschaftlichen Kreis an wie andere Freunde«, erzählte Dianas Energieheilerin Simone Simmons. »Es bestand keine Gefahr, dass ich Menschen etwas verriet, denen sie vielleicht andere Botschaften aus ihrem komplizierten Privatleben übersandt hatte ... Für mich schuf sie eine sehr spezifische Nische in ihrem Leben.«

Dianas Muttergestalten, die die Lücke füllten, die ihre unbeständige Beziehung zu ihrer eigenen Mutter hinterlassen hatte, bildeten eine besonders einflussreiche Gruppe. Die zahlreichen mütterlichen Freundinnen in Dianas Leben spiegelten einerseits ihr Bedürfnis nach dieser Art von Unterstützung wider und andererseits ihren Wunsch, über eine derartige Anzahl zu herrschen. Stand eine Frau nicht zur Verfügung, konnte sich Diana immer an eine andere wenden, und wenn eine nicht aufmerksam zuhörte, ließ sich eine Alternative finden. »Da ihr ältere Frauen vermutlich mehr Geduld entgegenbrachten, kam sie mit ihnen besser aus«, erzählte eine Freundin. »Mit Gleichaltrigen war es schwieriger. Sie konnten ihr jene Art der Aufmerksamkeit nicht schenken.«

Dianas Sammlung von Ersatzmüttern bildete sich Ende der achtziger und Anfang der neunziger Jahre und umfasste Annabel Goldsmith, Lucia Flecha de Lima, Hayat Palumbo und Elsa Bowker – jede für sich eine außergewöhnliche Frau, die alle außerhalb jener konventionellen Welt lebten, in der Diana erzogen worden war. Sie lösten Dianas ursprüngliche mütterliche Freundin Mara Berni ab, die Eigentümerin des Restaurants San Lorenzo. Während der achtziger Jahre hatte Mara als Dianas spirituelle Beraterin fungiert, ihr »Prophezeiungen« verkündet, Ratschläge zu ihrem Liebesleben erteilt und sie in die Astrologie und Hellseherei eingeführt. Dianas Muttergestalten waren zwischen zwanzig und fünfzig Jahre älter als sie und besetzten selbst innerhalb dieser Mutterkategorie noch verschiedene Nischen.

Lucia Flecha de Lima nahm eine Sonderstellung unter diesen Mutterfiguren ein. Die beiden Frauen hatten einander während der Reise des Prinzenpaares durch Brasilien im April 1991 kennen gelernt, als Lucia 49 Jahre alt war und Diana 29. Später wurde Diana zu einer regelmäßigen Besucherin der Residenz des brasilianischen Botschafters in der Mount Street in London. Als eines von neun Kindern war Lucia die schöne und priviligierte Tochter einer reichen Erbin und eines auf Tropenkrankheiten spezialisierten Arztes. Diana beschrieb sie einst als »die Mutter, die ich gerne gehabt hätte«.

Als Mutter von fünf Kindern und Großmutter zog Lucia Diana in ihr reges Familienleben. Wenn ihre beiden Söhne bei Charles waren, verbrachte Diana mehrmals mit dieser Familie Ostern und Weihnachten einschließlich des zweiten Weihnachtsfeiertags. Zu Lucias Tochter Beatrice entwickelte sie ebenfalls eine enge Freundschaft. »Diana liebte es, ihr Haus zu betreten und die Wärme einer eng miteinander verwobenen Familie zu fühlen«, berichtete eine von Dianas Freundinnen. Lucia war praktisch veranlagt, fürsorglich und immer bereit zuzuhören. Da ihre eigenen Kinder bereits erwachsen waren, konnte sie ihre Zeit Diana widmen. »Sie musste erreichbar sein, wenn Diana anrief, und bereit sein, mit ihr zu Mittag zu essen, wenn sie sie dazu aufforderte«, erzählte eine Freundin. Selbst nach Lucias Übersiedlung in die Vereinigten Staaten im November 1993 sprachen die beiden Frauen einander zumindest einmal täglich.

Als Lateinamerikanerin unterschied sich Lucias Einfühlungsvermögen von dem der britischen Oberschicht, was Diana als überaus erfrischend empfand. Sie neigte zum Beispiel weniger zu Kritik und drückte ihre Gefühle offener aus. Diana schätzte es, dass Lucia als Außenseiterin keine starken Gefühle für oder gegen das Königshaus hegte. Da Lucia die britische Mentalität nicht vollkommen verstand, waren ihre Ratschläge mitunter etwas beschränkt. Vor allem schenkte Lucia Diana ihre bedingungslose Liebe: Sie teilte ihre Ansichten mit, versuchte jedoch nicht, sie Diana aufzuzwingen. Von Zeit zu Zeit kam es zwischen den beiden Frauen zu einer Auseinandersetzung, aber dennoch ließ Diana Lucia nicht fallen, wie sie es bei vielen anderen tat.

Annabel Goldsmith konnte im britischen Establishment gediegene Referenzen vorweisen. Die Tochter des Marquis von Londonderry war seit ihrer Jugend mit Frances und Johnnie bekannt. (In der Adelshierarchie stand ein Marquis eine Stufe unterhalb eines Herzogs und einen Rang über Dianas Vater, Earl Spencer). Annabels Freundschaft mit Diana begann in der Nacht ihrer Party im Jahr 1989, in der Diana mit Camilla sprach. Zunächst versuchte Diana, Annabel über Camilla auszufragen, doch als ihr diese kaum etwas erzählte, gab sie auf. Diese Freundschaft gründete sich ebenfalls auf ein Mutter-Tochter-Verhältnis, war jedoch heiterer als Dianas Beziehung zu Lucia. Annabel und Diana trafen sich häufig zum Mittagessen. »Lachen zählte zu den wichtigsten Bestandteilen unserer Beziehung«, war von Annabel nach Dianas Tod in der *Daily Mail* zu lesen.

Ein bis zweimal pro Monat besuchte Diana das Haus der Goldsmith' am Stadtrand von London zu einem sonntäglichen Mittagessen. Üblicherweise rief sie samstags an und erkundigte sich: »Ist das Irrenhaus offen?« Wie die Flecha de Limas, boten auch die Goldsmith' Diana eine familiäre Geborgenheit. Diana brachte oft ihre Söhne mit, die sich mit den Kindern der Goldsmith' gut verstanden.

Wie Diana stammte Annabel aus adeligem Milieu, in ihren Ansichten vertrat sie jedoch nicht das Establishment, und ihr Ehemann Jimmy, der bilderstürmende Multimillionär und Geschäftsmann, war grundsätzlich gegen das Establishment eingestellt. Auch in anderer Hinsicht war die Familie eindeutig unkonventionell: Jimmy und Annabel teilten ihr Leben in England, während er in Frankreich in aller Öffentlichkeit mit einer Geliebten zusammenlebte, mit der er zwei Kinder hatte. Gegenüber vom Pariser Haus der Goldsmith' wohnte zudem seine erste Frau. Diese Kombination aus Vertrautem und Kühnheit erleichterte es Diana, sich den Goldsmiths weiter zu öffnen als anderen Personen.

»Während eines Essens mit Annabel war Diana vollkommen entspannt und fröhlich,« erzählte Cosima Somerset. Dann erzählte die Prinzessin Geschichten, scherzte mit dem Personal, schwamm im Pool und half beim Abwasch. In stillen Augenblicken lauschte Annabel Dianas Klagen, wenn sie sich auch weigerte, Annabel ihre tiefsten Unsicherheiten anzuvertrauen. »Es war ihr wichtig, was Annabel von ihr dachte«, wusste eine Freundin zu erzählen. »Sie war wie ein Kind, das sich von seiner besten Seite zeigen will, ohne jeden Makel.«

Elsa Bowker war Dianas älteste Ersatzmutter. Sie hatte bereits die Achtzig überschritten, als sie Diana im Jahr 1993 kennen lernte. Wie bei Lucia, war Diana auch bei ihr von ihrem kosmopolitischen Hintergrund fasziniert. Elsa wurde in Ägypten als Tochter einer französischen Mutter und eines libanesischen Vaters geboren. Nach dem Zweiten Weltkrieg heiratete sie den britischen Diplomaten Christopher Bowker und lebte mit ihm in Burma, Frankreich, Deutschland und Spanien, ehe sie nach England zurückkehrte. »Sie liebte meinen Lebensstil, meine Erfahrung, und konnte mir alles anvertrauen«, erzählte Elsa. »[Diana] wurde immer anhänglicher, bis sie mich wie eine Mutter behandelte, die sie nicht hatte. Sie erklärte mir, dass sie ihre Mutter nicht begreifen könne.« Eine Freundin von Elsa bezeichnete sie als »weisen alten Vogel« und fügte hinzu: »Sie erteilte Diana viele Ratschläge, wenn ich auch nicht weiß, ob sie auch nur einen davon angenommen hat.«

Elsa gab sich größte Mühe, Diana Sicherheit zu verleihen, war jedoch machtlos, sobald Diana in ihrem Kummer versank. »Ihre Freundin zu sein, war schwierig«, erinnerte sich Elsa. »In meinem Fall bedeutete es, dass ich alles stehen und liegen lassen musste, wenn sie mich dringend sehen wollte. Einmal eilte ich, so schnell ich konnte, zu ihr, sie dagegen traf erst drei Stunden später ein.« Elsa empfand große Zuneigung für Diana, fand sie jedoch »unausgeglichen«, nachdem sie ihre extremen Stimmungsschwankungen miterlebt hatte. Zudem wusste sie nicht, was sie glauben sollte. »Mitunter betrachtete ich ihr Gesicht, wenn sie mir etwas erzählte, und fragte mich: ›Ist das die Wahrheit?‹ Das war es nicht immer. Sie fürchtete sich vor dem, was geschehen würde, wenn sie die Wahrheit erzählte. Wann es nicht die Wahrheit war, das konnte man an ihrem Blick und ihrer Art zu schweigen erkennen.«

Hayat Palumbo lernte Diana über ihren Ehemann Peter kennen, den Multimillionär und Vorsitzenden des Arts Council of England. Wie Elsa, stammte Hayat aus dem Mittleren Osten. Ihr libanesischer Vater war Schiit und Eigentümer einer Zeitung in Beirut. Als Hayat 16 Jahre alt war, wurde ihr Vater von Terroristen ermordet. Bevor sie in den achtziger Jahren den verwitweten Palumbo kennen lernte, lebte sie in einer unglücklichen Ehe mit einem wohlhabenden libanesischen Geschäftsmann zusammen. Ungeachtet ihres Altersunterschieds von nur zehn Jahren übernahm sie bei Diana eine Mutterrolle, und ihr Ehemann baute eine väterliche Beziehung zu Diana auf. »Hayat ist sehr klug, lebenserfahren und künstlerisch begabt«, berichtete eine ihrer Freundinnen. »Sie ist stark, und das Leben hat sie zusätzlich abgehärtet.«

Die Palumbos teilten die Vorzüge ihres Reichtums mit Diana, reisten mit ihr in ihrem Privatjet und luden sie auf ihre Jacht *Drumbeat* und in ihre Häuser in England und Frankreich ein. Peter Palumbo brachte Diana mit dem angesehenen Anwalt Lord Mishcon in Kontakt, dessen Kanzlei ihre Scheidungsverhandlungen übernahm, und mit Gordon Reece, einem Publicrelations-Berater, der Diana zu unterstützen versuchte. Nicht zufällig war Palumbo ein ehemaliger Freund von Prinz Charles, der eines von Palumbos ehrgeizigsten Entwicklungsprojekte durch seine scharfe architektonische Kritik sabotierte, indem er es abschätzig als »Glasstumpf« bezeichnete. »Peter handelte nach dem Grundsatz: ›Der Feind meines Feindes ist mein Freund‹ und wechselte direkt zu Diana«, so der Klatschkolumnist Nigel Dempster.

Lucia Flecha de Lima stellte Diana Rosa Monckton vor, die Geschäftsführerin von Tiffany's in London. Lucias Tochter Beatrice arbeitete für Tiffany's, und die Flecha de Limas waren Rosa durch ihren tiefen Katholizismus verbunden. Diese religiöse Beziehung genügte, um 1993 eine Welle an Spekulationen in der Presse über einen möglichen Übertritt von Diana zum katholischen Glauben auszulösen (»Der Palast bestreitet spirituelle Krise«). Enge Freunde erzählten, dass Diana nicht an Konversion dachte, sich jedoch von den guten Werken katholischer Humanitaristen wie Mutter Teresa und dem britischen Kardinal Basil Hume angezogen fühlte, mit denen sie bei verschiedenen Gelegenheiten zusammengetroffen war.

Rosa hatte als Tochter des Viscount Monckton von Brenchley einen einzigartigen Einblick in königliche Krisen. Ihr Großvater Walter Monckton war ein enger Freund und Rechtsberater von König Eduard VIII. gewesen. Als der König 1936 abdankte, um die geschiedene Wallis Simpson zu heiraten, unterstützte Monckton den König beim Abfassen seiner berühmten Rede, in der er für »die Frau, die ich liebe« auf den Thron verzichtete. Rosa war zudem mit Dominic Lawson verheiratet, dem Herausgeber des *Spectator* und später des *Sunday Telegraph*. Diese Beziehung beschränkte Dianas Gespräche mit Rosa mitunter, erwies sich jedoch zu anderen Zeiten als Vorteil. Die starke und redegewandte Rosa diente als Dianas Sprachrohr, die sich von Rosas Ratschlägen jedoch manchmal gekränkt fühlte. Nach der katastrophalen Koreareise im November 1992 tadelte Rosa Diana wegen ihres »beleidigten Verhaltens in der Öffentlichkeit«, worauf Diana sie vier Monate lang nicht anrief. Wie andere Freunde konnte Diana Rosa einfach anrufen und sich bei ihr »ausweinen, [bis sie] vollkommen ausgetrocknet und erschöpft war«. Ein Freund von Prinz Charles fand Rosa »Diana gegenüber hart und analytisch, ihr aber dennoch treu ergeben«.

Besonders nahe standen sich Diana und Rosa, als Rosa nach einer Fehlgeburt einer Tochter namens Domenica das Leben schenkte, die am Down-Syndrom litt. Rosa erinnerte sich, dass sich Diana in der umfangreichen Hilfe, die sie ihr und ihrer Tochter angedeihen ließ, als »mitfühlend und praktisch« erwies. »Diana war für sie da und gewann dadurch selbst an Stärke«, erklärte eine Freundin von Rosa. Sie bot sich als Domenicas Patin an, was zu einer kurzen Auseinandersetzung führte, als Rosa auch die Fotografen der Zeitschrift *Hello!* zur Taufe einlud. Wann immer jemand Nutzen aus ihrer Freundschaft zu ziehen schien, fasste Diana es als Verrat auf. »Diana war darüber sehr verärgert. Ich weiß nicht, wie Rosa diesen Fehler begehen konnte«, erklärte eine andere Freundin. Die beiden Frauen kitteten ihre Freundschaft zwar, die Episode ließ bei Diana jedoch eine Verunsicherung zurück.

Vermutlich, weil Marguerite Littman der Generation von Dianas Mutter angehörte, betrachtete man sie ebenfalls als mütterliche Freundin von Diana. Die in Louisiana geborene Ehefrau eines englischen Rechtsanwalts gründete den Aids Crisis Trust und lernte Diana durch Adrian Ward-Jackson kennen, der Vizevorsitzender der Stiftung war. »Ich wäre gern eine Mutterfigur gewesen«, erzählte Marguerite. »Wir ähnelten jedoch eher Spielkameradinnen.« Sie war für ihren komischen Humor und ihre zahlreichen Verbindungen in Hollywood (wo sie in den fünfziger Jahren lebte und Schauspieler im Dialekt der Südstaaten schulte), New York und London bekannt und traf sich häufig mit Diana zum Mittagessen in Harry's Bar, im Kensington Palace oder in Marguerites Haus am eleganten Chester Square.

»Ich hielt mich bewusst fern von Situationen, in denen sie mich um Rat fragen könnte«, berichtete Littman. »Mir vertraute sie Kleinigkeiten an, aber sie hatte genug Menschen um sich, denen sie sich weiter öffnete. Zu guter Letzt lehnt man jene ab, denen man sich anvertraut hat, da sie dadurch Macht über dich gewinnen. Mir dagegen teilte sie ihre Meinung über Menschen mit, das war bedeutend gefährlicher. Bei dieser Art von Dingen zog sie mich ins Vertrauen. Während unserer Treffen versuchte ich immer, so viel Heiterkeit wie möglich zu verbreiten. Wenn ich ihr etwas über mich erzählt hätte, hätte sie das lediglich belastet. Wir hatten eine gute Zeit miteinander, sprachen über ernste Dinge, die wir aber nicht zu schwer nahmen.«

Diese neuen Freundinnen Dianas stellten die aus den achtziger Jahren in den Schatten, wie etwa Kate Menzies, Catherine Soames und Julia Samuel. Sobald ihre Trennung bekannt gegeben war, waren es jedoch Catherine und ihr Sohn Harry, die Diana und ihre zwei Jungen auf die Karibikinsel Nevis begleiteten. Catherine war Erbin einer Familie, die das in Hongkong ansässige multinationale Firmenkonglomerat Jardine Matheson Holdings leitete, und ehemalige Ehefrau von Nicholas Soames,

Charles' Freund, den Diana ablehnte. Im Frühjahr pflegte Diana mit Catherine und Kate in den österreichischen Wintersportort Lech zum Schilaufen zu fahren, außerdem verbrachte sie ein paar Ferientage im Haus von Kates Eltern im exklusiven Lyford Cay auf den Bahamas. Kate stammte ebenfalls aus einer reichen Familie, die ihr Vermögen durch ein Netzwerk von Zeitungsständen erworben hatte.

»Mit Catherine und Kate war Diana entsetzlich ausgelassen«, erzählte eine Freundin. »Sie sprachen in kurzen Andeutungen, vertraulichen Scherzen und Abkürzungen.« Sie verliehen Diana sogar den Spitznamen »Princhey«. »Da alle [Diana] ursprünglich Duch nannten, war Princhey ein echter Aufstieg«, erklärte eine Freundin. Gestützt auf die Unabhängigkeit, die ihnen ihr beträchtliches Vermögen verlieh, verhielten sich Kate und Catherine weniger respektvoll, als sie es möglicherweise andernfalls getan hätten. »Sie wollten nicht die Rolle von Hofdamen bei Diana übernehmen«, berichtete eine andere Freundin.

Julia Samuel war für ihre lebhaften Partys berühmt, ihre Beziehung zu Diana hatte jedoch einen ernsthafteren Zug, da sie ausgebildete Therapeutin war. »Julia war hilfsbereit, eine großartige Zuhörerin und Diana sehr zugeneigt«, meinte eine von Dianas Freundinnen.

Dianas männliche Freunde spielten ebenfalls jeweils eine bestimmte Rolle. Ein onkelhafter Freund beschrieb sich selbst aus Dianas Blickwinkel als »alter Knochen mit weltoffenem Geist«. Sie neckten einander gern, und er empfand es als seine Pflicht, »sie aufzuheitern«. In späteren Jahren erteilte er ihr Ratschläge, die sie ablehnte, und er merkte, dass ihre Freundschaft einem vorgegebenen Schema folgte: »Du wusstest immer, wann sie etwas im Schilde führte. Sie erzählte dir nicht davon, aber ich hörte es heraus, sobald sie unter Druck stand.«

Der reiche Argentinier Roberto Devorik traf Diana erstmals, als er sie aus seinem Modegeschäft mit Kleidern für ihre Aussteuer belieferte. Er betrachtete sich »als eine Art Bruder. Sie war ungeheuer britisch und stolz, Britin zu sein, aber sie war mit der Kühle und Scheinheiligkeit der englischen Oberschicht erzogen worden. Ich komme aus der Mittel- bis Oberschicht und bin Lateinamerikaner.« Devorik organisierte Dinnerpartys und Lunches für Diana mit einer schillernden Gesellschaft aus der Welt des Films, des Theaters und der Mode, sowie einige ihrer Reisen in die Karibik. »Es war mein Lebensziel, sie zum Lachen zu bringen«, erklärte er.

Dianas von Höhen und Tiefen gekennzeichnete Freundschaft mit Fergie war durch ihre gemeinsame Ablehnung der Königsfamilie einzigartig. Im Jahr 1992 war Fergies Pfad nahezu ebenso holprig gewesen wie der von Diana, und als das Jahr zu Ende ging, stand sie ebenfalls im Abseits. Fergies Ehe mit Andrew war bereits vor der Geburt ihrer zweiten Tochter im Jahr 1990 stark belastet gewesen. »1989 fanden [Andrew und ich] immer weniger Gemeinsamkeiten«, erinnerte sich Fergie. »Ich hätte Andrew bitten sollen, die Marine zu verlassen.« Wiederholt kam es aufgrund von Fergies hohen Ausgaben zu Auseinandersetzungen mit der Palasthierarchie, und ihr Ehemann war zu häufig abwesend, um sie zu unterstzützen.

Andrew und Fergie bewahrten ihre Zuneigung füreinander. Als sich Fergie jedoch anderen Männern zuwandte, geriet sie in Schwierigkeiten. Der erste war Steve Wyatt, ein reicher Texaner, mit dem sie sich ab 1990 traf. Im Januar 1992 berichtete die *Daily Mail*, dass ein Dienstmädchen in Wyatts Londoner Apartment kompromittierende Fotos von Fergie und Wyatt während eines Urlaubs in Marokko gefunden hatte. Eine Woche später schlug Fergie Andrew die Trennung vor, die der Buckingham Palace Mitte März formell verkündete.

Zu diesem Zeitpunkt war Fergie bereits eine Beziehung zu John Bryan eingegangen, einem anderen Amerikaner, der formell als ihr »Finanzberater« galt. Im August 1992 verbrachte Fergie mit ihren beiden kleinen Töchtern einen Urlaub mit Bryan in einer abgelegenen Villa in Saint-Tropez. Dieser Urlaub veranlasste eine von Dianas Freundinnen zu der Bemerkung, dass Fergie einen »Beurteilungs-Bypass« habe. Verborgen hinter nahe gelegenen Büschen, schoss der italienische Paparazzo Daniel Angeli annähernd zweihundert Fotos von der ohne Oberteil sonnenbadenden Fergie, die Bryan heftigst küsste. Der *Mirror* kaufte mehr als fünfzig dieser Fotos und veröffentlichte sie Ende August (drei Tage, bevor die Squidgy-Geschichte publik wurde). Zu dieser Zeit befand sich Fergie mit der königlichen Familie auf Balmoral. Auf einem Schnappschuss küsst Brian Fergies Zeh. In der königlichen Überlieferung errang das Foto unter dem Namen »Der Zehensauger« traurige Berühmtheit. Fergies Stellung innerhalb der Königsfamilie war untragbar geworden und die Scheidung unvermeidlich.

Im Jahr vor ihrem Abschied von der königlichen Familie hatten Diana und Fergie eine »schlagkräftige Verschwörung« gebildet, wie Fergie es ausdrückte, und einander in verschiedenen Aufsässigkeiten bestärkt. »Ohne Fergies Beispiel und ihre Ermutigung zur Trennung hätte Diana möglicherweise anders gehandelt«, vermutete eine von Dianas engen Freundinnen. Diana gab sich jedoch in Bezug auf ihre Schwägerin keinen Illusionen hin. Ihre Verbitterung gegenüber Fergie wurde in den bissigen Kommentaren deutlich, die sie für Mortons Buch im Sommer und Herbst 1991 abgab. 1993 waren die beiden Frauen durch ihren Außenseiterstatus wiedervereint und bestärkten einander in ihren schlimmsten Befürchtungen einer gegen sie gerichteten Verschwörung. Wie Fergie es ausdrückte, »ging die königliche Firma bis zum Äußersten, um uns zu isolieren«. Keine der beiden Frauen war imstande, über ihren eigenen Blickwinkel hinauszusehen, so dass schließlich alles wie ein Komplott gegen sie wirkte.

Zwischen Diana und ihrer Schwester Sarah kam es nach der Scheidung zu einer Annäherung, während sich Jane als Folge des Morton-Skandals zurückzog. Diana machte Sarah zu ihrer Hofdame und nahm sie in den Monaten nach der Trennung von Charles auf zwei Auslandsreisen mit. »Sie ist die einzige Person, der ich vertrauen kann«, erklärte Diana zu jener Zeit. Sarahs lebhafte Schlagfertigkeit brachte eine gewisse Leichtigkeit in Dianas Leben, sobald sie in Selbstmitleid zu versinken drohte. Darüber hinaus profitierte Diana von der Kraft, der praktischen Veranlagung und Effizienz ihrer Schwester. Die Rolle einer Hofdame erwies sich jedoch als schwierig. Es ärgerte Sarah, bei offiziellen Anlässen abseits stehen und Dianas Tasche tragen zu müssen, statt sich unter die Gäste zu mischen. »Sarah liebt das Rampenlicht«, erklärte eine Freundin Dianas. »Es war ein Fehler, sie zur Hofdame zu machen. Sie eignet sich nicht dazu, die zweite Geige zu spielen.«

Zur selben Zeit hatte Diana eine größere Auseinandersetzung mit ihrem Bruder Charles. Da sie für die Wochenenden nicht mehr über Highgrove verfügen konnte, stand Diana vor dem praktischen Problem, einen neuen Zufluchtsort auf dem Land finden zu müssen, an den sie sich mit ihren Söhnen zurückziehen konnte. Charles, der nunmehr neunte Earl Spencer, bot ihr ein Haus auf Althorp an, wo er mit seiner Frau und seinen Kindern lebte. Sie entschloss sich augenblicklich für Garden House, »ein palladinisches Juwel« innerhalb der Mauern des Anwesens, in dem Jane und Robert Fellowes zehn Jahre lang gelebt hatten, ehe sie in ein Haus in Norfolk übersiedelt waren. Charles stimmte anfänglich zu, doch als der königliche Sicherheitsdienst den Einbau eines ausgeklügelten Alarmsystems empfahl und dreimal täglich den Rundgang einer Hundepatrouille durch das Anwesen, begann Charles, um die Privatsphäre seiner Familie zu fürchten.

Daraufhin bot er Diana eine Auswahl von 120 anderen Häusern aus dem Besitz der Familie Spencer im Tausch gegen Garden House an. Er riet zu Wormleighton Manor, dem im 15. Jahrhundert erbauten Stammsitz der Familie, das einen vollkommenen Schutz der Privatsphäre garantierte: Es war von einer Mauer umgeben und besaß ein Torhaus für Leibwächter. Diana hatte ihr Herz jedoch an Garden House verloren und war wütend, dass ihr Bruder ihren Wunsch nicht erfüllte. Ihren Freunden erzählte sie, wie sehr er sie verletzt hatte, und die Presse verurteilte ihn bald wegen seines gefühllosen Verhaltens. Diana weigerte sich daraufhin, mit ihm zu sprechen, was er später als »kurzes, aber bitteres Schweigen« beschrieb.

Möglicherweise war es kein Zufall, dass sich Diana in diesem Augenblick zur Versöhnung mit ihrer Todfeindin Raine Spencer entschloss. Erst vier Jahre zuvor hatte Diana Raine bei der Hochzeit ihres Bruders wütend angefahren: »Wie ich dich hasse. Wenn du bloß wüsstest, wie sehr wir dich alle gehasst haben, für das, was du getan hast.«

Diana und Raine hatten sich im Mai 1993 unerwartet im Claridge's getroffen, wo Diana an einem Wohltätigkeitsessen teilnahm. Anschließend lud sie Raine in den Kensington Palace ein. Von da an trafen sich die beiden Frauen regelmäßig zum Lunch. Als ihre Freundschaft bekannt wurde, gab es ein endloses Gerede und mindestens einen verärgerten Wortwechsel zwischen Diana und ihrer Mutter.

Bei der Begegnung mit Raine »empfand [Diana] Reue«, erinnerte sich Elsa Bowker. »Dianas Geschwister nahmen ihr [die Versöhnung] übel. Immerhin hatte sie Raine am heftigsten abgelehnt und sich nun entschlossen, freundlich zu ihr zu sein. Diana konnte Raine hervorragend nachahmen. ›Lass mich dich an einen ruhigen Ort zu einem privaten Essen ausführen‹, sagte Raine zu Diana. ›Und sieh nur, wohin sie mich gebracht hat: zu Claridge's, und alles was sie tat, war, den Leuten zuwinken, die vorübergingen‹, berichtete Diana.« Diana hatte jedoch erkannt, dass Raine ihrem Vater gutgetan hatte. Ihr gefiel Raines extravagantes Auftreten, sie war fasziniert von ihrer Klugheit und begierig auf ihren Klatsch. »Diana hatte Spaß mit Raine und fand sie amüsant«, erzählte eine Freundin von Diana. »Sie nahm sie, wie sie war, und urteilte nicht über sie.«

# KAPITEL 19

Nach Dianas offizieller Trennung von Charles im Dezember 1992 wurden ihre Bemühungen, sich selbst zu definieren, drängender. Ihr Leben als Mutter hatte sich einige Monate zuvor verändert, als der achtjährige Harry in das Internat von Ludgrove eintrat, und sie mit einem leeren Nest und dem Verlust ihrer alltäglichen Familienpflichten zurückblieb. Sie war keine Ehefrau mehr, außer bei königlichen Anlässen, wenn ihre Anwesenheit mit Charles erforderlich war. Ihr Portefeuille war überfüllt mit öffentlichen Verpflichtungen, die sie unkontrolliert in ihrem Wettstreit mit Charles im Verlauf der vergangenen zwei Jahre ausgebaut hatte. 1993 war sie Schirmherrin von 118 Wohltätigkeitsorganisationen, die von ihr in Bezug auf ihre Öffentlichkeitsarbeit und Finanzierung abhingen.

Der Diana-Mythos besagt, dass sie aus dem Scheitern ihrer Ehe »neue Kraft« bezog und ihre offizielle Trennung »der Auslöser für sie war, ihre Metamorphose von der verzweifelten Prinzessin zu einer selbstbewussten neuen Frau zu vollenden«, wie der Reporter Richard Kay in der *Daily Mail* schrieb. Wie so oft, erwies sich auch diesmal die »neue Stärke« als Fantasiegebilde der Boulevardpresse. Selbst Richard Kay gestand Jahre später ein: »Ich habe sie nie als stark empfunden.«

Diana war ein impulsives Wesen – im Guten wie im Schlechten –, das ebenso wie alle anderen von den Folgen seiner Handlungen überrascht wurde. Ihr einziger Plan bestand darin, ihre Position zu nutzen, um Menschen in Not zu helfen – ein aufrichtiger Wunsch, der ihrem Leben Sinn verlieh. Unglücklicherweise wurde sie bei der Umsetzung ihrer Aufgabe durch das ständige Misstrauen ihres entfremdeten Ehemanns und seiner Verbündeten behindert. Statt wohl durchdacht eine positive Rolle für sich zu schaffen, sorgte sie sich über imaginäre Intrigen gegen sie. »Ich stellte ein Problem dar«, erklärte sie. »Ich war eine Belastung... Seitens meines Mannes und seiner Mitarbeiter unternahm man große Anstrengungen, mich aufzuhalten.«

Daraufhin versuchte Diana, »das Lager ihres Mannes« durch Reden zu bekämpfen. Noch nie war es ihr gelungen, ihre Angst vor öffentlichen Ansprachen zu überwinden, aber sie hatte gelernt, gut sichtbare Foren zu nutzen, um kodierte Botschaften direkt an ihr »Publikum« zu schicken. Wenn man sie auch nicht mehr als offizielle Vertreterin der Königsfamilie betrachten konnte, blieb sie auch weiterhin ein einzigartiges Phänomen: eine berühmte Prinzessin, die die Macht besaß, Aufmerksamkeit auf sich zu lenken und sogar die öffentliche Meinung zu beeinflussen.

Ihre erste Rede mit eindeutig persönlicher Färbung hatte Diana im Herbst 1991 gehalten. Vor einer Versammlung von Kinder- und Jugend-Psychiatern sprach sie über das Erbe einer instabilen Kindheit, das durch elterliche Vernachlässigung hervorgerufen wurde: »Mitunter entfernen sich Eltern aus der Familie und lassen ihre Kinder verwirrt und ohne jede Erklärung zurück ... Viele Kinder gehen sogar durch das Leben, und fühlen sich auf irgendeine Weise für die Trennung ihrer Eltern verantwortlich ... Mit unausgeglichenen Emotionen durchs Leben zu gehen, kann den Eindruck erwecken, einen schweren Rucksack voller Müll zu tragen.« Diana betonte, wie wichtig es sei, dass Eltern ihre Kinder »umarmten« und »an sich drückten«, um sie vor psychischem Kummer zu schützen, und dass man Kindern gestatten müsse, ihre Gefühle offen auszudrücken. Wie erwartet, betrachtete die Presse Dianas Worte als verhüllten Hinweis auf ihre eigene unglückliche Kindheit.

Ein Jahr später, im November 1992, nur wenige Wochen vor ihrer formellen Trennung, verstärkte Diana ihre Anspielungen, so dass die Medien sie als Angriff gegen Prinz Charles lasen (»Der wahre Schmerz einer zerbrochenen Ehe« in *Today*; »Diana: der Schmerz, nicht geliebt zu werden« in der *Daily Mail*). In einer Rede zur Eröffnung der europäischen Drogenbekämpfungswoche führte sie das Thema des vergangenen Jahres weiter aus und erklärte, dass die beste Vorbeugung gegen Drogenmissbrauch elterliche Zuwendung sei. Sätze wie »Kinder sind keine Haushaltsaufgaben«, sondern »Seelen, die geliebt und geschätzt werden müssen« und »in jeder Familie finden sich potenzielle Umarmer« wirkten wie eine »Lektion in guter Elternschaft« – die direkt an Charles weitergegeben wurde.

Wieder einmal bediente sich die Regenbogenpresse aus ihrem reichen Schatz an Lobpreisungen und bezeichnete Dianas Bemerkungen als »erstaunlich« und »außergewöhnlich.« In Wirklichkeit war die Rede nichts anderes als eine liebevolle Ansammlung von etwas unsicher vorgetragenen Allgemeinplätzen. Dianas Handschrift wurde in der unruhigen Syntax und der ungeschliffenen, geradezu kindlichen Sprache deutlich sichtbar. In ihrem Fall zählte jedoch, dass sie Gefühle weitergab, etwas, wozu sie instinktiv imstande war. Den Zeitungen entging zudem der Scharfsinn der versteckten Botschaft. Hätte sie direkt über sich gesprochen, hätte sie vermutlich keine derart positive Reaktion erhalten. Indem sie sich dem Thema jedoch von der Seite näherte, konnte sie die Nachricht verbreiten, ohne sich dem Vorwurf des Selbstmitleids auszusetzen.

Zu Beginn des Jahres 1993 nahm Diana ihre enge Zusammenarbeit mit Peter Settelin auf, einem ehemaligen Seifenoperndarsteller, der sie auf ihre öffentlichen Reden vorbereiten sollte. In sechzig Sitzungen versuchte Settelin, sie zu lehren, sich zu entspannen und einen gesprächsähnlicheren Ton anzuschlagen. Diana ersuchte ihn um Hilfe bei einer Rede, die sie Ende April anlässlich der ersten britischen Konferenz über Essstörungen halten sollte. Gemeinsam setzten sie eine Ansprache auf, »in der nicht direkt zum Ausdruck kam, dass sie an [Bulimie] litt. Stattdessen stellte sie eine Verbindung her, die den Menschen deutlich machte, dass sie wusste, wovon sie sprach«, erinnerte sich Settelin.

In ihrer achtminütigen Rede sprach Diana sogar mit sichtlicher Leidenschaft: »Ich weiß aus zuverlässiger Quelle, dass das Streben nach Vollkommenheit in der Gesellschaft dazu führen kann, dass der Einzelne an jeder Ecke verzweifelt nach Atem ringt.« Richard Kay schrieb in der *Daily Mail*, dass »›die zuverlässige Quelle‹ sie selbst war« und gipfelte in Schlüsselphrasen wie der, dass »wir alle Dianas sind«. Er bezeichnete Bulimie als »beschämenden Freund« und vermerkte, dass Gefühle aus der Kindheit wie »Schuld, Abscheu vor sich selbst und ein geringes Selbstwertgefühl ... zu dem zwanghaften Wunsch führen, sich wie ein Aspirin aufzulösen und zu verschwinden«.

Diese weitere »erstaunliche« Leistung von Diana führte die Regenbogenpresse zu dem Schluss, dass aus ihren Worten »abzulesen ist, dass sie die Krankheit besiegt hat«. In Wirklichkeit war dies nicht der Fall, und als Susie Orbach, eine bekannte Psychotherapeutin, in der programmatischen Rede ihren weiblichen Zugang zu Essstörungen beschrieb, hörte Diana aufmerksam zu. Die Autorin mehrerer Bestseller über Essstörungen hatte sich zur Therapeutin ausgebildet, nachdem sie selbst zehn Jahre lang in dem Kreislauf aus »Abnehmen, Fressen und Selbsthass« gefangen war.

Orbachs Aussagen dieses Tages waren mit psychologischen Fachausdrücken gespickt (»der Körper als Personifikation der Kultur«), sie sprach jedoch einige Themen an, die Diana berührten: Es sei notwendig, dass Therapeuten die Welt durch die Augen ihrer »nahrungsverweigernden, sich voll fressenden, sich übergebenden und Abführmittel verwendenden« Patienten sähen; es sei an der Zeit, sich von dem wenig hilfreichen Impuls zu trennen, Opfer von Essstörungen als »starrsinnig, gerissen und widerspenstig« zu betrachten; man müsse anerkennen, dass sich ein Opfer von Essstörungen nach einem Therapeuten sehnt, der »es verstehen und respektieren wird ... [Der Betroffene] fürchtet, dass man ihn bevormundet und ihm die Kontrolle entreißt.«

In einigen Presseberichten über die Konferenz bemerkte Orbach, dass Diana »viel über das Problem gelernt und nachgedacht hatte«.

Alles, was Diana möglicherweise gelernt hatte, all die Hilfe seitens ihrer Freunde und all die Behandlungen ihrer Heiler und Spiritisten genügten jedoch nicht, um die Symptome ihrer Depressionen, ihrer Bulimie und ihrer Selbstverstümmelungen zu beseitigen. Nach Orbachs Ansprache entschloss sich Diana, sich erneut einer Therapie zu unterziehen. Der entscheidendste Faktor für ihren Beschluss war Orbachs eigener Kampf gegen Essstörungen, der ihr die Verbindung zu Dianas emotionalem Aufruhr erleichtern würde.

Kurz nach der Konferenz nahm Diana mit Orbach Kontakt auf und traf sie ab diesem Zeitpunkt zweimal pro Woche. Orbach besaß festgefahrene Ansichten: Übermäßiges Essen sei »*kein* Zeichen mangelnder Selbstbeherrschung oder mangelnder Willenskraft«, sondern »eine Reaktion auf die Ungleichheit der Geschlechter«. Sie nutzte Dianas Bulimie jedoch auch zur Untersuchung anderer Probleme wie den Verzerrungseffekt ihrer Berühmtheit. »Ich glaube, Susie Orbach half Diana, sich selbst kennen zu lernen«, sagte eine von Dianas Freundinnen.

Die vermutlich umstrittenste Rede dieses Frühjahrs hielt Diana bei der Konferenz von Turning Point, einer Wohltätigkeitsorganisation, die sich der Behandlung von Alkohol- und Drogenkranken widmete. In gewisser Hinsicht boten ihre Bemerkungen tiefere Einblicke als ihre Ansprache über Bulimie, da sie ihre Ängste vor einer medikamentösen Behandlung seelischer Krankheiten widerspiegelten. Zu Beginn ihrer Ehe hatte sie sich geweigert, die von Psychiatern vorgeschriebenen Tranquilizer einzunehmen, in späteren Jahren jedoch zugestimmt, verschiedene Medikamente auszuprobieren, um ihre Schlaflosigkeit und Depressionen zu lindern.

1993 nahm Diana bereits seit mehreren Jahren Nacht für Nacht rezeptpflichtige Schlaftabletten. Diese Abhängigkeit machte sie unsicher. Zudem hatte sie Prozac eingenommen, das seit 1988 erhältliche »Wunderantidepressivum«, es aber rasch wieder abgesetzt. Eine enge Freundin erinnerte sich: »Sie fürchtete sich davor, es einzunehmen. Sie lehnte es ab, da sie sich als Süchtige betrachtete. Ich weiß nicht, ob es ihr geholfen hat oder nicht.«

Dieser Zwiespalt bildete den Unterton von Dianas Rede im Juni 1993 über die Gefahren von Medikamenten, die Frauen zur Behandlung von Depressionen verschrieben wurden. In stark feministischem Tonfall beschrieb sie den »Nebel aus Einsamkeit und Verzweiflung«, der viele Frauen zu »ängstlichen Zombies« mache, die an »Tranquilizern, Schlaftabletten und Antidepressiva« festhingen, jenen »kleinen Helfern«, die Frauen zu einem »Leben in Abhängigkeit verdammten«. Diana lehnte es jedoch ab, ihre eigene Abhängigkeit von Schlafmitteln zu enthüllen. »Vielleicht sollten wir uns stärker auf die Ursache der Krankheit konzentrieren, statt sie zu unterdrücken versuchen«, erklärte sie – ein bewundernswerter Impuls und gleichzeitig ein schlechter Dienst an all jenen Patienten, die insbesondere in Krisenperioden auf die Psychopharmakologie angewiesen sind.

Ungeachtet dieses groben Fehlers, bekam Dianas Rede, wie all ihre öffentlichen Erklärungen, eine umfangreiche und vorwiegend positive Berichterstattung in der Presse. Im Jahr nach der Trennung stellte man Diana weiterhin als heldenhaft dar, während Charles entweder verunglimpft oder verspottet wurde. Als im Januar 1993 der vollständige Text des Camillagate-Bandes veröffentlicht wurde, ergab eine Umfrage in *Today*, dass 78 Prozent der Befragten Charles' Ruf als schwer geschädigt betrachteten und 42 Prozent annahmen, dass William, und nicht sein Vater, der nächste König sein würde.

Im Gegensatz zu Fergie, deren Trennung sie von sämtlichen offiziellen Verpflichtungen ausschloss, stand es Diana frei, ihre königliche Tagesordnung beizubehalten. (Fergie betrachtete diese Entscheidung als willkürlich. Sie basiere lediglich auf der Ansicht der Hofangestellten, dass sie die »böse Hexe« und Diana die »gute Fee« sei. In Wirklichkeit dürfte Dianas besonderer Status als Mutter des Thronerben ausschlaggebend gewesen sein). Diana war lediglich von der Pflicht entbunden, die Königin bei offiziellen Besuchen in Übersee zu vertreten – eine logische Einschränkung angesichts von Dianas Entfremdung von Charles. Außenminister Douglas Hurd ermutigte Diana in ihrer Rolle als inoffizielle Botschafterin, und sein Ministerium bot Unterstützung in logistischen Belangen.

Diana hatte einen dicht gedrängten Terminkalender. Stärker denn je zuvor stahl sie Woche für Woche Charles und anderen Mitgliedern des Königshauses mit ihren zeitlich gut gewählten Ansprachen und Besuchen bei Notleidenden die Schlagzeilen. Diana unternahm als Vertreterin verschiedener Wohltätigkeitsorganisationen erfolgreiche Reisen nach Nepal und Simbabwe. Zum Presseaufgebot, das sie durch Nepal begleitete, gehörte ein Team der *Vogue* sowie das übliche Kontingent an Boulevardreportern. Dianas Berühmtheit stellte sogar die Reden und Konferenzen der Entwicklungsministerin Lynda Chalker in den Schatten, die sie nach Nepal begleitete. Während man Chalkers Aufgabe ignorierte, die die Verwendung von 32 Millionen DM an Auslandshilfe kontrollierte, wurde der Besuch vom *Express* zu einem »Triumph von Diana« erklärt. Charles, der sich in dieser Woche zu seinem Schiurlaub im Wintersportort Klosters einfand, erblickte lediglich einen Reporter. Auf seine Frage, wo all die anderen geblieben seien, erhielt er die Antwort: »In Nepal.«

Mitunter musste sich Diana in der Presse Kritik gefallen lassen. Woodrow Wyatt, ein redegewandter Kolumnist der *News of the World* erklärte, Diana sei »süchtig nach dem Rampenlicht ... es ist wie eine Droge«; die *Daily Mail*-Kolumnistin Lynda Lee-Potter fragte sich, ob Dianas »unermüdlicher« Einsatz für Notleidende nicht eine Art Flucht vor der Auseinandersetzung mit entscheidenden Problemen ihres Lebens wäre; eine Umfrage im *Mirror* erbrachte, dass 81 Prozent der Leser Diana als »Heuchlerin« betrachteten, da sie sich einen luxuriösen Urlaub geleistet hatte, nachdem sie unter den Armen in Afrika Haferschleim verteilt hatte; die Zeitschrift *Tatler* schließlich, ein auf Hochglanzpapier gedrucktes Monatsmagazin, das Diana begierig las, veröffentlichte eine Titelgeschichte unter der Überschrift »Diana: Ungeheuer oder Märtyrerin«, mit einer Umfrage, die ein Ergebnis von 44 Prozent, die für »Ungeheuer«, und 38 Prozent, die für »Märtyrerin« stimmten, erbrachte.

Diese Artikel bildeten eine Ausnahme in einem Jahr glanzvoller Berichterstattung. Dennoch bestand Diana darauf, dass sie das Opfer »schmutziger Tricks« des Palastes sei, die zum Ziel hätten, ihre Rolle »zu schmälern« und sie »an den Rand zu drängen.« Funktionäre aus dem Palast wiesen jeden derartigen Vorwurf zurück. Selbst Richard Kay, der bei verschiedenen Gelegenheiten Dianas Palastverschwörungstheorien bestärkt hatte, gestand im Juli 1993, dass man zwar »von Palastverschwörungen gegen sie gemunkelt und sie prophezeit habe ... sie sich jedoch nie bewahrheiteten«.

Die Zeitungsreporter hielten dennoch an der Verschwörungsthese fest; die anhaltenden ehelichen Unstimmigkeiten waren als Lektüre spannender als eine freundschaftliche Beziehung zwischen dem Prinzenpaar. Als Folge des Morton-Buches war zudem die Ermächtigung der Presse eingeschränkt worden, über Dianas Privatleben zu berichten. Diana standen noch immer Palastangestellte zur Verfügung, die gegen derartige Einbrüche auftreten sollten. Da sie jedoch überzeugt war, die »grauen Männer« würden gegen sie vorgehen, suchte sie selbst den direkten Kontakt zu den Medien. Auf diese Weise wurde sie zum ersten Mitglied der königlichen Familie, das sich ohne Rücksicht auf das Protokoll mit den Medien unterhielt.

Durch James Colthurst hielt sie ihre geheime Verbindung zu Morton aufrecht, der an einer Fortsetzung seines Buches schrieb, die im Herbst 1994 veröffentlicht werden sollte. »Ich anerkannte die Tatsache, dass sie Distanz zu mir wahren musste«, meinte Morton. »Es ist jedoch ein vorsätzliches Missverständnis zu behaupten, dass sie das zweite Buch ablehnte.« Darüber hinaus wollte Diana in die tägliche Berichterstattung eingreifen, was sich als wesentlich schwierigeres Unterfangen erwies. Der britische Pressekritiker Stephen Glover verglich die Boulevardpresse einst mit einer »vielköpfigen Hydra – kein Ungeheuer mit einem einzigen Willen. Sie ist wechselhaft und zutiefst wettbewerbsorientiert«. »Möglicherweise glaubte [Diana], die Bestie beherrschen zu können«, schrieb Glover im *Daily Telegraph*.

Um Kontrolle auszuüben, wandte sich Diana an Richard Kay, den führenden königlichen Berichterstatter ihrer Lieblingszeitung, der *Daily Mail*. Wie Morton hatte auch Kay eindeutig an Dianas Seite Stellung gegen Charles bezogen. Mit 36 Jahren war er nur vier Jahre älter als Diana, was den Zugang zu ihm erleichterte – im Vergleich zu ergrauten Reportern wie James Whitaker und Harry Arnold. Zudem sagte er ihr sowohl im persönlichen als auch beruflichen Bereich zu. Mit seiner hochgewachsenen schlanken Gestalt, zerzaust und gut aussehend, erinnerte er an die Männer aus gutem Hause, die sie seit ihrer Kindheit kannte. Er war in Kent aufgewachsen, hatte sich gegen das College entschieden und mit 18 Jahren seine Arbeit im Zeitungswesen aufgenommen. 1980 wechselte er mit 23 Jahren zur *Daily Mail*. Seit 1986 berichtete er über das Königshaus, und Dianas Geschwister hatten ihn fünf Jahre später kennen gelernt, als er eine Artikelserie über ihre Unstimmigkeiten mit Raine Spencer schrieb.

Ihren ersten Schritt tat Diana auf dem Rückflug aus Nepal im März 1993. Sie lud Kay »zu unserem ersten ernsthaften längeren Gespräch« ein, wie er es beschrieb. »Ich erkannte, welch mangelhaften Dienst ich meinen Lesern mit meiner Behauptung erwiesen hatte, über sie und die königliche Familie als Fachmann zu sprechen. Wir wussten rein gar nichts«, erinnerte er sich später. »Ich sah sie in ihren glücklichsten und dunkelsten Augenblicken. Es gab Momente der Verwirrung und des Kummers, in denen ich glaubte, Diana würde ... nahezu bis zur Zerstörung getrieben.«

Von Anfang an legte Diana die Bedingungen für ihre Beziehung fest. »Ich wollte Informationen, aber sie war niemand, den ich einfach anrufen und auffordern konnte: ›Gib mir eine Geschichte.‹ Die Kontakte gingen von ihr aus«, erklärte Kay. Sie telefonierten häufig und trafen einander gelegentlich. »Als ich bei der *Mail* arbeitete, gingen Richard Kay und ich mitunter zum Mittagessen in ein Restaurant, in dem auch Diana aß«, erinnerte sich Richard Addis, der spätere Herausgeber des *Express*. »Sie saß an einem anderen Tisch, und ich erkannte, dass sie eigentlich mit Richard Kay sprechen wollte. Wenn es ihr möglich war, kam sie zu Richards Tisch und trank eine Tasse Kaffee mit ihm.« Die Boulevardpresse neckte Kay wegen seiner Rolle, und Andrew Morton bezeichnete ihn als Dianas »inoffiziellen Pressesprecher«.

Kay zu entschlüsseln, wurde zu einer neuen britischen Form von Kremlastrologie. Ein ehemaliger Mitarbeiter des Palastes nannte Kays Berichte in der *Daily Mail* »Dianas toten Briefkasten«. »Ich durfte nicht bekannt geben, dass die Informationen von ihr stammten«, erzählte Kay. »Ihre Stellung im Palast wäre unhaltbar geworden. In der britischen Presse haben wir uns im Lauf der Jahre immer wieder des Hilfsmittels bedient: ›Ein Freund‹ sagte dies oder jenes. Wenn die Information korrekt war, arbeitete es für dich, und die Menschen wussten, dass du tatsächlich mit der richtigen Person sprachst. Es fiel mir nicht schwer zu behaupten, es sei ›ein Freund‹, wenn es in Wirklichkeit Diana war.«

In welch engem Verhältnis Diana zur Presse stand, zeigte sich während eines Urlaubs mit Lucia und Beatrice Flecha de Lima und Rosa

Monckton im August 1993. »Ich möchte dem allen entkommen«, erklärte sie dem Unternehmer Mark Lloyd und bat ihn, für sie einen sicheren Zufluchtsort zu suchen, an dem sie in die Anonymität untertauchen könnte. Lloyd hatte einen Geschäftspartner, der eine Hotelkette in Indonesien besaß, und buchte für sie ein erlesenes Arrangement in Amanwana, einem neuen, »aus zwanzig luxuriösen Zelten« bestehenden Hotel auf der abgelegenen Insel Moyo in der Nähe von Bali. Da die Anlage noch nicht eröffnet war, würde sie Diana und ihren Freundinnen allein zur Verfügung stehen. Um einen kommerziellen Flug zu vermeiden, organisierte Lloyd ihre Reise im Privatjet des saudischen Prinzen Khalid.

»Alles war vollkommen sicher«, erinnerte sich Lloyd, der Dianas Leibwächter ein Satellitentelefon als einzige Verbindung zur Außenwelt mitgab. »Zum ersten Mal verschwand Diana vollkommen vom Bildschirm.« Nach nur wenigen Stunden auf der Insel wollte Diana nach Bali übersiedeln, weil sie sich »langweilte und die Abgeschiedenheit hasste«. Sobald Diana England verließ, fürchtete sie, den Kontakt zu verlieren. »Sie glaubte, man würde etwas gegen sie unternehmen, solange sie sich nicht durch ihre Anwesenheit selbst schützen könnte«, so eine Freundin.

»Sobald sich Diana etwas in den Kopf gesetzt hatte, war es sehr schwer, ihre Meinung zu ändern«, erzählte Lloyd. Er organisierte für die Frauen eine Villa auf Bali, und dann »fiel es mir wie Schuppen von den Augen. Zum ersten Mal erkannte ich, dass Diana mit Richard Kay in Kontakt stand. Er rief in meinem Büro an und fragte, ob er ein Foto von Amanwana bekommen könnte. Ich fragte: ›Woher in Gottes Namen wissen Sie davon?‹ Die einzigen Personen, die Diana angerufen hatte, waren Fergie und Richard Kay.« Die vier Frauen übersiedelten nach Bali, gingen an einem öffentlichen Strand spazieren und wurden augenblicklich erkannt. Sogleich erschien ein Artikel in den Zeitungen. »Als Diana zurückkam, sagte sie zu mir: ›Welch wundervolle Zeit, Mark ... Wie schade, dass es in den Zeitungen stand‹«, erinnerte sich Lloyd.

Im Sommer 1993 wurden in der Boulevardpresse Stimmen laut, dass das hohe Tempo Diana allmählich zu zermürben beginne. Man berichtete, dass sie »unter Stress und Erschöpfungszuständen litt«. Als sie Anfang August einen aufdringlichen Fotografen mit den Worten anbrüllte: »Sie machen mir das Leben zur Hölle!« schlossen die Zeitungen daraus, dass ein Zusammenbruch unmittelbar bevorstünde. Zwei Monate später wirkte sie während eines Theaterbesuchs »verärgert und angespannt« und die Presse veröffentlichte Fotos von ihr mit schweren Augenlidern unter den Überschriften »Die Qualen einer Prinzessin: Ergreift der Stress Besitz von Di?« und »Di an der Belastungsgrenze, während Charles den PR-Krieg gewinnt.« »Dies ist das Gesicht einer Frau, die unter extremem Druck steht«, schrieb James Whitaker im *Daily Mirror*, und Stuart Higgins bemerkte in der *Sun*, dass eine »zunehmend emotionale und unglückliche« Diana von der »Kampagne gegen die Hofangestellten auf Charles' Seite« erschöpft sei.

Ein Treffen zwischen John Major und Diana am 20. Oktober im Kensington Palace, bei dem ihre Rolle diskutiert wurde, sowie ein offizieller Besuch von Diana in Brüssel schienen im Widerspruch mit einer gemeinschaftlichen Behinderungskampagne zu stehen. Charles ärgerte sich jedoch über ihre ungebrochene Fähigkeit, die Titelseiten für sich zu gewinnen. Später teilte Diana dem Redakteur der *Sunday Times*, Andrew Neil, mit, dass der Premierminister in ihrem Gespräch ihrem Vorschlag zugestimmt habe, als humanitäre Botschafterin Großbritanniens zu wirken, wie die Schauspielerin Audrey Hepburn dies viele Jahre lang für UNICEF getan hatte: »Diana erzählte mir, dass Prinz Charles daraufhin wütend geworden sei und der *Financial Times* gegenüber erklärt habe, dass *er* der Botschafter sein wolle«, erinnerte sich Neil. »Sie sagte, der Premierminister habe sie anschließend kontaktiert und gesagt: ›Das wird viel zu schwierig.‹«

Charles gab der *Financial Times* tatsächlich ein Interview, doch erst fünf Wochen nach ihrem Treffen mit Major gegen Ende November, so dass Dianas Aussage lediglich als vorsätzliche Fehlinterpretation seiner Worte betrachtet werden kann. Er verwies als Beispiel auf seinen kürzlich erfolgten Besuch im Mittleren Osten, bei dem er sich bemüht hatte, den britischen Handel in Übersee zu stärken. Diese Rolle unterschied sich deutlich von dem, was Diana für sich ins Auge gefasst hatte. Zudem betonte Charles, dass seine Arbeit für die britische Wirtschaft seine langfristigen Interessen widerspiegle: »Der Gedanke, dass ich meine Aufgabe neu zu definieren versuche, ist Unsinn. Seit meiner Heirat haben sich die Menschen einfach entschlossen zu ignorieren, wofür ich mich tagein, tagaus einsetze.«

Diana verlor leicht das Gleichgewicht, und im November wurde sie mit einer Reihe von Situationen konfrontiert, die sie beinahe zu Fall brachten. Zu Beginn des Monats übersiedelte das Ehepaar Flecha de

Limas in die brasilianische Botschaft nach Washington; am selben Tag erklärte Dianas Chauffeur Simon Solari, dass er sich Charles' Mitarbeiterstab anschließen würde. Als Diana abends in einem Theater eintraf, waren ihre Augen rot gerändert, und eine Stunde später verließ sie das Gebäude tränenüberströmt.

Am Tag darauf wurde Dianas bevorzugter Leibwächter Ken Wharfe von Scotland Yard auf einen anderen Posten versetzt. »Diana stützte sich stark auf Kens Ratschläge, und häufig machte er ihr vieles leichter«, weiß eine ihrer Freundinnen zu berichten. »Sie hatte jedoch die Angewohnheit, ihr Personal zu sehr einzubeziehen und anschließend wieder auf seinen Platz zu verweisen. Das hat sie auch mit Ken getan.« Einer anderen Freundin nach zu urteilen, behandelte Diana Wharfe ab dem Zeitpunkt schlecht, da sie ihn verdächtigte, der Presse Informationen zuzuspielen. Sie war jedoch zutiefst betrübt, als er ging, und ersuchte Barbara Cartland, im Fernsehen zu verkünden, dass ihre Stiefenkelin in einen »lange andauernden Fressanfall« gestürzt sei. Diana fühlte sich zu einer »seltsamen öffentlichen Demonstration ihrer Verzweiflung« aufgerufen. Bei einem Imbiss der Wohltätigkeitsorganisation WellBeing, einer Gruppierung, die sich der Gesundheit von Müttern und Kindern widmete, erklärte sie: »Ich hätte den ganzen Tag über meinen Kopf über die Toilettenbrille hängen sollen ... Ich glaubte, ich könnte meinen Nervenzusammenbruch auf einen geeigneteren Augenblick verschieben.«

Die Energieheilerin Simone Simmons nahm in dieser Zeit ihre Arbeit mit Diana auf und entdeckte hinter dem freundlichen Benehmen der Prinzessin ein »erschreckend verletztes Wesen ... Sie fühlte sich verlassen, zurückgewiesen und gebrochen.« Simmons war »entsetzt, Schnitt- und Schürfspuren von erst kürzlich selbst zugefügten Verletzungen« zu sehen. Simmons war der Ansicht, dass einige von Dianas Alternativtherapeuten »einander vermutlich auf schädliche Weise entgegenarbeiteten ... Sie wurde falsch verstanden ... und erhielt aus allen Ecken verwirrende und einander widersprechende Ratschläge ... Dianas heiterer, aber manischer Redefluss war lediglich ein Ausdruck ihrer Anspannung und Panik.« (Auch nachdem Diana die Behandlung bei Susie Orbach aufgenommen hatte, hielt sie an Osteopathie, Reflexzonenmassage, Akupunktur, Shiatsu, Darmspülungen und Aromatherapie fest.)

In diesem unglücklichen Zustand entschloss sich Diana, bei einem Wohltätigkeitsessen am 3. Dezember ihren Rückzug aus dem öffentlichen Leben zu verkünden. Angestellten des Palastes hatte sie bereits in den letzten Wochen angedeutet, dass sie sich von einigen ihrer Aktivitäten zurückziehen werde. Dimbleby zufolge »war es ihnen jedoch unmöglich herauszufinden, warum und wie die Prinzessin dies zu tun gedachte«. Sobald sich Diana »in einer Welle der Emotionen« zu dieser Entscheidung durchgerungen hatte, wie ein Freund von Charles es beschrieb, plante sie eine dramatische Ankündigung. Die Königin und Prinz Philip ersuchten sie, ihren Beschluss zu überdenken, und drängten sie, sich stattdessen still und allmählich zurückzuziehen, was ihr mehr Spielraum verleihen würde. Charles sprach sich für dieselbe Vorgehensweise aus – ohne jeden Erfolg. Ebenso wenig gelang es ihm, den »wahren Grund« für Dianas Entscheidung aufzuspüren. »Es war ein emotionaler Entschluss«, erklärte einer von Dianas Mitarbeitern. »Sie durchlebte eine schwierige Phase und hatte sich weit von Charles entfremdet.«

Mehrere Jahre später gab Diana einige Hinweise preis: »Der Druck war unerträglich geworden«, erklärte sie. »Ich war ständig müde und erschöpft.« Gleichzeitig sprach sie die gegen sie geführte »Kampagne« an, die »Erfolg verzeichne«. Ihre Entscheidung, sich zurückzuziehen, »überraschte jene, die den Kummer verursacht hatten. Es überraschte sie, als ich mich selbst aus dem Spiel nahm. Das hatten sie nicht erwartet. Ich bin überzeugt davon, dass man den Feind immer verwirren sollte ... der Feind war das Büro meines Mannes, weil ich immer mehr Publicity erhielt.« Diana fühlte das Bedürfnis, ihre Motive zu erklären, statt sich stillschweigend zu verabschieden. »Das schulde ich der Öffentlichkeit«, entschied sie.

Dianas Rede bei dem Wohltätigkeitsessen der Headway National Head Injurys Association dauerte weniger als fünf Minuten. Der erste Teil wirkte wie eine Abschiedsansprache, bei der sie auf ihre öffentliche Arbeit in den letzten zwölf Jahren zurückblickte. Dann schloss sie jedoch nicht die Tür, wie sie es ursprünglich beabsichtigt hatte, sondern ließ »einen Hoffnungsschimmer«, wie mehrere Freunde und Berater vorgeschlagen hatten. »Ich werde den Umfang meines bisherigen öffentlichen Lebens einschränken«, erklärte sie. »In Zukunft werde ich mich auf eine geringere Auswahl von Bereichen konzentrieren. In den nächsten Monaten werde ich versuchen, eine geeignetere Methode zu finden, um eine bedeutsame öffentliche Rolle mit einem hoffentlich privateren Leben zu vereinen.« »Oberste Priorität« gelte William und Harry, »die so viel Liebe, Fürsorge und Aufmerksamkeit verdienen, wie ich imstande bin zu geben.« Ihre Absichten ergaben nicht wirklich Sinn, da die beiden Jungen ein Internat besuchten und Dianas Ferienzeit mit ihnen bereits vor Monaten festgelegt worden war.

Als Grund für ihren Rückzug nannte sie eindeutig die »überwältigende« Aufmerksamkeit der Medien, vor allem in Bezug auf ihr Privatleben, was »schwer zu ertragen« sei. In diesem Sinn bat sie um »Zeit und Raum, an dem es mir in den vergangenen Jahren mangelte.« Sie betonte, dass die Königin und Prinz Philip ihre Entscheidung stützten, »die mir immer Freundlichkeit entgegengebracht und Hilfe geboten haben«. Nicht zu übersehen war, dass sie einen Hinweis auf Prinz Charles unterlassen hatte.

Dianas Verhalten verstärkte das Melodrama des Augenblicks. Nach ihren letzten Worten nahm sie Platz, und »die Tränen begannen zu strömen. Mit gesenktem Kopf biss sich die Prinzessin auf die Lippen und blinzelte heftig«, berichtete der *Evening Standard*. Während ihre Worte andeuteten, dass sie vermutlich eher früher als später auf die Bühne der Öffentlichkeit zurückkehren würde, handelte sie, als würde sie sich tatsächlich verabschieden – und zwar in tiefer Trauer. Die seitenlange Berichterstattung in der Regenbogenpresse war voller Kummer und Entsetzen, wie sie einem endgültigen Abschied gebührten.

Wieder diente Prinz Charles als Sündenbock. Die Tatsache, dass Diana ihn nicht erwähnt hatte, genügte als Beweis seiner Schuld. »Charles zwang Diana zu gehen: Traurige Prinzessin zieht sich aus dem öffentlichen Leben zurück«, verkündete die *Sun* und gab damit die allgemeine Stimmung wider: Die von Charles und seiner »ausgeklügelten Propagandamaschine« inszenierte »Kampagne, um [Dianas Rolle] zu schmälern«, habe sie »an den Rand gedrängt und ihr keine andere Wahl gelassen, als in den Schatten zu treten«.

In Wirklichkeit hatte Diana selbst die Entscheidung getroffen, und sie hatte ebenso viel mit ihrer aufreibenden Tagesplanung zu tun wie mit dem Druck seitens der Presse und ihrem Wunsch, ihre Feinde im Palast »zu verwirren«. In gewissem Sinn versuchte sie, mehr Kontrolle über ihr Leben zu gewinnen, indem sie sich dem königlichen Programm entzog. Mit der Struktur der königlichen Routine verlor sie jedoch auch die Disziplin und die ständigen Ablenkungen eines geschäftigen Lebens. »Zeit und Raum« lösten bei Diana Ängste aus, die übermächtig über sie hereinbrachen, sobald sie allein war.

Darüber hinaus war Diana es leid, als Geldspendenmagnet endloser

Wohltätigkeitsveranstaltungen zu wirken. Den betroffenen Organisationen hätte sie einen besseren Dienst erwiesen, wenn sie eingestanden hätte, dass sie zu viel Verantwortung übernommen hatte und ihre Verpflichtungen auf eine realistische Zahl zurückbringen würde. Stattdessen ließ sie all ihre 118 Wohltätigkeitsgruppierungen im Stich, indem sie ihnen ihr schriftliches Rücktrittsangebot zuschickte oder mitteilte, dass sie nur noch nominell teilnehmen würde. In der Hoffnung, zu den wenigen zu zählen, die sie auswählen würde, wiesen die Präsidenten der Wohltätigkeitsorganisationen ihren Rücktritt zurück und setzten alles daran, sich ihre Gunst zu bewahren. Mike Whitlam, der Generaldirektor des Britischen Roten Kreuzes, hatte sich einen Tag vor ihrer Ankündigung mit ihr getroffen. Diana war erst wenige Wochen zuvor Vizepräsidentin des Britischen Roten Kreuzes geworden, und wie andere Funktionäre von Wohltätigkeitsorganisationen war Whitlam entschlossen, eine Arbeitsbeziehung zu ihr aufrechtzuerhalten.

Einige Reporter warfen Diana Scheinheiligkeit vor, weil sie den Medien die Schuld zuwies. »Selbst kritische Zeitungskolumnisten und aufdringliche Redakteure ... zählten zu Dianas engsten Verbündeten«, schrieb Anne Robinson in *Today*; als Diana die Unstimmigkeiten in ihrer Ehe aufdecken wollten, »war es ein Journalist, an den sie sich um Hilfe wandte«. Andere Kritiker bezweifelten, dass Diana auch nur für wenige Monate lang imstande wäre, ein echtes Privatleben zu führen. Die 92-jährige Barbara Cartland sagte voraus, dass Diana abseits des Blicks der Öffentlichkeit »aus Langeweile erstarren« werde. »Meine Bücher sind die einzigen, die sie je gelesen hat«, erklärte Cartland, »und sie haben ihr nicht besonders gut getan.« Die *Times* verwies darauf, dass »Diana nicht wusste, welche Rolle sie übernehmen sollte, und niemand in der Lage scheint, es ihr zu sagen ... Wer sie beobachtete, ... gewann vor allem den Eindruck, dass sie diese Ankündigung ihren einzigen wahren Freunden gegenüber tätigte ... den gewöhnlichen und außergewöhnlichen Menschen, die sie auf ihren Besuchstouren im Zuge ihrer Wohltätigkeitsarbeit getroffen hat ... Es handelt sich hier um eine Liebesaffäre mit der Öffentlichkeit.«

Innerhalb von zwei Tagen ließ Diana jede Kritik verstummen. »Heute sind wir imstande anzukündigen, dass ein Vorschlag von entscheidener Bedeutung über ihre Zukunft in aller Stille aufgetaucht ist«, schrieb Richard Kay in der *Daily Mail*. Aufgrund von Kays besonderer Beziehung trug sein Bericht Dianas Druckerlaubnis. Der Plan forderte die Errichtung einer Stiftung im Namen der Prinzessin, die weltweit Programme und Forschungsarbeiten zur Unterstützung von Benachteiligten finanzieren würde. Kay zufolge war es *nicht* Dianas Wunsch, »bei Fototerminen eine Filmstar-Rolle« zu übernehmen wie Audrey Hepburn – wie sie es mit John Major besprochen hatte –, sondern als »Präsidentin Sitzungen zu stiftungspolitischen und planungstechnischen Fragen vorzustehen, Entscheidungen zu treffen und die Philosophie vorzugeben«.

Abgesehen davon, dass Diana für eine derartige Rolle ungeeignet war, da sie sich nach dem Kontakt mit gewöhnlichen Menschen sehnte und die düstere Atmosphäre von Sitzungssälen verabscheute, bildete der Vorschlag ein Musterbeispiel für Fantasiedenken, wie es auch davor und danach immer wieder aufgetreten ist. Einige Monate zuvor hatte David Puttnam für Diana im Claridge's ein Essen mit »allen Größen aus Film und Fernsehen« organisiert, um über die Errichtung eines Princess of Wales Trust zu diskutieren. »Ihr gefiel die Idee«, erinnerte sich Puttnam – wie jedes Mal, wenn ihr ihm Verlauf der Jahre dieser Vorschlag unterbreitet worden war. Nichts davon wurde jedoch jemals in die Tat umgesetzt. Eine wichtige Sache finden, sie ans Licht bringen, und sie von einer anderen Person vorantreiben lassen, das passte nicht zu Dianas Vorgehensweise.

Am Ende des ersten Jahres ihrer offiziellen Trennung von Charles war Diana 32 Jahre alt. Ebenso unsicher über ihre Absichten wie zu Beginn, hatte sie eindeutig nicht über die Folgen ihrer »Pensionierung« nachgedacht. »Ich glaube nicht, dass sie in dieser Angelegenheit wusste, was sie wollte«, vermutete Michael Adler, der Vorsitzende des National Aids Trust, dessen Schirmherrin Diana gewesen war. »Als sie sich zurückzog, wusste sie nicht, ob und warum sie es tat, und sobald sie es getan hatte, bereute sie es und vermisste das Rampenlicht.«

# KAPITEL 20

Selbst wenn die von Diana für ihre Handlungen angeführten Gründe dem Betrachter logisch erschienen, durfte man das Unausgesprochene nicht außer Acht lassen. Der unbekannte Faktor für ihren Rücktritt von ihrem öffentlichen Leben war die Beziehung zu einem verheirateten Mann. Einige Zeitungen hatten die Spur bereits aufgenommen. »Es gibt einen Mann, der sich seit längerem mit Diana trifft«, berichtete der *Daily Mirror* nur wenige Tage nach ihrer Ankündigung, ohne seinen Namen zu nennen.

Bei diesem Mann handelte es sich um Oliver Hoare, einen reichen Händler islamischer Kunst, der das Prinzenpaar Mitte der achtziger Jahre während einer Hausparty auf Windsor Castle kennen gelernt hatte. Hoare war entfernt mit der wohlhabenden Bankiersfamilie Hoare verwandt, stammte jedoch selbst aus bescheideneren Verhältnissen. Seine Mutter Irina war aus der Tschechoslowakei ausgewandert und sein Vater Reginald, ein britischer Beamter, hinterließ bei seinem Tod im Jahr 1964 lediglich 3.700 DM. Irina und Reginald wussten genug Geld zusammenzuscharren, um ihren Sohn nach Eton zu senden, wo er Kapitän des Boxteams wurde, und anschließend auf die Sorbonne.

Nach seiner Collegeausbildung lernte Hoare die iranische Prinzessin Hamoush Azodi-Bowler kennen, die ihn als »Protegé« in ihr Haus nach Teheran einlud, wo er sich »der Forschung, Ausgrabung und dem Erlernen der arabischen und persischen Schrift widmen konnte«. In Teheran pflegte Hoare Umgang mit einer weltgewandten Clique, zu der auch der aus einer amerikanischen Verlegerfamilie stammende David Sulzberger gehörte, der später Hoares Geschäftspartner wurde. Sulzberger machte ihn mit verschiedenen Größen aus der Ballettwelt bekannt, wie etwa Rudolf Nurejew. Im Iran begann Hoare, Kunstgegenstände und Antiquitäten aus dem Mittleren Osten zu sammeln, und wandte sich dem Sufismus zu, einer mystischen Richtung des Islam, die durch ekstatischen Tanz und andere meditative Rituale Zugang zur göttlichen Liebe und Weisheit zu erlangen sucht. Bei seiner Rückkehr nach London wurde er Leiter der Abteilung für Islamische Kunst im Versteigerungshaus Christie's.

Hoare war ein Mann, der den Frauen gefiel. Er war attraktiv, hatte »tiefbraune samtene Augen ... die seinen Gesprächspartner wahrlich fesseln konnten« und vereinte in seinem Auftreten »eine altmodische Höflichkeit« mit einem Hauch der Boheme, wie sich der Kolumnist Taki Theodoracopulos von der *Sunday Times* ausdrückte. Als stets in Geldnöten lebender Hochschulstudent ließ sich Hoare das Haar lang wachsen und spielte in den Pariser Cafés Gitarre. In der Londoner Kunstwelt erlangte er Berühmtheit durch seine farblich unpassenden Socken und seine Diskussionen über die Spiritualität iranischer Moscheen. Nebenbei beriet Hoare begüterte Kunden bei der Zusammenstellung ihrer Kunstsammlung.

1974 lernte er Diane de Waldner kennen, die schöne und elegante Erbin eines umfangreichen französischen Ölvermögens. Dianes Mutter Louise de Waldner zählte die Königinmutter zu ihren Freunden und besaß ein Landhaus in Südfrankreich, in dem Prinz Charles Muße für seine Malerei fand. 1976 heirateten Diane und Oliver. Im selben Jahr verließ Hoare das Versteigerungshaus Christie's und eröffnete in London seine eigene Galerie für Islamische Kunst. Viele im Kunsthandel tätige Personen waren der Ansicht, dass er sich zu sehr von Geld und Glamour angezogen fühlte. »Oliver ist halb Kind und halb Greis«, äußerte seine Mentorin Hamoush einst. »Wie ein Kind lässt er sich von wenig beeindruckenden Dingen tief beeindrucken.«

Von 1985 bis 1989 hatte Oliver eine Affäre mit Ayesha Nadir, einer reichen türkischen Schönheit mit einem Haus in London und einer Villa in der Nähe von Istanbul. Die Romanze fand ein Ende, als sich Hoare weigerte, seine Frau und Familie zu verlassen und Ayesha in die Türkei übersiedelte. Zum größten Teil ist es Dianes Geduld und Diskretion zu verdanken, dass sich die Ehe der Hoares wieder stabilisierte.

Über die Beziehungen von Dianes Familie zur Königinmutter wurde das Ehepaar 1984 während der Rennen von Ascot nach Windsor Castle eingeladen. Auf der Grundlage ihrer gemeinsamen Liebe für die Kunst und ihrer Faszination für mystische östliche Religionen entwickelte sich zwischen Charles und dem drei Jahre älteren Oliver eine Freundschaft. Hoare war zudem ein enger Vertrauter von Camilla Parker Bowles und lud Camilla und Charles häufig in sein Haus ein. Mit der

Prinzessin von Wales verbanden ihn die Vorliebe zum Ballett und verschiedene gemeinsame Freunde wie etwa Adrian Ward-Jackson.

Als die Ehe des Prinzenpaares 1991 in eine Krise geriet, bot sich Hoare als Vermittler an. »Oliver bemühte sich, bei Diana Verständnis für Prinz Charles, seine Leidenschaft für Architektur, sein Interesse an Geschichte und seine Neigung zu harter Arbeit zu wecken«, berichtete ein Freund, der Diana und Hoare gut kannte. »Er wollte, dass sie und Prinz Charles zusammenblieben.« Als sich im Jahr 1992 die Kluft zwischen Diana und Charles als unüberwindlich erwies, stellte Hoare seine Bemühungen ein. »Er ist nicht sehr ausdauernd«, erklärte der gemeinsame Freund. »Man könnte ihn im besten Sinne des Wortes als Sybarit bezeichnen. Er liebt es, das Leben zu genießen, ohne große Mühen auf sich zu nehmen.«

Im Lauf der Zeit wurde offensichtlich, dass die damals 31-jährige Diana für den 47-jährigen Hoare schwärmte, der seinerseits von Diana fasziniert war. »Es schmeichelte ihm, dass Diana ihn interessant fand, und er ermutigte sie, ohne sich dessen bewusst zu sein«, berichtete der gemeinsame Freund. »Bis zu einem gewissen Grad missdeutete sie seine Signale. Fest steht jedoch, dass er sie aufrichtig mochte. Dianas Interesse an Hoare ist zum Teil auf seine Freundschaft mit Prinz Charles zurückzuführen. Sie wollte etwas haben, das Prinz Charles gehörte. So gab es ein Gemisch an Motiven und Signalen.« Ein anderer Freund äußerte sich weniger wohlwollend: »Oliver war ein ungezogener Junge. Er reizte sie und betörte sie mit seinem attraktiven Aussehen.«

Diana und Hoare verbrachten immer mehr Zeit gemeinsam im Kensington Palace oder in den Häusern von Freunden. Ebenso wie sich Diana mit James Hewitts Mutter angefreundet hatte, besuchte sie nun Hoares Mutter. Freunden gegenüber sprach sie von ihrem neuerwachten Interesse an islamischer Philosophie, in die Hoare sie einführte. Zudem telefonierte sie häufig mit ihm, wie sie es mit all ihren engen Vertrauten tat. »Mitunter rief sie zwanzigmal pro Tag an, während wir im Wagen durch London fuhren«, erzählte Hoares ehemaliger Chauffeur Barry Hodge. »Einen Tag, an dem sie bloß fünf oder sechsmal anrief, betrachteten wir als ruhig. Die unzähligen Anrufe wurden für Mr. Hoare zur Qual. Wenn seine Frau im Wagen saß, zog er vorsichtig den Stecker so weit heraus, dass keine Verbindung zustandekam.«

Elsa Bowker, eine Freundin Hoares über dessen Verbindungen zum Mittleren Osten, lernte Diana an einem Abend im Jahr 1993 kennen, als

Hoare sie zu einem Dinner in Elsas Apartment im Londoner Stadtteil Belgravia mitnahm. Am nächsten Morgen überbrachte ein königlicher Kurier ein überaus herzliches Dankesschreiben. »Sie schrieb den Brief um Mitternacht und er lautete etwa: ›Ich kann nicht einschlafen. Daher möchte ich Ihnen gerne sagen, wie sehr Sie mich beeindruckt haben. Sie verstehen mich. Ich wünsche mir, dass wir Freundinnen werden‹«, erinnerte sich Elsa.

Nach Elsas Ansicht bestand zwischen Diana und Hoare »von beiden Seiten tiefe Liebe«. Diana erzählte Elsa, dass sie Hoare heiraten und mit ihm ein Haus in Italien kaufen wolle. »Sie war bereit, England mit ihm zu verlassen«, erzählte Elsa. Hoare vertraute Elsa an, dass Diana »von innen strahle, und dass er das an ihr liebe ... Er tat viel für sie, versuchte, ihr Vertrauen zu schenken, aber es war nie genug. Diana besaß wunderbare Charaktereigenschaften, aber sie war auch entsetzlich besitzergreifend. Wenn sie jemanden liebte, musste er auf alles verzichten, sogar auf seine Kinder. Ihr Besitzanspruch wirkte auf Männer abschreckend. Alles wurde zum Drama.«

Hoares Ehe wurde durch anonyme Anrufe im Haus der Familie belastet. Sie begannen im September 1992, erreichten eine Häufigkeit von zwanzig pro Woche und erfolgten mitunter auch mitten in der Nacht. Der Anrufer sprach nie ein Wort, sondern wartete, bis Oliver Hoare fragte: »Wer ist da? Wer spricht?« Dann legte er auf. »Wer auch immer es war, er wollte offenbar bloß meine Stimme hören«, erklärte Hoare später. Im Oktober 1993 forderte Diane Hoare ihren Mann auf, die Polizei mit der Nachforschung der Anrufe zu beauftragen. Er kam ihrem Wunsch nach, und die Polizei stattete ihr Telefon mit einem computergesteuerten Anrufrückverfolgungsgerät aus.

Die Beziehung zwischen Diana und Hoare löste schließlich eine Krise in seiner Ehe aus. »Es war wie in einem Kriegsgebiet«, erinnerte sich der Chauffeur Barry Hodge. »Diane Hoare ist keine Närrin, sie riecht eine andere Frau auf einen Kilometer Entfernung.« Ende 1993, kurz bevor Diana ihre Rede über »Zeit und Raum« hielt, übersiedelte Hoare in das Apartment eines Freundes in Pimlico, um »sich abzukühlen«.

Nach seiner Übersiedlung wurde Hoare an einem Abend, an dem sich seine Frau außerhalb der Stadt befand, mit dem vollen Ausmaß von Dianas Unsicherheiten konfrontiert. Für ihn war dies ein alarmierender Augenblick, der mit den Erfahrungen von Prinz Charles und James Hewitt übereinstimmte. »Oliver erklärte Diana, dass er nach seiner fie-

349

bernden Tochter sehen müsse«, erzählte Elsa Bowker. »Sie jedoch vermutete, dass er in Wirklichkeit seine Frau treffen wolle, und ließ sich durch nichts von ihrer Meinung abbringen. [Diana] war überaus misstrauisch. Während er sie in seinem Wagen nach Hause fuhr, öffnete sie plötzlich die Tür, als wolle sie hinausspringen. Es gelang ihm gerade noch, sie zurückzuziehen. Kurz darauf gerieten sie auf dem Sloane Square in einen Stau. Unvermutet sprang Diana tatsächlich aus dem Wagen und ließ ihre Handtasche mit ihrem Geld und allem anderen zurück. Oliver war zutiefst verstört. Er hat seine Tochter nicht mehr besucht. Stattdessen fuhr er drei Stunden lang kreuz und quer durch London, bis er Diana schließlich weinend in einem Park in der Nähe des Kensington Palace fand.«

Diana wiederholte auch andere zerstörerische Verhaltensmuster aus ihrer Beziehung zu Charles. Ende 1993 schloss die Energieheilerin Simone Simmons aus den Spuren von Selbstverstümmelungen, die sie an Diana bemerkt hatte, dass »sie sich [diese Wunden] vor allem zugefügt hatte, um Hoares Aufmerksamkeit darauf zu lenken, ... dass sie ihn brauchte«. Später warnte Simmons Diana, dass sie mit ihrer Beziehung zu Hoare »lediglich Probleme heraufbeschwöre«, und dass sie nicht erwarten könne, dass er ihretwegen seine Familie verlasse. Diana nahm an Simmons »scharfer Warnung« Anstoß und rief sie einige Zeit lang nicht mehr an.

Die anonymen Anrufe hörten während Hoares zweimonatiger Abwesenheit von seinem Zuhause auf, setzten jedoch am 13. Januar 1994 nach seiner Rückkehr zu seiner Frau wieder ein. In den darauf folgenden sechs Tagen verfolgte die Polizei ein Dutzend stummer Anrufe zurück, die zwischen acht Uhr morgens und annähernd Mitternacht eintrafen. Zur Überraschung der Polizei und des Ehepaars Hoare stammten die Anrufe von vier Leitungen, von denen drei zum Kensington Palace gehörten (im Polizeibericht werden sie als »gemietet vom Büro Ihrer Königlichen Hoheit der Prinzessin von Wales« bezeichnet), die vierte war die von Dianas Mobiltelefon. »Mr. Hoare glaubt, dass die Anrufe von Prinzessin Diana getätigt wurden«, vermerkte der Polizeibericht. Als Hoare der Polizei sagte, dass er Diana anrufen wolle, riet man ihm stattdessen, den nächsten stummen Anruf abzuwarten und sie dann »mit ihrem Vornamen anzusprechen«. Einem späteren Bericht dieser Episode zufolge soll Hoare den Ratschlag befolgt haben und Diana soll, als sie ihren Namen hörte, schluchzend erklärt haben: »Es tut mir so Leid, so Leid. Ich weiß nicht, was über mich gekommen ist«.

Mehrere Tage lang kamen keine Anrufe, ehe sie von neuem begannen. Diesmal wurden sie zu Telefonzellen in Kensington und Notting Hill zurückverfolgt, zwei in der Nähe des Kensington Palace gelegenen Stadtteilen, und zu Sarah McCorquodales Haus. Scotland Yard alarmierte den Leiter der Royalty Protection Squad, der Königlichen Sicherheitstruppe, der seinerseits einen hohen Regierungsbeamten anrief. Dieser wiederum sprach mit einem hochrangigen Palastangestellten, der Dianas Büro eine Nachricht überbrachte: Die Telefonanrufe müssten aufhören, da die Polizei bereits hinzugezogen sei und man eine Klage wegen Belästigung in Erwägung ziehe. Von diesem Zeitpunkt an unterblieben die Anrufe.

Hoares Beziehung zu Diana überdauerte den Zwischenfall, und sie wurden in London häufiger gemeinsam gesehen. Bereits im Dezember 1993 hatte ein Reporter von *Today* die beiden annähernd eine Stunde lang in ihrem Wagen sitzend beobachtet, während »sie ihren Kopf vertrauensvoll an Mr. Hoares Schulter lehnte«. Man sichtete sie zudem um sieben Uhr früh im Chelsea Harbour Club beim Frühstück, wo Diana täglich Sport betrieb. »Genug, um Spekulationen über eine Beziehung auszulösen«, hieß es im *Telegraph Magazine*. Als Fotografen die beiden schließlich im März 1994 beobachteten, wie sie im Wagen in den Kensington Palace einfuhren, erschien am nächsten Tag in der Boulevardpresse ein Bericht über das gemeinsame Essen mit Beatrice Flecha de Lima in einem chinesischen Restaurant. »Die Prinzessin war eine regelmäßige Besucherin« von Hoares Kunstgalerie, berichtete *Today* und fügte hinzu, dass sie »unter Tränen ihrer treuen Freundin ihr Herz ausgeschüttet hatte«.

Fünf Monate danach überfluteten Spekulationen über das Wesen ihrer Beziehung die Regenbogenpresse, nachdem *News of the World* am Sonntag, den 21. August 1994, unter der Überschrift »Di's verrückte Anrufe bei verheiratetem Tycoon« einen »weltweiten Exklusivbericht« veröffentlichte. Auf fünf Seiten listete die Zeitung die Ergebnisse der polizeilichen Untersuchung von Hoares stummen Anrufen im vergangenen Januar in allen Einzelheiten unter Angabe der genauen Uhrzeit und des Datums auf. Die Geschichte stellte Dianas Charakterfestigkeit in Frage und deutete an, dass sie eine Affäre mit Hoare habe.

Sowohl Hoare als auch Diana hatten am Samstag von dem bevorstehenden Artikel erfahren. Sie berieten sich telefonisch, und Diana ersuchte Richard Kay um Hilfe. Kay sprach mit Clive Goodman, dem königlichen Berichterstatter der *News of the World*, und erklärte ihm, dass die Anrufe möglicherweise von »treu ergebenen, irregeleiteten Mitarbeitern von [Diana] getätigt worden sind, die die Angelegenheit in eigene Hände genommen hatten«. Kay zufolge seien Dianas Angestellte beunruhigt, da Diana nach Hoares Bemühungen, ihre Ehe zu retten, häufig in Tränen aufgelöst gewesen sei. »Aus Wut tun Menschen oft seltsame Dinge«, erklärte Kay Goodman. In seinem Artikel in der *News of the World* schrieb Goodman Kays Aussagen »einer engen Freundin und Beraterin von Prinzessin Diana« zu. Damit unternahm er den faszinierenden Versuch, Kays Identität durch einen Verweis auf eine Frau als Informationsquelle zu schützen.

Am Samstagnachmittag vereinbarte Diana ein heimliches Treffen mit Kay auf dem Londoner Talbot Square. Nachdem Diana in seinen Wagen gesprungen war, fuhr er mit ihr mehrere Stunden umher, während sie ihm »ihre Wut und ihren Kummer« über die Anschuldigungen anvertraute, die in der Sonntagszeitung veröffentlicht würden. Wie üblich erwartete sie, dass Kay ihre Aussagen einer »Freundin« der Prinzessin von Wales zuschreiben würde. Als sie jedoch zum Talbot Square zurückkehrten, warteten zwei Fotografen mit schussbereiter Kamera auf sie. Sie hatten von jemandem einen Tipp bekommen, der Dianas geparkten Wagen erkannt hatte. Sobald die beiden Fotografen Kay und Diana erblickten, machten sie eine Reihe von Aufnahmen. Ein älterer Mann, dem die Fotografen aufgefallen waren, rief Diana und Kay an: »Wissen Sie, dass sie fotografiert werden?«

Kay, der augenblicklich erkannte, dass er seine übliche Tarnung nicht verwenden konnte, erklärte Diana, dass er sie diesmal direkt zitieren müsse. Am darauf folgenden Montag kündigte die *Daily Mail* mit der Überschrift »Was habe ich getan, damit ich das verdiene?« auf der Titelseite ein »noch nie da gewesenes Interview« an. Diana schadete sich mit ihrer Überreaktion: »Man versucht, mir zu unterstellen, eine Affäre mit diesem Mann gehabt zu haben, oder mich auf andere verhängnisvolle Weise von ihm angezogen zu fühlen. Das ist schlichtweg unwahr und unfair.« Darüber hinaus erzählte sie eine nur allzu leicht durchschaubare Lüge. Auf die Frage, ob sie Hoare von Telefonzellen aus ihrer Umgebung angerufen hätte, antwortete sie: »Das kann nicht ihr Ernst sein. Ich weiß noch nicht einmal, wie ich eine Parkuhr einstellen muss, geschweige denn, eine Telefonzelle benutzen.«

Der *Observer* tat derartige Behauptungen als »neurotischen Unsinn«

ab, und die *Times* bemerkte, dass diese »durch und durch moderne Prinzessin« im Umgang mit dem Telefon ihres Mannes vertraut genug war, um »mit dem Wiederwahlknopf« seine Anrufe an Camilla zurückzuverfolgen. Das *Telegraph Magazine* erinnerte an ein wenige Monate zuvor aufgenommenes Foto, das Diana »bei der Suche nach Kleingeld für eine Parkuhr auf der Knightsbridge« zeigte, und die *Sun* druckte eine schematische Darstellung für die Verwendung eines öffentlichen Telefons ab und unterrichtete Diana, dass sie lediglich eine glänzende Münze »mit dem Bild Ihrer Schwiegermutter darauf« einwerfen müsse.

Diana griff auf ihre übliche Verteidigungsstrategie zurück und sprach gegenüber Kay den Verdacht aus, dass Feinde im Palast hinter den Zeitungsberichten steckten. »Ich fühle, dass ich zerstört werde«, erklärte sie. »Jemand versucht, mich für verrückt zu erklären, mir von vornherein Schuld zuzuweisen. [Sie hoffen, dass] der Schmutz an mir kleben bleibt ... Ich weiß, dass einige mir nur allzu gern eine Abreibung verpassen würden.« Gleichzeitig nahm sie von ihrer früheren Behauptung Abstand, dass ihre eigenen Angestellten Dutzende von Anrufen getätigt hätten, die eindeutig von ihrem Apparat ausgegangen waren. Stattdessen wies sie die Verantwortung für sechs Anrufe zurück, indem sie Alibis vorlegte, die von einem Abendessen mit »einer älteren adligen Dame am Eaton Square« über ein Mittagessen in einem Restaurant in Mayfair bis zu Massage- und Friseurterminen reichten. Ihre Aussagen erwiesen sich als wenig zuverlässig: Das Restaurant in Mayfair war am genannten Tag geschlossen und es fanden sich keine Zeugen, die Dianas Behauptungen öffentlich bestätigt hätten.

Kay schützte sich, indem er eingestand, dass Diana »die Gewohnheit hatte, Mr. Hoare etwa zur Zeit der Rufüberwachungen anzurufen. Möglicherweise legte sie einfach auf, wenn seine Frau abhob.« Die *Sunday Times* bezeichnete diese Aussage als »bizarr«. Das Eingeständnis eines solchen schuldbewussten Verhaltens ließe lediglich auf eine verbotene Beziehung zwischen Hoare und Diana schließen, statt derartige Annahmen zum Verstummen zu bringen. Die *Sunday Times* verwies auf frühere Beispiele von schweigenden Anrufen, die Diana getätigt hatte, wie etwa die zehn Anrufe, die James Hewitt innerhalb von drei Wochen im Sommer zuvor erhalten hatte. »Ich nehme an, dass sie auch andere Menschen auf diese Weise anruft, und fühle tiefes Mitleid mit ihr«, erklärte Hewitt.

Zu Beginn September sprach die Regenbogenpresse fälschlicherweise von »dreihundert telefonischen Belästigungen«, obwohl im ursprünglichen Bericht die Zahl der Anrufe, die in den 16 Monaten vor der Rückverfolgung einlangten, nicht angeführt war. Im Oktober schaltete sich Richard Kay mit einem Artikel unter der Überschrift »Die Wahrheit über die verrückten Anrufe« ein. Ihm zufolge waren die zu Telefonzellen zurückverfolgten Anrufe von einem Teenager getätigt worden, der Hoares Söhne kannte. Kay wiederholte, dass Diana »den Geruch einer gegen sie gerichteten Verschwörung« wahrnahm, und zog die Beweise der zurückverfolgten Anrufe weiter in Zweifel, indem er von »gerade einmal zwölf Anrufen über einen Zeitraum von drei Monaten« sprach. In Wirklichkeit waren sie innerhalb von sechs Tagen erfolgt.

Ein Jahr später vereinte Diana all diese Zweifel in ihrem *Panorama*-Interview, leugnete erneut ihre Beteiligung und verzerrte die Fakten weiter, um die Aufmerksamkeit von ihrem Verhalten abzulenken. »Man behauptet, dass ich in sehr kurzer Zeit dreihundert Anrufe getätigt haben soll«, erklärte sie. »Wenn ich an meinen damaligen Lebensstil denke, hätte mich das zu einer überaus beschäftigten Frau gemacht. Nein, ich habe sie nicht getätigt. Dies war ein weiterer weit reichender Versuch, mich in Misskredit zu bringen, der mich beinahe kaputt gemacht hat.« Sie fügte hinzu: »Ich habe in dieser Sache meine eigenen Hausaufgaben gemacht und in der Folge herausgefunden, dass ein Junge die Anrufe getätigt haben muss. Aber ich lese, dass ich sie alle gemacht habe.« Sie gestand ein, Oliver Hoare »über einen Zeitraum von sechs bis neun Monaten ein paar Mal angerufen« zu haben, »aber gewiss nicht auf fanatische Weise«.

Die Presse stürzte sich auf Dianas Beschuldigungen und spürte den »Jungen« auf, den sie als »Quelle von bis zu dreihundert telefonischen Belästigungen« genannt hatte. Den Artikeln zufolge handelte es sich um einen 16-jährigen Schüler von Stowe, dem Internat, das auch Hoares Söhne besuchten. Wie Kay ein Jahr zuvor berichtet hatte, bestätigten diese Meldungen, dass der Junge »eine Menge Anrufe von Telefonzellen aus getätigt hatte ... die angeblich von Diana verwendet worden waren ... Die Anrufe seien ... eine Art Schikane gewesen.« Erst als der *Daily Express* die Mutter des Jungen kontaktierte, zeigten sich beträchtliche Schwachstellen in den erhobenen Vorwürfen. Ende Januar 1994, als die Polizei die Anrufe zurückverfolgte, befand sich ihr Sohn im Internat.

Zu diesem Zeitpunkt ging es jedoch längst nicht mehr um logische Erklärungen. Gewonnen hatte Dianas traurige Verleugnung im Fernsehen, die ihr das Mitgefühl der Zuschauer einbrachte und die Aufmerksamkeit von den Tatsachen ablenkte. Unbestritten hatte sie die Familie Hoare mit Telefonanrufen belästigt, ein Verhalten, das ernst zu nehmende psychologische Schlussfolgerungen zuließ. Unter vier Augen gestand Diana gegenüber Elsa Bowker, Hoare »siebzig Mal angerufen zu haben«. Elsa glaubte, Diana habe Hoare »aufgrund ihrer Übererregtheit angerufen. Sie konnte sich nicht beherrschen.« Niemand weiß, ob Diana mit diesen Anrufen ihr Bedürfnis stillte, mit Hoare in Kontakt zu bleiben, indem sie seiner Stimme lauschte, oder ob sie dem Verlangen nachgab, in seine Ehe einzudringen und diese zu zerstören. Möglich ist beides.

Unmittelbar nach der Veröffentlichung des »Telefonskandals« im August 1994 hatte Diana Hoare ersucht, eine öffentliche Stellungnahme abzugeben. Er entschloss sich jedoch zu schweigen. Diana fühlte sich durch Hoares Weigerung, sie öffentlich zu stützen, verraten, selbst wenn dies bedeutet hätte, dass er die Tatsachen falsch hätte darstellen müssen. »Sie erklärte, dass er ein schwacher Mann sei«, erinnerte sich Elsa Bowker. Dennoch hielt Diana die Beziehung aufrecht. Simone Simmons zufolge machte es sich Diana »Ende 1995« zur Gewohnheit, »ihren Wagen in der Nähe seines Hauses zu parken, um einen Blick auf ihn zu erhaschen«. Im Februar gab Hoares ehemaliger Chauffeur, Barry Hodge, Einzelheiten der Affäre gegenüber der *News of the World* preis, und wiederum gab Hoare keine öffentliche Stellungnahme ab. In diesem Augenblick entschloss sich Diana, ihn fallenzulassen. Er erfuhr davon aus einem von Richard Kay in scharfen Worten verfassten Artikel. »In Wirklichkeit betrachtet sie Hoare als ziemlich rückgratlose Kreatur« zitierte Kay in der *Daily Mail* seinen allgegenwärtigen »engen Freund«. »Seit seiner Weigerung, ihr in der Sache mit den belästigenden Anrufen zu helfen, war die Freundschaft eine Einbahnstraße gewesen. Er war von ihr stärker eingenommen als sie von ihm.« Kay erklärte fälschlicherweise, dass die Behauptungen, »[Diana] habe Hoare mit Telefonanrufen belästigt ... sich als haltlos erwiesen hätten«, und verwies bezeichnenderweise darauf, dass »Mr. Hoare dennoch auch weiterhin Schweigen wahrte«.

Hoare verhielt sich wie ein Gentleman. Er schrieb Diana einen Brief und fügte ein Geschenk bei, das er von ihr erhalten hatte: ein Paar Manschettenknöpfe von ihrem Vater. »Er wickelte sie in einen braunen Umschlag und zeichnete auf die Vorderseite eine Krone mit einem großen ›D‹ darin«, erinnerte sich Elsa Bowker, der er den Umschlag mit der

Bitte übergab, ihn an Diana weiterzuleiten. Als Elsa anrief, erklärte Diana: »Ich werde Paul [Burrell, ihren Butler] wegen der Manschettenknöpfe schicken. Den Brief kannst du vernichten.« Nachdem Burrell die Manschettenknöpfe abgeholt hatte, rief Diana zurück und fragte: »Hast du den Brief schon zerrissen?« Worauf Elsa antwortete: »Nein, ich werde ihn öffnen und lesen.«

Der Brief war eine Seite lang, und darin »dankte er Diana für all die Freude, die sie ihm bereitet hatte«, erinnerte sich Elsa. Eine Freundin von Elsa, die ihn ebenfalls gelesen hatte, bezeichnete Hoares Worte als »poetisch, so wundervoll geschrieben. Er dankte Diana, dass sie ihm die Manschettenknöpfe geschenkt hatte, er könne sie aber unmöglich behalten, da sie einfach zu kostbar seien«.

Während Diana zu Beginn des Jahres 1994 noch immer mit ihrer nach wie vor geheimen Romanze mit Oliver Hoare beschäftigt war, arbeitete der berühmte Fernsehinterviewer Jonathan Dimbleby an einer Dokumentation über Charles sowie an der dazugehörigen Biografie. Je weiter diese Projekte voranschritten, desto mehr befürchtete Diana, dass sie ein schlechtes Licht auf sie werfen könnten. Charles' höchste Berater hatten die Entstehung von Film und Buch Ende 1992 ins Rollen gebracht, um mit ihnen den 25. Jahrestag seiner Einsetzung als Prinz von Wales im Jahr 1969 zu feiern. Im Mittelpunkt standen Charles' gute Werke. Insbesondere seit dem Morton-Buch zielten die beiden Projekte jedoch vorwiegend darauf ab, den Zuschauern und Lesern die Komplexität seines Charakters zu vorzuführen, damit sie sich ein faires Urteil über ihn bilden könnten. Dimblebys Team nahm an Sitzungen teil, begleitete Charles zu offiziellen Auftritten und filmte ihn mit seinen Söhnen auf den Hängen von Klosters und auf der Hochebene von Balmoral. Den Schlusspunkt des Films bildete das Interview, das Dimbleby mit Charles im April 1994 in Highgrove aufgenommen hatte.

Vor diesem Interview arrangierte Dimbleby im März ein Mittagessen mit Diana im Haus eines gemeinsamen Freundes. Er versuchte, ihre Befürchtungen zu zerstreuen, indem er ihr versicherte, dass sie in dem Film respektvoll behandelt würde. Diana blieb jedoch misstrauisch. Auf die Frage, welche Rolle sie nach ihrer »Abschiedsrede« zu übernehmen gedenke, antwortete sie lediglich: »Das Wichtigste ist, sie im Ungewissen zu lassen«.

Das von Dimbleby aufgezeichnete Gespräch mit Charles befasste sich mit den Ansichten des Prinzen zu öffentlichen Dienstleistungen, Kindererziehung, Monarchie, der Kirche von England, Architektur, Militärdienst, Politik und Presse. Besonders scharf äußerte sich Charles über die Presse, die vieles von dem hervorgebracht habe, was ihm zugeschrieben wurde. »Es ist wesentlich leichter, all das zu erfinden und zu behaupten, es stamme von einem engen Freund, einem Mitglied des Personals oder sonst einer Person, während es in Wirklichkeit sinnloses Geschwätz ist«, erklärte er. »Im Laufe der Jahre erkannte ich ... dass es besser ist, das nicht zu lesen. Sonst wird man verrückt.« Als denkwürdigster Augenblick der zweieinhalbstündigen Dokumentation blieben wenige Sekunden in Erinnerung, in denen Charles Dimblebys Frage zu ehelicher Treue beantwortete.

Als Dimbleby Charles auf die »verheerende Anklage« ansprach, dass er Diana »von Beginn an ständig untreu« gewesen sei, antwortete Charles: »Daran ist nicht ein Körnchen Wahrheit.« Er erklärte, dass Camilla Parker Bowles »eine großartige Freundin sei ... es seit langem war ... und noch lange eine Freundin sein wird«. Dimbleby forschte weiter: »Versuchten Sie, Ihrer Gemahlin treu zu sein und sie in Ehren zu halten, als Sie Ihre Ehegelübde ablegten?« »Ja«, gab Charles zurück. »Und waren Sie das?« drängte Dimbleby weiter. »Ja«, erklärte Charles wiederum, »bis die Ehe trotz unserer beider Bemühungen unwiderbringlich zerrüttet war.«

Einige Augenblicke später fügte Charles hinzu: »Das war das Letzte, was ich je wollte ... Ich bin diese Ehe nicht mit der Absicht eingegangen, dass etwas Derartiges geschehen solle, oder mit sonst einem zynischen Gedanken in meinem Kopf. Ich meine, ich bin im Grunde kein zynischer Mensch. Es tut mir Leid, wenn ich selbstgerecht klinge, aber ich habe alles versucht, um die Dinge in Ordnung zu bringen ... um das Richtige für alle zu tun.« Er bezeichnete das Scheitern seiner Ehe als »zutiefst bedauerlich« und »schrecklich« und gab zu, dass daraus »ein gewisses Maß an Schaden« entstanden sei. Während Charles nicht angab, mit wem er das eheliche Treuegelöbnis gebrochen hatte, erklärte Dimbleby später gegenüber Reportern, »dass aus dem Zusammenhang eindeutig hervorging, dass wir über Camilla Parker Bowles sprachen« und gab als Zeitpunkt für den endgültigen Bruch der Ehe das Jahr 1986 an.

Die Ausstrahlung der Dokumentation sollte am 29. Juni 1994 erfolgen. Zwei Tage zuvor berichtete man in den Abendnachrichten, dass Charles seinen Ehebruch eingestehen würde. Zu diesem Zeitpunkt hatte

Charles sowohl Diana als auch die anderen Mitglieder der königlichen Familie über die in der Sendung angesprochenen Themen unterrichtet. Die Berater des Buckingham Palace hatten dem Prinzen geraten, der Frage des Ehebruchs aus dem Weg zu gehen, indem er seine Ehe zur Privatsache erklärte. Charles hatte sich stattdessen für die »Ich offenbare alles«-Methode entschieden, die sein Privatsekretär Richard Aylard vorgeschlagen hatte. Dimbleby erklärte später, dass es unehrlich gewesen wäre, diese Frage nicht zu stellen, nachdem das Morton-Buch die Affäre ans Licht gebracht und die Camillagate-Bänder peinliche Intimitäten enthüllt hatten. Mit seiner Antwort auf die Frage hoffte Charles, »Spekulationen zum Schweigen zu bringen, dass er der Prinzessin seit Beginn der Ehe untreu gewesen sei, und dem Mythos den Boden zu entziehen, dass es nie in seiner Absicht gelegen habe, eine gute Ehe zu führen«.

An jenem Abend, an dem ein Publikum von 13,4 Millionen Menschen in Großbritannien die Ausstrahlung der Dokumentation mitverfolgte – das bedeutete, dass 63 Prozent aller Briten an diesem Abend fernsahen –, erschien Diana bei einem Wohltätigkeitsessen für dreihundert Gäste in der Londoner Serpentine Gallery in einem atemberaubenden schulterfreien schwarzen Kleid: Es hatte ein tief ausgeschnittenes Dekolleté, und der Rock endete weit über den Knien. Dazu trug sie ein auffallendes Perlenhalsband. Das Outfit war dazu bestimmt, am nächsten Morgen sämtliche Titelblätter zu füllen. »In ihrer wundervoll athletischen Art sprang sie aus dem Wagen... in diesem Kleid, das ›Ich werde es euch schon zeigen‹ verkündete, und war einfach strahlend«, erinnerte sich Peter Palumbo, der Vorsitzende der Galerie, deren Schirmherrschaft Diana eben übernommen hatte.

Diana erhielt einen Platz zwischen Lord Gowrie, dem Nachfolger von Peter Palumbo als Vorsitzender des Arts Council, und Graydon Carter, dem Herausgeber von *Vanity Fair*, dem Sponsor des Abends. In ihrem Gespräch mit Carter tauchte weder Charles noch die Dokumentation auf. »Mir war nicht wirklich danach, sie zu fragen: ›Warum sind Sie nicht zu Hause und sehen fern?‹« berichtete Carter. Diana beschäftigte jedoch etwas anderes, das sie gerne besprechen wollte. Die Titelgeschichte der jüngsten Ausgabe von *Vanity Fair* war Jacqueline Kennedy Onassis gewidmet gewesen, die Anfang des Jahres verstorben war. »Diana hatte die Story gelesen und wollte wissen, wie schlecht die Familie Kennedy Jackie nach Jacks Tod behandelt hatte«, erzählte Carter. »Dann sagte sie zu mir: ›Ich weiß alles über eine derartige Behandlung.‹«

Lord Gowrie fiel es an diesem Abend offensichtlich schwerer, mit Diana ins Gespräch zu kommen, denn seine Frau sprach Christopher Hitchens an, den in Großbritannien geborenen Kolumnisten des Magazins, und ersuchte ihn: »Könnten Sie uns bitte aushelfen? Sie macht nicht einmal Smalltalk. Vielleicht bringen Sie sie zum Reden.« Hitchens trat daraufhin an Diana heran und erklärte mit tiefer Stimme: »Madame, wir alle hier sind Republikaner.« Damit entlockte er der Prinzessin ein herzliches, zustimmendes Lachen.

Die Regenbogenpresse schmückte ihre Berichterstattung über die Dimbleby-Dokumentation mit keck untertitelten Fotos von Diana. »Diesen Thriller verließ er, um Camilla zu umwerben«, hieß es in der *Sun* neben einer wenig schmeichelhaften Abbildung von Camilla in einem ähnlichen Kleid mit ähnlichem Halsschmuck. Dianas gehobene Stimmung bei ihrer Ankunft in der Serpentine Gallery kommentierte die *Daily Mail* mit den Worten: »Dies ist eine mit sich selbst zufriedene Frau, die auf ihre Attraktivität vertraut und sich nicht um die öffentliche Seelenerforschung ihres entfremdeten Mannes kümmert.« Nur der *Daily Telegraph* ließ Kritik an Dianas Verhalten verlauten: »Sie hätte sich auch, zusammengerollt auf ihrem Bett, ein Video ansehen können, doch dann hätten wir nichts davon erfahren, nicht wahr? ... Sie entfloh ihrer selbstauferlegten Abgeschiedenheit ... um das Kriegsbeil zu begraben – im Rücken ihres entfremdeten Gemahls.«

Charles wirkte erstaunlich unruhig, während er vor der Kamera ernst über seine Projekte und Pflichten sprach. Er schnitt Grimassen, wand sich und rang die Hände. Intime Themen waren ihm offensichtlich unangenehm. Sein gequältes Auftreten stand in scharfem Kontrast zu seinem üblichen Image als Kavalier und schwer zu beeindruckende Persönlichkeit. Innerhalb weniger Tage wurde deutlich, dass die Öffentlichkeit mit Charles fühlte. Eine Umfrage ergab, dass achtzig Prozent der Befragten ihn unterstützten, und eine weitere von der *Sun* in Auftrag gegebene Untersuchung bewies einen Anstieg seiner Popularität von 54 Prozent auf 63 Prozent. »Charles auf dem Thron ist ok« lautete daraufhin die Überschrift der *Sun*.

Die Reporter übersahen die bemerkenswerteste Eigenschaft der Dokumentation. Selbst nach den wilden Anschuldigungen des Morton-Buchs bezog sich Charles lediglich indirekt auf Diana. Er verwies darauf, dass er mit Diana ohne Groll über ihre beiden Söhne sprach, und weigerte sich, auf die Möglichkeit einer Scheidung näher einzugehen: »Das ist eine sehr persönliche und private Angelegenheit zwischen meiner Frau und mir.« Er drückte sogar sein Mitgefühl für die ständige Musterung aus, der Diana während ihrer Ehe ausgesetzt war: »Ich glaube, für jeden, der in meine Familie einheiratet, ist es unendlich schwer ... Die Belastungen und der Stress ... werden mitunter unerträglich ... Betrachten Sie nur das Ausmaß an Aufdringlichkeit, die ständige, unablässige Kritik, die Belehrungen, die Nachforschungen und die Erfindungen. In dieser Seifenoper versucht man, allen und jeden in eine Berühmtheit zu verwandeln. Und wenn jemand keine Berühmtheit ist, nun, wo ist dann das Problem?«

Camilla wahrte diskretes Schweigen, während ihr Vater einer Zeitung gegenüber erklärte, dass Charles »fair und aufrichtig« gewirkt habe und in den Aussagen zu seiner Ehe »Ehrlichkeit und Mut« bewiesen habe. Rosalind Shand sagte, ihre Tochter habe sich »bemerkenswert gut gehalten, wenn man bedenkt, was für entsetzliche Dinge über sie geschrieben worden sind«.

Wie verlautete, soll Diana über Charles' Geständnis »frohlockt« haben, da sie überzeugt war, dass er seinem Image schwer geschadet habe. »Ich habe die Sendung nicht gesehen und werde es auch nie«, soll sie dem *Daily Express* zufolge ihren Freunden ausgesagt haben. Ungeachtet ihres forschen Auftretens wollte Diana später »ziemlich niedergeschmettert« gewesen sein. »Aber ich bewunderte seine Aufrichtigkeit, denn es erfordert vieles, in seiner Position über eine Beziehung mit einer anderen ehrlich zu sein. Das ist wirklich eine Leistung.« In der Praxis bewirkte Charles' Bekenntnis, dass seine Beziehung zu Camilla dem Reich der Anspielungen entrissen wurde. »Die Öffentlichkeit zeigte Mitgefühl, und für die Medien bedeutete dies das Aus für ihre Geschichte«, erklärte einer von Charles' Freunden. Kaum eine Woche nach ihrer Aussendung verschwand die Dokumentation vom Bildschirm der Medien. Von Dianas Standpunkt aus war die Geschichte jedoch noch lange nicht vorbei, auch wenn sie ihr vergleichsweise weniger Schaden zugefügt hatte, als sie sich bereits selbst beigebracht hatte.

Weniger als zwei Monate später stürzte sich die Regenbogenpresse auf den Hoare-Telefonskandal. Die Probleme innerhalb der königlichen Ehe waren mittlerweile weithin bekannt, so dass sich nun auch die Großformate der Berichterstattung anschlossen. Nur einen Monat nach dieser Sensation erfuhren sie von bedeutend größeren Enthüllungen, die im Buch *Princess in Love* von James Hewitts schriftstellerischer Helferin

Anna Pasternak zu erfahren seien. Diana war Mitte August von der bevorstehenden Veröffentlichung in Kenntnis gesetzt worden. Diese Nachricht verdarb ihren Urlaub mit dem Ehepaar Flecha de Limas in Martha's Vineyard und zwang sie, drei Tage früher als geplant nach London zurückzukehren. Zu diesem Zeitpunkt war ihre Entfremdung von Hewitt bereits deutlich, und die Veröffentlichung war nicht zu verhindern. Als sie ihn anrief, erklärte er: »Ich betrachte mich nicht mehr als Freund.«

Hewitt empfand Diana gegenüber aus zwei Gründen Bitterkeit. Zum einen hatte sie ihn »fallengelassen«, und zum anderen betrogen. Nachdem er im vergangenen März aus der Armee ausgetreten war, hatte er dem *Express* eine entschärfte Version seiner Beziehung zu Diana für mehr als 280.000 DM verkauft. Er behauptete, Diana habe diese Lügengeschichte unterstützt, um ihre Affäre als harmlose Freundschaft darzustellen. »Es war ein Präventivschlag«, erklärte Hewitt, doch »die Gerüchte wurden lauter als zuvor.« Ungeachtet der Unverfänglichkeit der Story musste sich Hewitt viel Kritik gefallen lassen, weil er seine Beziehung zu Diana in klingende Münze umgewandelt hatte. »Diana war [über die Veröffentlichung] überglücklich«, berichtete Hewitt. »Sobald sich das Blatt jedoch gegen mich wendete, erhielt ich nicht die geringste Unterstützung von ihr ... Diana erklärte, dass ihr der Ausgang der Geschehnisse Leid täte, doch als es zu heiß wurde ... ließ sie alles einfach fallen.«

Anna Pasternak hatte den »besänftigenden« Bericht für den *Express* geschrieben, wusste jedoch aus zahlreichen Gesprächen, dass die Geschichte zwischen Hewitt und Diana bedeutend mehr Sprengstoff enthielt. Später erklärte sie, Charles' im Fernsehen eingestandener Ehebruch habe sie so sehr entrüstet, dass sie sich entschloss, das zu erzählen, was sie als »zu wundervolle« Liebesgeschichte betrachtete, »als dass sie geheim bleiben dürfe«. Ende Juli unterzeichnete Pasternak mit Bloomsbury Publishing, einem anerkannten Londoner Verlagshaus, ein Abkommen als Hewitts Ghostwriter. Sie kündigte beim *Express* und tauchte auf dem Land unter, wo sie bis Anfang September 80.000 Worte niederschrieb, damit Hewitts Buch zeitlich vor Andrew Mortons Fortsetzung in den Läden ausliege. Hewitt behauptete, von dem Buch keinen finanziellen Vorteil gehabt zu haben, der *Mirror* veröffentlichte jedoch später Kontoauszüge, die nachwiesen, dass er mehr als 370.000 DM erhalten hatte. Zum Zeitpunkt der Veröffentlichung des Buches war Hewitt plötzlich imstande, für ein georgianisches Herrenhaus in Dartmoor annähernd 750.000 DM zu bezahlen.

Pasternak erschien Hewitts Geschichte absolut überzeugend. Der »Beweis«, dass er mit Diana geschlafen hatte, fand sich in Dianas Briefen, die Hewitt ihr zur Verfügung gestellt hatte. Hewitt übergab dem Verlagshaus zudem eine eidesstattliche Erklärung, in der er »die Wahrheit« der von Pasternak beschriebenen Ereignisse »bestätige«. Die Autorin verfolgte die Absicht, »die Dinge auf rücksichtsvolle, würdevolle und anspruchsvolle Weise ins rechte Licht zu rücken«. Bei seiner Veröffentlichung am 3. Oktober fehlten diese drei Eigenschaftswörter in sämtlichen Kritiken des Buches. *Princess of Love* wurde ausnahmslos verrissen. Der vielleicht ätzendste Kommentar stammte von Lord St. John of Fawsley, dem Vorstand des Emmanuel College in Cambridge und Langzeitfreund von Johnnie Spencer. Er bezeichnete das Buch als »belastend, widerlich und gespreizt ... Im Vergleich hierzu klingt Barbara Cartland wie George Eliot. Wenn man es einmal aus der Hand legt, kann man es unmöglich ein zweites Mal aufschlagen.«

Die Regenbogenpresse verdammte Hewitt mit jedem nur erdenklichen abfälligen Ausdruck, der sich in eine fünf Zentimeter hohe Überschrift pressen lässt: »Verräter« (*Daily Express*), »Liebesratte« und »Schurke« (*The Sun*), »Großbritanniens größter Lump« (*Daily Mail*). »Er ist ein widerlicher Kriecher«, hieß es im Leitartikel des *Mirror*. »Ihn mit der Reitpeitsche auszupeitschen, wäre noch zu gut für ihn.« Wie sehr sich die Presse auch über Pasternaks Ausdrucksweise ereiferte, sie druckte dennoch umfangreiche Auszüge ab. Der *Daily Mirror* veröffentlichte fünf Seiten und die *Sun* 17, einschließlich einem »achtseitigen Spezialbericht über das Buch, das Diana verriet« mit Geschichten wie »Sie taten es in Althorp«, »Sie taten es im Badezimmer«, »Sie flehte ihn an, es mit ihr in Dartmoor zu tun« und »Schritt-für-Schritt-Führer zu den saftigsten Häppchen«. Ohne offenkundige Ironie erklärte die *Sun* ihre Berichterstattung mit den Worten: »Unser Abscheu vor Hewitts Hetze wird durch unsere Sorge für Dianas Wohlbefinden gedämpft. Aus diesem Grund drucken wir seine Geschichte ausführlich ab. Die Wahrheit mag schmerzlich und unangenehm sein, unsere Augen vor ihr zu verschließen, hilft jedoch niemandem.« Zusätzlich wies die *Sun* vorwurfsvoll auf die königliche Familie, die es unterlassen habe, Diana »eine Schulter zum Ausweinen« anzubieten.

Das Buch *Princess in Love* stürzte Diana, Charles und die gesamte Königsfamilie in große Verlegenheit. Der Buckingham Palace tat es als »schmutzig und wertlos« ab, und Dianas Rechtsanwalt Lord Mishcon bezeichnete es als »erbärmlich«. Gleichzeitig unterließ es der Palast, gegen die im Buch erhobenen Behauptungen Klage zu erheben, und bezeichnenderweise trat auch Diana nicht mit einem offiziellen Dementi an die Öffentlichkeit. Stattdessen griff sie auf ihre Gewohnheit zurück, »Freunde« für sich sprechen zu lassen. Pflichtbewusst berichtete Richard Kay, dass sie durch Hewitts »Eindringen in ihr Privatleben zutiefst verletzt« sei und dass sie, »ungeachtet der in blumigen Worten gehaltenen Passagen ... beharrlich daran festhält, dass sie und Hewitt nie ein Liebespaar waren«. Im *Daily Express* beschreibt eine »Freundin« das Buch als Ausbund von Hewitts »Fieberfantasien«.

Kaum ein Jahr später widersprach Diana diesen Verleugnungen, als sie im *Panorama*-Interview den Ehebruch mit Hewitt eingestand. Sie erklärte, dass Hewitt ihr zehn Tage vor der Veröffentlichung versichert habe, »dass nichts zu befürchten sei«. Als das Buch erschien, »bin ich augenblicklich zu meinen Kindern gelaufen, um mit ihnen zu sprechen. William zog eine Schachtel mit Pralinen hervor und sagte: ›Mama, ich glaube, man hat dich verletzt. Die hier sollen dich wieder zum Lächeln bringen.‹«

Diana stand noch mehr Aufklärungsarbeit bevor, als Auszüge von Jonathan Dimblebys Biografie über Charles am 16. Oktober 1994 in der *Sunday Times* erschienen. Charles hatte Diana erklärt, was von dem Buch zu erwarten sei, das sich in seiner Gesamtheit zurückhaltend und nüchtern präsentierte. Dimbleby verwies auf Dianas Bulimie und ihr wechselhaftes Verhalten als Erklärung für das Scheitern der Ehe. Charles verzichtete jedoch darauf, seine Gemahlin direkt oder indirekt zu verurteilen. Eine unabänderliche Grundbedingung für das Projekt war Dimblebys Zusage gewesen, sich jeder Kritik an Diana zu enthalten.

Die Überschrift der *News of the World*, »Charles: Ich habe Diana nie geliebt«, verletzte Diana zutiefst. Charles hatte Dimbleby gegenüber nie etwas Derartiges erwähnt, der die Gefühle des Prinzen seiner Gemahlin gegenüber zurückhaltend beschrieben hatte: Er habe sie als »liebenswert« und »warmherzig« empfunden und »war überzeugt, sich in sie verlieben zu können«. Dimbleby wurde zudem der Tatsache gerecht, dass Charles den Heiratsantrag unter dem Druck der Medien und seines Vaters gemacht habe und aufgrund von Dianas Stimmungsschwankungen mit einem Gefühl der Unsicherheit in die Ehe gegangen sei. Er betonte, dass Charles die Ehe zu retten versucht hatte und, als Diana untröstlich geblieben sei, »darauf bestand, dass ihn die Schuld treffe, da sie ohne ihn nicht so tiefe Qualen leiden würde ... Er konnte von niemandem erwarten, der Rolle der Gemahlin des Thronerben gerecht zu werden.«

Einen Tag nach dem in der *Sunday Times* erschienen Auszug fuhr Diana zu William nach Ludgrove. Als William fragte, woran die Ehe gescheitert sei, antwortete sie: »Nun, diese Ehe bestand aus drei Personen, und der Druck der Medien war ein weiterer Faktor, so dass es die beiden sehr schwer hatten. Aber obwohl ich Papa noch immer liebte, konnte ich nicht mit ihm unter demselben Dach leben und umgekehrt.« Es wirkt unwahrscheinlich, dass Diana ihren zwölfjährigen Sohn beruhigte, indem sie Charles die Schuld zuwies, aber sie bestand darauf, dass sie es ihm »behutsam erklärt habe, ohne Groll oder Wut«.

In Wirklichkeit war Diana zutiefst verärgert über das »in dem Buch präsentierte Bild ... von einer Frau, die sowohl unvernünftig als auch labil ist«. Vor allem das Buch erschien ihr als »Racheakt«. Ihre Essstörungen, Depressionen und Selbstverstümmelungen hatte sie Morton anschaulich geschildert, was sie nun an Dimblebys Porträt beunruhigte, war das ihr zugeschriebene unbeständige Verhalten. »Ihrer Ansicht nach hat ihr der Skandal um die Biografie jede Möglichkeit genommen, ein neues Privatleben aufzubauen«, berichtete die *Sun*.

Kurz nach Dimblebys Buch erschien Andrew Mortons Fortsetzung, die geradezu enttäuschend wirkte. Im August hatte sich Diana bereits von dem Projekt distanziert, indem sie behauptete, »mit Morton seit mehr als drei Jahren keinen Kontakt« mehr zu haben. Ungenannt blieb ihr Freund James Colthurst, der weiterhin als Mittelsmann diente. Als das Buch im November veröffentlicht wurde, wies sie es als »Mischmasch langweiligen Klatsches aus zweiter Hand« zurück, den »Morton zu seinem eigenen Vorteil gesammelt habe«. Das verwundert kaum, da die *Times* das im Nachfolgebuch von Diana gezeichnete Porträt als »verbittert, eifersüchtig, einsam ... besessen von ... alternativen Therapien ... und in zunehmendem Maß isoliert« bezeichnete.

Die Fortsetzungsbiografie hatte in den Boulevardzeitungen eine Reihe von Artikeln zu Mortons sensationellsten Behauptungen zur Folge, etwa einer weiteren Selbstverstümmelung – einer schaurigen Erzählung, in der sich Diana während eines Flugs im Flugzeug der Königin die Arme aufschlitzte und Sitze und Wände mit ihrem Blut beschmierte – und ihrer Verwendung des Medikaments Prozac, das sie Morton zufolge zur Bekämpfung ihrer Bulimie eingenommen hatte. In Wirklichkeit hatte Diana nur kurzfristig mit Prozac experimentiert, während die Symptome ihrer Bulimie weiterhin auftraten. Nach der Veröffentlichung verlor James Colthurst seinen Status als »unbezahlter Berater« von Diana.

Nahezu ein Jahr nach Dianas »Pensionierung« nahmen einige britische Zeitungen ihr gegenüber einen weniger wohlwollenden Standpunkt ein als zuvor. Selbst hartnäckigste Befürworter wie die *Sun* übten Kritik an ihr und betitelten einen Artikel über ihre »Jekyll und Hyde«-Persönlichkeit mit den Worten »Die zwei Gesichter der gequälten Di.« In der Aprilausgabe des Jahres 1994 bezeichnete die Zeitschrift *Tatler* ihre Garderobe als »entsetzlich gewöhnlich«, und andere Magazine machten sich sogar über sie lustig, wenn ihre emotionale Zerbrechlichkeit deutlich sichtbar wurde: »In letzter Zeit hat sie sich häufig Weinkrämpfen hingegeben, die Prinzessin des Klageliedes«, schrieb der *Observer*.

Bevor sich Diana in ihren eigenen Ausflüchten und Täuschungen in der Hoare- und Hewitt-Geschichte verstrickte, bestand ihre Hauptsünde darin, Fotografen mitunter zurechtgewiesen und angefaucht zu haben, die aggressiver auftraten, seit Diana Anfang des Jahres 1994 zusammen mit ihren königlichen Pflichten auch ihre Sicherheitswache abgelegt hatte. Sobald sie auf sich selbst gestellt war, wurde sie im Umgang mit den königlichen Berichterstattern ebenfalls unberechenbar. »Sie war schizophren, und daraus ergaben sich Probleme«, erklärte Robert Hardman vom *Daily Telegraph*. »Niemand kannte die Rahmenbedingungen. Einmal war sie zum Scherzen aufgelegt, dann wieder flehte sie verärgert um Privatsphäre. Du wusstest nie, ob sie nun wollte oder nicht oder lediglich etwas vortäuschte.«

Sobald sich in Dianas Berichterstattung ein bitterer Ton abzeichnete, setzte sie zu einer methodischen Kampagne an, um die Presse erneut auf ihre Seite zu ziehen, indem sie sich von der Spitze abwärts arbeitete. Sie traf sich regelmäßig zum Essen mit Zeitungseigentümern wie Lord Rothermere von der *Mail* und seinem obersten Stellvertreter David English, dem *Telegraph*-Eigner Conrad Black und dem Mediengiganten Rupert Murdoch von *News International*. Meistens informierte sie die Beamten des Buckingham Palace über diese Treffen mit Zeitungseigentümern und Verlegern in letzter Minute oder gar erst nach der Zusammenkunft.

Sie ließ Richard Kay weiterhin Informationen zukommen, knüpfte jedoch auch Kontakte zu anderen Reportern und Herausgebern, die ihr nützlich sein konnten. Zu ihnen zählte Anthony Holden, Kays Kollege bei der *Daily Mail*, der Diana als kritischer Biograf von Charles und überzeugter Republikaner besonders ansprach. Seit dem Morton-Buch hatte Holden besonders hilfreiche Artikel über Diana für die *Daily Mail* und andere Zeitschriften verfasst. »Ich erhielt von einem gemeinsamen Freund einen Anruf. Er sagte: ›Komm um 12.40 Uhr nach San Lorenzo‹«, erinnerte sich Holden. »Der Tisch neben meinem war der Einzige, der mit Blumen geschmückt war, und kurz darauf erschien Diana mit den Jungen und ihrem Kindermädchen.« Wie Kay lud Diana Holden ein, sich ihr anzuschließen. »Dies war das erste von einer Reihe gemeinsamer Mittagessen in öffentlichen Lokalen«, erzählte Holden. »Es gab immer irgendwelche Täuschungsmanöver und etwas wie: ›Oh, wie schön, Sie zu sehen!‹« Ihre inoffiziellen Bemerkungen »bildeten die Grundlage für das, was ich schrieb«, erklärte Holden.

Auf Vorschlag ihres Freundes Peter Palumbo beriet sich Diana auch mit Andrew Neil, dessen *Sunday Times* 1992 die ersten Auszüge aus dem ursprünglichen Morton-Buch veröffentlicht hatte. Sie trafen einander im Februar 1994 während eines Essens in Palumbos Landhaus. Palumbo hatte Neil ersucht, Diana ein wenig Orientierungshilfe zu leisten. »Sie wollte sich mit mir in Verbindung setzen«, erinnerte sich Neil, »und Peter war überaus besorgt um sie, als fürchtete er, eines Tages aufzuwachen und zu entdecken, dass sie Selbstmord begangen hatte. Er drückte es nie in Worten aus, aber wenn ich es ansprach, nickte er grimmig und stritt es nie ab. Peter sagte zu mir: ›Wie können wir dieser Frau zu einem normaleren Leben verhelfen, damit sie nicht ihre gesamte Zeit beim Training verbringt‹ – ein Hinweis auf eine bulimische Persönlichkeit.«

Neil bemerkte, dass sich Diana seit ihrem letzten Treffen vor zehn Jahren stark verändert hatte. Damals hatte Charles das Gespräch bestimmt. »Sie sprach mit bitterem Humor über die königliche Familie«, erzählte Neil. »Mich überraschte, dass sie trotz ihrer begrenzten intellektuellen Fähigkeiten und ihrer mangelhaften Ausbildung etwas wie eine Straßenintelligenz entwickelt hatte. Sie diskutierte über die Zukunft der Königsfamilie, und ihre Worte ergaben tatsächlich einen Sinn.« Neil versuchte, sie zu einer Ganztagsbeschäftigung zu bewegen. »Sie müssen in der Früh aufstehen, das Haus verlassen, etwas Sinnvolles tun und dann wieder nach Hause zurückkehren«, erklärte er, doch sie schien wenig Interesse für seinen Vorschlag aufzubringen.

Diana war der Ansicht, dass sie auch Kontakt zu Reportern suchen sollte, die sie als unfreundlich betrachtete. »Sie wollte sie für sich gewinnen«, berichtete Richard Kay. »Ihre Theorie lautete: ›Diese Menschen schreiben über mich, ohne mich zu kennen. Wenn sie mich kennen lernen, schreiben sie vielleicht nicht mehr solche Dinge über mich.‹ Ich hielt es für eine überaus gefährliche Strategie.«

Besonders mit Männern in einem gewissen Alter führte sie tatsächlich einige beeindruckende Gespräche. Den launenhaften *Daily Telegraph*-Kolumnisten Auberon Waugh gewann sie während eines Mittagessens im Kensington Palace für sich. »Seitdem schwebe ich auf Wolken«, erklärte er. Sie machte sich bei Waugh noch beliebter, als sie anlässlich seines jährlichen *Literary Review*-Lunches einen selbstkritischen Limerick vorlas, nachdem sie sich entschuldigt hatte, »eine notorische Analphabetin« zu sein, die den Vers »zwischen Therapiesitzungen und heimlichen Stelldicheins« verfasst hatte. Von nun an stand Waugh »uneingeschränkt auf Dianas Seite, weil er eine Schwäche für sie hatte«, erklärte Richard Ingrams, der ehemalige Herausgeber von *Private Eye*. »Das ist die ungeschliffene Erklärung. Aber er war von ihr wirklich berührt.«

Max Hastings, der bis 1995 als Herausgeber des *Daily Telegraph* tätig war, ehe er zum *Evening Standard* wechselte, stellte für Diana eine besonders entmutigende Herausforderung dar. Der *Telegraph* lag auf der Linie des Prinzen, und Hastings selbst hatte zahlreiche Freunde im sportlichen Umfeld von Charles. Mit 1,95 Meter war Hastings eine körperlich beeindruckende Erscheinung. Zur Legende war er in der Fleet Street durch seine wagemutige Berichterstattung in elf Kriegen geworden, einschließlich dem indisch-pakistanischen Krieg, Vietnam und dem Krieg um die Falkland-Inseln. 1995 entschloss sich Diana, über einen guten Freund an ihn heranzutreten, der gleichzeitig sein Nachbar war. »Komm am Freitagabend zum Abendessen aufs Land«, forderte der Freund ihn auf. »Diana möchte dich sehen.« Während sich der Gastgeber und die Gastgeberin in eine Ecke zurückzogen, »spielte Diana ihre Karten aus«, erinnerte sich Hastings. Wie Andrew Neil sah auch Hastings »eine verbitterte Frau. Sie war aber auch geistreich und ging es geschickt an. Meine ungeteilte Aufmerksamkeit gehörte ihr.«

Diana übte auf Journalisten einen gewissen Reiz aus, da sie mit ihnen auf einer menschlichen Ebene umging. Gewissenhaft bedankte sie sich für jeden Gefallen und zeigte durch Gesten ihre Anteilnahme – etwa, als sie Richard Kays Mutter nach dem Tod seines Vaters einen Brief schickte, und anschließend Karten fürs Ballett. Prinz Charles hingegen konnte ein langes Gespräch mit einem Journalisten hinter sich bringen, ohne sich auch nur nach dessen Kindern oder sportlichen Interessen zu erkundigen. »Der Prinz fühlte sich in Gegenwart der Presse zu unbehaglich, als dass er das Spiel auf ihre Weise hätte spielen können«, erklärte Hastings. »Sie stellte die richtigen Fragen und interessierte sich auch für deine Angelegenheiten. Auch ich hätte Diana vorgezogen, die genau wusste, wie sie anderen dazu verhelfen konnte, sich wohl zu fühlen.«

»Sie gehörte zu jenen, denen du dich rasch eng verbunden fühlst«, berichtete der Kolumnist und Historiker Paul Johnson, ein weiterer dorniger Charakter, der in den Kensington Palace zum Essen kam und von Diana verzaubert wurde. Johnson gehörte nicht zu ihren beständigsten Fans, da er Charles gegenüber jedoch eine deutlich kritischere Haltung einnahm, interessierte er Diana. Er stellt ihr mehrere Memoranden als Ratgeber für ihren Umgang mit der Presse zusammen. »Glauben Sie nicht, die Medien manipulieren zu können, denn sie werden Sie manipulieren«, erklärte er ihr. »Vertrauen Sie ihnen kein Geheimnis an, denn im Laufe der Zeit werden sie es ausplaudern.« Johnson musste jedoch eingestehen, »dass sie nicht auf mich hörte«.

Zu Dianas Einschmeicheltaktiken gehörte etwas, das der TV-Unterhalter Clive James als »Schweigeabkommen« bezeichnete: »Sie erzählen mir etwas, das Sie keiner anderen Seele erzählen, und ich erzähle Ihnen etwas, das ich keiner anderen Seele erzähle, und dann kann keiner von uns beiden einem anderen erzählen, worüber wir gesprochen haben ... Ich glaube, das war eine Art Gedankenspiel. Sie muss es mit Dutzenden gespielt haben ... Jeden ihrer platonischen Kavaliere ließ sie in dem Glauben, oder versuchte es zumindest, er wäre der Einzige.«

Diana war stolz auf ihre Methoden, die Berichterstattung zu beeinflussen. Während eines Essens im Hause der Goldsmith' beschrieb sie dem Journalisten und Historiker Andrew Roberts eine ihrer Taktiken. Selbst als Diana-Skeptiker konnte er nicht umhin, ihre »angeborene Schläue im Umgang mit der Presse« zu bewundern. »Sie erklärte, um einem kurz vor der Veröffentlichung stehenden Gerücht den Boden zu entziehen, müsste man lediglich der Gegenseite eine leicht abgewandelte Version derselben Geschichte erzählen. Wenn zum Beispiel der *Express* mit einer Sache herauskommen wollte, würde sie Richard Kay anrufen, und ihm eine Version mit etwas veränderten Fakten anbieten – was nicht unbedingt ehrlich ist –, so dass keine der Zeitungen wusste, wie die Wahrheit tatsächlich aussah. Die wahre Geschichte würde in sich zusammenfallen. Das war ungemein klug, und sie hat den Trick wiederholt angewendet.«

Mitunter ging Diana zuweit, und ihre Bemühungen kehrten sich gegen sie. Im Mai 1994 teilten Vertreter eines verärgerten Prinzen von Wales der Presse (einschließlich Kay von der *Daily Mail*) mit, dass sich Dianas extravagante Jahresausgaben für »Pflege« auf 160.000 £ (etwa 470.000 DM) beliefen. Dazu zählten etwa 91.330 £ (etwa 280.000 DM) für Kleidung, 9.350 £ (etwa 28.000 DM) für Friseurbesuche und 7.306 £ (etwa 22.300 DM) für alternative Therapien. Für jenen Tag hatte Diana ein Essen mit Peter Stothard, dem Herausgeber der *Times*, als Teil ihrer Kampagne zur Kontaktaufnahme anberaumt. Kaum hatten sie Platz genommen, ließ Diana ihrem Ärger über die Berichterstattung freien Lauf. »Mein Mann hat diese Äußerung letzte Woche bei einer Dinnerparty gemacht, von wo sie zu Ross Benson und Nigel Dempster gelangte, und nun werden all diese Dinge behauptet«, erklärte sie Stothard, der später schrieb: »Zu meinem Entsetzen erzählte sie mir eine komplizierte Geschichte über einen Stadtstreicher, der in den Regent's Park Canal gefallen war und dem sie geholfen hatte.«

Verwirrt von ihrem Bericht, ging Stothard nicht auf den Köder ein. Am selben Nachmittag rief Dianas Chauffeur Richard Kay an und gab an ihn die Geschichte der Rettung weiter. Am nächsten Tag erschien auf der Titelseite der *Daily Mail* Kays Artikel mit der Überschrift »Diana rettet ertrinkenden Mann«. Der Bericht forderte andere Zeitungen lediglich heraus, sich über die angeblichen Heldentaten Dianas lustig zu machen. Kay bestand später darauf, dass er Dianas Chauffeur vertraut habe und dass Diana »tatsächlich eine Rolle gespielt und nasse Füße bekommen hatte«. Mit der Überschrift hätte er jedoch zugegebenermaßen den Bogen überspannt.

Richard Kays Rolle als Dianas Boswell wurde Anfang Mai allgemein bekannt. Diana war soeben von einem Urlaubswochenende in Spanien mit ihren Freundinnen Kate Menzies und Catherine Soames zurückgekehrt. Sie waren von Paparazzi belagert worden, von denen einer fünf Fotos von der »oben ohne« sonnenbadenden Diana aufgenommen hatte und sie für 1 Million £ (mehr als 2,7 Millionen DM) zum Kauf anbot. Kaum nach London zurückgekehrt, kontaktierte Diana Kay, der sie in ihrem Wagen hinter Harrods interviewte.

Am nächsten Tag zitierte Kay in seinem Bericht in der *Daily Mail* eine »Freundin« mit der Aussage, dass Diana das Eindringen der Paparazzi in ihre Privatsphäre als »Vergewaltigung« empfinde. Ohne dass Kay oder Diana davon wussten, hatte ein Fotograf sie während ihres Gesprächs in Dianas Audi abgelichtet und die Aufnahmen an die *Sun* verkauft, die zum zweiten Mal eine Überschrift über die »beiden Gesichter« von Diana herausbrachte. Die *Sun* verurteilte Diana wegen ihrer »Scheinheiligkeit und Doppelmoral ... die sich angeblich einer ›Freundin‹ anvertraute«, und kritisierte sie wegen des Sonnenbades ohne Oberteil: »Sie können nicht einen Prinzen heiraten und erwarten, wie eine Schreibkraft zu leben.«

Die Tatsache, dass Diana Kay den Vorzug gab, wandte sich häufig in unerwarteter Weise gegen sie. »Sie verstand nicht, was geschieht, wenn man jemandem eine Exklusivstory anvertraut«, erklärte Kays Kollege bei der *Daily Mail* Peter McKay. »Dadurch fühlen sich die anderen lediglich herausgefordert, die Geschichte auseinanderzunehmen. Teilweise aus Wut, weil ein anderer die Exklusivstory bekommen hat, und teilweise, weil man einen unterschiedlichen Standpunkt einnehmen muss. Sie begriff einfach nicht, dass sie unter den anderen Zeitungen Neid und Hass säte, wenn sie mit einer einzigen zusammenarbeitete.«

Richard Kay zufolge »hasste« Diana es, wenn man ihr vorwarf, ihren Einfluss geltend zu machen, wie es in späteren Jahren häufig geschah. Ihrer Ansicht nach handelte es sich bei Manipulation um ein Eingreifen im Namen eines anderen. Sie hätte jedoch das Recht, die Berichterstattung über sich entsprechend zu formen. »Selbstverständlich war es Manipulation«, erklärte Clive James, »aber welchen anderen Traum hat eine Marionette, als selbst an den Fäden zu ziehen?«

# KAPITEL 21

Die Regenbogenpresse kritisierte Dianas Privatleben, forderte sie aber gleichzeitig auf, eine größere Rolle in der Öffentlichkeit zu übernehmen. »Es war ein ständiges Drängen«, erzählte Jane Atkinson, Dianas Presseberaterin am Ende ihres Lebens. »Immer wollten die Medien wissen: ›Was hat sie damit gemeint, dass sie eine Botschafterin sein will?‹ Worauf ich antwortete: ›Sehen Sie denn nicht, dass sie das selbst nicht weiß?‹«

In ihrer »Abschiedsrede« hatte Diana angekündigt, dass sie innerhalb von Monaten »eine geeignetere Methode finden werde, um eine bedeutungsvolle öffentliche Rolle mit einem hoffentlich privateren Leben zu vereinen«. Im Jahre 1994 verringerte sie ihre öffentlichen Verpflichtungen drastisch und erschien lediglich bei zehn königlichen Anlässen – im Vergleich zu 198 im Vorjahr. 1995 kehrte sie mit 127 offiziellen Auftritten auf den königlichen Kalender zurück und sorgte dafür, dass sie etwa zweimal pro Woche für Fotografen und Reporter zu sehen war.

Ungeachtet ihrer offiziellen Termine hatte Diana einen Berühmtheitsgrad erreicht, durch den sie ständig im Blickpunkt der Öffentlichkeit stand. Die alltäglichen Ereignisse ihres Lebens – ein Besuch im Gesundheitszentrum, ein Treffen mit Freunden zum Essen, ein Urlaub – erschienen oft auf der ersten Seite der einen oder anderen Zeitung. Während Diana öffentlich ihre Missbilligung über die Berichterstattung kundtat, fühlte sie sich gleichzeitig von ihr angezogen. In einem Zeitraum von 18 Monaten erschien sie auf der Titelseite der britischen *Vogue* und der Zeitschrift *Harper's Bazaar* und arbeitete an den Vorbereitungen zu zwei Fernsehdokumentationen mit. In der ersten Sendung über ein Heim für misshandelte Frauen, die im März 1994 ausgestrahlt wurde, nahm Diana an einer Gruppentherapiesitzung teil und tätigte den rätselhaften Ausspruch, dass sie aus der letzten Woche nichts »Positives« vorzuweisen habe: »Wenn Sie mich gefragt hätten, welche negativen Aspekte die vorige Woche mit sich gebracht hat, hätte ich jede Menge nennen können.« In den zwei Jahren nach Verkündigung ihrer »Pensionierung« war Diana oftmals spontan verreist. Ihr häufigstes Ziel waren die Vereinigten Staaten, die sie mehr als ein halbes Dutzend Mal besucht hatte, um sich mit ihrer Freundin Lucia Flecha de Lima zu treffen.

Später beschrieb Diana ihre Aktivitäten in dieser Zeit als »unendlich viel Arbeit ... im Untergrund, ohne die Aufmerksamkeit der Medien«. In Wirklichkeit suchte sie nach Publicity. Als sie im April 1994 »still und heimlich« Ulster besuchte, enthielten die Zeitungen Fotos und Berichte von ihrem Treffen mit britischen Truppen. Richard Addis, der Chefredakteur des *Express* erinnerte sich: »Bei unserer Fotoabteilung trafen Anrufe ein, etwa: ›Wenn Sie ein Foto wollen, sollten Sie zu dem und dem Zeitpunkt zu dieser Adresse gehen, dann werden Sie Diana herauskommen sehen.‹ Sie war immer da.«

Richard Kay und andere Anhänger erinnerten ihre Leser in regelmäßigen Intervallen an Dianas »heimliche« Wohltätigkeitsaktivitäten. Im April schrieb Kay zum Beispiel, dass Diana in diesem Monat lediglich einen öffentlichen Auftritt absolviert habe, sie »in ihrer Eigenschaft als Privatperson jedoch an zahlreichen anderen Ereignissen teilgenommen hat«. In einem späteren Bericht über das »geheime Leben« von Diana zählte er Einzelheiten von »Dutzenden Besuchen« bei Kranken und Sterbenden auf. Charles Rae verkündete in *Today*, dass Diana diese Aufgabe »ohne Pauken und Trompeten« erfülle. Selbst über dem Lärm der Presseblaskapelle ertönte Dianas Horn. In ihrem dramatischsten Beispiel versuchte sie, ihre Rolle bei der Rettung eines »ertrinkenden Stadtstreichers« zu veröffentlichen, was sie als »Super Di« für spöttische Bemerkungen anfällig machte.

Dianas widersprüchliche Signale ermutigten die Paparazzi. Meistens warteten die Fotografen vor dem Kensington Palace, um ihr an ihren Bestimmungsort zu folgen und die tägliche Anzahl an Fotos zu schießen. »An einem normalen Tag wurde [ich] von vier Autos verfolgt und traf bei meiner Rückkehr zum Wagen sechs freiberufliche Fotografen an, die wild um mich herumtanzten«, berichtete sie. Wenn Diana jedoch eine Botschaft verkünden wollte, sehnte sie sich nach der Aufmerksamkeit der Medien, wie etwa in der Nacht der Dimbleby-Dokumentation in ihrem umwerfenden Kleid.

Anfang 1994 verzichtete Diana auf ihre Sicherheitswache: Sie empfand die ständige Anwesenheit der Leibwächter als bedrückend und sehnte sich nach einem »normalen« Leben. Stattdessen wurde sie nun unablässig von Paparazzi verfolgt, die die Belagerung von Diana als aufregendes Spiel betrachteten. Die beiden aggressivsten »Heckenschützen«, Glenn Harvey und Mark Saunders, veröffentlichten ein Buch mit dem Titel *Dicing with Di*, in dem sie schadenfroh prahlten, sie auf ein tränenüberströmtes »Häufchen Elend« reduziert zu haben, und wenn sie angesichts ihrer Aufdringlichkeit die Beherrschung verlor, verspotteten sie sie als »Die Verrückte«. »In einem solchen Anfall von Verrücktheit stürmte Diana mitunter auf einen Fotografen zu und zwang ihn, aus dem Weg zu springen«, schrieb Harvey. »Bei anderen Gelegenheiten rannte sie in vollem Galopp vor den Scharfschützen davon ... Während ihrer schlimmsten Anfälle verharrte Diana totenstill und Tränen traten in ihre Augen. Dann ließ sie alles schweigend und mit gesenktem Kopf über sich ergehen. Das geschah unausweichlich, wenn sie einen ihrer zahlreichen Therapeuten besucht hatte.«

Im September 1994 kündigte Diana die »Wiederaufnahme« ihres öffentlichen Lebens an. Mit einer Reihe hochrangiger Ereignisse wie der Eröffnung einer neuen Klinik, die zum National Aids Trust gehörte, einer ihrer Wohlfahrtsorganisationen, versuchte sie vor allem, negativer Publicity entgegenzuwirken. Als Michael Adler, der Vorsitzende der Stiftung, sie teilzunehmen bat, war er von ihrer Antwort überrascht: »Ich sagte: ›Ich weiß, dass Sie sich zurückgezogen haben, aber würden Sie als persönliche Gunst unsere neue poliklinische Abteilung eröffnen? Ich garantiere, dass die Presse nicht anwesend sein wird. Es wird bloß ein privater Besuch.‹ Daraufhin erklärte sie: ›Ich hätte gerne Presse, je mehr desto besser.‹«

In der TV-Dokumentation, die einige Wochen später über ihre »neue Rolle als Wohltätigkeitshelferin hinter den Kulissen« ausgestrahlt wurde, sah man »liebevolle Szenen mit ihren Söhnen« und Gespräche mit Obdachlosen während eines »heimlichen alleinigen Besuchs«, wie die Zeitungen betonten. Ihr letzter – und aufsehenerregendster – Auftritt des Jahres erfolgte in Versailles, wo sie in einem »elektrisierenden«, tief ausgeschnittenen, figurnahen Paillettenkleid mit einem Schlitz bis hinauf zum Oberschenkel erschien. Das Dinner diente der Spendensammlung für eine Pariser Wohltätigkeitsorganisation für Kinder, für die Diana als Hauptattraktion etwa 1,5 Millionen DM an Land zog. Die Reporter konnten nicht umhin, ihr strahlendes Erscheinen mit ihrem »tränenreichen Abschied« nur ein Jahr zuvor zu vergleichen.

Der beschleunigte Terminplan des Jahres 1995 sah für Diana drei offizielle Auslandsreisen nach Japan, Russland und Argentinien vor, sowie Geldspendeaktionen in Hongkong, Venedig, Paris und New York. Über ihre eigentliche Rolle war sich Diana jedoch nach wie vor im Unklaren. Fünf Monate nach ihrer »Abschiedsrede« hatte sie im Mai 1994 verkündet, dem Grundsatz- und Planungsausschuss des internationalen Roten Kreuzes beizutreten, »ein echtes Arbeitsübereinkommen«, das es erforderte, Berichte zu lesen, Strategien zu entwickeln und an Sitzungen teilzunehmen. Nichts davon zählte zu Dianas Stärken.

Das Rote Kreuz war die etablierteste Wohltätigkeitsorganisation. Aus diesem Grund zögerte Diana auch zunächst, mit ihm zusammenzuarbeiten. Mike Whitlam, der gegen das Establishment eingestellte Generaldirektor des britischen Roten Kreuzes, überzeugte sie jedoch, dass die Organisation ihren Wunsch nach einer bedeutenden Rolle im öffentlichen Leben erfüllen könne. »Sie interessiert sich eher für den operativen Teil der Organisation und weniger für die Spendensammlung«, erklärte er Ende 1994.

Wie sich herausstellte, nahm Diana lediglich an drei Ausschusssitzungen des internationalen Roten Kreuzes teil. »Sie langweilte sich, und wer würde das nicht«, bemerkte einer ihrer ehemaligen Berater. »Wir alle müssen im Leben langweilige Dinge erledigen, sie brachte dafür jedoch kein Verständnis auf. Ihre Stärke waren die Menschen. Daher erschien es ihr als Zeitvergeudung, irgendwo in einem abgedunkelten Raum zu sitzen.«

Diana hatte sich ferner verpflichtet, als Botschafterin des Roten Kreuzes im Ausland aufzutreten. Auch dieser Aufgabe kam sie nur einmal nach, als sie gegen Ende ihrer Japanreise im Februar 1995 einen Zwischenstopp im Büro des Roten Kreuzes in Tokio einlegte. Dianas Besuch in Japan war ein Erfolg, wurde jedoch ausschließlich an ihrer Popularität gemessen, die dem *Evening Standard* zufolge »über Nacht raketenartig in den Himmel stieg ... Mit dieser viertägigen Reise setzte die Prinzessin in jeder Hinsicht einen großen Schritt auf dem Pfad zur Wiederherstellung ihres öffentlichen Images.«

Ihre nachfolgenden Auslandsreisen enthielten keine Aktivitäten für das Rote Kreuz. Die Wahl ihrer Bestimmungsorte hing vorwiegend von Freundschaften und weniger von anderen Überlegungen ab. Im April 1995 kehrte sie beispielsweise unerwartet für eine dreitägige »Mission zur Erkundung von Fakten« in den Fernen Osten zurück, die der Hongkonger Unternehmer David Tang organisierte, der Diana von Sarah Ferguson vorgestellt worden war. Der unter Freunden als »Tango« bekannte chinesische Millionär hatte in Großbritannien das Internat besucht und an der London University Philosophie studiert, ehe er sich einen Namen als Eigner eines vornehmen chinesischen Klubs und Kaufhauses machte.

In Hongkong besuchte Diana eine Krebsklinik, ein Heim für obdachlose Jugendliche und ein Drogenrehabilitationszentrum. Darüber hinaus erschien sie als Ehrengast bei Dinners zur Spendensammlung für die Lepra- und Krebsbehandlung. Ungeachtet der Tatsache, dass Diana von Gouverneur Christopher Patten begleitet wurde, war David Tang auf dieser Reise der Mann der Stunde. Er trat als Gastgeber beim Dinner des Hong Kong Cancer Fund in seinem China Club auf und begrüßte sie mit den Worten: »Ihre Anwesenheit an diesem Tag gleicht einem Gewinn im Lotto.« Um sich Dianas Hilfe als Spendensammlerin zu versichern, übernahm Tang den Großteil ihrer Reisekosten, einschließlich einer Suite in einem Luxushotel. Kaum sechs Wochen später tauchte Tang erneut an Dianas Seite auf. Diesmal organisierte er in ähnlicher Weise in Venedig ihr Auftreten als Spendensammlerin für die Serpentine Gallery. Dianas Verbindung zum internationalen Roten Kreuz war zu dieser Zeit »außer Kraft gesetzt«.

Da sich Diana intensiv mit dem Drama ihres eigenen Lebens auseinander gesetzt hatte, war ihr weniger Zeit geblieben, sich auf Camilla zu konzentrieren. Als Camilla und Andrew Parker Bowles jedoch im Januar 1995 ihre Scheidung ankündigten, griff sie ihre Rivalin erneut an. Wie Richard Kay berichtete, »verunsicherte« es Diana, dass ihre beiden Söhne möglicherweise Zeit mit Camilla verbrachten, der sie die Schuld für die »Zerstörung« ihrer Ehe zuschrieb. Gleichzeitig bot sie eine neue Version für den Zusammenbruch ihrer Ehe an. Im Gegensatz zu dem, was sie Andrew Morton erzählt hatte, »dass irgendetwas in mir zerbrochen ist« und »unsere Ehe ... in sich zusammenstürzte«, erklärte sie nun, dass sie 1986 »auf ein drittes Kind gehofft habe«, zu einem Zeitpunkt, zu dem Charles behauptete, dass die Ehe »unheilbar zerrüttet« sei. Wie Diana Kay versicherte, hätte »Kind Nummer drei an Bord zu bringen« die Ehe wiederbeleben können, die zwar »in Schwierigkeiten steckte, aber weit von einem Ende entfernt war« – wäre da nicht Camilla gewesen.

Zu Beginn des Jahres 1995 befand sich Diana bereits nahezu zwei Jahre bei Susie Orbach in Therapie. Den Boulevardreportern gegenüber zeigte sie sich tapfer und verkündete, sich »stärker denn je« zu fühlen. In

Wirklichkeit war ihr Temperament in einen seiner unbeständigeren Zyklen eingetreten. Die Energieheilerin Simone Simmons erinnerte sich an Dianas »Furcht erregende Stimmungswechsel und Wutanfälle ... Ihre Niedergeschlagenheit hielt mitunter tagelang an.« Ein Maß für Dianas Unsicherheit bildete ihre Gewohnheit, insgesamt vier Handys in ihrer Handtasche bei sich zu tragen, und »nahezu jede freie Minute des Tages am Telefon zu verbringen«, wie Simmons berichtete.

Dianas andauernder Kampf gegen Bulimie veranlasste sie, Peggy Claude-Pierre zu kontaktieren, eine Kanadierin, deren intensive Behandlungsmethode von Essstörungen Diana über das Fernsehen kennen gelernt hatte. Auf ihre Einladung hin stattete Claude-Pierre ihr einen vierstündigen Besuch im Kensington Palace ab. »Sie litt Qualen, weil sie nicht zum Ausdruck bringen konnte, wer sie war«, erinnerte sich Claude-Pierre. Diana vertraute ihr an, dass sie sich unzulänglich und einsam fühle, und erklärte, menschlichen Kontakt zu benötigen, um daraus Stärke zu beziehen. Sie stellte zahllose Fragen und »flehte mich an wie ein Kind ... Sie sagte: ›Ich weiß, dass ich besser mit mir werde umgehen können, sobald ich mehr über mich weiß‹.«

In dieser Zeit brach Diana ihre Freundschaft mit Catherine Soames und Kate Menzies ab. Während ihres jährlichen Schiurlaubs im österreichischen Wintersportort Lech im März gewann sie den Eindruck, dass die beiden Frauen illoyal wären. Weder Catherine noch Kate verstanden vollkommen, was vor sich ging. Einer der Gründe für die Trennung könnte jedoch ihre Kritik an Dianas Verhalten gewesen sein. Nach den Skandalen um Hoare und Hewitt hatte sich Diana mit Will Carling angefreundet, dem Kapitän des englischen Rugby-Teams, den sie beim Training im Harbour Club kennen gelernt und mit dem sie öfters anschließend Kaffee getrunken hatte. Zunächst erteilte er ihr lediglich Ratschläge für ihr Training, doch schon bald wurden sie zu Vertrauten. Diana fiel es leicht, mit Carling zu sprechen, und sie genoss seine Gesellschaft; er war jedoch verheiratet, und Kate und Catherine nahmen Anstoß daran, dass er Diana in ihrer Suite in Lech anrief.

»Diana tat Dinge, denen ein Durchschnittsbürger nicht zustimmen würde«, erinnerte sich eine Freundin, die zur selben Zeit in Lech weilte. »Als ihre Freundin war es selbstverständlich, zu sagen: ›Sei vorsichtig.‹ Diana gefiel es aber nicht, wenn man ihr sagte, was sie tun sollte. Nach einer Auseinandersetzung begann Diana, in ihrem Zimmer zu essen, und kam nicht wieder heraus.« Kaum einen Monat später vermerkte eine der

Boulevardzeitungen, dass Diana bei der Party zu Kate Menzies 35. Geburtstag fehlte, und als Kate im darauf folgenden Februar den Restaurantbesitzer Simon Slater heiratete, weilte Diana in Übersee. Da Diana weder Kate noch Catherine direkt mitgeteilt hatte, was sie verstimmte, konnten sie lediglich Vermutungen anstellen. Und wie so viele andere, die Diana hatte fallenlassen, schreckten sie davor zurück, sie ohne Umschweife zu konfrontieren. Als eine andere Freundin Diana nach einer Erklärung fragte, »sagte sie, dass sie in ihrem Leben einen schwierigen Punkt erreicht habe, eine schwierige Ära, eine schwierige Phase«.

Ebenso wie sich Diana im Jahr 1991 inmitten eines tiefen seelischen Aufruhrs zur Zusammenarbeit mit Andrew Morton entschlossen hatte, dachte sie vier Jahre später ernsthaft darüber nach, als Reaktion auf Charles' Dokumentation mit Dimbleby selbst ein Fernsehinterview zu geben. Ermutigt durch ihre Fähigkeit, von Angesicht zu Angesicht mit Journalisten umzugehen, betrachtete sie sich als geschickter, als sie tatsächlich war. »[Diana] glaubte, einen hoch entwickelten analytischen Geist zu besitzen, aber das war eine Selbsttäuschung«, erklärte ihr Freund David Puttnam. »Sie hielt ihre ausgezeichnete Intuition für strategischen Scharfsinn. Wenn man ihrem Geplauder beim Essen zuhörte, [könnte man glauben], sie hätte das Schachspiel neu erfunden, doch dem war nicht so. Noch 15 Minuten zuvor hatte sie keine Ahnung, erzählte dir aber, dass sie diesen Plan bereits vor sechzig Monaten ausgearbeitet habe.«

Henry Mee, der im Sommer 1995 Dianas letztes Porträt malte, fing auf schaurige Weise Dianas Verwirrtheit ein. Mees Bild stand in schockierendem Gegensatz zu dem nur ein Jahr zuvor von dem amerikanischen Künstler Nelson Shanks angefertigten Gemälde. Ihre Sitzungen mit Shanks hatten während der Aufregungen um das Dimbleby-Buch und den Hoare-Skandal stattgefunden, und Shanks erinnerte sich, dass »kein Tag verging, an dem ihre Stimmung nicht plötzlich umschlug. In einem Augenblick lachte sie, und im nächsten war sie in Tränen aufgelöst«. Shank beabsichtigte, »anzuerkennen, dass sie verletzt war«, gleichzeitig aber »ihre Schönheit und ihre Seele zu malen«. Er kleidete sie in eine romantische Rüschenbluse und beschwor eine Stimmung aufkeimender Wehmut. Das Shanks-Porträt mit seinem Hinweis auf Märtyrertum wurde zu Dianas Lieblingsbild.

Von Mees Interpretation konnte man das nicht behaupten. Ein Kolumnist verglich sie gar mit Myra Hindley, der berüchtigten Insassin von

Broadmoor, einer Hochsicherheitsklinik für psychisch gestörte Patienten, der Diana im Zuge ihrer privaten Wohltätigkeitsarbeit einen Besuch abgestattet hatte. Das Bild ist gespenstisch und überlebensgroß und zeigt Diana mit grauem Haar und braunen, schattenartigen Streifen auf dem Gesicht. In ihren Augen liegt Verzweiflung: eine fragmentarische Persönlichkeit an der Grenze zur Selbstauflösung. »Diana war wund«, erinnerte sich Mee. »Mehrmals waren ihre Augen gerötet. Offensichtlich hatte sie die ganze Nacht geweint. Es fiel ihr schwer, Haltung zu wahren.« Diana erklärte Mee, dass »alle ihre Porträts als Erweiterung ihrer selbst verurteilt worden waren, und dass sie überzeugt war, dass dasselbe auch mit diesem geschehen würde«.

In diesem Sommer befragte Diana ihre medienerfahrenen Freunde, ob sie ihre Probleme an die Öffentlichkeit bringen sollte. Die Klügeren unter ihnen versuchten, sie zum Schweigen zu überreden. »Sie war etwas kindlich und sagte stets: ›Der Überraschungseffekt arbeitet für mich, denn der Palast handelt immer so vorhersehbar‹«, äußerte David Puttnam. »Später erklärte sie: ›Ich habe mich zu einem längeren Fernsehinterview bereit erklärt.‹ Worauf ich sagte: ›Daran solltest du nicht einmal denken. Das sieht aus, als wolltest du es mit gleicher Münze heimzahlen, und das wirkt nicht anziehend. Deine Macht liegt in der Möglichkeit, es zu tun. Sobald du es tatsächlich getan hast, ist dein Trumpf ausgespielt. Es ist nicht nur eine schlechte Idee, sondern auch eine schlechte Taktik.‹«

Der Fernsehreporter Clive James riet ihr ebenfalls von einem Interview ab. »Ich sagte, wenn sie das täte, würden beide Lager in einen Atomkrieg eintreten und nicht voneinander ablassen, bis nichts mehr übrig bliebe«, schrieb er später im *New Yorker*. »Sie wäre für alle Zeiten auf der Flucht ... Sie wirkte überzeugt, aber selbstverständlich gab sie das bloß vor. In Wirklichkeit hatte sie sich bereits entschieden.«

Schon zuvor war Barbara Walters an Diana herangetreten. Die beiden Frauen hatten einander während ihrer Besuche in den USA kennen gelernt, und Walters hatte den Kontakt zu Dianas Privatsekretär Patrick Jephson aufrechterhalten. »Er befragte mich zu mehreren Wohltätigkeitsveranstaltungen, an denen sie teilnehmen würde«, erinnerte sich Walters. »Als wir einander kennen lernten, war er überaus zugeknöpft, beschützend und sehr von ihr eingenommen. Im Laufe der Zeit lockerte er sich ein wenig.«

Jephson hatte seit 1987 für Diana gearbeitet, zunächst als ihr persönlicher Diener, seit 1991 als ihr Privatsekretär. Der Cambridge-Absolvent und ehemalige Korvettenkapitän war fünf Jahre älter als Diana. Jephson neigte zu Rätselhaftigkeit – »Patrick schloss erneut die Läden«, urteilten einige Freunde –, war jedoch auch reaktionsschnell, geistreich und effizient. »Er wusste, wie er mit Diana umgehen musste«, berichtete eine Freundin von Diana. »Er überschritt nie die Grenze und bevormundete sie nicht. Bevormundung empfand sie als entsetzlich.«

Jephson wachte über Dianas Image. »Er versuchte, Unsinn herauszufiltern und ihr eine ernsthaftere Position zuzuteilen« erzählte Michael Adler vom National Aids Trust. »Auf diese Weise beschützte er sie vor der Außenwelt und vor sich selbst. Er konnte die Elefantenfallen schon von Weitem erkennen.«

Das war vermutlich auch der Grund, warum Diana sowohl Jephson als auch ihren Pressesekretär Geoffrey Crawford von ihren Interviewplänen ausschloss und lediglich jene um Rat fragte, die ihre Impulse bestärkten – allen voran Sarah Ferguson. Während des Frühjahrs und Sommers des Jahres 1995 trafen sich Diana und Fergie häufig zu einem sonntäglichen Essen in Fergies gemietetem Haus in Surrey. Fergie erklärte Diana, wie sehr sie von ihrem offenen Fernsehinterview im März 1993 profitiert habe. »Sie ermutigte Diana weiterzumachen«, erzählte der Reporter Richard Kay.

Wie bei Morton, entschied sich Diana für einen Mittelsmann, der ihr von einem ihrer Vertrauten vorgestellt worden war. Ende August traf sich ihr Bruder Charles auf Althorp mit dem 32-jährigen Martin Bashir, einem Regisseur von *Panorama*, einer ausgezeichneten BBC-Sendung zu Fragen des öffentlichen Interesses. Bashir war ein wenig bekannter Sportjournalist und Fernsehreporter, der seit einigen Jahren für die Sendung arbeitete. Er kontaktierte Charles Spencer im Zuge einer Untersuchung über Verdächtigungen, dass einige ehemalige Angestellte von Earl Spencer von den Zeitungen bezahlt worden wären, um Informationen über Diana und ihre Familie an die Presse weiterzuleiten. Während ihres Treffens berichtete Bashir Spencer, dass der britische Geheimdienst M.I.5 »schmutzige Tricks« gegen Diana anwende.

Spencer traf Bashir danach mehrmals. Bei einer dieser Zusammenkünfte soll Bashir einen Kontoauszug vorgelegt haben – der sich später als Fälschung herausstellte –, auf dem eine Zahlung von *News International* (Rupert Murdoch's Medienkonglomerat) an Allen Waller erschien, Spencers ehemaligem Sicherheitschef in Althorp. Während Bashir später behauptete, den gefälschten Kontoauszug nicht verwendet zu haben, um ein Interview mit Diana zu bekommen, empfand Charles Spencer den Beweis des Reporters zu diesem Zeitpunkt als überzeugend – besonders, da er bereits von einem seiner Freunde eine ähnliche Beschuldigung gehört hatte.

Ende September ersuchte Spencer Bashir, sich mit ihm und Diana im Apartment eines Freundes in London zu treffen. Während dieser Begegnung legte Bashir die Ergebnisse seiner Ermittlung offen und stellte Spencer und Diana gegenüber die absurde Behauptung auf, dass er Beweise für eine »Tarnfirma« besitze, die von Angestellten von Prinz Charles und Diana geführt werde. Diese Beweise zeigten angeblich, dass sie als bezahlte Informanten arbeiteten. Die Geldgeber nannte er jedoch nicht. Unabhängig von diesen Anschuldigungen riet Bashir Diana, Catherine Soames, Kate Menzies und Julia Samuel nicht zu vertrauen. Vermutlich hatte er erkannt, dass diese drei Frauen eine unabhängige Meinung vertraten, diskret waren, und Diana von einer Zusammenarbeit mit ihm abgeraten hätten. Während Diana die Beziehung zu Kate und Catherine nicht wieder aufgenommen hatte, hielt sie immer noch Kontakt zu ihrer gemeinsamen Freundin Julia. »Dies war das Totengeläut«, erklärte eine andere Freundin von Diana.

Spencer traf sich nicht mehr mit Bashir. Er hatte Verdacht geschöpft, als er die Notizen seiner früheren Treffen mit Bashirs Aussagen vor Diana verglichen hatte und auf Unstimmigkeiten in den Einzelheiten gestoßen war. Bei Diana hatte Bashir jedoch ins Schwarze getroffen. Seit langem vermutete sie bereits, von der königlichen Familie bespitzelt zu werden. Im Laufe des nächsten Monats besprach sie mit Bashir die Bedingungen eines weit reichenden Interviews. »Sobald Bashir Diana auf clevere Weise in ihren verschiedenen Ängsten bestärkt hatte, verfolgte sie die Sache auf eigene Faust«, erklärte ein Mann, der sie gut kannte. Bashir habe sie unter anderem überzeugt, dass ihre Wohnung mit Wanzen abgehört werde.

Der *Panorama*-Reporter profitierte zusätzlich von den Folgen eines Artikels, der Anfang August in der *News of the Word* erschienen war und behauptete, Diana hätte den englischen Rugbykapitän Will Carling zu »heimlichen Rendezvous« in den Kensington Palace eingeladen. Quelle dieser Information war Carlings ehemalige persönliche Assistentin, Hilary Ryan. Sie besaß zwar keine Beweise für ein Verhältnis zwischen Diana und Carling, erklärte jedoch, dass »er ihr nachläuft wie ein kleines Hündchen«.

Damit wurde der Eindruck erweckt, Diana habe eine weitere Affäre mit einem verheirateten Mann. »Ich habe nichts Unrechtes getan«, verteidigte sich Diana. »Wir waren nie allein.« Die Aussagen von Carling und seiner Frau Julia gegenüber verschiedenen Zeitungen unterwanderten ihre Aussage jedoch. Julia erkärte, dass ihre Ehe stark sei, »wie sehr sich auch jemand bemüht, sie zu zerstören«, und fügte hinzu: »Dies ist [Diana] schon früher einmal passiert, und man hofft, dass sie diese Dinge nicht wiederholt, aber offensichtlich tut sie es doch«. Will Carling versprach öffentlich, Diana nicht wiederzusehen, und sagte: »Selbstverständlich war es schmeichelhaft, dass sich die Prinzessin von Wales für mich interessierte – das ist vermutlich auch der Punkt, in dem ich einen Fehler machte.« Er gestand, Julia verletzt zu haben und meinte: »Das ist unverzeihlich.«

Am 24. September behauptete die *News of the World*, dass Diana und Carling sich noch immer träfen. Der Beweis war konstruiert. Zu einem Zeitpunkt, zu dem Diana nicht einmal anwesend war, hatte Carling lediglich Rugby-Shirts für William und Harry im Kensington Palace abgegeben. Darüber hinaus war sie ihm rein zufällig in einem Londoner Fitnesscenter begegnet. Kaum eine Woche später verkündete das Ehepaar Carling, sich zu trennen, und wiederum wies Julia Diana die Schuld zu. »Die Belastungen und Anspannungen der letzten Zeit haben zu dieser Situation geführt«, erklärte sie. »Es tut sehr weh, meinen Ehemann auf eine Weise zu verlieren, die sich meiner Kontrolle entzieht.«

Die Presse steinigte Diana. *Today* fragte: »Ist Will Carling nur eine weitere Trophäe für eine gelangweilte, ihren Einfluss nutzende, selbstsüchtige Prinzessin?« Die *Sun* bezeichnete sie als »Zerstörerin einer Ehe«, und der *Daily Express* fragte sich: »Ist keine Ehe und kein Mann vor der Gemahlin des Thronerben sicher?«

Einige Jahre später erzählte Carling in seinen Memoiren *My Autobiography*, dass seine Freundschaft mit Diana mit einer Einladung zum Kaffee im Harbour Club begonnen habe, wobei sie ihn mit Klatsch über berühmte Persönlichkeiten unterhalten habe: »Sie erklärte, dass Präsident Bill Clinton privat ein eindrucksvoller Mann wäre, dass sie seine Frau Hillary hingegen für über die Maßen ehrgeizig hält.« Im Sommer 1995 habe sie ihn »aus heiterem Himmel über meine Ehe mit Julia gefragt«, und er habe eingestanden, dass die Ehe unglücklich sei. »Ihre Bemerkung brach das Eis ... Das war ihr Geschenk: Harmlos und humorvoll brachte sie ihr Mitgefühl zum Ausdruck.« Während Carling erklärte,

»sehr von [Diana] angezogen zu sein«, betonte er, dass er »nie einen Annäherungsversuch gemacht« habe. Dies lässt die Möglichkeit offen, dass Diana, ebenso wie bei Hewitt, die Initiative übernahm. Durch seine Aussage: »Hätte ich eine sexuelle Beziehung zu ihr gehabt, hätte ich es gesagt«, verstärkte Carling die Ungewissheit.

Engen Freunden gegenüber beharrte Diana darauf, keine körperliche Beziehung zu Carling gehabt zu haben. »Sie stritt eine Affäre immer ab«, erzählte eine Freundin. »Ich glaubte ihr, da sie andere sehr wohl eingestand.« Fest steht, dass Diana Carling nicht ebenso stark verbunden war wie Hewitt oder Hoare. »Sie machte viele Scherze über Carling und meldete sich am Telefon mit ›Mrs. Carling‹«, erinnerte sich ein Freund, der in jener Zeit häufig mit Diana in Kontakt war. »Doch dann erkannte sie, dass alles außer Kontrolle geriet.« Nur wenige Wochen nach der ersten Presseenthüllung ließ Diana Carling »wie eine heiße Kartoffel« fallen und ließ in keiner Weise erkennen, dass sie ihn vermisste.

Der Carling-Skandal verstärkte Dianas Wunsch, sich im Fernsehen in einem guten Licht zu präsentieren. Ende Oktober stimmten Diana und Martin Bashir einem Interviewplan zu. Ironischerweise geschah dies nur wenige Tage, nachdem ihr ihr Publicrelations-Berater Gordon Reece bei einer Dinnerparty Lord Wakeham vorgestellt hatte, den neuen Vorsitzenden der Press Complaints Commission. Diana hatte Wakeham gegenüber erklärt, sie wünsche sich ein Gesetz zum Schutz der Privatsphäre, das den Einzelnen vor der Aufdringlichkeit der Presse schützen solle, und plante gleichzeitig im Geheimen ihre eigene Invasion in die Privatsphäre der königlichen Familie.

Diana und Bashir waren übereingekommen, das Interview am 5. November aufzunehmen, dem Guy-Fawkes-Tag, einem nationalen Feiertag, an dem Dianas Personal nicht im Kensington Palace anwesend sein würde. Die Sendung sollte am 20. November ausgestrahlt werden, dem 48. Hochzeitstag der Königin und Prinz Philip. Für Dianas Ziele – ihre Stärke und Unabhängigkeit zu beweisen – schien das Timing perfekt. Mit ihrer ersten Titelseite auf *Harper's Bazaar* konnte sie der Welt sogar ein neues idealisiertes Image vorstellen. Die Herausgeberin der Zeitschrift, Liz Tilberis, erklärte, ursprünglich nicht bemerkt zu haben, dass Diana ihr Erscheinen auf dem Cover so arrangiert hatte, dass es mit dem *Panorama*-Interview zusammenfiel. Später hätte sie jedoch erkannt, dass Diana »genau wusste, was sie tat«. Die Aufnahmen mit Dianas Lieblingsfotograf Patrick Demarchelier fanden am 13. Oktober statt. Zu dieser Zeit plante sie auch ihre Zusammenarbeit mit Bashir. Zwei Tage nach dem Sendetermin setzte Diana ein weiteres symbolisches Ereignis an: ihre Ankunft zu einem viertägigen »Arbeitsbesuch« in Argentinien.

Diana informierte weder ihre engsten Berater noch ihre engsten Freunde über das Interview. Niemand in ihrer Familie wusste davon, nicht einmal Charles Spencer. Hingegen suchte sie Rat bei ihrem Medium Rita Rogers. »Ich unterstützte ihre Entscheidung«, erklärte Rogers später. Am 5. November öffnete Diana selbst das Tor zum Kensington Palace, ein weiterer Beweis für die Geheimhaltung des Projekts. Das vierköpfige Team benötigte zwei Stunden für den Aufbau sämtlicher Geräte und drei Stunden für die Aufnahme des Interviews, das auf 55 Minuten zusammengeschnitten wurde.

»Diana war eine sehr ungewöhnliche Interviewpartnerin«, bemerkte einer der BBC-Filmer gegenüber dem *Sunday Express*. »Sie verhielt sich wie ein zusätzlicher Produzent.« Einer engen Freundin vertraute Diana an, für das Interview nicht geprobt zu haben, während sie gleichzeitig erklärte, dass ihr alle Fragen im Vorhinein vorlagen. Barbara Walters, die sich mit Diana über das Interview unterhielt, nachdem ABC für die amerikanischen Senderechte etwa 1,2 Millionen DM gezahlt hatte, bemerkte: »*Panorama* hat alles ausgezeichnet geplant. Sämtliche Fragen waren zuvor abgesprochen, und sie hatte sich vorbereitet. Ich fand die Vorstellung ausgezeichnet.«

Mehrere unnatürliche Sätze wie »Die Ehe bestand aus drei Personen« und ihr Zitat aus *An Evil Cradling*, einem Buch von Brian Keenan, einer ehemaligen Geisel: »Es gibt keine bessere Methode, die Persönlichkeit eines Menschen zu brechen, als Isolation«, zeigen eindeutig, dass sich Diana vorbereitet hatte.

Während der Aufnahmen scherzte ein Mitglied des BBC-Teams: »Das ist nun ein etwas anderes Geburtstagsgeschenk für Charles«, worauf Diana antwortete: »Das ist auch genau der Tag, an dem Sie es öffentlich ankündigen sollten.« Kurz nachdem Prinz Charles am Morgen des 14. November, seines 47. Geburtstags, eine neue Patientenabteilung in Broadmoor eröffnet hatte, rief Diana einen hohen Beamten des Buckingham Palace an, um ihn über das Interview in Kenntnis zu setzen.

Die königliche Familie war fassungslos, dass Diana hinter dem Rücken der Königin und ihrer höchsten Berater ein Fernsehinterview gab. Da sie nicht über das tatsächliche Ausmaß ihrer Zusammenarbeit mit Andrew Morton Bescheid wusste, war dies in den Augen der königlichen Familie Dianas erster offener Vertrauensbruch, den sie unverzeihlich fand.

In den Tagen vor der Sendung am 20. November versuchte Diana, verschiedene Freunde zu beruhigen, indem sie wieder und wieder erklärte: »Ich werdet stolz auf mich sein« und »Es ist nichts Widersprüchliches daran«. Den Palastangestellten fiel Dianas deutlich zur Schau getragene Selbstsicherheit auf. Richard Kay erklärte den Lesern der *Mail*, dass Diana überzeugt sei, der Film würde »feindseligen Darstellungen ihrer Person in den Medien entgegenwirken, indem er sie als geduldige und vernünftige Frau präsentiere«. Kay gegenüber verteidigte sie die Geheimhaltung mit den Worten: »Hätte die Königin davon gewusst, hätte der ganze Palast davon erfahren und ... der Grundgedanke der Sendung wäre zerstört worden.«

Die vernichtende Wirkung des Interviews übertraf sämtliche Befürchtungen. Vor einem Publikum von 15 Millionen Zuschauern in Großbritannien und vielen weiteren Millionen rund um die Welt sprach Diana über die Probleme ihrer Ehe, qualvolle Einzelheiten ihrer Bulimie, Charles' Untreue mit Camilla, ihre Zweifel über seine Eignung als König und ihren Ehebruch mit James Hewitt. Sie bestätigte die Echtheit des Squidgy-Bandes, scheute jedoch keine Mühe, einen Ehebruch mit James Gilbey abzuleugnen. Ebenso gestand sie, ihren Freunden gestattet zu haben, mit Andrew Morton zu sprechen, wies wiederum jede »persönliche Hilfe« zum Entstehen des Buches zurück und behauptete: »Ich habe ihn nie getroffen.« Sie erklärte, die Scheidung nicht anzustreben, und betonte ihren Wunsch, »Königin der Herzen der Menschen« sein zu wollen und als Botschafterin für Großbritannien »Zuneigung zu schenken« und »anderen Menschen in Not zu helfen«. Viermal verwendete sie das Wort »stark«, um sich selbst zu charakterisieren, und verkündete aufsässig: »Sie lässt sich nicht zum Schweigen bringen, das ist das Problem. Ich werde bis zum Schluss kämpfen.« Als Bashir fragte, ob Diana William als Thronfolger gegenüber Charles den Vorzug gebe, antwortete sie schlicht: »Es ist mein Wunsch, dass mein Mann seinen Seelenfrieden findet, und daraus ergeben sich andere Dinge.«

Diana sprach ruhig, wirkte mit ihren von dunklem Make-up umrahmten Augen jedoch gehetzt. Wer sie kannte, war wie vom Donner gerührt. Einer ihrer Freunde erklärte, von ihrem »Psychogeschwätz« schockiert zu sein. »Was ich von ihr hörte, war nicht Diana«, berichtete er. Ihm kam das Interview wie ein »brillanter, wenn auch erschreckender Abschiedsbrief eines Selbstmörders« vor. Rosa Monckton, eine von Dianas engsten Freundinnen, schrieb später im *Sunday Telegraph*, dass das *Panorama*-Interview »dem grundlegenden Wunsch entsprang, all jene zu verletzen, von denen sie sich verraten fühlte ... Es zeigte Diana von ihrer schlechtesten Seite.«

Die meisten ihrer Freunde deuteten ihre Aussagen über Hewitt als reine Rache an Charles. »Ich sagte: ›Du hast behauptet, Hewitt zu lieben. Wie konntest du das so offen sagen?‹« erinnerte sich Dianas Freundin Elsa Bowker. »Daraufhin antwortete sie: ›Ich muss mich rechtfertigen.‹« »Sie sagte, dass sie Hewitt liebte, weil sie glaubte, es lasse die Dinge in einem besseren Licht erscheinen«, erklärte eine andere Freundin. Wieder eine andere ist davon überzeugt, dass Diana die Bemerkung über Hewitt »nur machte, um Oliver Hoare zu ärgern«.

Aus Charles' Lager meldete sich lediglich Nicholas Soames zu Wort, der nach der Ausstrahlung des Interviews im Fernsehen erklärte, dass Diana »ein fortgeschrittenes Stadium von Paranoia erkennen lasse«. Teile der Aufzeichnung charakterisierte er als »so entsetzlich, dass sich einem die Zehennägel aufstellen«. Da Soames Verteidigungsminister der konservativen Regierung war, beeilte sich Downing Street zu erklären, dass er seine Aussage »in seiner Eigenschaft als Privatperson« getätigt habe. Soames nahm seine scharfen Worte später ein wenig zurück, indem er erklärte, »nie den Geisteszustand der Prinzessin von Wales in Zweifel gezogen zu haben«.

Die Reaktionen der Presse waren annähernd ebenso heftig. Selbst Richard Kay fühlte sich bemüßigt zu schreiben: »Über allem hing der üble Geruch von Rache. Mit dem Geschick einer verratenen Frau vernichtete sie ihren Ehemann und ihre Rivalin.« Andrew Neil erklärte in der *Daily Mail*, dass Diana »nun darauf gefasst sein muss, dass der Zorn des Establishments über sie hereinbricht«. Paul Johnson verteidigte sie in derselben Zeitung, indem er erklärte, »dass sie zwar möglicherweise gern ihren Einfluss geltend macht, aber gewiss nicht verrückt ist«. Der ehrwürdige Kolumnist des *Daily Telegraph*, William Deedes, schrieb, dass »einige Teile ihrer Darstellung ... ihren Ruf, labil zu sein, zu bestätigen scheinen ... Praktisch die gesamte Sendung war der Analyse ihrer gescheiterten Ehe gewidmet. Sie ähnelte eher einer Untersuchung als einem Interview.« Über ihre Aussage, dass sie nicht »wortlos gehen würde«, stellte Deedes die Überlegung an: »Wie um alles auf der Welt kann sie annehmen, mit einem derartigen Ausspruch ihre Position zu stärken?«

Die Öffentlichkeit reagierte ganz anders. Drei Viertel der Befragten einer Gallup-Umfrage hielten es für richtig, dass sie im Fernsehen aufgetreten war, und 46 Prozent hatten danach eine bessere Meinung von Diana als zuvor. 85 Prozent waren der Ansicht, dass man ihr eine Rolle als Botschafterin für Großbritannien übertragen sollte. Nur 15 Prozent betrachteten Rache als ihr Motiv, während 77 Prozent davon ausgingen, dass sie lediglich ihre Seite der Geschichte erzählen wollte. 84 Prozent sahen ihre Aussagen als glaubwürdig an, 74 Prozent betrachteten sie als stark, annähernd ein Drittel als dominant und etwa ein Viertel als labil. Dianas Aussprüche über Charles fügten ihm beträchtlichen Schaden zu. Bei einer Gallup-Umfrage im Sommer 1993 bezweifelten nur 33 Prozent seine Eignung zum König. Nach dem *Panorama*-Interview stieg diese Zahl auf 46 Prozent.

Diana triumphierte über die Unterstützung, die sie aus der Öffentlichkeit erhielt. Richard Kay berichtete, dass sie »über kein einziges Element« des Interviews »Bedauern empfinde« und glaubte, »nun endlich die Unabhängigkeit gewonnen zu haben, nach der sie strebte«. Während der Ausstrahlung des Interviews erschien Diana auf einer glanzvollen Wohltätigkeitsgala für die Krebsforschung und wirkte nach Aussage eines Gastes »strahlend und unversehrt«. Die Wirklichkeit sah jedoch anders aus. Am nächsten Morgen suchte Diana eine Spezialklinik auf, in der sie sich einer zweistündigen Darmspülung unterzog.

Auf Martin Bashirs Frage, warum sie sich zu einem Interview im Fernsehen entschlossen habe, gab Diana die vielsagendste und gleichzeitig beunruhigendste Antwort. Sie erklärte, besorgt zu sein, dass ihr Bild in der Öffentlichkeit »sehr verwirrend« und »turbulent« geworden sei, und fürchte, dass »viele Menschen an mir zweifeln. ... Ich möchte all jene Menschen beruhigen, die mich in den letzten 15 Jahren liebten und mich unterstützten, und ihnen versichern, dass ich sie nie im Stich lassen werde ... Die einfachen Menschen von der Straße, ja, denn sie zählen für mich mehr als alles andere.« Diese Verbindung verstärkte sich zusätzlich durch die 6.000 Briefe, die Diana in der ersten Woche nach der TV-Sendung von »verzweifelt unglücklichen« Frauen erhielt. »Ich bin von ihren Reaktionen überwältigt und werde versuchen, mich mit so vielen wie möglich zu treffen oder ihre Briefe zu beantworten«, erklärte Diana.

Sie hatte eine Grenze überschritten. Diana Spencer existierte schon lange nicht mehr, und auch die traditionelle königliche Prinzessin hatte sich aufgelöst. Diana hatte sich von ihrer Berühmtheit fortreißen lassen. Sie war nicht imstande, Beziehungen zu Freunden oder Geliebten aufrechtzuerhalten, und ihre Söhne strebten auf das Teenageralter mit all seinen trennenden Begleiterscheinungen zu. Wie ein alternder isolierter Hollywoodstar suchte sie die Liebe einer gestaltlosen »Öffentlichkeit«. Niemand aus ihrer Umgebung schien imstande, ihr wachsendes Bedürfnis nach öffentlicher Vergötterung zu bändigen. Diana glaubte nicht nur an ihre Berühmtheit, sondern sie hatte sich auch daran gewöhnt, sie als Waffe und Beruhigungsmittel einzusetzen.

Als sie sich in dem *Panorama*-Interview als »Königin der Herzen der Menschen« bezeichnete, wusste sie im Grunde nicht, was sie damit meinte, außer, dass sie Menschen in Not als oberste Weltenmutter ihre Liebe schenken würde. In gewissem Sinn übernahm sie erneut die traditionelle Rolle ihrer Kindheit, als sie zunächst ihren Vater und ihren Bruder und später andere Kinder umsorgte. Diana hatte versucht, auch Prinz Charles zu umsorgen, aufgrund ihrer Labilität war sie jedoch nicht imstande gewesen, ihre Absicht in die Tat umzusetzen. Sie war unvermittelt in die Mutterschaft gestürzt und hatte darin große Befriedigung erfahren, doch das genügte nicht. Als Folge hatte sie sich der Kranken und Bedürftigen angenommen, und ihr Wirkungsfeld von Großbritannien schließlich auf die ganze Welt ausgedehnt.

Die ständige Auseinandersetzung mit ihrer eigenen Berühmtheit hatte zur Folge, dass Diana keinen einzigen Augenblick Ruhe fand. Hätte sie sich entschlossen, tagtäglich in einem Obdachlosenheim oder einem Hospiz in East London zu arbeiten – wie es der in Ungnade gefallene Politiker John Profumo über Jahrzehnte hinweg getan hatte –, hätten die Fotografen und Reporter bald schon das Interesse verloren. Diana brauchte den glanzvollen Auftritt, wo sie ihre Magie erstrahlen lassen und dann weiterziehen konnte. Möglicherweise wäre die Magie verblasst, hätte sie ihre glamouröse Rätselhaftigkeit gegen ein Leben stiller, hingebungsvoller Arbeit eingetauscht. Zudem hätte sie die Möglichkeit verloren, jeden Tag ihr Spiegelbild in der Presse zu betrachten. Die Kamera war ihr gnädiger gesonnen als der Spiegel.

# KAPITEL 22

Diana kam in gehobener Stimmung in Argentinien an. »Falls sie das *Panorama*-Interview bereute, ließ sie es sich ihren Freunden gegenüber nicht anmerken«, so Roberto Devorik, ihr argentinischer Freund, der sie auf der Reise begleitete. »Zu diesem Zeitpunkt war sie überzeugt von dem, was sie getan hatte. Da sie mehrmals in London anrief, wusste sie von dem Aufruhr.«

Die Entscheidung für einen Besuch in Argentinien hatte sie in erster Linie aufgrund ihrer Freundschaft mit Devorik getroffen. Die Idee war ihr im Mai zuvor während eines Mittagessens mit Rogelio Pfirter, dem argentinischen Botschafter, in Devoriks Londoner Haus gekommen. »Sie wollte meine Familie, meine Freunde und auch das Land kennen lernen«, sagte Devorik. »Ihr Ziel war es, eine Botschafterin der Welt zu sein, und so beschloss sie, sich Wohltätigkeitsorganisationen in Argentinien anzusehen.«

Pfirter erzählte dem argentinischen Präsidenten Carlos Menem von seinem Gespräch mit Diana. England und Argentinien hatten ihre Beziehungen 13 Jahre zuvor aufgrund des Falklandkriegs abgebrochen. Argentiniens überwältigende Niederlage hatte 1983 zum Ende der Militärherrschaft und zur Wiedereinführung der Demokratie geführt. Seit dieser Zeit war Argentinien bestrebt, seine Beziehungen zu England wieder aufzubauen. Die Aussicht auf den Besuch eines angesehenen Mitglieds der Königsfamilie bot Carlos Menem die Möglichkeit, die anglo-argentinische Beziehung vor einem offiziellen Staatsbesuch in Großbritannien zu verbessern. Die argentinische Regierung fand eine geeignete Wohltätigkeitsorganisation, die Association for the Prevention of Infantile Paralysis, die Diana eine offizielle Einladung zukommen ließ und ihr damit einen plausiblen Vorwand bot, das Land zu besuchen.

Obwohl vor allem Krankenhaus- und Klinikbesuche auf ihrem Programm standen, befürchtete das Außenministerium, dass Menem ihre Anwesenheit ausnutzen oder Diana selbst unangebrachte Bemerkungen machen und eine diplomatische Krise auslösen würde. Der Besuch verlief jedoch ohne Zwischenfälle, was in erster Linie daran lag, dass Diana sich in ihren Äußerungen zurückhielt. Das *Panorama*-Interview überschattete jedoch ihre Bemühungen, als Botschafterin ernst genommen zu werden, denn die argentinische Boulevardpresse begrüßte sie mit Schlagzeilen wie: »Die Ehebrecherin Di unterwegs in einer Wohltätigkeitsmission« und »Meine Damen, passen Sie auf Ihre Ehemänner auf: Die Verführerin trifft heute ein«. Diana schien sich an ihrer traurigen Berühmtheit während ihrer Tour durch Buenos Aires nicht zu stören, und Menem sammelte Pluspunkte für sein Land, als er Diana zum Mittagessen einlud und sagte: »Argentinien gewinnt allmählich seine Position in der Welt, die es verloren hatte, wieder zurück.«

In England reagierte die Königin zunächst auf das *Panorama*-Interview, indem sie bei Dianas Rückkehr versöhnliche Zeichen setzte. Berater des Buckingham Palace trafen sich mit Diana, um ihre zukünftige Rolle zu besprechen und baten um eine schriftliche Darstellung ihrer Zielvorstellungen, die sie der Königin unterbreiten könnten. Diplomaten wie Politiker bezweifelten jedoch, dass Diana schwierige Fragen des Protokolls würde handhaben, geschweige denn komplizierte politische Grundsatzfragen würde darlegen können. Während Premierminister John Major erklärte, dass Diana als Mutter des Thronerben eine »würdige« und »lohnende« öffentliche Position innehaben solle, schloss Außenminister Malcolm Rifkind eine formelle Rolle als Botschafterin ausdrücklich aus.

Schon bald sollte Dianas Verhalten derartige Bedenken verstärken. Zehn Tage nach ihrem Auftritt im Fernsehen überraschte ein Fotograf der *News of the World* Diana nach Mitternacht vor dem Royal Brompton Hospital. Statt die Flucht zu ergreifen, posierte sie für Aufnahmen und gab Clive Goodman, dem königlichen Reporter der Zeitung, über das Handy des Fotografen spontan ein zwanzigminütiges Interview. Sie erklärte Goodman, dass sie das Krankenhaus regelmäßig, oft dreimal in der Woche, um Mitternacht besuche und manchmal vier Stunden pro Nacht damit verbringe, unheilbar Kranke zu trösten. »Ich versuche, für sie da zu sein«, sagte Diana. »Ich scheine Kraft bei ihnen zu finden. Und sie brauchen jemanden. Ich halte ihnen die Hand, rede mit ihnen, ich tue, was immer ihnen hilft.«

Was das mitternächtliche Interview noch seltsamer erscheinen ließ, war die Tatsache, dass Diana nur wenige Stunden zuvor mit Sir Robert Fellowes, dem Privatsekretär der Königin, und Charles Anson, dem Pressesekretär der Königin, ihre Beziehungen zur Presse besprochen hatte. »Wieder einmal zeigt sie ihre Bereitschaft, das Protokoll zu vernachlässigen und den Buckingham Palace zu erzürnen«, erklärte der *Evening Standard*. Das Interview »hat die Befürchtung ausgelöst, es sei kein Verlass darauf, dass die Prinzessin in einer prekären politischen Situation ein weises Urteil fällen könne, und deutlich gemacht, dass man bei ihr die Zügel kürzer halten sollte«. Ihr Vorgehen, fügte die Zeitung hinzu, roch nach einer »persönlichen Publicitykampagne«.

Am 7. Dezember, vier Tage nach ihrem Interview mit der *News of the World*, hielt Diana bei einem Mittagessen mit Centrepoint, einer von ihr unterstützten Wohltätigkeitsorganisation für Obdachlose, eine gefühlsbetonte Rede. Es waren ihre ersten öffentlichen Äußerungen seit zwei Jahren. Sie sprach über das Elend »junger Menschen, die missbraucht wurden und von zu Hause weggelaufen sind; junge Menschen, deren Familie weder weiß noch daran interessiert ist zu erfahren, wo sie sind; junge Menschen, die viel zu früh viel zu viel auf sich genommen haben; junge Menschen, die aufgrund von Armut und Platzmangel gezwungen waren, von zu Hause wegzugehen«.

Ton, Sprache und Einfachheit dieser Rede machten deutlich, dass Diana in den zwei Jahren seit ihrer Ankündigung, sich aus dem öffentlichen Leben zurückzuziehen, keine großen Fortschritte gemacht hatte. Sie konnte noch immer keine Rede halten, die länger als zehn Minuten dauerte, und obwohl man sie intensiv geschult hatte, wirkte ihr Vortrag nach wie vor unbeholfen. Vielleicht lag es an ihrer Nervosität, dass sie Luft holte, wenn sie hätte ausatmen sollen und an den falschen Stellen Pausen einlegte. »Ihr Timing war falsch, sie klang nicht überzeugend, und es wurde immer schlimmer«, berichtete Jane Atkinson, die 1996 für Diana als Medienberaterin tätig war. Diana entwarf die meisten Reden auch weiterhin selbst, doch die Boulevardblätter ließen nicht locker, und das war gewiss kein Zufall. Richard Kay war nicht nur ihr Hauptbefürworter in der Presse; er hatte auch damit begonnen, Diana bei ihren Reden zu unterstützen. So erklärte die Energieheilerin Simone Simmons: »Er kannte Diana sowie ihren Wortschatz und ihren Sprechrhythmus so genau, dass er in Zusammenarbeit mit ihr viele öffentliche Stellungnahmen vorbereiten konnte.«

Das von Centrepoint veranstaltete Mittagessen löste einen Skandal aus, jedoch nicht wegen Dianas Äußerungen oder ihrer Vortragsweise. Jack Straw, der innenpolitische Sprecher der Labour Party, war gemeinsam mit Diana auf dem Podium gewesen und hatte die Tory-Regierung wegen ihrer Obdachlosenpolitik angegriffen. Durch ihre Gegenwart stärkte Diana nicht nur stillschweigend seine Position, sie spendete Straws Äußerungen auch deutlich Beifall. Ihre Handlungsweise unterstrich ihre politische Naivität und brachte John Major in Verlegenheit. »Es ist wohl kaum jemals vorgekommen, dass ein Mitglied der königlichen Familie so eng mit einem solchen Angriff in Zusammenhang gebracht wurde«, schrieb der *Evening Standard*.

Zu diesem Zeitpunkt hatte die Königin bereits mit Major und ihren Spitzenberatern darüber gesprochen, dass es angesichts der vom Fernsehen ausgestrahlten Angriffe Dianas gegen Charles und die Königsfamilie wohl sinnlos sei, die Ehe zwischen Diana und Charles aufrechtzuerhalten. Wenn das Morton-Buch der Anfang vom Ende war, dann war das *Panorama*-Interview das endgültige Aus. Diana mochte die Herzen und das Verständnis der Bevölkerung gewonnen haben, die Unterstützung ihrer angeheirateten Verwandten hatte sie jedoch unwiederbringlich verloren. Das wurde unter anderem deutlich, als Diana einen strengen Brief von Prinzessin Margaret erhielt, in dem diese ihr Verhalten kritisierte. Simone Simmons zufolge fühlte sich Diana durch diesen Brief tief getroffen.

Weder Charles noch Diana wollte den ersten Schritt tun und die Scheidung beantragen. Aus diesem Grund nahm die Königin die Angelegenheit in die Hand. Am 12. Dezember – drei Jahre und drei Tage, nachdem John Major die offizielle Trennung von Charles und Diana bekannt gegeben hatte – teilte die Königin ihrem Premierminister mit, dass sie ihrem Sohn und ihrer Schwiegertochter schreiben werde, um sie um ihre Zustimmung zu einer »baldigen Scheidung ... zum Wohle des Landes« zu bitten. Mit Dianas Zustimmung könnte Charles nach einer zweijährigen Trennung ein unstreitiges Scheidungsverfahren beantragen. Verweigerte sie ihre Zustimmung, könnten sie nach fünf Jahren geschieden werden. Um Diana möglicherweise die Zustimmung zu erleichtern, ging Charles auf Majors Vorschlag ein und gab öffentlich bekannt, dass er nicht wieder heiraten werde.

Diana war in der Zwischenzeit gerade von einer erfolgreichen Reise nach New York zurückgekehrt. Dort hatte der ehemalige Außenminister Henry Kissinger sie bei einem Abendessen mit tausend Gästen zugunsten der United Cerebral Palsy Foundation als »Menschenfreund des Jahres« ausgezeichnet. Kissinger hatte ihre »strahlende Persönlichkeit« gelobt und sie als »Prinzessin aus eigenem Recht« bezeichnet, die »sich mit den Kranken, den Leidenden und den Unterdrückten solidarisiere«. In ihrer kurzen Stellungnahme sagte Diana, menschenfreundlich zu sein erfordere »Scharfsinn«, »Herzensgüte« und »unsere Nächsten so zu lieben wie uns selbst«. Sie zitierte einen zweizeiligen Vers, der mit folgenden Worten schloss: »Was die traurige Welt braucht, ist Freundlichkeit.«

Das anspruchsvolle Manhattener Publikum, zu dem auch Colin Powell und Rupert Murdoch gehörten, brachte Diana eine stehende Ovation dar, ein Zeichen der »tiefen Bewunderung für seine neue Heilige«, schrieb Richard Kay im *Daily Mail*. Es spielte keine Rolle, dass die Heilige wie ein Star aussah. Seit dem Abend, an dem der Dimbleby-Dokumentarfilm ausgestrahlt wurde, hatte Diana begonnen, bei wichtigen Ereignissen zunehmend tiefer ausgeschnittene Kleider zu tragen. Und so starrten an diesem Abend die beim Dinner anwesenden Gäste fassungslos auf das tief ausgeschnittene Dekolleté von Dianas eng sitzendem schwarzen Samtkleid. Am folgenden Tag brachte Rupert Murdoch auf der Titelseite der *Sun* ein Foto einer Kamera, die dieses Dekolleté anvisiert hatte. Die Schlagzeile zu diesem Foto lautete: »Die Prinzessin mit atemberaubendem Ausschnitt in New York.«

So sehr Diana auch in der Öffentlichkeit strahlte, in ihrem Privatleben mehrten sich die Anzeichen dafür, dass sie ihr Gleichgewicht verlor. Bezeichnend war ihr Verhalten bei der Weihnachtsparty, die Charles und Diana jedes Jahr für ihr Personal veranstalteten. Diana ging auf die dreißigjährige Alexandra »Tiggy« Legge-Bourke zu, eine Angestellte von Charles, die sich mit um William und Harry kümmerte, und sagte: »Die Sache mit dem Baby tut mir so Leid«, womit sie andeuten wollte, die unverheiratete Frau habe eine Abtreibung gehabt. Die bösartige Bemerkung entbehrte jeder Grundlage, doch Legge-Bourke war so schockiert, dass man sie in ein anderes Zimmer führen musste, wo sie weinend zusammenbrach.

Schon zwei Jahre lange hatte Diana einen Groll gegen Legge-Burke gehegt, die Tochter eines Bankiers und einer walisischen Aristokratin, die auf einem zwei Hektar großen Anwesen in Wales aufgewachsen war. Die Legge-Bourkes pflegten seit Jahren eine freundschaftliche Beziehung zur Königsfamilie. Tiggys Mutter war eine Hofdame von Prinzessin Anne. Charles kannte Tiggy seit ihrem sechsten Lebensjahr, und er schätzte ihre Begeisterung für das Schießen und Angeln, was sie zu einer unterhaltsamen Betreuerin für die beiden jungen Prinzen machte.

Für kurze Zeit hatte sie ihren eigenen Kindergarten geleitet. »Hätte Charles eine Hofdame, dann würde sie es sein«, kommentierte sein Privatsekretär Richard Aylard. Diana ärgerte sich jedes Mal, wenn sie in der Boulevardpresse Fotos von Legge-Bourke mit William und Harry sah. Die Boulevardblätter weideten sich an Dianas Eifersucht. Im Lauf des Jahres 1995 veröffentlichten sie übertriebene Geschichten über ein paar liebevolle, flüchtige Küsse, die Charles Legge-Bourke auf die Wange gegeben hatte, wie auch über ihren plötzlichen Gewichtsverlust und ihre attraktive Figur. »Es heißt, Tiggy nehme ab, um Prinz Charles zu gefallen«, schrieb Richard Kay im Juli 1995. Tatsächlich litt Tiggy an der einheimischen Sprue, einer Erkrankung der Dünndarmschleimhaut, die heftige Bauchschmerzen verursacht und zu rapidem Gewichtsverlust führt. Diana war irgendwie zu der Überzeugung gelangt, Charles und Legge-Bourke hätten eine Affäre, und Tiggy habe sein Baby abgetrieben. Nichts davon stimmte, doch diese Überzeugung veranlasste Diana zu der verunglimpfenden Bemerkung bei der Weihnachtsfeier. Legge-Bourke war so verärgert über Dianas Äußerung, dass sie ihren Anwalt instruierte, Diana aufzufordern, sich zu entschuldigen und ihre »falschen Behauptungen« zurückzunehmen.

Am 18. Dezember ließ Legge-Bourkes Anwalt seinen Brief dem Kensington Palace zustellen. Am selben Tag erhielt Diana auch die handschriftlich verfasste Bitte der Königin, einer Scheidung zuzustimmen. Diana hatte zwar erwartet, dass Legge-Bourke eine Wiedergutmachung verlangen würde, über den Brief der Königin war sie jedoch fassungslos. In ihren Antworten an ihre Schwiegermutter und an Charles legte Diana sich nicht fest. Sie schrieb, sie werde nun »über ihre Möglichkeiten nachdenken«. Am Heiligabend hatte Diana einen Termin bei ihrer Therapeutin Susie Orbach, verbrachte dann den ersten Weihnachtstag allein im Kensington Palace und besuchte Orbach erneut am zweiten Weihnachtstag. Als Diana am Tag darauf in die Karibik flog, um sich im exklusiven K-Club auf Barbuda zurückzuziehen, wurde sie weder von einer Freundin noch von einem Familienmitglied begleitet, sondern von ihrer 26-jährigen persönlichen Assistentin Victoria Mendham – ein weiteres Zeichen ihrer zunehmenden Isolation.

Diana hätte vorhersehen müssen, dass ihr *Panorama*-Interview die Scheidung zur Folge haben würde. Stattdessen glaubte sie, das Interview werde ihr Respekt und »Unabhängigkeit« zu ihren Bedingungen verschaffen, während sie gleichzeitig mit Charles verheiratet bleibe. Diana hatte sogar Medien aufgesucht, die ihr versicherten, dass sie und Charles wieder vereint würden. »Als sie von der Königin mit der bitteren Wahrheit konfrontiert wurde, brach Diana zusammen«, sagte die Energieheilerin Simone Simmons. »Sie konnte nachts nicht schlafen, nahm sehr starke Schlaftabletten und weinte unaufhörlich.«

Anfang des Jahres 1996 konzentrierte sich Diana darauf, das bestmögliche Scheidungsabkommen zu erzielen. Sie war angespannt und argwöhnisch, »aggressiv und defensiv zugleich«, erklärte Simone Simmons. Als sie Anfang Januar aus einer Sitzung mit Susie Orbach kam, lehnte Diana eine Minute lang schluchzend an ihrem Wagen, während Fotografen sie umringten, um Aufnahmen zu machen. »Ist sie tatsächlich einem völligen Zusammenbruch gefährlich nahe?« fragte der Kolumnist John Junor, einer ihrer schärfsten Kritiker, in der *Mail on Sunday*. Zwei Wochen später konterte Diana bei einem von der American Association ihr zu Ehren veranstalteten Mittagessen und sagte, sie sei »sehr ausgeglichen«. Im Februar suchte Diana die Akupunkteurin Dr. Lily Hua Yu auf, um ihre Bulimie und ihre Depressionen behandeln zu lassen. »Dianas Leben war in Aufruhr«, erinnerte sich Dr. Hua Yu.

Nach dem anfänglichen Hochgefühl im Anschluss an das *Panorama*-Interview erkannte Diana, dass sie mehr verloren als gewonnen hatte. Wie schon nach dem Morton-Buch erzählte sie gewissen Freunden, dass sie einen Grossteil ihrer Aussagen bereue. »Sie hatte das Gefühl, dass es die Jungen verletzte; sehr sogar«, meinte eine von Dianas engen Freundinnen.

»Die Folge des *Panorama*-Interviews war, dass sie zutiefst deprimiert war«, berichtete der Kolumnist des *Daily Telegraph*, William Deedes, der sie im darauf folgenden Jahr kennen lernte.

Überdies führte das *Panorama*-Interview zu einer noch größeren Aufdringlichkeit der Presse. »Man brauchte jetzt keine Wetten mehr abzuschließen, weil sie sich selbst auf die erstaunlichste Weise über ihr Innerstes ausgelassen hatte«, verkündete Piers Morgan, der Redakteur des *Mirror*. »Nach allem, was sie gesagt hatte, besaß sie kein Recht mehr auf eine Privatsphäre. Wer mit dem Teufel tanzt, darf sich nicht wundern, wenn er bei den Hörnern gepackt wird.« Sie hatte nun auch der Satire Tür und Tor geöffnet, vor allem mit ihrer Bemerkung über die »Königin der Herzen«. Der Fernsehkomiker Rory Bremner parodierte sie auf boshafte Weise, und als sie kurze Zeit danach mit einem Mundschutz auf dem Bildschirm erschien, um bei einer Herzoperation zuzuschauen, wurde sie nicht nur aufs heftigste vom medizinischen Establishment kritisiert, sondern wegen der Schaurigkeit des Bildes für die Kolumnisten auch noch zum Gegenstand höhnischen Gelächters.

Als weitere Folge des *Panorama*-Interviews verlor Diana die Unterstützung von zwei loyalen, versierten Fachleuten: ihres Pressesekretärs Geoffrey Crawford, dem das Interview so peinlich war, dass er unmittelbar nach der Sendung seine Kündigung einreichte, und ihres Privatsekretärs Patrick Jephson – von Diana »mein Fels« genannt –, der im Januar 1996 nach acht Jahren seinen Dienst quittierte. Sein Weggang fiel mit der Veröffentlichung von Dianas beleidigender Äußerung gegenüber Tiggy Legge-Bourke zusammen, was zu der verbreiteten Fehlinterpretation führte, diese Äußerung sei der ausschlaggebende Faktor für Jephsons Entscheidung gewesen. Tatsächlich war dies jedoch das *Panorama*-Interview. Jephson war aufgebracht und fühlte sich »herabgesetzt«, weil Diana ihn im Dunkeln gelassen hatte, blieb jedoch nach Aussendung des Interviews noch eine Weile, weil er glaubte, Diana brauche ihn.

Im Januar teilte Jephson Diana mit, dass er gehen wolle. »Sie war bestürzt«, erzählte eine von Dianas Freundinnen. »Sie hatte nie damit gerechnet, dass er gehen würde. Sie stritten sich heftig und verletzten einander mit Worten. [Diana] vertraute Patrick, und er war ihr ergeben. Nach Patricks Weggang war sie allein.« Ein Hinweis für Dianas Vertrauen in Jephson war die Tatsache, dass sie ihn drei Jahre zuvor zu ihrem Testamentsvollstrecker ernannt hatte. Nach seiner Kündigung setzte sie ihre Schwester Sarah als Testamentsvollstreckerin ein.

Zwei Tage nach Jephsons Weggang stellte Diana Jane Atkinson als ihre neue Medienberaterin ein. Sie kam jedoch eher als Beraterin denn als Palastangestellte an Bord. Die 48-jährige Atkinson war eine erfahrene Publicrelations-Fachfrau, die für Kunden wie Gillette und Duracell gearbeitet hatte. Atkinson war nach ihrem Vorstellungsgespräch bei Diana »verwirrt« und betrachtete sie als Herausforderung. »Sie wirkte nahezu wie in dem *Panorama*-Interview«, erinnerte sich Atkinson. »Sie hielt den Kopf geneigt, war sehr übermütig und außer Atem. Die meiste Zeit redete sie über sich selbst. Sie erzählte mir, wie geschickt sie mit den Medien umgehe, und dass sie einen starken Selbsterhaltungstrieb sowie einen siebten Sinn für das habe, was für sie richtig sei.«

Obwohl Atkinson Dianas Vortragsweise als verbesserungswürdig empfand, war sie von ihren anderen Fähigkeiten auf der öffentlichen

Bühne beeindruckt. »Wenn sie diese Professionalität auch bei ihrer Arbeit hätte aufrechterhalten können, wäre sie unglaublich gewesen«, sagte Atkinson. »Sie konnte einen Raum, ein Mittagessen oder ein Publikum bestimmen.« Dianas Widerwille, sich sorgfältig auf ihre Auftritte vorzubereiten, blieb jedoch ein Problem. »Sie hörte nur zu, wenn sie das bekam, was sie wollte, und folgte ihren eigenen Vorstellungen, ob sie richtig waren oder nicht«, erklärte Atkinson. »Vielleicht konnte sie mit Abstraktionen oder neuen Ideen nicht umgehen. Bei einem so liebenswürdigen Menschen mit einer derartigen Ausstrahlung wünscht man sich, er wäre auch mit Intelligenz ausgestattet. War sie schwer von Begriff und verstand Dinge einfach nicht, oder hatte sie so viele Probleme in ihrem Privatleben, dass sie nicht zuhören konnte? Ich wusste es nicht. Ich hatte in einer schwierigen Phase ihres Lebens mit ihr zu tun. In bestimmten Momenten tat ich sie als begriffsstutzig ab. War ich großzügig gestimmt, sagte ich mir, sie sei deprimiert.«

Atkinson vermied es wohlweislich, zu tief in Dianas Probleme verwickelt zu werden. Sie sprach mit ihr über berufliche Angelegenheiten und beschränkte sich darauf, das zu erfahren, was sie für ihren Umgang mit der Presse wissen musste. Sie rief Diana jeden Morgen an, um mit ihr die Zeitungsberichte zu besprechen. In der Regel sprachen sie noch vier oder fünfmal am Tag miteinander. »Ich sagte ihr, dass ich es für das Beste hielte, wenn sie die Zeitungen nicht läse«, erinnerte sich Atkinson. »Ich werde für Sie die Ohren offen halten und entscheiden, worauf wir reagieren müssen.« Atkinson erkannte jedoch bald, dass Diana alles las.

Diana war eine ungewöhnlichere Kundin, als Atkinson hatte voraussehen können. »Sie war sehr geheimnistuerisch«, erklärte Atkinson. »Wenn sie von irgendjemand einen Rat bekam, sagte sie nicht, von wem. Sie drückte sich nie wie ein normaler Mensch aus, der sagt: ›Ich habe mit Alan gesprochen, und seine Meinung war folgende.‹ Vielmehr sprach sie mit Alan und gab dessen Worte als ihre Idee wieder. Meiner Ansicht nach lag das an ihrer Unsicherheit. Sie hatte das Gefühl, niemandem trauen zu können, und musste alles unter Kontrolle halten.«

Atkinson sah ihre Rolle darin, Dianas Image während der schwierigen Scheidungsverhandlungen zu schützen, um eine faire Übereinkunft zu erzielen. Aus diesem Grund arrangierte sie eine Reihe von Arbeitsessen mit Zeitungsredakteuren. Da Jephson jedoch gegangen war und Diana die Karten nicht auf den Tisch legte, operierte Atkinson in einem

Vakuum. »Ich hatte angenommen, dass sie einer ganzen Reihe dieser Leute zum ersten Mal begegnete«, erinnerte sich Atkinson.

Seit ihrer ursprünglichen Zusammenarbeit mit Morton im Jahr 1991 hatte Diana etwa fünf Jahre lang direkt mit Journalisten verhandelt. Wie ihr spontanes Interview mit Clive Goodman von *News of the World* gezeigt hatte, profitierte sie davon, dass sie kaum zwischen den weniger anspruchsvollen Reportern der Boulevardblätter und den Journalisten angesehenerer Zeitungen unterscheiden konnte. Abgesehen davon, dass sie es schon zu einem frühen Zeitpunkt schätzen gelernt hatte, dass die *Daily Mail* »Mittelengland« und ihre aristokratischen Freunde erreichte, verstand sie nun, welch wichtige Rolle die berüchtigten Boulevardblätter dabei spielten, ihr »Publikum« zu erreichen. »Sie war stark daran interessiert, die *Sun* und den *Mirror* in Schach zu halten«, erinnerte sich der Redakteur des *Mirror*, Piers Morgan. »Sie wusste, dass diese Zeitungen täglich von zwanzig Millionen Menschen gelesen werden. Wenn sie bei der breiten Masse Anklang finden wollte, war es nötig, dass die Blätter ihr mit einer gewissen Toleranz begegneten.«

Die *Sun* und der *Mirror* erregten mit ihren Berichten über Diana stets Aufsehen. Ursprünglich waren beide Zeitungen auf ihrer Seite gewesen, doch die *Sun* war kritisch geworden, und so arrangierte Diana ein Mittagessen mit Stuart Higgins, dem Redakteur der Zeitung. Diana ließ Higgins wissen, dass »sie die Leser der *Sun* als ihre Freunde betrachtete, denen sie etwas zu sagen hatte.« Gleichzeitig gab sie Higgins persönliche Hintergrundinformationen. »Es war klar, dass die Dinge, die man dir erzählt hatte, auf irgendeine Weise zurückkommen würden«, sagte Higgins, »jedoch nicht so verletzend, so als würden sie am nächsten Tag in der Zeitung stehen.«

Neben der *Daily Mail* war der *Mirror* in seinem Wohlwollen gegenüber Diana am beständigsten gewesen. Deswegen war Diana sehr daran interessiert, die Beziehung zu Piers Morgan, dem Redakteur des *Mirror*, zu festigen, der mit dreißig Jahren nur vier Jahre jünger war als sie. Als Morgan Anfang 1996 den Kensington Palace aufsuchte, fand er neben Diana und Atkinson auch Prinz William am Tisch vor. Diana »wollte unbedingt wissen, was ich von [ihrem Sohn] hielt«, erzählte Morgan. »Sie dachte, ich sei noch ein junger Redakteur und würde eines Tages, wenn William die negative Aufmerksamkeit der Presse erfahre, wahrscheinlich auch über ihn berichten.« Morgan fiel auf, dass Dianas Beziehung zu William »sehr eng war; nicht unnatürlich eng, aber das Überraschende war, dass er alles über ihr Leben wusste.« Morgan kam mit Diana aus, weil er, wie er später sagte, »ihr gegenüber in keinster Weise ehrerbietig war; und das gefiel ihr.«

Bei den Herausgebern von *Daily Express* und *Sunday Express*, die eine Mittelstellung einnehmen, war Diana weniger erfolgreich. Richard Addis vom *Daily Express* gehörte zu der Sorte Mann, die sie möglicherweise einschüchterte – ein Cambridge-Absolvent, der vor Selbstbewusstsein nur so strotzte. Addis hatte das Gefühl, dass Diana die Menschen »mit ihrem Aussehen und der Art, wie sie sprach, manipulierte«. Dennoch gestand er ein, dass er es bewundere, wie »direkt und unerschrocken sie mit mir sprach. Sie hatte den Mut eines in die Enge getriebenen Kaninchens.« Es verblüffte ihn, dass Diana ihn noch ein paar Mal zum Kaffee in den Kensington Palace einlud. Jedes Mal rasselte sie eine Liste von Äußerungen seiner Zeitungen herunter, die, wie sie behauptete, falsch waren. »Dabei drohte sie jeden Moment in Tränen auszubrechen, wurde aber gleichzeitig gemein«, erinnerte sich Addis. Als Dianas Assistentin Victoria Mendham ihn einmal anrief, um sich zu beschweren, antwortete Addis, Diana würde einfach immer »jammern« und sich regelmäßig beschweren. »Ich jammere nicht«, erklärte Diana, die das Gespräch auf einer anderen Leitung mitgehört hatte.

Sue Douglas, die ehemalige stellvertretende Redakteurin der *Sunday Times*, die inzwischen als Redakteurin zum *Sunday Express* gewechselt hatte, wurde als einzige Frau unter den Redakteuren in den Kensington Palace eingeladen. »Es war eine schwierige Unterhaltung für mich«, sagte Douglas. »Bei Männern gab sie sich kokett und interessiert, aber als Frau hatte man es schwer. Es war harte Arbeit.« Letzten Ende ließ sich Douglas von Dianas Klagelied nicht rühren: »Sie redete eine Menge Unsinn über sich als Prinzessin im goldenen Käfig; dass sie nicht ausgehen könne, weil das Charles-Lager es so schwer für sie mache. Doch dann widersprach sie sich und erzählte, dass sie im Theater gewesen sei oder einen Spaziergang durch Kensington gemacht habe. Sie sah sich eindeutig als tragische Heldin, verwickelte sich aber in Widersprüche.«

Diana war so entschlossen, entscheidenden Einfluss auf die Art und Weise zu nehmen, wie man über sie berichtete, dass sie sich sogar darauf einließ, Journalisten in Gruppen zu treffen – im Grunde war dies die Art von Begegnung mit klugen Leuten, vor der sie sich so häufig fürchtete. Während eines Mittagessens beim *Evening Standard* erzählte ihr der Romanautor und Kolumnist A. N. Wilson von einem Bild aus einem früheren Jahrhundert, das einen Angehörigen der Königsfamilie nur mit Unterwäsche bekleidet zeigte. Während die übrigen Journalisten sich fragten, ob Wilson Diana beleidigt habe, lächelte sie und fragte: »Hat es sie angeturnt, Mr. Wilson?«, worauf die Anwesenden, wie der Kolumnist Peter McKay berichtete, in »brüllendes Gelächter« ausbrachen.

Diana bearbeitete die Vertreter der Presse auch spontan. Taki Theodoracopulos, der »Highlife«- Kolumnist des *Spectator*, hatte sich sehr schroff über Diana geäußert, ehe er sie 1995 bei einer Party im Hause von Jimmy und Annabel Goldsmith traf. »Glauben Sie, dass ich verrückt bin?« fragte Diana. »Ich war betrunken und habe gesagt, ›Das Einzige, was ich weiß, ist, dass ich verrückt nach Ihnen bin‹«, erinnerte sich Taki. »So hat sie mich herumgekriegt.« Taki schrieb begeistert von ihr und lud sie von 1996 an auch zu Dinnerpartys mit anderen Journalisten ein.

Einer der Gäste bei diesen Partys war Charles Moore, der Redakteur des *Daily Telegraph*, dessen intellektuelles Gehabe und Sympathie für Charles Diana verärgerte. Nach dem *Panorama*-Interview versuchte Moore, Diana klarzumachen, dass der *Telegraph* nur wohlwollend über sie berichten könne, wenn sie Charles' Eignung zum König bestätige. Diana betonte stattdessen immer wieder, dass Charles gar nicht regieren wolle und sagte: »Er möchte in Italien leben und sich schöne Dinge ansehen« – ein Refrain, den sie mehreren Journalisten gegenüber wiederholte. »Sie war darauf bedacht, nicht zu sagen: ›Ich will nicht, dass er König wird‹, erklärte Moore, ›aber es war schwierig, etwas anderes als Rache darin zu sehen, und es hing damit zusammen, dass sie Prinz William dazu verhelfen wollte, König zu werden‹.«

Diana erzielte mit ihrer Dauerkampagne, die Presse für sich zu gewinnen, unterschiedliche Ergebnisse. »Sie gab uns mehr Informationen, und wir verstanden, was sie dachte, aber unsere Berichterstattung änderte sich nicht dahingehend, dass sie uns etwas enthüllte, das sie in einem anderen Licht gezeigt hätte«, erklärte Moore. Diana selbst beklagte sich weiterhin über die Art der Berichterstattung. »Sie konnte es nicht verstehen, wenn wir mit unseren Geschichten nicht auf ihrer Seite waren, und sie setzte alles daran, sie zu leugnen«, sagte Stuart Higgins von der *Sun*. Bei Piers Morgan vom *Mirror*, der das Arbeitsessen im Kensington Palace dazu nutzte, eine freundschaftliche Beziehung herzustellen, von der beide Seiten profitierten, hatte Diana mehr Erfolg.

»Ich verhandelte jeden Tag mit ihrem Büro, und normalerweise war sie im Hintergrund«, sagte Morgan. »Es war eine dauerhafte Arbeitsbeziehung, und deswegen schenkten wir ihr mit größerem Wohlwollen Gehör. Ich sprach in der Regel am frühen Morgen mit ihr, und sie war gut informiert darüber, was jeder Einzelne getan hatte. Wir hatten einen ziemlich guten Draht zueinander, obwohl sie die Beziehung auf Eis legte, sobald man eine Schlagzeile schrieb, die ihr nicht gefiel. Tat man dann etwas Nettes, herrschte wieder Tauwetter. Solange man ihr im Großen und Ganzen wohlgesonnen war, hatte man eine gute Beziehung.«

In gewisser Hinsicht »hatte Diana alle Trümpfe in der Hand, denn sie wusste über alles Bescheid«, sagte Peter McKay, der Kolumnist der *Daily Mail*. Dianas Möglichkeiten, auf die Berichterstattung Einfluss zu nehmen, waren jedoch durch Konkurrenz, Umgang und die Geschichten, für die sie sorgte, Grenzen gesetzt. »Wenn es in einer Geschichte darum ging, was sie tat und dachte, und sie die Kontrolle hatte, konnte sie sehr effektiv sein«, so Stuart Higgins. »Wenn jedoch andere Faktoren im Spiel waren – zum Beispiel so unberechenbare Elemente wie James Hewitt oder die Sache mit Oliver Hoare, bei der die Polizei eingreifen musste –, hatte sie die Dinge nicht mehr in der Hand.« Max Hastings, der Herausgeber des *Evening Standard*, gab zu, auf Dianas »Rehaugen« »hereinzufallen«, doch nur bis zu einem gewissen Punkt. »Wir sympathisierten mit ihr als Frau«, sagte Hastings, »aber sie machte einfach dumme Sachen, und darüber haben wir berichtet.«

# KAPITEL 23

Am 18. Februar 1996 war in den Boulevardblättern zu lesen, Diana plane für die folgende Woche einen »Geheimtrip« nach Pakistan. Dort wolle sie ein Krankenhaus für Krebsleidende besuchen, dessen Leiter Imran Khan sei, der 43-jährige ehemalige Kricketstar, der mit der 22-jährigen Tochter von Jimmy und Annabel Goldsmith, Jemima, verheiratet war. Diana hatte Jemima durch Annabel kennen gelernt und sich mit ihr angefreundet. Die junge Frau hatte im Jahr zuvor die englische Gesellschaft schockiert, weil sie zum Islam übergetreten und nach Lahore gezogen war.

Diana wollte das Krankenhaus und die Patienten besuchen, doch ihr Interesse wurde durch einen weiteren wesentlichen Grund mitbestimmt. Seit September des Vorjahres war Diana in den pakistanischen Herzchirurgen Hasnat Khan – von seinen Freunden »Natty« genannt – verliebt. Khan arbeitete im Royal Brompton Hospital, dessen Patienten Diana rätselhafte mitternächtliche Besuche abgestattet hatte. Khan war fünf Jahre älter als Diana und einige Zentimeter größer als sie. In der Presse wurde er als der »tolle Doktor« beschrieben, als »dunkelhäutiger Doppelgänger von Tom Selleck« und als »schneidiger Mediziner, dessen Aussehen an den Filmschwarm Omar Sharif erinnert«. Diana selbst sagte, er sei »einfach umwerfend«.

In Wirklichkeit entsprach Khan diesen Superlativen nicht ganz. Er hatte zwar einen Schnurrbart und dunkle Augen, aber auch einen nicht zu übersehenden Wanst. Der Energieheilerin Simone Simmons zufolge »aß er mit Vorliebe die ›falschen‹ Dinge«. Diana und Khan hatten sich im Royal Brompton Hospital kennen gelernt, als Diana ihren Freund Joseph Toffolo besuchte, bei dessen dreifacher Bypass-Operation Khan assistiert hatte. Khan war so mit seinem Patienten beschäftigt, dass er Diana nicht einmal erkannte, mit der Folge, dass sie augenblicklich von ihm fasziniert war. Diana wandte sich Josephs Frau, Oonagh, ihrer damaligen Akupunkteurin zu, und sagte: »Sein Name ist Hasnat Khan. Es steht auf seinen Schuhen.« »Ihren Augen war nichts entgangen«, war Oonaghs Kommentar.

Während der nächsten 18 Tage saß Diana an Joseph Toffolos Bett und lernte Khan kennen. Sie bat den Chirurgen, ihr andere trostbedürftige Patienten vorzustellen, und in den folgenden Monaten begleitete er sie während seines Dienstes auf ihren mitternächtlichen Krankenbesuchen. »Sie war dort sehr bekannt«, sagte die Medienberaterin Jane Atkinson. Diana blieb manchmal bis spät in die Nacht hinein, um Khan bei seiner Arbeit nicht aus den Augen zu lassen, und sie beobachtete ihn mindestens sechs Mal bei einer Herzoperation.

Für Diana war Hasnat Khan der Mann ihrer Träume. Sie war fasziniert von »seinem Witz, seiner Intelligenz und seinem Engagement für seine Arbeit, die, wie sie wusste, wirklich wichtig war«, berichtete Simone Simmons. »Er vertrat die männliche Version dessen, was sie tun wollte – Leben retten und den Menschen etwas geben«, sagte eine ihrer engen Freundinnen. Auch »fand [Diana] Gefallen daran ... dass ihre Affäre so etwas wie ein ›Verbot‹ umgab«, sagte Simmons. Dianas Begeisterung für östliche Kulturen hatte mit Oliver Hoare begonnen, und nach einigen schlechten Erfahrungen mit Engländern war sie bereit zu einer exotischeren Freundschaft mit einem Mann, dem sie ihrer Meinung nach vertrauen konnte.

Am meisten fühlte sich Diana von Khans freundlicher, nüchterner Art angezogen. Der Chirurg war »der erste Mann, der von dem Glamour völlig unbeeindruckt war, der sie umgab«, berichtete Dianas Freundin Cosima Somerset. »Er mochte sie um ihrer selbst willen.« Diana stürzte sich mit der üblichen Intensität in diese Beziehung. Sie begann *Gray's Anatomy* zu studieren und las chirurgische Berichte und Bücher über den muslimischen Glauben. Sie kaufte eine maßgeschneiderte Garderobe aus hellfarbigen, seidenen *shalwar kameez* – ein Ensemble aus Tunika und Hose, das pakistanische Frauen tragen, und ließ im Kensington Palace parfümierte Räucherstäbchen abbrennen. Dianas Freundschaft mit Jemima Khan intensivierte sich, sobald sie sich darauf konzentrierte, so viel wie möglich über die Ehe mit einem Pakistani zu erfahren.

Die Boulevardblätter hatten das Thema Hasnat Khan Mitte Dezember 1995 aufgegriffen, als die *News of the World* ihn als die »Inspiration« für Dianas nächtliche Krankenhausbesuche identifiziert hatte. Doch die Zeitung tat die Idee, Diana könne eine Affäre mit ihm haben, ab und betonte, dass ihre Beziehung rein beruflicher Natur sei und Diana ihn sogar mit »Mr. Kahn« anrede. Grund für diese ungewöhnliche Zurückhaltung waren möglicherweise die zahllosen Spekulationen über

Dianas »neues Mannsbild«, den Bauunternehmer Christopher Whalley, einen zufälligen Bekannten aus dem Harbour Club.

Als sich herausstellte, dass es für eine Beziehung zu Whalley keine wirklichen Anhaltspunkte gab, stürzte sich die Presse auf Khan. Ende Januar 1996 bestätigte sich, dass sich Diana und Khan zum Abendessen in Stratford-upon-Avon – wo das Paar Khans Onkel Omar und Omars britische Frau besuchte – und zu einem Mittagessen im Kensington Palace verabredet hatten. Im Zusammenhang mit der Enthüllung von Dianas geplanter Pakistanreise – »Dianas heimliche Liebesreise« – berichtete die Presse zudem, dass Hasnat Khan sie begleiten werde. Das erwies sich jedoch als unzutreffend. Diana lehnte es ab, Jane Atkinson Einzelheiten über ihre Beziehung zu Hasnat zu erzählen, ersuchte ihre Medienberaterin jedoch auch nicht, die Beziehung glattweg zu leugnen.

Ihre Pläne verstimmten das Außenministerium, allerdings nicht wegen Hasnat Khan. Beunruhigend war eher die Verbindung zu Imran Khan, der die Gründung einer neuen politischen Partei plante, die mit einer Anti-Korruptions-Politik gegen Premierministerin Benazir Bhutto antreten wollte. Diana informierte den Buckingham Palace sowie Regierungsbeamte erst wenige Tage vor ihrer Abreise über ihr Vorhaben. Sie bat auch nicht um offizielle Unterstützung, denn sie würde mit einem von Jimmy Goldsmith' Flugzeugen fliegen und in Lahore im Haus eines Freundes von Jemima und Imran wohnen. Die Höflinge des Buckingham Palace ängstigten sich so sehr vor neuen Verschwörungsvorwürfen seitens Diana, dass sie keine Einwände erhoben. In Diplomatenkreisen befürchtete man jedoch, Dianas Besuch könne den anglo-pakistanischen Beziehungen schaden. Ihre Befürchtungen erhielten neue Nahrung, als sich Diana weigerte, Bhuttos Einladung anzunehmen, in ihrem Gästehaus zu wohnen, und sich herausstellte, dass die Premierministerin von Imran Khans Wohltätigkeitsdinner ausgeschlossen sein würde.

Erwähnenswert war die Reise wegen der Fotos, auf denen eine in einheimische Gewänder gekleidete Diana krebskranke Kinder umarmte. »Ihre Mission, den Armen und Leidenden zu helfen, nahm fast biblische Ausmaße an«, schrieb James Whitaker im *Daily Mirror*. »Sie zögerte nicht ein einziges Mal, als ein unaufhörlicher Strom von Kindern bei ihr Trost suchte.«

Am 15. Februar, einige Tage vor ihrer Abreise, hatte sich Diana mit der Königin im Buckingham Palace getroffen, um über Maßnahmen hinsichtlich der Scheidung zu sprechen. Der stellvertretende Privatsekretär der Königin, Robin Janvrin, der bei diesem Gespräch anwesend war, hatte Notizen gemacht. In den zwei Monaten seit Erhalt des Briefes der Königin hatte Diana geschwiegen, bis Anfang Februar Zeitungsberichte auftauchten, in denen von verschiedenen »Forderungen« Dianas die Rede war. Die wichtigste betraf ihren Wunsch, die Anrede »Ihre Königliche Hoheit« als Teil ihres Titels zu behalten. Die Entscheidung hierüber wie auch über das Sorgerecht für Harry und William sowie Dianas Verbleib im Kensington Palace lag letzten Endes bei der Königin.

Diana erzählte nicht genau, was sie und die Königin besprochen hatten, deutete Jane Atkinson gegenüber jedoch an, dass ihre Schwiegermutter sich in Bezug auf den Titel »HRH« nicht festgelegt und sie gedrängt habe, diese und andere Angelegenheiten mit Charles zu klären. »Die Prinzessin hat mir gegenüber nie erwähnt, dass sie den Titel nicht behalten wollte«, erinnerte sich Atkinson. In Unterhaltungen mit Freunden erwähnte Diana aber, sie habe im Laufe des Gesprächs im Buckingham Palace angeboten, den Titel aufzugeben, weil sie annehme, die Königin wünsche dies von ihr.

Auf Charles' Bitte hin stimmte Diana einer Zusammenkunft im St. James' Palace am späten Nachmittag des 28. Februar zu. Die beiden würden allein miteinander sprechen und keiner von ihnen sollte sich Notizen machen. Sie ging zu diesem Treffen »mit dem Wunsch, Dinge zu klären. In dieser Stimmung befand sie sich«, sagte Atkinson. »Sie wollte Dinge klären, damit sie einen Schritt vorwärtskämen.« Das einander fremd gewordene Paar sprach eine Dreiviertelstunde lang miteinander. »Dieses Treffen war so schwierig, wie ein Gespräch über eine Scheidung nur sein kann«, erklärte Atkinson. »Es gab sehr viele Dinge zu lösen.«

Charles versicherte Diana, dass ihre Auseinandersetzung nicht nach außen getragen werde, und sie einigten sich über mehrere Punkte. Anschließend kehrte Diana in ihr Büro zurück, wo Jane Atkinson und ihr führender Anwalt, Anthony Julius, sie erwarteten. Diana sagte, sie wolle sofort eine Bekanntgabe machen, da sie davon überzeugt sei, dass Charles Einzelheiten ihres Gesprächs durchsickern lassen werde. Atkinson stimmte Diana zu und meinte, »wenn (Diana) die Tagesordnung bestimmen wolle, dann solle sie die Informationen zu ihren eigenen Bedingungen veröffentlichen, statt reagieren zu müssen«. Dianas Stellungnahme ließ erkennen, dass sie Charles' Ersuchen um die Scheidung zugestimmt hatte, und sie waren übereingekommen, dass sie weiterhin an allen Entscheidungen bezüglich der Kinder beteiligt sein würde.

Des Weiteren, dass sie im Kensington Palace leben und ihre Büros im St. James's Palace behalten, ihren Titel »Ihre Königliche Hoheit« jedoch aufgeben und als Diana, Prinzessin von Wales, bekannt sein würde.

Während Atkinson die Stellungnahme an die Presse weiterleitete, rief Diana die Königin an, um einer Scheidung zuzustimmen. Als die Königin, Prinz Charles und Beamte des Buckingham Palace von Dianas einseitiger Bekanntmachung erfuhren, waren sie über diesen Vertrauensbruch erzürnt. Der Palast gab rasch eine eigene Stellungnahme bekannt, in der er betonte, die von Diana erwähnten »Entscheidungen« seien lediglich »Bitten«. Einzelheiten der Scheidung, so die Stellungnahme, »müssen noch besprochen und geklärt werden«. Diana schlug umgehend zurück und erklärte, ihre Pressemitteilung »kultiviere das Bild einer starken Frau, und außerdem wolle sie ein Mitspracherecht haben«. Dies war eindeutig Dianas Sprache. Atkinson war der Meinung, mit dem Begriff »starke Frau« »zeigte sie zu viel Widerstand«.

Wie nach dem *Panorama*-Interview versetzte das Gefühl, die Oberhand zu haben, Diana zunächst in Hochstimmung. Aber auch diesmal ging sie zu weit, als sie Richard Kay dazu benutzte, ihre Anschuldigung zu übermitteln, dass die Königin und Prinz Charles sie unter Druck gesetzt hätten, den Titel »HRH« aufzugeben. Dies stand in völligem Widerspruch zu dem, was sie Atkinson zuvor gesagt hatte. Zudem ließ Diana an die *Daily Mail* durchsickern, dass sie während ihres Gesprächs zu Charles gesagt habe: »Ich liebe dich, und ich werde dich immer lieben, weil du der Vater meiner Kinder bist.«

Der Palast stritt Dianas Aussagen aufs heftigste ab. Man ließ sogar zu, dass der Pressesekretär der Königin, Charles Anson, namentlich genannt wurde, statt wie üblich einen »Sprecher der Königsfamilie« zu zitieren. »Die Entscheidung, den Titel aufzugeben, ist einzig und allein die der Prinzessin«, erklärte Anson. »Es trifft nicht zu, dass die Königin oder Prinz Charles sie darum gebeten hat. Ich sage ganz nachdrücklich, dass dies nicht der Wahrheit entspricht. Der Palast gibt zu einem Punkt wie diesem keine genaueren Einzelheiten bekannt, bevor wir uns der Tatsachen nicht absolut sicher sind.« Die *Times* schrieb unverblümt, die Königin sei verärgert, weil das »Lager der Prinzessin« »einen sorgfältig ausgewählten Einblick« in das Treffen mit Charles gegeben habe.

Als die öffentlichen Unstimmigkeiten eskalierten, sagte Diana ihr Erscheinen bei der Abschlussgala zum 125. Geburtstag des Roten Kreuzes ab, zu der man sie als Ehrengast eingeladen hatte. Die Teilnahme an dem großen Ereignis am 29. Februar sollte Dianas »erster Schritt sein, sich eine neue Rolle als Botschafterin für humanitäre Zwecke aufzubauen«. Sie war jedoch emotional zu labil, um die ihr zugewiesene Rolle zu spielen. »[Diana] sagte, sie werde dort Menschen treffen, die ihr Mitgefühl äußern würden, und sagte zu mir ›Ich werde einfach weinen‹«, erzählte Jane Atkinson. »Sie wusste, was passieren würde und welche Bilder in den Zeitungen erscheinen würden. Sie brauchte Zeit, um in der Öffentlichkeit wieder zu funktionieren.«

In einer Atmosphäre der Missgunst schritten die Verhandlungen zwischen den Anwälten von Charles und Diana nur langsam voran. Man hatte sich über das gemeinsame Sorgerecht für William und Harry sowie über Dianas Verbleib im Kensington Palace geeinigt. Zu den schwierigen Punkten zählte die Geldfrage (Diana forderte ursprünglich eine Pauschalsumme von 130 Millionen DM), der Standort ihres Büros, ihre zukünftige Rolle und der Titel, den Diana scheinbar aufzugeben bereit gewesen war. Zu spät erkannte sie, welch wichtige Rolle er für ihre Identität und ihren besonderen Status spielte. Ohne ihn müsste sie unter anderem vor solch »unwichtigen« Mitgliedern der Königsfamilie wie Prinzessin Michael von Kent einen Hofknicks machen.

Die Diskussion um ihre Rolle als Goodwill-Botschafterin verwirrte alle, einschließlich Diana. Manchmal war sie sich nicht einmal sicher, ob sie für gute Zwecke um die Welt reisen wollte. Einigen ihrer Freunde erzählte sie, dass sie gern mit Hasnat Khan zusammenarbeiten würde. In einer gleichermaßen leidenschaftlichen Unterhaltung mit dem Journalisten Paul Johnson sagte sie, sie wäre gerne Therapeutin.

Die Idee der vagabundierenden Botschafterin »wurde ihr aufgedrängt«, meinte Johnson. »Sie hatte keine Vorstellung davon, was eine Botschafterin tut, und die Rolle hätte nicht zu ihr gepasst. Sie sagte mir: ›Ich wäre gerne Therapeutin, eine Beratungspsychologin.‹ Ich sagte: ›Das ist eine sehr harte Arbeit. Du musst dich dahinterklemmen. Du könntest dann nicht auf Reisen gehen.‹ Sie erwiderte: ›Das wäre mir egal.‹ Aber sie nahm es nie in Angriff. Der Geist war willig, aber das Fleisch war schwach. Sie wäre sehr, sehr gut gewesen, aber sie hatte nie gelernt, diszipliniert zu sein.«

Nach ihrer Pakistanreise im Februar zeigte sich Diana bis Juni nur selten in der Öffentlichkeit. Im Juni unternahm sie schließlich eine dreitägige Reise nach Chicago, um Gelder für Krebshilfe-Organisationen zu beschaffen. Nachdem Lucia Flecha de Lima Ende 1993 nach Washington gezogen war, wurden die Vereinigten Staaten, die Diana nun regelmäßig besuchte, zu einer Art Zufluchtsort. Während sie in Großbritannien auf eine zunehmende Zahl von Kritikern stieß, war sie in den Vereinigten Staaten so populär wie eh und je. Diana sagte oft, wie sehr ihr die Ungezwungenheit der Amerikaner oder diese »einnehmend enthusiastische Art der Amerikaner«, wie Richard Kay in der *Daily Mail* schrieb, gefalle.

Sie sprach sogar davon, in die Vereinigten Staaten zu übersiedeln, hatte jedoch vermutlich falsche Vorstellungen davon, wie das Leben dort für sie aussehen würde. Sie glaubte, dass sie eine »Chance« haben werde, »sich zu bewähren«; dass man sie als Person und nicht als Inhaberin einer bestimmten Position beurteilen werde; und sie glaubte, dass es in Amerika so viele berühmte Persönlichkeiten gebe, dass sie »untertauchen« könne. Sie war sich der Tatsache nicht bewusst, dass sie in Amerika als berühmte Persönlichkeit noch mehr gefeiert werden würde als in England.

Wohin immer sie in Chicago auch kam, zog Diana große, begeisterte Menschenmassen an, die an die frühesten Tage der »Di-Manie« erinnerten. An der Northwestern University sprach sie kurz über Krebs, »das gefürchtete K-Wort«, das »aus dem Nichts zuzuschlagen scheint, willkürlich Leben zerstört und nichts als Verwüstung hinterlässt«. Sie besuchte Krankenhäuser, nahm an einem Symposion über Brustkrebs teil und war Ehrengast bei Wohltätigkeitsessen.

Als Diana bei einem Mittagessen für fünfhundert Frauen zwischen Katie Couric, einer der Gastgeberinnen der *Today*-Show, und der Schriftstellerin Anna Quindlen saß, schien sie so gar nicht in ihrem Element zu sein. »Ich habe noch nie im Leben so viele Frauen in einem Raum gesehen«, sagte Diana. »Es beunruhigte sie«, stellte Quindlen fest, die überrascht war, dass Diana »unglaublich jung« wirkte. »Ich musste an den Glasglocken-Effekt denken. Es schien, als habe sie aufgehört zu wachsen, als sie den Prinzen von Wales heiratete.« Als Quindlen Diana für ihre Unterstützung der Krebshilfe-Organisationen dankte und sagte, dass »wahrscheinlich niemand sonst in zwei Tagen so viel Geld hätte beschaffen können, wie Sie das getan haben«, »zog [Diana] den Kopf ein, zuckte mit den Achseln und schnitt eine Grimasse«, erinnerte sich Quindlen. »Sie verhielt sich so, wie eine 13-Jährige auf ein Kompliment reagieren würde. Bei einer 35-Jährigen würde man eine Antwort wie ›Herzlichen Dank. Ich bin froh, dass ich Ihnen helfen konnte‹ erwarten.«

407

In Chicago mit offenen Armen empfangen zu werden, gab Diana Aufschwung, aber sie konnte ihre düstere Stimmung nicht abschütteln. Abends nach ihrer Ankunft nahmen Diana und ihr Gefolge den Berg von Geschenken in Angriff, der zum Hotel geliefert worden war. »Es waren sehr lustige zwanzig Minuten«, erzählte Atkinson. »Wir waren unbeschwert und mädchenhaft, lachten über die Briefchen und probierten Hüte an. Und dann war sie von einem Moment auf den anderen wie ausgewechselt und ging in ihr Zimmer. Es war das einzige Mal, dass ich einen so abrupten Stimmungswechsel gesehen habe. Sie war erst ausgelassen und machte dann total dicht.«

Als Diana nach London zurückkehrte, erklärte die Presse ihre Reise zu einem großen Erfolg. Der *Daily Express* hob Atkinsons organisatorisches Talent hervor. Da sie wusste, dass Diana das Rampenlicht der Öffentlichkeit nicht gern mit jemand teilte, bat Atkinson den Reporter der *Express*, den Artikel nicht zu schreiben, und arbeitete schließlich nur mit ihm zusammen, um die Fakten zu verifizieren und eine Stellungnahme abzugeben, in der sie den während der Reise herrschenden »Teamgeist« betonte.

Am nächsten Morgen rief Diana Atkinson an, um ihr Missfallen zu bekunden. Etwas später an diesem Tag kam der Redakteur des *Daily Express*, Richard Addis, zu einem schon früher vereinbarten Mittagessen zu Diana. Er versicherte ihr, Atkinson habe nichts mit diesem Artikel zu tun. Doch Diana ließ sich nicht davon abbringen, dass Atkinson sie betrogen habe, und erzählte Freunden sogar, Atkinson habe negative Geschichten über sie an die *Sun* durchsickern lassen, was jedoch nicht stimmte. Von diesem Zeitpunkt an beriet Diana sich nicht mehr mit Atkinson, sondern benutzte sie nur noch als Sprachrohr.

Ende Juni 1996 machte Diana einen letzten Versuch, ihren Titel »HRH« zu retten. Sie spielte Richard Kay die Information zu, dass der Buckingham Palace nun darauf bestehe, dass sie den Titel behalte. Kay beschrieb die Kehrtwende als »merkwürdige Wendung«, die sich auf die Meinung der Königin gründe, Diana müsse als Mutter des zukünftigen Königs einen »angemessenen Status haben«. Die undichte Stelle war ganz einfach Dianas Wunschdenken. Die Königin hatte bereits beschlossen, dass Diana aufgrund des Morton-Buches, des *Panorama*-Interviews und ihrer Tändeleien mit der Boulevardpresse des Titels unwürdig sei.

Am 4. Juli, drei Tage nach Dianas 35. Geburtstag, unterbreitete

Charles ihr sein Abfindungsangebot. Diana sollte eine Pauschalsumme von 52 Millionen DM erhalten, für die im Wesentlichen die Königin bürgen würde, da es Charles aufgrund eines Parlamentbeschlusses nicht erlaubt war, irgendwelche Vermögenswerte seines auf nahezu 280 Millionen DM geschätzten Herzogtums von Cornwall zu verkaufen; des Weiteren über 1,1 Millionen DM pro Jahr, um Dianas Büro zu finanzieren. Diese Ausgabe würde Charles teilweise mit einem Kredit bezahlen, den Rest aus seinem Jahreseinkommen, das nach Abzug der Steuern und der Ausgaben für das Personal 4,6 Millionen DM betrug. Dianas Titel sollte »Diana, Prinzessin von Wales« lauten, und in einer vom Palast veröffentlichten Stellungnahme betonte man, sie werde »als Mitglied der Königsfamilie betrachtet«.

Als »halb« zur Königsfamilie gehörig würde Diana zu staatlichen und nationalen Feierlichkeiten eingeladen und bei diesen Anlässen so behandelt werden, als führe sie noch immer den Titel »HRH«. Sie würde im Kensington Palace wohnen, wo auch ihr Büro untergebracht sein würde. Ihre öffentliche Rolle müsse »sie selbst bestimmen«, obwohl alle Arbeitsreisen nach Übersee – zum Beispiel als Vertreterin von Wohltätigkeitsorganisationen – eine Rücksprache mit dem Außenministerium und die Zustimmung der Königin erfordern würden, was eine für sämtliche Mitglieder der Königsfamilie übliche Praxis war. (Für Privaturlaube war es nicht erforderlich, eine Erlaubnis einzuholen.) Diana würde nach wie vor von vielen Vergünstigungen Gebrauch machen können – die königlichen Flugzeuge ständen ihr zur Verfügung und auch die Staatsapartments im St. James's Palace für Feiern – und sie dürfte den königlichen Schmuck tragen, der dann schließlich an die Ehefrauen ihrer Söhne weitergegeben werden sollte. Als Teil der Vereinbarung sollten Diana und Charles ein Vertraulichkeitsabkommen unterzeichnen, das ausschloss, dass sie die Scheidungsbedingungen oder Einzelheiten ihres Zusammenlebens mit Dritten besprachen.

Die Bedingungen waren großzügig, und Diana gab schon vier Tage später ihre formale Zustimmung. Neben ihren Anwälten Anthony Julius und Maggie Rea hatte Diana hinter den Kulissen Hilfe von ihrem Freund Jimmy Goldsmith erhalten. »Er empfahl ihr, hart zu bleiben und sich auf nichts einzulassen«, bis sie das Geld bekäme, das sie wollte, erklärte John Tigrett, Goldsmith' Geschäftspartner seit über drei Jahrzehnten. An dem Abend, als sie die Scheidungsvereinbarung erhielt, schloss sich Diana der Familie Goldsmith bei einer Wohltätigkeitsgala für Imran Khans

Krankenhaus im Dorchester Hotel an. »Wir haben heute das Geschäft abgeschlossen«, sagte Goldsmith zu Tigrett.

Das letzte Problem war der Verlust des Titels »HRH«, gegen den Diana sich bis zuletzt gewehrt hatte. Ihre Weigerung war möglicherweise gerechtfertigt, denn die Lösung, die ihr durch die Scheidung aufgedrängt wurde, war kompliziert und vieldeutig. Diana befand sich in der einzigartigen Situation, die Mutter des Thronfolgers zu sein. Schon allein aus diesem Grund hatte sie wahrscheinlich ein Anrecht darauf, ein vollwertiges Mitglied der Königsfamilie zu sein. Die Entscheidung, den Titel aufzugeben, traf sie, nachdem sie Prinz William zu seiner Meinung befragt hatte. Als er ihr sagte, es mache keinen Unterschied, ob sie den Titel trage oder nicht, beauftragte sie ihre Anwälte, den Bedingungen zuzustimmen.

Die Presse berichtete am 12. Juli auf unterschiedliche Weise über die endgültige Vereinbarung. Der *Daily Mail* nannte sie »Ihre Königliche Demütigung« (Her Royal Humiliation/HRH), für den *Daily Mirror* war es der »Endgültige Verrat«. Das den Text begleitende Foto zeigte eine ausgezehrte Diana. »Es ist das Gesicht einer Frau, die völlig am Boden zerstört ist«, schrieb das Boulevardblatt. Andere Zeitungen waren in ihren Wertungen zurückhaltender. Die Schlagzeile des *Daily Telegraph* lautete »Die Prinzessin gibt HRH-Stil auf« und die *Times* erklärte: »Grünes Licht für 15 Millionen Pfund-Übereinkommen«. Diana verbrachte den größten Teil des Tages mit Lucia Flecha de Lima, die aus Washington eingeflogen war, um sie zu trösten.

Am 15. Juli meldeten Charles und Diana das »vorläufige Scheidungsurteil« zur Eintragung an. Dieses Dokument erklärte, dass die Ehe in sechs Wochen, also am 28. August, endgültig aufgelöst werde. Trotz all ihrer Missetaten hatte Diana noch immer das Mitgefühl der Öffentlichkeit. Die im *Mirror* zum Ausdruck gebrachten Gefühle gaben die allgemeine Stimmung wieder: Diana mochte eine großzügige Abfindung bekommen haben, aber sie war von der gefühlskalten Königsfamilie schlecht behandelt und letzlich erniedrigt und bestraft worden.

Kaum 24 Stunden später verscherzte sich Diana einen Teil dieses Wohlwollens, als sie unerwartet ankündigte, dass sie fast einhundert ihrer Wohltätigkeitsorganisationen aufgegeben habe und nur noch zu sechs Organisationen eine offizielle Verbindung aufrechterhalten werde: zu der Obdachlosenorganisation Centrepoint, der Leprosy Mission, dem National Aids Trust, dem English National Ballet, dem Great Ormond

Street Hospital for Sick Children und dem Royal Marsden Hospital. Diese Ankündigungen lösten Proteste aus. Ihre Aktion wirkte überstürzt und herzlos. Einige Wohltätigkeitsorganisationen erfuhren von ihrer Entscheidung sogar erst aus der Presse.

Diana hatte sich jedoch nicht plötzlich dazu entschlossen. Bereits Mitte Juni hatte sie entschieden, die Verbindung zu Organisationen aufrechtzuerhalten, die ihre eigenen emotionalen Bedürfnisse widerspiegelten. Atkinson hatte sie gedrängt, das English National Ballet weiterhin zu unterstützen, damit sie »etwas Aufmunterndes zu tun habe«. Aufgrund ihrer lebenslangen Liebe zum Ballett stimmte Diana diesem Vorschlag bereitwillig zu. Der National Aids Trust hatte für Diana eine besondere Bedeutung, weil sie im Zusammenhang mit Aids erstmals in der Öffentlichkeit eine sinnvolle Rolle übernommen hatte. Als ein Freund sie nach ihrer Entscheidung für die Leprosy Mission fragte, scherzte Diana: »Wegen der Reisen, du Dummkopf.« Die Antwort war typisch für Diana, und ihr Interesse an dieser entstellenden Krankheit führte sie tatsächlich an exotische Orte. Atkinson nach zu urteilen war Diana aber der Meinung, die Wohltätigkeitsorganisation brauche ihre Bekanntheit, um von der Öffentlichkeit beachtet zu werden. Über das Great Ormond Hospital und das Royal Marsden Hospital blieb sie in Kontakt mit Kranken und Sterbenden, und Centrepoint stellte die Verbindung zu den Enteigneten her.

Die Tatsache, dass das Rote Kreuz nicht mehr auf der Liste stand, stach am meisten ins Auge. Diese Beziehung hatte ihre Höhen und Tiefen gekannt, und Diana befand schließlich, diese Wohltätigkeitsorganisation genieße auch ohne sie genug Ansehen. Als die Zeitungsartikel die finanziellen Verluste der Wohltätigkeitsorganisationen aufführten, die Diana »fallengelassen« hatte, ließ Diana von Atkinson eine Stellungnahme veröffentlichen, die nicht nur unlogisch, sondern auch unzutreffend war: »Dieser Schritt gründet sich einzig und allein auf den Verlust ihres königlichen Status ... Der Verlust ihrer gesellschaftlichen Stellung wird für diese Organisationen nicht von Vorteil sein, und ihre Zugkraft ist eingeschränkt. Sie kann ihnen nicht mehr die Unterstützung geben, auf die sie ein Anrecht haben.« Atkinson erklärte Diana, dass die Stellungnahme keinen Sinn ergebe, weil sie impliziere, dass ihr geringerer Status den verbleibenden sechs Organisationen ebenfalls schade. Diana bestand dennoch auf der Veröffentlichung.

Auf diese Ankündigung folgte nicht die von Diana erwartete Berichterstattung. »Nichts stimmte, und sie beschuldigte mich, das Falsche gesagt zu haben«, erinnerte sich Atkinson. Innerhalb weniger Tage wurde deutlich, dass die Beziehung zwischen Diana und Atkinson in die Brüche gegangen war, und eine Woche später kündigte Atkinson.

Etwa zur selben Zeit hätte Diana beinahe auch die Beziehung zu Richard Kay abgebrochen. Seit den Scheidungsverhandlungen war sie in Bezug auf ihr Image noch sensibler als zuvor. Simone Simmons, die Kay über Diana kennen gelernt hatte, sagte, Diana habe »beschlossen, dass Richards Redeentwürfe zu lang und zu kompliziert seien«. Diana entschied sich schließlich für Martin Bashir, den *Panorama*-Interviewer, der ihr seine Dienste angeboten hatte. Sie hatte den Kontakt mit Bashir ebenso gepflegt wie sie die Verbindung zu Andrew Morton nach Veröffentlichung seines Buches 1992 aufrechterhalten hatte. »Martin Bashir ist ein bescheidener Mensch, und er konnte sehr charmant sein«, erklärte Dianas Butler Paul Burrell. »Er ist ein Schmeichler.« Richard Kay war »zutiest verärgert«, durch Bashir ersetzt zu werden, berichtete Simmons, doch er überwand seinen Stolz und protestierte nicht. Das sicherte ihm die Fortsetzung seiner Freundschaft mit Diana und seiner Rolle als ihr Kanal zur *Daily Mail*.

Die Presse stellte Vermutungen darüber an, dass Diana im Herbst einen ehrgeizigen Plan für ihre sechs Wohltätigkeitsorganisationen vorstellen würde. Einem Bericht zufolge würde sie drei Verpflichtungen pro Woche statt wie im vergangenen Jahr nur einer pro Monat nachkommen. Wie zuvor erwiesen sich diese Erwartungen als falsch. In ihrem letzten Lebensjahr war Diana in erster Linie für wohltätige Zwecke tätig, die außerhalb des Aufgabenbereichs der von ihr ausgewählten Organisationen standen. Ihr Engagement für ein Verbot von Anti-Personen-Minen erhielt die meiste Aufmerksamkeit der Presse, doch sie setzte sich auch für ein australisches Forschungszentrum ein, mit dem Hasnat Khan in Verbindung stand, sowie für amerikanische Wohltätigkeitsorganisationen, die von zwei relativ neuen Freundinnen der Prinzessin unterstützt wurden: von Katharine Graham, der einflussreichen Chefin der *Washington Post*, sowie von Liz Tilberis, der Redakteurin von *Harper's Bazaar*.

Jedes Mal, wenn Diana ihre Aufmerksamkeit einer neuen Sache zuwandte, waren die Organisationen, die sie zurückließ, verdutzt und verletzt. »In [ihren] letzten beiden Jahren war sie in Bezug auf die berufliche Beziehung zu den Organisationen, deren Schirmherrin sie war, völlig unberechenbar«, berichtete Michael Adler, der Vorsitzende des National Aids Trust. »Als sie die Anzahl der Organisationen von hundert auf sechs reduzierte, tat sie genau genommen selbst für die sechs verbleibenden nicht viel. Sie setzte sich immer weniger für uns ein. Wir konnten sie nicht dazu bringen, etwas zu tun. Wir schrieben ihr und versuchten, mit ihr ins Gespäch zu kommen. Aber sie war an anderen Dingen interessiert, was nur recht und billig ist. So ist das Leben. Aber als Schirmherrin muss man bestimmten Verpflichtungen nachkommen. Diana hatte ganz besondere Qualitäten, aber sie agierte nicht, sie reagierte.«

# KAPITEL 24

Während ihres letzten Lebensjahres präsentierte sich Diana in der Öffentlichkeit als starke, alleinstehende Frau, die sich für humanitäre Zwecke einsetzte. Im Privatleben sah das jedoch ganz anders aus. Gefangen in ihrer aussichtslosen Liebesbeziehung mit Hasnat Khan, war sie unberechenbar und ging schließlich soweit, Tarnkleidung zu tragen. Zwei Monate vor ihrem Tod, als sie die Gastfreundschaft des ägyptischen Geschäftsmannes Mohamed Fayed und seiner Familie annahm, ging es mit ihr endgültig bergab.

Im Spätsommer 1996, direkt nachdem ihre Scheidung amtlich wurde, entschied sich Diana zu einer dramatischen öffentlichen Geste, die den Bruch mit ihrer Vergangenheit signalisieren sollte. Sie rief ihre amerikanische Freundin Marguerite Littman, die Vorsitzende des Aids Crisis Trust, an und sagte: »Ich habe beschlossen, dir meine Kleider zu geben.« »Ich wusste gar nicht, dass ich mich so schlecht kleide«, scherzte Marguerite. Diana erklärte, dass sie mit Prinz William darüber gesprochen hätte, was sie mit ihrem Leben anfangen solle. Er habe vorgeschlagen, alle Kleider, die sie nicht mehr benötige, zu versteigern und den Erlös einer wohltätigen Organisation zukommen zu lassen. »Glaubst du nicht, dass das eine gute Sache für deinen Wohltätigkeitsverein wäre?«, fragte Diana. »Wenn du sie haben willst, dann komm doch morgen oder übermorgen zum Mittagessen.«

Dianas Entscheidung, wem der Erlös zufließen sollte, war bedeutsam: Ihre Wahl fiel auf Marguerite Littmans Aids Crisis Trust, mit dem Diana in keinerlei Beziehung stand, statt auf den National Aids Trust, dem sie noch eine Woche zuvor eine ihrer sechs verbleibenden Schirmherrschaften zugesprochen hatte. Der Grund für ihre Entscheidung blieb rätselhaft. Sie hatte der National-Aids-Trust-Klinik im vergangenen Juni einen offiziellen Besuch abgestattet, und Michael Adler hatte Diana wegen ihres Engagements für Aids-Kranke gelobt. Der Besuch hatte auch zu negativer Publicity geführt, weil Diana von der Aids-Kranken Aileen Getty begleitet wurde, einer Amerikanerin, die einen Kreuzzug gegen die Gefahren dieser Krankheit für Heterosexuelle führte. »Wir würden Di mehr lieben, wenn sie sich nicht ausnutzen ließe«, klagte die *Sun*. Diana war jedoch häufig noch viel härter angegriffen worden, die Medienkritik dürfte daher kaum der Grund für ihre Abtrünnigkeit gewesen sein. Dennoch war Dianas Besuch im Juni ihr letzter Kontakt mit dem National Aids Trust.

Die naheliegendste Erklärung boten Dianas Zuneigung zu Marguerite Littman sowie das glamouröse Profil ihrer Organisation. Der Aids Crisis Trust hatte in erster Linie durch Filmpremieren Spenden gesammelt, und seine Schirmherren waren gesellschaftlich attraktiver als Adlers Gruppe. Der gesellschaftliche Aspekt interessierte Diana, die Marguerite vorschlug, die Kleider nach Los Angeles und New York zu bringen und eine »Show« zu veranstalten, »etwas, das Spaß macht und gleichzeitig Geld bringt«. »Diana hegte eine kindliche Liebe für Berühmtheiten«, sagte einer ihrer Freunde und betonte, wie sehr die Prinzessin es genieße, Filmstars wie Tom Hanks zu treffen. Diana und Marguerite entschieden sich für Christie's Auktionshaus, da dessen Vorsitzender, Christopher Balfour, ein gemeinsamer Freund der beiden war, und beschlossen, den Verkauf im Juni 1997 in New York durchzuführen.

Michael Adler erfuhr von der Auktion von neunundsiebzig Abendkleidern erst, als sie sechs Monate später in der Presse angekündigt wurde. Zu diesem Zeitpunkt hatte er noch mehr Grund, über Dianas Zurückweisung verärgert zu sein. »Der National Aids Trust war beinahe bankrott«, sagte Adler.

»Sie sandte nicht nur die falsche Botschaft aus, indem sie ihre Kleider einer Organisation gab, die von Filmpremieren lebte, sondern zusätzlich stand eine Vereinigung, deren Schirmherrin sie war, vor der Liquidation.«

Als Diana in den ersten Monaten nach ihrer Scheidung ihre Gala-Wohltätigkeitsauktion plante, traf sie noch eine weitere Entscheidung über ihre öffentliche Rolle: Sie schloss sich der Bewegung an, die für das Verbot von Anti-Personenminen kämpfte. Später erzählte sie Reportern, dass sie auf dieses Problem aufmerksam geworden sei, als »zahlreiche Informationen über Landminen auf meinem Schreibtisch landeten. Die Bilder waren so schrecklich, dass ich glaubte, mit meinem Engagement das Renommé der Bewegung weltweit stärken zu können. Unerwähnt blieb dabei eine andere Freundin, die Diana auf dieses Problem aufmerksam machte: Ihre Energieheilerin Simone Simmons hatte im Sommer 1996 einen Mitarbeiter des Roten Kreuzes in Bosnien besucht. Als Simmons von ihrem zehntägigen Aufenthalt in Tuzla zurückkehrte, zeigte sie Diana Fotos von Minenopfern. »Glaubst du, ich könnte daran etwas ändern?«, fragte Diana.

Nachdem sich Diana vom Roten Kreuz Mitte Juli in dramatischem Gestus abgewandt hatte, kehrte sie nun zu dieser Organisation zurück, um eine weltweite Kampagne zur Ächtung von Landminen in Gang zu setzen. Als Diana fragte, ob das Rote Kreuz eine Reise nach Übersee unterstütze, um die Öffentlichkeit für die Minenopfer zu sensibilisieren, bot sich der Generaldirektor des Britischen Roten Kreuzes, Mike Whitlam, als ihr offizieller Begleiter an. Gleichzeitig lud sie der Filmemacher Richard Attenborough, der Diana über ein Jahrzehnt kannte, als Ehrengast zur Premiere seines neuen Films *In Love and War* ein, um Mittel für die Landminenkampagne des Britischen Roten Kreuzes zu beschaffen.

Von Attenborough ermutigt, beschloss Diana, ihren eigenen Dokumentarfilm zu diesem Thema zu drehen. Attenborough half ihr bei den Verhandlungen mit der BBC, deren Filmteams ihre Reise nach Übersee filmen würden. Das Rote Kreuz schlug zunächst vor, Diana solle nach Kambodscha reisen, doch das Außenministerium wandte ein, ihre Anwesenheit könnte die heiklen Verhandlungen über eine britische Geisel stören. Da die britische Regierung Afghanistan als zu gefährlich ablehnte, entschloss sich Diana für das vom Krieg verwüstete Angola, wo die grauenhafte Statistik eine Landmine auf jeden der zwölf Millionen Einwohner des Landes verzeichnete. Das Außenministerium stimmte Dianas Reise im Januar 1997 zu. »In gewissem Sinne war ihr Engagement gegen Landminen eine unglaublich gute Wahl«, lobte der Kolumnist des *Daily Telegraph*, William Deedes, ein dreiundachtzigjähriger Landminen-Gegner, mit dem sich Diana beraten hatte. »Sie hatte den Finger auf eine offene Wunde gelegt, und die Tatsache, dass alle Opfer sterben oder verkrüppelt sind, bedeutete, dass es nie einen öffentlichen Aufschrei gegeben hatte.«

Die Tatsache, dass sich Diana auf Prinz Williams Idee zum Verkauf der Kleider verließ, und die Rolle, die der Prinz beim Durchbrechen ihrer psychischen Blockade spielte, zeigten, dass sie mehr denn je auf ihre Söhne angewiesen war – als Vertraute wie auch als Stütze, wenn sie einsam und unschlüssig war. Im Herbst 1996 waren William und Harry vierzehn und zwölf Jahre alt. William besuchte seit sechs Jahren das

Internat, Harry seit vier Jahren. William war intelligent und selbstbeherrscht und, wie seine Mutter, sensibel und instinktgesteuert. Diana hielt ihn für »sehr tiefsinnig«. Zudem zeigte er bereits Zeichen pubertärer Launenhaftigkeit und war eindeutig frühreif. »Er trug die Last der Welt auf seinen Schultern«, sagte eine Freundin Dianas. Im Gegensatz dazu war Harry lebhafter und verschmitzter. Beide Jungen hatten gelernt, »höflich, aber nicht lächerlich« zu sein und verhielten sich nach Ansicht eines Palastangestellten »ganz natürlich«.

Nachdem Harry seinem Bruder William im Herbst 1992 nach Ludgrove gefolgt war, hatte Diana alleine gelebt. Ihre Söhne waren jedoch häufig in ihren Gedanken und ihren Gesprächen präsent. Nelson Shanks, der 1994 ihr Porträt malte, erinnert sich daran, dass Diana »unaufhörlich« von ihren Söhnen sprach, eine Beobachtung, die viele ihrer Freunde teilten. »Ihre Welt wurde von den Jungen erhellt, und ihr Leben drehte sich um die beiden«, erklärte ihr Freund Peter Palumbo. Selbst als die königlichen Pflichten sie stark in Anspruch nahmen, sorgte Diana dafür, dass Zeit für ihre Söhne blieb, und sie stimmte ihren Terminplan oft so ab, dass er nicht mit den Aktivitäten ihrer Söhne kollidierte. »Ständig sauste sie nach Ludgrove, um zu sehen, ob es ihren Söhnen gut ging, und um ihnen bei einer Theatervorführung zuzuschauen«, erinnerte sich einer ihrer Freunde.

Diana war ihren Söhnen gegenüber wahrscheinlich nicht hingebungsvoller als jede andere gute Mutter, aber sie hatte ein besonderes Talent, auf sie einzugehen. »Sie stellte sich auf die Gefühle von William und Harry ein und stand stets in engem Kontakt mit ihnen«, sagte ihre Freundin Cosima Somerset. »Sie hörte ihren Kindern wirklich zu und schätzte deren Meinung.« Nach Ansicht ihrer Freundin Carolyn Bartholomew war Diana »sehr verantwortungsbewusst, reagierte auf ihre individuelle Wesensart und war sich ihrer unterschiedlichen Charaktere bewusst.«

Vor allem aber wollte Diana ihren Söhnen das Gefühl geben, geliebt zu werden. »Ich muss meine Kinder immer wieder umarmen und schenke ihnen meine Liebe und Zuneigung«, erzählte sie Andrew Morton. Einige Kritiker warfen ihr vor, ihre Söhne mit ihrer Liebe zu ersticken, doch vor dem Hintergrund ihrer Vergangenheit hielten Dianas Freunde ihre demonstrative Art für lobenswert. »Sie wollte ihren Söhnen die Mutter sein, die sie selbst nie gehabt hat«, meinte David Puttnam. Für Diana war es überaus wichtig, dass die beiden Söhne ihre Zuneigung erwiderten. »Die ständigen ungestümen Umarmungen und unzähligen

Küsse taten beiden Seiten gut«, so James Hewitt. »Sie brauchte ebenso sehr wie [die Jungen] die reine, bedingungslose Liebe ... [Es] gab ihr die Gewissheit, dass sie ihre Rolle als Mutter so gut erfüllte wie nur irgend möglich.«

Zuweilen konnte Diana sehr kindlich sein. Dann genoss sie aufregende Karussellfahrten in Vergnügungsparks auf eine Weise, auf die Prinz Charles dazu nie in der Lage gewesen wäre. »Sie war furchtbar gern mit ihren Kindern zusammen«, sagte einer ihrer Freunde. »In gewisser Weise war sie ein sehr einfacher Mensch.« Einmal war sie bei einem Plausch mit William in Ludgrove so aufgeregt, dass sie in seinem Schlafsaal von einem Bett zum anderen hüpfte. Nach der Veröffentlichung der äußerst peinlichen Gilbey-Bänder nannten ihre Söhne sie Squidgy – Tintenfischchen –, »und sie brüllte vor Lachen«, erinnerte sich ein Freund. Mitunter ging ihre Begeisterung mit ihr durch, wie etwa, als sie William und Harry während eines Wolkenbruchs zu einem Gocartrennen um Highgrove aufforderte.

Zumeist zeigte sich Diana in ihrer Beziehung zu ihren Söhnen jedoch sehr verantwortungsbewusst. Als Puttnam sie einlud, die beiden zum Pinewood Film Studio zu bringen, fiel ihm auf, wie »aufmerksam und klug« sie war. »Sie wollte, dass sie sich wie wohlerzogene, normale Kinder verhielten, sich beim Mittagessen in die Schlange stellten und sich nicht bedienen ließen.« Ein anderes Mal bestellte Harry bei einem Kinobesuch ein Mineralwasser an einem Kiosk. Als die Verkäuferin ihm Wasser mit Kohlensäure reichte, bat er um stilles Wasser. Daraufhin wies ihn Diana zurecht, dass »er sich einfach für das, was ihm die Verkäuferin gegeben hatte, hätte bedanken sollen«, weil sie nicht wollte, dass er sich auf eine Weise verhielt, »die der Königsfamilie den Ruf eintrage, schwierig zu sein«.

Diana wollte, dass ihre Söhne auf »normalere« Weise aufwuchsen, als dies für Mitglieder der Königsfamilie üblich war. Sie nahm sie mit zu McDonalds und in die lokalen Kinos und machte sie mit Leuten aus allen Schichten und Berufen bekannt. »Ich möchte, dass sie die Gefühle, die Unsicherheiten, das Leid, die Hoffnungen und Träume der Menschen verstehen«, sagte sie in ihrem *Panorama*-Interview. Um das zu erreichen, besuchte sie mit ihren Söhnen Obdachlosenheime und sterbene Aids-Patienten. Obwohl William geradezu eine Antipathie gegen die Presse entwickelte, erkannte Diana, dass er die Mentalität der Sensationspresse verstehen musste, und stellte ihm Piers Morgan vom *Mirror* vor. »Sie tat ihr Bestes, um ihren Söhnen beizubringen, mit der Aufmerksamkeit der Medien fertig zu werden und zu akzeptieren, dass sie damit würden leben müssen«, so Liz Tilberis von *Harper's Bazaar*. »William verstand ihre Wut auf die Medien, und er verstand auch, dass sie sie von Zeit zu Zeit hofierte.«

Dianas starke Emotionalität hatte jedoch einen tiefgreifenden Einfluss auf ihre Söhne, die in ihren prägenden Jahren zahlreiche Auseinandersetzungen ihrer Eltern miterlebten und sich daran gewöhnten, ihre Mutter weinen zu sehen. Als unauslöschliches Bild seiner Kindheit prägte sich bei William seine Reaktion auf eine erbitterte Auseinandersetzung zwischen seiner Mutter und seinem Vater zu Anfang des Jahres 1992 ein. Der neunjährige William folgte seiner Mutter nach oben, wo sie sich im Badezimmer einschloss. Dort schob er Papiertaschentücher unter der Tür hindurch und sagte: »Ich mag es nicht, wenn du traurig bist.« Von ihren persönlichen Erlebnissen abgesehen, mussten William und Harry auch mit den quälenden Enthüllungen durch Morton und *Panorama* über das beunruhigende Verhalten ihrer Mutter fertig werden.

Dianas Unsicherheit machte ihr beim Umgang mit verschiedenen Kindermädchen schwer zu schaffen. Ihre Gereiztheit gegenüber Barbara Barnes, die nach Williams Geburt zu ihnen gekommen war, wuchs, da sie den Eindruck bekam, das Kindermädchen versuche, ihr die mütterliche Autorität zu entreißen. Barbara Barnes' Nachfolgerinnen Ruth Wallace und Jessie Webb verließen ihre Stellung ebenfalls wegen Dianas Launenhaftigkeit. Von Beginn an misstraute Diana Tiggy Legge-Bourke, die nach der Trennung als Kindermädchen engagiert wurde. Sie bildete sich ein, die junge Frau versuche, mit ihr um die Zuneigung ihrer Söhne zu kämpfen. Richard Kay zufolge »tobte [Diana], weil Tiggy immer Spaß mit den Jungen zu haben schien.«

Das größte Problem jedoch stellte für die beiden Jungen Dianas Rivalität mit Charles dar. Seit Mitte der achtziger Jahre hatte Diana versucht, Charles als Vater in einem schlechten Licht darzustellen – eine Kampagne, die in ihren verletzenden Aussagen im Morton-Buch gipfelte. Sie wetteiferte mit Charles auch direkt um die Zuneigung ihrer Söhne. Wenn sie und Charles eine ihrer schwierigen Phasen durchlebten, nahm sie die Jungen zum Abendessen mit in ihr Zimmer und ließ Charles allein im Esszimmer speisen. So erzälte sie Andrew Morton: »Ich lege mich abends zu ihnen ins Bett, umarme sie und frage: ›Wer liebt euch am meisten auf der Welt?‹ und ihre Antwort lautet immer

›Mummy‹.« Diese Rivalität führte dazu, dass sie in zunehmendem Maß nach Entschuldigungen und Vorwänden suchte, um Charles daran zu hindern, seine Söhne zu sehen. Schlussendlich veranlasste Dianas Weigerung, William und Harry zu ihrem Vater nach Sandringham zu lassen, Charles zu der Entscheidung, sich von Diana zu trennen.

Nach der Trennung verstärkte sich Dianas Abhängigkeit von ihrem ältesten Sohn in der Rolle eines Vertrauten. »Diana hatte mit Prinz William eine Mutter-Sohn-Beziehung und eine Mutter-Ehemann-Beziehung«, erklärte ihr Freund Roberto Devorik. »Sie erzählte mir, dass sie mit ihrem Sohn William sehr persönliche und tiefschürfende Gespräche führe und er ihr unglaubliche moralische Unterstützung biete.« Diana suchte bei William nicht nur Trost, sondern auch Rat. »Sie fragte William ständig um Rat, was sie mit ihrem Leben beginnen solle«, erklärte ihre Freundin Elsa Bowker. Ihrer Freundin Rosa Monckton zufolge schüttete Diana ständig wie unter Zwang William ihr Herz aus. Sie wollte, dass er von ihr die Wahrheit über ihr Leben erführe, über die Leute, mit denen sie sich traf, und darüber, was diese Leute für sie bedeuteten, damit er nicht nur die verzerrte, übertriebene und oft unwahre Version in der Sensationspresse läse.« Dadurch, dass sie William jedoch so vieles anvertraute, bürdete sie dem heranwachsenden Jungen eine enorme emotionale Last auf.«

Diana wusste, dass ihr Status unmittelbar an Williams Position als Thronerbe gebunden war, und sie hielt mit ihrem Wunsch nicht hinter dem Berg, Charles möge in der Thronfolge zu Gunsten von William als König übergangen werden. Schon 1991 erklärte sie gegenüber Andrew Morton: »William wird seine Position viel früher inne haben, als die Leute heute annehmen.« Sie fügte hinzu, sie hoffe, Charles werde »mit seiner Geliebten fortgehen«, damit sie und die beiden Jungen »den Namen des Hauses Wales weiter führen könnten, bis William den Thron besteige«.

Wahrscheinlich hatte Charles ab Mitte der achtziger Jahre bis zur Trennung im Jahr 1992 auf Grund seiner Verpflichtungen, aber auch seines Bedürfnisses, einer unglücklichen Ehe zu entkommen, zu wenig Zeit mit seinen Söhnen verbracht. Auf seine eigene Weise war er jedoch ein guter Vater gewesen. Als sie jünger waren, hatten die Jungen liebend gern mit ihm »Großer böser Wolf« gespielt, und während der Wochenenden auf Highgrove verbrachte er viele Stunden mit ihnen im Freien. Sie gingen mit ihm durch die Gärten, und er sprach mit ihnen über Pflanzen und Tiere. Diana rebellierte dann häufig, zog sich in ihr Zimmer zurück, um Musik zu hören, Zeitschriften zu lesen und zu telefonieren.

Charles behandelte die Kinder im Unterschied zu Diana eher wie Erwachsene. Er erklärte ihnen Dinge, stellte andere in Frage und erkundigte sich nach ihren eigenen Vorstellungen. Als sie älter wurden, nahm er sie mit zu Shakespeare-Aufführungen in Stratford-upon-Avon. Er zeigte auch Gespür für ihre Stimmungen. Als sich William nach den Weihnachtsferien einmal davor fürchtete, nach Ludgrove zurückzukehren, verbrachte Charles sehr viel Zeit damit, das Selbstvertrauen seines Sohnes zu stärken.

Als Teenager zogen die Jungen die Aktivitäten ihres Vaters – Jagen, Schießen und Angeln – eindeutig Dianas Stadtleben mit den Einkaufsbummeln, Kino- und Restaurantbesuchen vor. »Diana sagte zu mir: ›William möchte nur eins, ein Gewehr zur Hand nehmen‹«, erinnerte sich einer ihrer engen Freunde. »Das war ihr bewusst. Gleichzeitig glaube ich nicht, dass sie die Jungen gezwungen hat, mit ihr ein Pflegeheim für Aids-Kranke zu besuchen, statt mit ihrem Vater auf die Jagd zu gehen. Sie bestrafte sie nicht auf diese Weise.«

In ihrem *Panorama*-Interview definierte Diana ihr Leben folgendermaßen: »Ich habe meine Söhne, ich habe meine Arbeit.« Laut Richard Kay waren ihre Söhne für Diana »die einzigen Männer in ihrem Leben, die sie nie im Stich gelassen hatten und die von ihr nie irgendetwas anderes wollten, als dass sie sie selbst sei«.

Es war nicht einfach, diesen Zustand aufrechtzuerhalten, und als William und Harry unabhängiger wurden, schienen Spannungen unvermeidbar. Bis dahin versuchte Diana jedoch, ihren Söhnen nahe zu bleiben. Sie rief sie fast täglich im Internat an und nahm sie, wann immer möglich, mit in die Ferien.

Neben ihren Söhnen hatte Diana eine sich verringernde Zahl von Freunden, auf die sie sich verlassen zu können glaubte. Die meisten der Fallengelassenen wussten nicht, warum Diana sich abwandte, aber der Auslöser war zumeist eine Kränkung oder ein Betrug, der im Allgemeinen aber lediglich ein Produkt ihrer Fantasie war. Wer blieb, verhielt sich vorsichtig und beugte sich Dianas Impulsen aus Angst, die Freundschaft zu zerstören.

Annabel Goldsmith, Elsa Bowker und Lucia Flecha de Lima waren für sie noch immer Mutterfiguren, aber mit Hayat Palumbo hatte sie sich zerstritten. Lucia lebte auf der anderen Seite des Ozeans, doch sie nahm sich Zeit, mit ihr zu telefonieren, passte ihre Gewohnheiten den unterschiedlichen Zeitzonen an und blieb häufig bis nach Mitternacht auf, um auf Dianas morgendliche Anrufe zu warten.

Rosa Monckton und Marguerite Littman standen Diana ebenfalls zur Verfügung, wenn auch Diana gelegentlich darüber beunruhigt war, dass Rosa »andere Prioritäten habe«. Eine neue Freundin fand Diana in Cosima Somerset, der Nichte von Annabel Goldsmith. Fast ein Jahr lang standen die beiden sich sehr nahe, bis Diana sie aus unerklärlichen Gründen fallen ließ. Seit Dianas Versöhnung mit ihrer Stiefmutter, Raine Spencer, im Jahr 1993, nahm diese einen besonderen Platz ein. Sie leistete Diana beim Mittagessen in den Restaurants von Mayfair Gesellschaft, unterhielt und beriet sie.

Verschiedene Therapeutinnen – die Energieheilerin Simone Simmons, das Medium Rita Rogers, die Astrologin Debbie Frank und die beiden Akupunkteurinnen Oonagh Toffolo und Dr. Lily Hua Yo – blieben für Diana wichtig. Den Kontakt zu ihrer Psychotherapeutin Susie Orbach jedoch hatte sie abgebrochen, wie sie Freunden im Frühjahr 1996 erzählte. Dem Reporter Richard Kay zufolge erklärte Diana, sie habe ihre Therapie beendet, »weil sie feststellte, dass sie eher die Probleme der Therapeutin als ihre eigenen analysierte«. Die Medienberaterin Jane Atkinson erinnerte sich, dass Diana »davon sprach, ihre Therapie zu beenden, aber Angst habe, Susie Orbach anzurufen, weil diese sie dann auffordern würde, weiter in die Sprechstunde zu kommen, und das wollte Diana vermeiden. Schließlich fand ein Gespräch statt, und Diana war stolz, die Therapie beendet zu haben. Ich weiß nicht, ob sie sie wirklich beendet hatte, aber sie wollte es jedermann glauben machen.« Tatsächlich suchte Diana Susie Orbach in unregelmäßigen Abständen weiterhin auf.

Im Herbst 1996 kam es zum endgültigen Bruch mit Sarah Ferguson. Diana und Sarah hatten in den Jahren vor ihren Scheidungen ein sehr enges Verhältnis zueinander entwickelt, und Diana war jeden Sonntag bei Sarah zu Gast. »Sarah Ferguson war während der Monate vor der Scheidung eine sehr, sehr hilfreiche Freundin für die Prinzessin«, erklärte Jane Atkinson. »Die Prinzessin mochte sie sehr gern. Wenn sie sie nicht hätte besuchen können, wäre Diana verrückt geworden.« »Sarah brachte mich zum Lachen«, meinte sie. Diana und Fergie hatten den Tag vor dem *Panorama*-Interview zusammen verbracht und waren nach der Bekanntgabe von Dianas Scheidung im Juli zusammen nach Frankreich auf Urlaub gefahren.

Sarah überschritt jedoch die Grenzen der Freundschaft, als sie im November ihre Autobiografie veröffentlichte. Ohne ein Wort brach Diana die Beziehung zu ihr ab. Sarah äußerte sich in ihrem Buch in den meisten Fällen positiv über Diana, wies jedoch in einer Passage herablassend auf Dianas »zu Tränen rührendes Einzelgängertum innerhalb der Königsfamilie« hin, zu einer Zeit, als Fergie bei der Familie überaus beliebt war. Als »gemein« und geschmacklos empfand Diana ihre Enthüllung, sie habe sich Warzen zugezogen, weil sie Dianas Schuhe getragen habe. Während ihrer Promotiontour für ihr Buch in den Vereinigten Staaten beantwortete Fergie persönliche Fragen über Diana, obwohl Diana sie ausdrücklich darum gebeten hatte, dies nicht zu tun. Diana sprach kein Wort mehr mit Fergie, ließ nicht zu, dass deren Name in ihrer Gegenwart erwähnt wurde, und weigerte sich, Fergies Briefe zu beantworten oder ihre Telefonanrufe entgegenzunehmen. Neun Monate nach Beginn der »arktischen Kälte«, wie David Tang, ein gemeinsamer Freund der beiden, den herrschenden Zustand beschrieb, versuchte Tang, die beiden einander bei einem Abendessen zu Ehren Dianas wieder näherzubringen. »Die Herzogin von York ist die einzige Person, die nicht willkommen ist«, antwortete Diana jedoch.

Diana hatte nach ihrer Trennung nur wenig Kontakt mit der Familie Spencer. »Sie stand ihr nicht besonders nahe«, erklärte Richard Kay. »Schließlich entfernte sie sich von ihrer eigenen Familie und von der Königsfamilie und suchte nach etwas anderem. Sie war sehr ruhelos, bis zum Ende.« Dianas Bruder Charles war nach Südafrika gezogen; ihre Mutter verließ selten ihr abgeschiedenes Bollwerk in Schottland, und die Entfremdung von ihrer Schwester Jane hielt an. Als Diana einem Freund erzählte, dass sie mit Jane nicht spreche, urteilte er: »Das ist absurd«, und zitierte die biblische Ermahnung: »Beende den Tag nicht im Zorn«. Diana erwiderte: »Ich weiß, ich weiß«, ihr Freund gewann jedoch nicht den Eindruck, dass sie seinen Rat angenommen habe. Sarah stand ihr von den Geschwistern weiterhin am nächsten. Noch immer begleitete sie Diana gelegentlich als Hofdame auf ihren Reisen. Aber Sarah führte ein Leben auf dem Lande, obwohl sie versuchte, den Kontakt durch fast tägliche Telefonate aufrechtzuerhalten.

Im öffentlichen Leben fehlte es Diana an einem in der Politik und Publicrelations erfahrenen Berater. Nach Jane Atkinsons Rückzug engagierte sie Michael Gibbins, einen 53-jährigen ehemaligen Wirtschaftsprüfer, als ihren Privatsekretär. Gibbins verfügte zwar über die finanzielle Sachkenntnis, die Diana benötigte, um ihre Scheidungsangelegenheiten zu regeln, hatte aber wenig Erfahrung im Umgang mit Regierungsbürokraten und Höflingen. Darüber hinaus mangelte es ihm an Übung mit der Boulevardpresse und dem erforderlichen Wissen in Sachen Publicrelations.

Dianas Assistentin Victoria Mendham und ihr Butler Paul Burrell unterstützten sie bei der Aufgabe, Anfragen der Presse abzuwehren. Während Dianas Mitarbeiterstab schrumpfte, wurde Burrell zum Alleskönner, und Diana bezeichnete ihn, so wie früher ihren Privatsekretär Patrick Jephson, als »mein Fels«. Burrell war Diana treu ergeben, seit er sich nach der Zerrüttung ihrer Ehe auf ihre Seite geschlagen hatte. Geschickt schätzte er ihre Stimmung ein und nannte sie weiterhin »Ihre Königliche Hoheit«. Im Jahr nach der Scheidung fiel ihm die Rolle zu, bestimmten Journalisten Botschaften zu überbringen, solange Diana selbst dazu nicht in der Lage war. »Ich war ein Mittelsmann«, sagte Burrell. »Ich verhandelte mit Clive Goodman [von *News of the World*] und, wann immer Diana mich brauchte, mit Leuten im Allgemeinen.«

Nach außen hin schien Dianas Status als Single nichts an ihrer Beziehung zu Hasnat Khan zu ändern. Wegen seiner Abneigung gegenüber Publicity hielten sie ihre Beziehung geheim. Während ihrer Romanze mit Khan begann Diana, sich zu tarnen. Sie besaß eine Vielzahl maßgefertigter Perücken und Brillen mit Fensterglas. Unentdeckt besuchten sie Jazzklubs und Restaurants in Soho oder Camden Town, verbrachten jedoch den Großteil ihrer Zeit im Kensington Palace. Seit Dianas Pakistanreise im Februar hatte die Boulevardpresse Khan in Ruhe gelassen. Eine Ausnahme bildete ein in *News of the World* veröffentlichtes Foto, das Diana und Khan bei einem »heimlichen Rendezvous am Straßenrand« in der Nähe des Royal Brompton Hospital zeigte. Dieses Krankenhaus hatte Khan mehrere Monate zuvor verlassen, um im 21 km außerhalb von London liegenden Harefield Hospital zu arbeiten.

Die Beziehung zwischen Diana und Khan wurde nach der Scheidung enger, und sie betrachtete ihn als einen wichtigen Anker in ihrem Leben. »Während der Zeit mit ihm war sie emotional ausgeglichener«, erklärte eine Freundin. »Er lehrte sie, dass sie liebenswert war.« Diana erzählte ihren Freunden erfreut, dass Khan ihr Mitgefühl für die Kranken bewundere. So vertraute Diana Elsa Bowker an: »Ich habe meinen Frieden gefunden. Er gibt mir alles, was ich brauche.«

Wie jedoch so oft, paarte sich Dianas Liebe mit Besitzgier. Dieses Mal versuchte sie, Khans Karriere zu fördern und gleichzeitig die Aussichten für ihr gemeinsames Leben zu verbessern. Als Diana im Oktober 1996 in die italienische Stadt Rimini fuhr, um eine Auszeichnung für ihr humanitäres Engagement entgegenzunehmen, freundete sie sich mit dem südafrikanischen Herzchirurgen Dr. Christiaan Barnard an, einem der anderen Preisträger. Diana erzählte Barnard von Khan und fragte ihn, ob er Khan helfen könne, eine Stelle in Südafrika zu finden. Sie vertraute Barnard an, dass sie Kahn heiraten und »zwei Mädchen haben wolle.« »Ich zweifelte nicht daran, dass sie Khan sehr liebte und ihn geheiratet hätte, wenn er damit einverstanden gewesen wäre«, erinnerte sich Barnard. »Sie sagte, sie wolle mit ihm aus London wegziehen. Südafrika war ihre erste Wahl, da ihr Bruder dort lebte.«

Als Diana nach London zurückkehrte, telefonierte sie mit Barnard wegen der Stelle in Südafrika, schrieb ihm und sandte ihm Faxnachrichten. Barnard besuchte zweimal den Kensington Palace, um weitere Gespräche mit Diana zu führen, und traf Khan im Londoner Hotel Grosvenor House. »Bei dem Treffen mit ihm konnte ich nicht erkennen, ob er sie auf dieselbe Weise liebte, aber er wusste genau, dass sie ihn unendlich liebte«, erinnerte sich Barnard. »Er erzählte mir lediglich, dass er mit der Publicity nicht fertig werde.«

Wie bei Charles und anderen Liebhabern, versuchte Diana aus Angst, zurückgewiesen zu werden, Khan unter Kontrolle zu halten. Simone Simmons erinnerte sich, Diana sei mitunter »so besessen von dem Wunsch nach Hasnats ungeteilter Aufmerksamkeit, dass sie die Musik laut aufdrehte oder vor ihm tanzte, sobald er vom Kensington Palace aus länger als fünf oder zehn Minuten mit seiner Familie oder Freunden in Pakistan sprach, um seine Aufmerksamkeit wiederzugewinnen.« Diana rief Khan häufig im Krankenhaus an und »war oft verärgert, wenn er im Operationssaal war und nicht mir ihr sprechen konnte«, sagte Simone.

Diana reiste sogar um die halbe Welt, um ihre Hingabe an seine Arbeit zu demonstrieren. Einen Tag, nachdem ihre Scheidung endgültig feststand, gab sie die geplante Reise nach Australien bekannt. Sie sollte am 31. Oktober 1996 Ehrengast bei einem Dinner in Sydney sein, um Geldmittel für das Victor-Chang-Herzforschungsinstitut aufzutreiben. Diese Wohltätigkeitsorganisation war in England kaum bekannt, und Dianas Wahl löste einige Verwunderung aus. Sie hatte nicht erwähnt, dass der Herzspezialist Chang Hasnat zu Beginn von Khans chirurgischer Ausbildung in Australien dessen Mentor gewesen war. Bei einem missglückten Entführungsversuch war Chang ermordet worden – eine traumatische Erfahrung für Khan.

Im Buckingham Palace erhob man keine Einwände gegen Dianas Reise. Es fiel jedoch unangenehm auf, dass sie sich mit dem Staatsbesuch der Königin in Thailand kreuzte, der seit über einem Jahr geplant war. Diana erfüllte ihre Pflichten während der viertätigen Reise mit der üblichen Runde von Krankenhausbesuchen und Wohltätigkeitsverpflichtungen sehr gut – »von Triumph zu Triumph ... sie war großartig«, schrieb James Whitaker im *Daily Mirror*. Die Reise war jedoch schlecht organisiert, und Diana war beunruhigt, dass einige der Sponsoren von Wohltätigkeitsveranstaltungen versucht hatten, von ihrem Namen finanziell zu profitieren. Es kam allerdings noch schlimmer. Der *Sunday Mirror* ging mit der »Exklusivnachricht« in Druck, dass Diana in den »schüchternen, liebevollen Herzchirurgen« Hasnat Khan verliebt sei und »Kinder mit ihm haben« wolle. Die Boulevardzeitung enthüllte, dass Diana sogar Khans Großmutter in den Kensington Palace eingeladen habe.

Da Diana wusste, wie sehr Khan Publicity verabscheute, leugnete sie diese Nachrichten vehement ab, doch unbeabsichtigt auf grausame Weise. Sie erzählte Richard Kay nicht nur, dass die Freundschaft zwischen ihr und Khan »ausschließlich beruflich«, sondern auch, dass die Vorstellung, sie sei in Khan verliebt, »blanker Unsinn« sei. Zudem erklärte sie, dass sie und ihre persönlichen Berater sich bei dieser Vorstellung »halb tot gelacht« hätten. Dieser Kommentar verletzte Khan, und Simone Simmons fragte Diana, »warum sie Richard nicht einfach die Wahrheit gesagt habe? ... Ihre Antwort war traurig ... Wieso, fragte sie, sollte sie *jetzt* anfangen, die Wahrheit zu sagen, und damit alle Lügen der Vergangenheit offenbaren?« Die Boulevardpresse zog sich zurück, und die Romanze überlebte, angetrieben von Dianas Fantasie, sich mit einem einfachen Pakistani der Mittelschicht, der ausschließlich seiner Arbeit nachgehen wollte, ein neues Leben zu schaffen.

Während der letzten Wochen des Jahres 1996 tauchte Diana unvorhersehbar an verschiedenen Orten der Welt auf. Einmal machte sie sich mit einem Learjet auf nach Griechenland, um am Begräbnis eines 27-jährigen Mannes teilzunehmen, der an zystischer Fibrose gestorben war. Sie hatte ihn oft im Royal Brompton Hospital besucht und ihn als einen »lieben Freund« bezeichnet. Ein anderes Mal reiste sie nach Italien, nahm gemeinsam mit Dr. Christiaan Barnard die Auszeichnung für das Engagement für humanitäre Zwecke entgegen und hielt eine kurze Rede über die Notwendigkeit, ältere Menschen wegen ihrer »Weisheit und Erfahrung« zu schätzen und eine Definition des Alters »als eine Krankheit« abzulehnen.

Zweimal besuchte sie die Vereinigten Staaten, wobei ihre erste Reise dem Zweck diente, bei einer Gala in Washington Geld für das Nina Hyde Center für Brustkrebsforschung zu sammeln. Diese Wohltätigkeitsorganisation war nach der verstorbenen Moderedakteurin der *Washington Post* benannt und wurde von Dianas neuer Freundin Katharine Graham unterstützt. Vor einem ausverkauften Haus von achthundert Berühmtheiten aus Gesellschaft und Mode trug Diana ihre Lieblingsstrophe vor, so wie sie es auch im vergangenen Dezember in New York getan hatte: »Viel löst sich auf im Leben wie Schaum und Blasen, doch zweierlei steht fest wie Stein: Freundschaft bei des andern Sorgen, Mut, sind die Sorgen mein.« Graham ehrte Diana auch bei einem Mittagessen. Das Gleiche tat Hillary Clinton im Weißen Haus bei einem Frühstück mit 110 Gästen, bei dem man Diana eine stehende Ovation darbrachte.

Drei Monate später war Diana wieder in den Vereinigten Staaten als Ehrengast bei einer Wohltätigkeitsveranstaltung für das Costume Institute im Metropolitan Museum of Art, eine Huldigung des Designers Christian Dior unter Vorsitz der Herausgeberin von *Harper's Bazaar*, Liz Tilberis. Tilberis hatte Diana zehn Jahre zuvor kennen gelernt, als sie Herausgeberin der britischen Zeitschrift *Vogue* wurde und anschließend mehrere Fotoaufnahmen von der Prinzessin für die Zeitschrift überwachte. Zwischen den beiden Frauen entwickelte sich Ende 1993 eine Freundschaft, als man bei Tilberis Eierstockkrebs diagnostizierte und Diana sie mit zahlreichen Anrufen moralisch unterstützte. Um Tilberis eine Freude zu bereiten, war Diana Anfang 1995 nach New York gereist, wo sie der Herausgeberin beim Dinner des Council of Fashion Designers of America eine Auszeichnung überreichte. Als Tilberis Diana dann um ihre Anwesenheit beim Costume Institute bat, rieten mehrere Freunde ihr ab, da ihr ein weiteres Ereignis dieser Art ein frivoles Image verleihen könne, wo sie sich doch gerade um ein seriöseres Auftreten bemühte.

Diana hielt bei der Museumsgala keine Ansprache, erregte jedoch mit einem 15.000 Dollar teuren mitternachtsblauen, mit Spitze besetzten Diorkleid Aufsehen, das an ein engsitzendes Nachthemd denken ließ. Später erzählte Diana einer Bekannten, dass das von John Galliano entworfene Kleid ursprünglich zu eng gewesen sei, sie jedoch leicht in drei Tagen drei Pfund abgenommen habe, damit es »wie ein Handschuh passe«. Sie erwähnte nicht, wie sie das Gewicht verloren hatte, aber ein solch plötzlicher Gewichtsverlust ist für Opfer von Essstörungen nichts Ungewöhnliches. Diana ließ das Essen für neunhundert Personen (Ticketpreis: 1.000 Dollar) über sich ergehen und schlüpfte um 23 Uhr zur Hintertür hinaus. Damit enttäuschte sie weitere zweitausend Gäste, die je 150 Dollar bezahlt hatten, um sie beim nach dem Essen stattfindenden Tanz zu sehen.»Ich musste einfach fort« lautete die Schlagzeile in der Morgenausgabe des *Daily Star*.

Bis zum Jahresende hatte Diana in fünf Monaten nur an drei Veranstaltungen der von ihr ausgewählten Wohltätigkeitsorganisationen teilgenommen: einer Konferenz für Centrepoint, bei der sie über obdachlose Ausreißer gesprochen hatte, der Jahresversammlung der International Federation of Anti-Leprosy Associations, bei der sie vor Selbstgefälligkeit im Umgang mit dieser Krankheit warnte, und an einem Wohltätigkeitsessen sowie einer Vorführung des English National Ballet im St. James's Palace. Dies war das erste Mal, dass sie die Räumlichkeiten des Palastes für wohltätige Zwecke genutzt hatte.

Diese Veranstaltung, bei der das Ballett auftrat, sollte sich – wenn auch nicht für Dianas Engagement für ihre Wohltätigkeitsorganisation – als besonders bedeutend erweisen. Während des Essens verkündete sie, dass *Der Nussknacker*, die neue Produktion der Truppe, von Harrods gesponsert werde. Mohamed Fayed, der Besitzer des berühmten Kaufhauses, strahlte vor Freude. Er hatte andere, für Diana wichtige, wohltätige Zwecke unterstützt – zum Beispiel das Royal Brompton Hospital und das Great Ormond Street Hospital for Sick Children. Im vergangenen März hatte Diana ein Wohltätigkeitsdinner bei Harrods besucht, mit dem Fayed die Arbeit von Hasnat Khans Doktorvater, des Herzchirurgen Sir Magdi Yacoub, unterstützte. Zum ersten Mal zeigte Fayed jedoch seine Unterstützung für Diana auf so öffentliche Weise. Zwei Wochen später fand Dianas jährliche Weihnachtsfeier für ihr Personal auf Fayeds Einladung im Georgian Restaurant von Harrods statt.

1996 war Mohamed Fayed eine der berühmt-berüchtigten Persönlichkeiten Englands. Er war für seine Unflätigkeit und seine unglaublich verletzenden Aussagen bekannt. (»Diese Politiker sind alle Kaffer«, rief er einmal aus.) Fayed, der in Ägypten geborene Sohn eines Lehrers aus Alexandria, begann seine Karriere in einer Möbelimportfirma, die seinem aus Saudi-Arabien stammenden Schwager, Adman Khashoggi, gehörte. Khashoggi wurde später als Waffenhändler zum Multimillionär. Nachdem er sich mit diesem zerstritten hatte, stieg Fayed ins internationale Geschäft ein. Er investierte in Schiffe, Hotels und Immobilien und machte ein Vermögen mit dem Bau eines Handelshafens in Dubai, der durch das blühende Ölgeschäft des Landes nötig geworden war.

1979 kaufte er das Hotel Ritz in Paris und übernahm 1985 Harrods nach einem handgreiflichen Streit mit R. W. »Tiny« Rowland, einem rivalisierenden Magnaten. Auf Rowlands Drängen untersuchte das Handels- und Industrieministerium die Umstände, unter denen Fayed Harrods gekauft hatte. 1988 veröffentlichte das Ministerium einen vernichtenden, 752 Seiten langen Bericht, in dem man zu dem Schluss gekommen war, dass Fayed seinen Werdegang und seine Geschäftspraktiken völlig falsch dargestellt habe. So hatte Fayed beispielsweise behauptet, er sei in eine alte ägyptische Familie hineingeboren worden, deren Reichtum auf der Schifffahrt, auf Landbesitz und Gewerbe basiere. Auch gab er fälschlicherweise vor, Aristokrat zu sein und nannte sich »Mohamed al Fayed«.

Als Folge blieb Fayed die britische Staatsbürgerschaft verwehrt. Er rächte sich an der Tory-Regierung, indem er enthüllte, dass er prominente konservative Mitglieder des Parlaments dafür bezahlt habe, im Unterhaus seine die Geschäftsinteressen betreffenden Fragen zu stellen. Dieser »Cash-für-Fragen«-Skandal besudelte Fayeds Ansehen ebenso sehr wie das Ansehen der Regierung von Premierminister John Major. In einem im Jahr 1995 in *Vanity Fair* veröffentlichten Porträt kamen Fayeds Rassismus, die sexuelle Belästigung von Frauen, das Abhören von Telefongesprächen und die schlechte Behandlung seines Personals zur Sprache.

Fayeds zweifelhafter Ruf schien Diana jedoch nicht abzuschrecken. Sie kannte ihn bereits seit einigen Jahren, und er hatte nach dem Kauf des Ritz Kontakt zu ihrem Vater und Raine gepflegt. Das Paar wohnte oft in seinem Hotel, und Fayed sorgte stets dafür, dass sie vorzüglich behandelt wurden. Harrods war zufällig auch Johnnies Lieblingsgeschäft, in dem man ihn als Kunden verwöhnte. Die Spencers luden den Harrods-Aufsichtsrat zum Mittagessen nach Althorp ein, und als Fayed 1991 ein Buch über die Geschichte des Kaufhauses herausgab, hielt Johnnie anlässlich der Party zur Buchpräsentation die Eröffnungsrede. In seinem Buch *Fayed: The Unauthorized Biography* schreibt Tom Bower, dass Fayed Johnnie und Raine »mit Geschenken überhäufte«. Raine war besonders entzückt von Fayeds Großzügigkeit und Gastfreundschaft. 1996 wurde Raine Mitglied des Aufsichtsrats von Harrods International, das die Duty-free-Shops des Kaufhauses sowie Verkaufsstellen in Japan überwacht.

Diana hatte Fayed nicht direkt über ihren Vater und Raine kennen gelernt, sondern den ägyptischen Geschäftsmann in den achtziger Jahren bei Polospielen getroffen, die von Harrods gesponsert wurden. Fayed erklärte jedoch häufig, dass Johnnie Spencer ihn vor seinem Tod im Jahr 1992 gebeten habe, auf Diana und ihre Geschwister »ein Auge zu haben«. Fayed nahm es oftmals nicht so genau mit der Wahrheit, und es gab keine Möglichkeit, seine Aussagen zu verifizieren. Während der Trennungsphase von Dianas und Charles' war Diana jedoch eng genug mit Fayed befreundet, um ihn von Zeit zu Zeit zu besuchen, wenn sie bei Harrods einkaufte. Fayed behauptete, ihre Gespräche hätten zu der Annäherung zwischen Raine und Diana im Jahr 1993 geführt. »Er half, sie zusammenzubringen«, sagte der ehemalige Herausgeber der *Sunday Times*, Andrew Neil, der als Berater für Fayed arbeitete. »Da er für Diana ein neues Umfeld aufbauen wollte, erleichterte er den beiden die Versöhnung.«

»Diana gefiel Mohameds Unflätigkeit«, erklärte Mark Hollingworth, der 1998 mit Fayed an einem Entwurf für seine Memoiren arbeitete. »Ich glaube nicht, dass er sich in ihrer Gegenwart vornehmer ausdrückte. Sie kam zu ihm und schüttete ihm ihr Herz aus.« Andrew Neil glaubte, dass Fayed »Dianas Freundschaft gewann, indem er die Vorstellung pflegte, beide wären Außenseiter und hätten die gleichen Feinde.« Zusätzlich schmeichelte sich Fayed bei Diana ein, indem er ihr Engagement für wohltätige Zwecke unterstützte und sie nach ihrer Scheidung regelmäßig zum Tee auf der Terrasse von Harrods einlud, um »ihr gemeinsames Interesse an verschiedenen Wohltätigkeitsorganisationen zu besprechen«.

Im September dieses Jahres beging Fayed einen Fehler. Er lud Diana ein, dem Aufsichtsrat von Harrods beizutreten. Sie wies ihn höflich zurück und erklärte, dass sie sich an keinem kommerziellen Unternehmen beteiligen könne. Daraufhin versuchte Fayed, Raine für diese Sache zu gewinnen. Er lud Diana auch häufig ein, in seinen Häusern in Gstaad, Schottland und Südfrankreich Urlaub zu machen, doch sie nahm seine Einladungen nicht an. Als man sie später nach ihrer Beziehung fragte, erklärte sie trotzig, Mohamed Fayed sei ein »enger Freund«.

# KAPITEL 25

Zu Beginn des Jahres 1997 schien Diana auf der Suche nach ihrem Platz im britischen Leben keinen Schritt weiter gekommen zu sein. Die Boulevardpresse erfand dennoch erneut Geschichten über ihre offensichtliche Selbstsicherheit, ihre Unabhängigkeit und ihre Reife. Sie gehörte in gewisser Weise noch immer zu den Royals, war international berühmt und eine Spendensammlerin mit großer Anziehungskraft. Als Botschafterin strebte sie keine hohen Ziele an, und ihre Rolle als »Königin der Herzen«, die sie sich selbst zugeschrieben hatte, verlangte kaum mehr als ein wenig Mitgefühl. Nach zahlreichen Auftritten in Übersee, wo sie Geld für die Krebs- und Herzforschung gesammelt hatte, versuchte sich der *Daily Telegraph* mit einem neuen unschönen Etikett: »vagabundierende Gesundheitspädagogin«.

Anfang Januar verkündete Diana ihren Plan, Angola zu besuchen, um mit der Kampagne gegen Personenminen an die Öffentlichkeit zu treten. Die Schirmherrschaft hatte niemand Geringerer als das Rote Kreuz übernommen. Obwohl Diana ihre Kampagne bereits Monate im Voraus vorbereitet hatte, überraschte ihre Ankündigung die Öffentlichkeit. »Ihre dramatische Rückkehr auf die Weltbühne der Wohltätigkeit erstaunte Prinz Charles' Mitarbeiterstab«, schrieb die *News of the World*. In den folgenden Monaten wurden die Landminen zum beständigsten Mittelpunkt ihres öffentliches Lebens, seit sie die Königsfamilie verlassen hatte.

Der Landminen-Kreuzzug trug stark zur Verbesserung ihres Images bei, das die *Times* nur wenige Monate zuvor als »befleckt« bezeichnet hatte. Zumindest für den Augenblick vermittelte er ihr der Kreuzzug eine Art Sendungsbewusstsein. Sie war nie in der Lage gewesen, sich lange Zeit ausschließlich einer Sache zu widmen, und es gab keinen Grund zu der Annahme, dass dies mit den Landminen anders sein würde. (Tatsächlich tat Diana nur wenige Stunden vor ihrem Tod in einer Unterhaltung mit Richard Kay wieder einmal ihre Absicht kund, sich aus dem öffentlichen Leben zurückzuziehen.) Hierzu äußerte sich der Kolumnist des *Daily Telegraph*, William Deedes, ein Bewunderer Dianas und ebenfalls Aktivist in der Landminen-Kampagne, folgendermaßen: »Wir versuchen, einem sprunghaften Menschen ernst zu nehmende Zielvorstellungen zu vermitteln.«

In der Zwischenzeit zögerten Deedes und andere, die sich der Sache verschrieben hatten, nicht, aus Dianas Öffentlichkeitswirkung Kapital zu schlagen. Deedes begleitete sie auf ihre viertägige Mission nach Angola, wo sie sich, laut Richard Kay, »engagieren« und »eine neue Ernsthaftigkeit finden« wollte. Vor ihrer Abreise war Diana vom Außenministerium über die Grundlagen der Regierungspolitik instruiert worden: die Beteiligung an einer weltweiten Anstrengung, Minen zu räumen, zu der England bereits 21 Millionen £ (etwa 65 Millionen DM) beigetragen hatte; den Einsatz für ein langfristiges weltweites Verbot, während man sich kurzfristig das Recht vorbehielt, in Ausnahmesituationen neue hochentwickelte, »clevere Minen« zu verwenden, die sich nach einer bestimmten Zeit selbst zerstören würden.

Als Diana afrikanischen Boden betrat, löste sie mit folgender kurzer Aussage eine Kontroverse aus. Sie sagte, sie sei erfreut, »dem Roten Kreuz bei seiner Kampagne zu helfen, ein für alle Mal Landminen zu ächten«. Dies klang wie die Forderung eines sofortigen weltweiten Verbots, widersprach der Regierungspolitik und ärgerte die Toryführer in London. Der siebte Earl Howe, Minister im Verteidigungsministerium, bezeichnete Diana daraufhin als »unberechenbar«.

Howes Äußerung hätte Dianas Reise beinahe zum Scheitern gebracht. Sie war den Tränen nahe, konterte jedoch wirkungsvoll, indem sie, durch eine kugelsichere Weste und ein Visier geschützt, ein Minenfeld betrat. »Ich versuche nur zu helfen«, erklärte sie den Reportern. »Aber diese Ablenkung von unserer Sache brauchen wir gar nicht.« Rückendeckung erhielt sie von John Major, der wenige Monate vor den Parlamentswahlen nicht in der Stimmung war, mit der beliebten Prinzessin eine Auseinandersetzung auszufechten. Major gab zu verstehen, dass ihre Äußerung mit den grundlegenden Zielen der Regierung übereinstimme. Als Diana am Morgen ihres zweiten Tages in Angola erstmals Howes Anschuldigung hörte, murmelte sie: »idiotischer Minister«. Doch William Deedes, der einzige Journalist in Hörweite, behielt ihren Kommentar für sich, um sie zu schützen.

Während ihrer Reise trug Diana ein Mikrofon bei sich und choreografierte eine Reihe unvergesslicher Auftritte: Sie ging in ihrer

Schutzausrüstung durch Minenfelder, munterte Soldaten auf, die damit beschäftigt waren, die gefährlichen Minen zu räumen, und tröstete versehrte Opfer von Minendetonationen. In dem Dokumentarfilm, den die BBC von ihrer Reise drehte, sah man eine Diana, die nach dem Besuch von Minenopfern – vor allem eines jungen Mädchens namens Helena, das durch die Explosion praktisch sämtliche Eingeweide verloren hatte – darum kämpfte, ihre Gefühle unter Kontrolle zu bringen. Die Beschreibung, die Diana Reportern von ihrer Begegnung mit Helena gab, zeugt von ihrem Einfühlungsvermögen. »Mir bleibt unvergesslich, wie ich sie anschaute und dachte, dass das, was in ihrem Kopf und in ihrem Herzen vor sich ging, sehr beunruhigend war.«

Diana informierte die Presse, dass sie für das Rote Kreuz weitere Reisen nach Afghanistan, Bosnien und Kambodscha unternehmen werde. Dabei bezeichnete sie ihre Kampagne gegen Landminen als »langfristiges Engagement«. »Tatsache ist, dass ich ein Mensch mit humanitärer Gesinnung bin – es immer war und immer sein werde«, betonte sie. Der *Daily Express* bezeichnete sie überschwänglich als »internationalen Engel der Barmherzigkeit«.

In seinem Bericht für den *Daily Telegraph* nannte Deedes den Angolabesuch der Prinzessin einen »Wendepunkt« für Diana. Persönlich riet er ihr, die Betonung nicht länger auf ein sofortiges Verbot zu legen, für das weder England noch die Vereinigten Staaten bereit seien einzutreten. Die Politik der Vereinigten Staaten wurde von ihrer Position in Korea erschwert, wo Landminen strategischen Zwecken zum Schutz der Grenze zwischen Nord und Süd dienten.

Diana war gebeten worden, im Juni eine Rede vor der Royal Geographical Society zu halten, und Deedes drängte sie, sich auf die Notwendigkeit zu konzentrieren, die Welt von Minen zu räumen und für die Opfer zu sorgen. Wie er meinte, würde sie das »aus Kontroversen heraushalten«. Er schrieb eine Rede, und Diana erklärte sich einverstanden, sie zu halten, weil »sie die Notwendigkeit einsah, sich auf neutralem Boden zu bewegen«. Ein erster Schritt dieser gemäßigteren Position war, als sie im März bei einem Mittagessen, wo sie einen ehemaligen Hauptmann namens Chris Moon auszeichnete, der beim Räumen der Minen in Mosambik ein Bein verloren hatte.

Insgesamt kam Dianas neue Vorgehensweise bei der Presse ebenso gut an wie ihre Ankündigung Ende Januar, dass im Juni die Versteigerung ihrer Garderobe stattfinde. Die Auktion erwies sich als einfallsreiche Möglichkeit, Geld zu beschaffen, aber auch als wirkungsvolle Demonstration, dass Diana ihr königliches Leben hinter sich ließ. Wie Diana verkündete, sollte neben dem Aids Crisis Trust auch der Cancer Research Fund für das Royal Marsden Hospital, eine ihrer sechs Wohltätigkeitsorganisationen, an dem Erlös beteiligt werden. Getrübt wurde die Sache nur durch den *Sunday Express*, der fälschlicherweise berichtete, Diana würde mit der Versteigerung einen persönlichen Profit von mehr als zwei Millionen Dollar machen. Zutiefst erbost über diesen Bericht, griff Diana zu einer ungewöhnlich harten Maßnahme. Sie verklagte die Zeitung und ihren Chefredakteur Richard Addis.

Wie sich herausstellte, war die Zeitung einer Falschmeldung zum Opfer gefallen. Diana erhielt einen Schadensersatz in Höhe von 125.000 Dollar und eine Entschuldigung auf der Titelseite. Addis bot an, die Schadensersatzsumme direkt an Wohltätigkeitsorganisationen zu spenden, doch Dianas Anwalt Anthony Julius erklärte ihm: »Sie möchte sie für sich.« »Das tat sie, um uns zu bestrafen«, erinnerte sich Addis, »denn wenn wir gesagt hätten, es würde wohltätigen Zwecken zukommen, hätte das für den *Express* besser ausgesehen.« Später verkündete Diana persönlich, dass sie das Geld einer Wohltätigkeitsorganisation übergeben werde, nannte den Empfänger jedoch nicht.

In einem weiteren Versuch, ein neues öffentliches Image aufzubauen, überlegte Diana, ein Buch über ihre Wohltätigkeitsarbeit in Auftrag zu geben. Die Idee stammte von Martin Bashir, der weiterhin insgeheim Reden für Diana schrieb. Merkwürdigerweise schien sie dem Projekt ambivalent gegenüberzustehen. »Sie war eine ängstliche junge Frau«, sagte Vievienne Schuster, Bashirs Agentin, »und fürchtete, dass alles, was sie sagte, von ihren Beobachtern falsch interpretiert werden könne.«

Schuster fand in Random House UK ein sehr bereitwilliges Verlagshaus, dessen Leiterin und Generaldirektorin, Gail Rebuck, sich mit Diana traf. Sie einigten sich auf eine vorläufige Vereinbarung über eine siebenstellige Summe und den Titel *In Faith and Hope*. Doch Dianas Interesse an diesem Projekt ließ bald nach. Laut Rebuck fand sie es »zu kompliziert, um sich damit zu befassen«. Ungenannt blieb der Grund dafür, dass Diana – wie mit so vielen anderen – mit Bashir gebrochen hatte. Sie fühlte sich von ihm unter Druck gesetzt, einen Vertrag zu unterzeichnen, für den sie die Erlaubnis der Königin benötigt hätte. Beendet wurde die Beziehung jedoch in jenem Frühling, als Dianas Butler Paul Burrell, der dem *Panorama*-Mann misstraute, Diana aufforderte, über den im Telefon eingebauten Lautsprecher eine Unterhaltung zwischen ihm und Bashir mitzuhören. Diana fühlte sich durch einige von Bashirs Äußerungen verletzt und betrogen.

Bashir war der zweite Berater, der Diana Anfang 1977 verließ. Die 27-jährige Victoria Mendham, die in den vergangenen sieben Jahren Dianas persönliche Assistentin gewesen war, kündigte unvermittelt Ende Januar aufgrund einer finanziellen Auseinandersetzung. Am Heiligen Abend hatte Diana wie auch im Jahr zuvor Mendham mit nach Barbuda genommen. Die Reise war der vierte Urlaub, bei dem Mendham Diana begleitete. Bei den ersten beiden Reisen hatte Diana sämtliche Kosten übernommen. Nach der Barbudareise zu Ostern des vergangenen Jahres hatte Diana jedoch darum gebeten, dass Mendham, die jährlich 40.000 Dollar verdiente, die Hälfte der Kosten übernehme. Mendhams Hälfte wurde stattdessen über die königlichen Haushaltskonten beglichen – eine übliche Praxis für Angestellte. Diana war wütend, da man sie nicht informiert hatte. Als Diana Mendham darum ersuchte, die Hälfte der jüngsten Rechnung zu übernehmen, die sich auf nahezu 14.000 Dollar belief, erklärte die Assistentin, dass sie sich das nicht leisten könne, den Flug jedoch bezahlen werde. Richard Kay beschrieb die daraus resultierende Auseinandersetzung über die gegenwärtige und vergangene Rechnung als »den Tropfen, der das Fass in der sich verschlechternden Beziehung zwischen den beiden zum Überlaufen brachte«.

Nach Mendhams Abschied blieben Diana nur noch Michael Gibbins, ihr Privatsekretär, Paul Burrell, ihr Butler, und Caroline MacMillan, eine weitere persönliche Assistentin, die Mendhams Aufgabe übernahm, Dianas persönliche und öffentliche Angelegenheiten zu regeln. Mit unerbittlicher Vorhersagbarkeit tauchten immer wieder Aspekte von Dianas Alltagsleben als Schlagzeilen in der Boulevardpresse auf. Anfang Februar zog sie unerwartet ein Vorwort zurück, das sie im vergangenen Juli für den Bildband *Rock and Royalty* geschrieben hatte. Dieses Buch war vom Modeschöpfer Gianni Versace zusammengestellt worden, um Geld für Elton Johns Aids-Stiftung zu sammeln. Diana hatte die übertriebene Huldigung geschrieben (»Der Optimismus, der einem aus den Seiten dieses Buches entgegenstrahlt, macht deutlich, dass [Versace] die Menschheit liebt«), ohne das Buch gesehen zu haben. Als sie ein Exemplar des Buches erhielt, war sie erschüttert, Fotos von der Königsfamilie neben anzüglichen Bildern nackter Männer zu sehen. Diana sagte, sie sei »äußerst besorgt«, dass die Bilder die Königin beleidigen könnten, und entschied sich auch gegen die Teilnahme an einer Gala anlässlich der Präsentation des Buches. Versace war dies so peinlich, dass er die Party absagte, und, wie man hörte, war Elton John »niedergeschmettert«. Als Folge dieses Ereignisses brach Diana den Kontakt mit dem Sänger und dem Designer ab.

Einen der seltenen Lichtblicke in diesem Frühling bildete Williams Konfirmation auf Schloss Windsor. Es war das zweite öffentliche Aufeinandertreffen von Charles und Diana seit der Scheidung. Das erste hatte im Dezember 1996 anlässlich des Weihnachtsgottesdienstes in Eton stattgefunden, wo William 1995 aufgenommen worden war. Die Spannungen zwischen Charles und Diana hatten in den Monaten nach der Scheidung merklich abgenommen. Charles schaute ab und zu im Kensington Palace vorbei, der in der Nähe seines Helikopter-Landeplatzes lag. Nach seinem ersten Besuch rief Diana die Energieheilerin Simone Simmons an und rief aus: »Du wirst nie erraten, wer mich gerade besucht hat: Mein Ex!« Diana und Charles arbeiteten nun in Fragen, die ihre Söhne betrafen, gut zusammen. Gelegentlich rief Diana Charles an, um sich bei ihm Rat zu holen. »Grundsätzlich hatte sich die Situation gebessert«, sagte einer von Dianas Freunden. »Beide waren tief verletzt, aber bei öffentlichen Ereignissen arbeiteten sie besser zusammen.«

Unglücklicherweise kam während der Vorbereitungen für die Konfirmationszeremonie wieder die alte Bitterkeit zum Vorschein, denn Diana hatte erfahren, dass Tiggy Legge-Bourke zu den Gästen zählen würde und bei der Planung half. Diana hatte keine Mitglieder ihrer direkten Familie eingeladen, da sie davon ausgegangen war, dass die Zeremonie »kurz und knapp« sein würde. Als sie einen Blick auf die Gästeliste warf, war sie verärgert und bestand darauf, dass Legge-Bourke der Zeremonie fern bliebe.

Auch Dianas Mutter war verstimmt, dass sie nicht eingeladen wurde. Als man sie nach ihrem Fernbleiben befragte, erklärte Frances, dass man »nicht sie danach fragen solle ... Sie sollten in den Büros von Williams Eltern nachfragen.« Ostentativ ließ sie im Mitteilungsblatt der Kathedrale von Oban, in der sie unlängst zum Katholizismus konvertiert war, eine Mitteilung abdrucken: »Für meinen Enkel William zu seiner Konfirmation, mit Liebe von Omi Frances.«

Die Zeremonie selbst verlief ohne Zwischenfälle. Charles und Diana kamen gemeinsam mit ihren Söhnen und verließen Windsor auch wieder gemeinsam, statt in getrennten Wagen, wie sie das während der langen Zeit ihrer Entfremdung getan hatten. Als sie für das offizielle Foto posierten, sprachen sie nicht miteinander, lachten aber und schienen entspannt. William wirkte jedoch einem Beobachter zufolge »nicht sehr fröhlich.«

Nach dem Abschied so vieler wichtiger Berater handhabte Diana die meisten Presseanfragen selbst oder führte im Hintergrund Regie. Ihre Ansichten erschienen dementsprechend nicht nur in der zuverlässigen *Mail*, sondern oft auch in Zeitungen wie dem *Mirror*. Einige Chefredakteure empfanden ihre Sprunghaftigkeit als ärgerlich. »Sie sorgte ständig für Verwirrung«, beschwerte sich die die Chefredakteurin des *Sunday Express*, Sue Douglas. »Wenn sie mit den Jungen ausging, trug sie Shorts und eine Baseballmütze, aber es waren Designerklamotten und sie hatte sich tadellos zurechtgemacht, weil sie immer damit rechnete, dass ein Fotograf auf sie wartete.«

Diana konnte es auch nicht lassen, alles zu lesen, was über sie geschrieben wurde. So sagte ein Mann, der sie seit ihrer Kindheit kannte: »Sie *musste* es einfach lesen. Bei Diana gab es immer ein Element der Unsicherheit. Sie musste sich überzeugen, dass man guthieß, was sie tat, und ich glaube, sie fand es schlichtweg faszinierend.« Nachdem Dianas Butler Burrell jahrelang ihre Empfindlichkeit mit angesehen hatte, ging er schließlich dazu über, die unangenehmsten Artikel vor ihr zu verstecken. »Ich handelte sehr entschlossen, wenn etwas persönlich und beleidigend war und ich für das Beste hielt, dass sie es nicht sah«, erklärte er. »Sie warf mir immer einen seltsamen Blick zu, wenn bestimmte Zeitungen nicht bereit lagen, und fragte nach ihnen, aber ich gab sie ihr nicht.«

Diana und alle, die ihr nahe standen, glaubten, dass sie einen ständigen Überlebenskampf mit der Presse führen musste, um nicht von ihrer eigenen Berühmtheit gefressen zu werden. Gleichzeitig genoss Diana es, mit der Presse und der Öffentlichkeit zu spielen. Zu ihren eigentümlicheren Praktiken gehörte das, was ihre Energieheilerin Simmone Simmons als »sich vor aller Augen verstecken« bezeichnete – eine absurde Übung für eine Frau, deren Identität ohnehin verworren war. »Ich lehrte Diana vorzugeben, sie sei eine andere, die der Prinzessin zum Verwechseln ähnlich sieht«, erklärte Simmons. »Der Trick war, solch alltäglichen Geschäften nachzugehen wie ein Taxi herbeizuwinken, oder Geld von einem Geldautomaten abzuheben, dass Beobachter nicht glauben konnten, die echte Diana vor sich zu haben. Als Imitatorin ihrer eigenen Person hatte Diana ein solches Selbstbewusstsein gewonnen, dass sie, wenn jemand sie ... mit großen Augen verwirrt anstarrte, lächelte, der Person zuwinkte und geradezu die Aufmerksamkeit herausforderte«, berichtete Simmons.

Zu diesem Zeitpunkt »verbreitete Diana immer häufiger sinnlose Lügen«, erinnerte sich Simmons. »Sie hielt an der verrückten Überzeugung fest, irgendwie sicher und geschützt zu sein, da sie ihr Leben aufgesplittet und verschiedene Versionen der gleichen Geschichte verbreitet hatte.« Dianas Täuschungsmanöver bestimmten in ihrem letzten Lebensjahr ihre Beziehungen zu Redakteuren und Reportern.

Nicht alle ihre Lügen waren jedoch sinnlos, wie im Mai 1997 nach einem Besuch des Roehampton Priory deutlich wurde, einer privaten psychiatrischen Klinik, die auf Essstörungen spezialisiert war. Diana hatte seit 1994 Roehampton und andere Zentren für psychisch Kranke als heimliche Patientin besucht. Auf diese Weise bot sich ihr die Möglichkeit, mit den Patienten zu sprechen und von Fachleuten Informationen zu erhalten, ohne ihre eigenen Probleme zu offenbaren. Dieses Mal sprach sie jedoch offen über die Ursachen ihrer Essstörungen, und irgendjemand gab dem *Mirror* einen Tipp.

Als der Chefredakteur Piers Morgan Dianas Büro anrief, um sie vor der Geschichte zu warnen, kam Diana sofort an den Apparat. »Ich überzeugte sie davon, dass sie mir die Geschichte erzählen solle, damit sie richtig dargestellt werde«, erinnerte sich Morgan. »Unter der Voraussetzung, dass ich sie nicht direkt zitieren, sondern indirekte Rede verwenden würde«, gab Diana ihm in einem vierzigminütigen Gespräch detaillierte Informationen. Nachdem der *Mirror* seinen fünfseitigen Bericht veröffentlicht und enthüllt hatte, dass Diana als Teenager unter Bulimie gelitten habe, ließ Diana in einer anderen Zeitung ein Statement veröffentlichen, in dem es hieß, sie sei »zutiefst enttäuscht«, dass ein Patient ihre Äußerungen weitergegeben habe. »Das Wohlergehen der Patienten hängt in hohem Maße davon ab, dass ihr Privatleben respektiert wird«, sagte sie.

Für Dianas Verdrehung der Wahrheit gab es mehrere Gründe. Indem sie ihren eigenen zwanzig Jahre währenden Kampf mit der Bulimie nicht leugnete, gewann sie das Mitgefühl der Öffentlichkeit, ohne jemals darum gebeten zu haben. Gleichzeitig betonte sie ihre Besorgnis um Patienten und setzte sich für das Recht auf Geheimhaltung ein. »Ich rief sie an und gratulierte ihr zu ihrer äußerst cleveren Vorgehensweise, die ihr die ungeliebte Zusammenarbeit mit den Boulevardblättern ersparte und sie selbst in einem guten Licht erscheinen ließ«, berichtete Morgan.

Diana hatte die Presse fast eineinhalb Jahre lang ständig über ihre Beziehung zu Hasnat Khan in die Irre geführt. Seitdem sie während ihrer Australienreise im vergangenen Herbst eine Romanze heftig geleugnet hatte, hatten die Boulevardblätter, basierend auf den Kommentaren einiger Verwandter von Khan, einige recht zutreffende Berichte über ihre Beziehung veröffentlicht. Im Februar erschien in der *Sunday Express* der enthüllendste Artikel mit Zitaten seiner Eltern. Laut Hasnats Vater, dem Wirtschaftswissenschaftler Rashid Khan, hatte Diana die Beziehung »vorangetrieben«. Hasnat habe jedoch klargelegt, dass »eine Ehe nicht möglich sei«. Hasnats Mutter Naheed erklärte, ihr Sohn sei von der Aufmerksamkeit der Medien »terrorisiert« worden, die sein »Leben ruiniere«.

Diana war jedoch entschlossen, alles zu tun, damit der Beziehung Erfolg beschieden wäre. »Sie wäre zum Islam übergetreten, sie hätte alles getan«, erklärte Elsa Bowker. Diana verschätzte sich jedoch, als sie im Mai einen weiteren spontanen Besuch in Pakistan ansetzte, der offiziell wieder der Spendenwerbung für Imran Khans Krankenhaus diente. Sie nahm an einem Mittagessen mit sechzig pakistanischen Prominenten teil, die für dieses Privileg pro Person über tausend Dollar bezahlten.

Der heimliche Grund für die Reise war jedoch ihr Wunsch, Hasnat Khans Familie kennen zu lernen und »sie davon zu überzeugen, dass sie ein nettes Mädchen wäre«, erzählte Elsa Bowker. Diana trug einen blassblauen *shalwar kameez* – Pastellfarben signalisieren in Pakistan Respekt – und verbrachte eineinhalb Stunden mit einem Dutzend von Hasnats Verwandten, einschließlich seiner Eltern und seiner Großmutter, die sie im Kensington Palace bewirtet hatte. »Sie war vom Gedanken an eine Familie geradezu besessen und sehnte sich danach, von ihnen angenommen zu werden«, erklärte Simone Simmons.

Als Diana einige Tage später nach London zurückkehrte, erzählte sie Freunden, einen guten Eindruck gemacht zu haben und dass die Ehe nun möglich sei. Unerklärlicherweise hatte sie Hasnat Khan nicht im Voraus über ihren Besuch bei seinen Verwandten informiert. Er war verärgert, dass sie so weit gegangen war, und wies sie zurecht, weil sie der Presse Einzelheiten enthüllt hatte. In der folgenden Woche zitierte die Zeitschrift *Hello!* Hasnats Vater, der eine Ehe zwischen Hasnat und Diana anzweifelte: »Es gibt so viele Leute, die einander treffen, einander achten, einander lieben und dennoch nicht heiraten.«

Eines Abends ließ Diana nach einem Streit mit Hasnat Simone Simmons zum Kensington Palace kommen. Sie begrüßte ihre Freundin »mit geschwollenen und geröteten Augen und maskaraverschmierten Wangen ... [Diana] war gleichzeitig beschämt und von panischem Schrecken ergriffen, weil sie das Gefühl hatte, dass Hasnat sich von ihr zurückzog.« In dieser Zeit suchte Diana auch bei Elsa Bowker Trost, die sie »weinend auf der Treppe [entdeckte]. Sie trug kein Make-up, hatte sich nicht frisiert und trug einen ausgeleierten Pullover und Hosen. Sie trat in mein Haus und sagte: ›Ich bin innerlich zerstört. Sie haben mich zerstört.‹ Sie erzählte mir nicht, wer ›sie‹ waren, sondern weinte unaufhörlich, bis sie vier Packungen Tempotücher aufgebraucht hatte. Ich fürchtete, dass sie möglicherweise Selbstmord begehen könnte.« Am nächsten Morgen erhielt Elsa jedoch einen Anruf von einem Freund, der sagte, er habe Diana »lächelnd und strahlend bei Turnbull and Asser [gesehen], wo sie Hemden einkaufte«.

Diana und Khan trafen einander auch weiterhin heimlich. »Diana war allmählich frustriert und wütend auf Hasnat«, sagte eine ihrer engen Freundinnen. »Er ging nicht in der Öffentlichkeit mit ihr aus und konnte sie nicht heiraten, selbst wenn er sie liebte. Denn die Presse hätte ihm bei jeder von ihm durchgeführten Herzoperation an der Tür aufgelauert.«

Zum ersten Mal ließ sich Diana ungeniert mit unverheirateten Männern in der Öffentlichkeit sehen. Sie aß mehrmals mit Christopher Whalley, ihrem Freund aus dem Chelsea Harbour Klub, zu Mittag, und machte, einem Bericht zufolge, »keine Anstalten, den Paparazzi auszuweichen.« Eines Abends erschien sie in Mayfairs schicker Harry's Bar mit dem zweifach geschiedenen Gulu Lalvani, einem indischen Geschäftsmann, Multimillionär und Elektronikmagnaten. Der damals 58-jährige Lalvani erklärte später, dass ihre Freundschaft auf mehrere von Dianas Wohltätigkeitsorganisationen zurückzuführen sei, denen er großzügige Spenden habe zukommen lassen. Nach dem Abendessen tanzte Diana bis spät in die Nacht mit Lalvani im Annabel's, einem Nachtklub auf dem Berkeley Square. Lalvani beschrieb ihr Verhalten an diesem Abend später als »Trotzgehabe«. »Jedes Mal, wenn ihr ein Lied gefiel, zog sie mich auf die Tanzfläche.« Ihre Nacht in der Stadt wurde von der Presse gebührend erwähnt. »Sie wusste, dass jeder sie sehen und der arme Doktor [Khan] schockiert sein würde«, erklärte Elsa Bowker.

Dianas unangebrachter Besuch in Pakistan schien einen Wendepunkt darzustellen. Sie wurde nervöser und für ihr Personal, ihre Freunde und ihre Familie unberechenbarer. Sie brach die Beziehung zu ihrer langjährigen Akupunkteurin Oonagh Toffolo ab, nachdem Toffolo sich in der Presse über die Prinzessin geäußert hatte, und hätte beinahe auch ihre Beziehung zu Richard Kay beendet, weil sie einen seiner Artikel als »Verrat« betrachtete, wie sie Simone Simmons erzählte. Erst als Simmons ihr den Artikel am Telefon laut vorlas und ihr versicherte, dass er fair sei, gab Diana nach und rief Kay mehrere Tage später an, »als sei nichts geschehen«. Kurz danach ließ Diana Simmons fallen, die Kay zufolge nach der Trennung zu den wichtigsten von Dianas engen Freundinnen gezählt hatte. Diana »war nicht bereit, sich von mir helfen zu lassen, mit ... einem kleinen Teil ihrer alten Probleme fertig zu werden«, erklärte Simmons später.

Dianas Privatsekretär Michael Gibbins blieb ebenfalls nicht von Dianas Peitschenhieben verschont, behielt jedoch seine Position. Als Diana und Charles Ende Mai aufgrund anderer Termine nicht mit William an einem Picknick in Eton teilnehmen konnten, hatte Tiggy Legge-Bourke dem Jungen stattdessen Gesellschaft geleistet. Sie wurde fotografiert, als sie Champagner einschenkte. Diana »ging an die Decke«, erinnerte sich der Chefredakteur des *Mirror*, Piers Morgan, »und gab von ihrem Büro aus Anweisungen«. Diana instruierte Gibbins, ihre vernichtende Kritik durch die Presse übermitteln zu lassen. Man solle schreiben, Legge-Bourke habe dem vierzehn Jahre alten William »geschadet«, sei »gedankenlos« und »dumm« gewesen und »habe sich selbst zur Närrin gemacht«. »Ich hörte, wie Diana im Hintergrund diktierte«, erzählte Morgan.

Nachdem diese Äußerungen in mehreren Boulevardblättern erschienen waren, änderte Diana ihren Kurs und »veröffentlichte eine Stellungnahme, in der es hieß, dies sei unwahr und sie bewundere Tiggy«, erinnerte sich Morgan. »Sie erwähnte insbesondere die *Sun*, weil sie [mit ihrer Kritik an Legge-Bourke] am weitesten gegangen war.« Laut Richard Kay leugnete Diana die Kritik, weil sie Angst hatte, »ihr Sohn könne glauben, die Angriffe gegen Tiggy seien von ihr ausgegangen«, erklärte Morgan. Die *Sun* schlug zurück und schrieb, »sie werde den Namen desjenigen veröffentlichen, der es ihnen berichtet habe«. Zweifellos hatten Dianas Anwälte frühere Ausfälle gegen Legge-Bourke im Kopf, als sie »gemeinsam mit der *Sun* eine Stellungnahme veröffentlichten, in der es hieß, Diana habe ein Mitglied ihres Mitarbeiterstabes offiziell für unbefugte Äußerungen getadelt«, erklärte Morgan.

Das Mitglied des Mitarbeiterstabes war Gibbins, und die öffentliche Schelte beinhaltete der Regenbogenpresse zufolge auch, dass Diana ihm verbot, »jemals wieder ... in ihrem Namen mit den Medien zu sprechen«. Diana hatte Gibbins gedemütigt, während Kay anschließend in einem Artikel des *Daily Mirror* schrieb, dass der treue Berater »naiv« gewesen sei und »wirklich nur ihr Bestes im Sinn gehabt habe«. Laut Kay war Diana tatsächlich »hoch erfreut« gewesen, dass Tiggy statt ihrer beim Picknick anwesend gewesen sei.

Die herzzerreissendste Auseinandersetzung führte Diana in den letzten Monaten ihres Lebens mit ihrer Mutter. Am Vorabend von Dianas Reise nach Pakistan im Mai, veröffentlichte *Hello!* den ersten Teil eines zweiteiligen Interviews mit Frances Shan Kydd. Frances sprach ausführlich über ihr eigenes Leben, aber auch über Dianas Kindheit, ihre Essstörungen und ihre Ehe. Ein Großteil ihrer Aussagen war harmlos und einige ihrer Ansichten waren vernünftig. Ihre Äußerungen zeigten jedoch, wie wenig sie die tiefen emotionalen Gegenströmungen verstand, die Diana davon abhielten, vernünftig zu handeln, wenn sie emotional überreizt war.

Frances' Meinung nach waren das *Panorama-* und das Dimbleby-Interview ein Fehler. »Es war mir bewusst, dass [Diana und Charles] mit diesen Interviews würden leben müssen, und ich wusste irgendwie, dass sie ihnen nur noch mehr Schmerz zufügen würden«, berichtete sie. »Ich glaube, dass man seine Würde verliert, wenn man Schuldzuweisungen öffentlich macht und diese dann zum Klatsch werden. Klatsch wird verzerrt. Wenn eine Ehe scheitert, sollte man nie der Versuchung erliegen, den Grund zu erklären. Schweigen ist der einzige Weg.«

Frances fand es auch »einfach wunderbar«, dass Diana ihren Titel »HRH« (Ihre Königliche Hoheit) verloren hatte, denn »endlich konnte sie sie selbst sein, ihren eigenen Namen verwenden und ihre eigene Identität finden.« Außerdem enthüllte Frances, dass sie immer noch in Kontakt mit Prinz Charles stehe. »Er war vierzehn Jahre lang mein Schwiegersohn, und er wird immer der Vater meiner beiden Enkel sein.«

Zur Zeit des *Hello!*-Interviews war Dianas Beziehung zu ihrer Mutter bereits prekärer als gewöhnlich, wie Frances' Ausschluss von Williams Konfirmationsfeier gezeigt hatte. »Diana sagte, ihre Mutter sei unmöglich«, erinnerte sich eine enge Freundin von Diana. »Sie hatte das Gefühl, ihre Mutter sei nicht in der Lage, sich über sich selbst klar zu werden.« Im vergangenen November war Frances wegen Trunkenheit am

Steuer festgenommen worden und hatte ihren Führerschein verloren. Laut einem Artikel von James Whitaker im *Mirror*, wusste Diana, dass ihre Mutter »nach einem guten Mittagessen zu ausgeschmückten und unbedachten Interviews und Äußerungen neigte«. In dieser Zeit behauptete ein Mann namens Peter Scott, seit kurzem eine »freundschaftliche Romanze« mit Frances zu haben. Dem *Daily Express* erzählte er, sie sei sehr »unglücklich und durcheinander ... Sie ist von einer Sache besessen, der Katholischen Kirche ... Sie ruft mich spät abends von einem Handy aus an, wenn sie etwas getrunken hat.«

Das *Hello!*-Interview war ein »totaler Schock« für Diana. Sie erwog, Klage zu erheben, und bestrafte die Zeitschrift, indem sie einige »Exklusivverträge« für zwei ihrer Wohltätigkeitsveranstaltungen rückgängig machte. Die Äußerungen ihrer Mutter hatten sie »entsetzt und verwirrt«, und sie war »bitter enttäuscht«, dass die Zeitschrift sie gedruckt hatte. Als sich herausstellte, dass *Hello!* 150.000 Dollar bezahlt hatte, steigerte sich Dianas Wut, obwohl Frances die gesamte Summe einer katholischen Wohltätigkeitsorganisation spendete. Diana wechselte von diesem Augenblick an kein Wort mehr mit ihrer Mutter.

Nach Dianas Tod gestand Frances den Bruch nicht ein. Seltsamerweise bestand sie darauf, dass sie und ihre Tochter sich nur im Geheimen nahe sein könnten. Dem *Daily Express* erzählte sie, dass sie eine »besondere Beziehung« zu Diana gehabt habe, die »darauf gründete, dass niemand wusste, wann wir miteinander sprachen und einander sahen. Doch wir taten es häufig.« Der *Daily Mail* enthüllte sie, dass Diana und sie »so viel Spaß daran gehabt haben, sich oft an verschiedenen Orten zu treffen, ohne dass irgendjemand davon wusste.« Den Grund für die Geheimhaltung nannte sie nicht.

Dianas Äußerungen im Roehampton Priory im Mai 1997 machten deutlich, dass sie in der letzten Zeit um ihr Gleichgewicht kämpfte. Sie bediente sich annähernd derselben Worte wie bei ihrem sechs Jahre zurückliegenden Gespräch mit Andrew Morton. Diana behauptete, dass sie endlich ihre Bulimie »besiegt« habe. Sie sei »eines Tages plötzlich aufgewacht und habe gedacht: ›Ich bin es überdrüssig, wie der letzte Dreck behandelt zu werden. Es ist an der Zeit, dass ich mich behaupte.‹ Nach eigener Aussage hätte sie seit drei Jahren keinen Essanfall mehr gehabt – obwohl ihr Versuch, 1995 eine neue Behandlungsmethode für ihre Bulimie zu finden, dem widersprach – und betonte, dass sie ihre Festmähler durch unermüdliches körperliches Training ersetzt hätte.

»Mein Training hilft mir eindeutig, meine Wut und meine Gefühle zu kontrollieren!«, erklärte sie. »Du befreist dich einfach von all dem Stress und der Wut, die sich in dir aufbauen. Es ist wie eine große Erlösung.«

Bei ihrer Ansprache in einer Institution, in der Psychotherapie zu den üblichen Behandlungsmethoden zählte, nahm sie dennoch die Gelegenheit wahr, die Psychiatrie anzuprangern. »Schließlich fand ich heraus, dass die Therapie für mich sinnlos war«, sagte sie, »denn die Leute, die mir zu helfen versuchten, hatten das, was ich durchgemacht hatte, nicht am eigenen Leib erlebt.« Damit überging sie die Tatsache, dass Susie Orbach selbst ein Jahrzehnt lang unter Essstörungen gelitten hatte. »Manchmal dachte ich, sie brauchten Hilfe, nicht ich«, fuhr Diana fort. »Wenn du verletzlich bist, wissen alle, wie sie dich behandeln müssen. Doch wenn du Zeichen von Stärke zeigst, dann fühlen sie sich schließlich eingeschüchtert und versuchen, dich dorthin zurückzudrängen, wo du warst.« Diana räumte jedoch ein, dass der Gedanke an einen Rückfall sie nie losließe und »immer in meinem Hinterkopf sein wird«.

Am 3. Juni, nur wenige Tage, nachdem sie die Beziehung zu ihrer Mutter abgebrochen und ihren wichtigsten Berater öffentlich gerügt hatte, nahm Diana an einer Benefizveranstaltung in der Royal Albert Hall teil, wo das English National Ballet *Schwanensee* aufführte. Da Harrods die *Nussknacker*-Produktion der Truppe gesponsert hatte, leistete Mohamed Fayed Diana in der Königsloge Gesellschaft und saß bei dem Dinner vor der Aufführung im Hotel Churchill Inter-Continental an ihrer Seite.

Während des Essens klagte Diana, dass sie nicht wisse, wo sie mit ihren Söhnen die Sommerferien verbringen solle. Die Fotografen würden ihr folgen, wohin auch immer sie sich wendete. Fayed, dessen Gastfreundschaft Diana schon oft ausgeschlagen hatte, sah seine Stunde gekommen. Als »augenblickliche Lösung« bot er einen Urlaub in seinem Haus in Saint-Tropez an, wo sie, wie er versprach, »so ungestört [sein könnten], wie sie nur wollten«. Diana dankte Fayed und sagte, sie werde darauf zurückkommen. Sie beriet sich mit mehreren Freunden, unter anderem Rosa Monckton, die ihr »eindringlich riet«, Fayeds Gastfreundschaft nicht anzunehmen, da dies »Besorgnis auslösen« könnte. Diana wandte sich schließlich an Raine Spencer, die angesichts ihrer Position in Fayeds Aufsichtsrat wohl kaum unparteiisch war. Raine drängte Diana, die Einladung anzunehmen, was Diana am 11. Juni auch tat.

Seit ihrer Scheidung war der Juni Dianas geschäftigster Monat. Sie besuchte Partys in London und New York, die für ihren Kleiderverkauf warben, wobei sie von der Schickeria Manhattans belagert wurde. Die Boulevardblätter zeigten Fotos, auf denen Charles Hindlip, der Direktor des Auktionshauses Christie's, sie, eine Hand auf ihr Gesäß gelegt, durch die Menge führte. Dies veranlasste den *Daily Express* zu der Frage, ob er nicht »unnötigerweise auf Tuchfühlung gegangen« sei. Später erzählte Diana einem Freund, dass sie es vor dem Hintergrund dieses Ereignisses aufrichtig bereute, ihren Titel »HRH« verloren zu haben. »Sie erzählte mir«, erinnerte sich der Freund, »dass die Leute sie drängten: ›Di, Di, unterschreib das hier. Es war schrecklich, so vertraut.‹«

Jahrelang hatte sie ihre Umgebung gebeten, sie »Diana zu nennen«, und nun verbarg sie ihren Groll vor der Öffentlichkeit. »Sie machte sich selbst kaputt, sprach mit allen und gab so viel von sich selbst«, berichtete ihre Freundin Marguerite Littman, die Diana durch die Menschenmenge bei Christie's lotste. Jane Warren vom *Daily Express* schrieb: »Umgeben von sabbernden Gentlemen mittleren Alters aus Manhattan, warf Diana ihre Lippen zu einem Schmollmund auf, tänzelte umher und starrte sie mit großen Augen an.« Ihr entzückender Auftritt hatte sich gelohnt: Die Auktion übertraf mit einem Gewinn von 3,26 Millionen Dollar alle Erwartungen.

Als Teil ihrer Publicity-Kampagne für die Auktion, erschien Diana auf der Titelseite von *Vanity Fair*. Es folgten acht Seiten mit Fotos von ihr und ein zweieinhalb Seiten langer Artikel mit der Überschrift »Dianas Wiedergeburt«. Erneut hatte sie ihr Erscheinungsbild verändert. Ihr Haar war zerzaust, ihr Blick aufmunternd, ihre teilweise entblößten Brüste »offensichtlich nicht gestützt«, wie der *Daily Telegraph* zurückhaltend beobachete. »Wie auch immer es in ihrem Inneren aussehen mag«, schrieb *Vanity Fair,* »nach außen hin scheint sie sich einem Zustand der Zufriedenheit zu nähern.« Richard Kay konnte der Versuchung nicht widerstehen, in der *Daily Mail* zu fragen: »Ist dies endlich die *wirkliche* Diana, die Frau, die sie immer sein wollte?« Seiner Ansicht nach schien das der Fall zu sein, denn »ihre kühle Selbstsicherheit ... die sie mit ihren tief ausgeschnittenen Kleidern demonstrierte«, die sie zum Ballett und auch anderen Ereignissen trug, belegte dies. Zudem betonte Diana immer wieder, dass sie »keinen Stress mehr [habe], in ihrem Leben alles zum Besten stehe, ihre Kinder glücklich [seien] und sie Erfüllung in ihrer Arbeit finde«.

Dianas Aufmerksamkeit galt auch ihrem Landminen-Kreuzzug, der sowohl von ernsthaftem Engagement zeugte als auch von ihren persönlichen Problemen ablenkte. Mitte Juni hielt sie im Abstand von nur wenigen Tagen Reden in London und Washington, in denen sie sich dafür aussprach, »die Minenräumarbeiten zu beschleunigen« und Verletzten beim Aufbau eines neuen Lebens zu helfen. Nach ihrer Rede in Washington für die Unterstützung von Opfern der Landminen durch das Rote Kreuz, flog sie im Privatjet nach New York, um die kränkelnde Mutter Teresa zu besuchen, die ihren Rollstuhl verließ und Hand in Hand mit Diana durch die Bronx spazierte – »der erstaunlichste Spaziergang ihres Lebens«. Ende des Monats verkündete Diana, dass sie im August mit dem Roten Kreuz nach Bosnien reisen werde, um die »Todesfelder« zu besichtigen.

Premierminister Tony Blair, der nach dem überwältigenden Wahlsieg der Labour Party bei den allgemeinen Wahlen vom 1. Mai sein Amt angetreten hatte, begrüßte Dianas Landminen-Kampagne. Sobald die Labour Party die Macht übernommen hatte, traf sich Diana mit dem neuen Außenminister, Robin Cook, der nur drei Wochen nach Amtsantritt erklärte, England werde seine Landminen bis zum Jahr 2005 zerstören und seine Bemühungen, ein weltweites Verbot zu erwirken, verdoppeln. Diana gehörte zu den »Anti-Minen-Aktivisten«, die zu diesem Schritt der Labour-Regierung beigetragen haben sollen – eine »bedeutsame Abkehr von [der Politik] der ehemaligen konservativen Regierung, die nie ihre Zusicherung gab, alle Minen bis zu einem bestimmten Datum zu zerstören«.

Etwa zur gleichen Zeit lud Tony Blair Diana und Prinz William zum Mittagessen auf Chequers ein, dem offiziellen Landsitz des Premierministers. Diana diskutierte mit Blair Ideen für ihre Rolle als Goodwill-Botschafterin, so wie sie das auch mehrmals mit John Major und seinem Außenminister Douglas Hurd getan hatte, die sie beide dazu ermutigt hatten. Dieses Mal hatte es Diana mit einem »sehr charismatischen« Mann zu tun. »Endlich«, sagte sie anschließend »werde ich jemanden haben, der weiß, wie ich ihm *von Nutzen sein* kann.«

In den folgenden Wochen sprach Diana mit ihren Freunden über ihre Vorstellungen einer möglichen Rolle als Goodwill-Botschafterin. Nach der Schilderung von Gulu Lalvani habe Diana sich selbst als »Friedensstifterin« gesehen. »... Sie glaubte ernsthaft daran, dass sie bei den Problemen in Nordirland hätte helfen können.« Während eines Mittagessens mit Tina Brown, der damaligen Chefredakteurin des *New Yor-*

ker, erzählte Diana, dass sie daran denke, nach China zu reisen, weil Blair »möchte, dass ich als Botschafterin auf Reisen gehe ... Ich verstehe es sehr gut, Ordnung in die Köpfe der Leute zu bringen«. Brown bemerkte im *New Yorker*, dass Diana dies keineswegs ironisch meinte.

Diese Aussagen zeigen, dass Diana Schwierigkeiten hatte, sich selbst realistisch einzuschätzen. Sie schien sich schon fast in der Rolle einer globalen Therapeutin zu sehen. Da Diana keine verlässlichen Berater zur Seite standen, versuchte sie, rein intuitiv zu handeln. Dabei war ihre Naivität atemberaubend. Die Vorstellung, sie könne solchen Menschen wie dem chinesischen Präsidenten Jiang Zemin »bei der Problemlösung behilflich sein«, hätte zum Lachen anregen können, wenn sie nicht so traurig wäre.

# KAPITEL 26

Diana erhielt zu ihrem 36. Geburtstag am 1. Juli neunzig Blumensträuße, darunter mehrere Dutzend Lilien vom Modeschöpfer Giorgio Armani. Kein noch so großes Blumenmeer konnte sie jedoch von der Depression befreien, die sie regelmäßig anlässlich dieses jährlichen Meilensteins überfiel. Aufgemuntert wurde sie nur durch einen Anruf von Harry, der eine Gruppe von Klassenkameraden herbeigerufen hatte, die über das Telefon ein stürmisches »Happy Birthday« sangen. Nachdem sie den Tag damit verbracht hatte, Danksagungskarten zu schreiben, war sie Ehrengast bei einem Wohltätigkeitsdinner für fünfhundert Gäste in der Tate Gallery. Vor dem Dinner erklärte sie ihrer Haar-Stylistin Natalie Symons: »Ich habe Geburtstag und muss den Abend mit Leuten verbringen, die ich nicht kenne und nicht besonders mag. Die einzige Ausnahme ist mein Bruder.« Charles Spencer sagte später, sie habe bei dem Dinner »vor Lebensfreude gesprüht«.

Zwei Tage danach bekam sie gute Laune, als sich eine Freundin zu der Unmenge extravaganter Blumensträuße äußerte. »Sie sagte: ›Ich wünschte wirklich, sie würden sie nicht schicken, sondern das Geld würde Wohltätigkeitszwecken zugute kommen‹«, erinnerte sich ihre Freundin. »Und dann kicherte sie.« Diana erzählte ihrer Freundin, dass sie in Urlaub fahre, weigerte sich jedoch, ihr Ziel bekannt zu geben. »Sie wirkte entspannt und glücklicher als zuvor«, sagte ihre Freundin. »Ich sage glücklicher, nicht glücklich.«

Dianas Stimmung sank, als sie an jenem Abend einen Fernsehdokumentarfilm über Camilla Parker Bowles sah, die in diesem Monat fünfzig Jahre alt wurde. Diana hatte sich unlängst über die Party lustig gemacht, die Charles am 18. Juli für Camilla auf Highgrove geben wollte. »Wäre es nicht lustig, wenn ich aus der Geburtstagstorte herauskäme?«, hatte Diana zu Elsa Bowker gesagt. Das Fernsehprogramm, das sich auf die Romanze zwischen Charles und Camilla konzentrierte, raubte Diana jede Leichtigkeit. »Die ganze schmerzliche Vergangenheit taucht wieder auf«, erklärte sie ihrer Astrologin Debbie Frank während eines qualvollen Telefongespräches. »Ich fühle mich schrecklich.« »Sie klang wieder stark angespannt«, erinnerte sich Frank. »So ängstlich und gequält. Ihre Stimme wirkte erneut atemlos und kindlich.« Diese Anspannung war der Auslöser für einen heftigen Streit mit Louise Reid-Carr, einer weiteren Angestellten, die Diana erst vor sechs Monaten als persönliche Assistentin engagiert hatte. Nach dem Streit gab Reid-Carr ihre Stellung auf. »Ich habe gekündigt und bin nun froh darüber.«

Eine Woche später brach Hasnat Khan seine Beziehung zu Diana ab. Die unmittelbare Ursache war ein Artikel im *Sunday Mirror*, in dem es hieß, Diana und Khan hätten sich nach dem »bemerkenswerten ›Gipfeltreffen‹ mit seiner Familie« in Pakistan im Mai des vergangenen Jahres »inoffiziell verlobt«. »Er beschuldigte Diana, sie habe die Nachricht an die Presse durchsickern lassen, obwohl sie es unter Tränen abstritt«, berichtete Natalie Symons, eine Augenzeugin des Dramas. »Diana war sehr verärgert und verletzt«, erinnerte sich eine Freundin, bei der Diana am Telefon Trost suchte. »Es war der Tag vor der Reise [nach Saint-Tropez] mit Mohamed, und Diana erzählte mir, es sei vorbei mit Hasnat. Sie sagte, es habe keinen Zweck. Es sei hoffnungslos. Sie könnten nicht weitermachen. Er könne mit dem Druck der Presse nicht leben und habe deswegen beschlossen, die Sache zu beenden.«

Am nächsten Morgen, Freitag, den 11. Juli, packte Diana ihren Koffer für den Urlaub in Südfrankreich und »weinte sich die Seele aus dem Leib«, erzählte Symons. »Dass sie völlig verzweifelt war, erkannte ich daran, dass sie die Wimpern nicht getuscht hatte, und das tut sie gewöhnlich immer zuallererst.« Um die Mittagszeit holte ein grüner Harrods-Helikopter Diana, William und Harry sowie einen der Kriminalbeamten ab, die man der Prinzessin zugewiesen hatte. Am frühen Abend landeten sie mit Fayeds Gulfstream IV auf seinem 2,5 Hektar großen Anwesen, von dem aus man auf das Meer vor Saint-Tropez hinunterblickte. In der Nähe lagen Fayeds drei Jachten vor Anker: die *Cujo*, ein umgebautes Boot der amerikanischen Küstenwache, der Schoner *Sakara* und eine Motorjacht, die etwa 42 Meter lange *Jonikal*, die Fayed gerade gekauft hatte. Fayed brachte Diana und ihre Söhne im Gästehaus unter, das an das Hauptgebäude angrenzte. Dort standen ihnen ein eigener Koch, eigene Hausangestellte und ein Swimmingpool zur Verfügung.

Es dauerte nur einen Tag, bis die Boulevardpresse Fayeds Festung von Booten aus mit Zeitungsschreibern und Paparazzi umzingelte. Fotos von Diana und Fayed prangten auf den Titelseiten der Sonntagsausgaben. »Di's Werbegeschenk« verkündete der *Sunday Mirror* und schrieb, Diana habe, indem sie die Einladung der Fayeds angenommen habe, »einen Streit in Politik und Königshaus entfacht«. »Großer Gott, das ist ja eine Neuauflage von Jackie Kennedy und Aristoteles Onassis«, äußerte sich der Autor, Politiker und Diana-Fan Jeffrey Archer gegenüber dem *Mirror*. »Geld muss der Hauptanziehungspunkt sein.« Die *News of the World* zitierte einen namentlich nicht genannten Berater des Buckingham Palace, der erklärte, die Königsfamilie betrachte Fayed »an ihren Maßstäben gemessen als ein wenig unsicher«.

Anfängliche Berichte legten die Vermutung nahe, Dianas Aufenthaltsort werde vor der Königsfamilie geheimgehalten. Schließlich stellte sich jedoch heraus, dass sie für ihren Urlaub um deren Erlaubnis gebeten und diese auch erhalten hatte, weil sie von den beiden Prinzen begleitet wurde. Angesichts von Dianas Eigenwilligkeit hatte der Hof wohl kaum eine andere Wahl gehabt. Schließlich verfügte Fayed über ein ausgeklügeltes Sicherheitssystem, einschließlich der Leibwächter, die den Royal Marines angehörten. Zudem wurden William und Harry von zwei Scotland-Yard-Detektiven bewacht. Die Presse kritisierte Diana jedoch scharf, sich unklugerweise einer so umstrittenen Persönlichkeit angeschlossen zu haben – und dies vor einer derartig öffentlichen Kulisse. »Wenn Diana ungestört sein wollte, hätte sie keinen betriebsameren Zeitpunkt wählen können, um sich an der französischen Riviera ›zu verstecken‹«, schrieb der *Evening Standard*. »Ihre Reise war so geplant, dass sie mit dem Wochenende zusammenfiel, an dem der höchste öffentliche Feiertag begangen wird ... den Feierlichkeiten zum französischen Nationalfeiertag.«

Nur zehn Tage zuvor hatte die Regierung Sir Gordon Downeys öffentlichen Bericht über den »Cash-für-Fragen«-Skandal freigegeben. Downey »bemerkte, dass Fayed so verlogen sei, dass er keines seiner Worte ohne Bestätigung akzeptieren könne«, schrieb der Kolumnist der *Daily Mail*, Simon Heffer. »Was Fayed getan hat, wird in Kürze zu einer strafbaren Handlung erklärt werden ... Er muss jedoch noch bestraft werden ... weil er versucht hat, die Arbeit [des Parlaments] mit einer systematischen Bestechungskampagne zu untergraben.« Wenn Diana den Downey-Bericht gelesen hätte oder auch nur »die Äußerungen jener Personen, denen [Fayed] seine Gastfreundschaft geschenkt hatte und die ihm anschließend im Gegenzug keinen Gefallen erwiesen hatten, hätte sogar sie es sich vielleicht anders überlegt«, schrieb Heffer.

Um der Kritik entgegenzutreten, rief Diana Nigel Dempster von der *Mail* an, der, im Gegensatz zu Richard Kay, kürzlich mit Fayed zu tun gehabt hatte. »Da sich Mohamed nicht wohl fühlte, kam Diana ans Telefon und sagte: ›Nigel, mir wurde ein Urlaub angeboten. Meine Jungen konnten den Sommer nicht im Kensington Palace verbringen, und ich wollte einmal heraus. Ich genieße es. Es ist ein idealer Urlaub‹«, erinnerte sich Dempster. »Offensichtlich hatte Mohamed sie aufgefordert: ›Ruf Nigel Dempster an.‹« Am folgenden Tag, dem 14. Juli, druckte Dempster Dianas Aussagen, die er als Äußerungen gegenüber »anderen Gästen« beschrieb. Sein Bericht enthielt zudem Dianas Beteuerung, sie verbinde »seit fünf Jahren« eine enge Freundschaft mit Fayed.

Als Beweis ihrer Loyalität gegenüber Fayed posierte sie für Fotos, auf denen sie die Hand auf seine Schulter und er ihr den Arm um die Taille legte, was die *Sun* als »Di's erstaunliche Umarmung« beschrieb. Richard Kay gab seiner Verwirrung in einem Artikel, der Dempsters Titelseiten-Exklusivbericht begleitete, Ausdruck: »Ihre nahezu trotzige Haltung irritierte einige Freunde ... Sie ›verteidigt sich‹, wie einer von ihnen sagte, ›auf ziemlich aggressive Weise und hat es satt, ständig kritisiert zu werden, weil sie sich falsch verhält‹ ... Die meisten Leute denken, dass sie sich schon wieder falsch verhalten hat.«

Diana schien es nicht zu kümmern, dass die Fotografen ihre Sprünge ins Mittelmeer und Vergnügungsfahrten auf der *Sakara* und der *Cujo* verfolgten. »Sie war glücklich, gesehen zu werden«, erinnerte sich Piers Morgan vom *Mirror*. »Ich bot an, mich nach zwei Tagen aus Saint-Tropez zurückzuziehen, aber ihr Büro erklärte: ›Das wird nicht nötig sein.‹ Danach hatte sie täglich Fototermine.«

Am 14. Juli, dem französischen Nationalfeiertag, an dem die *Mail* Dianas positive Äußerungen über Fayed druckte, verhielt sich Diana eigenartig. Nachdem Diana am Morgen »entspannt und glücklich« mit ihren Söhnen Wassermotorrad gefahren war, sprang sie mit einem Bodyguard in eine Barkasse und steuerte die *Fancy* an, ein 18 Meter langes Motorboot, auf dem sich Reporter des *Mirror*, der *Sun* und der *Daily Mail* befanden. Diana trug einen Badeanzug in Leopardenmuster und verbrachte zehn Minuten mit den Reportern, mit denen sie »offen über die dunkle Seite ihres Lebens als Ex-Frau von Prinz Charles« sprach, berichtete James Whitaker im *Mirror*.

Sie enthüllte, William »bedrücke« die Aufmerksamkeit der Presse, ja, er sei »regelrecht ausgeflippt«. »Was ich als Nächstes tun werde, wird Sie sehr verwundern«, erklärte sie schließlich. »Meine Jungen drängen mich ständig, das Land zu verlassen. Sie sagen, es ist die einzige Möglichkeit ... Sie wollen, dass ich im Ausland wohne. Ich verbringe meine gesamte Zeit in London, wo man mich beschimpft und mir überallhin folgt.« Sie beklagte sich auch darüber, dass man ihr Engagement in Sachen Landminen auf unfaire Weise verurteilt habe und stellte fest: »Ich kann nicht gewinnen.« Anschließend betonte sie erneut ihre Zuneigung zu ihren Gastgebern und fügte hinzu: Fayed »war der beste Freund meines Vaters« und, »um ganz genau zu sein, ich bin mit seiner Frau hier«.

Dianas Pressekonferenz auf dem Wasser schien die Jagdhunde aus dem Konzept zu bringen, die sich rühmten, auf alles vorbereitet zu sein, was Diana ihnen als Bissen zuwarf. Im *Mirror* behauptete Whitaker – obwohl Diana auf den Fotos mit der Gruppe sprach –, sie habe ihm ein Exklusivinterview gegeben. Diana wirkte einerseits »aufgebracht«, andererseits »scherzte und kicherte sie«. Nick Craven vom *Daily Mail* fand sie »entspannt« und »ruhig«. In wieder einer anderen Version, der des *Evening Standard*, hieß es, sie »habe zunehmend verzweifelt gewirkt und sich aufgeregt«.

Dianas Verhalten am nächsten Tag war sogar noch verwirrender. Sie ließ verlauten, dass sie nicht beabsichtige, eine »überraschende« Ankündigung hinsichtlich ihres Lebens zu machen, und leugnete sogar ab, Reportern Interviews gegeben zu haben. Als Nächstes kroch sie, hinter einem Handtuch versteckt, um nicht gesehen zu werden, einen Balkon von Fayeds Villa entlang. Kurz danach posierte sie am Ende eines Landestegs und hüpfte dann, singend und in die Hände klatschend, einige Stufen hoch. Der Fotograf der *Sun*, Arthur Edwards, schrieb, dass sich Diana in den siebzehn Jahren, in denen er sie fotografiert habe, »nie merkwürdiger verhalten hat ... Man kann sich kaum seltsamer betragen, als sich in einem Moment vor der Kamera zu verstecken und im nächsten wie ein Topmodel herumzustolzieren.«

Wir wissen nicht, was Diana dazu veranlasste, das Motorboot der Boulevardpresse zu besuchen. Die Kombination von Leichtfertigkeit und Heimlichtuerei, die sie am darauf folgenden Morgen, dem vierten Tag ihres Urlaubs, an den Tag legte, könnte jedoch dadurch erklärt werden, dass am Abend zuvor Fayeds 42-jähriger Sohn Dodi gerade rechtzeitig zum Feuerwerk anlässlich des französischen Nationalfeiertags eingetroffen war. Von seinem Vater herbeizitiert, war Dodi von Paris aus angereist, wo er seine Verlobte, das Mannequin Kelly Fisher, mit der vagen

Entschuldigung zurückließ, er habe geschäftlich in London zu tun. Laut Tom Bower, Fayeds Biografen, hatte Mohamed »Dianas gegenwärtige Traurigkeit und tiefe Einsamkeit bemerkt ... Er erkannte, dass es hier eine Leere gab, die er füllen konnte« mit »Gesellschaft, Liebe und einem Mann. Er konnte den idealen Kandidaten bereitstellen, um die Prinzessin zu verwöhnen: seinen Sohn.«

Tatsächlich war Dodi Fayed jedoch in nahezu jeder Hinsicht eine schlechte Partie für Diana. »Dodi bedeutete vielen Leuten etwas ganz Verschiedenes«, sagte Tina Sinatra, eine langjährige Freundin, mit der er in den achtziger Jahren eine kurze Affäre gehabt hatte. »Seine Beziehungen waren sehr wechselhaft und unbeständig.« Das Mann-Kind, dem schätzungsweise 100.000 Dollar pro Monat zur Verfügung standen, führte ein zielloses Leben ohne ernst zu nehmende Verantwortlichkeiten. Da er sich in beruflicher Hinsicht keine Verdienste erworben hatte, definierte er sich über Frauen – je berühmter und schöner, desto besser. Bislang war er jedoch nicht in der Lage gewesen, eine tiefergehende Beziehung aufrechtzuerhalten. Er war schwer kokainabhängig gewesen und nahm es mit der Wahrheit nicht allzu genau. Dodi war unsicher, unzuverlässig und impulsiv und stand in dem Ruf, seine Verpflichtungen gegenüber Gläubigern nicht einzuhalten. Dem unbegabten und nicht sehr redegewandten Dodi mangelte es zudem an Wissbegierde. Mit 42 Jahren wurde er nach wie vor völlig von seinem Vater beherrscht. Für die meisten, die ihn kannten, war er der »Junge« oder das »Kind«.

Dodis Charme beruhte auf seiner jungenhaften Liebenswürdigkeit und seiner unglaublichen Großzügigkeit. Er war dafür bekannt, seinen Freunden Geschenke wie Kaviar, Kaschmirpullover und Räucherlachs zu schicken, und sein Verhalten war das eines freundlichen Hündchens, immer bemüht, alles richtig zu machen. »Er war so beliebt, weil er ohne Arg war, auch wenn er oft großspurig auftrat«, urteilte Peter Riva, der Dodi seit vielen Jahren kannte. Frauen fanden Dodi attraktiv. Er war etwa 1,78 Meter groß, hatte eine sanfte Stimme mit leicht nahöstlichem Akzent, welliges schwarzes Haar und ausdrucksvolle hellbraune Augen. »Ich fand nicht, dass er gut aussah«, sagte Nona Summers, eine Freundin aus London. »Aber er war gut gekleidet, trug hübsche Kaschmirpullover, schicke Schuhe, war sehr gepflegt. Und er roch gut und lachte gern.«

Der im ägyptischen Alexandria geborene Dodi erhielt den Namen Emad, was auf Arabisch »jemand, auf den man sich verlassen kann« bedeutet. Sein Vater stammte aus Ägypten und war von bescheidener Herkunft, seine Mutter Samira dagegen stammte aus der in Saudi-Arabien ansässigen Familie Khashoggi. Ihr Vater war Leibarzt des saudischen Königs gewesen. Als Dodi vier Jahre alt war, ließen sich Mohamed und Samira im Jahr 1959 nach erbitterten Auseinandersetzungen scheiden. Nach muslimischer Sitte erhielt Mohamed das Sorgerecht für seinen Sohn. Dodi wuchs in Alexandria auf, versorgt von Verwandten und Dienern, und sah seinen Vater oder seine Mutter nur selten. Mohamed reiste durch die Welt, baute seine Geschäfte auf und heiratete später das finnische Model Heini Wathen, mit der er vier weitere Kinder hatte. Dodis Mutter heiratete ihren Cousin und lebte in Kairo, Paris und Madrid.

Dodi pendelte mit Mohameds jüngerem Bruder Salah als seinem wichtigsten Begleiter zwischen Ägypten und der Côte d'Azur hin und her, wurde mit Geschenken überhäuft und zu luxuriösen Urlauben eingeladen. In Wirklichkeit war er jedoch sehr einsam und verschlossen, kein guter Schüler, der die Grundschule des College St. Marc in Alexandria als einer der schlechtesten seiner Klasse abschloss. In den meisten Berichten heißt es, Dodi sei als Muslim erzogen worden, doch merkwürdigerweise erzählte er Suzanne Gregard – mit der er in den achtziger Jahren acht Monate lang verheiratet war –, dass er sich als Katholik betrachte. Möglicherweise war dies die Religion einiger der Bediensteten, die ihn aufzogen.

1968 schickte Mohamed den dreizehnjährigen Dodi in das kleine Schweizer Internat Le Rosey, das für sein dreimonatiges Skisemester in Gstaad berühmt war. Dodi verließ die Schule nach einem Jahr, und selbst Mitglieder seiner Familie wissen über die nächsten fünf Jahre seines Lebens nicht mehr, als dass er in einem Apartment in der Park Lane 60 in London, in einem seinem Vater gehörenden Gebäude, lebte und keine weitere formale Ausbildung erhielt.

Als Dodi neunzehn wurde, schickte sein Vater ihn von Januar bis Mitte Juni 1974 zu einem sechsmonatigen Kurs auf die Royal Military Academy von Sandhurst. Dodi missfielen die in Sandhurst herrschenden strikten Regeln. Polo spielen zu lernen, bereitete ihm hingegen große Freude, handelte es sich doch um eine Sportart, die gesellschaftliches Ansehen versprach. Er war allerdings ein »mittelmäßiger« Spieler, wie eine Frau erklärte, die in den späten achtziger Jahren viel mit ihm zu tun hatte. »Dodi blieb nicht bei der Sache. Er blieb kaum bei etwas, oder bei jemandem.«

Nach seiner Ernennung zum Leutnant diente er kurze Zeit als Attaché in der Botschaft der Vereinigten Arabischen Emirate in London, ehe er sich ganz dem Leben eines Playboys hingab. Er war häufig Gast bei Tramp, einem Nachtklub nur für Mitglieder, wo er sich dem Jetset anschloss und eine Reihe von Affären hatte, wie etwa mit den Schauspielerinnen Valerie Perrine, Brooke Shields, Mimi Rogers und Tanya Roberts; den Models Marie Helvin, Koo Stark, Traci Lind und Julia Tholstrup; und den Berühmtheiten Tina Sinatra (Tochter von Frank Sinatra) und Charlotte Hambro (Enkelin von Sir Winston Churchill). Er lief ihnen mit schamloser Schwärmerei hinterher, idealisierte sie, und manchmal verschmähte er sie. »Dodi spiegelte das Verhalten der Frau, mit der er gerade zusammen war, wider«, berichtete sein langjähriger Freund Michael White. »Er besaß kein erkennbares Ich, war schrecklich still und schüchtern«, erklärte Jack Martin, ein Hollywood-Kolumnist, der Dodi 1975 kennen lernte.

Dodi begeisterte sich seit den frühen siebziger Jahren für Stars. Damals freundete er sich mit Barbara Broccoli an, der Tochter von Albert R. »Cubby« Broccoli, dem Produzenten der James-Bond-Filme. Die Broccolis, die bei Dodi um die Ecke wohnten, adoptierten den heimatlosen Teenager praktisch. Auf diese Weise verbrachte Dodi oft ganze Wochenenden damit, sich Abenteuerfilme anzusehen und besuchte gern zusammen mit Barbara die James-Bond-Dreharbeiten in den Pinewood Studios.

Um aus Dodis einzigem offensichtlichen Interesse Kapital zu schlagen, baute Mohamed gemeinsam mit Broccoli 1979 das Filmbusiness Allied Stars Ltd. auf. Fayed traf die finanziellen, die Produzenten und Direktoren die künstlerischen Entscheidungen. »Seine Rolle war sehr bescheiden«, erzählte Clive Parsons, der britische Produzent von *Breaking Glass*, dem ersten Film von Allied. Den zweiten Film von Allied, den David Puttnam produzierte, nannte Mohamed *Chariots of Fire*. Dodis Rolle beschränkte sich auf einige Besuche bei den Dreharbeiten und der Fertigstellung des Films.«

Der 25-jährige Dodi war unzuverlässig und undiszipliniert. Er begann, Kokain zu nehmen, vergnügte sich meistens bis spät in die Nacht in verschiedenen Klubs und schlief dann bis zum frühen Nachmittag. Als er Kokain mit zu den Dreharbeiten brachte, geriet er mit den Produzenten beider Allied-Filme in Konflikt. Puttnam warf Dodi hinaus und sagte: »Komm ja nicht wieder.«

*Chariots of Fire* wurde gleich bei seinem Anlaufen im Jahr 1981 zum Hit und gewann den Academy Award für den besten Film. Da Dodi hier als Produktionsleiter angeführt war, hätte er eine wichtige Rolle in Hollywood spielen können, blieb stattdessen jedoch drei Jahre lang untätig. Er führte ein dekadentes Leben in London, Paris und Südfrankreich. »Er nahm Kokain«, erläuterte seine Freundin Nona Summers, die selbst aufgrund von Drogenproblemen eine Entziehungskur machen musste. »In vielen Dingen sagte er nicht die Wahrheit, nun aber erzählte er mir, er habe es getan; er sei in Schwierigkeiten gekommen und habe damit aufgehört.« Unter anderem war Dodi um zwei Uhr nachts in Sardinien von einer Klippe heruntergefallen und hatte sich mehrere Rippen gebrochen.

Während dieser Phase verbrachte Dodi mehr Zeit mit seinen Verwandten mütterlicherseits und versuchte, die Mutter kennen zu lernen, die er so selten gesehen hatte. Er rief sie häufig an und besuchte sie in Kairo, aber sie schienen einander nicht besonders nahe zu stehen. »Wenn er mit seiner Mutter zusammen war, war er ernst, ehrerbietig und stiller als sonst«, erzählte sein Freund Jack Martin. »Sie vergötterte ihn, war zugleich aber fordernd.« »Samira war warmherzig, aber sehr energisch«, erinnerte sich Innenarchitektin Corinna Gordon, eine langjährige Freundin. »Ich glaube, Dodi war ein wenig eingeschüchtert.« Mitte der achtziger Jahre erkrankte Samira an Krebs. Als sie im Herbst 1986 starb, war Dodi lange Zeit zutiefst niedergeschlagen. Eine ehemalige Freundin erzählte, er sei in ein »emotionales Loch« gefallen.

Zu dieser Zeit kehrte Dodi zurück ins Filmgeschäft, dieses Mal in Hollywood. 1983 hatte Mohamed ihn mit dem Produzenten Jack Weiner zusammengebracht, einem ehemaligen leitenden Angestellten von Columbia Pictures. Mohamed wollte Weiner und Dodi die Mittel für Filmrechte und Drehbücher zur Verfügung stellen, und Weiner sollte Dodi die Grundlagen der Filmproduktion vermitteln. Aus der Zeit ihrer siebenjährigen Zusammenarbeit stammen zwei erfolgreiche Filme, *F/X* und eine Fortsetzung davon. Beide Filme waren Thriller über einen Mann für Spezialeffekte, doch tatsächlich arbeitete nur Weiner an den Filmen. Dodi fehlte die Disziplin, um die schwierigen Phasen der Budgetierung und Produktion bis zum Ende durchzustehen. Manchmal tauchte er zur Mittagszeit bei den Dreharbeiten auf und nahm an einzelnen Besprechungen teil. »Er hatte eine Leidenschaft für das Filmemachen, fand aber, er müsse nicht jeden Tag anwesend sein«, erklärte Weiner. Drehbuchautoren und anderen, die Dodi bei den Besprechungen begegneten, wurde klar, dass er einfach Theater spielte. Er »hielt ein bestimmtes Image aufrecht«, sagte einer der Produzenten.

Mittlerweile Anfang Dreißig, war Dodi abhängiger denn je von seinem willensstarken Vater, eine Zwangslage, die er in emotionaler und beruflicher Hinsicht als lähmend empfand. Um sich gegenüber einem so übermächtigen Vater zu beweisen, hätte Dodi doppelt so hart arbeiten müssen – doch eben das tat er nie. Mohamed erkannte die Grenzen seines Sohnes und versuchte, ihn zu schützen, brachte ihn damit jedoch in eine ausweglose Lage. »Das ist so, als würde man einen Hund trainieren und dabei ein Stachelhalsband verwenden«, meinte ein Produzent, der mit Dodi zusammenarbeitete. »Man schenkt ihm ein wenig Freiraum und zieht ihn dann wieder zurück.«

Mit all seinen Flügen in Pivatjets und Kreuzfahrten auf Jachten, führte Dodi kein »wirkliches Leben«. Sein Vater besaß Apartments in der Londoner Park Lane und in einer Seitenstraße der Champs-Elysées in Paris, wo Dodi sich häufig aufhielt. In Los Angeles zog Dodi von einem gemieteten Haus zum nächsten und nutzte überdies die Ferienhäuser der Familie in Saint-Tropez, Gstaad und Schottland. »Ich habe keine Ahnung, was Dodi als sein Zuhause betrachtete«, meinte sein Freund Michael White. »Im Büro haben wir immer gesagt, ›Dodi ist wie eine Figur in einem Film‹«, erinnerte sich Weiner. Alles, was Dodi tat, war von einem Hauch Unwirklichkeit umgeben. In vielerlei Hinsicht war er das Opfer seiner eigenen fehlgeleiteten romantischen Träume.

Trotz der riesigen Summe Geldes, die ihm monatlich zur Verfügung stand, lebte Dodi ständig über seine Verhältnisse. Er mietete Häuser in Beverly Hills und Malibu für 25.000 Dollar im Monat, hatte einen Chauffeur und engagierte teure Sicherheitsbeamte – all das, um seine Freunde zu beeindrucken. Auf Dodis sinnlose Verschwendungssucht folgte in der Regel Mohameds Weigerung, bestimmte Rechnungen zu bezahlen. »Dodi verpflichtete sich zu irgendetwas, und wenn die Mittel nicht zur Verfügung standen, versuchte er, sich aus der Sache herauszureden«, sagte ein Produzent in Hollywood. Wurde ihm seine Verschuldung vorgehalten, entschuldigte er sich und versprach zu zahlen, doch häufig platzte der Scheck. Einige seiner Gläubiger verklagten ihn. American Express erhob Klage gegen Dodi, weil er seine Schulden in Höhe von 116.890 Dollar nicht beglichen hatte. Andere Gläubiger zogen sich verbittert von ihm zurück. Zu ihnen gehörte eine Hollywood-Schauspielerin, die sämtliche Möbel in ihrem Strandhaus in Malibu neu polstern und beziehen lassen musste, weil Dodis Hunde sie beschädigt hatten.

Trotz all seiner finanziellen Schwierigkeiten wurde Dodis impulsive Großzügigkeit zu einem seiner Markenzeichen. »Er wollte akzeptiert werden, wollte, dass die Leute seine Gesellschaft oder sein Prestige genossen«, so sein Freund Peter Riva. Dodi verwöhnte aber auch sich selbst. Er sammelte teure Autos, unter anderem fünf Ferraris, mit denen er prahlen konnte, und beschäftigte sich oft mit kindlichen Dingen. In seinem Apartment in der Park Lane hatte er eine Sammlung von Baseballmützen. Darüber hinaus war er ganz versessen auf militärische Memorabilia. Als er Los Angeles besuchte, fuhr er einen 90.000 Dollar teuren Hummer.

Dodi war stark auf seine persönliche Sicherheit bedacht. Wo immer er auch hinging, bestand er darauf, von einem oder mehreren Leibwächtern und einem Reserve-Sicherheitswagen im Schlepptau begleitet zu werden. Darüber hinaus war er ein ebensolcher Hypochonder wie sein Vater. Aus Angst vor Krankheitserregern trug Dodi stets parfümierte Desinfektionstücher zum Wegwerfen bei sich.

Einer von Dodis verwirrendsten Charakterzügen war seine Neigung, den Umfang seines Reichtums und seiner Privilegien zu übertreiben. Wenn er ein Haus mietete, sagte er, er habe es gekauft. »Ich glaube nicht, dass auch nur ein Wort stimmte, wenn er über seine Besitztümer sprach«, sagte Nona Summers. »Er war liebenswürdig und freundlich, hat aber immer gelogen. Damit wollte er die Leute beeindrucken.«

Dodis Freunde lernten, sich auf die »Dodi-Zeit« einzustellen. Sie wussten, dass er entweder gar nicht oder hoffnungslos spät eintreffen würde. »Er konnte nie sagen ›Nein, das kann ich nicht tun‹, oder ›Das habe ich nicht‹«, erklärte Michael White. »Um aus einer Sache herauszukommen, bediente er sich der Methode, einfach nicht anwesend zu sein oder nicht ans Telefon zu gehen.«

Mit Ausname einiger weniger Geliebter, denen er den Laufpass gegeben hatte, trugen die Frauen in Dodi Fayeds Leben ihm seine Fantastereien und Schwindeleien nicht nach. »Die Unschuld, die er ausstrahlte, machte ihn attraktiv und liebenswert«, sagte Model Marie Helvin. Beeindruckend fand sie, dass Dodi, im Unterschied zu seinem Vater, nicht gotteslästerlich fluchte und schmutzige Witze verabscheute. Dodi schüttete Helvin und anderen Frauen, die ihm als Schwester- bzw. Mutterfiguren dienten, sein Herz aus. Doch ungeachtet all des Schmucks, der Pelze und Blumen, die er Frauen schenkte, konnte er sie emotional nicht binden. »Er sabotierte seine Beziehungen, weil er immer nach etwas Größerem, etwas Besserem suchte«, führte eine enge Freundin aus.

Mitte der achtziger Jahre lernte er das 26-jährige Model Suzanne Gregard kennen, der er eifrig den Hof machte. Er ließ sie am Wochenende mit der Concorde nach London kommen und buchte sogar den Sitzplatz neben ihr, um ihr mehr Privatsphäre zu schenken. Dodi betete Gregard an, die ihrem Bruder erzählte: »Weißt du, er kniet vor mir nieder und küsst mir die Füße.« Ende 1986 machte Dodi ihr einen Heiratsantrag. Die Hochzeit fand an Silvester, in Vail, Colorado, statt. Nach den Flitterwochen in Malibu ließen sie sich in einem gemieteten Stadthaus in Manhattan nieder. Gregard versuchte, ihnen ein Zuhause zu schaffen, vollendete aber nur die Einrichtung des Wohnzimmers, des Schlafzimmers, des Gästezimmers und des Büros. Die übrigen Räume blieben leer.

Obwohl Gregard als Model gut verdiente, bestand Dodi darauf, ihr monatlich einen bestimmten Betrag an Unterhalt zur Verfügung zu stellen, und weigerte sich, mit ihr über Geld zu sprechen. Sie ging ihrer Karriere nach, und er reiste allein. Nach acht Monaten entschlossen sie sich zur Scheidung. Als Grund nannte Gregard später die ständige Anwesenheit von Sicherheitsbeamten. »Wir waren nie allein.«

Nach der Scheidung nahm Dodi sein unstetes Leben in London und Hollywood wieder auf. 1989 hatte Mohamed versucht, Dodi in das Harrods-Unternehmen einzuführen, doch der hielt es nur drei Wochen in dem Lehrgang zur Einführung in den Einzelhandel und das Buchhaltungswesen aus. Nachdem Jack Weiner 1990 Allied Stars verlassen hatte, versuchte Dodi, seine Filmkarriere neu zu beleben. Es gelang ihm zwar, Kredite für die Produktion zweier Filme aufzutreiben, – 1991 für *Hook* und 1995 für *The Scarlet Letter* –, dennoch beschränkte sich seine Rolle bei beiden Filmen praktisch darauf, Schecks auszuschreiben, die sein Vater einlöste. Dodis finanzielle Lage wurde in jener Zeit immer verworrener. 1997 waren die Urteilsregister des obersten Gerichts und der Kommunalgerichte von Los Angeles gefüllt mit Fällen, in denen Dodi als Angeklagter genannt wurde – einschließlich Klagen wegen Steuerrückständen und Beschädigung zahlreicher gemieteter Häuser.

Im Frühjahr 1997 träumte Dodi noch von einem neuen Filmprojekt und sprach ernsthaft davon, sich häuslich niederzulassen. Seit dem vergangenen Sommer hatte er ein Verhältnis mit Kelly Fisher, der er, ihren

Aussagen zufolge, nicht weniger als vier Heiratsanträge gemacht hatte. Am 20. Juni kaufte Dodi für 7,3 Millionen Dollar Julie Andrews Anwesen in Malibu. (Der eingetragene Besitzer war Highcrest Investmenst Ltd.) Laut Fisher beabsichtigte das Paar, dort als Ehepaar zu leben.

Drei Wochen später stellte Dodis Vater ihm in Saint-Tropez Diana vor. Die beiden hatten sich 1987 einmal kurz bei einem Polospiel getroffen, bei dem Dodi für das Harrods-Team spielte. Dianas Wissen über Dodi entstammte jedoch den begeisterten Berichten seines Vaters. »Diana sah Dodi mit Mohamed Fayeds Augen«, erzählte einer ihrer engen Freunde. »Sie hat sich nie darum gekümmert, mehr über ihn herauszufinden.« Es gab wenig Gelegenheit für Diana, mehr zu erfahren. Im Juli 1997 war Dodi außerhalb von Hollywood und der Jetset-Kreise kaum bekannt. Sein Name war gelegentlich in Klatschspalten aufgetaucht, und auch in diesen lediglich in Verbindung mit Filmpremieren oder Affären mit verschiedenen Models oder Starlets.

Obwohl Diana und Dodi nur selten allein waren, verbrachten sie einige Zeit mit ruhiger Unterhaltung. »Dodi konnte es nicht ertragen, sie allein zu lassen«, berichtete Debbie Gribble, die erste Stewardess auf der *Jonikal*. Er hörte aufmerksam zu, wenn Diana ihm von ihren Reisen nach Pakistan und Afrika und ihrer Landminen-Kampagne erzählte. Mohameds Frau Heini sagte später, Diana und Dodi hätten sich auch angeregt über Filme unterhalten. An zwei Abenden mietete er – eine merkwürdig extravagante Geste – eine Disko für William und Harry, in der sich die beiden ungestört vergnügen konnten. Wenn die Gesellschaft tagsüber schwamm, Jet-Ski fuhr und sich auf der *Jonikal* entspannte, machten die Paparazzi zahlreiche Fotos. Keiner von ihnen erkannte jedoch Dodi. »Wir dachten, er sei ein Matrose«, erklärte Jean-Louis Macault, einer der freiberuflichen Paparazzi.

Am 16. Juli empfing Dody seine Verlobte Kelly Fisher im Hafen von Saint Tropez. Während der nächsten beiden Tage pendelte er zwischen der Fayed-Villa und den Jachten *Cujo* und *Sakara* hin und her, auf denen er und Fisher jeweils eine der ersten beiden Nächte zusammen verbracht hatten. Seine häufige Abwesenheit bei Tage erklärte Dodi damit, dass sein Vater auf seiner Anwesenheit bestehe, um Diana aufzuheitern. »Ich wusste, dass sein Vater ihm wichtig war und er tun musste, was dieser ihm auftrug«, erzählte Fisher. »Aber ich war stinksauer ... Im Grunde hielten sie mich versteckt.« Am 18. fuhr Fisher mit der *Cujo* nach Nizza, wo sie bereits früher vereinbarten Fototerminen nachkam, die sie drei Tage lang beschäftigten. Dies bot Dodi die Gelegenheit, mit Diana zusammen zu sein.

Die Paparazzi und Reporter waren in erster Linie daran interessiert zu erfahren, wie Diana sich in den Tagen vor dem 18. Juli, Camillas 51. Geburtstag, verhalten würde. »Wir veröffentlichten Postkarten von Diana an Camilla, die Diana uns [von ihrem Londoner Büro] zugefaxt hatte und brüllten vor Lachen«, sagte Piers Morgan vom *Mirror*. »Sie fand es amüsant und wusste, welche Wirkung das haben würde«. Am Morgen des 18. Juli waren die Boulevardblätter gefüllt mit Fotos von Diana. »Sie stahl allen mit einer ... dreißig-minütigen Nonstop-Vorführung die Show«. Sie tauchte, schwamm und fuhr mit Harry auf seinem Jet-Ski mit. Dann »lehnte sie sich vornüber und enthüllte ein atemberaubendes Dekolleté«, schrieb James Whitaker im *Mirror*, »Anschließend präsentierte sie sich an Mohameds Strand.«

Mohamed Fayed gab der *Mail on Sunday* ein Interview, das am 20. Juli erschien. In seinem Gespräch mit Brian Vine sagte Fayed: »Dianas Meinung zu all dieser Kritik lautet, dass ihr diese Leute den Buckel runter rutschen können, wenn es ihnen nicht gefällt. So wie ich durchschaut sie die Heuchelei einiger dieser Kritiker.« Er behauptete, dass Diana sich in der »familiären Atmosphäre« der Fayeds »zu Hause fühle« und sagte: »Dianas Söhne haben viel Spaß, auch wenn das den Kritikern sauer aufstößt.« Doch Fayed ging zu weit, als er hinzufügte: »Was Camilla angeht – Diana denkt nicht an sie, und kümmert sich auch nicht um sie ... Verglichen mit der leuchtend schönen Diana, die so voller Leben ist, erscheint Camilla wie eine Figur aus einem *Dracula*-Film.«

Diana und ihre Söhne verließen Saint Tropez an diesem Tag bei Sonnenuntergang. Am nächsten Morgen füllte Dodi ihr Apartment im Kensington Palace mit rosa Rosen und schickte ihr das Erste seiner zahlreichen extravaganten Geschenke: eine goldene Cartier-Panther-Armbanduhr für 11.000 Dollar. Harrods lieferte eine große Schachtel mit exotischen Früchten von Mohamed. Diana erzählte ihren Freunden wenig von Dodi. »Erst aus der Presse erfuhr ich, dass sie mit Dodi weggehen wollte«, berichtete eine ihrer engen Freundinnen. »Sie selbst hat es mir nicht erzählt.« Diana erklärte jedoch ihrer Astrologin Debbie Frank, dass sie »den schönsten Urlaub des Lebens« gehabt habe, und fügte hinzu: »Ich habe jemanden kennen gelernt.«

Diana wusste nicht, dass Dodi noch immer mit seiner Verlobten im Mittelmeer umhersegelte. Das Paar flog am 23. Juli nach Paris. Am nächsten Tag reiste Fisher, wie geplant, nach Los Angeles, während Dodi nach London zurückkehrte. Diana war am 22. Juli nach Mailand zu einer Trauerfeier für den Modeschöpfer Gianni Versace geflogen, der eine Woche zuvor in Miami Beach von dem Serienmörder Andrew Cunanan ermordet worden war. Sie saß in der ersten Reihe neben Elton John, obwohl sie sich ein halbes Jahr zuvor sowohl mit dem Sänger als auch seinem engen Freund Versace zerstritten hatte, und nahm die Gelegenheit wahr, ihre Beziehung zu John wieder in Ordnung zu bringen. Als er leise schluchzte, legte sie ihm tröstend die Hand auf den Arm.

Drei Tage später flog Diana mit Dodi in einem Harrods-Helikopter für das Wochenende nach Paris. Ihr Besuch in Fayeds Hotel Ritz wurde strikt geheimgehalten. Dodi stellte Diana die Imperial Suite zur Verfügung, die 10.000 Dollar pro Nacht kostete, und lud sie zum Abendessen in das Dreisternerestaurant Lucas Caron ein. Am Samstag besuchten sie die Villa, in der der Herzog und die Herzogin von Windsor im Exil gelebt hatten. Fayed hatte die Villa vor elf Jahren gemietet und restaurieren lassen. Anschließend schauten sie in Dodis Apartment in einer Seitenstraße der Champs-Elysées vorbei und machten einen Mitternachtsspaziergang an der Seine. Am 27. Juli kehrten sie unentdeckt nach London zurück.

Den gesamten nächsten Monat war Diana nahezu ununterbrochen unterwegs. Da sie den August mit William und Harry auf Balmoral verbrachte, konnte sie kommen und gehen, wann sie wollte, was sie noch spontaner als sonst tat. Am Donnerstag, den 31. Juli, stahl sie sich erstmals mit Dodi zu einer sechstägigen Kreuzfahrt auf der *Junikal* vor Sardinien und Korsika davon. Dort begann auch die Liebesbeziehung der beiden. Dodis Schwäche für das Romantische kam hier voll zum Ausbruch. Er verwöhnte Diana mit ihren Lieblingsspeisen und -getränken, zu denen Karottensaft am Morgen, Obst zum Mittagessen und Fisch zum Abendessen sowie viel Champagner, Kaviar und pâté de foie gras gehörten. Zur Untermalung hatte er ihre Lieblingsmusik besorgt, den Titelsong zum Film *Der englische Patient* und George Michaels Album *Older*, dazu einige Sinatra-Songs. Das Paar redete und flüsterte ununterbrochen, was Dodis Kammerdiener Rene Delorm zu der Frage veranlasste: »Wie können zwei Menschen sich so viel zu sagen haben?« Einige Tage später schenkte Dodi Diana ein Diamantarmband, und als sie in Monaco an Land gingen, verbrachten sie den Tag damit, weiteren Schmuck zu kaufen. »Es war so paradiesisch, wie man sich nur wünschen konnte«, erzählte Debbie Gribble, die Stewardess der *Jonikal*. Antonia Grant, eine von Dodis Köchinnen, erzählte hingegen: »Ständig stand [Mohamed] Fayed im Hintergrund. Ganz offensichtlich zog er hier die Fäden.«

Am 4. August entdeckte der Paparrazo Mario Brenna das Paar auf der *Jonikal*, nachdem er, wahrscheinlich aus dem Umkreis von Dodi oder Diana, einen Tipp bekommen hatte. Er machte einige Fotos, auf denen das Paar schwamm, ein Sonnenbad nahm und sich umarmte. Einige davon hatte er von einer kleinen, nur etwa hundert Meter entfernten Jacht aus mit einem Weitwinkelobjektiv aufgenommen. Nach einer lebhaften Auktion konnten sich Brenna und sein Partner Jason Fraser von den Londoner Boulevardzeitungen mehr als zwei Millionen Dollar in die Taschen stecken.

Die Regenbogenpresse brachte die Geschichte der Romanze am Donnerstag, dem 7. August, heraus, einen Tag nach Dianas und Dodis Rückkehr nach London. »Di's heimlicher Urlaub mit Harrods sexy Dodi« lautete die Schlagzeile der *Sun*. Dem *Mirror* gegenüber soll Dodi mit einem Lächeln gesagt haben: »Wir haben ausgespannt und hatten eine herrliche Zeit ... Wir sind sehr gute Freunde.« Ein offensichtlich stolzer Mohamed Fayed erklärte gegenüber dem *Evening Standard:* »Sie haben meinen Segen. Sie sind beide erwachsen.«

Der Tipp war wie gewöhnlich von Richard Kay gekommen, der im *Daily Mail* schrieb, Dodi sei »der erste Mann, den man wirklich als ihren Freund beschreiben könne ... Die Prinzessin selbst nahm die Enthüllung, wie nahe sich das Paar steht und die Aussicht, dass intime Fotos ... veröffentlicht werden, erstaunlich gelassen hin.« Kay erzählte, Diana habe in den letzten Monaten in »verzweifelten Momenten« gesagt: »Ich kann gut verstehen, warum Jackie ihren Onassis geheiratet hat. Sie hat sich allein gefühlt und Schutz gesucht – ich fühle mich oft ebenso.« Kay schrieb: »Sie will leben – richtig leben. Sie ist allein und er auch, und sie hat die Geheimniskrämerei satt. Warum sollte sie keinen Mann in ihrem Leben haben, und warum sollte die Öffentlichkeit nicht davon wissen?«

Diese Botschaft war Dianas Freunden zufolge für einen einzigen Leser bestimmt, für Hasnat Khan. Nachdem sie sich etwa 18 Monate mit Khan versteckt gehalten hatte, beabsichtigte Diana, mit Dodi so unverhohlen an die Öffentlichkeit zu treten, wie es nur möglich war. Zum Teil verbarg sich hinter diesem Verhalten der Wunsch, Khan zu provozieren. »Es war eine Reaktion auf Hasnat Khan«, erklärte Elsa Bowker. »Sie ließ sich mit Dodi ein, um Hasnat eifersüchtig zu machen.« Ein anderer enger Freund fügte hinzu: »Dodi war wie ein Blitz aus heiterem Himmel.«

Viele glaubten, Diana sei auch von einem allgemeineren Bedürfnis nach Rache getrieben worden. Gab es eine bessere Möglichkeit, das britische Establishment zu verärgern, als sich mit einem Mann einzulassen, dessen Vater durch seinen unglaublichen Reichtum und sein Geschäftsgebaren innerhalb der Oberschicht zum Außenseiter geworden war? Dass ihre Wahl auf den Sohn eines ägyptischen Vaters und einer saudischen Mutter gefallen war, mochte das Establishment schockieren. Für diejenigen, die die Geschichte ihrer jüngsten Zuneigungen kannten, passte Dodi zu ihrer Vorliebe für östliche Freunde – von ihrem Panorama-Interviewer Martin Bashir zu Hasnat Khan und Gulu Lalvani, wie auch ihren Freundinnen Elsa Bowker und Hayat Palumbo. Diana schien bei diesen Personen einen gewissen Trost und ein Vertrauen zu finden, die ihr Menschen des Abendlands nicht bieten konnten.

Diana war vernarrt in Dodi, den die Boulevardpresse anfänglich folgendermaßen beschrieb: »Mr. Perfect ... liebevoll, reich und für Frauen unwiderstehlich.« Kay gab sich in einem Artikel des *Mirror* besondere Mühe, Unterschiede zwischen Fayed und seinem Sohn aufzuzeigen. »Einen Freund« zitierend, schrieb Kay: »Dodi ist nicht wie sein Vater. Er ist ganz anders, ein liebenswürdiger, sensibler Mann, und das macht seine Anziehungskraft auf Diana aus.« Wie vorherzusehen war, soll Dodi Freunden zufolge von Diana berauscht gewesen sein. Für einen Mann, dessen Identität und Lebenssinn von seinen Frauen abhing, war sie die Errungenschaft seines Lebens. Dianas Zuneigung zu gewinnen, würde dem fordernden Vater endlich Dodis Wert beweisen.

Angesichts seiner Sorge um Sicherheit, schien Dodi der geeignete Mann, um Diana den ersehnten »Schutz« zu bieten. Nach all den Jahren, in denen Diana unter ihren königlichen Beschützern gelitten hatte, wirkte ein derartiger Wunsch jedoch ein wenig seltsam. Zudem war Dodi keine starke Persönlichkeit. Diana gefiel seine Verletzlichkeit, denn damit konnte sie sich identifizieren. Seiner Freundin Barbara Broccoli erzählte Dodi: »Es ist so unglaublich, [Diana und ich] müssen einander nichts *erklären*.«

Diana und Dodi stammten zwar aus unterschiedlichen Welten, hatten jedoch auf ähnliche Weise Schaden erlitten. Nach der frühzeitigen Trennung von ihren Müttern kämpften sie gegen eine tiefe Unsicherheit. Diana hatte Zuflucht in der Bulimie gesucht, Dodi im Kokain. Sie neigten zu romantischen Fantasien und versuchten, sich mit Geschenken beliebt zu machen. Aus Angst vor Zurückweisung fiel es ihnen schwer, sich zu binden, und sie flüchteten ohne Erklärung aus Beziehungen. Sie waren emotional unreif und intellektuell oberflächlich, waren nicht gern allein und kompensierten ihre Einsamkeit durch ständige Telefonate. Beide neigten dazu, ihre Fehler zu wiederholen, statt aus ihnen zu lernen, und nahmen Zuflucht zu Unwahrheiten, wenn sie sich bedroht oder unsicher fühlten. Man kann sich leicht ihre zwanghaften Lebensbekenntnisse vorstellen: die Einsamkeit als Kind, das Missverstandenwerden und den Missbrauch durch ein arrogantes Establishment.

»Sie waren beide in ihre Fantasievorstellung vom anderen verliebt«, urteilte Dodis Freundin Nona Summers. »Beide waren liebenswert, wussten aber nicht, wer der andere war. Der erste Eindruck von ihr war anbetungswürdig, sie hatte jedoch Beziehungen, von denen sie stark abhängig war. Dodi sah sich selbst als Ritter auf einem Streitross, bereit, die Prinzessin gegen die Paparazzi, Charles und Camilla zu verteidigen. In vielerlei Hinsicht hing ein Schatten über dieser zum Scheitern verurteilten Beziehung.«

Aus Dianas Sicht war die Leere in Dodis Leben für sie von Vorteil. Da er keinerlei Pflichten nachgehen musste, hatte er alle Zeit der Welt, sich Diana zu widmen. »Etwas Derartiges hatte sie in ihrem Leben nie gehabt«, erklärte Lucia Flecha de Lima. Er bot ihr Zerstreuung und Unterhaltung, und seine Unreife wirkte wie verspielter Enthusiasmus. Er amüsierte sie mit endlosen Geschichten über Hollywood-Stars. Sie kicherten zusammen, und er forderte sie in keiner Weise intellektuell heraus. Diana erzählte Rosa Monckton, dass »seine wundervolle Stimme« sie entzücke, und zu ihrer Hair-Stylistin Tess Rock sagte sie: »Ich liebe seinen exotischen Akzent, die Art wie er ›Di-yana, du bist so ungezogen‹ sagt.«

Die Art, in der die Fayeds ihr Geld ausgaben, verdrehte ihr zudem den Kopf. Sie hatte die übertriebene Sparsamkeit der Königsfamilie als lästig empfunden, und nie hatte ein Mann sie je so verwöhnt wie Dodi. Diana verfügte dank einer großzügigen Scheidungsvereinbarung über ein stattliches Einkommen und war berechtigt, die königlichen Flugzeuge und Paläste zu nutzen, war jedoch von Menschen beeindruckt, die offenbar noch reicher waren. (Charles hatte die gleiche Schwäche gezeigt, als er die Wohltätigkeit der Wirtschaftsmagnaten Armand Hammer und John Latsis akzeptierte, deren Jacht der Prinz regelmäßig für seine Urlaube nutzte.) Diana zögerte nie, sich ein Privatflugzeug von ihren Freunden, den Palumbos oder von Milliardären wie Teddy Forstmann, zu leihen, die ihr gern einen Gefallen taten. Nun boten ihr die Fayeds die unbegrenzte Nutzung ihrer Häuser in Schottland, Frankreich, England und den Vereinigten Staaten an – und darüber hinaus Jachten, Flugzeuge und Helikopter.

In all ihren Liebesbeziehungen hatte Diana versucht, so schnell wie möglich in die Familie aufgenommen zu werden. Sie hatte engen Kontakt zu James Hewitts Mutter und Schwestern gesucht und viel Zeit mit Oliver Hoares Mutter verbracht. Sie besuchte Hasnat Khans umfangreiche Familie in Pakistan und in regelmäßigen Abständen seine Verwandten in London. Mohamed Fayed legte viel Wert darauf, während Dianas Aufenthalt in Saint Tropez immer wieder ihr Zugehörigkeitsgefühl zur Familie zu betonen. »[Mohameds Frau] Heini ist eine elegante Dame«, erklärte Andrew Neil. »Da waren auch noch andere Kinder, einschließlich Fayeds taubem Sohn, um den Diana sich kümmern konnte. Es war die warmherzige Aufnahme in eine arabische Großfamilie.«

Diana erkannte jedoch nicht, welche Unterwürfigkeit in Fayeds Welt von den Frauen verlangt wurde. Auch war sie sich nicht der erdrückenden Überwachungs- und Sicherheitsmaßnahmen der Fayeds bewusst, die Dodis Exfrau nur schwer hatte ertragen können. Hier herrschte eine Atmosphäre, die die britische Königsfamilie vergleichsweise unbekümmert erscheinen ließ.

Zweifellos hätte sich Diana letzten Endes an Dodis Verwöhntheit und Gedankenlosigkeit gestört. Da sie es mit der Pünktlichkeit sehr genau nahm, hätte sie die »Dodi-Zeit« als unerträglich empfunden. Auch hätte sie seine Unfähigkeit, Entscheidungen zu treffen, oder seine anerzogene Hilflosigkeit, die die Berater seines Vaters dazu zwangen, ihm immer wieder aus Schwierigkeiten herauszuhelfen, nicht ertragen. Dodis Ausflüchte hätten ihr Misstrauen erregt, und wenn er versucht hätte, sie zu kontrollieren – wie er das stets mit Frauen tat –, hätte sie sich zurückgezogen. Dodi wiederum wäre Dianas Sprunghaftigkeit und ihres ständigen Bedürfnisses nach Bestätigung müde geworden. Auch Dodi wollte umsorgt werden, und Diana war dazu nicht in der Lage. Bei Diana jedoch war Dodi bereit, größere Anstrengungen zu unternehmen als mit anderen Frauen. Falls er erfolgreich war, konnte er dieses Mal sicher sein, dass ihm die Gelder seines Vaters nicht wieder gestrichen würden.

# KAPITEL 27

Nachdem die Boulevardpresse ihre Romanze veröffentlicht hatte, speiste Diana abends mit Dodi in seinem Apartment in der Park Lane. Als sie das Gebäude vor Mitternacht verließ, sah sie sich fünfzig Fotografen gegenüber. Am nächsten Tag, Freitag, dem 8. August, brach sie mit Kolumnist William Deedes und ihrem Butler Paul Burrell in einem Jet, den ihr der Milliardär George Soros geliehen hatte, nach Bosnien auf.

Die Organisation dieser Landminen-Reise hatte Schwierigkeiten bereitet. Ende Juli musste Diana aufgrund der peinlichen Enthüllung, dass die Präsidentin des Roten Kreuzes in Bosnien die Frau des Kriegsverbrechers Radovan Karadzic war, ihre ursprünglichen Pläne verwerfen. Diana war jedoch entschlossen, dennoch zu reisen. Erneut verabschiedete sie sich vom Roten Kreuz und fand mit William Deedes' Hilfe neue Sponsoren im Land Mine Survivors Network und der Norwegian People's Aid. Diese beiden Organisationen hatten sich der Hilfe für Landminenopfer verschrieben.

Nachdem das Außenministerium überzeugt war, dass ihre Sicherheit gewährleistet sei, wurde ihre Reise am 5. August, einem Tag vor ihrer Rückkehr nach London mit Dodi, bekannt gegeben. Außenminister Robin Cook, der sich mit einem »Exklusiv«-Bericht im *Mirror* besonders um seinen Labour-Wahlkreis bemühte, erklärte: Dianas Kreuzzug »hat die Aufmerksamkeit der Öffentlichkeit auf eine Waffe gelenkt, die vor allem gegen Zivilisten eingesetzt wird ... Ich unterstütze öffentlich ihre Reise nach Bosnien.«

Sobald Diana jedoch in Sarajewo ankam, wurden ihre Bemühungen, die Aufmerksamkeit auf das Landminenproblem zu lenken, von dem überwältigenden Interesse an ihrem neuen Freund vereitelt. In Bosnien wiederholte sie viel von dem, was ihre Angolareise zu einem solchen Erfolg hatte werden lassen. Drei anstrengende Tage lang tröstete sie Versehrte, besuchte die Häuserruinen und Massenfriedhöfe für die Kriegsopfer. Sie zeichnete eindringliche Bilder von der zerstörenden Wirkung der Landminen und tröstete die Leidtragenden, unter anderem eine Mutter, die am Grab ihres Sohnes weinte. »Ihr Auftritt in Bosnien war beeindruckend«, berichtete William Deedes. »Für jedes Interview [mit Opfern] nahm sie sich eine halbe Stunde Zeit, und wir haben acht bis zwölf Interviews gemacht. Sie wollte es so. Diana wusste, dass sie viel zu sagen haben würden, und brach die Interviews nie vorzeitig ab. Die Menschen schütteten ihr Herz aus, und Diana blieb erstaunlich ruhig. Ab und zu streckte sie die Hand aus und berührte ein Gesicht oder eine Schulter. Es war großartig.«

Dianas Leben war schon seit langem durch das beunruhigende Nebeneinander von Glamour und Pathos gekennzeichnet. Vier Tage, nachdem Robin Cooks Lobrede über Dianas gute Werke im *Mirror* erschienen war, brachte die Sonntagsausgabe dieser Zeitung am 10. August eine zehnseitige Fotoreportage des Fotografen Mario Brenna. Das erste der »sensationellsten Fotos aller Zeiten«, »Der Kuss«, zeigte ein grobkörniges Foto von Diana und Dodi in einer Umarmung auf der luxuriösen Fayed-Jacht. »Fest umschlungen von ihrem Geliebten, findet die Prinzessin endlich ihr Glück.«

Angesichts der Schlagzeilen in London galt die Aufmerksamkeit mehrerer hundert Reporter, die Diana durch Sarajewo und Umgebung folgten, nicht mehr allein den Landminen. Der *Observer* beschrieb, wie die Angelegenheit zur »Farce« geriet, als Diana einem Verletzten ein Paar Prothesen übergeben wollte, und ein Reporter der *New of the World* ihr zurief: »Sind das nicht wunderbare Neuigkeiten über Dodi? Wie ist es, wieder verliebt zu sein?« So kommentierte der *Observer*: »Das Landminenproblem wurde von der Tagesordnung verdrängt. Die Verliebtheit der Prinzessin hatte über die Mission triumphiert ... Der eigentliche Zweck war vergessen, Dianas Liebesleben wurde bloßgelegt.« Der *Sunday Mirror* unternahm die seltsamsten Bemühungen, eine Brücke von Dianas Liebesleben zu den Landminen zu schlagen. In seinem fantasievollen Bericht hieß es: »Der Filmproduzent Dodi hat sich sogar entschlossen, einen Film mit Diana als Ko-Produzentin zu drehen – über einen durch eine Landmine verkrüppelten Elefanten.«

Deedes gewann den Eindruck, dass sich Diana in beruflicher Hinsicht »wieder gefangen habe, Vernünftiges von sich gebe, es ernst meine, in sich selbst ruhe«, stellte aber gleichzeitig fest, dass sie im Unterschied zu ihrer früheren Reise zerstreut wirkte. »Sie telefonierte ständig mit Dodi«, erinnerte sich Deedes. Er war sich »bei Diana nie sicher«, konnte jedoch nicht glauben, dass die Romanze ernst war. »Ich glaube, sie fuhr mit Dodi Schlitten«, sagte er.

Am Montag, dem 11. August, flog Diana zurück nach London. Während des Fluges studierten sie und ihr Butler Paul Burrell die Presseberichte der vergangenen Tage, einschließlich des Kuss-Bildberichtes. »Sie ärgerte sich überhaupt nicht über die Fotos, die man von ihr gemacht hatte«, erinnerte sich Deedes. »Stattdessen sprach sie über die Schlagzeilen, sah sich in meinem Beisein gemeinsam mit Paul Burrell die Zeitungen an, ohne entsetzt zu sein.«

In der Zwischenzeit hatten sich die Boulevardblätter auf Dodi gestürzt. Ausführliche Berichte über seine unzähligen unbezahlten Rechnungen und Klagen gegen ihn in den Gerichten von Los Angeles waren bereits aufgetaucht. An dem Tag, an dem der Mirror über den Kuss berichtete, enthüllte die *Mail on Sunday* Dodis Verschwendungssucht, die zum Beispiel aus der Klage von American Express sprach. Man bot jedoch auch einen »einmaligen Einblick« in Dodis »impulsives Naturell« und beschrieb die komplizierten Auseinandersetzungen mit Dodis ehemaliger Freundin Amy Diane Brown um ein 500.000 Dollar teures Penthouse. »Ich würde Diana raten, die Kronjuwelen nicht aus den Händen zu geben und sie nicht aus den Augen zu lassen, weil er sie sonst verkauft ... Selbst nach so langer Zeit tut es noch furchtbar weh. Ich fühle mich von ihm ausgenommen.«

Tage später wandten sich die Berichte in hässlichem Ton Dodis Geschlechtsleben zu. Der *Mirror* enthüllte, dass er sich seiner Freundinnen auf eine Weise entledigte, die seine Freunde »Air Dodi« nannten – mit einem einfachen Flugticket der Business-Class nach Hause. Seine ehemalige Freundin Denice Lewis ließ sich in der *News of the World* über seine sexuelle Unzulänglichkeit aus: »Ich lag im Dunkeln und dachte: ›Soll das alles gewesen sein?‹« Zur Explosion kam es am 14. August, als eine schluchzende Kelly Fisher, mit ihrer Mutter und der Anwältin Gloria Allred im Schlepptau, verkündete, sie werde gegen Dodi, der ihr wegen Diana den Laufpass gegeben hatte, Klage erheben.

Fisher fühlte sich nicht nur gedemütigt, weil Dodi die Verlobung gelöst hatte (ihr Beweis: ein saphir- und diamantenbesetzter Ring, den sie für die Kameras aufblitzen ließ), sie beschuldigte Dodi außerdem, ihr die 440.000 Dollar »voreheliche Unterstützung« nicht gezahlt zu haben, die er ihr, wie sie behauptete, als Gegenleistung für die Beendigung ihrer Karriere als Model versprochen hatte. (Beweisstück A: ein Scheck über 200.000 Dollar, den Dodi auf ein geschlossenes Konto ausgestellt hatte.) Fisher verkaufte ihre Story für Summen zwischen 300.000 und 400.000 Dollar an *News of the World* und die *Sun*. Sie behauptete unter anderem, dass sie und Dodi auf einer der Familienjachten der Fayeds miteinander geschlafen hätten, während Diana im Haus der Fayeds in Saint Tropez weilte; dass Dodi eine »erstaunliche Ansammlung von Waffen habe«, dass er »wabbelig und schlecht in Form sei« und aufgrund seiner übersteigerten Angst vor Krankheitserregern auf Reisen stets Sauerstofftanks mitführe. (Nach Dodis Tod ließ sie ihre Anklage fallen.)

Plötzlich war Dodi keine »sanftmütige Seele« mehr (die *Daily Mail*, 8. August), kein »idealer Ehemann« (die *Sun*, 8. August) und auch kein »großzügiges, liebevolles Wesen« (der *Sunday Mirror*, 10. August), sondern ein »korrupter Betrüger« (der *Mirror*, 15. August), ein »schmieriger Kerl, der mit jeder ins Bett hüpft« (die *Sun*, 16. August) und hatte »genug Leichen im Keller, um einen großen Friedhof zu füllen ... Dodi ... ist einfach nicht gut genug für [Diana] ... Dodgy [der Schmierige] ist so zynisch, hohl und verwöhnt, dass man sich nach James Hewitt zurücksehnt.«

Zugegebenermaßen befand sich Diana in einer unmöglichen Situation. Jeder Mann in ihrem Leben wäre unter die Lupe genommen und vielleicht von den Boulevardblättern zerstört worden. Hätte sie jedoch einen gefestigteren Menschen als Dodi Fayed ohne dessen dekadente Vergangenheit gewählt, hätte ihre Romanze keine solche Orgie schlüpfriger Berichterstattung ausgelöst.

Die lüsterne Raserei der Boulevardpresse übertraf alles, was bisher über Diana geschrieben wurde – selbst die frühen Tage der Di-Mania, die endlosen Spekulationen über ihre königliche Hochzeit, die Aufdeckung von Camillagate, die Sqidgy-Bänder, den Telefon-Skandal und die »Liebesratte« James Hewitt. Kein Detail über Dodis Ausschweifungen oder finanzielle Verantwortungslosigkeit war zu schmutzig, um nicht ausgewalzt zu werden, und Diana wurde in diesen Strudel mit hineingerissen. Während der drei Wochen nach der Veröffentlichung der Beziehung im August brachten die Boulevardzeitungen Bilder von Dodi und Diana im Badeanzug, auf denen sie sich umarmten, und auf der *Jonikal*, mit der sie das Mittelmeer durchkreuzten, sonnenbadeten. Anzügliche, abfällige Bildunterschriften ließen der Fantasie keinen Spielraum. Das ungeheuerlichste war ein Dialog in der *Sun* – DODI: »Wie wär's mit einem Quickie?« DIANA: »Nicht hier, Liebling. Das Personal kann uns sehen. Lass uns stattdessen schwimmen gehen.« Alles andere, was an Diana von Interesse war, fiel unter den Tisch. Sie wurde zum Sexualobjekt – beraubt jeder Achtung, jeder Diskretion, jedes Geheimnisses und jeden guten Geschmacks.

Gleichzeitig spekulierten die Boulevardblätter vergnügt über die Wahrscheinlichkeit einer Hochzeit. Schon am 10. August deutete der *Sunday Mirror* an, dass eine Verlobung bevorstehe – nachdem Dianas und Dodis Beziehung kaum siebzehn Tage bestand, von denen sie zehn allein zugebracht hatten. Nigel Dempster und Richard Kay versuchten, Mitte des Monats die Bremsen anzuziehen, indem sie im *Daily Mail* eine Unterhaltung wiedergaben, die Diana mit Taki Theodoracopulos vom *Spectator* geführt hatte. In diesem Gespräch wies Diana darauf hin, dass sie nicht an Heirat denke. »Sie brauchte lange Zeit, um sich aus einer lieblosen Ehe zu lösen, und beabsichtigt im Augenblick nicht, eine neue einzugehen«, schrieb Taki. Die Spekulationen hielten dennoch an.

Während die Regenbogenpresse die Geschichte weiter am Kochen hielt, zogen sich Diana und Dodi zurück, um ein wenig ungestört zu sein. Sie verbrachten einen Tag auf Fayeds Anwesen in Surrey und zwei Abende in London. Die Reporter verfolgten sie jedoch, als sie mit einem Harrods-Helikopter Dianas Medium Rita Rogers besuchten. Kurz nachdem Rogers ihre Beratungstätigkeit für Diana aufgenommen hatte, hatte sie ihr mitgeteilt, dass sie »einen Mann treffen werde, in den sie sich verlieben würde, und dass sie zusammen auf einem Schiff sein würden«. Als Diana und Dodi zusammen auf der *Jonikal* waren, hatte Diana Rogers angerufen und gesagt: »Ich bin auf dem Mittelmeer, mit einem Mann auf einem Schiff! Rita, du hast es vorhergesagt. Du hast gesagt, es würde passieren!« Rogers behauptete später, dass sie während der Beratung am 12. August Dodi vor einem schwarzen Wagen und einem Tunnel gewarnt hätte. Ihren Worten zufolge schien Dodi dies »zu begreifen«, Diana hingegen »wurde unruhig«.

Am 15. August, dem Tag, an dem Kelly Fishers Behauptungen die Regenbogenpresse füllten, flogen Diana und ihre Freundin Rosa Monckton auf Dodis Drängen in einem von Fayeds Jets zu einem fünftägigen Urlaub nach Griechenland. Zwei Tage später flog Dodi nach Kalifornien, um sich mit seinen Anwälten über Fishers Klage zu beraten. Er wohnte in seinem neuen Heim in Malibu, erregte keinerlei Aufsehen und besuchte einen kranken Freund im Cedars Sinai Hospital. Nach sechsunddreißig Stunden verließ er Kalifornien wieder, ohne viel erreicht zu haben. Auf dem Flug nach New York im Privatflugzeug erzählte er seinem Freund Mark Canton vorsichtig von Diana. »Er war glücklich, dass die Beziehung gedieh«, sagte Canton. »Aber er war offenbar abergläubisch. Er wollte den Weg nicht betreten, auf den ihn dies führen könnte.«

Obwohl Diana die Boulevardblätter begierig las, tat sie die negativen Berichte über Dodi ab. »Als die Geschichten veröffentlicht wurden, war sie völlig vernarrt in Dodi und äußerst bemüht, nicht zu glauben, was ihr zu Ohren kam«, sagte einer ihrer engen Freunde. Sie suchte nicht nur bei ihrem Medium Bestätigung, sondern auch bei ihrer Astrologin Debbie Frank, die Dodis Horoskop erstellte. »Ich bin so froh, dass wir zueinander passen«, meinte Diana gegenüber Frank. »Ich bin noch nie zuvor länger als einen Tag wirklich glücklich gewesen.«

Während ihres Urlaubs mit Rosa Monckton äußerte Diana jedoch einige Vorbehalte. »Sieh mal hier, Rosa, ist das nicht grässlich?«, meinte Diana und zeigte im Fayed-Jet auf das, was Rosa als »rosa Plüschsitze« und »grünen, mit den Köpfen von Pharaonen bedeckten Flortepppich« beschrieb. Diana sagte, sie verstehe, dass Dodis Welt »weit von der Realität entfernt« sei und erklärte, dass sie »richtig böse« werde, wenn Dodi »anrufe und die Liste von Geschenken aufzähle, die er für sie gekauft habe«. Rosa gegenüber klagte sie: »Das ist nicht, was ich will ... Es ist mir unangenehm. Ich will nicht gekauft werden ... Ich will nur jemanden, der für mich da ist, der mir das Gefühl von Sicherheit gibt.«

Kaum einen Tag zurück in London, brach Diana mit Dodi am 12. August zu einer weiteren Kreuzfahrt auf der *Jonikal* auf und besuchte die gleichen Lieblingsorte zwischen Nizza und Sardinien. Auch dieses Mal verwöhnte Dodi sie mit Luxus. Nachdem sie einen Morgen in Cervo auf Sardinien verbracht hatten, kehrten sie mit einem ganzen Stapel Kaschmirpullover zurück – er hatte ihr einen in jeder Farbe gekauft – sowie mehreren Paar Schuhen von J.P. Tod. »Sie brauchte etwas nur anzuschauen, und schon kaufte er es«, erzählte Debbie Gribble, die Stewardess der *Jonikal*.

Dodi schenkte Diana auch eine kleine Silberplakette, die er »bei einem angesehenen Silberschmied« in Auftrag gegeben hatte und in die ein von ihm selbst geschriebenes Gedicht eingraviert war. Tina Sinatra zufolge hatte sich Dodi eine solche Plakette von ihr während ihres Verhältnisses in den achtziger Jahren geliehen und sie ihr, trotz wiederholter Bitten, nie zurückgegeben. Sinatra erklärte, dass sie sich »immer fragen« werde, ob es dieselbe Plakette gewesen sei.

Während die *Jonikal* neun Tage lang auf dem Mittelmeer kreuzte, verfolgten die Paparazzi jede ihrer Bewegungen und schickten zahlreiche Fotos nach Hause, die Diana und Dodi an Deck des Schiffes zeigten. Auf den meisten Fotos lehnte Diana sich zurück, während Dodi sie beschnupperte oder seinen Arm um sie drapierte. Zumindest zwei von Dianas Freundinnen vermissten Dianas übliche Überschwänglichkeit. »Die Körpersprache auf dem Schiff war verlogen«, erklärte Cosima Somerset.

Am 26. August veröffentlichte die linksgerichtete französische Zeitung *Le Monde* ein Interview, das sie im vergangenen Juni mit Diana geführt hatte. In diesem Interview griff Diana verbittert die britische Presse an, die ihre humanitären Anstrengungen kritisierte. Im Ausland hingegen, so Diana, »werde ich freundlich empfangen. Man nimmt mich, wie ich bin ... ohne nach Fehlern zu suchen.« Sie sprach von ihrer »Bestimmung«, »verletzlichen Menschen« zu helfen und sagte, dass es, wenn sie Menschen berühre, eine »natürliche Reaktion [sei] ... [die] von Herzen komme. Es ist nicht geplant.« Wieder einmal lösten ihre Ansichten über Landminen Kontroversen aus: »Die Labour-Regierung hat immer einen eindeutigen Standpunkt eingenommen«, erklärte sie. »Sie wird hervorragende Arbeit leisten. Ihr Vorgänger war absolut hoffnungslos.«

Die Torys reagierten entrüstet über ihre Darstellung und veranlassten Diana dazu, mehrere Tage ihres Urlaubs damit zu verbringen, den Schaden zu begrenzen. Als »die Führungsriege der Torys sie warnte, sich aus der Politik herauszuhalten«, sprach der *Daily Express* von »ihrem heftigsten politischen Streit«. Diana schlug mit einer energischen Stellungnahme zurück, in der sie darauf bestand, Annick Cojean, die französische Journalistin, habe sie falsch zitiert: »Die Prinzessin hat keine derartige Kritik geäußert.« Das Interview war teilweise persönlich und teilweise mittels schriftlicher Fragen erfolgt, und Dianas Büro legte eine Kopie des Artikels vor, den *Le Monde* Diana unterbreitet hatte, damit sie ihre Zustimmung erteilte. Dieser Artikel enthielt nicht den beleidigenden »unannehmbaren« Satz. Die französische Journalistin und ihr Redakteur hielten dem entgegen, Diana habe diese Bemerkung während des persönlichen Interviews gemacht. Der Satz sei hinzugefügt worden, nachdem der Kensington Palace den Entwurf gesehen habe. »Ich habe genau das geschrieben, was sie gesagt hat und was ich gehört habe«, erklärte Cojean.

Diana war »zutiefst enttäuscht« und behauptete, man habe ihr »das untergejubelt«. Rosa Monckton erklärte die Ereignisse später folgendermaßen: »Die ... britische Presse reagierte mit einer unverhältnismäßig harten Kritik an Diana. Die Antwort war kalte Wut. Sie verschob ihre Rückkehr nach England.« Statt am Samstag, dem 30. August, direkt nach Hause zu fliegen, erklärte sich Diana einverstanden, diese Nacht mit Dodi in Paris zu verbringen. Monckton sprach am 28. August zum letzten Mal mit der Prinzessin und erzählte später, Dianas immer wiederkehrendes Thema sei gewesen, »verraten und missverstanden zu werden«.

Dodi und Diana brachen am 30. August um die Mittagszeit nach Paris auf – eine Änderung der Pläne, der Fayed zustimmte. Vom nervösen Kommen und Gehen des Paares während der restlichen Stunden dieses Tages und Abends berichteten Fayed auch die Geschäftsführer des Ritz. Stets von einer Horde von Paparazzi verfolgt, machten Diana und Dodi verschiedene Ausflüge durch Paris. Vom Flughafen fuhren sie zur Villa Windsor, in der sie sich nur knapp eine halbe Stunde aufhielten. Ein Angestellter von Fayed brachte ihr Gepäck zu Dodis Apartment, wo sie die Nacht verbringen wollten, während das Paar zum Ritz weiterfuhr, um sich in der Imperial Suite auszuruhen.

Fayeds Sprecher Michael Cole zufolge schenkte Diana an diesem Tag Dodi einen Zigarrenabschneider aus Gold mit der Inschrift »Von Diana in Liebe« und die goldenen Manschettenknöpfe ihres Vaters – dieselben, die sie früher einmal Oliver Hoare gegeben hatte. »Sie waren ihr kostbarster Besitz«, erzählte Elsa Bowker. »Ich konnte nicht glauben, dass sie sie Dodi so schnell geschenkt hatte.« Dodi beabsichtigte, Diana einen auffallenden, diamantbesetzten Ring für 200.000 Dollar zu schenken, den er am späten Nachmittag im Juweliergeschäft Repossi auf dem Place Vendôme gekauft hatte. Alberto Repossi sagte, Diana habe dabei geholfen, den Ring auszusuchen, als sie während ihrer Fahrt mit der *Jonikal* zweimal in seinem Geschäft in Monaco gewesen wären. Dianas Freunde behaupteten jedoch, er sei überhaupt nicht ihr Geschmack, und Richard Kay bezeichnete ihn als »vulgär«.

Am frühen Abend verließen Dodi und Diana das Ritz durch die Hintertür, um zu Dodis Apartment zu fahren. Wie üblich fuhren sie in einer Mercedeslimousine mit Dodis Privatchauffeur, Phillipe Dorneau, hinter dem Steuer, gefolgt von Dodis Range Rover mit zwei Sicherheitsbeamten, Trevor Rees-Jones und Kes Wingfield. Als sie an dem Apartmenthaus ankamen, mussten sich Dodi und Diana durch eine Horde von Paparazzi zur Haustür durchkämpfen. Zwei Stunden später verließ das Paar das Apartment mit der Absicht, im vornehmen Restaurant Chez Benoit zu Abend zu essen. Doch die Meute von Fotografen, die den Wagen auf dem Weg in Richtung Restaurant verfolgte, versetzte Dodi so in Wut, dass er abrupt seine Pläne änderte. Statt im Chez Benoit würden sie im Ritz speisen. Bei ihrer Ankunft im Hotel wurden sie erneut von Paparazzi bedrängt. Einige hielten ihre Kameras ganz nahe an Dianas Gesicht – eine Demütigung, die sie häufig erlitten hatte. Für Dodi war dieses Bedrängtsein jedoch neu, und er war sichtlich aufgebracht.

Zunächst gingen sie in den Hauptspeisesaal des Ritz, doch Dodi störte sich so sehr an den unverfrorenen Blicken der übrigen Gäste, dass das Paar lediglich seine Bestellung aufgab und danach das Restaurant verließ, um in seiner Suite im oberen Stockwerk zu essen. Dodi konnte es nicht ertragen, nochmals mit den Fotografen konfrontiert zu werden und griff zu einer List, um ihnen aus dem Weg zu gehen. Sein Mercedes und sein Range Rover würden den Lockvogel spielen. Sie sollten vor der Eingangstür vorfahren, als bereiteten sie sich auf die Abfahrt von Dodi und Diana vor. Währenddessen würde das Paar mit einem anderen Wagen und durch die Hintertür verschwinden. Kurz vor Mitternacht rief Dodi seinen Vater an, der diesem Plan zustimmte. Hotelangestellte informierten die vor der Eingangstür lauernden Paparazzi, dass Dodi und Diana bald erscheinen würden, während das Paar beim Hintereingang auf einen gemieteten Mercedes wartete. In der Straße hinter dem Ritz wartete aber ebenfalls eine kleine Gruppe von Paparazzi. Während sich Dodi und Diana in den Rücksitz fallen ließen, rief ihr neuer Fahrer Henri Paul den Paparazzi zu: »Macht euch nicht die Mühe, uns zu folgen – ihr werdet uns nicht erwischen.« Um 00.20 Uhr fuhr der Wagen davon, gejagt von Fotografen auf Motorrädern und in Autos. Fünf Minuten später raste der Mercedes gegen die Wand des Alma-Tunnels. Dodi, Diana und Henri Paul kamen ums Leben. Der Sicherheitsbeamte Trevor Rees-Jones wurde schwer verletzt.

Die nachfolgenden Untersuchungen ergaben, dass Paul, der Sicherheitschef des Ritz – der keine Personenbeförderungserlaubnis besaß –, viel Alkohol getrunken hatte. Bei der Autopsie wurde im Blut ein Alkoholgehalt festgestellt, der die in Frankreich für Autofahrer erlaubte Höchstgrenze um das Dreifache überschritt. Hinzu kam die Einnahme des Antidepressivums Prozac und des Tranquilizers Tiaprid. Die beiden Medikamente waren Paul als Mittel gegen seinen Alkoholismus verschrieben worden. In Verbindung mit Alkohol können sie das Urteils- und Reaktionsvermögen schwer beeinträchtigen. Als Paul mit hoher Geschwindigkeit in den Alma-Tunnel einfuhr, war er nicht imstande, einen Wagen zu lenken. Dodi hatte darauf bestanden, dass Paul das Auto führe, weil er als Sicherheitsspezialist am besten geeignet war, sie vor dem Schwarm von Fotografen zu schützen.

Warum hatten Diana und Dodi die Nacht nicht einfach in der Sicherheit des Ritz verbracht? Dodi soll seinem Vater erzählt haben, dass sie beschlossen hatten, zu seinem Apartment zurückzukehren, da sich dort ihre persönlichen Sachen befanden. Dodis Kammerdiener Rene Delorm zufolge hatte Dodi ihn zuvor gebeten, für ihre Rückkehr gekühlten Champagner bereitzuhalten, da er Diana einen Antrag machen wolle. Diese Gründe lassen jedoch die vernünftigste Lösung unberücksichtigt: Man hätte das Gepäck zum Ritz bringen lassen können, wo innerhalb weniger Minuten gekühlter Champagner hätte geliefert werden können.

Über Dianas Beitrag zu Dodis törichten Entscheidungen ist nichts bekannt. Im Sicherheitsvideo des Ritz, das das wartende Paar im Gang beim Hintereingang des Hotels zeigt, scheint sie jedoch ruhig und in sich gekehrt, während Dodi einen Arm um sie gelegt hat. Sobald sich Dodi einer sichtlichen Bedrohung gegenüber sah, neigte er zur Überkompensation – zum Teil, um andere zu beeindrucken, zum Teil, um sich sicher zu fühlen. Die Korrespondenten der Zeitschrift *Time*, Thomas Sancton und Scott MacLeod, die in Zusammenarbeit mit Fayed ein Buch über die Untersuchungen zu Dodis und Dianas Tod schrieben, erklärten: Dodi »schien sich mehr und mehr für seinen Plan zu begeistern«, während er sich mit Diana auf ihren, wie sie annahmen, heimlichen Abgang vorbereitete. »Wenn man mit ihm zusammen war, fühlte man sich beschützt«, erklärte Dodis Freundin Nona Summers. »Ironischerweise wurde dieser überängstliche Eifer dem Paar zum Verhängnis. Dodi versuchte, Diana vor der Presse zu schützen. Doch die Reaktion war übertrieben. Wenn er nicht so überängstlich gewesen wäre, wären sie einfach fotografiert worden, weiter nichts.«

Vermutlich fühlte sich Diana tatsächlich sicher. Seit sie sechs Wochen zuvor eine Beziehung mit Dodi eingegangen war, bewegte sie sich in der Privatwelt der Fayeds, die über eine eigene Sicherheitstruppe, eigene Geschäfte, Restaurants, Hotels, Häuser, Jachten, Flugzeuge und Helikopter verfügte – eine noch ausgeklügeltere Organisation als die der

Königsfamilie, von der sich Diana vor nicht allzu langer Zeit befreit hatte. Wäre Diana mit einem Sicherheitsbeamten von Scotland Yard gereist – ein königliches Privileg, auf das sie drei Jahre zuvor verzichtet hatte –, hätte dieser wahrscheinlich bei den Ereignissen des 30. August mehr Vernunft walten lassen.

In den Monaten nach der Tragödie beharrte Mohamed Fayed darauf, dass Dodi und Diana beabsichtigten zu heiraten, und dass der Ring von Repossi ihre Verlobung besiegeln sollte. Um dies zu untermauern, behauptete er, Dodi und Diana hätten am Samstagnachmittag vor ihrem Tod zwei Stunden in der Villa Windsor verbracht, um »jeden Winkel« des Hauses »zu untersuchen«, das ihr zukünftiges Heim werden sollte. In der *Sun* veröffentlichte Fotos, die einer in der Villa installierten Sicherheitskamera entstammten, bewiesen jedoch, dass das Paar sich lediglich achtundzwanzig Minuten dort aufgehalten hatte. Überdies mochte Diana das Windsor-Haus nicht. »Es hat seine eigene Geschichte und seine eigenen Gespenster, und darin möchte ich mich nicht vertiefen«, erklärte Diana.

Dianas Freunde diskutierten heftig über die Frage, ob Diana Dodi geheiratet hätte. Am Tag nach Dianas Tod schrieb Richard Kay in der *Daily Mail*, er habe den Eindruck gewonnen, eine Heirat sei »wahrscheinlich«. Er war der letzte Freund, mit dem Diana sechs Stunden vor ihrem Tod vom Ritz per Telefon gesprochen hatte. Während dieser Unterhaltung verkündete Diana ihre Absicht, sich aus dem öffentlichen Leben zurückzuziehen. Sie erzählte Kay, dass Mohamed Fayed angeboten habe, eine Wohltätigkeitsorganisation für Landminenopfer zu finanzieren, und dass sie und Dodi über den Plan gesprochen hätten, überall auf der Welt Pflegeheime zu eröffnen – ein Arrangement, dass Mohamed Fayed noch mehr Kontrolle über Diana verliehen hätte. Als Diana davon sprach, eine neue Stärke in sich zu spüren, empfand Kay sie weder als stark noch als sicher, hatte jedoch das Gefühl, dass Dodi und Diana »verliebt« seien. Sie ist »glücklicher, als ich sie je erlebt habe«, schrieb Kay.

In den folgenden Tagen »änderte« Kay »rasch« seine Meinung, wie er später sagte. Nachdem er mit einer Reihe von Dianas Freunden gesprochen hatte, kam er zu dem Schluss, dass seine Ansicht, Diana würde Dodi heiraten, falsch gewesen sei. Laut Kay hatte Diana mit keiner Person ihrer unmittelbaren Umgebung Heiratspläne besprochen – weder mit ihrem Butler, Paul Burrell, noch mit ihrer direkten Familie, ihren Söhnen oder ihren Vertrauten wie Lucia Flecha de Lima und Rosa

Monckton. Selbst wenn man Dianas Vorliebe für Geheimnisse berücksichtigt, hätte sie sich wahrscheinlich mindestens einer Person anvertraut und sicherlich mit ihren Söhnen gesprochen. »Sie rief William wegen jeder Kleinigkeit an«, bemerkte Elsa Bowker.

Freunde, die sich die Videos anschauten, die die Sicherheitskameras des Ritz an Dianas letztem Tag aufgenommen hatten, beunruhigte ihr Verhalten. »Was ich gesehen habe, gefällt mir nicht«, meinte ein enger Freund, der bei einer Reihe von Anlässen gemeinsam mit Diana mit den Paparazzi konfrontiert worden war. »Diana wirkte sehr angespannt. Warum sind sie so häufig aus dem Ritz hinaus- und wieder hineingegangen? Wenn Diana unglücklich war, war sie rastlos, und sie schien rastlos zu sein. Wenn man verliebt ist und sich an einem sicheren Ort aufhält, warum sollte man ihn dann verlassen? Ihr Gesichtsausdruck auf dem Video macht deutlich, das irgendetwas nicht in Ordnung zu sein schien. Betrachtet man ihre Körpersprache, ihr Kommen und Gehen, dann passte das nicht mit Heiratsabsichten zusammen.«

Dianas Freundin Annabel Goldsmith hegte ernsthafte Zweifel an Dianas Bindung an Dodi. Sowohl sie als auch ihre Tochter hatten am 29. August, dem letzten Tag der Kreuzfahrt auf der *Jonikal*, mit Diana gesprochen. In beiden Gesprächen äußerte Diana, dass sie Spaß habe, noch nie von einem Mann so verwöhnt worden sei und das Ganze genieße. Auf Annabels Frage: »Du wirst doch keine Dummheit begehen und heiraten?«, hatte Diana geantwortet: »Mach dir keine Sorgen. Ich kann eine weitere Ehe so gut gebrauchen wie einen schlimmen Ausschlag im Gesicht.« Das Gleiche hatte sie auch in ihrer Unterhaltung mit Jemina gesagt.

In *Der Tod einer Prinzessin*, dem Buch, das Sancton und MacLeod im Februar 1998 herausbrachten, wurde die Möglichkeit angedeutet, Diana sei zum Zeitpunkt ihres Todes schwanger gewesen. Diese Theorie veranlassten Rosa Monckton und Richard Kay zu glühenden Erwiderungen im *Sunday Telegraph* und der *Daily Mail*. Rosas Beweis war der überzeugendste. Eine Schwangerschaft, so Rosa, sei »biologisch unmöglich«, da Diana ihre Menstruation gehabt habe, als sie und Rosa »zehn Tage vor ihrem tödlichen Unfall« in Griechenland waren. Kay verwarf die Möglichkeit, weil Diana »unter keinen Umständen ein uneheliches Kind wollte« und »auf keinen Fall das Risiko eingehen konnte, ihre Söhne William und Harry zu beschämen oder zu verletzen.«

Diana und Dodi hatten einander nur sechs Wochen gekannt. Von dieser Zeit verbrachten sie 32 Tage gemeinsam und 25 Tage allein. Sie ließen sich in einer Existenz dahintreiben, die intensiv und unwirklich war, losgelöst von der Welt der Alltagsentscheidungen sowie von ihren jeweiligen Freunden. Die einzige Person aus Dianas Leben, die Dodi kennen lernte, war ihr Medium Rita Rogers. Dennoch lebten sie ihre Romanze vor den Kameras aus und starben bei dem Versuch, den Männern zu entkommen, die sie gequält und gefeiert hatten. »Dianas Leben sollte nicht auf diese letzten sechs Wochen gekürzt werden«, warnte Rosa Monckton später. »Das ist weder fair noch richtig. Dianas Vermächtnis ist bedeutend größer.«

Dianas letzter Sommer war überaus aufschlussreich. Sie sandte zahlreiche sich widersprechende Signale aus und gab sich ihren sich wandelnden Launen, Zweifeln und Unsicherheiten in übertriebener Form in aller Öffentlichkeit hin. Dianas Bereitschaft, sich mit den Fayeds einzulassen, zeigt, wie einsam sie war. Ihre Romanze mit Dodi war vielleicht der eindeutigste Beweis dafür, dass sie nur geringe Fortschritte im Kampf gegen ihre Dämone gemacht hatte. »Wenn es um Männer ging, glich Diana in ihren Emotionen einer 15-Jährigen«, berichtete eine enge Freundin. Aller Wahrscheinlichkeit nach hätte Diana jedoch selbst als Teenager nicht einen Gedanken an einen Mann verschwendet, dessen Ruf und Charakter so befleckt waren wie der Dodis. In ihrer ungestillten Sehnsucht war Diana auf eine kindliche Stufe zurückgefallen. »Niemand kann mir vorschreiben, was ich tun muss«, hatte Diana *Le Monde* drei Monate vor ihrem Tod gesagt. »Ich folge meinem Instinkt. Er ist mein bester Berater.« Angesichts der vielen Situationen, in denen ihr Instinkt sie im Stich gelassen hatte, war dies ein krasses Eingeständnis, dass sie bis zu ihrem Tod niemals wirklich zu ihrem wahren Wesen gefunden hatte.

# KAPITEL 28

Zu Dianas Lebzeiten waren nur wenige bereit, sich ihren emotionalen Problemen in vollem Umfang direkt zu stellen. »Sie hätte eindeutig mehr professionelle Hilfe erhalten sollen«, urteilt Dr. Michael Adler, der Vorsitzende des National Aids Trust. »Ich glaube, sie brauchte eine intensive Beratung und psychologische Unterstützung, und ich war mir nie sicher, ob sie diese je auf wirklich hilfreiche Weise erhalten hat.«

Die erste Hälfte ihres Lebens verbrachte Diana in einem geschützten Umfeld. In dieser Zeit gelang es ihr – abgesehen von gelegentlichen Zusammenbrüchen in angespannten Situationen –, ihre Probleme unter Kontrolle zu halten. Nach ihrem 19. Lebensjahr verlor sie diese Kontrolle mitunter, und ihre labile Psyche hielt den Belastungen des öffentlichen Lebens nicht stand.

Prinz Charles, der ihr extremes Verhalten länger als jeder andere miterlebte, fehlte das Wissen und das entsprechende Temperament, um ihr zu helfen, mit ihren Qualen fertig zu werden. Für seine mehrmaligen Versuche, Diana zu einer Therapie zu überreden, verdient er vermutlich mehr Anerkennung, als er je erhalten hat. Seine üblichen Reaktionen – bitten, nachgeben, sich verärgert zurückziehen – schienen ihre Sprunghaftigkeit nur zu verstärken. Diana benötigte ständige Liebesbeweise und permanente Bestätigung, musste jedoch gleichzeitig unerbittlich daran erinnert werden, dass man von ihr ein verantwortungsbewusstes Verhalten verlangte und dass ihre Handlungen Folgen hatten. Möglicherweise gab Prinz Charles Diana zu schnell auf. Dies geschah jedoch nicht aus mangelnder Fürsorge, sondern aus Verzweiflung und Unwissenheit.

Ihre Freunde und ihre Familie neigten dazu, Dianas Probleme herunterzuspielen oder sich auf ihre angenehme Seite zu konzentrieren – ihren Witz, ihre Wärme, ihre Spontaneität und Großzügigkeit. Wie ihre Freundin Rosa Monckton schrieb, hatten sie ihre »enorme Fähigkeit zum Unglücklichsein« jedoch sehr wohl erkannt. Selbst die anhaltenden Depressionen, an denen Diana in ihrem Erwachsenenleben litt, wurden von vielen als Wochenbettdepression abgetan. Da Dianas Umgebung das

Ausmaß ihrer Schwierigkeiten leugnete, »befähigte« sie sie dazu, ihren selbstzerstörerischen Weg fortzusetzen.

Die Presse, die Diana hochjubelte, nur um sie sogleich wieder zu Boden zu stürzen, spielte eine besonders zerstörerische Rolle. Die Reporter der königlichen Treibjagd erlebten Dianas Zusammenbruch aus nächster Nähe, entschieden sich jedoch, den märchenhaften Mythos um Diana aufrechtzuerhalten. In diesem Fall erscheint der Vorwurf gerechtfertigt, dass die Presse die Wahrheit ignorierte, um Zeitungen zu verkaufen. Die erbarmungslose Berichterstattung stellte Diana vor das Problem, sich mit zwei Versionen ihrer Person auseinandersetzen zu müssen: der Person, die die Presse aus ihr machte, und der Person, mit der sie tagtäglich kämpfte.

Auch Freunden gegenüber präsentierte Diana zwei Versionen ihrer selbst. Sie wechselte zwischen Ihrer Königlichen Hoheit und Diana dem Kumpel. Ihre Freunde scheuten davor zurück, ihr Hilfe anzubieten, weil sie fürchteten, überheblich oder herablassend zu erscheinen. »Das schwierigste an Diana war, dass sie ihre Freunde fallenließ«, erklärte einer von ihnen. »Ihre Einsamkeit und Hilfsbedürftigkeit war nur schwer zu begreifen.« »Sie konnte sich, fast zu ihrem Nachteil, auf der Stelle öffnen«, berichtete Cosima Somerset. »Auf der anderen Seite war da diese Mauer, hinter der sie sich völlig abschottete. Es fehlte ihr an Ausgeglichenheit. Sie konnte jemanden zum ersten Mal treffen und sehr offen sein, war aber im Grunde sehr verschlossen. So gab es viele wichtige Dinge, über die sie nicht sprach.«

Dianas Talent, die Prinzessin zu spielen, erschwerte es, die Tragweite ihrer Probleme zu erkennen. Die Anzeichen waren jedoch deutlich sichtbar. Von den Tagen vor ihrer Hochzeit bis zum Ende ihres Lebens weinte sie ungewöhnlich häufig in der Öffentlichkeit. Wenn die Paparazzi über sie herfielen, waren ihre Tränen verständlich. Oft fand sich für ihre offenkundige Traurigkeit jedoch kein äußerer Anlass. Ihre Angewohnheit, vor und nach öffentlichen Ereignissen zu weinen, zeigte, wie schwer es für sie war, sich unter Kontrolle zu halten. Ihre Medienberaterin Jane Atkinson war der Meinung, dass die »echte« Diana »verschlossen und distanziert« war. »Sie unternahm beträchtliche Anstrengungen, um diesem Gemütszustand zu entkommen«, erklärte Atkinson. »Die echte Diana war eher grüblerisch.« Wenn Diana in der Öffentlichkeit strahlte, war sie Atkinsons Ansicht nach auch »echt«, »aber sie konnte diesen Zustand nicht aufrechterhalten.«

Hemmend wirkte sich aus, dass die meisten Briten, und vor allem die

Angehörigen der Oberschicht, wenig Verständnis für emotionales Leid besitzen. Die oft karikierte Eigenschaft, Haltung zu bewahren, wird noch immer hoch geschätzt. Therapien betrachtet man im Gegensatz dazu oft als zügelloses Gejammer. »In dieser Kultur wird von der Psychologie kein Gebrauch gemacht«, erklärte ein Mann aus Prinz Charles' unmittelbarer Umgebung. »Bis vor kurzem waren Therapien für die meisten Menschen noch unvorstellbar. Heute ist die Akzeptanz größer, und ironischerweise hat Diana dazu beigetragen, Psychotherapie zu legitimieren.«

Jedes Mal, wenn die britische Presse über Dianas emotionale Störungen berichtete, wurde sie unweigerlich als »bekloppt«, »verrückt«, als »Nervenbündel« oder als »völlig übergeschnappt« verspottet. Immer wieder deuteten Presse und deren Informanten an, Diana sei an ihrem Verhalten selbst schuld, und weigerten sich zu akzeptieren, dass psychische Erkrankungen weder ein moralisches Versagen noch ein Charaktermangel sind. »Diana sollte keine Hilfe bekommen«, schrieb Lesley White von der *Sunday Times* im November 1995. »Sie sollte es einfach überwinden.«

Diese barschen Aussagen veranlassten Dianas Verbündete törichterweise, öffentlich zu leugnen, dass Diana professionelle Hilfe brauche. Stephen Twigg, der Masseur, der Diana Anfang der neunziger Jahre mehrere Jahre lang behandelte, erklärte im Jahr 1992 gegenüber dem *Sunday Express*, dass Dianas Selbstmordversuche eine Sache wären, die »jedem passieren kann ... die Vorstellung, sie sei krank, auf irgendeine Weise labil oder emotional unausgeglichen, ist Unsinn«. Solche Aussagen verstärkten Dianas Abneigung, mit einem Etikett versehen zu werden, und hielten sie vermutlich zusätzlich davon ab, professionelle Hilfe zu suchen.

Dianas Haltung gegenüber der Psychiatrie war ebenfalls ambivalent. Sie wandte sich zum größten Teil an alternative Therapeuten, weil sie diese kontrollieren konnte. Anfänglich widersetzte sie sich einer Psychotherapie und hegte ein tiefes Misstrauen gegenüber Antidepressiva und Beruhigungsmitteln, während sie gleichzeitig seit vielen Jahren von rezeptpflichtigen Schlaftabletten abhängig war. Selbst nachdem sie im Fernsehen über ihre Selbstverstümmelung und ihre Essstörungen gesprochen hatte, verlachte sie die Königsfamilie und Charles' Freunde, weil diese sie als psychisch krank brandmarkten. Zudem behauptete Diana mehrmals, die Bulimie »überwunden« zu haben. Doch damit waren die Ursachen der Störung nicht beseitigt, wie ihre Abhängigkeit von Darmspülungen und besessenem Training zeigte.

Selbst als Dianas Symptome akut – und gefährlich – waren, verhinderte ihre Position als Prinzessin von Wales eine Einweisung in eine Klinik, die ihrer Schwester Sarah und der Frau ihres Bruders, Victoria, bei der Behandlung ihrer Essstörungen geholfen hatte. »In gewissem Sinne war es mit ihr am Tag der königlichen Hochzeit vorbei«, erklärte Michael Colborne, ein ehemaliger Berater von Prinz Charles. »Niemand erkannte den Kern ihres Problems, dass man sich nämlich um sie kümmern musste.« Als Ergebnis wurden Dianas psychische Probleme immer gravierender.

Diana unterzog sich mehrmals einer Psychotherapie und lernte den psychologischen Fachjargon. Ihre Behandlungen waren jedoch von kurzer Dauer, bis sie die Hilfe von Susie Orbach in Anspruch nahm, einer Therapeutin, die ebenfalls an Essstörungen litt. Die mehrjährige Behandlung schien jedoch nicht von dauerhaftem Erfolg gekrönt. So schrieb Dianas Freund Richard Kay: Diana »war zum Zeitpunkt ihres Todes ihrer selbst genau so unsicher wie damals, als ich das erste Mal mit ihr sprach [im Frühjahr 1993]«. Ihr Verhalten wurde immer chaotischer, und sie neigte dazu, ihre Fehler zu wiederholen, statt aus ihnen zu lernen. Letztlich verunglimpfte sie Orbach im Besonderen und die Psychotherapie im Allgemeinen, als sie den Patienten des Roehampton Priory sagte, dass sie wohl kaum viel Hilfe von »Psychotherapeuten oder jemandem, der sein Wissen nur aus Büchern bezieht«, erwarten könnten. Die Presse, deren Anerkennung Diana wichtig war, spendete diesen Äußerungen Beifall. Melanie McDonagh vom *Evening Standard* betrachtete diese Äußerungen als hoffnungsvollen »Schlag gegen die Psychotherapie ... diesen sehr modernen Infantilismus«.

Angesichts der Vielfalt und Tragweite von Dianas Symptomen erstaunt es nicht, dass eine ambulante Psychotherapie bei ihr nicht fruchtete. Eine Reihe von Psychiatern und Psychologen hat Dianas Zustand in der britischen Presse diskutiert. Die Diagnosen reichten von Sucht über zwangsneurotische Störung bis hin zu Narzissmus. Keine dieser Diagnosen erklärt aber in angemessener Weise Dianas ungeordnetes Denken, ihr sprunghaftes Verhalten und ihre gestörten Beziehungen. Ebenso wenig nützt es, all dies der Bulimie zuzuschreiben, wie ihre Freunde und die Journalisten dies üblicherweise taten. In ihren Essstörungen manifestierte sich ihre Krankheit lediglich, sie bildeten aber nicht die Krankheit selbst. »Begehen Sie nicht den Fehler, sich auf Bulimie zu konzentrieren«, warnte ein mit Dianas Fall vertrauter Psychologe. »Bulimie ist ein Fenster.«

In auffallendem Maße stimmten Dianas Störungen mit der Borderline-Persönlichkeitsstörung überein. Neurotiker können unter Angstzuständen leiden, Narzissten dagegen neigen zu Aufgeblasenheit und Geringschätzung. Vom Borderline-Syndrom Betroffene fühlen sich minderwertig und abhängig und haben in der Regel ein beeinträchtigtes Selbstbild. Sie sind selbstzerstörerisch, schnell deprimiert, überängstlich und sprunghaft. An der Oberfläche wirken sie jedoch oft charmant, verständnisvoll, geistreich und lebhaft. Wie Diana sind sie häufig einfühlsam, arbeiten oft als psychologische Berater, Ärzte und Krankenschwestern und lassen anderen die Fürsorge zukommen, die sie gern selbst erfahren würden. Ein Kennzeichen des Borderline-Syndroms ist die Fähigkeit, »oberflächlich intakt« zu erscheinen, während gleichzeitig ein »dramatisches inneres Chaos« herrscht. Eine weitere bedeutende Persönlichkeit, die am Borderline-Syndrom litt, war Marylin Monroe. Wie Diana war sie davon besessen, ihre Identität zu finden, hatte große Angst vor Einsamkeit und war zutiefst verzweifelt.

Der Begriff »Borderline« tauchte Ende der dreißiger Jahre als allgemeine Kategorie auf, unter der man Menschen zusammenfasst, die schwerer krank sind als Neurotiker, aber nicht an der für Psychotiker typischen Wirklichkeitsverzerrung leiden. Der Zustand existiert an der »Grenze« längst anerkannter psychischer Erkrankungen wie manische Depression, Angststörung und Schizophrenie. Zwei führende amerikanische Psychiater, Dr. Otto Kernberg von der Universität Cornell und Dr. John Gunderson von der Universität Harvard, entwickelten die Definition, die 1980 von der American Psychiatric Association und anschließend von der Weltgesundheitsorganisation offiziell anerkannt wurde.

Die Möglichkeit, dass Diana an der Borderline-Persönlichkeitsstörung leide, wurde von einigen, Prinz Charles nahe stehenden Leuten erörtert. Einer von ihnen beriet sich mit einem Psychologen sowie einem Psychiater. Beide sagten ihm, Dianas Verhalten »treffe auf die Beschreibung der Borderline-Persönlichkeit in außergewöhnlich hohem Maße zu«. Die Vermutung wurde auch öffentlich geäußert, vor allem in einer 1995 von Nigel Dempster für die *Daily Mail* verfassten Kolumne. Dempster berichtete von dem »stärker werdenden Gefühl«, dass Dianas Symptome auf das Borderline-Syndrom hindeute. Dempsters Vermutung hätte potenziell hilfreich sein können, hätte er sie nicht als Beweis für Dianas »räuberischen«, »manipulativen« und »egozentrischen« Umgang mit Männern verwendet. »Man kann nur hoffen, dass man es ihr nicht gestattet, noch tiefer in ihre Neigung zur Opferrolle oder in die aggressive Manipulation eines Raubtieres zu versinken«, schrieb er.

Zwar kann nicht mit Sicherheit behauptet werden, dass Diana an einer Borderline-Persönlichkeitsstörung litt, aber die Beweise sind zwingend. Der wichtigste Faktor, der Borderline-Persönlichkeiten von Personen mit anderen Störungen unterscheidet, ist der frühe Verlust eines Elternteils – in Dianas Fall die frühzeitige Trennung von ihrer Mutter und die Tatsache, dass sich ihr Vater nach der Scheidung der Spencers mehrere Jahre lang emotional zurückzog. Das übliche Auftreten des Borderline-Syndroms gegen Ende der Adoleszenz passte ebenso zu Dianas Persönlichkeitsprofil wie ein ungewöhnlich großer Druck als Auslöser dieser Störung. Bei Diana waren dies ihre Hochzeit mit Prinz Charles und die hochgesteckten Erwartungen der Öffentlichkeit und der Presse. Borderline-Persönlichkeiten können oft eine Fassade der Normalität aufrechterhalten, »bis ihre Abwehrstruktur zerbröckelt, gewöhnlich im Zusammenhang mit einer angespannten Situation«, erklärt der Psychiater Richard J. Corelli von der Universität Stanford.

Das Borderline-Syndrom ist viel weiter verbreitet, als man annimmt. Dem *Harvard Mental Health Letter* zufolge »leiden schätzungsweise 2,5 Prozent der amerikanischen Bevölkerung an der Borderline-Persönlichkeitsstörung – das sind sechs Millionen Menschen oder die dreifache Anzahl derjenigen, die an Schizophrenie leiden«. Zwischen 15 und 25 Prozent aller Patienten, die sich in psychiatrischer Behandlung befinden, sind Borderline-Persönlichkeiten. Wir haben es hier in jedem Fall mit einem wichtigen, psychischen Gesundheitsproblem zu tun, das jedoch wenig bekannt ist und weitgehend missverstanden wird.

Viele Menschen haben mehr oder weniger ausgeprägte Merkmale der Borderline-Persönlichkeit, doch bei denjenigen, die wie Diana unter der Störung leiden, sind sie gravierend und chronisch. Die Merkmale sind »auf komplizierte Weise miteinander verbunden. Ihre Interaktion bewirkt, dass ein Symptom – so wie die Kolben eines Verbrennungsmotors – die Entstehung eines weiteren auslöst«, schrieb Dr. Jerold Kreisman, ein führender Experte auf dem Gebiet der Borderline-Persönlichkeitsstörung.

Den Kernpunkt des Borderline-Syndroms bildet ein unsicheres Selbstbild. In seinem Nachruf erwähnte Dianas Bruder Charles ihre »tief verankerten Minderwertigkeitsgefühle«. Diana selbst erzählte Andrew Morton, James Hewitt und zahlreichen Freunden von ihrem Selbsthass. Sie suchte ständig Bestätigung bei ihren Freunden, der Presse und einer Unzahl fremder Menschen. Ihre bevorzugte Quelle der Anerkennung war die Öffentlichkeit, aber selbst, wenn sie sich unter die sie anbetenden

Fans gemischt hatte, plagte das Gefühl der Unzulänglichkeit sie. So erklärte sie einmal dem Redakteur des *Evening Standard*, Max Hastings, dass sie nach öffentlichen Auftritten weine, »weil mich das Gefühl, dass so viel von mir erwartet wird, sehr belastet«.

Diana akzeptierte nicht, dass diese Merkmale fester Bestand ihrer Persönlichkeit waren – ein Charakteristikum von Borderline-Persönlichkeiten. Stattdessen verließ sie sich auf die jeweils letzte Einschätzung, die sie gehört hatte, ob von ihrem Mann, ihren Freunden, der Presse oder sogar Menschen, die sie in Krankenstationen traf. Diese Neigung erklärt im Wesentlichen, warum Diana das Gefühl hatte, »nie gelobt« zu werden. Wenn jemand ihr zwei Wochen zuvor Beifall gespendet hatte, spielte das keine Rolle, denn Diana brauchte permanente Bestätigung, um nicht wegen der eingebildeten Unzulänglichkeit in Depressionen zu stürzen. James Hewitt empfand Dianas Bedürfnis nach ständigen Lobesäußerungen über ihre Schönheit als zermürbend, denn irgendwann war »der Punkt erreicht, an dem er sie so oft wiederholt hatte, dass er fürchtete, seine Worte hätten ihre Bedeutung verloren«.

Da Diana keine gefestigte Identität besaß, fühlte sie sich häufig einsam, leer und gelangweilt – ein anderes Merkmal des Borderline-Syndroms. Sie ging oft neue Beziehungen ein, um dieses Vakuum zu füllen. Da sie wie die meisten Borderline-Persönlichkeiten häufig das Gefühl hatte, ungerecht behandelt zu werden, war ihr Drang, bei neuen Freunden oder Liebhabern Trost zu finden, paradox. Diana zog jedoch die Möglichkeit einer enttäuschenden Beziehung der Einsamkeit vor.

Der Trost, den Diana in üppigen Gelagen und dem anschließenden erzwungenen Erbrechen suchte, war ein weiteres Beispiel für das impulsive Verhalten, das die Borderline-Persönlichkeit kennzeichnet. Eine Reihe von Studien haben gezeigt, dass ein Drittel aller Essgestörten an der Borderline-Persönlichkeitsstörung leiden. Dianas von verschiedenen Seiten bestätigte Selbstverstümmelungen sowie ihre Selbstmorddrohungen und Selbstmordversuche waren Ausdruck einer Impulsivität, die dieser Störung entsprechen. So stellte Kreisman fest: »Selbstverstümmelung ... ist das Kennzeichen der Borderline-Persönlichkeitsstörung ... enger daran gekoppelt ... als jede andere psychische Erkrankung.«

Der schmerzlichste Aspekt des Borderline-Syndroms ist die Unfähigkeit, enge, für beide Seiten erfreuliche Beziehungen aufrechtzuerhalten. Diana war in ihren Beziehungen unglaublich fordernd: Sie bettelte um Aufmerksamkeit und Zeit und verlangte absolute Loyalität. Sie überschüttete Menschen mit Zuneigung und Geschenken, ließ sie dann aber fast ohne jede Erklärung fallen. »Wer von seiner Mutter und anschließend von seinem Ehemann zurückgewiesen wurde«, erklärte Rosa Monckton, »hat das Gefühl, wieder zurückgewiesen zu werden, sobald jemand ihn richtig kennen gelernt hat.« Diana »war so unglaublich unsicher. Jedes Mal, wenn die Leute ihr näher kamen, bekam sie Angst.« Diana schwankte zwischen der Angst vor Intimität und der Angst vor Trennung hin und her. Wurde eine Beziehung zu eng, fühlte sie sich erstickt; verhielt sich jemand nur ein wenig distanziert, fühlte sie sich verlassen. Diese Probleme waren für die Öffentlichkeit nicht zu erkennen. Nur ihre Vertrauten sahen ihre Ängste und ihr sprunghaftes Verhalten.

In ihren engsten Beziehungen demonstrierte Diana das für die Borderline-Persönlichkeit typische verzweifelte Bemühen, nicht verlassen zu werden. Jonathan Dimbleby gab zahlreiche Beispiele dieses Verhaltens. So bestand Diana in der ersten Zeit ihrer Ehe wiederholt auf Charles' Anwesenheit »in einem Ausmaß, dass alles andere in seinem Leben ausgeschlossen wäre«. Wenn Charles wegging, um zu arbeiten, interpretierte Diana dies als einen Mangel an Liebe. James Hewitt, Oliver Hoare und Hasnat Khan waren Objekte desselben Musters drängender Abhängigkeit. Wenn Diana über den idealen Mann sprach, stellte sie sich bis zum Ende jemanden vor, »der rund um die Uhr für sie da sein würde«, berichtete die Energieheilerin Simone Simmons.

War Diana allein, fühlte sie sich ausgeschlossen und isoliert. Wenn sich ein enger Freund oder Liebhaber von ihr vorübergehend verabschiedete, reagierte sie wie ein Kind, als fürchte sie, er werde nicht zurückkommen. Sie erlebte auch das, was Psychiater als die »verblassende Wirkung der Zeit« bezeichnen. War sie von einer Person abgeschnitten, mit der sie eine intensive Zuneigung verband, wurden ihre positiven Erinnerungen an sie rasch von Gefühlen des Zweifels unterwandert. Vermutlich rief Diana ihre Freunde mehrmals hintereinander an oder verbrachte Stunden mit ihnen am Telefon, um diese Bedenken und Ängste zu verringern. »Sie hatte keinen funktionierenden Kontrollmechanismus«, erklärte ihr Freund David Puttnam. »Wenn man sagte: ›Jetzt rufst du mich zum sechsten Mal an‹, antwortete sie: ›Nein, ich habe nur einmal angerufen‹« – eine Form, Dinge zu leugnen, die ebenfalls typisch für den gelegentlichen Realitätsverlust der Borderline-Persönlichkeit ist.

Die stets misstrauische Diana hörte Telefongespräche mit, öffnete anderer Leute Post und hielt sich in Gängen auf, um Äußerungen aufzuschnappen, die ihre schlimmsten Vermutungen bestätigten. In manchen Fällen hatte sie allen Grund, argwöhnisch zu sein; viele Menschen nutzten sie aus. Meistens war ihre Reaktion jedoch übertrieben, da sie dazu neigte, die Menschen entweder als gut oder als schlecht zu betrachten, ein Abwehrmechanismus, der als »Spaltung« bekannt ist. Diese klassisch unreife Reaktion ist gelegentlich bei Borderline-Persönlichkeiten anzutreffen, die »menschliche Widersprüche und Zweideutigkeiten nicht ertragen können« oder »die guten und schlechten Qualitäten eines anderen zu einem beständigen, zusammenhängenden Verständnis dieser Person vereinen. ... In jedem gegebenen Augenblick ist die Person entweder ›gut‹ oder ›schlecht‹ ... wird an einem Tag abgöttisch geliebt und am nächsten völlig abgewertet und fallengelassen«, ein Verhaltensmuster, das Diana häufig zeigte.

Zu Beginn einer engen Beziehung verdrängte Diana die negativen Eigenschaften ihres Gegenübers in der Regel. Unweigerlich wurde sie jedoch vom Objekt ihrer Zuneigung enttäuscht, zum Beispiel, wenn sie nicht genug Lob von ihm erhielt. Dann sah sie nur die schlechtesten Seiten dieser Person. Da Diana die Tatsache nicht akzeptierte, dass jede Beziehung ihre Höhen und Tiefen hat, gab es niemanden, der sie nicht enttäuschte.

Ihre plötzlichen Stimmungsschwankungen waren charakteristisch für die »emotionale Hämophilie« der Borderline-Persönlichkeit, das heißt für den fehlenden »Gerinnungsmechanismus, der nötig ist, um plötzlich aufsteigende Gefühle zu mäßigen«. »Wenn sie sich provoziert fühlte – was leicht der Fall war –, war sie bestenfalls labil, doch wenn sie unter Druck stand, führte sie sich auf wie eine Irre«, schrieb ihr Freund Clive James. Selbst ihre angenehme Seite hatte etwas leicht Manisches an sich. »Als ich sie kennen lernte, hätte ich nie gedacht, dass sie labil ist«, sagte eine ihrer Freundinnen. »Doch als ich sie besser kannte, fiel mir das Widersprüchliche in ihrem Verhalten auf. Sie kicherte unglaublich viel, aber ihr Lachen hatte etwas Verrücktes, beinahe Unkontrollierbares an sich. Ihr Gekicher war immer leicht hysterisch – wie eine Mischung aus Lachen und Weinen.«

Ihrer eigenen Beschreibung nach empfand Diana seit ihrer Kindheit ein Gefühl der Ablösung, ein weiteres Merkmal des Borderline-Syndroms, vor allem in Zeiten großer Belastung. »Diana schien die Welt durch eine Glasscheibe zu sehen und war unfähig, Beziehungen einzugehen. Gleichzeitig sah sie zu, wie andere Personen Beziehungen eingingen. Es quälte sie, dass sie selbst nicht dazu imstande war«, meinte ein Freund von Prinz Charles. Wie häufig bei »hervorragend funktionierenden« Borderline-Persönlichkeiten zu beobachten ist, war Dianas Gefühl, eine Außenseiterin zu sein, mit Momenten »magischen Denkens« gepaart. Beispiele hierfür sind ihre Überzeugung, Ereignisse in ihrem Leben wie den Schlaganfall ihres Vaters vorher zu ahnen, ihre Berichte, Stimmen zu hören, die ihr Anweisungen erteilten, sowie ihr Glaube, Heilkräfte zu besitzen.

Borderline-Persönlichkeiten sind bekanntermaßen schwierig zu behandeln. Häufig wird bei ihnen eine falsche Diagnose gestellt, und sie neigen dazu, von einem Therapeuten zum Nächsten zu gehen. Auch das war bei Diana der Fall. Antidepressiva wie Prozac können die Symptome lindern, aber Borderline-Persönlichkeiten nehmen in der Regel die Medikamente, die ihnen verordnet werden, nicht ein. Zum Teil ist dies darauf zurückzuführen, dass sie eine Pharmakotherapie – wie Diana dies tat – als eine Form der »Gedankenkontrolle« betrachten. Für Therapeuten kann die Behandlung einer Borderline-Persönlichkeit beschwerlich sein. Abgesehen davon, dass der Therapeut auf eine Geduldsprobe gestellt wird, können das Misstrauen und die Vielfalt der Symptome sein Vertrauen in seine professionellen Fähigkeiten unterminieren. Als Ergebnis sind viele Psychologen und Psychiater der Ansicht, die Borderline-Persönlichkeit repräsentiere »eine Art ›Dritte Welt‹ der psychischen Erkrankungen ... undeutlich, massiv und irgendwie bedrohlich.«

Auf einer bestimmten Ebene begriff Diana, wie nahe am Abgrund sie sich bewegte. Die Herausgeberin der *Washington Post*, Katharine Graham, schrieb, Diana sei einmal gefragt worden, ob sie spiele. »Nicht mit Karten«, antwortete Diana, »aber mit dem Leben.« Solche Momente der Klarheit waren selten. Meistens war Diana zu unruhig, um selbstständig angemessene Hilfe zu finden. Zudem gab es in ihrer Umgebung niemanden, der in der Lage gewesen wäre, die Verantwortung zu übernehmen. Angesichts der Vielschichtigkeit ihrer Probleme hätte sich ein solcher Mensch durch ein fundiertes Wissen, große Geduld und unerschütterliche Liebe auszeichnen müssen, um Diana auf einem hilfreichen therapeutischen Kurs zu halten. Die Königsfamilie war unfähig, mit Diana umzugehen, und ihre eigenen Verwandten waren der Aufgabe nicht gewachsen. »Ihre Mutter war nicht da, und für ihren Vater war alles, was Diana tat, perfekt und wunderbar. Er war ein Hasenfuß«, sagte ein Verwandter der Königsfamilie. Charles ehemaliger Berater, Michael Colborne, resümiert: »Die meisten Menschen glauben, dass es ihre Schuld war. Aber das war es nicht. Alle haben zu ihrem Sturz beigetragen.«

Unter den richtigen Umständen hätte Diana geholfen werden können. Sie brauchte eine strukturierte und vorhersagbare Umgebung, außerhalb des Rampenlichts, ohne das verherrlichende Lob und die Kritik der Presse. Sie hätte sicherlich von einer praktischen Therapie profitieren können, in der es nicht so sehr um die Analyse der Vergangenheit gegangen wäre, sondern darum, die Symptome in den Griff zu bekommen. Borderline-Persönlichkeiten benötigen jahrelange Therapien, aber sie können neue emotionale Verhaltensweisen erlernen, um besser mit Stress fertig zu werden und mit anderen Menschen angemessener umzugehen.

Sobald Diana ins öffentliche Leben trat, vermittelte sie ihre Verletzlichkeit mit ihren Blicken, ihren Gesten, ihren Worten und ihren Berührungen. Neben ihrer Schönheit war es diese offenkundige Zerbrechlichkeit, die sie zum Star machte. Als die Tragweite ihres emotionalen Kampfes bekannt wurde, stieß sie auf noch mehr Verständnis. Sie wurde die Märchenprinzessinnen-Version der geplagten Durchschnittsfrau.

Diana zeichnete auch eine gewisse Stärke aus. Selbst wenn sie unter extremem Druck stand, zog sie sich nicht zurück. Ihr Hunger nach der Liebe der Öffentlichkeit trug wohl zumindest zum Teil dazu bei, entschlossen durchzuhalten. Gleichzeitig war sie sehr eigenwillig, eine Eigenschaft, die sie veranlasste, sich gegen die königliche Korrektheit aufzulehnen, gleichgültig, ob das bedeutete, in den Hallen des Buckingham Palace Rollschuh zu laufen oder Kranke und Sterbende öffentlich zu umarmen und zu küssen. Ihr Trotz sicherte ihr im Herzen der Öffentlichkeit einen noch größeren Platz.

Diana sprach von einem Gefühl der Bestimmung, von ihrem Bedürfnis, Gutes zu erreichen, indem sie eine Rolle erfüllte, die sie nur schwer definieren konnte. Obwohl ihre Identität brüchig war, gab sie dieses Ziel nie auf und ergriff – wenn auch manchmal wahllos – Gelegenheiten, ihren Teil zum Wohle der Gesellschaft beizutragen. Da ihre eigenen Probleme jedoch so viel Zeit und Energie in Anspruch nahmen, konnte Diana ihre guten Werke nicht beharrlich vorantreiben. So sagte einer ihrer früheren Berater: »Ihr Leben war ihr Drama, und ich bin mir nicht sicher, ob sie das überwinden konnte.« Wenn man jedoch berücksichtigt, wie sehr Diana von ihren schwankenden Gefühlen bestimmt war, muss man mit Erstaunen feststellen, wie viel sie erreicht hat.

# ANMERKUNGEN

Dieses Buch basiert auf Interviews mit 148 Personen sowie zahlreichen Büchern und Artikeln aus Zeitungen und Zeitschriften. 68 der interviewten Personen ersuchten mich, anonym zu bleiben, und obwohl diese Quellen einen bedeutenden Beitrag zu diesem Buch geleistet haben, erscheinen sie in den Anmerkungen zu den einzelnen Kapiteln nicht. Sämtliche von den Anmerkungen zu den einzelnen Kapiteln ausgeschlossenen Zitate stammen aus diesen vertraulichen Interviews. Bei der Nennung von Zeitungen und Zeitschriften habe ich lediglich den Namen und das Datum angeführt. Die Umrechnung von britischen Pfund in amerikanische Dollar basiert auf den International Financial Statistics, der Tabelle für ausländische Wechselkurse, des Bord of Governors of the Federal Reserve System. Die Umrechnung von britischen Pfund und Dollar in DM erfolgte nach der Tagestabelle für ausländische Wechselkurse der niederländischen Postbank. Die Umrechnung in derzeitige Dollarbeträge von Werten vergangener Jahre basierte auf dem U.S. Department of Labor's Bureau of Labor Statistics Consumer Price Index. Die Umrechnung von Dollarbeträgen aus der Vergangenheit in DM erfolgte durch Umrechnung der im Buch angeführten aktuellen Dollarbeträge nach der Tagestabelle für ausländische Wechselkurse der niederländischen Postbank.

## Abkürzungen
### Zeitungen und Zeitschriften

| | |
|---|---|
| DEx | *Daily Express* |
| SuEx | *Sunday Express* |
| Gua | *The Guardian* |
| DM | *Daily Mail* |
| MOS | *The Mail on Sunday* |
| Mi | *Daily Mirror* (ab 1997 *The Mirror*) |
| SuMi | *Sunday Mirror* |

| | |
|---|---|
| NOTW | News of the World |
| TNY | The New Yorker |
| NYT | The New York Times |
| SuPe | Sunday People |
| PE | Private Eye |
| ES | Evening Standard |
| DS | Daily Star |
| Sun | The Sun |
| DT | The Daily Telegraph |
| SuTel | The Sunday Telegraph |
| Ti | The Times (London) |
| ST | The Sunday Times (London) |
| To | Today |
| VF | Vanity Fair |
| WP | The Washington Post |
| WO | Woman's Own |

## Bücher

Mehrmals zitierte Werke werden abgekürzt wie folgt:

B-SB  Royal Service: My Twelve Years as Valet to Prince Charles (1983), von Stephen P. Barry

B-WB  The Housekeeper's Diary: Charles and Diana Before the Breakup (1995), von Wendy Berry

B-TB  Fayed: The Unauthorized Biography (1998), von Tom Bower

B-JD  The Prince of Wales: A Biography (1995), von Jonathan Dimblebly

B-SF  My Story (Taschenbuchausgabe 1997), von Sarah Ferguson, der Herzogin von York

B-PJ1  Diana Princess of Wales: A Biography (1982), von Penny Junor

B-PJ2  Charles: Victim or Villain? (1998), von Penny Junor

B-RK  Diana: The Untold Story von Richard Kay und Geoffrey Levy. In Wirklichkeit ist dies kein Buch, sondern eine zwölfteilige Serie in der Daily Mail aus dem Jahr 1998. Sie wird als Buch betrachtet, um sie von Richard Kays täglich erscheinenden Artikeln zu unterscheiden.

B-DK  Royal Pursuit: The Palace, the Press and the People (1983), von Douglas Keay

B-JK  I Hate You – Don't Leave Me: Understanding the Borderline Personality (1991), von Jerold J. Kreisman, Dr. med., und Hal Straus; deutsche Aus-

gabe: *Ich hasse dich, verlass mich nicht. Die schwarzweiße Welt der Borderline-Persönlichkeit* (1999)
B-AM1 *Diana. Ihre wahre Geschichte in ihren eigenen Worten* (1997), von Andrew Morton
B-AM2 *Diana: Her New Life* (Taschenbuchausgabe 1995), von Andrew Morton
B-AP *Princess in Love* (Taschenbuchausgabe 1995), von Anna Pasternak
B-MR *The Diana I Knew* (1998), von Mary Robertson
B-TS *Der Tod einer Prinzessin. Die Wahrheit über Dianas Ende* (deutsche Ausgabe 1998), von Thomas Sancton und Scott MacLeod
B-SS *Diana. Die geheimen Jahre* (deutsche Ausgabe 2000), von Simone Simmons
B-PT *With Love from Diana* (Taschenbuchausgabe 1995), von Penny Thornton
B-JW *Charles gegen Diana* (deutsche Ausgabe 1993), von James Whitaker

### Fernsehsendungen
Pano *Panorama*, Martin Bashir im Interview mit Diana, der Prinzessin von Wales (BBC, 20.11.95) (Zitate aus der BBC-Abschrift)
JD-Doc *Prince Charles: The Private Man, the Public Role*, geschrieben und präsentiert von Jonathan Dimbleby, ITV, 29.6.94
ITV-Doc *Diana: Her Life*, ITV, 28.12.97
R&R-Doc *Royals and Reptiles*, Channel 4 (19.10.97, 26.10.97, 2.11.97)

### Verschiedenes
I-FSK *Hello!* Magazin, zweiteiliges Interview mit Frances Shand Kydd, 24.5.97 und 31.5.97
I-CS *Hello!* Magazin, Interview mit Charles Spencer, 10.10.92

# Einführung
11 Die *Sun* sorgte ... für viel Aufsehen: Sun, 5.21.91
11 »Freundlichkeit missverstanden hatte«: DM, 18.3.91
11 »die privat getrennte Wege gehen«: ST, 12.5.91
15 »färbte sie die Wahrheit«: B-SS, S. 107
16 Diana behält auch nach ihrem Tod Macht über Menschen: MOS, 20.9.98; Interview mit Anthony Holden
16 »Mitunter schlug ihre Stimmung«: Interview mit Robert Spencer
16 »eine radikale Veränderung in ihrem Leben«: DM, 1.9.97
17 »Damals glaubte ich tatsächlich«: Interview mit Richard Kay

# Kapitel 1

19 Als Diana eines Tages im Jahr 1984 mit Michael Shea: *McCalls's*, 10.84
19 »bizarr«: Nachruf von Earl Spencer, 4.9.97, Westminster Abbey
20 »Sie benötigte einen königlichen Titel«: NYT, 3.9.97
20 »Sie wirken gleichzeitig staunend«: ST, 30.12.84
20 »Sie sieht so teilnahmsvoll aus«: WO, 9.4.88
20 »Die Menschen liebten sie«: SuTel, 30.12.84
21 »Ich fühle mich den Menschen der unteren Klassen«: *Le Monde*, zitiert in DT, 27.8.97
21 »Ich halte mich nicht an Regeln«: Pano, S. 34
21 »dumm wie Stroh«: ibid., S. 12
21 »ein Gehirn so klein wie eine Erbse«: DM, 24.9.86
21 »Sie verließ sich vollkommen auf ihre Intuition«: Interview mit Paul Johnson
21 »mit allen Menschen sprechen zu können«: Interview mit Nicholas Haslam.
21 »sagte mein Freund Paolo zu Diana«: ibid.
21 »Die Zeit, in der sie in Ermangelung von Freunden allein«: ibid.
22 »Ein Geist, der nicht kohärent zusammengefügt ist«: Interview mit David Puttnam
22 »Ich hatte stets den Eindruck, Diana hätte«: MOS, 1.6.86
22 »Wenn sie erklärte, dass sie das eine«: Interview mit Roberto Devorik
22 »Besonnenheit und Stärke«: Nachruf von Earl Spencer
22 »Ehrlichkeit«: ibid.
22 »dass es ihr mitunter schwerfällt, die reine Wahrheit«: B-AM1, S. 82
23 »Zumindest einmal ... belog sie mich direkt«: TNY, 15.9.97
23 »Wenn ich sie nach dem einen oder anderen Ereignis fragte«: ITV-Doc
23 »Die angenehme Seite ihres Wesens war frisch«: Interview mit Nicholas Haslam
23 »Betrachtete man sie von ihrer dunklen Seite«: SuTel, 7.9.97
24 das nach dem Vorbild der *USA Today* herausgegebene, farbige Blatt *Today*: Andrew Neil, *Full Disclosure* (1996), S. 96-98
25 »Langsam passt sie sich an«: DM, 7.11.83
25 »Dianas neue Reife«: Eine Sammlung von Artikeln aus DM, 18.4.83; DS, 30.6.83; DM, 7.11.83; DS; 1.7.85; DS, 24.2.87; Sun, 23.6.87; DM, 10.6.89
25 »Wir sprachen täglich oft stundenlang«: B-SS, S. 34

25 von Geistern befreite: B-SS, S. 23
25 »An ihrer zunehmenden Professionalität«: Interview mit Dr. Michael Adler
26 »Diana kämpfte unentwegt um ihr Selbstvertrauen«: Interview mit Elsa Bowker
26 »Wenn Sie die Berichte in den achtziger Jahren durchblättern«: Interview mit Richard Ingrams
26 »Wir fühlten uns verpflichtet, uns im Zweifelsfall«: Interview mit Max Hastings
27 »Es ist unbestritten, dass die Prinzessin«: DM, 28.12.97
28 »Musterbeispiel der unglücklichen Frau unserer Zeit«: WP, 5.9.97
28 »vor Gericht öffentlich bis aufs Blut ausgefochten«: ES, 19.12.92
28 »mit ansah, wie ihre Eltern in aller Öffentlichkeit«: DM, 18.11.92
29 »ein heißer Kampf um die Vormundschaft«: MTV: *Biorhythms,* 31.8.98
29 Sie wurden in aller Stille geführt und lediglich ... diskret erwähnt: DT, 16.4.69; ES, 15.4.69. Eine Untersuchung der Zeitungsarchive zwischen dem 13.12.68, als die Scheidung eingereicht wurde, und dem 15.4.69, als der Klage stattgegeben wurde, erbrachte keinen weiteren Bericht. Ein ähnliches Schweigen herrschte während des vergleichbaren Zeitraums bei der Scheidung von Peter und Janet Shand Kydd, und im Juli 1971 als Dianas Mutter erneut eine Vormundschaftsklage einbrachte.
29 »dass er sie eindeutig nicht liebte«: B-JW, S. 178
29 »Prinz Charles letztlich hoffnungslos«: DS, 27.1.82
29 »in dieser Ehe gab es drei Personen«: *Panorama,* S. 14–15
30 »Diana sagte, dass von Beginn an«: Christopher Anderson, *Der Tag, an dem Diana starb* (1998), S. 41
30 »Sie lebte unter extremen Umständen«: Interview mit Cosima Somerset
30 »Wolfsrudel«: B-DK, S. 243; Ti, 28.12.83
30 »Ich ertrug mich selbst nicht und schämte mich«: Ti, 6.9.97
30 »Sie blieb unversehrt und sich selbst treu«: Nachruf von Earl Spencer
31 »Wann immer ihr etwas zu viel wurde«: SuTel, 7.9.97
31 »Ich glaube, im Grunde war sie krank«: Interview mit Dr. Michael Adler
31 »Ihren Freunden gegenüber erklärte sie«: B-JD, 478
31 »Sie durchstöberte die Zeitungen«: ibid., S. 477–478
32 »Ihr gesamtes Leben wirkte wie eine Abfolge«: ITV-Doc
32 »Ihre Frisur gehörte eng«: Interview mit Roberto Devorik
32 »Von nun an werde ich mir mein Leben«: B-AM2, S. 155
32 »Egal was ich tue, immer finden sich Menschen«: DM, 1.9.97

# Kapitel 2

33 »Mama sich entschloss zu gehen«: B-AM1, S. 23
33 »schweigend am Fuß der kalten Steintreppe«: ibid., S. 70
33 »Ich werde mich immer daran erinnern, dass [meine Mutter]«: Sun, 12.1.98
33 »hinter einem Vorhang verborgen«: SuEx, 7.9.97
33 »Ich erinnere mich, dass sie mir«: Interview mit Cosima Somerset
33 »Ihre Mutter verließ die Familie zu einem Zeitpunkt«: Interview mit Elsa Bowker
34 Die Spencers zählten zu den vornehmsten Familien Englands: Die Geschichte der Familie Spencer ist verschiedenen Quellen entnommen, u. a. Ti, 30.3.92; DT, 1.9.97; DM, 3.4.92; SuTel, 5.9.93
34 »bedeutendste, exklusivste und berühmteste Gruppierung«: David Cannadine, *The Decline and Fall of the British Aristocracy* (1992), S. 503
35 »Diana wurde in der Überzeugung erzogen«: Interview mit Paul Johnson
35 »populistisch und antimonarchistisch eingestellt«: ibid.
35 »Ungeachtet der Tatsache, dass sie mit größter Selbstverständlichkeit«: Cannadine, S. 504
35 »Bei ihr war es ein Instinkt«: Interview mit Paul Johnson
35 »Kurator«: Charles Spencer, *Althorp: The Story of an English House* (1998), S. 3; DT, 30.3.92
35 »Perfektionist und Mann, der keine Auseinandersetzungen duldete«: Interview mit Fiona Fraser
35 »der fröhliche Jack«: Spencer, S. 109
35 »Meinem Großvater fiel es schwer einzusehen«: ibid. S. 6-7
36 ein ausgezeichnetes Gedächtnis: DM, 27.12.97
36 erstaunlichen Scharfsinn: I-CS
36 »Ich fand ihn hinreißend«: Interview mit Fiona Fraser
36 Zu den vielleicht denkwürdigsten »unadeligen« Augenblicken: DEx, 28.4.81
36 »In vielerlei Hinsicht gehörte er weder«: Ti, 2.4.92
36 »dominant«: Interview mit Robert Spencer
37 »romantische Werbung«: I-FSK
37 »liebevoll, amüsant, charmant«: DM, 15.6.93: Angela Levin, Auszug aus *Raine and Johnny* (1993)
37 machte Frances während eines Tennisspiels in Park House einen Heiratsantrag: I-FSK
37 »Was ihn betraf, war es reine Liebe«: Interview mit Robert Spencer
37 »seit vier Generationen bedeutend ältere Männer geheiratet«: I-FSK
37 »Mischling«: Frances Shand Kydd im Interview mit Cathy Macdonald, *V.I.P.* (Scottish) ITV, 20.10.95

37 »Ich ärgere mich, wenn mich die Zeitungen«: DM, 20.5.97
37 Die Fermoys stammten aus Irland: Verschiedene Quellen über die Familie Roche, u.a., I-FSK; Fiona Fraser und B-PJ1, S. 28-29
39 »mitfühlendsten, sensibelsten«: DM, 20.5.97
39 »Ich glaube, ich habe nie jemanden mit mehr Selbstvertrauen«: I-FSK
39 Die Familie Roche hatte eine Neigung zur Labilität: *Royalty Monthly*, 8.88; NOTW, 19.6.88; DEx, 6.12.97
39 1984 nahm er sich im Alter von 45 Jahren: DM, 21.8.84
39 »Sie besaß einen flinken Geist«: Interview mit Fiona Fraser
39 »gut mit Menschen umgehen konnte«: ibid.
39 »Frances hat innere Kraft«: ibid.
40 nutzte ihre Mutter Johnnies Abwesenheit: ibid.
40 »Illusion von Glück«: I-FSK
40 »lange Zeit überglücklich«: ibid.
40 »Flitterwochenbaby«: ibid.
40 »enormer Traurigkeit«: ibid.
40 »Sie war überaus attraktiv«: Interview mit Fiona Fraser
41 beträchtliche Vermögen: B-PJ1, S. 36
41 »Ich war überglücklich«: I-FSK
41 »Ich habe ihn nie gesehen, nie im Arm gehalten«: MOS, 9.3.97
41 »Gequält von dem Wunsch«: DM, 15.6.93
41 »intime Tests«: B-AM1, S. 71
41 »Für meine Eltern war dies eine fürchterliche Zeit«: ibid.
41 »instinktives Verständnis«: DM, 15.6.93
41 »Ich musste Haltung wahren und weitermachen«: MOS, 9.3.97
42 »Der Tod von John war eine wahre Tragödie«: Interview mit Fiona Fraser
42 »Sie war sechs Jahre verheiratet«: Interview mit Robert Spencer
42 »körperlich vollkommenes Exemplar«: B-PJ, S. 37
42 »des Mädchens, das eigentlich ein Junge«: B-RK, S. 42
42 »Diana war ein anderes Wesen«: DM, 9.3.97
42 »Ich weiß nicht, was ich ... sagen soll«: Interview mit Robert Spencer
43 »unter großem Druck stand«: ibid.
43 »heftig und unglücklich«: B-PJ2, S. 59
43 »mutterlosen Jahre«: B-JW, S. 241
43 »heftigen Szenen«, die der Auflösung der Ehe durch Frances vorangingen: ibid.
43 »Frauenquäler«: ibid., S. 240
43 »körperlicher Gewalt übergegangen sein soll«: DM, 27.11.97
43 »In den letzten drei Jahren«: I-FSK

44 »Wir sind nicht auseinander gebrochen«: DEx, 30.11.81
44 »Davon wurde nie etwas erwähnt«: Interview mit Fiona Fraser
44 »nie auch nur im Geringsten Anzeichen von«: Interview mit Robert Spencer
44 »Sie war eine wundervolle Mutter«: Interview mit Fiona Fraser
44 dass Frances im Bett des Kindermädchens: B-JW, S. 137
44 »Er war ein Mann von beträchtlicher Intelligenz«: DM, 15.6.93
45 »Es gibt so etwas wie das Spencer-Temperament«: I-CS
45 »Ich rühre sie [Raine] nicht an«: DEx, 30.11.81
46 »Zunächst war es keine Liebe«: I-FSK
46 Shand Kydds Familie: B-PJ1, S. 44, 48
46 »Bohemien«: BPJ, S. 44
46 »*bon viveur*«: B-AM1, S. 77
46 »Dort wurden wir uns der starken gegenseitigen Anziehungskraft bewusst«: I-FSK
46 »Peter war nicht für unsere Trennung verantwortlich«: ibid.
47 »Sie verliebte sich in Peter Shand Kydd«: Interview mit Robert Spencer
47 »Es war ein entsetzlicher Schock«: DEx, 30.11.81
47 Am Tag nach ihrer Abreise: DEx, 14.8.82
47 »Trennung auf Probe«: I-FSK
47 »Darüber hatte ich lange nachgedacht«: ibid.
47 »Er spielte schweigend auf dem Boden«: B-AM1, S. 78
47 »Selbstverständlich gab es Tränen«: I-FSK
48 »weigerte er sich«: MOS, 9.3.97
48 »Ich war verzweifelt«: I-FSK
48 »verfiel Diana zu Weihnachten stets in trübe Stimmung«: B-SS, S. 52
48 »ausschließlich über Anwälte«: I-FSK
48 nur die beiden Zeitungen: Ti, 11.4.68; DT, 11.4.68
48 »Ehebruch von Mr. Peter Shand Kydd«: DT, 11.4.68
48 Im Juni darauf stellte Frances: DEx, 14.8.82
48 Im Dezember reichte Frances die Scheidung ein: Ti, 13.12.68
48 »weil er fürchtete, dass die Einzelheiten«: B-JW, S. 240-241
49 »In jenen Tagen war eine Klage wegen seelischer Grausamkeit«: Interview mit Fiona Fraser
49 Johnnie führte einige Personen an: DM, 15.6.93; B-PJ1, S. 46
49 Erst 1982, als mehr als ein Dutzend Biografien: DM, 16.8.82
49 »Erst jetzt wird die vollständige Geschichte«: ibid.
50 »Meine Großmutter versuchte, mich ... zu verletzen«: B-AM2, S. 65
50 Dem *Evening Standard* zufolge: ES, 15.4.69

50 »Der Ehebruch wurde in Queens Gate«: ibid.
50 »die Vormundschaft für seine vier Kinder zugesprochen wurde«: DT, 16.4.69
50 »Die Tatsache, dass der Vater weiterhin«: DEx, 14.8.82
51 Zwei Jahre später, im Juli 1971: *Majesty*, 4.95
51 »aus dem Gleichgewicht«: Interview mit Robert Spencer
51 »Nach der Scheidung fühlte er sich elend«: B-AM1, S. 81
51 »Körpersprache war fürchterlich«: DM, 15.6.93
51 Diana erinnerte sich nicht nur daran: B-AM1, S. 24
51 »dass ich fragte, wo [meine Mutter] sei«: I-CS

## Kapitel 3

53 »Das emotionale Drama, in dem wir aufwachsen«: Luise Eichenbaum und Susie Orbach, *Was wollen die Frauen?*, S. 38
53 »Heute fällt es uns vielleicht schwer«: DS, 1.7(81)
54 »nie am Leben teilhaben konnte«: *The Borderline Child: Approaches to Etiology, Diagnosis, and Treatment* (1983), hg. von Dr. med. Kenneth S. Robson, S. 5
54 Nach Meinung des Psychiaters E. James Anthony: ibid.
54 »Ich fühlte mich immer anders«: B-AM1, S. 24
54 »Ich hatte ständig den Eindruck«: ibid., S. 25
54 »Es war, als lebte ich in der falschen Schale«: ibid., S. 68
55 »Zwischen der Scheidung«: I-CS
55 »Es war eine sehr unglückliche Kindheit«: B-AM1, S. 24
55 »Diana und ich hatten ein Kindermädchen«: I-CS
55 »Wie eine kleine Biene«: *Fox Files*, Catherine Crier im Interview mit Charles Spencer, 16.7.98
55 »Ich kann, was meine Mutter kann«: B-AM1, S. 61
56 »Man könnte nicht behaupten«: B-JW, S. 137
56 »Sie war sehr bescheiden«: Interview mit Fiona Fraser
56 »Sie blieb den ganzen Tag in Bewegung«: B-PJ1, S. 50
56 »lange Liste von Fragen«: ibid., S. 7
57 »introvertiert und ängstlich wurde«: DM, 30.9.93
57 »In der Schule wurde ich aufgefordert«: DM, 20.5.97
57 »Sie war immer überaus gesprächig«: *MOS*, 25.5.86: Mary Clarke, Auszug aus *Little Girl Lost: The Troubled Childhood of Princess Diana by the Woman Who Raised Her* (1986)
57 »ob ein Psychologe diese schlechte Gewohnheit«: B-AM1, S. 82
58 Ihre Angst vor der Finsternis: B-AM1, S. 24

58 »keine besonders glückliche Kindheit gehabt zu haben«: I-CS
58 »die ersten Jahre ihres Lebens«: B-PT, S. 23
58 »lief Diana häufig hinter ihrem Vater her«: *Birmingham Evening News*, 1.9.97
58 So nannte sie die zwanzig Plüschtiere: B-AM1, S. 24
58 »grünes Nilpferd«: ibid., S. 25
58 »Gut zugedeckt lagen auf ihrem Bett«: *B-AP*, S. 93
59 »etwas wie eine in sich geschlossene Einheit«: I-CS
59 eine Vorliebe für Spitznamen: *B-AM*1, S. 83; *Sun*, 1.7.98: »Duch« stand für Duchess und war Charles Spencer zufolge auf den Walt Disney-Film *The Aristocats* zurückzuführen; »Admiral« bezog sich auf einen Admiralshut, den Charles als Kind trug; »Ginge« verwies auf Sarahs rotes Haar.
59 »in sich gekehrten, scheuen kleinen Jungen«: Ti, 20.6.98
59 Obwohl Diana abstritt: B-AM1, S. 30
59 Zu ihren Schwestern hatte Diana: ibid., S. 23, 30
59 »Wie ich wird er immer leiden«: ibid., S. 30
59 Viele ihrer Freunde sahen: I-FSK
59 »Mir gefiel es nicht, ein Mädchen mit rotem Haar zu sein«: DM, 18.2.78
60 Sich um ihre Schwester zu kümmern erfüllte Diana mit Stolz: B-AM1, S. 23
60 »Sowohl Jane als auch Diana hatten die Eigenart«: Interview mit Felicity Clark
60 »Sie wusste, dass hier ihre Grazie und Eleganz«: *Fox Files*, Catherine Crier im Interview mit Charles Spencer, 16.7.98
60 »Sie zeigte gerne, welche ausgezeichnete Schwimmerin«: ITV-Doc
60 In den Chroniken von Dianas Leben: B-PJ1, S. 104; *B-AM*1, S. 79
60 »Ihr müsst fröhlich und munter bleiben«: *Birmingham Evening News*, 1.9.97
61 »ein wunderbarer Vater war«: ITV-Doc
61 »in Panik« zu geraten: B-AM1, S. 26
61 »jeden ihrer Schritte«: DEx, 28.4.81
61 »Mein Vater sagte immer«: B-AM1, S. 25
61 »Eine seiner [Johnnies] großartigsten Leistungen«: I-CS
62 »Er gehörte einer Generation an«: ITV-Doc
62 »einen überaus freundlichen und verständnisvollen Mann«: *MOS*, 25.5.86
62 »Am Abend und am Wochenende ergaben sich«: B-PJ1, S. 60
62 »War Johnnie etwas länger unterwegs«: ibid., S. 56
62 »hegte Diana eine besondere Zuneigung«: Interview mit Robert Spencer
63 »dass es für die Kinder [der Familie Spencer]«: B-JW, S. 241
63 »distanziert und verschlossen«: B-PT, S. 23
63 »Armer Papa ... Es macht mich so traurig«: *MOS*, 1.6.86
63 »gab es keine Tränen«: B-PJ1, S. 56

63 »Ich erinnere mich, dass meine Mutter ... niederschmetternd«: B-AM1, S. 25
63 kein einziges gutes Haar an Johnnie ließ: *MOS* 1.6.86
64 »Nach der Begrüßung zog er sich«: *SuEx*, 10.11.96
64 »Es war qualvoll für sie«: Interview mit Fiona Fraser
64 »Peter und ich hegten nicht den Wunsch«: I-FSK
64 »Sie hatte als Kind immer das Gefühl«: *Sun*, 12.1.98
64 »Diana war der Auffassung, ihre Mutter sei«: Interview mit Roberto Devorik
65 »Vaters Liebling«: ibid., S. 30
65 »Dass ihr kaum jemand mal ein klares Nein«: Interview mit Robert Spencer

## Kapitel 4
66 »allmählich Vertrauen in ihre Arbeiten gewinnt«: *DT*, 29.8.98
66 »fröhlich und gesprächig«: B-PJ1, S. 58
66 »still und scheu«: B-AM1, S. 81
67 »entsetzlich anders«: ibid., S. 25
67 Dianas Lehrer warteten darauf: B-PJ1, S. 54
67 »eine stabile familiäre Atmosphäre«: ibid., S. 60
67 »Ich beschwor ihn: ›Wenn du mich liebst ...‹«: B-AM1, 26
67 »niedergeschlagenen Augen«: *MOS*, 25.5.86
67 »geliebt«: B-AM1, S. 26
68 »Die Geschäftigkeit des Internats riss sie mit«: B-PJ1, S. 68
68 »der Traum jeder Lehrkraft: ibid., S. 64
68 »Ich war in gewissem Sinn ungezogen«: B-AM1, S. 26
68 »Diana hat sich in diesem Schuljahr«: DM, 2.7.98
69 »nicht aus Universitätsholz geschnitzt war«: *WO*, 8.4.78
70 »misstraute sie Erwachsenen und reagierte häufig empfindlich«: Ruth Rudge, *West Heath Magazine*, Nr. 85, S. 26
70 »Sie verhielt sich Menschen gegenüber«: Interview mit Ruth Rudge
70 »abscheulich ... kam sie zur Ruhe und wurde ausgeglichen«: B-AM1, S. 27
70 »sie versuchen muss, im Umgang mit anderen weniger emotional«: *DT*, 29.8.98
70 »Sie besaß einen starken Charakter«: Interview mit Ruth Rudge
70 »Ich hätte nicht gedacht, dass so etwas«: B-AM1, S. 27
70 »Ich wäre auf jeden Fall hinzugezogen«: Interview mit Ruth Rudge
71 »heiter und lautstark«: B-AM1, S. 87
71 »Ich suchte immer Schwierigkeiten«: ibid., S 28
71 »Mitgefühl und Fürsorge«: Ruth Rudge, *West Heath Magazine*, S. 26
72 »jemanden, der Dinge vollbracht hat«: Interview mit Ruth Rudge

72 »Sie besaß ein fürsorgliches Herz«: Interview mit Violet Allen
72 »Es war für sie eine vorwiegend traumatische Zeit«: ibid.
72 »Die meisten Mädchen aus geschiedenen Familien«: ibid.
72 »immer überaus beherrscht«: B-PJ1, S. 65
72 »Es war ein entsetzlicher Schmerz«: B-AM1, S. 28
72 »schwierige Phase in unser aller Leben«: Ti, 17.10.98
73 »frostige Verwerfung im Zeit-Raum-Kontinuum«: Spencer, S. 2
73 »so etwas wie Zuneigung«: B-PJ1, S. 82
73 umstrittenem Image: ibid.
73 einer ihrer Cousins: SuMi, 18.5.80
73 »Als ich Johnnie kennen lernte«: DEx, 30.11.81
73 Als Johnnie Raine 1973 zum Debütantinnenball: B-AM!, S. 91-92; B-PJ1, S. 82
73 »Zu Beginn begrüßte ich Raines Erscheinen«: Interview mit Robert Spencer
74 »uns mit Geschenken überschüttete«: B-AM1, S. 28
74 dass Diana eine Freundin dazu brachte: B-AM1, S. 92
74 Dianas Misstrauen gegenüber Raine verstärkte sich: ST, 17.10.98
74 »abgelehnt«: DEx, 30.11.81
75 »intensive Liebesaffäre«: WO, 8.4.78; B-AM1, S. 90, 96
75 »häuslichen Unruhen innerhalb meiner Familie ... gab ich sie sogleich wieder von mir«: WO, 8.4.78
75 »Ich nahm viel medizinische Hilfe in Anspruch«: I-FSK
75 »als käme ich aus einem Konzentrationslager ... Ich wollte mir nicht eingestehen«: WO, 8.4.78
75 Später anerkannte Sarah die Tatsache: ibid.
76 Der Begriff »Bulimie« leitet sich vom griechischen Wort«: *Handbook of Treatment for Eating Disorders*, 2. Auflage (1997), hg. v. Dr. phil. David M. Garner und Dr. med. Paul E. Garfinkel, S. 13
76 Bulimie wurde erst 1979: ibid., S. 11
76 »unangemessenem Ausgleichsverhalten«: ibid., S. 25
76 »Ich begann damit, weil Sarah«: Mi, 8.5.97
77 »Ich glaube nicht, dass ich damit Probleme«: I-FSK
77 »Sie schlich häufig in der Nähe der Speisekammer«: Ruth Rudge, *West Heath Magazine*, S. 26
77 »Mitternachtspartys«: ITV-Doc
77 »liebte Essen«: B-PJ1, S. 72
77 »Ich aß und aß und aß«: B-AM1, S. 27
77 Immer wieder schlich sie: ibid., S. 27

78 wie die Möbelpacker das Hab und Gut: B-PJ1, S. 81
78 Von frühester Kindheit an: ibid., S. 50
78 »ständig am Waschen, Aufräumen und Bügeln«: Interview mit Robert Spencer
78 »Wenn ich die Schlafräume kontrollierte«: Interview mit Violet Allen
78 »Diana besaß starke Charakterzüge«: Interview mit Kent Ravenscroft
78 »flossen nur so aus der Feder«: B-AM1, S. 88
79 »immer die entsetzliche Spannung in meinem Kopf«: ibid., S. 28
79 die eine »beste Freundin« verbot: Interview mit Ruth Rudge
79 Einerseits erinnerte sie sich, dass ihr alle Fächer gefielen: B-AM1, S. 28
79 leicht ablenken: ibid., S. 26
79 »schrieb ungemein viel«: Interview mit Ruth Rudge
79 »Jedes Kind aus einer zerbrochenen Familie«: ibid.
80 »Im Alter von 14 Jahren«: B-AM1, S. 24
80 »erstarrte«: ibid., S. 88
80 »Prüfungen versetzten sie in Panik«: B-PJ, S. 71
80 »Ich erinnere mich nicht, mit ihr je in der Nacht«: Interview mit Ruth Rudge
81 »etwas Besonderes zu tun«: B-PT, S. 31
81 »gewundenen Pfad«: B-AM1, S. 68
81 »eine andere Richtung einzuschlagen«: ibid., S. 24
81 einen bedeutenden Mann zu heiraten: ibid.
81 »innerhalb von Dianas Familie WOhl bekannt war«: B-RK, S. 44
81 »dass sie eines Tages eine Prinzessin werden würde«: WO, 9.4.88
82 »etwa 120 Briefe«: B-AM1, S. 30
82 wo es Violet Allen nicht entging: Interview mit Violet Allen
82 »Wann immer sich Diana in einer ruhigen und sicheren«: Interview mit Ruth Rudge

## Kapitel 5
83 kaum erwarten konnte, nach London zu gehen: B-AM1, S. 30
83 »Ende der siebziger Jahre herrschte zwischen Diana«: Interview mit Robert Spencer
84 Diana fühlte sich ... überfordert: B-PJ1, S. 99
84 »sämtliche Bänder des linken Knöchels«: B-AM1, S. 102
84 sie sich »leicht« am Fuß verletzt: B-PJ1, S. 100
84 »Sie war keineswegs inaktiv«: Interview mit Robert Spencer
84 »samtene Haarbänder«: B-AM1, S. 31
85 »Was Kinder betraf, besaß [Diana]«: ITV-Doc

85 »Diana war ein Sloane Ranger erster Güte«: *Newsweek*, 26.10.85
85 »die neue Schule der wiedergeborenen altmodischen Mädchen«: VF, 10.85
86 »Einzelgängerin aus Gewohnheit und Neigung«: B-AM1, S. 99
86 »Ich behielt meine Gedanken immer für mich«: ibid., S. 31
86 »Ich gewann immer den Eindruck«: ibid., S. 105
86 »Diana liebte Partys nicht sehr«: B-PJ1, S. 106
86 »sexuell anziehend«: B-AM1, S. 105
86 »im Londoner Leben von Lady Diana«: *DT*, 1.9.97; Interview mit William Deedes, George Plumptre
87 Diana berichtete, dass sie das einzige Mädchen: B-AM1, S. 28
87 »Ich hatte nie einen Freund«: ibid., S. 33-34
87 »um eine ordentliche Portion Huhn zu verschlingen«: B-PJ1, S. 99
87 »fürchterlich fett«: B-AM1, S. 31
87 Ihr Bekannter Rory Scott entsann sich noch lebhaft: ibid., S. 127
88 »Leidest du an Anorexie? ... meinem gesunden Menschenverstand«: WO, 8.4.78
88 »Bulimie tritt in einer Bandbreite auf«: Interview mit Kent Ravenscroft
89 »berührenden Seite dieser Freundschaft«: DEx, 18.7.77
89 »Er bringt mich zum Lachen«: *Sun*, 8.11.77
89 »Ich nahm nicht an, dass aus dieser Sache«: B-SB, S. 182
89 »Seine engsten Freunde begannen«: B-JD, S. 315
89 »Im Alter von zwölf Jahren trat Diana«: *Time*, 8.9.97
90 »Nachdem Charles 1969 als Prinz von Wales eingesetzt«: Interview mit Ruth Rudge
90 »Sein erster Eindruck von ihr: B-JD, S. 337
91 »wie sie Hand in Hand durch die Gänge spazierten«: DEx, 17.1.78
91 einige Wochen später war Sarah zu Gast: DM, 2.2.78
91 »eines Tages ihren Enkelkindern zeigen wolle«: Interview mit James Whitaker
91 »Romantiker« ... »sich leicht verliebe«: *Sun*, 18.2.78
91 selbst nicht in Prinz Charles verliebt zu sein: DM, 18.2.78
92 »Zum ersten Mal spricht eine von Charles' Freundinnen«: DM, 18.2.78
92 »Was für ein Mädchen!«: NOTW, 19.2.78
92 einem seiner sechs Pseudonyme: B-DK, S. 88
92 »vor Angst schwitzende Gestalt«: DEx, (»William Hickey«-Kolumne, geschrieben von Peter McKay), 5.4.78
92 »Tausende von Freunden«: WO, 8.4.78
92 »Damit hast du eine außergewöhnlich große Dummheit«: Interview mit James Whitaker

92 »durch unlautere Mittel«: DM, 4.4.78
92 »Meine Schwester hat mit der Presse gesprochen«: B-MR, S. 40
92 »Ich weiß, wer Sie sind«: Interview mit James Whitaker

## Kapitel 6

93 »Er war ein echter Junggeselle«: Interview mit Michael Colborne
93 »Ich habe mich schon in die verschiedenartigsten Mädchen«: B-DK, S. 213
93 Charles belastete sich körperlich bis an seine Grenzen: B-JD, S. 184
93 Charles wurde in den ersten Jahren: Das biografische Material über Prinz Charles stammt vorwiegend aus der autorisierten Biografie von Jonathan Dimbleby, *The Prince of Wales*, der zuverlässigsten Quelle.
94 »tiefe, wenn auch unausgesprochene Liebe«: B-JD, S. 59
94 »Sie war nicht gleichgültig, sondern unbeteiligt«: ibid.
94 »innigsten Beziehungen des Prinzen«: ibid., S. 19
95 »Ich fürchte mich, zu Bett zu gehen«: ibid., S. 76 (Brief von Prinz Charles vom 9.2.63 an einen nicht namentlich genannten Empfänger)
95 »Ich bin kein geselliger Mensch«: ibid., S. 44
95 »einfühlsamer Musiker«: ibid., S. 88
96 »Ersatz für einen älteren Bruder«: ibid., S. 102
96 »frei von Gordonstoun«: ibid., S. 107
97 »seine Hörner abzustoßen«: ibid., S. 220
97 »das richtige Mädchen«: ibid.
97 »forschendem Blick«: PE, »Grovel«-Kolumne, 3.7.81
97 »den Nagel genau auf den Kopf trifft«: Interview mit Nigel Dempster
98 »Mit aller Heftigkeit, zu der eine erste Liebe fähig ist«: B-JD, S. 221
98 »in [ihren] Hosen zu leben«: SuMi, 17.1.93
98 Parker Bowles liebte die Frauen: B-PJ2, S. 47-49
98 Im Sommer 1972 begannen Charles und Camilla: B-JD, S. 232 (Brief von Prinz Charles vom 27.4.73 an einen nicht namentlich genannten Empfänger)
98 gewann Charles in Camillas Gesellschaft an Selbstvertrauen: ibid., S. 222
98 »für acht Monate das letzte Mal war, dass ich sie sah«: ibid., (Brief von Prinz Charles aus 12.72 an Mountbatten)
99 »solch glückseligen, friedlichen und«: ibid., S. 232 (Brief von Prinz Charles vom 27.4.73 an einen nicht namentlich genannten Empfänger)
99 »Ich muss sagen, Amanda hat sich zu«: ibid., S. 230 (Brief von Prinz Charles vom 25.4.73 an Mountbatten)

99 »Vielleicht, weil ich fern der Heimat bin«: ibid., S. 248-249 (Brief von Prinz Charles aus 3.74 an Mountbatten)
99 »Unser Herausgeber erklärte ... ›Wir wollen‹«: R&R-Doc, Teil I, S. 21
100 »Sie dürfen nicht vergessen«: BBC.ITV Interview mit Brian Connell, 26.6.69
100 »Seine Braut muss einen Charakter«: *Harper's & Queen*, 4.90
100 »ein geeignetes Mädchen mit freundlichem Charakter«: B-JD, S. 248 (Brief von Mountbatten aus 2.74 an Prinz Charles)
100 »Eine Frau heiratet nicht nur einen Mann«: *The Observer*, 9.6.74
100 »Meine Ehe muss für alle Zeiten andauern«: ES, 7.1.75
101 »eine gefestigte Familieneinheit«: WO, 2.75
101 »Sie müssen augenblicklich heiraten«: Colin Clark, *Younger Brother, Younger Son: A Memoir*, (1997), S. 154
101 »an der Kante jenes Abhangs«: B-JD, S. 316 (Brief von Mountbatten aus dem Jahr 1978 an Prinz Charles)
101 »Ich gestehe, dass mich all das Gerede über meinen Egoismus«: ibid., S. 317-318 (Brief von Prinz Charles vom 15.4.79 an einen nicht namentlich genannten Empfänger)
102 Zweifellos bewunderte und respektierte er sie: ibid., S. 249
102 Ihr waren die Opfer, die sie als seine Ehefrau: ibid., S. 322
102 Charles erst kürzlich seine Beziehung zu Camilla: B-JD, S. 355; B-RK, S. 91; B-PJ2, S. 48-49
102 »ihrer Wärme und ihres Mangels an Ehrgeiz«: B-JD, S. 335
103 als Andrew in diesem Jahr für sechs Monate: DM, 14.1.93; PE, 4.1.80
103 »begannen zu vermuten«: B-JD, S. 335
103 Ihrer üblichen Politik der Nichteinmischung folgend: DT, 20.10.98
103 »Die Chirurgen wollten nicht operieren: WO, 4.9.88
103 »Ich war nach den Ratten der erste Mensch«: ibid.
103 Sie fühlten sich durch sie daran gehindert: B-AM1, S. 29
103 »nichts begriffen hatte« ... »erstaunlicher Ort«: Ibid., S. 32
104 »stellte dieses Wochenende den Beginn von Dianas Beziehung«: B-PJ1, S. 97
104 »Sie schossen Fasane«: Interview mit James Whitaker
104 »Vermutlich betrachtete Charles seine Beziehung«: B-PJ1, S. 97
105 »Charles fühlte sich auf seltsame Weise zu ihr hingezogen«: ibid., S. 113-114
105 »häufig«: ibid.
105 »Aus heiterem Himmel rief er am Cadogan Place an«: ibid., S. 97
105 Dabei nahm niemand von Diana Notiz: ibid., S. 103
105 »Selbst wenn sie Teil der Gesellschaft war«: Interview mit Michael Colborne
105 bei der Zusammenstellung der Gästeliste »unorganisiert«: B-SB, S. 111

105 Nach ihrem üblichen Aufenthalt bei ihrer Mutter: B-PJ1, S. 101, 116
105 »Ich habe einen in meinem Leben«: B-JD, S. 324
106 Die Tochter eines schottischen Millionärs: B-PJ1, S. 117
106 »Kaviarkönigin«: *Sunday Times Magazine*, 22.12.85
106 »Peitschenriemen-Wallace«: Mi, 22.8.80
106 »Von Anna ist ein gewagtes Foto in Umlauf«: DM, 10.6.80
106 »stark zu Wallace hingezogen fühlte«: B-SB, S. 171
106 Im Februar 1980 reiste sie erneut: B-PJ1, S. 117
106 »Kannst du dir mich in Glacéhandschuhen«: B-AM1, S. 105
107 »eine vollkommene englische Haut«: B-MR, S. 15
107 »zufälligen Begegnungen«: B-JD, S. 337
107 »begann Charles ernsthaft über sie als mögliche Braut«: ibid., S. 338
107 »du bist frisches Blut«: B-AM1, S. 32
107 Veteran unter den Boulevardreportern, James Whitaker: Interview mit James Whitaker
107 »Er hat sich regelrecht an mich herangemacht«: B-AM1, S. 32
108 »dass sie seine Einsamkeit und sein Bedürfnis«: B-JD, S. 337
108 »Mit Lady Susan sprach er über seine Freundinnen«: B-SB, S. 184
108 »er ein Mädchen kennen gelernt hätte«: B-JD, S. 337
108 »so liebevoll, fröhlich und munter wie immer«: BPJ1, S. 119
108 »vermittelte der Familie und den Freunden des Prinzen«: B-JD, S. 338
109 »Der Sommer 1980 war für Diana in rosigste Farben getaucht«: Interview mit Robert Spencer
109 Charles' ältere Freunde ... erschreckten sie«: B-AM1, S. 32
109 »Lady Dianas Auftreten beeindruckte mich von Anfang an«: B-SB, S. 189-190
109 »Ich machte mir vor Angst«: B-AM1, S. 32
110 »alles in Ordnung war, sobald ich das Eingangstor«: ibid., S. 33
110 »Sie war ein prachtvolles englisches Schulmädchen«: B-JD, S. 339
110 »kaufte ihm immer wieder kleine Geschenke«: B-SB, S. 194
110 »Instinktiv begriff sie, was Prinz Charles benötigte«: ibid., S. 232
110 »gestand Charles einem seiner Freunde«: B-JD, S. 339
110 »Jungfrau und Opferlamm«: B-AM1, S. 38
110 »jungfräuliches Brautopfer«: ST, 23.9.90
111 »nicht als Position, sondern Zwangslage«: *The Madness of George III*, Alan Bennet (1991)
111 »einen der besten und ehrlichsten Männer«: TNY, 15.9.97
111 »Er wiederholte immer wieder«: DM, 20.10.98
112 »es mir sehr übel nahm«: Interview mit Elsa Bowker

112 »Ich traue mich nicht einmal«: B-MR, S. 40
112 Nur wenige Wochen vor ihrer Hochzeit«: DEx, 7.2.80; DM, 2.4.80
112 »Als junges Mädchen hatte ich so viele Träume«: B-AM2, S. 155
113 zum ersten Mal in ihrem Leben sicher fühlen: B-PJ1, S. 134
113 »noch nie [Charles'] Leben beherrscht«: B-SB, S. 177
113 »großer Gerissenheit«: B-PJ2, S. 58
113 »kriecherisch zu ihm aufsahen«: B-AM1, S. 40
113 »Wenn man verliebt ist«: Interview mit Michael Colborne
113 »erkannte, dass sie eine schwierige Rolle angenommen«: B-AM1, S. 42
114 »Sie hatte romantische Ansichten vom Leben«: B-MR, S. 42
114 »Oh! Das ist das richtige Leben für mich!«: B-JD, S. 338

## Kapitel 7

116 »vollkommene englische Rose«: *Sun*, 8.9.80
116 »›Was für eine gerissene Lady‹«: DS, 29.6.81
116 »Sie haben sie aufgebauscht«: Interview mit James Whitaker
116 »bestimmt keine offensichtliche Romanze«: B-SB, S. 191
117 Der bedeutendste Nutznießer: S. J. Taylor, *Shock! Horror! The Tabloids in Action* (1992), S. 217, 343.
117 »Kelvin ist von Natur aus ein«: Interview mit Andrew Neil
117 »Kelvin war imstande, die morgendliche Besprechung«: *R&R-Doc*, Teil II, S. 7
118 »Ich verstehe ihre Probleme«: SuMi, 21.9.80
118 »hatte [Diana] eine Art, ... allen das Fell über die Ohren zu ziehen«: *Taylor*, S. 152
118 »perfekt passte«: B-JW, S. 150
119 »James und Harry glichen einem Labrador und einem Jack Russell«: Interview mit Andrew Morton
119 »Die Menschen sprechen über mich, als«: *You*, 22.8.93
119 Nach seinem Abschluss: ibid.; Interview mit James Whitaker
119 »Meister des Belanglosen«: B-DK, S. 88
119 »kräftig scharlachrot«: Interview mit James Whitaker
119 »Sein Gesicht hatte die Farbe roter Bete«: Interview mit Peter McKay
119 »erklärte sich Whitaker von Beginn an«: ibid.
120 »Ich weiß, dass ein Fernglas aufdringlich ist«: Interview mit James Whitaker
120 »einiger intimer Gespräche«: B-JW, S. 155, 160
120 »ähnelte einem Londoner Taxifahrer«: B-DK, S. 61
120 Andrew Morton wuchs in Yorkhire auf: Interview mit Andrew Morton

120 »Ihre blauen Augen sahen direkt in deine«: DS, 30.6.83
120 »gab sich gern dem Glauben hin, dass sie Freunde waren«: ES, 9.10.93
121 »Wenn sie einen Artikel über Prinz Charles' Manschettenknöpfe herausbringen«: Independent on Sunday, 17.9.95
121 »verweichlichten Angsthasen« ... »tonsurierten Verleumder«: ES, 3.12.91
121 »alteingesessenen«: The Independent, 2.3.96
121 »[Sie] kannten niemanden«: Interview mit Nigel Dempster
121 »neue Freundin«: DM, 18.9.80
121 »eng umschlungen tanzten sie die ganze Nacht hindurch«: DS, 5.11.80
122 »romantische Unterwäsche«: Mi, 19.1.81
122 »Sobald ich in ein Restaurant oder auch nur in einen Supermarkt gehe«: DM, 24.11.80
122 »sehr niedergeschlagen«: B-SB, S. 197
122 »sicheren Zufluchtsort«: ibid., S. 178
122 »die Romanze förderte«: ibid., S. 185
122 »beinahe scheint, als müssten die Parker Bowles' sicherstellen«: DS, 12.11.80
122 »seit seiner Verlobung im Februar«: B-JD, S. 346-347
122 die Affäre ein Ende fand, sobald Charles ernsthaft um Diana zu werben begann: B-PJ2, S. 71
123 »Der Druck auf den Prinzen wirkte wie eine Flutwelle«: B-JD, S. 339
123 »Sie war eindeutig in ihren Prinzen verliebt«: B-SB, S. 197
123 spürte Barry Dianas Enttäuschung: ibid., S. 192
123 Sie reagierte etwas steif: B-AM1, S. 39
123 »auf stille Weise einnehmend«: Mi, 19.11.80
123 »sich auf ihre Instinkte zu verlassen«: DS, 13.11.80
123 »Ruf als rasante Autofahrerin«: DS, 11.11.80
124 »mit 130 Kilometern pro Stunde einen Luftsprung gemacht«: Time, 28.2.83
124 »fliegendem Geschwindigkeitsrekord«: DS, 13.11.80
124 »die seit Jahren zwischen Charles und Diana bestehende Freundschaft«: Sun, 10.11.80
124 »von Kindheit an darauf vorbereitet wurde«: ibid.
124 »Brautwahl durch die Machenschaften«: ST, 23.9.90
124 traten jedoch erst in Erscheinung: B-JD, S. 340
124 »Die beiden Großmütter kannten einander gut«: ES, 13.11.80
124 »Hätte ich [Charles] gesagt«: B-JD, S. 340
125 dass der »Humor« und der »Lebensstil« der Königsfamilie »anders« seien: B-AM1, S. 36
125 »schickte nie Blumen«: B-JW, S. 153

125 zwei Dutzend dunkelroter Rosen: DM, 24.11.80
125 »Sie tat mir oft Leid«: DS, 30.06.81
125 Charles' Kammerdiener Stephen Barry schrieb später ausführlich: B-SB, S. 192
125 »in einer frühmorgendlichen Hetzjagd«: ibid., S. 199
125 »eine echte Plage«: DS, 12.11.80
125 Judy Wade von der *Sun*: Sun, 5.1.81
125 »ihn ansonsten das ganze Land lynchen würde«: Interview mit James Whitaker
125 »Es ist Zeit, dass sich Prinz Charles vermählt«: DS, 10.10.80
125 »bemerkenswert ruhige und reife Haltung«: Mi, 19.11.80
125 »einen erstaunlich glücklichen Eindruck zu vermitteln«: B-AM1, S. 61
125 »unerträglich waren ... weinte ich wie ein kleines Kind«: B-AM1, S. 35
126 »Ich bin weniger gelangweilt als zutiefst unglücklich«: DM, 24.11.80
126 »alles, was sie in die Finger bekommen konnte«: B-SB, S. 110
126 »es scheint, als ob ... Lady Diana«: Mi, 19.1.81
126 Im Dezember 1980: DM, 3.12.80
126 Sie erinnerte sich, dass er sich lediglich: B-AM1, S. 35
126 »besorgter«: B-SB, S. 191
126 »Sensationsgier«: B-DK, S. 50
126 »Ich möchte die Gelegenheit nutzen«: B-PJ1, S. 131
126 Diana behauptete, sie habe es als unangemessen betrachtet: B-AM1, S. 35
127 »vorgeschlagen hatte ... den Buckingham Palace um Hilfe«: B-MR, S. 40-41
127 »Automatisch machte sie eine Geste«: Interview für *Fox Files* mit Charles Spencer, 16.7.98
127 »wirklich hübsch«: Interview mit Felicity Clark
127 »allgemein stark angespannt«: ibid.
128 »in wilder Fahrt die 160 Kilometer«: SuMi, 16.11.80
128 erwiderte sie entschieden: B-PJ1, S. 126
128 »ich mich schwach und übel fühlte«: B-JW, S. 28
128 Ich habe ein kleines Abendessen zu mir genommen«: ES, 28.11.80
128 »Das Problem ist, dass die Menschen glauben, was sie lesen«: DM, 24.11.80
129 »Mit Ausnahme der Tatsache«: SuMi, 23.11.80
129 »eine blonde Frau eilig den Zug bestieg«: B-JW, S. 32
129 »dass ein Anruf getätigt worden war«: ibid.
129 »mich Prinz Charles aus dem Zug angerufen hat«: DEx, 26.7.91
129 »ihr fehlte jede Grundlage«: Interview mit Michael Colborne
129 »Ich befand mich selbst im Zug«: B-SB, S. 194
130 »dass irgendjemand im Spiel war«: B-AM1, S. 33

130 »unverzeihliche« Lügen: B-PJ1, S. 130
130 »Die Dinge sind ihr etwas zu viel geworden«: DS, 12.1.81
130 »Ich würde gern bald heiraten«: ES, 28.11.80
130 »ersuchte Lady Diana Spencer gestern Abend den *Express*«: DEx, 29.11.80
130 Nachdem David Chipp, der Herausgeber der *Press Association* Taveners Notizen überprüft hatte: B-DK, S. 83
131 »mich nie belog«: B-JW, S. 158
131 »Die gesamte Angelegenheit war überaus kompliziert«: Interview mit James Whitaker
131 und rieten ihr sogar: *Time*, 28.2.83
131 »Diana war sich durchaus bewusst, dass«: Interview mit James Whitaker
131 »Ich kann Ihnen versichern«: DS, 10.11.80
131 »entsetzt«: B-JW, S. 154
131 »nicht wahllos von Bett zu Bett gesprungen zu sein«: DM, 24.11.80
131 »Wenn es nicht gut geht, möchte ich einfach sterben«: B-MR, S. 47
131 »Was würdest du sagen, wenn ich dich um deine Hand bäte?«: B-PJ1, S. 133
131 »Ich rief an und sprach mit Raine«: Interview mit Elsa Bowker
132 »Bereits seit einiger Zeit erklärte er«: B-SB, S. 197
132 »Er mahnte seinen Sohn«, B-JD, S. 341
132 »fühlte, dass von Charles' Seite starke Gefühle für Diana fehlten«: ibid.
132 »seinen Sohn zu so einem entsetzlichen Fehlgriff«: B-JD, S. 342
133 »verwirrt und ängstlich«: ibid. (Brief von Prinz Charles vom 28.1.81 an einen nicht namentlich genannten Empfänger)
133 »Unterstützung seine Nerven stählte«: ibid.
133 »[Charles] hatte nie etwas Fassbares«: B-AM1, S. 33-34
133 »sagte eine Stimme in meinem Inneren zu mir: ibid., S. 62
133 »Was die Frage der zukünftigen Königin anbelangte«: *Pano*, S. 2
133 »Nach allem, was ich durchgemacht habe«: *Sun*, 21.5.91
133 »was auch immer Liebe bedeutet«: B-AM1, S. 34
134 »absolute Katastrophe«: ibid.
134 »ständig, aber zurückhaltend miteinander telefoniert«: B-SB, S. 199
134 »Wir nehmen keine Gespräche an«: B-PJ1, S. 136
134 »Finden Sie Worte, um auszudrücken, wie Sie sich heute fühlen?«: ITV-Doc
135 »schockiert«: *Sun*, 11.1.98
135 »Sie sagte mir«: *Sun*, 11.1.98
135 »Er konnte ausgezeichnet verbergen, was er dachte«: B-SB, S. 174
136 »Wohin er auch ging«: Interview mit Anthony Holden
136 »Ich bin sehr glücklich, dass mich ein so besonderer Mensch«: B-JD, S. 343

(Brief von Prinz Charles vom 28.1.81 an einen nicht namentlich genannten Empfänger)
136 »unerwiderten Liebe für Charles«: B-PT, S. 54-55
136 »Die Behauptung, dass Charles sie nie geliebt habe, verletzte [sie] tief«: *Sun*, 12.1.98
136 »Niemand mit unaufrichtigen Motiven«: B-AM1, S. 35
137 »Ich ertrug sie emotional nicht«: B-AM1, S. 34

## Kapitel 8

138 »Ich bin erleichtert«: DM, 25.2.81
138 An jenem Abend speiste sie: B-PJ2, S. 67
138 »niemand mich willkommen geheißen hat«: B-AM1, S. 35
138 Dianas Suite bestand aus: B-SB, S. 205
138 »Was soll ich tun? Lady Diana scheint nie«: ibid., S. 206139
139 Aufgrund ihres Bedürfnisses, stets alles unter Kontrolle: B-DK, S. 225
139 »das Parkett im Musikzimmer stark beschädigte«: B-SB, S. 206
139 »Der Prinz von Wales hat mir alles sehr erleichtert«: DEx, 27.7.81
139 Sie beschwerte sich, dass man sie kühl behandelt hätte: B-AM1, S. 37
139 bei ihren ersten offiziellen Auftritten: ibid.
139 »Diana erzählte mir ... dass sie von der königlichen Familie nie Unterstützung«: B-MR, S. 141
140 »Nur wenige Personen kritisieren die Handlungen des Prinzen von Wales«: B-SB, S. 116
140 »weniger Ausbildung in ihrem neuen Job«: B-AM1, S. 120
140 »sie in das höfische Leben einzuführen«: B-JD, S. 357
141 »Ich glaube nicht, dass auch nur einer«: Interview mit Michael Colborne
141 »zu zweihundert Prozent hinter dem Prinzen von Wales stand«: ibid.
142 Später erklärte Diana, dass sie ihn bewunderte: B-AM1, S. 47
142 Sie unterwiesen Diana in den Anforderungen: Interview mit Michael Colborne
142 »Ich entsprach nicht dem üblichen Menschentyp«: ibid.
142 »Ich war für sie Onkel Michael«: ibid.
143 »Diana sich vor ihr fürchtete«: Humphrey Carpenter, *Robert Runcie: The Reluctant Archbishop* (1996), S. 225
143 »Ich hoffe, sie hin und wieder zu sehen«: Mi, 20.1.99 (Brief der Königin vom 5.3.81 an einen nicht namentlich genannten Empfänger)
143 »als ob man eine Glühbirne einschraubt«: B-SF, S. 83

143 Die Königinmutter unterrichtete sie: DS, 27.1.82; Mi, 22.7.84; B-DK, S. 226
143 »Niemand erhält eine Ausbildung zur Prinzessin von Wales«: *McCall's*, 10.84
144 »Ich war wirklich verängstigt«: B-AM1, S. 37
144 »Diana erschien das königliche Leben wie ein Kinofilm«: Interview mit Roberto Devorik
144 »Es war, als hätte man sie«: *SuPe*, 30.6.91
144 »Ich vermisse meine Mädchen so sehr«: B-AM1, S. 37
144 Er lehrte sie: DS, 27.1.82; B-DK, S. 227
145 »die Sorgfalt, mit der er persönliche Freundschaften«: B-JD, S. 493
145 »Der Prinz von Wales arbeitete immer an etwas«: Interview mit Michael Colborne
145 wurde ungeduldig, wenn jemand: B-SB, S. 105
145 »Ich habe immer das Gefühl«: B-JD, S. 492 (Brief von Prinz Charles vom 31.3.87 an einen nicht namentlich genannten Empfänger)
145 konnte er sehr aufbrausend sein: ibid. S. 493
146 »Wenn jemand nicht liest«: Interview mit Michael Colborne
146 Jahre später erzählte sie: Interview mit Roberto Devorik
146 Mitunter litt sie unter Stimmungsschwankungen: B-JD, S. 343, 345
146 »Sobald sie in den Buckingham Palace übersiedelte«: B-AM1, S. 119
146 »nicht gewusst hatte, was Eifersucht«: ibid., S. 38
146 Wenn er sie eines Termins wegen: Interview mit Michael Colborne
146 »zutiefst bedaure«: B-JD, S. 343 (Brief von Prinz Charles vom 29.3.81 an einen nicht namentlich genannten Empfänger)
147 Charles versuchte, ihr Mut zuzusprechen: B-PJ1, S. 149
147 »teilte man mir etwas mit«: B-AM1, S. 37
147 »Ich kann einfach nicht begreifen«: B-SB, S. 184
147 Sie erzählte Colborne und Cornish: B-JD, S. 346
147 Später behauptete sie, Charles habe: *B-AM*1, S. 116
147 »nichts mit seiner Abreise zu tun«: ibid., S. 39
148 verbrachten sie die Zeit in herzlicher Atmosphäre: B-PJ2, S. 78
148 »wirklich sehr raffiniert«: B-AM1, S. 38
148 »eine seiner intimsten Freundinnen«: B-JD, S. 346
148 »herausgefunden«: B-AM1, S. 33
148 »nichts von Charles und Camilla gewusst zu haben«: Interview mit Elsa Bowker
148 Zu Dianas Behauptung befragt: Interview mit Michael Colborne
148 Stattdessen entfremdete sie sich Charles: *DT*, 20.10.98
149 »Blumen geschickt, als sie Hirnhautentzündung hatte«: B-AM1, S. 37

149 »etwas verworren«: Interview mit Michael Colborne
149 »ihre dunkle Seite«: B-JD, S. 345
149 »Wann immer der Prinz von einem Termin zurückkehrte«: B-SB, S. 208
149 Charles erkannte, dass er die falsche Wahl getroffen hatte: *DT*, 20.10.98; B-JD, S. 343
149 »Ich war an seine Launen gewöhnt«: Interview mit Michael Colborne
149 »Er war besessen von mir«: B-AM1, S. 38
149 »ein sehr guter Beobachter«: Carpenter, S. 223
150 »Charles ist sehr tiefsinnig«: ibid., S. 225
150 Niemand, nicht einmal Charles, wusste: B-JD, S. 345
150 »Alles war sehr seltsam«: B-AM1, S. 56
150 »können Bemerkungen wie diese bei Teenagern«: Interview mit Kent Ravenscroft
151 Der ehemaligen *Vogue*-Herausgeberin Felicity Clark zufolge: Interview mit Felicity Clark
151 »Dies geschieht, wenn jemand zum ersten Mal«: ibid.
151 »wurde aber dann von der Aufmerksamkeit geradezu überwältigt«: ibid.
151 »Di's kühnes Debut«: DEx, 10.3.81
151 »Di wagt den Sprung«: Mi, 10.3.81
151 »ein oder zwei Unzen Babyspeck«: DEx, 10.3.81
151 »O Gott, ich sehe grässlich aus«: B-PJ1, S. 141
152 »meinen Fluchtmechanismus«: *Pano*, S. 10
152 »war sie zutiefst erregt«: B-AM1, S. 56
152 »einer heimlichen Krankheit«: *Pano*, S. 9
152 »Wenn jemand an Bulimie leidet«: *Pano*, S. 10
152 verlor Diana annähernd sieben Kilo: Interview mit Felicity Clark; NOTW, 23.01.83
152 »Ich bin zu einem Nichts zusammengeschrumpft«: B-AM1, S. 56
152 Sowohl Anorexie als auch Bulimie: *Handbook of Treatment for Eating Disorders*, S. 9-11, 14, 19
153 »bei Diana sämtliche Symptome rasch erkannte«: I-FSK
154 Einigen Berichten zufolge herrschten: Ti, 4.9.97; *Majesty*, 4.95
154 »Diana bricht gewiss nicht zusammen«: *Ti*, 25.2.81
154 »Hätte sie eine vereinte Familie gehabt«: Interview mit Michael Colborne
154 »O Gott, ich werde noch eine reiche Lady«: B-SB, S. 211
155 »Zu Beginn sagten ihr die Leute«: Interview mit Roberto Devorik
155 »Diana schien den neuen Glamour zu genießen«: Interview mit Felicity Clark
155 »Lady Di-ät!«: *Sun*, 13.6.81

155 James Whitaker beobachtete: DS, 20.6.81
155 »Er kann nicht stillsitzen«: DS, 4.7.81
155 »Ich führe ein chaotisches Leben«: *Harper's & Queen*, 4.90
156 »Rocknummern verlangte und zu Liedern«: Mi, 22.6.81
156 Charles hatte Michael Colborne ersucht: Interview mit Michael Colborne
156 dieser bestand jedoch darauf, dass Diana: ibid.
156 »Ich war vollkommen niedergeschmettert«: B-AM1, S. 38
156 »Wut, Wut und nochmals Wut«: ibid.
156 stellte Diana Charles zur Rede: B-JD, S. 347
156 »wie Luft behandelte«: *B-AM*1, S. 38
156 »Es war ihm deutlich anzusehen: B-SB, 212
157 »Es war etwas zu viel für sie«: *Observer*, 26.7.81
157 »von ihrer strahlenden Seite«: DS, 27.7.81
157 »ihre Haltung und ihr Lächeln bewahre«: DM, 27.7.81
157 »Das strahlende Lächeln für die Fernsehkameras«: Mi, 27.7.81
157 Später erinnerte sie sich, ihren Schwestern erzählt zu haben: B-AM1, S. 39
157 »Plötzlich wurde die Spannung übermächtig«: ibid., S. 40-41
158 »Ihre Augen waren geschwollen, als hätte sie geweint«: NOTW, 19.6.88
158 Bei dem großen Ball: Interview mit Felicity Clark
158 »in den Stunden vor seiner Hochzeit«: B-JW, S. 19-21
158 »Der Buckingham Palace war für jede Art von Heimlichkeit vollkommen ungeeignet«: B-SB, S. 169
158 »nicht stattgefunden hat. So viel steht fest«: Interview mit Michael Colborne
158 der später gegenüber Nigel Dempster abstritt: Interview mit Nigel Dempster
158 Darüber hinaus hatten Diana und Charles das Fest: B-PJ2, S. 84
158 In der darauf folgenden Nacht: B-SB, S. 213; B-AM1, S. 125
158 Charles nach dem abendlichen Feuerwerk lange wach blieb: B-PJ2, S. 85
159 »in nachdenklicher Stimmung«: B-JD, S. 348
159 »Das war ein wirklich bemerkenswertes Erlebnis«: Alistair Burnet, *In Person: The Prince and Princess of Wales* (1985), S. 26
159 »die Nacht vor der Hochzeit mit dieser Frau verbracht hatte«: B-PT, S. 25
159 Sie erlitt einen heftigen Anfall von Bulimie: B- Am1, S. 41
159 »Ich war so verliebt in meinen Mann ... das glücklichste Mädchen auf der ganzen Welt«: ibid., S. 40-41
160 »einen blassgrauen verschleierten Hut«: ibid., S. 42
160 »An dem Tag, als ich zum Altar der St. Paul's Cathedral schritt«: B-AM2, S. 83

160 »sehr gefasst war ... glücklich und ruhig«: B-AM1, S. 125
160 »unglaublich ruhig und von all den Ereignissen unbelastet«: I-FSK
160 hielt Diana auf dem Bahnsteig: B-PJ1, S. 177, 181

## Kapitel 9

161 »Ich liebe es, verheiratet zu sein«: B-RK, S. 4
161 »dass sie beinahe weinte«: Mi, 8.3.81
161 »die meisten Abende allein am königlichen Deck«: B-SB, S. 217-221
162 Sobald sie mit Charles allein war: B-JD, S. 355
162 vier Anfällen pro Tag auf der Jacht besorgniserregende«: B-AM1, S. 42
162 einen Stapel Bücher in die Flitterwochen mitgenommen: ibid.
162 wie im Sport seine Vorliebe für seine Lieblingsliteratur teilen: B-JD, S. 354-355
162 »schlimmsten Augenblick« ... jeden Tag nach dem Mittagessen: B-AM1, S. 42
162 würde Charles sogar laut aus van der Post und Jung vorlesen: ibid., S. 43
162 »die ideale Braut«: B-JD, S. 478
163 »Sobald jemand einen abstrakten Gedanken anschnitt«: Carpenter, S. 222
163 »Sie verstand ihn nicht und er sie nicht«: Interview mit Michael Colborne
163 Sie hatte versucht, ihn beim Lachsfischen: B-PJ1, S. 186
163 »Diana stürmt umher«: B-JD, S. 354 (Brief von Prinz Charles vom 3.8.81 an einen nicht namentlich genannten Empfänger)
164 »Ich verschlang alles, was ich finden konnte«: B-AM1, S. 43
164 Als sich Diana erkundigte, ob die Manschettenknöpfe: ibid., S. 39
164 »Dies würde ihr Leben sein«: Interview mit Michael Colborne
164 »war von ihr vollkommen besessen«: B-AM1, S. 43
164 »überzeugt ist, dass [er] sie noch immer betrügt«: B-JD, S. 356
165 Seit Februar hatte sie 14 Kilo verloren: NOTW, 23.1.83
165 »Alle sahen, dass ich immer dünner und dünner wurde«: B-AM1, S. 43
165 Sie schlief schlecht, weinte stundenlang: B-JD, S. 360
165 Im Herbst 1981 versuchte Michael Colborne einmal: Interview mit Michael Colborne
165 da es Dianas Unfähigkeit entsprang: ITV-Doc
165 »Ihm war ein Leiden wie das seiner Frau unbekannt«: Interview mit Michael Colborne
165 Sobald sie weinte, knetete er verzweifelt die Hände: B-WB, S. 53
165 kapitulierte vor ihren Wünschen: B-JD, S. 361
165 Bei anderen Gelegenheiten zog er sich verzweifelt zurück: ibid. S. 399

166 Charles' Zuneigung zu Diana hatte sich nicht: ibid., S. 400
166 Er lud Laurens van der Post als Ratgeber: B-AM1, S. 43
166 Daraufhin organisierte Charles einen Besuch von Dianas: B-PJ1, S. 186
166 »In Craigowan war die Prinzessin glücklicher«: B-SB, S. 225
167 »Die Königsfamilie ist verwöhnt«: Interview mit Mark Lloyd
167 »Von dem Tag an, als ich in die Königsfamilie eintrat«: *DT*, 27.8.97
167 »Die Königsfamilie ist eine seltsame Familie«: Carpenter, S. 225
168 Sie erzählte Freunden später: *Sun*, 12.1.98
168 »albernen« Insiderwitze: B-AM1, S. 51
168 »Großzügigkeit ... wurde viel gelacht«: Mi, 18.1.99 (Brief von Diana vom 27.12.81 an einen namentlich nicht genannten Empfänger)
168 Sie gewann den Eindruck, dass die Königin sie nach der Verlobung: B-AM1, S. 52
168 »Ausgezeichnet, kein Problem«: ibid., S. 43
168 Ebenso wenig konnte sie die Zuneigung der Königin: B-PJ1, S. 186
168 »Die Königin ist immer von Corgis umgeben«: NOTW, 4.5.86
169 »Ihr Starrsinn war eine direkte Folge ihrer Unsicherheit«: Interview mit Michael Colborne
169 »Plötzlich achteten die Menschen auf jedes ihrer Worte«: SuTel, 7.9.97
170 »die gesamte Zeit über anstarrten«: B-AM1, S. 43
170 Später erklärte sie ihr Verhalten: ST, 23.9.90
170 »Untertöne der Stimmungen«: B-AM1, S. 64
170 »Härte der Whig-Frauen«: Interview mit Paul Johnson
170 »Da ihre Familie auf das Königshaus hinabsah«: Interview mit Andrew Roberts
170 »hatte die Familie die Symptome des Kummers«: B-JD, S. 588
170 »Vogelstraußpolitik«: DM, 21.10.98
170 »Möglicherweise war ich das erste Mitglied dieser Familie«: *Pano*, S. 7
170 »Sie sagte mir, ›Ich bin unerwünscht‹«: Interview mit Elsa Bowker
171 »sich die Pulsadern aufzuschneiden«: B-AM1, S. 44
171 »sämtliche Analytiker und Psychiater«: ibid.
171 »Die noch immer stark anwesende Diana hatte entschieden«: ibid.
171 »Man hatte sie zur Untersuchung nach London gebracht«: Interview mit Michael Colborne
171 »Gottesgeschenk«: B-AM1, S. 43
171 da er annahm, sie würde Diana stabilisieren: *DT*, 21.10.98
172 »Wir wollen Diana«: *DT*, 31.10.81
172 »Armer Charles«: WO, 12.11.81

172 »wie ein Papagei«: B-AM1, S. 44
172 Zwischen den einzelnen Terminen weinte sie: B-JD, S. 356
172 »nie ein Lob hörte«: B-AM1, S. 44
172 »Die Reaktion der Menschen in Wales ist ausschließlich«: DEx, 6.11.81
173 dass sie bereits beim Gedanken daran zu zittern: B-AM1, S. 47
173 »Ich fürchtete mich zu Tode«: ibid., S. 48
173 »ein Fohlen mit den besten Absichten: Roy Strong, *The Roy Strong Diaries: 1967 – 1987* (1997), S. 291-292
173 In den ersten beiden Novemberwochen: DS, 16.11.81
173 »Die Ärzte versuchten, mir Pillen zu verabreichen ... Pflicht war allgegenwärtig«: B-AM1, S. 44-45
174 dass sich Diana kurz vor Eintreffen der Presse plötzlich weigerte: *SuEx*, 7.9.97
174 »Ich kann es sehr empfehlen«: ITV-Doc
175 »Die *Sun* hat häufig königliche Quellen für eine Geschichte bezahlt«: R&R-Doc, Teil II, S. 22
175 »Diana lachte über die jüngsten Behauptungen«: DS, 10.9.81
175 »allein spazieren ging«: NOTW, 13.9.81
175 »eine persönliche Krise durchlebt«: *Sun*, 18.9.81
175 »all den an sie gestellten Erwartungen«: ibid.
175 Die Königin hingegen war sich Dianas seelischer Zerbrechlichkeit: B-DK, S. 55; Harold Evans, *Good Times, Bad Times* (1983), S. 314-315.
176 »Ich verbringe die meiste Zeit damit«: Mi, 18.1.91 (Brief von Diana vom 27.12.81 an einen nicht namentlich genannten Empfänger)
176 »Wir verlebten wundervolle Weihnachtsfeiertage«: B-JD, S. 360 (Brief von Prinz Charles vom 26.12.81 an einen nicht namentlich genannten Empfänger)
176 »in der sie mitunter verzweifelt war, sich eingeschlossen und unglücklich gefühlt hatte«: DS, 27.1.82
177 dann wiederum wirkte sie verwirrt: B-JD, S. 358
177 »fettes, pummeliges 20- oder 21-jähriges Mädchen«: *Pano*, S. 3
177 »eine Märchenprinzessin«: B-AM1, S. 57
177 »verbrachte sie viele Stunden mit den Freunden«: B-JD, S. 357
177 Sobald sie sich jedoch eingerichtet hatte: ibid, S. 358
177 Eines Nachts sprang sie aufgewühlt in ihren Wagen: ibid., S. 365
178 »heftigen Streit in aller Öffentlichkeit«: *Sun*, 2.2.82
178 »eindeutig beunruhigten«: *Sun*, DM, 2.8.82
178 »um die Aufmerksamkeit [ihres] Gemahls zu gewinnen«: B-AM1, S. 56
178 »einfach abweisend, vollkommen abweisend«: ibid., S. 45

178 Neun Jahre später erklärte Diana Andrew Morton: ibid., S. 132
179 »Sie erklärte, dies sei der Grund gewesen«: Interview mit Elsa Bowker
179 »Schandfleck«: *Time*, 28.2.83
179 »sie ihre sensationelle Figur nicht verloren hat«: DS, 28.2.82
179 »die sorglose Diana alle königlichen Warnungen«: *Sun*, 18.2.82
179 »eines beispiellosen Einbruchs in die Privatsphäre«: *Gua*, 4.3.82
179 »Ich habe in meinem ganzen Leben«: *Time*, 28.2.83
179 »überglücklich«: B-JW, S. 173
179 »Charles Diana zur Abkühlung ins Wasser geleitete«: DS, 18.2.82
180 Selbst in Anwesenheit des Ehepaars Romsey: B-JD, S. 366
180 »mit einer Reihe von Fragen bombardierte«: *Sun*, 19.3.82
180 »Warum Di weiterhin schwankt«: *Sun*, 2.4.82
180 Die Wehen wurden eingeleitet: B-AM1, S. 45
180 »erstaunliches Erlebnis«: B-JD, S. 368 (Brief von Prinz Charles vom 2.7.82 an Patricia Brabourne)
180 »Charles rechtzeitig zur Geburt von seinem Polopony«: B-AM1, S. 46
180 »Ich war sehr erleichtert«: *Pano*, S. 6

## Kapitel 10

181 Diana stillte das Baby nur drei Wochen lang: B-AM1, S. 53, 138
181 »Wenn du am Morgen aufwachst, möchtest du«: *Pano*, S. 6
181 »O Gott, was war ich besorgt«: B-AM1, S. 46
181 »ihm etwas Fürchterliches zugestoßen ist«: ibid.
181 »vollkommene Dunkelheit«: ibid., S. 51
181 »dunklen Mittelalters«: ibid., S. 61
181 »Ihre Figur ist, um es freundlich auszudrücken, üppig«: Mi, 27.7.82
181 Diana war unruhig [und] flüsterte einem peinlich berührten Prinz Charles«: DEx, 27.7.82
182 »ihrer allgemeinen Melancholie«: Interview mit Felicity Clark
182 »völlig ausgeschlossen«: B-AM1, S. 46
182 »einnehmenden Menschlichkeit«: Mi, 20.9.82
182 »Exklusivinterview«: *SuEx*, 14.8.82
182 »scharfe« Wortwahl« ... »sich geweigert«: *Sun*, 16.8.82
182 »höchst unfreundlich«: NOTW, 15.8.82
182 »billige Publicity«: DM, 16.8.82
182 »zutiefst betrübt«: *Sun*, 16.8.82
183 einmal verbrachte sie drei Nächte schlaflos: B-AM1, S. 56

183 »ziemlich amüsant«: ibid., S. 57
183 »sie die Bulimie geheim hielt«: Interview mit Michael Colborne
183 »irritierende Neigung«: B-JD, S. 398
183 »zu einem Krebsgeschwür zwischen den beiden anwuchsen«: ibid., S. 399
183 »Was auch immer geschehen mag, ich werde dich immer lieben«: B-AM1, S. 37
183 Morton jedoch gab an, dass: ibid., S. 139
183 »praktisch über fünf Jahre lang keinen Kontakt«: B-JD, S. 480
184 »Ich sprach zehn Jahre lang einmal pro Woche mit ihr«: Interview mit Stuart Higgins
185 Wir haben nun [das Jagdhaus] bezogen: Mi, 18.1.99 (Brief von Diana vom 21.9.81 an einen namentlich nicht genannten Empfänger)
185 »dass mir niemand zuhörte ... um wieder gesund zu werden«: *Pano*, S. 7-8
185 »verzweifelten Hilferuf« ... welche Qualen ich in meinem Kopf litt«: B-AM1, S. 55
185 »sie ertrug sich selbst nicht« ... »weil sie dem Druck nicht standhalten konnte«: *Pano*, S. 8
185 Später erklärte sie, sie habe mehrmals versucht: B-AM1, S. 61
185 Einer 1986 durchgeführten Studie zufolge: A. R. Favazza und K. Conterio, »The Plight of Chronic Self-Mutilators«, *Community Mental Health Journal* (1988), 24, S. 22-30
185 verweist jedoch oft auf ein weiteres Feld: B-JK, S. 33
186 Eine Studie aus dem Jahr 1986 ergab: op. cit., Favazza und Conterio
186 Erfolgt die Selbstverstümmelung vor einer anderen Person: *B-JK*, S. 32, 34
186 Diana fügte sich einige Verwundungen: *Pano*, S. 7-8
186 »Gleichgültigkeit habe sie die Klippe hinabgestürzt«: B-AM1, S. 133
186 »An einem Tag glaube ich: B-JD, S. 401 (Brief von Prinz Charles vom 10.10.82 an einen nicht namentlich genannten Empfänger)
186 Nachdem sich Charles mit seinen Vertrauten beraten: ibid.
186 Am 17. Oktober, eine Woche nachdem Charles: ibid., S. 400
187 »beschwert und geschmollt« ... »überraschte viele königliche Ratgeber«: Mi, 18.10.82
187 »zu Tränen gelangweilt«: DS, 19.10.82
187 »Niemand, aber auch wirklich niemand, kommt je zu spät«: Mi, 15.11.82
188 »wann immer es ihm möglich ist«: ibid.
188 den Whitaker später als Dianas Pressesekretär: B-JW, S. 176
188 Sobald ... ihre Schuhe geputzt worden sind: Mi, 15.11.82
188 »ernstlich beunruhigt«: *Sun*, 15.11.82

188 »fit, wohlauf ... und in glänzender Form«: Ti, *DT*, 16.11.82
188 »unvermeidlichen Belastungen«: *MOS*, 21.11.82
188 »Heckenschütze« ... »weitab vom Schuss«: DS, 1.12.82
188 »neue Energie und Schwung«: DEx, 9.12.82
189 »Scheusal« ... »zu dieser Heirat gezwungen hat«: DS, *Sun*, 11.12.82
189 »Ich erfuhr es direkt von«: Interview mit Nigel Dempster
189 »größten Schnitzer aller Zeiten«: NOTW, 12.12.82
189 »die meiste Zeit über den Tränen nahe ist«: NOTW, 23.1.83
189 »Unsinn«: DS, 3.2.83
189 Sprachgebrauch: B-DK, S. 232
190 Sie war verletzt, dass die Presse: Interview mit Michael Colborne
190 »schwer fiel, Kritik anzunehmen«: B-AM1, S. 56
190 »Niemand in meiner Familie wusste von alledem«: ibid. S. 54
190 Der öffentliche Schlagabtausch zwischen Frances und Johnnie: *Sun*, 16.8.82
190 »Ich glaube fest daran, dass Mütter überflüssig«: DM, 24.6.82
190 Johnnie Spencer erklärte seinem Cousin Robert: Interview mit Robert Spencer
190 »Ich weiß, dass die königliche Familie wirkt«: *Ti*, 14.6.83
191 »ein enges Familienmitglied der Prinzessin«: Mi, 16.11.82
191 »Sie erzählte mir, daß damals«: Interview mit James Whitaker
191 »wundervoll beständig«: B-AM1, S. 64
191 »eine Frau brauchte, die er lieben konnte«: Carpenter, S. 223
192 »noch eine Menge zu lernen«: Strong, S. 317
192 »Ruth war über Dianas Verhalten sehr betrübt«: Carpenter, S. 223

# Kapitel 11

193 »Es ist außerordentlich schwierig«: Mi, 18.1.99 (Brief von Prinz Charles vom 13.4.83 an einen nicht namentlich genannten Empfänger)
193 Charles ließ Diana nur selten allein: *DT*, 2.4.83; B-JD, S. 401
194 »niemand auch nur in irgendeiner Weise geholfen«: B-AM1, S. 49
194 In einem Brief an einen Freund aus dieser Zeit: B-JD, S. 402-3 (Brief von Diana vom 1.4.83 an einen namentlich nicht genannten Empfänger)
194 Charles griff rasch ein: *Ti*, 12.4.83
194 Diana bewegte sich zwanglos durch die Menge: B-DK, S. 233
194 »Sie kann wundervoll mit Menschen umgehen«: Mi, 18.1.99 (Brief von Prinz Charles vom 13.4.83 an einen nicht namentlich genannten Empfänger)
194 »Ich wette, es bereitet Ihnen großen Spaß«: *SuEx*, 14.8.83

194 »Die Prinzessin war schlicht und einfach verlegen«: *The Observer*, 17.4.83
195 Während die Menge seine Ankunft mit Applaus begrüßte: *DT*, 2.4.83
195 »Heutzutage kann man einer Frau nicht mehr sagen«: *SuPe*, 27.3.83
195 »seinen Verstand und Glauben zu bewahren«: B-JD, S. 402 (Brief von Prinz Charles vom 4.4.83 an einen nicht namentlich genannten Empfänger)
195 Mitunter verängstigten all die Menschen sie: ibid.
195 »Das entsetzliche daran ist«: ibid.
195 »Überall hörte man bloß«: *Pano*, S. 3-4
195 In einem Brief an einen Freund: B-JD, S. 403 (Brief von Diana vom 1.4.83 an einen namentlich nicht genannten Empfänger)
196 »eifersüchtig«: *Pano*, S. 4
196 »seine Gefühle [an ihr] auslasse«: B-AM1, S. 49
196 »Ich fürchte um Diana«: B-JD, S. 402 (Brief von Prinz Charles vom 4.4.83 an einen nicht namentlich genannten Empfänger)
196 Am schwierigsten war die erste Woche der Reise: B-AM1, S. 29, 143
196 In einem Brief, den Diana in der zweiten Reisewoche: B-JD, S. 403 (Brief von Diana vom 1.4.83 an einen namentlich nicht genannten Empfänger)
196 »Dort waren wir überglücklich«: ibid., S. 401 (Brief von Prinz Charles vom 26.4.83 an das Ehepaar van Cutsem)
196 »Seine Hand lag auf ihrer«: B-DK, S. 241
196 Als Diana Charles zuzwinkerte: DS, 30.6.83
196 »Ist sie nicht einfach wunderschön?«: DEx, 14.8.83
196 Am Ende der Reise flüchteten Diana und Charles: B-DK, S. 241
197 »Es bleibt nicht ein einziger Augenblick«: Mi, 18.1.99 (Brief von Diana vom 6.83 an einen namentlich nicht genannten Empfänger)
197 »Während wir versuchten, ihnen einen Satz zu entlocken«: ibid.
197 »Ich habe William nicht so stark vermisst«: ibid.
197 »sehr geistreich«: *Ti*, 27.6.83
197 »Wenn sie etwas Entsetzliches schreiben«: DEx, 16.6.83
198 »Prinz Charles ist weitgehend für dieses«: Mi, 18.4.83
198 »nun ein großes Mädchen«: DS, 30.6.83
198 »anderer Mensch«: *Pano*, S. 3
198 Sie hatte zumindest zwei Therapeuten aufgesucht: B-AM1, S. 140-141
198 Sie hatte nicht den Eindruck, dass ihre Therapeuten: B-AM1, S. 55
199 »hielten ihre Stimmungsschwankungen an«: B-JD, S. 406
199 »sie stundenlang tröstete und ihr Mut zusprach«: NOTW, 23.10.83
199 Im Februar 1984 unternahm Diana erstmals allein: DEx, 2.2.84; NOTW, 12.2.84

199 wurde Schirmherrin von sieben neuen Organisationen: *Ti*, 28.12.83
199 »beschloss, dass wir getrennten Verpflichtungen«: *Pano*, S. 12
199 »Die Kombination von Stil und Ausstrahlung: *WO*, 7.1.84
199 Sie besaß ein lebhaftes Interesse an Mode«: Interview mit Felicity Clark
199 Zu Beginn ihrer Ehe: B-JD, S. 359, 477
200 Stundenlang konnte sie sich dieser Aufgabe widmen: B-WB, S. 24
200 »Modekönigin«: *SuPe*, 4.3.84
200 »die sehr jungen, sehr alten und kranken Menschen zu besuchen«: *Ti*, 28.12.83
200 »Ich glaube, für ihn war ich immer«: *Pano*, S. 13
201 erstreckten sich jedoch lediglich über einen Zeitraum: *DT*, 20.10.98
201 »Sie verstand nicht, dass es ihre Pflicht war«: Interview mit Michael Colborne
201 »überaus verständlich war, dass [Diana]: B-SB, S. 235
201 einige wurden aufgrund von Dianas Missfallen: B-JW, S. 193; *DM*, 27.5.83
201 »nervös«: *Sun*, 29.3.82
201 Diana einen Angestellten ins Vertrauen zog: B-JD, S. 360
202 es bekümmerte ihn, dass Diana ihn zwang: ibid., S. 406
202 gewisse Freunde gehen mussten: *McCall's*, 10.84
202 Ähnlich unnachgiebig zeigte sich Diana: B-JD, S. 406; *DT*, 20.10.98
202 »Reichen Sie den Portwein weiter, es ist nicht meine Sorte«: *VF*, 10.85
202 oder sie in anderer Weise boykottierten: B-JD, S. 399
202 So wandte sie sich gegen die Romseys: B-PJ2, S. 102
202 Wegen der Peinlichkeit der Situation: B-JD, S. 406
203 Als die Presse Diana einst: *DM*, *DS*, 28.9.85
204 »Ich habe mich seit dem ersten Tag nicht wohl gefühlt«: *DEx*, 24.3.84; *SuTel*, 30.12.84
204 »Es war ein gutes Jahr«: Interview mit Michael Colborne
204 Obwohl ein Kindermädchen in der Residenz: *McCall's*, 10.84
204 »etwa eine halbe Stunde lang sehr energisch schwamm«: ibid.
204 »Die Königin könnte mit ihrer Schwiegertochter«: *Sun*, 12.4.84
204 Charles hatte seinen eigenen gefüllten Terminkalender: B-JD, S. 407–413
204 »in der Zurückgezogenheit einer normalen Ehe«: ibid., S. 405–406
205 Charles war dafür bekannt: *DT*, 6.11.98
205 »eine ganze Menge Tiara-Veranstaltungen«: *Mi*, 18.1.99 (Brief von Diana von 6.83 an einen namentlich nicht genannten Empfänger)
205 »gelegentlich einen Schreib- oder Grammatikfehler«: B-MR, S. 89
206 »Was ist geschehen, nachdem ich weggegangen bin?«: B-SB, S. 146

206 »erstaunliches Team«: Interview mit David Puttnam
206 »dass sie Stärken und Schwächen hatten«: ibid.
206 »langen Blick und raschen Kuss«: DEx, 30.7.84
206 »Gespräche steuert«: *Sun*, 12.4.84
206 »Das königliche Paar hatte eindeutig«: Andrew Neil, *Full Disclosure* (1997), S. 256
207 »Daraufhin begann sie lebhaft zu erzählen«: Interview mit Andrew Neil
207 Sie war erschüttert über den Tod ihres Onkels: DM, 21.8.84; DEx, 23.8.84
207 »Ich kann es nicht ertragen, fern von ihm zu sein«: Mi, 18.1.99 (Brief von Diana vom 24.8.84 an einen namentlich nicht genannten Empfänger)
207 erklärte sie jedoch später, dass sie und Charles: B-AM1, S. 51
207 hielt das Geschlecht ihres Kindes jedoch geheim: ibid.
207 auf ein Mädchen »hoffe«: DEx, 24.3.84
207 »nett wäre«, ein Mädchen zu bekommen: *Ti*, 28.3.84
208 dass Charles nie aufgehört habe, Camilla zu treffen: B-JD, S. 399
208 sie mit Charles übereinstimme, dass die Affäre mit Camilla: *Pano*, S. 14
208 Damals wusste ich bereits, dass er zu seiner Geliebten: B-AM1, S. 51
208 »O Gott, es ist ein Junge«: ibid.

# Kapitel 12

209 »glücklichen Zeiten«: B-JD, S. 406
209 »Professionelle Diana-Beobachter erklären«: *SuTel*, 30.12.84
209 »großartiger Form«: *SuMl*, 3.2.85
209 stillte sie Harry nahezu drei Monate: B-AM1, S. 53
209 So stand sie frühzeitig auf, schwamm täglich: ibid., S. 57
210 »sie ihn zu besitzen versuchte«: B-JD, S. 367
210 Während der Jagdsaison des letzten Jahres: DS, 21.3.84
210 rau und langweilig: *Sun*, 13.8.86
210 Diese Abneigung verstärkte sich an dem Tag: *Sun*, 17.7.84
210 »überaus wichtig für mein körperliches«: Zeitschrift *Polo*, Januar/Februar 1998, S. 52
210 Nach Harrys Geburt ersuchte Diana Charles: B-JD, S. 434, 477
210 Später erklärte Diana, dass Charles: B-AM1, S. 53
211 Als Charles in einem Zeitraum ... lediglich 15 öffentliche Auftritte: B-PJ2, S. 119
211 »Höhepunkt königlicher Produktivität«: DEx, 23.1.85
211 »keine Zweifel daran, dass ihn die Prinzessin von Wales«: DEx, 10.1.85

211 zu seinem Rücktrittsentschluss beigetragen: NYT *Magazine*, 21.2.88; B-JD, S. 434
211 »Ich werde dafür bezahlen müssen«: DS, 25.1.85
211 »schwächlicher Wicht«: DS, 24.2.85
212 »wahre Herrscherin«: NOTW, 3.2.85
212 »echten Pantoffelhelden«: *Sun*, 4.2.85
212 »Primadonna«: ibid.
212 »Höhenflügen des menschlichen Geistes«: DM, 27.4.85
212 zu einer engeren Kameradin von Charles: ibid.
212 Diana war keineswegs begeistert: B-JD, S 431
212 »Pass auf deinen Kopf auf«: DM, 27.4.85
212 aber er verbarg seine Unsicherheit: B-JD, S. 431
212 »Secondhand-Rosa«: Jayne Fincher, *Diana: Portrait of a Princess* (1998), S. 84
212 »stillos«: DS, 23.4.85
212 »abscheulicher Hüte«: *VF*, 10.85
212 überraschte sie mit stets kühneren Schwelgereien: DS, 21.3.85; *Sun*, 27.3.85
213 »verkehrt herum«: *Sun*, 4.12.85
213 »bedeutet der Titel einer Prinzessin mehr«: *Ti*, 23.3.85
213 »Sie fragte: ›Warum sagen sie nicht‹«: Interview mit Roberto Devorik
213 Colborne war beiden Ehepartnern eine solide Stütze: B-JD, S. 296, 435
213 Während sich Charles auf einer Öffentlichkeitsrunde: Interview mit Michael Colborne
213 »Spannungen und Zerrissenheit«: B-JD, S. 434-435
214 »Beide traf meine Kündigung hart«: Interview mit Michael Colborne
214 »Katastrophe«: *Strong*, S. 361-362
215 »eiserne Maus«: *VF*, 10.85
215 »Unsinn«, *Sun*, 28.9.85
215 »snobistische *Vanity Fair*«: DS, 28.9.95
215 »erstaunlichen«: DM, 27.9.85
215 »verblüffenden«: *Sun*, 28.9.85
215 »abscheulichen«: DM, 28.9.85
215 »törichten Klatsch«: Mi, 2.10.85
215 »königlicher Weichling«: NOTW, 29.9.85
215 »›Die brüllende Maus‹ wohl eine Wirkung hatte«: Interview mit Deidre Fernand
216 »O Gott, ... nun, ... äh ... ich drücke die Daumen«: *Newsweek*, 26.10.85
216 Attenborough lehrte Diana: Mi, 17.10.85; DM, 24.4.89

216 f. »Selbstverständlich. Man fühlt sich ... Nein, wir nicht«: DM, 21.10.85; Mi, 21.10.85 »freundschaftlicher Krach«: DM 21.10.85
217 »Was für ein fantastisches Prinzenpaar«: Mi, 21.10.85
217 »Di und Charles sind heftig ineinander verliebt«: *Sun*, 21.10.85
217 »ein unglaubliches Dekolleté«: B-JD, S. 471 (Brief von Prinz Charles vom 13.11.85 an einen nicht namentlich genannten Empfänger)
218 Ihre vierminütige Nummer: Mi, 23.12.85; DS, 24.12.85
218 »provozierend und sinnlich«: *People*, »The Diana Years« (1997), S. 115
218 »fantastische« Tänzerin: *Hello!*, 29.11.85
219 Charles war dazu übergegangen: B-JD, S. 480
219 Die Wiederannäherung an Kanga: DM, 24.10.85; SuPe 2.6.86
219 »gelb vor Eifersucht auf Camilla«: Interview mit Nicholas Haslam
219 »Zwischen Camilla und Kanga herrschte in den achtziger Jahren«: Interview mit Stuart Higgins
219 Er war ein unwahrscheinlicher Kandidat: B-WB, S. 25
220 »die Liebe meines Lebens«: Anthony Holden, *Charles: A Biografy* (1998), S. 204
221 Mannakee war von seinem vorgesetzten Sicherheitsoffizier: B-WB, S. 25
221 Diana traf sein Abschied jedoch schwer: Holden, S. 198-199
221 »Ich will [Diana] nicht nachspionieren oder«: B-JD, S. 482 (Brief von Prinz Charles vom 11.2.87 an einen nicht namentlich genannten Empfänger)
221 »Es war kein besonderes Ereignis ... löste sich ihre Ehe langsam auf«: B-JD, S. 477-479
222 »[ihr] allmählich seine Unterstützung entzog«: ibid., S. 479
222 »Fledermausohren«: *Sun*, 7.5.86
222 »Plastiklächeln«: Mi, 8.5.86
222 »Ich wusste nichts über Bewusstlosigkeit«: B-AM1, S. 45
222 »Mein Mann schimpfte mich aus«: ibid., S. 55-56
222 »Selbst wenn sie zusammen waren, waren sie getrennt«: B-JD, S. 480
222 folgten einem unterschiedlichen Rhythmus: Die Beschreibung der häuslichen Auseinandersetzungen zwischen Charles und Diana basieren auf vertraulichen Interviews sowie: 13.8.86; B-WB, S. 5, 12, 28, 35, 43, 45 und 53
223 »Verzweiflung«: B-JD, S. 480 (Brief von Prinz Charles vom 18.11.86 an einen nicht namentlich genannten Empfänger)
223 »Ich habe nie geglaubt, dass es so enden würde«: ibid., S. 481 (Brief von Prinz Charles vom 11.2.87 an einen nicht namentlich genannten Empfänger)
223 »Wärme, Verständnis und Beständigkeit«: ibid.

224 »durch Menschen, denen unsere Ehe etwas wert war« ... »wusste«: *Pano*, S. 14
224 doch schon bald erriet auch das übrige Personal: B-WB, S. 12, 57; B-PJ2, S. 103
224 »sich das Verhalten [ihres] Mannes änderte«: *Pano*, S. 15
224 »einer bestimmten Frau«: B-PT, S. 25
224 »Es schmerzt zu wissen«: B-JD, S. 479 (Brief von Prinz Charles vom 11.3.87 an einen nicht namentlich genannten Empfänger)
224 »dem ganzen königlichen ›System‹«: B-PT, S. 28
224 »Charles nicht länger wegen seines Kontaktes«: ibid., S. 29, 33
225 »ziemlich niederschmetternd«: *Pano*, S. 14
225 »zu Tode gefürchtet hatte«: B-AP, S. 121
225 »verbrachte die gesamte Zeit über ... wie ich es nutzen oder sichtbar machen sollte«: B-AM1, S. 50-51
225 »Sie war ständig den Tränen nahe ... in schlechter Stimmung«: B-SF, S. 98
225 Richard Foster in 16 Stunden ein Gemälde: *Hello!*, 22.11.97
225 »Sie war bis in die Fingerspitzen gespannt«: ST, 1.11.98
226 »nach fünf Ehejahren ... sie aufzuklären«: B-AM1, S. 54-55
226 »Er verabreichte mir lediglich eine Tablette«: ibid., S. 56
226 Nach Aussage eines Dieners von Balmoral: B-WB, S. 49
226 »Die Freunde meines Mannes behaupteten«: *Pano*, S. 15
227 »Diana, die Kupplerin«: B-SF, S. 69
227 gefördert von Diana und Charles: Mi, 24.12.85; B-WB, S. 38
227 Einmal erklärte sie, ihre angeheiratete Familie beraube sie: B-AM1, S. 61, 64
228 »mich zu verletzen versuchte«: B-AM2, S. 65
228 »[Charles'] Großmutter sieht mich immer«: *Sun*, 24.8.92
228 »Diana sagte mitunter«: Interview mit Roberto Devorik
229 »etwas beunruhigte«: B-AM1, S. 53
229 kam zunächst gut mit Diana zurecht: B-WB, S. 33, 109
229 »verärgert«: DM, 23.01.85; DEx, 22.12.84
229 »Ihre königliche Rüdheit«: *Time* 28.2.83
229 »an ihrem Käfig rüttelte«: B-AM1, S. 54
230 »fuchsteufelswild und hielt sich nicht zurück«: Mi, 24.3.82
230 »niedrigen Landadel mit ein wenig altem Geld«
231 »tauchte [Fergie] aus irgendwelchen Gründen auf«: B-AM1, S. 58
232 »mich befreite«: B-SF, S. 3
232 »Ich war robust, fröhlich und nicht zu hochgestochen«: ibid., S. 97-98
232 »Warum kannst du nicht ein wenig mehr sein wie Fergie?«: ibid.

232 »Für Diana muss es die Hölle gewesen sein«: ibid., S. 75
232 »Diana hatte den Eindruck, die Königin«: Interview mit Roberto Devorik
232 »Unsere gemeinsamen Interessen«: B-SF, S. 97
232 Mit dem Lob für ihre Schwägerin ... »vielleicht sollte ich doch werden wie Fergie«: B-AM1, S. 58
232 »der Hit des Monats«: B-SF, S. 119
233 »festen Rückhalt«: Mi, 15.5.86
233 »nahezu besessen ist von ihrem Aussehen«: DEx, 8.5.86
233 »kalten Gleichgültigkeit auf ihrem Gesicht«: Mi, 15.5.86
233 »Ich weiß nicht, warum all diese Geschichten kursieren«: *Sun*, 10.5.86
233 »Es ist einerlei, was ich esse«: DS, 3.7.86
233 »Fastenkuren und Festessen«: *Sun*, 12.5.86
233 »tränenreiche Selbstzweifel«: NOTW, 11.5.86
234 »Ein wenig spanische Sonne genügt«: NOTW, 10.8.86
234 »Sie verleben eine großartige Zeit!«: *SuPe*, 10.8.86
234 »Jüngste Sorgen um Hungerkuren sind gebannt«: *To*, 11.8.86
234 »all jene Dinge gewährten, die sie genießt«: *Sun*, 13.8.86
234 »Ich weiß nicht, ob es an schlechter journalistischer Forschungsarbeit lag«: Interview mit Stuart Higgins
234 »Charles mit Kanga [Tryon] stundenlange Telefonate führt «: NOTW, 3.8.86
234 Charles gab Diana einen leichten Klaps: NOTW, 3.8.86; *Sun* 13.8.86
235 »Diana bekam ständig Kicheranfälle«: DM, 24.9.86
235 »Ich habe meine Zwischenabschlussprüfungen«: ibid.
235 »Ich komme einfach und spreche«: *NYR Magazine*, 21.2.88

# Kapitel 13

236 Im November 1986 lud Diana den Hauptmann: Die Beschreibung von Dianas Liebesaffäre mit James Hewitt stammt vorwiegend aus dessen »erzählten« Memoiren, die in Anna Pasternaks Buch *Princess in Love* aufgenommen sind.
236 »als gebe es keine andere Frau«: DET, 7.4.98
237 Diana und Charles hatten eine erfolgreich Reise: DM, 22.11.86
237 »Es war nicht gerade eine typische Verführungsszene«: DEx, 3.9.98
237 »Charles hatte eine Beziehung zu Camilla«: DM 28.11.98
237 »Ich suche in Männern immer das Unerreichbare«: *Sun*, 12.1.98
237 das er zu kompensieren versuchte: DM, 28.11.98
238 »Ich konnte nicht lesen und fürchtete«: ibid.
238 Während seiner Schulzeit betrieb Hewitt Sport: ibid.

238 »Er verlor sein Vertrauen in Menschen«: B-AP, S. 55
238 die sich später als seine »Verlockung« bezeichnete: DT, 7.4.98
239 »lange im Flüsterton mit der Prinzessin telefonierte«: ibid.
239 »Sie verschränkte ihre Finger für einen Augenblick«: B-AP, S. 86
239 der in Oxford ausgebildeten Autorin »vertraut«: DEx, 3.9.98
239 »entfernt aus der Gesellschaft«: Zeitschrift *You*, 20.9.98
239 wurde es allerorts wegen seiner übersteigerten Prosa verspottet: DEx, 3.9.98
239 »Ja, ich schwärmte für ihn«: Pano, S. 27
239 »Fakten«: ibid., S. 26
239 »eine Menge Fantasie«: ibid. S. 27
239 »Sie wusste, dass irgendwo«: B-AP, S. 75
239 »Dank James Hewitts unerschütterlicher Zuneigung«: ibid., S. xiii
240 »verbrachte [Diana] nachts im Bett zahlreiche Stunden damit«: ibid., S. 87-88
240 »Ich war mit ihr zusammen«: DM, 28.11.89
240 »Erlösung von den Spannungen«: B-AP, S. 34
240 »emotionale Achterbahnfahrt«: ibid., S. 171
240 saß sie zu Beginn schweigend: ibid., S. 156
240 »heftiger Verzweiflungsanfall«: ibid., S. 171
240 »traf sie wie eine Zurückweisung«: ibid., S. 170
240 »noch nie einen Menschen so verstört«: ibid., S. 138
240 »Sie fühlte sich oft, als stünde sie als Beobachter«: ibid., S. 142
240 »Mangel an Beherrschung ... anscheinend unstillbarer Heißhunger«: ibid., S. 117
241 war es ihm unmöglich, ihr anzuvertrauen: ibid., S. 124-125
241 »Ich betrachte Depression als Schwäche«: DM, 28.11.98
241 »Einige gehen zum Psychiater oder nehmen Drogen«: DEx, 3.9.98
241 Diana zeigte ihre Zuneigung zu Hewitt: DM, 18.7.91; ES, 13.9.92
241 »von Kopf bis Fuß eingekleidet«: *Sun*, 24.8.92
242 Mindestens ein Dienstmädchen war besorgt: B-WB, S. 87
242 »alles versuchen würde, um ihn wiederzugewinnen«
242 »einen Versuch anderer darstellten«: Interview mit David Puttnam
242 Von nun an erzählte sie Hewitt, dass sie Charles hasste: B-AP, S. 127
242 Wenn die Gäste eintrafen, blieb sie oben in ihrem Zimmer: B-WB, S. 66
242 »Das ist das eigentlich Quälende an dieser Situation«: B-JD, S. 477 (Brief von Prinz Charles vom 24.10.1987 an einen nicht namentlich genannten Empfänger)
243 auf jede grundlegende Form von Höflichkeit verzichteten: NOTW, 20.9.87

243 »zu einer Besessenheit geworden ist«: B-AP, S. 160
243 und zog sich dann in ihr Zimmer zurück: B-WB, S. 69
243 »größten Geschichte aller Zeiten auf der Spur«: R & R-Doc, Teil II, S. 24
243 »eine Version der Tatsachen«: B-JD, S. 574
243 Der erste bedeutende Hinweis: DEx, DS, DM, 12.2.87
243 »einander das letzte Mal als Mann und Frau nahe gewesen«: B-AM1, S. 50
243 Charles hatte die Jagd wiederaufgenommen: NOTW, 28.12.86; DT, 28.8.86
244 veranlasste Diana, ihm vorzuwerfen: B-JD, S. 483
244 deuteten einige Zeitungsberichte ungerechter- und fälschlicherweise an: ibid., S. 482; DM, 19.10.87
244 »im Schatten der Prinzessin stand«: B-JD, S. 476
244 »Im Augenblick kann ich am Ende eines äußerst erschreckenden Tunnels«: ibid., S. 483 (Brief von Prinz Charles vom 24.10.1987 an einen nicht namentlich genannten Empfänger)
244 »nicht imstande war, das Elend seines Privatlebens«: ibid., S. 476
244 »So entsetzlich und niederschmetternd es auch ist«: ibid., S. 480
244 versuchte, Charles zu überreden: B-WB, S. 46-47
245 »Die Tatsache, dass sie sich nur ihrer Verantwortung«: B-AP, S. 142
245 selbst verletzt ... um die Schäden zu verbergen«: B-PJ1, S. 137
246 »Sie wirkte wie der strahlende Morgen«: TNY, 15.9.97
246 »würdelos«: DM, 18.2.87
246 »schwarzen Geliebten«: ST, 23.9.90
246 lächelnd wohnte sie einer Parade von Kadetten: B-PT, S. 44, B-SF, S. 124
246 »sexy« Diana ... »griesgrämigen« Charles: DS, 23.2.87
246 war Dianas Bulimie erneut ausgebrochen: B-AP, S. 144-145
247 David Waterhouse und Philip Dunne: SuPe, 28.6.87; DM 2.11.88; MOS, 17.2.91
247 »mysteriösen dicken Mann«: NOTW, 28.6.87
247 »stürmte er davon«: ibid., S. 21.6.87
247 »wirkte er beleidigt«: DM, 21.6.87
247 Die Boulevardpresse verurteilte Diana als »flirtsüchtig«: *Sun*, 23.6.87
248 »Wir haben *keine* Affäre«: ibid.
248 »häufigen Besucher im Kensington Palace«: B-JD, S. 481
248 Waterhouse besuchte Diana auch in Highgrove: B-WB, S. 82
248 »ihm wieder und wieder versichern«: B-AP, S. 260
248 Dies verärgerte vor allem Charles: B-JD. S. 476, 482

248 beschuldigte Diana, die Presse zu ermutigen: B-WB, S. 60
248 »wahren Hurrikan selbstgerechten, belehrenden, überkritischen Geschwätzes«: B-JD, S. 483 (Brief von Prinz Charles vom 24.10.1987 an einen nicht namentlich genannten Empfänger)
248 Sie verbrachten mehrere Wochenenden: B-WB, S. 78, 80; SuMi, 14.2.88
248 Eine Beratergruppe um Charles skizzierte die Bedingungen: NYT *Magazine*, 21.2.88
248 »Disco Di« und *femme fatale*: DM, 25.9.87
248 »Schnitzern ... und den Kampf einstellen«: B-AM1, S. 64
249 »die wahre Diana Spencer wiederzuentdecken«: ibid., S. 157
249 »vergleichsweise zivilisierten ›Raum‹«: B-PT, S. 52
249 »Nach fast einem Jahr zeigten sie sich erneut in strahlender Form«: SuMi, 14.1.88
249 »seine Frau liebevoll betrachtete«: DM, 27.1.88
249 »sie nun zutiefst und bitterlich hasste«: B-AP, S. 166
249 erschienen sie ihrem Personal ruhiger: B-WB, S. 84
249 »Verschlechterung gegenüber ihrer üblichen Melancholie«: B-AP, S. 185
249 Der Prinz handelte heldenhaft: Ti, 12.3.88
250 »Er stieß mich einfach zur Seite«: B-PT, S. 61
250 »in jeder nur erdenklichen Weise unzulänglich zu sein«: ibid.
250 »Wir trauerten mit Prinz Charles«: DEx, 15.3.88
250 »Damit erwachten allmählich die Eigenschaften«: B-AM1, S. 161
251 In England weinte sich Diana bei Hewitt aus: B-AP, S. 186
251 Wütend beschuldigte sie ihn: ibid., S. 191
251 »schönste Frau auf Erden ... selbstverständlich attraktiv«: ibid., S. 193
251 Weder ihre Haut noch ihre Zähne hätten ... hätten Schaden genommen: B-AM1, S. 61
251 bemerkten einige Menschen aus ihrem Umkreis«: Interview mit William Haseltine
251 »quälend dünn und nahezu hager«: To, 25.3.88
251 erwachte Diana plötzlich: B-AM1, S. 61
252 »sehr nett und einen echten Schatz ... vier oder fünfmal«: ibid.
252 »wie neugeboren«: ibid.
252 »ein Ende fand«: ibid., S. 60
252 dass sie auch 1990 noch an den Symptomen ... gelitten habe: ibid., S. 61
252 erst nach einem sechswöchigen Krankenhausaufenthalt überwand: WO, 8.4.78

# Kapitel 14

253 »Sie fragte nie, ob sie mich störte«: *Sun*, 15.1.98
253 »neigte dazu, sich mit Menschen zu umgeben«: B-PT, S. 207
253 »von einer Person zur anderen eilt in der Hoffnung«: B-JK, S. 78
254 »mir augenblicklich all ihre Probleme enthüllte«: *Sun*, 15.1.98
255 »leicht zu entwaffnen ... sich sich bereitwillig von Personen mit starkem Charakter dominieren lässt«: B-AM1, S. 208
255 »Was wird mit mir geschehen?«: *Sun*, 15.1.98
255 »[der Astrologie] nicht vollständig vertraue«: B-AM1, S. 66
255 »Sie wurde nicht von jeder Vorhersage beherrscht«: ibid., S. 200
255 »zu gewissen Zeiten war ihr Glaube hingegen allumfassend«: ibid., S. 237
255 »eine Wandlung durchmachen würde«: *Sun*, 24.8.92
255 »einen starken Willen besitzt ... innere Stärke«: Rita Rogers, *From One World to Another*, (1998), S. 246
255 glaubte Diana, ... zu kommunizieren ... »verrrückt«: B-AM1, S. 65-66
255 »starke emotionale Probleme«: B-RK, S. 148
255 »Während einer Lesung betonte ich«: ITV-Doc
255 Vier Jahre lang besuchte die Energieheilerin: B-RK, S. 148
255 »Wagenladungen negativen emotionalen Mülls«: B-SS, S. 19
255 »selten jemanden getroffen zu haben«: ibid., S. 18
255 Sie pflegte acht Stunden: ibid., S. 34
255 »immer im Vollbesitz ihrer geistigen Kräfte«: ibid., S. 19
255 Die Prinzessin behauptete, Déjà-vu-Erlebnisse: B-AM1, S. 66
255 »Es klingt ein wenig verrückt«: *Sun*, 24.8.92
255 in einem früheren Leben eine Nonne: B-AM1, S. 243
255 während sie Penny Thornton erzählte: B-PT, S. 79
255 Sie sprach von Stimmen: B-AM1, S. 34, 62
255 »seltsamen Gefühl ... fallen würde«: ibid., S. 29
255 »visualisieren ... imaginären Kamin zu verbrennen«: B-AM2, S. 14
255 »alle Aggressionen aus mir hinauszuspülen«: ibid.
255 dass sie zur gleichen Zeit in unterschiedlichen Räumen: B-SS, S. 132
255 »mit Hilfe einer sonderbaren Mixtur«: Interview mit Kent Ravenscroft
255 »hilft mir, ruhig und entspannt zu bleiben«: B-RK, S. 148
256 »hatte sie tatsächlich einen Tiefpunkt erreicht«: SuEx, 5.7.92
257 eine Essstörung, die der chinesischen Lehre zufolge: DM, 24.2.98
257 da Untersuchungen erbrachten: WP, 13.10.98
257 »nur um mir zu erzählen, was sie heute erlebt hatte«: Rogers, S. 241
257 »Vor allem benötigte sie jemanden«: *Sun*, 15.1.98

257 »unterstützte und liebte ... waren sich nicht bewusst«: Pano, S. 8
257 »neue königliche Rolle geschaffen hatte«: DEx, 14.11.89
258 »Ich sehnte mich nach dem Gefühl«: SuTe., 7.9.97
258 »den härtesten Kampf ihres königlichen Lebens«: SuEx, 25.8.91
259 »Diana war Adrian ... eine gute Freundin«: Interview mit William Haseltine
259 »Sie war überaus nervös«: Interview mit Michael Adler
259 »Wir hoffen, dass die Eröffnung der Abteilung«: DEx, 10.1.87
259 »Prinzessin Diana sollte einem Aids-Kranken«: Mi, 29.1.87
260 »Die gesamte Angelegenheit war überaus sorgfältig geplant«: Interview mit Michael Adler
260 »Ich vertiefte mich immer mehr in das Schicksal«: Pano, S. 4
260 »Die mitfühlende Prinzessin hat sich mit vollem Einsatz«: To, 24.5.88
260 »besonneneren und unabhängigeren Prinzessin«: ST, 25.9.88
260 »ganz und gar selbständige neue Prinzessin«: DM, 25.1.89
261 250 Veranstaltungen im Jahr 1988: DM, 10.6.89; Sun, 9.6.89
261 »Ich sage zum Beispiel, ›Haben Sie dies oder jenes gesehen?‹«: B-AM1, S. 66
261 »Wenn ich sie bei einer Veranstaltung ... traf«: Interview mit Michael Adler
262 »ihre öffentliche Funktion hervorragend erfüllte«: Interview mit William Haseltine
262 »Ich schrieb ihr die ungeheuerlichsten«: ITV-Doc
262 »Sie setzte sich wirklich sehr ein«: To, 24.5.89
262 Auf ihrem Nachttisch lag sogar eine Ausgabe: *Sun*, 16.4.91
263 »Einigen Menschen fällt es schwer«: DT, 17.6.89
263 »verließ sich vollkommen auf ihre Intuition«: Sutel, 7.9.97
263 »Sie hatte eine starke Ausstrahlung«: Interview mit Michael Adler
263 »Heute morgen traf ich in abscheulicher Stimmung ein, und nun fühle ich mich überglücklich«: *Requiem: Diana, Princess of Wales, 1961–1997: Memorys and Tributes* (1997), hg. von Brian MacArthur, S. 107
264 »fühlte sie sich häufig machtlos«: *Sun*, 15.1.98
264 »wusste sie genau, was sie tun oder sagen sollte«: Interview mit Cosima Somerset
264 »offener, verletzlicher und weit wirklicher«: Pano, S. 4
264 »Verliererin«: B-SF, S. 138
264 »in der Fleet Street die Stelle des ›bösen Mitglieds des Königshauses‹ frei«: ibid., S. 137
264 »entsetzlich ... haarsträubend, rüde«: ibid., S. 138
264 »Duchess of Pork!« (Herzogin des Schweinefleisches): ibid., S. 143

264 als ihr Vater ... Sexsalon gesichtet wurde: To, 23.5.88
265 »heimeligen intimen Atmosphäre«: B-SF, S. 110
265 Abgesehen von seinem Gehalt von 35.000 £: B-SF, S. 158-159
265 Diana und Charles hingegen: B-JD, S. 614-615
265 Auf diese Weise häufte sie einen sechsstelligen Schuldenberg: B-SF, S. 159
265 »graue Männer«: ibid., S. 149
265 »hoffnungslos launenhaftes«: ibid., S. 154
265 In einem Gespräch mit ihrem Freund: Sun, 24.8.92

## Kapitel 15

267 Da jeder längere gemeinsame Aufenthalt zu Spannungen: B-WB, S. 86, 92-94, 107-109, 120
267 »Es war sehr schwierig«: I-FSK
267 »Die Medien stürzten sich auf [Diana]«: MOS, 9.3.97
268 »Sie haben sämtliche Männer Frankreichs verführt«: Sun, 9.11.88
268 »Verlockungstanz«: DM, 11.11.88
268 »Die Waage ist wieder ausgeglichen«: TV Times, 11.11.89
268 »Triumphzug«: SuPe, 13.11.88
268 »Katastrophe ... nicht einen Blick geschenkt«: SuPe, 17.3.91 (als Verfasser des Artikels wurde »Frances Cornwell« angeführt, eines von James Whitakers Pseudonymen).
268 »hielt sie sich tapfer«: B-AP, S. 195
268 »zum Wohl der Monarchie und ihrer Kinder«: TNY, 15.9.97
268 »schmerzlichen Emotionen und Gedanken«: SuEx, 5.7.92
269 »Anwesenheit von Camilla«: Sun, 12.1.98
269 »eine innere Stimme sagte: ›Tu es einfach!‹«: B-AM1, S. 62
269 »berühmteste Wohlfahrtsmutter der Welt«: Ti, 2.3.89
269 »Di-vine«: Gua, 13.2.89
269 »den Kopf hochzuhalten ... ihren Teil zu tun«: B-AP, S. 206
269 »die ganze Zeit kleine Nadelstiche versetzte«: B-AM1, S. 62
270 »als wären wir die besten Freunde«: ibid., S. 63
270 Sie sei sich bewusst, »im Weg«: ibid.
270 »Das war ... die sieben Jahre lang aufgestaute Wut ... dass ich dich liebe«: ibid.
271 »Einige Wochen lang fühlte sie sich wohler«: B-AP, S. 144
271 als sie Hewitt zur Feier ... nach Althorp einlud: ibid., S. 197-203
271 Diana empfand seine Haltung als Zurückweisung: ibid., S. 220

271 »Sie liebte mit unvergänglicher Liebe«: Interview mit Paul Johnson; *Memoirs of Cardinal de Retz*, Band 1, s. 150-151
272 »ihr jeweiliges Liebesleben sprachen«: B-AM1, S. 188
272 »bei einem heimlichen Treffen spätabends«: SuPe, 29.10.89
272 »Es ist nicht leicht für die Prinzessin«: To, 31.10.89
273 »Darling«: Die Beschreibung von Gilbeys Gespräch stammt aus der Abschrift, die in der *Sun* am 24.8.92 veröffentlicht wurde. Der Hinweis, »mit sich selbst zu spielen«, wurde nicht in die Niederschrift der *Sun* aufgenommen, fand sich aber in B-JW, S. 89.
274 »ehebrecherische Beziehung«: Pano, S. 22
274 Die Aufzeichnung enthält keinerlei Verbitterung wie die Dianas: Die Beschreibung des Gesprächs mit Camilla stammt aus der am 17.1.93 veröffentlichten Abschrift des *Sunday Mirror*
275 »Heiligen Diana«: DEx, 14.11.89
275 »Zum ersten Mal konfrontiert mit dem Grauen«: SuMi, 5.11.89
275 »verschließt ihre Augen«: DEx, 11.7.90
275 »Hitzewelle-Frisur«: DS, 25.7.90
275 Artikel von Andrew Morton: ST, 17.6.90
275 »schlecht informiert«: ES, 26.6.90
276 Solange er sich im Krankenhaus aufhielt: DM; 30.6.90, 5.9.90
276 »beiseite gefegt«: B-PT, S. 76
276 Camilla zählte zu den häufigen Besuchern: B-WB, S. 125-126
276 »aus seiner düsteren Stimmung zu locken«: To, 22.10.90
276 »in ihrer Ehe ein liebevolles Zuhause gefunden«: ST, 23.9.90
276 »Berichte im Erpresserstil«: NOTW, 30.8.92
277 »Ich wusste von Charles und Camilla«: Interview mit Max Hastings
277 Während der Weihnachtsfeiertage: B-WB, S. 134-135
277 »Wir gingen sämtliche genannte Personen durch«: Interview mit Stuart Higgins
278 »Die Herausgeberin Patsy Chapman wollte«: Interview mit Andrew Knight
278 »Unzweifelhaft kannte Diana den Inhalt«: Interview mit Stuart Higgins
278 »aus [Dianas] unmittelbarer Nähe«: Interview mit Richard Kay
278 Seit der irakischen Invasion in Kuwait: B-WB, S. 130, 136
278 Den gesamten Herbst über hatte sie Hewitt: B-AP, S. 224, S53
279 schrieb ihm Diana Briefe: ibid., S. 235, DM, 2.4.98
279 »lange, fließende Briefe«: B-AP, S. 235-236
279 »nun endgültig versuche, sich selbst zu begreifen«: ibid., S. 239
279 »die Wahrheit über Charles und Camilla«: ibid., S. 251

270 In ihren Gedanken über ihre Ehe schwankte Diana: ibid., S. 263
279 »Irgendetwas muss mit dieser Ehe geschehen«: ibid., S. 252
279 »fassten wir erstmals den unaussprechlichen Gedanken in Worte«: B-SF, S. 187
279 »Grund zur Sorge«: DM, 17.2.91, 25.2.91
280 als dieser Diana am Telefon erreichte: B-AP, S. 262
280 seine ehemalige Freundin: SuMI, 17.3.91; ES, 2.7.91
280 »Diana kann es sich nicht leisten«: Mi, 18.3.91
280 Als Hewitt ... nach England zurückkehrte: B-AP, S. 270-271
280 »zurückgewiesen ... missbraucht«: ibid., S. 274
280 »Sie hörte einfach auf, mich anzurufen«: DEx, 3.9.98
280 »blitzte die alte Magie wieder auf«: SuEx, 14.7.91
280 »vereinten Front gegenüber der Welt«: SuMi, 28.4.91
281 »Als ich einstieg, lachten Diana und Prinz Charles«: Interview mit William Reilly
281 »sehr angespannt war. Die Ehe steckte in einer Krise«: DM, 15.1.98
282 »Wenn sich Charles mit einem afrikanischen Staatsoberhaupt traf«: Interview mit Andrew Neil
282 »oftmals als Ersatzvater auftreten muss«: DM, 4.4.91
282 »Charles besteht darauf«: Mi, 13.4.91
283 »Impressionsfraktur«: Mi, 4.6.91
283 Da beschloss Charles: B-JD, S. 576
283 »Nachtwache am Krankenbett«: Mi, 4.6.91
283 »eine Schädelfraktur keine Belanglosigkeit ist«: *Sun*, 5.6.91
283 »Phantomvater«: DEx, 5.6.91
283 »Das erschöpfte Gesicht einer liebenden Mutter«: To, 5.6.91
283 Diana erzählte Morton später: B-AM1, S. 179
284 »entsetzt und ungläubig«: ibid., S. 176
284 schwankte zwischen entrüsteten Anschuldigungen: zu diesen Berichten zählen DEx, 8.2.91, 9.2.91; DM, 12.3.91; *Sun*, 16.4.91; DM, 17.4.91; Mi, 6.5.91
284 »Seit sich der Prinz letzten Sommer den rechten Arm«: *Sun*, 2.5.91
284 »Er ignoriert mich, wo er kann«: B-AM1, S. 57
285 »Es war ein offenes Geheimnis«: Interview mit Peter McKay
285 »sehr begeistert von einer Geschichte«: Interview mit Sue Douglas
285 »Prinzessin Diana ihren dreißigsten Geburtstag«: DM, 28.6.91
285 »Das war direkte PR von Diana«: Interview mit Nigel Dempster
285 »Es war eine kultivierte weibliche Stimme«: ibid.
285 »wachsende Kälte«: DM, 2.7.91

285 »Traurige Wahrheit an dem königlichen Geburtstagsfest«: *Sun*, 3.7.91
285 »Freundschaft mit Hewitt harmlos«: ES, 2.7.91
285 »Mrs. Parker Bowles als reife, angenehme«: DM, 18.7(91
285 »Abendessen für zwei«: *Sun*, 9.7.91
285 »die Unzufriedenheit des Sommers entlud sich«: ST, 7.7.91
285 »Man sagte mir, dass der Prinz und die Prinzessin«: DT, 13.1.93

## Kapitel 16

288 »gemütliches Abendessen«: DEx, 25.7.91
288 »Sie hielt es für einen klugen Schachzug«: ITV-Doc
288 »eine gewaltige Feindseligkeit«: ITV-Doc
288 »alles nur in ihrer Fantasie bestehe«: Interview mit Roberto Devorik
288 Diana war der Meinung, die Königin: DM, 15.1.98
289 »der Deckel über ihr geschlossen wurde«: Interview mit Roberto Devorik
289 »am Ende ihrer Kräfte«: Pano, S. 17
289 »entsetzliche Traurigkeit ... denkbar schlechteste Augenblick«: *Hello!*, 22.11.97
289 »Sie war zum Zerreißen gespannt«: ST, 1.11.98
289 »Sie war eine verschmähte Frau«: Interview mit Andrew Roberts
290 »Die meisten Menschen, die sie seit Jahren«: Interview mit Andrew Morton
290 verstärkte das Band zwischen ihr und Diana«: Interview mit Interview mit Andrew Knight
290 »hatte Angela großen Einfluss«: Interview mit Andrew Morton
290 »Sprachrohr«: B-AM1, S. 14
291 »herumkaute«: Interview mit Andrew Morton
291 »königlichen Heckenschützen«: DS, 1.12.82
291 »Dies zeigt erneut«: NOTW, 4.5.86
292 »Ich wusste nichts von Bulimie«: Interview mit Andrew Morton
292 der ebenfalls mit Morton befreundet war: B-PT, S. 120-121
292 Einem Bericht zufolge setzte Diana das Projekt: B-RK, S: 146
292 »Sie traf ihn erst gegen Ende des Sommers«: Interview mit Andrew Morton
292 »James war während der Interviews«: ibid.
292 »verwirrend ... falls sie abirrte«: ibid.
293 »Ein klassisches Beispiel bildeten«: ibid.
293 »atemlosen Hast«: B-AM1, S. 17
293 »das Beste zu hoffen«: ibid., S. 16
293 »Zweifel an ihrer Wahrheitstreue«: Interview mit Andrew Morton

293 »geheime Freundschaft«: ibid.
293 »sehr zu Dianas Ärger: ibid.
293 »Sie besorgte sie, da ich in Bezug auf die Sache mit Camilla«: ibid.
293 Wie Diana, hatte auch Knight: Interview mit Andrew Knight
294 »Angela rief mich an und erklärte«: ibid.
294 »Angela ist sehr zurückhaltend«: Interview mit Andrew Morton
294 »Ja, wenn [Diana] es wünscht«: Interview mit Andrew Knight
294 »Sie will, dass es in der *Sunday Times*«: ibid.
294 Im Verlauf des Projekts brachte Diana: Interview mit Andrew Morton
295 »Vergiss nicht, dass wir dich immer lieben«: B-AM1, S. 64
295 »ebenso belanglos wie Moskitos«: WO, 9.4.88
295 »Vor kurzem sagte man mir«: *Sun*, 9.6.89
295 »undankbar«: *Sun*, 10.9.91
295 »Diana nicht mit Geld umgehen kann«: To, 30.3.92; *Sun*, 10.9.91
295 »Ich liebe Menschen um ihrer selbst willen«: DM, 20.5.97
295 längere Zeit nicht miteinander zu sprechen: DEx, 6.6.88
295 »Das war keine einfache Beziehung«: Interview mit Richard Kay
296 »Ich weiß nicht, warum man mich«: SuEx, 11.10.92
296 »engen Freundin ... ihren Freunden erzählt«: B-AM1, S. 136
296 »Das Buch enthielt viertausend Aussprüche«: Interview mit Andrew Morton
296 »einige Veränderungen an den Tatsachen«: B-AM1, S. 19
296 »Vermutlich aus Respekt«: ibid.
296 »der Mann, den sie heiraten wollte«: ibid., S. 11
297 Als Angela Serota in Balmoral anrief: ibid., S. 174
297 »außergewöhnlich ... um seine trauernde Familie zu trösten«: DM, 24.8.91
297 »Während des Begräbnisses vergoss Diana Tränen«: *Sun*, 30.8.91
298 »Was könnte ihre Sorge für diese Krankheit«: *Independent*, 30.11.91
298 »positiveren und ausgeglicheneren«: B-AM1, S. 176
298 »zweiten Flitterwochen ... zwei Turteltauben«: DS, 13.8.91
298 »glücklicher und einander näher als seit langem«: *Sun*, 13.8.91
298 Inzwischen organisierte das Prinzenpaar: B-JD, S. 579
299 »Sie verbringen ihr Leben in völliger Isolation«: B-AM1, S. 182
299 »Während die mitfühlende Prinzessin«: DEx, 23.9.91
299 »sehr gesund«: B-JD, S. 585
299 »das großartigste Jahr in [Dianas] Leben«: *Good Housekeeping* (britische Ausgabe) 10.91
299 »herzergreifendes Mahnmal, dass der königliche Wunsch«: Mi, 12.2.92

299 »Die Ehe war tatsächlich zu Stein erstarrt«: B-JD, S. 592
300 Diana war sich nur allzu bewusst: ibid., S. 591
300 »die Augen aller werden auf ihnen ruhen«: ES, 12.2.92
300 die Schuld für den misslungenen Kuss: Mi, 14.2.92
300 »Sie schien dafür gesorgt zu haben«: ST, 16.2.92
300 »Da ist es wieder, das unschuldige Opfer«: ST, 17.5.92
300 »ein Fressen für die Regenbogenpresse«: B-JD, S. 579-580
300 trafen ... getrennt ein und entfernten sich auch wieder getrennt: B-AM1, S. 180-181
300 »überließ es Diana, an der Einäscherung«: DM, 02.4.92
300 »Ich fragte: ›Wissen Sie von dem Buch?‹«: Interview mit Roberto Devorik
301 dass sie sichtlich zitterte: Interview mit David Puttnam
301 »Es war eine hart gesottene Gruppe«: Interview mit Andrew Knight
301 »vertraute sie mir plötzlich an«: Interview mit David Puttnam
301 »Ich glaube, es würde sich in einer Boulevardzeitung besser machen«: Neil, S. 262
301 »wirkte einfach zu fantastisch«: ibid., S. 261
301 »Er ging die Seiten durch«: Interview mit Andrew Neil
302 »reißerische Sprache«: Interview mit Sue Douglas
302 »Wir haben hier eine ernst zu nehmende Sache«: ibid.
302 »Ich konnte Andrew Neil sagen«: Interview mit Andrew Knight
302 »Ich zweifelte nie daran«: Interview mit Andrew Neil
302 die *Sunday Times* erhöhte den Einsatz: Neil, S. 263
302 »große Teile von Tonbandaufnahmen stammten«: Interview mit Sue Douglas
303 »das Buch so zu behandeln«: Interview mit Stuart Higgins
303 »Man nimmt an«: DEx, 09.5.92
303 »Ich sehe mich noch immer als Lady Diana Spencer«: St, 17.5.92
303 »Die Prinzessin hoffte«: Interview mit Robert Hardman

# Kapitel 17
304 »Sie hält ihn für einen schlechten, selbstsüchtigen Vater«: B-AM1, S. 184
304 »ihre eigene Privatsphäre«: DT, S. 13.1.93
304 »gab es aus kommerzieller Hinsicht keinen Grund mehr«: Interview mit Max Hastings
304 »unter starken Druck gerät«: *Sun*, 4.6.92
305 Treue gegenüber seiner Herrscherin: *The Spectator*, 23.1.99
305 Der erste Auszug in der *Sunday Times*: ST, 7.6.92

306 »Ich habe an diesem Buch in keiner Weise mitgearbeitet«: Mi, 8.6.92
306 »widerwärtige Demonstration von Journalisten«: B-JD, S. 583
306 befragte McGregor Fellowes nochmals: Bua, 12.1.93 (Brief von McGregor vom 11.12.92 an Sir David Calcutt)
306 Prinz Charles las den Auszug erstmals: B-WB, S. 165
306 »Diana und Charles kamen überein«: B-AM2, S. 29
306 »pompösen«: Interview mit Andrew Knight
306 »sie ihm das Leben unerträglich mache«: B-AM2, S. 30
307 »Wollen Sie tatsächlich behaupten«: Interview mit Andrew Knight
307 »Auf diese ausgefeilte Weise bestätigte«: ibid.
307 »Sie war ... großem Druck ausgesetzt«: Interview mit Andrew Neil
307 Fellowes begriff augenblicklich: B-JD, S. 584
307 »die Kommission in Verlegenheit gebracht«: Brief von McGregor vom 11.12.92
308 »an dem Gedanken festgeklammert«: B-JD, S. 587
308 Er änderte seine Meinung: ibid., S. 586
308 Als Charles erfuhr, dass sich Fellowes: ibid., S. 588
308 »wenn sie versuchte, die Presse zu manipulieren«: B-AM2, S. 31
308 An diesem Nachmittag brach Diana: *Sun*, 12.6.92
308 »stellten sich auf die Seite des Prinzen«: B-JD, S. 588
308 »schockiert, entsetzt und zutiefst enttäuscht«: Pano, S. 18
309 Zwei Tage zuvor hatte Charles erstmals: B-JD, S. 588; ST, 28.6.92
309 »gelangte zu der Überzeugung«: ST, 28.6.92
309 »Hat sie völlig niedergeschmettert«: B-AM2, S. 34
309 »Diana entgegnete: ›Als ich hierher kam‹«: Interview mit Elsa Bowker
310 und schrieb Diana vier Briefe: ST, 13.12.92
310 Diana ging als Reaktion ... zum Angriff über: B-AM2, S. 35
310 »bissig ... verletzend ... wuterfüllt«: B-AM1, S. 217
310 »liebevoll und einfühlsam«: *Sun*, 8.6.92
311 »sehr erregt und wütend«: Interview mit Andrew Knight
311 Ihre Ansichten bildeten die Grundlage des Artikels«: Interview mit Sue Douglas, Andrew Neil
311 »würdiges Schweigen zu wahren«: ST, 28.6.92
311 »Verspottungs- und Ächtungskampagne«: B-AM2, S. 40
311 als die Abschrift der Squidgy-Bänder: MOS, 18.1.93
311 »ernstlichen Schaden zuzufügen versuchte«: Pano, S. 22
312 »eine körperliche Beziehung«: *Sun*, 1.9.92
312 und obwohl er niemals zu Gericht ging: ES, 3.9.92, 3.12.93

312 »niedergeschmettert«: B-AM1, S. 221
312 »ihre wahre Natur zum Erblühen gebracht«: ibid., S. 21
312 »wachsendes Selbstwertgefühl«: ibid., S. 27
312 »emotionalen Achterbahnfahrt«: ibid.
312 »ließ sie die meisten Menschen fallen«: Interview mit Richard Kay
313 »erzürnt war ... angesichts der massiv«: DM, 6.5.93
313 »unbezahlter Berater«: DT, 7.10.97
313 »James Colthurst war nach wie vor mein Mittelsmann«: Interview mit Andrew Morton
313 »Was im Verborgenen lag«: Pano, S. 18
313 berieten sich Charles und Diana mit Anwälten: B-AM2, S. 48; B-WB, S. 166
314 »offen über eine Trennung zu sprechen begann«: B-JD, S. 589
314 »Mrs. Walsh«: DM, 10.12.92
314 »ins Exil geschickt«: B-AM1, S. 222
314 Während des Urlaubs im August auf Balmoral: B-JD, S. 592
314 »Warum Charles und Diana wieder vereint sind«: B-JW, S. 129
314 »häufig verstört«: B-JD, S. 593
314 »Die Bedrückten«: B-JW, S. 130
314 »Die Belastungen sind unerträglich«: ibid., S. 593-594 (Brief von Prinz Charles vom 8.11.92 an einen namentlich nicht genannten Empfänger)
315 Diana hatte mit Freunden telefonisch: ibid., S. 593
315 »jüngste Welle irreführender Aussagen«: ibid., S. 139-140
315 Innerhalb weniger Tage waren die Zeitungen: Mi, 17.1.93; *Sun*, 17.1.93
315 war die Aufzeichnung dieses Gesprächs: DS, 14.11.92; MOS, 17.1.93
315 »in deinen Hosen zu leben«: Mi, 17.1.93
315 warfen Fragen über Charles' Eignung als König auf: DM, 14.11.92
315 »riss ihm endgültig der Geduldsfaden«: B-JD, S. 595; B-WB, S. 169-170
315 »Er sah in einer unter diesen Bedingungen«: B-JD, S. 595
316 »in keinster Weise«: Pano, S. 19
316 um ihnen die Nachricht zu erzählen: ibid., S. 20
316 »hörte es im Radio und es war sehr, sehr traurig«: ibid., S. 19
316 »unbekümmert, glanzvoll und äußerst zufrieden«: DM, 11.12.92
316 »Diana klang erschöpft und betrübt«: B-AP, S. 297
316 »Die Medien haben das königliche Paar«: DM, 10.12.92
316 »die Wahrheit über die königliche Ehe zu berichten«: ES, 10.12.92
316 »königliche Magie ... schlechtes Urteilsvermögen auf«: Dm, 10.12.92

# Kapitel 18

317 »Ihr Leben war in zahlreiche enge Abschnitte«: VF, 10.97

317 »um Dinge zu besprechen«: Interview mit Roberto Devorik

318 »Sie zog es vor, anderen etwas anzubieten«: Interview mit Marguerite Littman

318 »Sie brauchte das Gefühl, beliebt zu sein«: Interview mit Mark Lloyd

319 »Es stand vollkommen eins-zu-eins«: Interview mit Cosima Somerset

319 So zog sie sich zurück: B-RK, S. 108

320 »Ich sagte: ›Wenn du derartige Dinge tust‹«: Interview mit David Puttnam

320 »Sie haben genau die richtige Größe«: Interview mit Nicholas Haslam

320 »Warum wirfst du Diana durchbohrende Blicke zu?« ibid.

321 »Sie war so klug, uns verschiedene Rollen zuzuweisen«: ibid.

321 »Ich gehörte nicht demselben gesellschaftlichen Kreis an«: B-SS, S. 18

321 ihr »Prophezeiungen« verkündet: B-AM1, S. 130, 163

322 »die Mutter, die ich gerne gehabt hätte«: DM, 14.1.98

323 »Lachen zählte zu den wichtigsten Bestandteilen«: DM, 4.9.97

323 Auch in anderer Hinsicht war die Familie: VF, 5.97

323 »Während eines Essens mit Annabel«: Interview mit Cosima Somerset

323 »Sie liebte meinen Lebensstil«: Interview mit Elsa Bowker

324 »Ihre Freundin zu sein, war schwierig«: ibid.

324 Wie Elsa, stammte Hayat: ES, 2.6.95; DM, 9.5.98

325 »Glasstumpf«: B-JD, S. 546

325 »Peter handelte nach dem Grundsatz«: Interview mit Nigel Dempster

325 »Der Palast bestreitet spirituelle Krise«: Ti, 28.4.93

325 »beleidigten Verhaltens in der Öffentlichkeit«: SuTel, 7.9.97

325 »ausweinen, [bis sie] vollkommen ausgetrocknet und erschöpft war«: ibid.

325 »mitfühlend und praktisch«: ibid.

326 Die in Louisiana geborene Ehefrau: NYT, 4.4.99

326 »Ich wäre gerne eine Mutterfigur gewesen«: Interview mit Marguerite Littman

326 »Ich hielt mich bewusst fern von Situationen«: ibid.

327 da sie ausgebildete Therapeutin war: DM, 6.5.93

327 »als eine Art Bruder«: Interview mit Roberto Devorik

328 »1989 fanden [Andrew und ich]«: B-SF, S. 163

328 Der erste war Steve Wyatt: ibid., S. 191-192, 198-200

328 »Finanzberater«: *Esquire*, 6.96

328 Verborgen hinter nahe gelegenen Büschen: ibid., B-SF, S. 6-10; B-JW, S. 112-113

328 »schlagkräftige Verschwörung«: B-SF, S. 187
329 »ging die königliche Firma bis zum Äußersten«: ibid., S. 224
329 »Sie ist die einzige Person«: B-RK, S. 157
329 »ein palladinisches Juwel«: Spencer, S. 55
329 als der königliche Sicherheitsdienst den Einbau: DEx, 18.5.93
330 »kurzes, aber bitteres Schweigen«: Spencer, S. 55
330 »Wie ich dich hasse«: B-AM1, S. 29
330 Diana und Raine hatten sich im Mai 1993: DM, 12.5.93
330 Als ihre Freundschaft bekannt wurde: Mi, 13.7.98
330 »empfand [Diana] Reue«: Interview mit Elsa Bowker

# Kapitel 19

331 »Ich habe sie nie als stark empfunden«: DM, 1.9.97
331 »Ich stellte ein Problem dar ... mich aufzuhalten«: Ti, 12.9.91
332 »Mitunter entfernen sich Eltern«: Ti, 12.9.91
332 Wie erwartet, betrachtete die Presse Dianas Worte: DT, 4.12.93
332 »Der wahre Schmerz einer zerbrochenen Ehe«: To, 18.11.92
332 »Diana: der Schmerz, nicht geliebt zu werden«: DM 18.11.92
332 »Kinder sind keine Haushaltsaufgaben ... potenzielle Umarmer«: ibid.
332 »Lektion in guter Elternschaft«: ibid.
332 »erstaunlich«: To, 18.11.92
332 »außergewöhnlich«: DM, 18.11.92
333 In sechzig Sitzungen versuchte Settlin: DM, 26.5.93
333 »in der nicht direkt zum Ausdruck kam«: ITV-Doc
333 »Ich weiß aus zuverlässiger Quelle«: DM, 28.4.93
333 »›die zuverlässige Quelle‹ sie selbst war«: ibid.
333 »erstaunliche«: DM, 26.5.93
333 »dass sie die Krankheit besiegt hat«: To, 28.4.93
333 »Abnehmen, Fressen und Selbsthass«: Susie Orbach, *Antidiätbuch* (1994), S. 13
334 »der Körper als Personifikation der Kultur ... die Kontrolle entreißt«:
 aus der Rede von Susie Orbach »Prostest and Defiance: Surrender and
 Complicity: Eating Problems in the 90's« (1993)
334 »viel über das Problem gelernt und nachgedacht hatte«: DEx, 28.4.93
334 »*kein* Zeichen mangelnder Selbstbeherrschung«: Orbach, *Antidiätbuch*
 (1994), S. 28
335 1993 nahm Diana bereits seit mehreren Jahren: B-SS, S. 93; DM, 24.2.98;
 B-AM2, S. 108

335 »Nebel aus Einsamkeit und Verzweiflung«: DM, 2.6.93
335 eine Umfrage in *Today*: Gua, 23.12.93
335 »böse Hexe ... gute Fee«: B-SF, S. 187, 196
336 Außenminister Douglas Hurd: B-JD, S. 653
336 Dianas Berühmtheit stellte sogar die Reden: Ti, 5.12.96
336 »Triumph von Diana«: ibid.
336 erhielt er die Antwort: »In Nepal«: DT, 23.3.93
336 »süchtig nach dem Rampenlicht«: B-AM2, S. 80
336 »unermüdlicher«: DM, 13.7.93
336 eine Umfrage im *Mirror*: Gua, 23.12.93
336 die Zeitschrift *Tatler*: *Tatler*, 11.93
336 »schmutziger Tricks«: DM, 3.3.93
336 »zu schmälern ... an den Rand zu drängen«: DM, 8.4.93
337 »von Palastverschwörungen gegen sie gemunkelt«: DM, 30.7.93
337 »Ich anerkannte die Tatsache, dass sie Distanz«: Interview mit Andrew Morton
337 »vielköpfigen Hydra«: DT, 1.9.97
337 Mit 36 Jahren war er nur vier Jahre älter als Diana«: Interview mit Richard Kay
338 »zu unserem ersten ernsthaften längeren Gespräch«: Dm, 1.9.97
338 »Ich erkannte, welch mangelhaften Dienst ich«: Interview mit Richard Kay
338 »Ich sah sie in ihren glücklichsten«: DM, 1.9.97
338 »Ich wollte Informationen«: Interview mit Richard Kay
338 »Als ich bei der *Mail* arbeitete«: Interview mit Richard Addis
338 »inoffiziellen Pressesprecher«: B-AM2, S. 137
338 »Ich durfte nicht bekannt geben«: Interview mit Richard Kay
339 »Ich möchte dem allen entkommen«: Interview mit Mark Lloyd
339 »Alles war vollkommen sicher«: ibid.
339 »Sobald sich Diana etwas in den Kopf gesetzt hatte: ibid.
339 »unter Stress und Erschöpfungszuständen litt«: SuPe, 25.7.93
339 »Sie machen mir das Leben zur Hölle!«: *Sun*, 3.8.93; DEx, 3.8.93
339 »verärgert und angespannt«: Mi, 11.10.93
340 »Die Qualen einer Prinzessin: Ergreift der Stress Besitz von Di?«: ibid.
340 »Di an der Belastungsgrenze, während Charles den PR-Krieg gewinnt«: *Sun*, 12.10.93
340 »Dies ist das Gesicht einer Frau«: Mi, 11.10.93
340 »zunehmend emotionale und unglückliche«: *Sun*, 12.10.93
340 Ein Treffen zwischen John Major und Diana: Ti, 31.10.93; DM, 26.10.93

340 »Diana erzählte mir, dass Prinz Charles«: Interview mit Andrew Neil
340 »Der Gedanke, dass ich meine Aufgabe«: *Financial Times*, 22.11.93
341 »lange andauernden Fressanfall«: *Sun*, 4.11.93
341 »wenigen öffentlichen Demonstrationen«: ES, 4.11.93
341 »erschreckend verletztes Wesen ... verlassen, zurückgewiesen und gebrochen«: B-SS, S. 27
341 »entsetzt ... erst kürzlich selbst zugefügten Verletzungen«: ibid., S. 19
341 »einander ... entgegenarbeiteten ... Anspannung und Panik«: ibid., S. 27-28
342 »war es ihnen jedoch unmöglich«: B-JD, S. 653
342 »wahren Grund«: ibid., S. 654
342 »Der Druck war unerträglich ... Das schulde ich der Öffentlichkeit«: Pano, S. 24
342 »einen Hoffnungsschimmer«: Interview mit David Puttnam
342 »Ich werde den Umfang ... und Hilfe geboten hatten«: To, 4.12.93
343 »die Tränen begannen zu strömen«: ES, 3.12.93
343 »Kampagne, um [Dianas Rolle] zu schmälern«: *Sun*, 4.12.93
344 Stattdessen ließ sie all ihre 118 Wohltätigkeitsgruppierungen: ES: 3.12.93
344 Mike Whitlam, der Generaldirektor: To, 4.12.93
344 »Selbst kritische Zeitungskolumnisten«: ibid.
344 »aus Langeweile erstarren«: *Sun*, 4.12.93
344 »Diana nicht wusste, welche Rolle«: Ti, 4.12.93
344 »Heute sind wir imstande anzukündigen«: DM, 6.12.93
345 »allen Größen aus Film und Fernsehen«: Interview mit David Puttnam
345 »Ich glaube nicht, dass sie in dieser Angelegenheit wusste«: Interview mit Michael Adler

# Kapitel 20

346 »Es gibt einen Mann«: Mi, 5.12.93
346 Hoare war entfernt mit der wohlhabenden Bankiersfamilie: ST, 18.12.94
346 »Protegé ... der Forschung, Ausgrabung«: DM, 8.9.94
346 wandte sich dem Sufismus zu: NOTW, 26.2.95
347 »tiefbraune samtene Augen«: DM, 22.8.94
347 »eine altmodische Höflichkeit«: ST, 28.8.94
347 In der Londoner Kunstwelt erlangte er Berühmtheit: DM, 8.9.94; ST, 18.12.94
347 »Oliver ist halb Kind und halb Greis«: DM, 8.9.94
347 Von 1985 bis 1989 hatte Oliver eine Affäre: NOTW, 28.8.94; ST, 18.12.94
347 Hoare war zudem ein enger Vertrauter: ST, 28.8.94

348 die Vorliebe zum Ballett: DM, 22.8.94
348 besuchte sie nun Hoares Mutter: To, 21.3.94; 24.9.94
348 »Mitunter rief sie zwanzig Mal pro Tag an«: NOTW, 19.2.95
349 »Sie schrieb den Brief um Mitternacht«: Interview mit Elsa Bowker
349 »von beiden Seiten tiefe Liebe«: ibid.
349 Sie begannen im September 1992: NOTW, 21.8.94
349 »er wollte offenbar bloß meine Stimme hören«: ibid.
349 »Es war wie in einem Kriegsgebiet«: NOTW, 19.2.95
349 »Oliver erklärte Diana«: Interview mit Elsa Bowker
350 »sie sich [diese Wunden] vor allem zugefügt hatte«: B-SS, S. 98
350 »lediglich Probleme heraufbeschwöre«: ibid., S. 100
350 Die anonymen Anrufe hörten ... auf: NOTW, 19.2.95
350 In den darauf folgenden sechs Tagen: NOTW, 21.8.94
350 »gemietet vom Büro ... mit ihrem Vornamen anzusprechen«: Mi, 30.4.98
350 »Es tut mir so Leid, so Leid«: NOTW, 21.8.94
351 Diesmal wurden sie zu Telefonzellen ... zurückverfolgt: ibid.1
351 »sie ihren Kopf vertrauensvoll«: To, 24.9.94
351 »Genug, um Spekulationen«: *Telegraph Magazine*, 29.10.94
351 »Die Prinzessin war eine regelmäßige Besucherin«: To, 21.3.94
351 Fünf Monate danach überfluteten Spekulationen: NOTW, 21.8.94
351 Sowohl Hoare als auch Diana hatten ... erfahren: DM, 22.8.94; 23.8.94
351 Kay sprach mit Clive Goodman: Interview mit Richard Kay
352 »treu ergebenen, irregeleiteten Mitarbeitern«: NOTW, 21.8.94
352 Am Samstagnachmittag vereinbarte Diana: Interview mit Richard Kay
352 »ihre Wut und ihren Kummer«: DM, 22.8.94
352 »Wissen Sie, dass sie fotografiert werden?«: Mark Saunders and Glenn Harvey, *Dicing with Di: The Amazing Adventures of Britain's Royal Chasers* (1996), S. 114-115
352 »noch nie da gewesenes Interview«: DM, 22.8.94
352 »neurotischen Unsinn«: DM, 22.8.94
353 »durch und durch moderne Prinzessin«: Ti, 23.8.94
353 »bei der Suche nach Kleingeld für eine Parkuhr«: *Telegraph Magazine*, 29.10.94
353 »mit dem Bild Ihrer Schwiegermutter darauf«: *The Observer*, 28.8.94
353 »Ich fühle, dass ich zerstört werde«: DM, 22.8.94
353 Ihre Aussagen erwiesen sich als wenig zuverlässig: DM, 23.8.94; B-PT, S. 204
353 »die Gewohnheit hatte«: DM, 22.8.94
353 »bizarr«: ST, 28.8.94

353 »Ich nehme an, dass sie auch andere Menschen«: ibid.
354 »dreihundert telefonischen Belästigungen«: *Sun*, 8.9.94
354 »den Geruch einer gegen sie gerichteten Verschwörung«: DM, 24.10.94
354 »Man behauptet, dass ich in sehr kurzer Zeit«: Pano, S. 22-23
354 »Jungen«: *Sunday Independent*, 26.11.95
354 »eine Menge Anrufe von Telefonzellen aus«: DEx, 27.11.95
354 Ende Januar 1994: ibid.
355 »siebzig Mal angerufen zu haben«: Interview mit Elsa Bowker
355 »Sie erklärte, dass er ein schwacher Mann sei«: ibid.
355 »Ende 1995«: B-SS, S. 91
355 Im Februar gab Hoares ehemaliger Chauffeur: NOTW, 19.2.95
355 »In Wirklichkeit betrachtet sie Hoare«: DM, 20.2.95
355 »Er wickelte sie in einen braunen Umschlag«: Interview mit Elsa Bowker
356 Diana blieb jedoch misstrauisch: B-RK, S. 134
356 Im Mittelpunkt standen Charles' gute Werke: DT, 6.11.98
356 Den Schlusspunkt des Films bildete das Interview: ST, 3.7.94
356 Das von Dimbleby aufgezeichnete Gespräch mit Charles: JD-Doc
357 »dass aus dem Zusammenhang eindeutig hervorging«: *Sun*, 2.7.94; SuTel, 3.7.94
357 Zwei Tage zuvor berichtete man: DM, 28.6.94
358 hatte Charles ... angesprochenen Themen unterrichtet: DT, 15.11.95
358 »Spekulationen zum Schweigen zu bringen«: SuTel, 3.7.94
358 an dem ein Publikum von 13,4 Millionen Menschen: Gua, 21.11.95
358 »Mir war nicht wirklich danach, sie zu fragen«: Interview mit Graydon Carter
359 »Könnten Sie uns bitte aushelfen«. Interview mit Christopher Hitchens
359 »Diesen Thriller verließ er, um Camilla zu umwerben«: *Sun*, 30.6.94
359 »Dies ist eine mit sich zufriedene Frau«: DM, 30.6.94
359 »Sie hätte sich auch, zusammengerollt auf ihrem Bett«: DT, 30.6.94
359 Eine Umfrage ergab: ST, 3.7.94
359 »Charles auf dem Thron ist ok«: ibid.
359 »Das ist eine sehr persönliche und private Angelegenheit«: JD-Doc
360 »fair und aufrichtig«: *Sun*, 1.7.94
360 »frohlockt«: MOS, 3.7.94
360 »Ich habe die Sendung nicht gesehen«: DEx, 4.7.94
360 »ziemlich niedergeschmettert«: Pano, S. 25
361 »Ich betrachte mich nicht mehr als Freund«: NOTW, 2.10.94
361 »fallengelassen«: ibid.

361 »Es war ein Präventivschlag«: MOS, 2.10.94
361 »Diana war [über die Veröffentlichung] überglücklich«: NOTW, 2.10.94
361 »besänftigenden«: DM, 3.10.94
361 »zu wundervolle«: ES, 3.10.94; *Independent*, 4.10.94
361 Ende Juli unterzeichnete Pasternak: ST, 9.10.94; Mi, 3.10.94
361 der *Mirror* veröffentlichte jedoch später: SuTel, 25.4.99
361 Zum Zeitpunkt der Veröffentlichung: Gua, 5.10.94
362 »Beweis«: ES, 3.10.94
362 »die Wahrheit bestätige«: Gua, 6.10.94
362 »die Dinge auf rücksichtsvolle, würdevolle«: *Independent*, 4.10.94
362 »belastend, widerlich und gespreizt«: ibid.
362 »Verräter«: DEx, 4.10.94
362 »Liebesratte« und »Schurke«: *Sun*, 4.10.94
362 »Großbritanniens größter Lump«: DM, 2.10.94
362 »Er ist ein widerlicher Kriecher«: Mi, 3.10.94
362 »achtseitigen Spezialbericht über das Buch«: *Sun*, 4.10.94
362 »schmutzig und wertlos«: Gua, 6.10.94
363 »erbärmlich«: DEx, 4.10.94
363 »zutiefst verletzt«: DM, 4.10.94
363 »Fieberfantasien«: DEx, 4.10.94
363 »dass nichts zu befürchen sei«: Pano, S. 27
363 »Charles: Ich habe Diana nie geliebt«: ST, 13.11.94
363 »liebenswert ... in sie verlieben zu können«: B-JD, S. 339
363 Dimbleby wurde zudem der Tatsache gerecht: ibid., S. 341-342, 345
363 »darauf bestand, dass ihn die Schuld treffe«: ibid., S. 367
364 fuhr Diana zu William nach Ludgrove: St, 13.11.94
364 »Nun, diese Ehe bestand aus drei Personen«: Pano, S. 26
364 »in dem Buch präsentierte Bild ... Racheakt«: B-RK, S. 134
364 »Ihrer Ansicht nach hat ihr der Skandal um die Biografie«: *Sun*, 18.10.94
364 »mit Morton seit mehr als drei Jahren keinen Kontakt«: DEx, 20.8.94
364 »Mischmasch langweiligen Klatsches aus zweiter Hand«: *The Observer*, 5.10.97
364 »verbittert, eifersüchtig, einsam«: Ti, 7.11.94
364 einer weiteren Selbstverstümmeling ... ihrer Verwendung des Medikaments Prozac: MOS, 6.11.94
365 »Jekyll und Hyde«: *Sun*, 4.3.94
365 »entsetzlich gewöhnlich«: *Tatler* 4.94
365 »In letzter Zeit hat sie sich häufig Weinkrämpfen«: *The Observer*, 28.8.94

365 »Sie war schizophren«: Interview mit Robert Hardman
366 »Ich erhielt ... einen Anruf«: Interview mit Anthony Holden
366 »Sie wollte sich mit mir in Verbindung setzen«: Interview mit Andrew Neil
366 »Sie wollte sie für sich gewinnen«: Interview mit Richard Kay
367 »Seitdem schwebe ich auf Wolken«: ES, 13.4.95
367 »eine notorische Analphabetin«: DM, 28.9.95
367 »uneingeschränkt auf Dianas Seite«: Interview mit Richard Ingrams
367 »Komm am Freitagabend zum Abendessen«: Interview mit Max Hastings
367 einen Brief schickte, und anschließend Karten fürs Ballett: DM, 1.9.97
368 »Der Prinz fühlte sich in Gegenwart«: Interview mit Max Hastings
368 »Sie gehörte zu jenen, denen du dich rasch«: Interview mit Paul Johnson
368 »Schweigeabkommen«: TNY, 15.9.97
368 »angeborene Schläue«: Interview mit Andrew Roberts
369 Im Mai 1994: DM, 18.5.94
369 »Mein Mann hat diese Äußerung«: *Requiem*, S. 115
369 »Zu meinem Entsetzen erzählte sie mir«: ibid., S. 117
369 Am selben Nachmittag rief Dianas Chauffeur: Interview mit Richard Kay
369 Am nächsten Tag erschien auf der Titelseite: DM, 19.5.94
369 »tatsächlich eine Rolle gespielt«: Interview mit Richard Kay
370 »Vergewaltigung«: DM, 4.5.91
370 »beiden Gesichter ... wie eine Schreibkraft zu leben«: *Sun*, 5.5.94
370 »Sie verstand nicht, was geschieht«: Interview mit Peter McKay
370 »hasste« es Diana: DM, 1.9.97
370 »Selbstverständlich war es Manipulation«: TNY, 15.9.97

## Kapitel 21

371 »Es war ein ständiges Drängen«: Interview mit Jane Atikinson
371 erschien lediglich bei zehn königlichen Anlässen: To, 3.12.94
371 1995 kehrte sie mit 127 offiziellen Auftritten: DT, 17.7.96
371 »Positives«: SuPe, 20.3.94
372 »unendlich viel Arbeit ... im Untergrund«: Pano, S. 24
372 »still und heimlich« Ulster besuchte: MOS, 24.4.94
372 »Bei unserer Fotoabteilung trafen Anrufe ein«: Interview mit Richard Addis
372 »in ihrer Eigenschaft als Privatperson«: DM, 15.4.94
372 »geheime Leben«: DM, 24.10.94
372 »ohne Pauken und Trompeten«: To, 20.8.94
372 »Super Di«: To, 20.5.94

372 »An einem normalen Tag«: Pano, S. 28
373 »Häufchen Elend«: Harvey und Saunders, S. 11
373 »In einem solchen Anfall von Verrücktheit«: ibid., S. 6
373 »Wiederaufnahme«: Mi, 23.9.94
373 »Ich sagte: ›Ich weiß, dass Sie sich zurückgezogen‹«: Interview mit Michael Adler
373 »neue Rolle als Wohltätigkeitshelferin ... alleinigen Besuchs«: Mi, 2.11.94
373 »elektrisierenden«: DM, 29.11.94
373 »tränenreichen Abschied«: To, 3.12.94
374 »ein echtes Arbeitsübereinkommen«: DM, 5.5.94
374 »Sie interessiert sich eher für«: *Telegraph Magazin*, 29.10.94
374 »über Nacht raketenartig in den Himmel stieg«: ES, 7.2.95
374 Der unter Freunden als »Tango«: *Money*, 10.97
375 »Ihre Anwesenheit an diesem Tag«: *South China Morning Post*, 23.4.95
375 Kaum sechs Wochen später: SuTel, 11.6.95
375 »außer Kraft gesetzt«: DT, 21.12.95
375 »verunsicherte ... Zerstörung«: DM, 11.1.95
375 »auf ein drittes Kind gehofft hatte«: ibid.
375 »stärker denn je«: ST, 23.11.94
376 »Furchterregenden Stimmungswechsel: B-SS, S. 141
376 »nahezu jede freie Minute des Tages am Telefon«: ibid., S. 34
376 »Sie litt Qualen, weil sie nicht zum Ausdruck bringen«: *20.20*-Interview mit Peggy Claude-Pierre, ABC-TV, 18.9.97
376 Diana fiel es leicht, mit Carling zu sprechen: B-SS, S. 102
376 dass er Diana in ihrer Suite in Lech anrief: *Sun*, 7.8.95
376 vermerkte eine der Boulevardzeitungen: NOTW, 16.4.95
377 »[Diana] glaubte, einen hochentwickelten analytischen Geist«: Interview mit David Puttnam
377 »kein Tag verging«: ST, 1.11.98
377 »anzuerkennen, dass sie verletzt war«: Interview mit Nelson Shanks
377 Ein Kolumnist verglich sie gar mit Myra Hindley: DT, 2.10.95
378 »Diana war wund«: ST, 1.11.98
378 »alle ihre Porträts«: *Hello!*, 22.11.97
378 »Sie war etwas kindlich«: Interview mit David Puttnam
378 »Ich sagte, wenn sie das täte«: TNY, 15.9.97
378 »Er befragte mich zu«: Interview mit Barbara Walters
378 Jephson hatte seit 1987 für Diana gearbeitet: DT, 23.1.96
379 »Er versuchte, Unsinn herauszufiltern«: Interview mit Michael Adler

379 »Sie ermutigte Diana weiterzumachen«: DM, 16.11.95
379 Bashir war ein wenig bekannter Sportjournalist: DM, 7.4.96
379 einer Untersuchung über Verdächtigungen: DM, 7.5.97
379 Bei einer dieser Zusammenkünfte: DM, 4.7.96; 7.5.97
380 Bei Diana hatte Bashir jedoch ins Schwarze getroffen: DEx, 16.11.95; ST, 19.11.95
380 »heimlichen Rendezvous«: NOTW, 6.8.95
381 »Ich habe nichts Unrechtes getan«: *Sun*, 14.8.95
381 »wie sehr sich auch jemand bemüht«: ibid.
381 »Selbstverständlich war es schmeichelhaft«: NOTW, 24.9.95
381 Am 24. September: ibid.
381 »Die Belastungen und Anspannungen der letzten Zeit«: *Sun*, 30.9.95
381 »Ist Will Carling nur eine weitere Trophäe«: To, 7.8.95
381 »Zerstörerin einer Ehe«: *Sun*, 30.9.95
381 »Ist keine Ehe und kein Mann«: DEx, 30.9.95
381 »Sie erklärte, dass Präsident Bill Clinton«: MOS, 27.9.98
382 »wie eine heiße Kartoffel«: To, 30.9.95
382 Ironischerweise geschah dies nur wenige Tage ST, 19.11.95
382 »genau wusste, was sie tat«: *Harper's Bazaar*, 11.97
382 Die Aufnahmen mit Dianas Lieblingsfotografen: Notiz von Wendell Maruyama, der Studiomanagerin von Demarchelier, 15.3.99
382 »Ich unterstützte ihre Entscheidung«: DM, 2.4.98
382 Am 5. November öffnete Diana selbst das Tor: DM, 16.11.95
382 »Diana war eine sehr ungewöhnliche Interviewpartnerin«: SuEx, 19.11.95
383 »*Panorama* hat alles ausgezeichnet geplant«: Interview mit Barbara Walters
383 »Es gibt keine bessere Methode«: DT, 22.11.95
383 »Das ist nun ein etwas anderes Geburtstagsgeschenk«: SuEx, 19.11.95
384 »feindseligen Darstellungen ihrer Person ... entgegenwirken«: DM, 16.11.95
384 Vor einem Publikum von 15 Millionen Zusehern: Gua, 21.11.95
384 »persönliche Hilfe«: Pano, S. 17
384 »Königin der Herzen der Menschen«: ibid., S. 33
384 »Zuneigung ... Menschen in Not zu helfen«: ibid., S. 30
384 »Sie lässt sich nicht zum Schweigen bringen«: ibid., S. 23
384 »Es ist mein Wunsch, dass mein Mann«: ibid.
385 »dem grundlegenden Wunsch entsprang«: SuTel, 7.9.97
385 »Ich sagte: ›Du hast behauptet, Hewitt zu lieben‹«: Interview mit Elsa Bowker
385 »ein fortgeschrittenes Stadium von Paranoia«: Gua, 21.11.95
385 »in seiner Eigenschaft als Privatperson«: DM, 22.11.95

385 »nun darauf gefasst sein muss, dass der Zorn«: ibid.
385 »ihren Einfluss geltend macht«: ibid.
385 »einige Teile ihrer Darstellung«: DT, 21.11.95
386 Die Öffentlichkeit reagierte ganz anders: DT, 27.11.95
386 »über kein einziges Element ... Bedauern empfinde«: DM, 22.11.95
386 Am nächsten Morgen besuchte sie: ibid.
386 »sehr verwirrend«: Pano, S. 36
386 »verzweifelt unglücklichen«: NOTW, 3.12.95

## Kapitel 22

388 »Falls sie das *Panorama*-Interview bereute«: Interview mit Roberto Devorik
388 »Sie wollte meine Familie ... kennen lernen«: ibid.
389 »Die Ehebrecherin Di unterwegs in einer Wohltätigkeitsmission«: Gua, 24.11.94
389 »Meine Damen, passen Sie auf Ihre Ehemänner auf«: SuTel: 26.11.95
389 »Argentinien gewinnt allmählich«: DEx, 25.11.95
389 Berater des Buckingham Palace trafen sich: DM, 22.11.95
389 »würdige«: SuTel, 31.12.95
389 schloss Außenminister Malcolm Rifkind ... ausdrücklich aus: Ti, 6.12.95
389 »Ich versuche, für sie da zu sein«: NOTW, 3.12.95
390 »Wieder einmal zeigt sie«: ES, 4.12.95
390 das Elend »junger Menschen, die missbraucht wurden«: ES, 7.12.95
390 »Ihr Timing war falsch«: Interview mit Jane Atkinson
390 »Er kannte Diana ... so genau: B-SS, S. 58
391 »Es ist wohl kaum jemals vorgekommen«: ES, 7.12.95
391 Zu diesem Zeitpunkt hatte die Königin bereits: DT, 22.12.95
391 Simmons zufolge: B-SS, S. 65
391 ihre Zustimmung zu einer »baldigen Scheidung ... zum Wohle des Landes«: DT, 21.12.95
391 ging Charles auf Majors Vorschlag ein: DT, 22.12.95
391 »strahlende Persönlichkeit«: Ti, 13.12.95
392 »Scharfsinn«: *Sun*, 13.12.95
392 »tiefen Bewunderung für seine«: DM, 13.12.95
392 »Die Prinzessin mit atemberaubendem Ausschnitt in New York«: *Sun*, 13.12.95
392 »Die Sache mit dem Baby tut mir so Leid«: DM, 24.1.96
392 Tochter eines Bankiers: DM, 20.7.95; 30.8.95

393 »Hätte Charles eine Hofdame, dann würde sie es sein«: Mi, 5.1.95
393 »Es heißt, Tiggy«: DM, 20.7.95
393 Tatsächlich litt Tiggy an der einheimischen Sprue: *Hello!*, 30.9.95
393 ihre »falschen Behauptungen«: DM, 22.1.96
393 »über ihre Möglichkeiten nachdenken«: DT, 22.12.95
393 Stattdessen glaubte sie: DM, 22.11.95
394 »Sie konnte nachts nicht schlafen«: B-SS, S. 136
394 »aggressiv und defensiv zugleich«: ibid., S. 85
394 »Ist sie tatsächlich einem völligen Zusammenbruch gefährlich nahe?«: MOS, 14.1.96
394 »sehr ausgeglichen«: DM, 30.1.96
394 »Dianas Leben war in Aufruhr«: DM, 24.2.98
394 »Die Folge des *Panorama*-Interviews war, dass sie«: Interview mit William Deedes
394 »Man brauchte jetzt keine Wetten mehr abzuschließen«: Interview mit Piers Morgan
394 als sie kurze Zeit danach ... auf dem Bildschirm erschien: B-RK, S. 164; DT, 24.4.96
395 »mein Fels«: DM, 23.1.96
395 Sein Weggang fiel mit der Veröffentlichung ... zusammen: DT, 25.1.96
395 »Sie wirkte nahezu wie ... einer ganzen Reihe dieser Leute: Interview mit Jane Atkinson
397 »Sie war stark daran interessiert«: Interview mit Piers Morgan
397 dass »sie die Leser der *Sun*«: Interview mit Stuart Higgins
397 »wollte unbedingt wissen, was ich ... hielt«: Interview mit Piers Morgan
398 »mit ihrem Aussehen ... manipulierte« ... »Ich jammere nicht«: Interview mit Richard Addis
398 »Es war eine schwierige Unterhaltung für mich« ... »verwickelte sich aber in Widersprüche«: Interview mit Sue Douglas
399 »Hat es sie angeturnt, Mr. Wilson?«: DM, 01.9.97
399 »Glauben Sie, dass ich verrückt bin?«: Interview mit Taki Theodoracopulos
399 »Er möchte in Italien leben«: Interview mit Charles Moore
399 ein Refrain, den sie ... wiederholte: TNY, 15.9.97
399 »Sie war darauf bedacht«: Interview mit Charles Moore
399 »Sie gab uns mehr Informationen«: ibid.
399 »Sie konnte es nicht verstehen, wenn«: Interview mit Stuart Higgins
399 »Ich verhandelte jeden Tag«: Interview mit Piers Morgan
400 »hatte Diana alle Trümpfe in der Hand«: Interview mit Peter McKay

400 »Wenn es in einer Geschichte darum ging«: Interview mit Stuart Higgins
400 auf Dianas »Rehaugen« »hereinzufallen«: Interview mit Max Hastings

## Kapitel 23
401 »Geheimtrip«: SuEx, 18.2.96
401 der »tolle Doktor«: Mi, 22.4.97
401 »dunkelhäutiger Doppelgänger von Tom Selleck«: DS, 24.5.97
401 »schneidiger Mediziner«: NOTW, 7.12.95
401 »einfach umwerfend«: SuMi, 30.8.98
401 »aß er mit Vorliebe die ›falschen‹ Dinge«: B-SS, S. 111
401 »Sein Name ist Hasnat Khan.«: SuMi, 30.8.98
402 Sie bat den Chirurgen: NOTW; 22.11.98
402 »Sie war dort sehr bekannt«: Interview mit Jane Atkinson
402 Diana blieb manchmal: DT, 23.4.96
402 »seinem Witz, seiner Intelligenz«: B-SS, S. 112
402 Auch »fand [Diana] Gefallen daran«: ibid.
402 Der Chirurg war »der erste Mann, der: Interview mit Cosima Somerset
402 Sie begann *Gray's Anatomy* zu studieren: B.SS, S. 33; SuMi, 9.11.97
402 Sie kaufte eine maßgeschneiderte Garderobe: *Sun*, 22.2.96
402 ließ ... parfümierte Räucherstäbchen abbrennen,: SuMi, 9.11.97
402 die »Inspiration«: NOTW, 17.12.95
403 »neues Mannsbild«: *Sun*, 15.12.97
403 Ende Januar: DM, 30.1.96
403 Diana lehnte es ab: Interview mit Jane Atkinson
403 Beunruhigend war eher: DT, 19.2.96
403 Ihre Befürchtungen erhielten neue Nahrung: Gua, 20.2.96; Ti, 23.2.96
403 »Ihre Mission, ... zu helfen«: Mi, 23.2.96
403 Am 15. Februar, einige Tage vor ihrer Abreise, hatte sich Diana: SuTel, 7.7.96
404 »Die Prinzessin hat mir gegenüber nie erwähnt«: Interview mit Jane Atkinson
404 In Unterhaltungen mit Freunden erwähnte Diana aber: SuTel, 7.7.96
404 »Sie wollte Dinge klären«: Interview mit Jane Atkinson
404 »wenn [Diana] die Tagesordnung bestimmen wolle: ibid.
405 Der Palast gab rasch eine eigene Stellungnahme bekannt: DT, 29.2.96
405 ihre Pressemitteilung »kultiviere«: ibid.
405 »zeigte sie zu viel Widerstand«: Interview mit Jane Atkinson
405 ihre Anschuldigung zu übermitteln, die Königin: DM, 29.2.96

405 »Die Entscheidung, den Titel aufzugeben«: DM, 1.3.96
405 »einen sorgfältig ausgewählten Einblick«: Ti, 1.3.96
406 »erster Schritt sein, sich eine neue Rolle ... aufzubauen«: DM, 29.2.96
406 »[Diana] sagte, sie werde dort Menschen treffen«: Interview mit Jane Atkinson
406 Man hatte sich ... geeinigt: Ti, 13.7.96
406 »wurde ihr aufgedrängt«: Interview mit Paul Johnson
407 diese »einnehmend enthusiastische Art«: DM, 30.1.95
407 eine »Chance« ... »sich zu bewähren«: DM, 30.1.95
407 »das gefürchtete K-Wort«: DEx, 6.6.96
407 »Ich habe noch nie im Leben so viele«: Interview mit Anna Qindlen
408 »Es waren sehr lustige«: Interview mit Jane Atkinson
408 Der *Daily Express* hob Atkinsons organisatorisches Talent hervor: DEx, 8.6.96
408 in der sie den ... »Teamgeist« betonte: Interview mit Jane Atkinson
408 Er versicherte ihr, Atkinson: Interview mit Richard Addis
408 und erzählte sogar Freunden, Atkinson habe: Interview mit Jane Atkinson
408 »merkwürdige Wendung«: DM, 29.6.96
408 Die Königin hatte bereits beschlossen: SuTel, 7.7.96
409 Diana sollte eine Pauschalsumme ... erhalten: Ti, 13.7.96; DT, 5.7.96
409 »als Mitglied der Königsfamilie betrachtet«: Stellungnahme des Buckingham Palace, 12.7.96
409 sie dürfte den königlichen Schmuck tragen: Gua, 13.7.96
409 »Er empfahl ihr, hart zu bleiben«: Interview mit John Tigrett
410 Als er ihr sagte, es mache keinen Unterschied: DM, 13.7.96
410 »Ihre Königliche Demütigung«: ibid.
410 »Es ist das Gesicht einer Frau«: Mi, 13.7.96
410 »Die Prinzessin gibt HRH-Stil auf«: DT, 13.7.96
410 »Grünes Licht für 15 Millionen Pfund-Übereinkommen«: Ti, 13.7.96
411 damit sie »etwas Aufmunterndes zu tun habe«: Interview mit Jane Atkinson
411 Atkinson nach zu urteilen war Diana aber der Meinung: ibid.
411 Wohltätigkeitsorganisationen ... die Diana »fallengelassen« hatte: DM, 17.1.96
411 »Dieser Schritt gründet sich einzig und allein auf«: ibid.
411 Atkinson erklärte Diana: Interview mit Jane Atkinson
412 »Nichts stimmte«: ibid.
412 »beschlossen, dass Richards Entwürfe«: B-SS, S. 58
412 »Martin Bashir ist ein bescheidener Mensch«: Interview mit Paul Burrell
412 »zutiefst verärgert«: B-SS, S. 58

412 drei Verpflichtungen pro Woche: *Hello!*, 27.7.96
412 »In [ihren] letzten beiden Jahren«: Interview mit Michael Adler

## Kapitel 24

414 »Ich habe beschlossen ... zu geben«: Interview mit Marguerite Littman
415 »Wir würden Di mehr lieben, wenn sie«: *Sun*, 28.6.96
415 »Show« zu veranstalten, »etwas, das Spaß macht«: Interview mit Marguerite Littman
415 »Der National Aids Trust war beinahe bankrott«: Interview mit Michael Adler
415 »zahlreiche Informationen über Landminen«: DEx, 17.1.97
416 »Glaubst du, ich könnte«: B-SS, S. 158-159
416 bot sich als ihr offizieller Begleiter an: DM, 14.1.97
416 Filmemacher Richard Attenborough: ST, 19.1.97
416 »In gewissem Sinne war ihr Engagement gegen Landminen«: Interview mit William Deedes
417 »sehr tiefsinnig«: Pano, S. 26
417 »unaufhörlich«: ST, 1.11.98
417 »Ihre Welt wurde von den Jungen«: ITV-Dok.
417 »Sie stellte sich auf die Gefühle«: Interview mit Cosima Somerset
417 »sehr verantwortungsbewusst, reagierte auf ihre individuelle Wesensart«: Mi, 19.2.89
417 »Ich muss meine Kinder immer wieder umarmen«: B-AM1, S. 67-68
417 »Sie wollte ihren Söhnen die Mutter sein«: Interview mit David Puttnam
417 »Die ständigen ungestümen Umarmungen«: B-AP, S. 110
418 Einmal war sie bei einem Plausch: B-RK, S. 76
418 wie etwa, als sie William und Harry ... aufforderte: B-WB, S. 170
418 »aufmerksam und klug«: Interview mit David Puttnam
418 »sich einfach bedanken sollen«: SuTel, 7.9.97
418 »Ich möchte, dass sie ... verstehen«: Pano, S. 32
418 Obwohl William geradezu eine Antipathie gegen die Presse entwickelte: TNY, 15.9.97
418 »Sie tat ihr Bestes«: *Harper's Bazaar*, 11.97
419 zahlreiche Auseinandersetzungen ihrer Eltern miterlebten: B-WB, S. 43, 60, 84, 147
419 »Ich mag es nicht, wenn du traurig bist«: B-AM1, S. 182-183
419 weil sie den Eindruck hatte, das Kindermädchen versuche: B-WB, S. 58, 117, 129, 157

419 »tobte [Diana], weil Tiggy«: B-RK, S. 76
419 Wenn sie und Charles eine ihrer schwierigen Phasen durchlebten: B-WB, S. 153, 155
419 »Ich lege mich zu ihnen ins Bett«: B-AM1, S. 68
420 »Diana hatte mit Prinz William eine Mutter-Sohn-Beziehung«: Interview mit Roberto Devorik
420 »Sie fragte William ständig um Rat«: Interview mit Elsa Bowker
420 »Sie wollte, dass er von ihr die Wahrheit ... erführe«: SuTel, 7.9.97
420 »William wird seine Position viel früher inne haben«: B-AM1, S. 68
420 Als sie jünger waren: B-WB, S. 20; B-JW, S. 191
420 Diana rebellierte dann häufig: B-WB, S.20-21, 102
421 Als sie älter wurden: B-RK, S. 78
421 Als sich William ... einmal davor fürchtete: B-WB, S. 152
421 »Ich habe meine Söhne«: Pano, S. 28
421 »die einzigen Männer in ihrem Leben«: DM, 1.9.97
421 Sie rief sie fast täglich im Internat an: B-SS: S. 145
422 »andere Prioritäten habe«: ibid., S. 76
422 »weil sie feststellte, dass sie ... analysierte«: B-RK, S. 149
422 »davon sprach, ihre Therapie zu beenden«: Interview mit Jane Atkinson
422 »Sarah Ferguson war ...«: ibid.
422 Diana und Fergie hatten den Tag vor: DM, 20.11.95
423 Ohne ein Wort brach Diana die Beziehung zu ihr ab: B-SS, S. 74
423 Als geschmacklos empfand Diana: B-SF, S 72
423 »gemein«: SuMi, 2.11.97
423 obwohl Diana sie ausdrücklich: B-SS, S. 80
423 und weigerte sich, ... ihre Telefonanrufe entgegenzunehmen: ibid., S. 74
423 »Die Herzogin von York ist die einzige Person«: B-RK, S. 111
423 »Sie stand ihr nicht besonders nahe«: Interview mit Richard Kay
423 sie versuchte, den Kontakt durch fast tägliche Telefonate aufrechtzuerhalten: B-SS, S. 53
423 engagierte sie Michael Gibbins: DT, 28.8.96
424 »Ich war ein Mittelsmann«: Interview mit Paul Burrell
424 begann Diana, sich zu tarnen: B-SS, S. 123-124
424 verbrachten jedoch den Großteil ihrer Zeit: ibid., S. 112-113
424 »heimlichen Rendezvous am Straßenrand«: NOTW, 11.8.96
424 »Ich habe meinen Frieden gefunden.«: Interview mit Elsa Bowker
425 »zwei Mädchen haben wolle«: NOTW, 22.11.99
425 »Bei dem Treffen mit ihm konnte ich nicht«: DM, 23.11.98

425 »so besessen von dem Wunsch nach Hasnats ungeteilter Aufmerksamkeit«: B-SS, S. 114
425 Sie sollte Ehrengast sein: DT, 30.8.96
426 Bei einem missglückten Entführungsversuch: SuMi, 3.11.96
426 Es fiel jedoch unangenehm auf: DT, 30.8.96
426 »von Triumph zu Triumph«: Mi, 2.11.96
426 Diana war beunruhigt: DT, 4.11.96
426 »schüchternen, liebevollen Herzchirurgen«: SuMi, 3.11.96
426 »ausschließlich beruflich«: DM, 4.11.96
426 »warum sie nicht einfach die Wahrheit gesagt habe?«: B-SS, S. 118
426 »lieben Freund«: DT, 19.9.96
427 »Weisheit und Erfahrung«: DT, 14.10.96
427 »Viel löst sich auf im Leben«: DT, 26.9.96
427 Tilberis hatte Diana kennen gelernt: *Harper's Bazaar*, 11.97
427 sie erregte Aufsehen: DM, 11.11.96
428 »wie ein Handschuh passe«: Interview mit Vivienne Schuster
428 »Ich musste einfach fort«: DS, 11.12.96
428 Mohamed Fayed, der Besitzer: *Hello!*, 4.1.97
428 zwei Wochen später fand auf Fayeds Einladung: ibid.
428 »Diese Politiker sind alle Kaffer«: B-TB, S. 233
428 der in Ägypten geborene Sohn: VF, 12.97
429 stieg Fayed ins internationale Geschäft ein: B-TS, S. 80-82; B-BT, S. 16
429 1988 veröffentlichte das Ministerium: B-TS, S. 80
429 Als Folge blieb Fayed: ibid., S. 88
429 In einem im Jahr 1995 in *Vanity Fair* veröffentlichten Porträt: B-TB, S. 379, 392: Fayed verklagte Vanity Fair wegen Verleumdung, zog seine Klage jedoch zwei Jahre später zurück, als die Zeitschrift ihn mit ihren allzu eindeutigen Beweisen konfrontierte (B-TB, S. 446-447). Am 6. Mai 1999 lehnte das britische Innenministerium Fayeds Antrag auf Staatsbürgerschaft ein zweites Mal ab.
429 er hatte nach dem Kauf des Ritz: B-TS, S. 90
429 »mit Geschenken überhäufte«: B-TB, S. 274
429 Raine war besonders entzückt: ibid., S. 252
430 1996 wurde Raine: B-RK, S. 170; DM, 20.6.97; B-TS, S. 90
430 »ein Auge zu haben«: B-TS, S. 91
430 um ihn von Zeit zu Zeit ... zu besuchen: ibid.; Inteview mit Mark Hollingsworth
430 »Er half, sie zusammenzubringen«: Interview mit Andrew Neil

430 »Diana gefiel Mohameds«: Interview mit Mark Hollingsworth
430 »Dianas Freundschaft gewann«: Interview mit Andrew Neil
430 »ihr gemeinsames Interesse ... zu besprechen«: SuMi, 13.7.97
430 Er lud Diana: ibid.; B-RK, S. 170
430 Er lud Diana auch häufig ein: B-TB, S. 274, 411
430 »enger Freund«: DM, 14.7.97

## Kapitel 25

431 »vagabundierende Gesundheitspädagogin«: DT, 14.10.96
431 »Ihre dramatische Rückkehr auf die Weltbühne«: NOTW, 12.1.97
431 »befleckt«: Ti, 24.9.96
432 »Wir versuchen, ... zu vermitteln«: Interview mit William Deedes
432 »sich engagieren«: DM, 14.1.97
432 »dem Roten Kreuz ... zu helfen«: ibid.
432 »unberechenbar«: Ti, 16.1.97
432 »Ich versuche nur zu helfen«: Mi, 16.1.97
432 »idiotischer Minister«: Interview mit William Deedes
433 In dem Dokumentarfilm, den die BBC ... drehte: *Sun*, 11.2.97
433 »Mir bleibt unvergesslich, wie ich sie anschaute«: *Sun*, 17.1.97
433 »langfristiges Engagement«: Dex, 17.1.97
433 »internationalen Engel«: ibid.
433 »Wendepunkt«: DM, 14.1.97
433 »aus Kontroversen heraushalten«: Interview mit William Deedes
433 Ein erster Schritt: Dex, 20.3.97
434 fälschlicherweise berichtete, Diana würde: DT, 25.2.97
434 »Sie möchte sie für sich«: Interview mit Richard Addis
434 »Das tat sie, um uns zu bestrafen«: ibid.
434 Später verkündete Diana persönlich: DT, 3.3.97
434 »Sie war eine ängstliche junge Frau«: Interview mit Vivienne Schuster
434 »zu kompliziert, um sich damit zu befassen«: Interview mit Gail Rebuck
435 »den Tropfen, der das Fass in der sich verschlechternden Beziehung«: DM, 24.1.97
435 »Der Optimismus, der ... entgegenstrahlt«: Mi, 8.2.97
435 »äußerst besorgt«: DM, 8.2.97
436 »niedergeschmettert«: Mi, 8.2.97
436 »du wirst nie erraten, wer mich gerade besucht hat«: B-RK, S. 139
436 »kurz und knapp«: DM, 8.3.97

436 dass man »nicht sie danach fragen solle«: DT, 10.3.97
436 »Für meinen Enkel William«: DM, 8.9.97
437 wirkte ... »nicht sehr fröhlich«: DT, 10.3.97
437 »Sie sorgte ständig für Verwirrung«: Interview mit Sue Douglas
437 »Ich handelte sehr entschlossen«: Interview mit Paul Burrell
437 »sich vor aller Augen verstecken«: B-SS, S. 127
438 Diana hatte ein solches Selbstbewusstsein gewonnen«: ibid., S. 129
438 »verbreitete Diana immer häufiger sinnlose Lügen«: ibid., S. 197
438 Diana hatte ... heimlich: DM, 24.10.94
438 »Ich überzeugte sie davon, dass«: Interview mit Piers Morgan
438 »zutiefst enttäuscht«: Gua, 9.5.97
438 »Ich rief sie an und gratulierte ihr«: Interview mit Piers Morgan
439 hatten die Boulevardblätter ... geschrieben: Mi, 5.1.97; DM, 10.1.97
439 habe Diana die Beziehung »vorangetrieben«: SuEx, 9.2.97
439 »Sie wäre zum Islam übergetreten«: Interview mit Elsa Bowker
439 »sie davon zu überzeugen, dass sie ein nettes«: ibid.
439 verbrachte eineinhalb Stunden: *Hello!*, 31.5.97
439 »Sie war vom Gedanken an eine Familie geradezu besessen«: B-SS, S. 116
439 erzählte sie Freunden: SuMi, 9.11.97
439 hatte sie aber Hasnat Khan nicht ... informiert: B-SS, S. 116; Mi, 7.8.97
439 »Es gibt so viele Leute«: *Hello!*, 31.5.97
440 »mit geschwollenen und geröteten Augen«: B-SS, S. 117
440 »weinend auf der Treppe«: Interview mit Elsa Bowker
440 »keine Anstalten, den Paparazzi auszuweichen«: *Hello!*, 7.6.97
440 Eines Abends erschien sie: Mi, 7.8.97
440 »Trotzgehabe«: B-RK, S. 107-108
440 »Sie wusste, dass jeder«: Interview mit Elsa Bowker
441 Sie brach die Beziehung zu ihrer langjährigen: DT, 14.6.97
441 als »Verrat« betrachtete: B-SS, S. 72
441 die, Kay zufolge nach der Trennung: B-RK, S. 99
441 »war nicht bereit, sich von mir«: B-SS, S. 79
441 Legge-Bourke wurde dabei fotografiert, wie sie Champagner einschenkte: Interview mit Piers Morgan
441 Legge-Bourke habe dem vierzehn Jahre alten William »geschadet«: DM, 31.5.97
441 »Ich hörte, wie Diana im Hintergrund diktierte«: Interview mit Piers Morgan
441 »veröffentlichte eine Stellungnahme«: ibid.
441 »ihr Sohn könne glauben«: DM, 31.5.97

442 dass der treue Berater »naiv« gewesen sei: ibid.
442 »Es war mir bewusst, dass [Diana und Charles]«: I-FSK
443 zu ausgeschmückten ... Äußerungen neigte: Mi, 5.28.97
443 »freundschaftliche Romanze«: Dex, 7.8.97
443 »totaler Schock«: DM, 28.5.97
443 »entsetzt und verwirrt«: ibid.
443 Als sich herausstellte, dass *Hello!*: Mi, 28.5.97
443 »besondere Beziehung«: Dex, 15.9.97
443 »so viel Spass daran gehabt haben«: DM, 29.9.97
443 Sie sei »eines Tages plötzlich aufgewacht«: Mi, 8.5.97
444 Da Harrods ... gesponsert hatte: B-TS, S. 94; DM, 14.7.97
444 »augenblickliche Lösung«: DM, 14.7.97
444 »eindringlich riet«: SuTel, 7.9.97
444 »Besorgnis auslösen«: DM, 14.7.97
444 was Diana am 11. Juni auch tat: B-TS, S. 96
445 »unnötigerweise auf Tuchfühlung gegangen«: Dex, 25.6.97
445 »Sie machte sich selbst kaputt«: Interview mit Marguerite Littman
445 »Umgeben von sabbernden«: Dex, 26.6.97
445 »Dianas Wiedergeburt«: VF, 7.97
445 »offensichtlich nicht gestützt«: DT, 10.6.97
445 »Wie auch immer es in ihrem Inneren aussehen mag«: VF, 7.97
445 »Ist dies endlich die *wirkliche* Diana«: DM, 10.6.97
446 »die Minenräumarbeiten zu beschleunigen«: Gua, 13.6.97
446 »der erstaunlichste Spaziergang ihres Lebens«: Dex, 19.6.97
446 »Todesfelder«: DM, 29.6.97
446 »Anti-Minen-Aktivisten«: DT, 22.5.97
446 Etwa zur gleichen Zeit lud Tony Blair: VF, 10.97
446 »sehr charismatisch«: TNY, 15.9.97
446 »Endlich ... werde ich jemanden haben«: ibid.
446 selbst als »Friedensstifterin« gesehen. »... Sie glaubte ernsthaft: *Hello!*, 27.9.97
446 »möchte, dass ich als Botschafterin auf Reisen gehe«: TNY, 15.9.97

# Kapitel 26
448 Diana erhielt ... neunzig: Mi, 16.11.97
448 »Ich habe Geburtstag«: ibid.
448 »Wäre es nicht lustig«: Interview mit Elsa Bowker

448 »Die ganze schmerzliche Vergangenheit«: *Sun* 12.1.98
449 »Ich habe gekündigt«: Mi, 13.7.97
449 »inoffiziell verlobt«: SuMi, 29.6.97
449 »Er beschuldigte Diana«: Mi, 9.11.97
449 »weinte sich die Seele aus dem Leib«: Mi, 16.11.97
449 Am frühen Abend: B-TS, S. 97-98
449 Fayed brachte Diana: MOS, 20.7.97
450 »einen Streit in Politik und Königshaus entfacht«: SuMi, 13.7.97
450 »Großer Gott«: ibid.
450 »ein wenig unsicher«: NOTW, 13.7.97
450 um deren Erlaubnis gebeten und diese auch erhalten hatte: Gua, 15.7.97
450 Leibwächter, die den Royal Marines angehörten: B-TS, S. 97-98
450 »Wenn Diana ungestört sein wollte«: ES, 14.7.97
450 »bemerkte, dass Fayed so verlogen sei«: DM, 14.7.97
451 »Mohamed fühlte sich nicht wohl«: Interview mit Nigel Dempster
451 »anderen Gästen«: DM, 14.7.97
451 »Di's erstaunliche Umarmung«: *Sun*, 14.7.97
451 »Ihre nahezu trotzige Haltung«: DM, 14.7.97
451 »Sie war glücklich, gesehen«: Interview mit Piers Morgan
451 »entspannt und glücklich«: Mi, 15.7.97
451 Motorboot, auf dem sich Reporter: DM, 16.7.97
451 »offen über die dunkle Seite«: Mi, 15.7.97
451 »bedrücke« ... »regelrecht ausgeflippt«: ibid.
452 behauptete ... sie habe ihm ein Exklusivinterview gegeben: ibid.
453 wirkte »aufgebracht«, »scherzte und kicherte«: ibid.
453 »entspannt« und »ruhig«: DM, 16.7.97
453 »habe zunehmend verzweifelt gewirkt«: ES, 15.7.97
453 eine »überraschende« Ankündigung: ibid.
453 Als Nächstes kroch sie: DM; *Sun*, 16.7.97
453 »nie merkwürdiger verhalten hat«: *Sun*, 16.7.97
453 dass am Abend zuvor ... eingetroffen war: B-TS, S. 105
453 war Dodi von Paris aus angereist: ibid.
453 »Dianas gegenwärtige Traurigkeit«: B-TB, S. 413
453 »Dodi bedeutete vielen Leuten etwas ganz Verschiedenes«: Interview mit Tina Sinatra
453 war er der »Junge« oder das »Kind«: Interviews mit Jack Weiner, David Puttnam, Michael White
453 »Er war so beliebt, weil«: Interview mit Peter Riva

453 »Ich fand nicht, dass er gut aussah«: Interview mit Nona Summers
453 »jemand, auf den man sich verlassen kann«: SuMi, 31.8.97
454 ließen sich Mohamed und Samira nach erbitterten Auseinandersetzungen scheiden: B-TB, S. 14-15
454 Dodi wuchs in Alexandria auf: ibid., S. 17-18
454 zwischen Ägypten und der Côte d'Azur hin und her: Interviews mit Jack Martin, Jack Weiner; Ti, 14.9.97
454 als einer der schlechtesten ... abschloss: B-TS, S. 55
454 dass er sich als Katholik betrachte: Interview mit Suzanne Gregard
454 Dodi verließ die Schule nach einem Jahr: Interview mit Philippe Gudin (Directeur Général von Le Rosey)
454 selbst Mitglieder seiner Familie: Interview mit Michael Cole, B-TB, S. 39; B-TS, S. 55
454 sechsmonatigen Kurs ... von Sandhurst: Interview mit Major Tim Coles
454 bereitete ihm hingegen große Freude: B-TB, S. 42
455 diente er kurze Zeit als Attaché: New York Daily News, 1.9.97
455 Er war häufig Gast bei Tramp: Interview mit Johnny Gold
455 »Er spiegelte das Verhalten, der Frau, ...«: Interview mit Michael White
455 »Er hatte kein erkennbares«: Interview mit Jack Martin
455 Die Broccolis, die: B-TS, S. 57-58
455 Um aus ... Kapital zu schlagen: ibid., S. 58-59
455 »Dodis Rolle war sehr«: Interview mit Clive Parsons
455 Den zweiten Film ... nannte Mohamed: Interview mit David Puttnam
455 Er begann, Kokain zu nehmen: B-TB, S. 65
455 »Komm ja nicht wieder«: ibid., S. 69
456 »Er nahm Kokain«: Interview mit Nona Summers
456 Unter anderem war Dodi: B-TB, S. 136
456 verbrachte Dodi mehr Zeit: ibid., S. 136-137; B-TS, S. 52-53
456 »Wenn er mit seiner Mutter zusammen war«: Interview mit Jack Martin
456 »warmherzig, aber sehr energisch«: Interview mit Corinna Gordon
456 1983 hatte Mohamed ihn: Interview mit Jack Weiner
456 »Er hatte eine Leidenschaft«: ibid
457 »Ich habe keine Ahnung, was«: Interview mit Michael White
457 »Im Büro haben wir immer gesagt«: Interview mit Jack Weiner
457 Einige seiner Gläubiger: Mi, *Sun*, Dex, 9.8.97
458 »Er wollte akzeptiert werden«: Interview mit Peter Riva
458 war er ein ebensolcher Hypochonder wie sein Vater: B-TB, S. 199; B-TS, S. 73

458 »Ich glaube nicht, dass auch nur ein Wort stimmte«: Interview mit Nona Summers
458 »Dodi-Zeit«: Interview mit Jack Martin
458 »Er konnte nie«: Interview mit Michael White
458 »Die Unschuld, die er ausstrahlte«: Interview mit Marie Helvin
459 er eifrig den Hof machte: Interview mit Suzanne Gregard
459 »Weißt du, er kniet vor mir nieder«: Mi, 12.8.97
459 Gregard versuchte, ihnen ein Zuhause: Interview mit Suzanne Gregard
459 bestand Dodi darauf, ihr monatlich: ibid.
459 »Wir waren nie allein«: ibid.
459 1989 hatte Mohamed versucht: B-TB, S. 254
459 Es gelang ihm zwar, Kredite ... aufzutreiben: Interviews mit Jack Weiner, Jerry Weintraub, Jim Hart
459 Verhältnis mit Kelly Fisher: B-TS, S. 66
460 Am 20. Juni: Interview mit Bruce Nelson
460 »Dodi konnte es nicht ertragen«: NOTW, 7.12.97
460 Mohameds Frau Heini: B-TS, S. 107
460 »Wir dachten, er sei ein Matrose«: ibid., S. 106
460 »Ich wusste, dass sein Vater ihm wichtig war«: ibid.
460 fuhr Fisher mit der *Cujo*: ibid.
461 »Wir veröffentlichten Postkarten«: Inteview mit Piers Morgan
461 »Sie stahl allen mit einer«: Mi, 18.7.97
461 »Dianas Meinung zu all dieser Kritik«: MOS, 20.7.97
461 Diana und ihre Söhne verließen: B-TS, S. 107
461 zahlreichen extravaganten Geschenke: SuMi, 2.11.97; 16.11.97; Mi, 21.7.97
461 »den schönsten Urlaub des Lebens«: *Sun*, 12.1.98
461 dass Dodi noch immer ... im Mittelmeer umhersegelte: B-TS, S. 106
462 Als er leise schluchzte: DM, Mi, 23.7.97
462 Drei Tage später flog Diana: B-TS, S. 108; B-TB, S. 418-419
462 stahl sie sich mit Dodi: B-TB, S. 419
462 Zur Untermalung: NOTW, 7.12.97
462 »Wie können zwei Menschen«: B-TB, S. 419
463 »Es war so paradiesisch«: NOTW, 7.12.97
463 »Ständig stand [Mohamed] Fayed im Hintergrund«: Interview mit Antonia Grant
463 nachdem er ... einen Tipp bekommen hatte: B-TB, S. 420; B-TS, S. 109-110
463 »Di's heimlicher Urlaub mit Harrods sexy Dodi«: *Sun*, 7.8.97
463 »Wir haben ausgespannt und hatten eine herrliche Zeit.«: Mi, 7.8.97

463 »Sie haben meinen Segen.«: ES, 8.8.97
463 »der erste Mann, den man wirklich«: DM, 8.8.97
463 »Es war eine Reaktion auf«: Interview mit Elsa Bowker
464 »Mr. Perfect ... liebevoll, reich«: Mi, 7.8.97
464 »Dodi ist nicht wie sein Vater.«: DM, 8.8.97
464 »Es ist so unglaublich, [Diana und ich]«: B-TS, S. 67
465 »Sie waren beide in ihre Fantasievorstellung«: Interview mit Nona Summers
465 »Etwas Derartiges hatte sie in ihrem Leben nie gehabt«: DM, 14.6.98
465 »seine wundervolle Stimme«: SuTel, 7.9.97
465 »Ich liebe seinen exotischen Akzent«: SuMi, 2.11.97
466 »[Mohameds Frau] Heini ist eine elegante Dame«: Interview mit Andrew Neil

## Kapitel 27
467 Ende Juli musste Diana: DEx, 5.8.97
467 mit William Deedes' Hilfe: Interview mit William Deedes
467 »hat die Aufmerksamkeit der Öffentlichkeit auf«: Mi, 6.8.97
467 zeichnete eindringliche Bilder: DT, 10.8.97; 11.8.97
468 »Ihr Auftritt in Bosnien war beeindruckend«: Interview mit William Deedes
468 »sensationellsten Fotos«: SuMi, 10.8.97
468 »Farce«: *The Observer*, 10.8.97
468 »Der Filmproduzent Dodi hat sich sogar«: SuMi, 10.8.97
468 »wieder gefangen habe«: Interview mit William Deedes
469 Ausführliche Berichte über: Mi, *Sun*, DM, 9.8.97
469 »einmaligen Einblick«: MOS, 10.8.97
469 »Air Dodi«: Mi, 14.8.97
469 »Ich lag im Dunkeln«: NOTW, 10.8.97
469 Fisher fühlte sich nicht nur gedemütigt: DM, Mi, *Sun*, 15.8.97
470 »erstaunliche Ansammlung«: NOTW, 17.8.97
470 »sanftmütige Seele«: DM, 8.8.97
470 »idealer Ehemann«: *Sun*, 8.8.97
470 »großzügiges, liebevolles Wesen«: SuMi, 10.8.97
470 »korrupter Betrüger«: Mi, 15.8.97
470 »schmieriger Kerl«: *Sun*, 16.8.97
470 »Dodgy [der Schmierige]«: Mi, 18.8.97
470 »Wie wäre es mit einem Quickie?«: *Sun*, 12.8.97
471 dass eine Verlobung bevorstehe: SuMi, 10.8.97
471 »Sie brauchte lange Zeit«: DM, 14.8.97

471 um ein wenig ungestört zu sein: B-TS, S. 114
471 »einen Mann treffen werde«: Rogers, S. 249
471 »Ich bin auf dem Mittelmeer«: ibid.
471 Dodi schien dies ... »zu begreifen«: ibid., Seite 251, 253
471 Zwei Tage später flog Dodi: B-TS, S. 117-118
471 besuchte einen kranken Freund: Inteview mit Nicky Blair
472 »Er war glücklich, dass die Beziehung«: Interview mit Mark Canton
472 »Ich bin so froh, dass wir zueinander passen«: *Sun*, 12.1.98
472 »Sieh mal hier, Rosa«: SuTel, 7.9.97
472 kehrten sie mit einem ganzen Stapel Kaschmirpullover zurück: NOTW, 7.12.97
472 »bei einem angesehenen«: Interview mit Michael Cole
472 werde sich »immer fragen«: Interview mit Tina Sinatra
473 verfolgten die Paparazzi: B-TB, S. 422; B-TS, S. 122
473 »Die Körpersprache auf dem Schiff«: Interview mit Cosima Somerset
473 hingegen ... werde ich »freundlich empfangen: DT, 27.8.97
473 »ihrem heftigsten politischen Streit«: DEx, 28.8.97
473 »Die Prinzessin hat keine«: ibid.
473 Dianas Büro legte eine Kopie des Artikels vor: DM, 28.8.97
473 »Ich habe genau das geschrieben, was sie gesagt hat: ibid.
473 »zutiefst enttäuscht«: ibid.
474 »Die ... britische Presse reagierte«: SuTel, 15.2.98
474 »verraten und missverstanden zu werden«: ibid.
474 berichteten Fayed: B-TB, S. 242, 246
474 in der sie sich nur knapp eine halbe Stunde aufhielten: *Sun*, 17.3.99
474 Ein Angestellter von Fayed brachte: B-TS, S. 130; B-TB, S. 425
474 »Von Diana in Liebe«: Interview mit Michael Cole; B-TS, S. 121
474 »Sie waren ihr kostbarster«: Interview mit Elsa Bowker
474 Alberto Repossi sagte: DT, 17.4.98; B-TS, S. 121
474 »vulgär«: Interview mit Richard Kay
474 Wie üblich fuhren sie: B-TS, S. 128, 132, 134
475 wurden sie erneut von Paparazzi bedrängt: ibid., S. 134
475 er war sichtlich aufgebracht: ibid.; B-TB, S. 426
475 Kurz vor Mitternacht: B-TB, S. 138
475 »Macht euch nicht die Mühe, uns zu folgen«: B-TS, S. 5-7
475 raste der Mercedes: ibid, S. 8-9
475 der Sicherheitschef: ibid., S. 6, 128
475 Die nachfolgenden Untersuchungen: ibid., S. 8, 136-138; B-TB, S. 427-428

476 Dodi hatte darauf bestanden, dass Paul: B-TB, S. 427-428; B-TS, S. 8
476 da sich dort ihre persönlichen Sachen befanden: B-TS, S. 126, 133
476 »schien sich mehr und mehr für seinen Plan zu begeistern«: ibid., S. 138
476 »Wenn man mit ihm zusammen war, fühlte man sich«: Interview mit Nona Summers
477 beharrte Mohamed Fayed darauf: B-TS, S. 122-123
477 In der *Sun* veröffentlichte Fotos: *Sun*, 17.3.99
477 »Es hat seine eigene Geschichte«: DM, 11.2.98
477 »wahrscheinlich«: DM, 1.9.97
477 »änderte« Kay »rasch«: Interview mit Richard Kay
478 »Sie rief William wegen jeder Kleinigkeit an«: Interview mit Elsa Bowker
478 »Mach dir keine Sorgen. Ich kann eine weitere«: SuTel, 15.2.98
478 »biologisch unmöglich«: ibid.
478 »unter keinen Umständen«: DM, 11.2.98
478 »Dianas Leben sollte nicht«: SuTel, 15.2.98
478 »Niemand kann mir vorschreiben«: DT, 27.8.97

# Kapitel 28

480 »Sie hätte eindeutig mehr«: Interview mit Michael Adler
480 »enorme Fähigkeit zum Unglücklichsein«: SuTel, 7.9.97
481 »Sie konnte sich ... auf der Stelle öffnen: Interview mit Cosima Somerset
481 dass die »echte« Diana »verschlossen und distanziert« war: Interview mit Jane Atkinson
482 »bekloppt« ... »Nervenbündel«: DM, 22.11.95
482 »total übergeschnappt«: ITV-Dok.
482 keine Hilfe bekommen«: ST, 19.11.95
482 eine Sache ... die »jedem passieren kann«: SuExp, 5.7.92
483 »In gewissem Sinne war es mit ihr«: Interview mit Michael Colborne
483 »ihrer selbst genau so unsicher«: DM, 1.9.97
483 »Psychotherapeuten oder jemandem«: Mi, 8.5.97
483 »Schlag gegen die Psychotherapie«: ES, 8.5.97
483 Neurotiker können Angstzustände haben: B-JK, S. 9
484 Narzissten dagegen neigen zu Aufgeblasenheit und Geringschätzung: ibid., S. 24
484 Vom Borderline-Syndrom Betroffene fühlen sich minderwertig: ibid.
484 arbeiten oft als psychologische Berater: ibid., S. 12
484 »oberflächlich intakt«: *Handbook of Treatment for Eating Disorders*, S. 438

484 Eine weitere bedeutende Persönlichkeit: B-JK, S. 36, 38, 40
484 an der »Grenze« längst anerkannter: ibid., S. 5
484 Zwei führende amerikanische: ibid., S. 27
484 von dem »stärker werdenden Gefühl«: DM, 20.8.95
485 Das übliche Auftreten des Borderline-Syndroms: DSM-IV Kriterien für Borderline-Persönlichkeitsstörungen; ICD-10 Klassifikation von psychischen und Verhaltensstörungen; WHO, Genf, 1992: F60.3 Borderline-Persönlichkeitsstörung; B-JK, S. 63
485 »bis ihre Abwehrstruktur zerbröckelt«: Website für Dr. med. Richard J. Corelli, Universität Stanford
485 »schätzungsweise 2,5 Prozent«: *Harvard Mental Health Letter*, 3.92
485 Zwischen 15 und 25 Prozent: B-JK, S. 4
485 »auf komplizierte Weise miteinander verbunden«: ibid., S. 7
485 »tief verankerten Minderwertigkeitsgefühle«: Nachruf von Graf Spencer
486 »weil mich das Gefühl ... sehr belastet«: ES, 6.9.97
486 denn irgendwann war »der Punkt erreicht«: B-AP, S. 101-102
486 Eine Reihe von Studien: *Handbook of Treating for Eating Disorders*, S. 438
486 »Selbstverstümmelung ... ist das Kennzeichen«: B-JK, S. 33
487 »Wer ... zurückgewiesen wurde«: VF, 10.97
487 »in einem Ausmaß, dass alles ... ausgeschlossen wäre: B-JD, S. 361
487 »der rund um die Uhr für sie da sein würde«: B-SS, S. 37
487 »verblassende Wirkung der Zeit«: Interview mit Kent Ravenscroft
487 »Sie hatte keinen funktionierenden Kontrollmechanismus«: Interview mit David Puttnam
488 die »menschliche Widersprüchliche und Zweideutigkeiten nicht ertragen können«: B-JK, S. 10
488 »emotionale Hämophilie ... Gerinnungsmechanismus«: ibid., S. 8
488 »Wenn sie sich provoziert fühlte«: TNY, 15.9.97
489 »magischen Denkens«: *Handbook of Treatment for Eating Disorders*, S. 439
489 Antidepressiva wie Prozac: ibid., S. 441-442
489 »eine Art ›Dritte Welt‹«: B-JK, S. 5
489 »Nicht mit Karten«: WP, 7.9.97
489 »Die meisten Menschen glauben«: Interview mit Michael Colborne

# BIBLIOGRAPHIE

Andersen, Christopher, *Der Tag, an dem Diana starb*. München, Goldmann, 1998
Barry, Stephen, *Royal Service: My Twelve Years as Valet to Prince Charles*. London, Macmillan, 1983
Berry, Wendy, *The Housekeeper's Diary: Charles and Diana Before the Breakup*. New York, Barricade Books, Inc., 1995
Blos, Peter, *Adoleszenz. Eine psychoanalytische Interpretation*. Stuttgart, Klett-Cotta, 1992
Bower, Tom, *Fayed: The Unauthorized Biography*. London, Macmillan, 1998
Burnet, Alastair, *In Person: The Prince and Princess of Wales*. Independent Television News Limited and Michael O'Mara Books Ltd., 1985
Campbell, Lady Colin, *Diana in Private: The Princess Nobody Knew*. New York, St. Martin's Paperbacks, 1992
Cannadine, David, *The Decline and Fall of the British Aristocracy*. New York, Anchor Books, Doubleday, 1992
Carpenter, Humphrey, *Robert Runcie: The Reluctant Archbishop*. London, Sceptre, 1997
Clark, Alan, *Diaries*. London, Phoenix, 1994
Clark, Colin, *Younger Brother, Younger Son: A Memoir*. London, HarperCollins, 1997
Claude-Pierre, Peggy, *Der Weg zurück ins Leben. Magersucht und Bulimie verstehen und heilen*. Frankfurt, W. Krüger Verlag, 1998
Davies, Nicholas, *Diana: The People's Princess*. Secaucus, N.J., Carol Publishing, 1997
Deutsch, Helen, *Neuroses and Character Types: Clinical Psychoanalytic Studies*. New York, International Universities Press, 1965
Dimbleby, Jonathan, *The Prince of Wales: A Biography*. London, Warner Books, 1995
Eichenbaum, Luise und Orbach, Susie, *Was wollen die Frauen?* München, Econ TB Verlag, 1993
Evans, Harold, *Good Times, Bad Times*. New York, Atheneum, 1984
Fincher, Jayne, *Diana: Portrait of a Princess*. Köln, B. Taschen Verlag, 1998
Garner, David M., Dr. phil., und Paul E. Garfinkel, Dr. med., *Handbook of Treatment for Eating Disorders: Second Edition*. New York, The Guilford Press, 1997

Goleman, Daniel, *Emotionale Intelligenz*. München, DTV, 1997
Holden, Anthony, *Charles: A Biography*. London, Fontana/Collins, 1989
—, *Charles: A Biography*. London, Bantam Press, 1998
—, Diana: *Her Life & Her Legacy*. New York, Random House, 1997
Junor, Penny, *Diana Princess of Wales: A Biography*. London, Sidgwick & Jackson, Ltd., 1982
—, *Charles: Victim or Villain?* London, HarperCollins, 1998
Keay, Douglas, *Royal Pursuit: The Palace, the Press and the People*. London, Severn House, 1983
Kreisman, Jerold J., Dr. med., und Hal Straus, *Ich hasse dich, verlass mich nicht. Die schwarzweiße Welt der Borderline-Persönlichkeit*. München, Kösel, 1999
MacArthur, Brian, Hg., *Requiem: Diana, Princess of Wales 1961 – 1997: Memories and Tributes*. London, Pavilion Books Ltd., 1997
Morrow, Ann, *Princess*. London, Chapmans Publishers, 1991
Morton, Andrew, *Diana. Ihre wahre Geschichte in ihren eigenen Worten*, ohne Angabe des Verlags
—, *Diana: Her New Life*. London, Michael O'Mara Books, Ltd., 1995
Neil, Andrew, *Full Disclosure*. London, Pan Books, 1997
Orbach, Susie, *Antidiätbuch. Über die Psychologie der Dickleibigkeit, die Ursachen von Esssucht*. München, Frauenoffensive, 1994
—, *Magersucht. Ursachen und neue Wege der Heilung*. München, Econ TB Verlag, 1997
Paglia, Camille, *Vamps & Tramps*. New York, Vintage Books, 1994
Pasternak, Anna, *Princess in Love*. London, Signet, 1995
Rhys, Ernest, Hg., *Memoirs of Jean François Paul de Gondi, Cardinal de Retz, Vol. One*. London, J. M. Dent & Sons, Ltd., 1943
Robertson, Mary, *The Diana I Knew: The Story of My Son's Nanny Who Became the Princess of Wales*. London, Judy Piatkus (Publishers) Ltd., 1998
Robson, Kenneth, Dr. med., Hg., *The Borderline Child: Approaches to Etiology, Diagnosis and Treatment*. New York, McGraw-Hill Book Company, 1983
Rogers, Rita, und Natasha Garnett, *From One World to Another*. London, Pan Books, 1998
Rose, Kenneth, *King George V*. New York, Alfred A. Knopf, 1984
Sancton, Thomas, und Scott MacLeod, *Der Tod einer Prinzessin. Die Wahrheit über Dianas Ende*. München, Droemer, 1998
Saunders, Mark und Glenn Harvey, *Dicing with Di: The Amazing Adventures of Britain's Royal Chasers*. London, Blake, 1996
Simmons, Simone, *Diana. Die geheimen Jahre*. München, Econ TB Verlag, 2000

Spencer, Charles, *Althorp: The Story of an English House*. London, Viking, 1998
Spoto, Donald, *Die Windsors. 200 Jahre Skandale und Affären*. München, Heyne, 1997
Strong, Roy, *The Roy Strong Diaries: 1967 – 1987*. London, Weidenfeld & Nicolson, 1997
Taylor, S. J., *Shock! Horror! The Tabloids in Action*. London, Black Swan Books, 1992
Thornton, Penny, *With Love from Diana*. New York, Pocket Books, 1995
Viorst, Judith, *Mut zur Trennung. Menschliche Verluste, die das Leben sinnvoll machen*. München, Heyne, 1994
Whitaker, James, *Charles gegen Diana*. München, Heyne 1993
Wyatt, Woodrow, *The Journals of Woodrow Wyatt*. London, Macmillan, 1998
York, Duchess of, Sarah, und Jeff Coplon, *My Story*. London, Pocket Books, 1997

# INDEX

ABC 189, 283
Addis, Richard 338, 372, 398, 408, 434
Adeane, Edward 141, 173, 210 f.
Adler, Michael 25, 31, 259 f., 262 f., 301, 345, 373, 379, 413 ff., 480
Aids Crisis Trust 326, 414 f., 444
Aids Foundation 435
Allen, Violet 70, 72, 77 f., 82
Allied Stars Ltd. 455, 459
Allred, Gloria 469
Althorp 34, 40, 45, 72 ff., 89 f., 107, 123, 125, 131, 271, 295, 329, 379, 429
Andersen, Christopher 30
Anderson, Douglas 289
Anderson, Eric 200
Anderson, Mabel 94, 181
Andrew, Herzog von York, Prinz 88, 155, 227, 229, 264 f., 328
Andrews, Julie 460
Angeli, Daniel 328
Angola 416, 431 f.
Annabel's 440
Anne, Prinzessin 211, 229 f., 257, 261, 392
Anson, Charles 306, 389, 405
Anthony, E. James 54
Archer, Jeffrey 450
Argentinien, Dianas Besuch in 388 f.
Armani, Giorgio 448
Armstrong-Jones, Sarah 229
Arnold, Harry 99, 116, 118 ff., 124, 179, 187 f., 212, 285, 337
Arts Council of England 324, 358
Ascot 88, 119, 155, 247, 309
Ashcombe, Lord 97

Askew, Barry 176
*Associated Newspapers* 27
Association for the Prevention of Infantile Paralysis 388
Astrologie 253 ff., 321
Atkinson, Jane 371, 390, 395 ff., 402-406, 408, 411 f., 422 f., 481
Attenborough, Richard, 216, 260, 416
Außenministerium 336, 388, 403, 409, 416, 432, 467
Australien 95 f., 134, 146, 190, 193-197, 217, 425
Aylard, Richard 221, 308, 314, 358, 393
Azodi-Bowler, Hamoush 346 f.

Bailey, Harry 259
Balfour, Christopher 270, 415
Bali 339
Balmoral 89, 108 f., 114, 120, 124, 161, 163, 167-171, 182 f., 187, 192, 207, 226, 234, 244, 276, 296, 328, 356
Barnard, Christiaan 425 f.
Barnes, Barbara 419
Barrantes, Hector 230 f.
Barrantes, Susan Wright Ferguson 230 f.
Barry, Stephen 89, 105 f., 108 ff., 113, 116, 122 f., 125 f., 129, 132, 134 f., 139 f., 147, 153, 156, 161, 166, 201
Bartholomew, Carolyn 70, 144, 146, 166, 241, 251, 307 f., 312, 417
Bartz, Reinhold 154

573

Bashir, Martin   15, 28 f., 379-386, 412, 434 f., 464
BBC   15, 379, 383, 433
Beckett, Libby   202
Beckett, Rick   202, 270
Beckwith-Smith, Anne   196
Belgien   340
Bennett, Alan   111
Benson, Ross   33, 119 ff., 129, 285, 369
Berni, Mara   272, 321
Berry, Alexandra   157
Berry, Anthony   39
Bhutto, Benazir   403
Birley, Jane   270
Black, Conrad   301, 365
Blacker, Lulu   246
Blair, Tony   446 f.
Bloomsbury Publishing   361
Borderline-Persönlichkeit   483-490
Bosnien   467 f.
Boulevardblätter s. Presse
Bower, Tom   429, 453
Bowker, Christopher   323
Bowker, Elsa   26, 33, 112, 131, 148, 179, 309, 321, 323 f., 348 ff., 355 f., 385, 421, 424, 439 f., 448, 463, 474
Brabourne, Lady Doreen   105
Brabourne, John   105
Brabourne, Patricia   99, 105, 180, 202, 219
Braemer-Spiele   109
Brasilien   280 f.
*Breaking Glass*   455
Bremner, Rory   394
Brenna, Mario   463, 468
*Britannia*   109, 161 f., 213, 237, 298
Britisches Rotes Kreuz   344, 374, 405, 411, 416
Broadlands   122, 156
Broccoli, Albert R. »Cubby«   455
Broccoli, Barbara   455, 464
Brook, Danae   122, 125
Brown, Amy Diane   469
Brown, Tina   85, 215, 446

Bryan, John   328
Buckingham Palace   103, 126 f., 138, 140, 147, 175, 188, 200, 214, 231, 258, 260, 265, 268, 275 ff., 304, 328, 362, 383, 389, 403, 405, 409, 426, 450
Burnet, Sir Alistair   215 ff., 234, 260
Burrell, Paul   315, 356, 412, 424, 435, 437, 467, 477
Butler, Humphrey   155
Butner, Paul   314

Callan, Paul   123
Cambridge   96, 362, 398
Camillagate s. Tonbandaufnahme Charles-Camilla
Cannadine, David   34
Cannes, Filmfestspiele   245
Canton, Mark   472
Carling, Julia   381
Carling, Will   376, 380 ff.
Carpenter, Humphrey   167
Carter, Graydon   358
Cartland, Barbara   31, 73, 79, 114, 321, 344
Centrepoint   390, 410, 428
Chalker, Lynda   336
Chang, Victor   425 f.
Chapman, Patsy   278
Chapman, Vic   188, 194, 204
*Chariots of Fire*   455 f.
Charles, Prinz von Wales
- als Vater   210, 267, 282, 304, 443, 356, 418-421, 436 f.
- als zukünftiger König   15, 335, 384, 386, 399
- alternative Medizin   12, 206, 216
- Arbeit   112, 145 f., 204 f., 211, 257, 281 f., 347 f.
- Camilla, Beziehung zu s. Charles und Camilla, Beziehung
- Charakter und Persönlichkeit   94 f., 111 f., 135 f., 144 f., 150, 205 f., 357
- Charme   12, 173

■   574

- Diana
  - - als Grund zur Sorge 148 ff., 158 f., 166 f., 170 f., 177 f., 186 ff., 195 f.
  - - aus dem Blickwinkel von 29, 104-111, 113 ff., 131-137, 168 f., 195 f., 242 f.
  - - Bedürfnis nach Unterstützung 139 f., 144 ff., 186 f., 189, 193 ff., 196, 209, 221 ff., 226 f., 232, 245 f., 284, 480
  - - Beziehung nach der Scheidung 435 ff.
  - - erste Bekanntschaft 89 ff., 103-108
  - - Gefühle für 89 ff., 103-108, 114 f., 122 f., 130-137, 254, 270, 279, 296 f., 405
  - - Popularität 172 f., 194 f., 199, 211 f., 244, 281 f., 340 ff.
  - - Wut auf 243, 279, 284 f., 332, 384 f.
  - Biografie 28, 221 f., 239, 248, 308 f., 314 f., 356 ff., 363
  - Dimbleby-Dokumentation 356-361
  - Ehe nach Ansicht von 90-93, 98, 100-103, 111-115, 135 f., 357 f.
  - Erziehung 94-97
  - Exzentrizität 215, 234 f.
  - Intelligenz 94-97, 162 ff., 206
  - Interessen
  - - Architektur 211, 216 f., 324 f., 348
  - - Literatur und Philosophie 162, 194 ff., 163
  - - Malerei 180, 244, 267, 347
  - - Polo, Sport 11 f., 89, 98, 107, 113, 145, 156 f., 164 f., 210, 218, 230 f., 234, 299 f.
  - Interview im Fernsehen 100
  - - zusammen mit Diana 134 ff., 215-218, 234 f., 260 s. a. *Panorama*
- Romanzen 89-93, 100, 105 ff., 112 f.
- - Beziehung zu Sarah Spencer 88-92, 117
- Unbehagen und steife Haltung 205 f., 218 f., 359 f., 367 f.
- Verdammung 27 ff., 125, 242 f., 250, 275, 282 ff., 299, 304, 316, 335 f., 335 f., 343, 385 f.
- Verteidiger 310 f.
- Zurückgezogenheit 95, 145, 163, 250
- Zurückhaltung, emotionale 157, 165 ff.

Charles-Camilla, Beziehung 11 ff., 110, 234, 237, 240, 242, 274-277, 284, 286 f., 292 f., 347 f., 384, 448, 465
- Behauptungen über 158 f.
- Dianas Wunsch nach Enthüllung 278 f., 287 f., 292, 303
- erste Affäre 102-105, 122 f.
- erstes Treffen 97 f.
- königliche Familie und 288 ff.
- Wiederaufnahme 29, 184, 203, 208, 211-226, 357

*Charles: Victim or Villain?* (Junor) 43
Chartres, Richard 149
Cheam 94
Checketts, David 96
Chelsea Harbour Club 351, 376, 381, 403, 440
Chequers 446
Chevreuse, Madame de 271
Chez Benoit 475
Chipp, David 130
Christie's 21 f., 347, 415, 445
Clarence House 138, 158 f.
Clark, Felicity 60, 127, 151, 155, 182, 199
Clarke, Mary 22, 57, 60, 62 ff., 67, 161
Clarkson, Wensley 128
Claude-Pierre, Peggy 376
Clinton, Bill 381
Clinton, Hillary Rodham 381, 427

Clowes, Richard  219
Club der Dreißig  301
Cojean, Annick  473
Coke, Lady Anne  37
Colborne, Michael  93, 105, 113, 129, 141 f., 145-149, 154 ff., 163 ff., 169, 171, 179, 183, 201, 204, 213 f., 483, 489
Collins, Joan  212, 217
Colthurst, James  290 ff., 306, 313, 337, 364 f.
Columbia Pictures  456
Cook, Robin  446, 467 f.
Cooke, Alistair  101, 111
Corelli, Richard J.  485
Cornish, Francis  142, 147
*Coronation Street*  261
Council of Fashion Designers of America  427
*Country Life*  241
Couric, Katie  407
Covent Garden  283
Cowes-Segelregatta  109
Craigowan  166, 175, 185
Crawford, Geoffrey  379, 3935
Cunanan, Andrew  452
Cutsem, Emilie van  196, 202 f., 276, 308
Cutsem, Hugh van  196, 202, 276, 308

*Daily Express*  24, 45, 89, 92, 119 f., 130, 151, 174, 182, 188, 211, 233, 250, 275, 283, 299, 303, 314, 316, 338, 350, 361 ff., 368, 372, 381, 398, 408, 433, 443, 445, 473
*Daily Mail*  17, 24, 28, 49, 81, 91 f., 119, 121, 125, 128, 131, 138, 157, 190, 212, 217, 234, 246, 260 f., 278, 282, 284 ff., 291, 294, 299-302, 313, 316, 323, 328, 331 ff., 336 ff., 344, 352, 355, 359, 362, 365 f., 369 f., 384 f., 392, 397f, 400, 405, 407, 410, 412, 437, 443, 445, 450 ff., 463, 470 f., 477 f., 484
*Daily Mirror* s. *Mirror*
*Daily Star*  24, 29, 53, 119 f., 123, 125, 176, 179, 189, 198, 275, 428
*Daily Telegraph*  26 f., 29, 48, 50, 86, 210, 230, 277, 301, 303 f., 337, 359, 365, 367, 385, 394, 399, 410, 416, 431, 433, 445
Dartmouth, Gerald Graf von  73
*Der Tag, an dem Diana starb* (Andersen)  30
*Der Tod einer Prinzessin* (Sancton und MacLeod)  476 f.
DeCourcy, Anne  124
Deedes, William  385, 394, 416, 432 f., 467 f.
Delorm, Rene  462, 476
Demarchelier, Patrick  300, 384
Dempster, Nigel  97, 106, 119, 121, 158, 188 f., 211, 279, 285 f., 291, 325, 369, 451, 484
Devorik, Roberto  22, 32, 64, 144, 146, 155, 213, 228, 232, 288, 300, 317, 321, 327, 388, 420
Diana, Prinzessin von Wales
- Abschiedsrede  341 f., 356 f., 371, 373 ff.
- Aids-Initiativen  13, 25, 258-262, 264, 268 f., 281, 297 f., 301, 374, 414 f., 434, 444
- als Mutter  196 f., 204, 209 f., 216, 267, 282 f., 311, 342 f., 387, 397, 416-422, 436 f.
- alternative Therapien  12, 26, 54 f., 206, 253-258, 333 ff., 341, 422, 482 f.
- Auseinandersetzungen  156, 177, 186-189, 217, 222 f., 226 f.
- Berühmtheit  14 f., 20 f., 30 ff., 176 ff., 195 f., 257, 295, 318 f., 332 ff., 371 f., 407 f., 487
- Borderline-Persönlichkeit, Anzeichen von  23 f., 483-490
- Bulimie  23 f., 55, 75-79, 87, 150-153, 159, 162-165, 171 ff.,

186-191, 196, 198, 225 f., 233, 240, 249-252, 289, 291, 333, 341, 363 ff., 376, 384, 428, 438 f., 442 ff., 464, 482 ff., 486
- Charisma   13, 25, 148, 205 f., 318, 368, 481
- Depressionen   14, 24, 48, 55 f., 72, 146, 162 f., 170 f., 176 ff. 181, 187, 198 f., 219, 268, 289, 334 f., 364, 480 ff., 484
- Ehe   11, 19, 27 f.,195 f., 207-228, 232-237, 241 ff., 249f, 254, 268f, 281 f., 292, 308, 347 f., 356 f., 361, 384 f., 442
- Freundschaften   23, 79, 312, 317-330, 376 f., 481, 486-489
- Friedensstifterin, Ambitionen als 446 f.
- Geburt   42
- Heiratsantrag   133
- Herkunft   19 f., 30 f., 34 ff., 54 f., 108 f., 114 f., 118 f., 169 f., 190 f., 302 f., 309
- Hochzeit   35 f., 138, 159 f., 231
- Ihre Königliche Hoheit (Her Royal Highness)   404-411, 442, 445
- Internatsausbildung   66-82
- Interessenmangel   114 f., 132 f., 162 f., 180, 205 ff., 210 ff.
- Jobs   83 ff., 106, 122
- Kindheit   53-56
- Kleidung   154 f., 199 f., 212 f., 215, 217 f., 275, 358 f., 369, 373, 392, 437, 439, 445
- Krankenbesuche   200, 262 ff., 272, 297 ff., 378
- Landminen-Kreuzzug   412, 415 f., 431 ff., 445 f., 452, 467 f., 477
- Langeweile   146, 180, 187, 201 f., 344, 374
- Lauschen und Spionieren   74 f., 156, 178 f., 183 ff., 203, 213, 224, 352 f., 486 f.

- Lernprobleme   20 f., 54 f., 58 f., 66 f., 79-82, 90, 150, 235
- Mitgefühl und Einfühlungsvermögen 262 ff., 325
- Selbstvertrauen   24 f., 69 f., 108 f., 348 f.
- öffentliche Auftritte   183, 198-201, 209, 215-222, 261 f., 269, 281 f., 299 f., 329, 335 ff., 340 f., 359 f., 371-375, 407 f., 489 f.
- öffentliches Image   19, 24 f., 53, 194 f., 198 f., 214 f., 245 f.
- Popularität   14 f., 20, 172, 177, 194 f., 197, 214, 222, 281 f., 289 f., 344 f., 386, 390 f., 407 f., 445, 470 f., 485, 489 f.
- Porträts   225, 289, 377 f.
- Psychotherapien   54, 152, 171, 186 f., 198 f., 226, 251 f., 288, 333 f., 341, 375 f., 393 f., 422, 444, 480-484, 489 f.
- Reden   216 f., 260 f., 301, 331 f., 341 ff., 389 ff., 407, 411, 427, 433 f., 445 ff.
- Scheidung   391, 393 f., 403-406, 408 ff.
- Scheidung der Eltern   28 f., 31, 46-59, 62-65, 72, 79, 87
- Schwangerschaften   171 ff., 176, 178, 204, 207 f., 222
- Selbstmordversuche   178, 185, 190, 252, 291 f., 482, 486
- Selbstverstümmelungen   24, 185 f., 191, 198, 226, 245, 334, 350, 364, 482, 486
- 36. Geburtstag   448
- Staatsbesuche und öffentliche Auftritte mit Charles   193-198, 211 f., 217 f., 222 f., 232 f., 243 f., 249 f., 267 f., 277, 280 f., 299 f., 314, 331 f.
- Tanzen   60, 71, 77 f., 139, 218 f.
- Telefongespräche   25, 255,

577

272 f., 315, 318, 322, 349-456, 376, 396, 422
- Tod 15-17, 475 ff.
- Trennung 309 f., 313-316, 332, 344 f., 419 f.
- Unaufrichtigkeit und zurechtgeschneiderte Geschichten 15, 22 f., 57, 130 f., 178 f., 312 f., 317, 369 f., 438, 451 f.
- Verlobung 35 f., 39 f., 76, 132-160
- Verschwörungstheorien 337, 340-343, 379 ff.
- Waffenstillstand 248 f., 260, 267 ff., 276 f., 285 f., 298 f.
- Werbung 108-115, 122-137
- Wohltätigkeitsarbeit 199, 257-264, 282, 336, 340 f., 343 f., 372-375, 378, 383, 386-390, 403, 407-413, 427 f., 440, 490

*Diana. Ihre wahre Geschichte in ihren eigenen Worten* (Morton) 15, 27, 185, 239, 272, 337, 356, 358 f., 366, 391, 394, 408, 419 f.
- aktualisierte Taschenbuchausgabe 310, 315, 337, 364 f.

*Diana Princess of Wales* (Junor) 56 f.
»Dianas Wiedergeburt«
*Diana's Diary: An Intimate Portrait of the Princess of Wales* (Morton) 276, 291
*Diana gegen Charles* (Whitaker) 43
*Dicing with Di* (Harvey and Saunders) 373
Dimbleby, Jonathan 28-32, 89 f., 102 f., 107 f., 122 f., 132, 140, 145, 159, 165, 170, 177, 183, 204, 210, 243 f., 299, 342, 487
- Biografie über Charles 28, 221 f., 239, 248, 308 f., 314 f., 356 ff., 363
- Dokumentation über Charles 356-360, 372, 377, 442

Dior, Christian 427

■ 578

Douglas, Sue 285, 302, 311, 398, 437
Douglas-Home, Charles 206
Dourneau, Philippe 474
Douro, Antonia 202 f., 244
Douro, Charles 202
Downey, Sir Gordon 450
Drogenbekämpfungswoche 332
Dunne, Henrietta 247
Dunne, Philip 247 f.
Dunne, Thomas 247

*Eastenders* 273
Estwood, Clint 217
Eduard VII., König von England 97
Eduard VIII., König von England 99, 101, 325
Edward, Prinz 12, 229
Edwards, Arthur 452
Edwards, John 157
Elisabeth, Königinmutter 12, 38, 94, 98, 102, 111, 124, 138 f., 143, 338, 347
Elisabeth II., Königin von England 40, 88, 93, 104, 143, 172, 175, 178 f., 229, 296, 305-309, 335, 435
- Charakter und Persönlichkeit 167 f.
- Charles, Beziehung zu 93 ff.
- Diana, Beziehung zu 166 f., 204, 266, 288 f., 314 f., 343
- Fergie, Beziehung zu 169, 232, 264
- Presse, Beziehung zur 129, 174 ff., 179
- Scheidung von Charles und Diana 403 ff., 408 f.
- Vertrauensbruch von 389 ff., 393 f.

Elliot, Annabel 269
English, Sir David 27, 285, 365
English National Ballet 410, 428, 444
*Evening Standard* 24, 28 f., 50, 286, 300, 316, 343, 367, 374,

390 f., 398, 400, 450, 452, 463, 483, 486
Everett, Oliver   139, 142
*Evil Cradling, An* (Keenan)   383
*Express on Sunday*   33

Faisal, König von Saudiarabien   154 f.
Fayed, Emad »Dodi«   26, 452 f., 455-479
Fayed, Heini Wathen   454, 460, 466
Fayed, Mohamed   414, 428 ff., 454, 456-461, 463 f., 474-477
Fayed, Salah   454
Fayed, Samira   454, 456
*Fayed: The Unauthorized Biography* (Bower)   429
Fellowes, Lady Jane Spencer 41, 47, 59, 68-71, 74, 80, 83, 92, 104, 109, 112, 144, 154, 157, 159, 226, 272, 294, 305, 423
- Dianas Beziehung zu   60, 191, 308, 329
Fellowes, Robert   104, 154, 265, 300, 305-308, 329
Ferguson, Ronald   230
Ferguson, Sarah »Fergie«, Herzogin von York   21, 143, 225, 249, 256, 261, 335, 374, 422 f.
- Autobiographie   423
- Beziehung zur Königin   169
- Dianas Freundschaft zu   182, 230 ff., 247, 264 f., 279, 327 ff., 339, 379, 422 f.
- Ehe mit Andrew   227
- Extravaganz   264 f.
Fermoy, Edmund Roche, 5. Baron 38 f., 131, 205, 255
Fermoy, James Roche, 3. Baron 37 f.
Fermoy, Marice Roche, 4. Baron 37 f.
Fermoy, Lady Ruth Gill Roche   37 ff., 49 ff., 60 f., 71, 95, 124 f., 139, 168, 191 f., 227 f.
Fernand, Deidre   215
Fernseh-Interviews
- Charles   100
- Diana und Charles   134 ff., 215-218, 234 f., 260
*Financial Times*   340
Fisher, Kelly   452, 459 f., 469 ff.
Flecha de Lima, Beatrice   322, 325, 339, 351
Flecha de Lima, Lucia   12, 281, 319, 321 ff., 325, 339 ff., 372, 406, 410, 421, 465, 477
Flecha de Lima, Paolo Tarso   12, 340 f.
Forstmann, Teddy   466
Foster, Richard   225
Frances Holland School   47
Frank, Debbie   33, 64, 135 f., 237, 253 f., 422, 448 f., 461, 472
Fraser, Fiona   35, 39 f., 44, 56, 60, 64
Fraser, Jason   463
Frost David   310
*Frost on Sunday*   310
F/X   456

Galliano, John   427
Garden House   329 f.
Georg I., König von England   34
Georg VI., König von England   36 ff., 40, 111, 139, 310
Getty, Aileen   414
Gibbins, Michael   423, 435, 441 f.
Gilbey, James   241, 254 f., 265, 284, 290, 298, 304, 307
- Dianas Beziehung zu   272-275, 277
Glaser, Elizabeth   13 f.
Glover, Stephen   337
Goldsmith, Annabel   15, 269 f., 321 ff. 368, 399, 401, 421, 478
Goldsmith, James   269, 323, 368, 399, 401, 403, 409
Goodman, Arnold   313
Goodman, Clive   389, 397, 424
*Good Morning America*   189
Gordon, Corinna   456

Gordonstoun 94 ff., 120
Gore, Al 281
Gowrie, Lord 358
Gracia Patricia, Fürstin von Monaco 182
Graham, Katharine 412, 427, 489
Grant, Antonia 463
Great Ormond Street Hospital for Sick Children 283, 410 f., 428
Greenslade, Roy 117
Gregard, Suzanne 454, 459
Gribble, Debbie 460, 463, 472
Grieg, Laura 83
Gunderson, John 484

Hambro, Charlotte 455
Hammer, Armand 465
Hanks, Tom 415
Hardman, Robert 303, 365
Harefield Hospital 424
*Harper's Bazaar* 371, 382, 412, 419, 427
Harris, Kenneth 100
Harrods 428 ff., 444
Harry, Prinz 15, 242, 267, 298, 308, 315 f., 326, 331, 342, 356, 381, 392 f., 416-421, 448-452, 461 f., 477 f.
- Geburt 181, 207, 209 f.
- Sorgerecht 404, 406
- Taufe 229
Harry's Bar 326, 440
Harvey, Glenn 272
Harvey, Lucinda Craig 106
Haseltine, William 259, 262
Haslam, Nicholas 21, 219, 320
Hassan, Lady 161
Hastings, Max 37, 277, 304, 367 f., 400, 486
Headway National Head Injuries Association 342
Heffer, Simon 450
*Hello!* 326, 439, 442 f.,
Helvin, Marie 455, 458
Hepburn, Audrey 340, 345
Hesketh, Johnny 126

Hewitt, James 14, 28, 58, 225, 242 f., 249, 268 f., 286, 292, 319, 348 f., 353, 376, 418, 466, 485
- Buch über Diana 239 f., 360-363, 470
- Dianas Beziehung zu 11, 14, 30, 236-242, 245-249, 271, 274, 277 ff., 365, 382, 384, 400, 487
- Herkunft und Persönlichkeit 237 ff.
- Unterstützung für Diana 240 ff., 251, 269, 316, 487
Higgins, Stuart 175, 184, 219, 234, 278, 303, 340, 397, 399 f.
Highcrest Investments Ltd. 460
Highgrove 123, 177, 203, 214, 222 f., 229, 234, 242, 248, 267, 271, 276, 280, 283-286, 306, 329, 356, 420, 448
Hindley, Myra 296, 377
Hindlip, Charles 445
Hitchens, Christopher 359
Hoare, Diane de Waldner 348
Hoare, Irina 346, 348, 466
Hoare, Oliver 402, 466, 474
- als Freund von Charles 347 ff.
- Dianas Beziehung zu 346-356, 382, 487
- Telefonskandal 349-356, 360, 365, 376, 400
Hoare, Reginald 346
Hodge, Barry 348 f., 355
Hoggart, Simon 194
Holden, Anthony 135, 220, 285, 365 f.
Hollingsworth, Mark 430
Honeycombe, Gordon 49 f., 182
Hongkong 375
*Hook* 459
Hooray Henrys 85
Howe, 7. Earl 332
Howell, Georgina 260
Hua Yu, Lily 257, 394, 422
Hull, Fiona MacDonald 233
Humanitarian of the Year Award 391 f.

Hume, Kardinal Basil 325
Hurd, Douglas 20, 336, 446
Hussey, Lady Susan 108, 141, 159

Indien 229
*In dir lebt das Kind, das du warst* (Missildine) 253
*In Faith and Hope* (vorgeschlagenes Buch) 434
Ingrams, Richard 26, 367
*In Love and War* 416
*Inside Kensington Palace* (Morton) 291
Institute Alpin Videmanette 81
International Federation of Anti-Leprosy Associations 428
Internationales Rotes Kreuz 374
Insel Seil 64
Italien 212 f.

Jakob, II., König von England 34
James, Clive 23, 111, 246, 268, 368, 370, 378, 488
Janvrin, Robin 404
Japan 222, 277, 373
Jenkins, Simon 28, 243
Jephson, Patrick 300, 378 f., 395 f., 424
John, Elton 205, 436, 462
Johnson, Paul 21, 35, 170, 271, 316, 385, 406
Johnston, Sir »Johnnie« 160
Jones, Anthony Armstrong s. Snowdon, Lord
Juan Carlos, König von Spanien 225, 234
Julius, Anthony 404, 409, 434
Jung, Carl 162, 195, 198
Junor, John 292, 394
Junor, Penny 43, 56 f., 62 f., 68, 73, 77, 80, 86, 104 f., 113, 122, 245, 298 f.

Kanada 197, 213, 222, 232
Karadzic, Radovan 467
Karl II., König von England 34

Kay, Richard 28, 81, 260 f., 278, 285, 295, 312 f., 333, 337, 368 ff., 372 f., 379, 384, 393, 407, 419, 421 ff., 432, 435, 445, 451, 464, 471, 474, 483
- als Dianas Vertrauter 7, 337 ff., 344 f., 351-355, 363, 365, 368 ff., 375, 384 ff., 390, 392, 405, 408, 412, 426, 431, 441 f., 463 f., 477 f.
Keay, Douglas 101, 120
Keenan, Brian 383
Kensington Palace 21, 154, 177, 220, 224, 226 f., 236 f., 239, 242, 245, 249, 265 f., 271, 279, 306, 313, 316, 340, 349, 351, 380, 382, 384, 393, 397 f., 403, 405 f., 409, 424 f., 436, 440, 451, 461, 473
Kent, Geoffrey und Jorie 202 f.
Keppel, Alice 97
Ker, David 247
Kernberg, Otto 484
Kiswick, Sir Chippendale 244
Khan, Hasnat 406, 412, 428, 463 f., 466
- Dianas Beziehung zu 401 ff., 414, 424 ff., 439 f., 449, 487
Khan, Imran 401, 403, 409, 439
Khan, Jane 403
Khan, Jemima Goldsmith 401 f., 478
Khan, Naheed 439
Khan, Omar 403
Khan, Rashid 439
Khashoggi, Adnan 428
Khashoggi, Familie 454
Kimball, Sophie 84
King, Cecil 90
King, Kay 85
Kissinger, Henry A. 391 f.
Klosters 91, 232, 246, 249, 336, 356
- Lawinenunglück 249 f.
Knatchbull, Amanda 99, 102, 106
Knight, Andrew 277 f., 293 f., 301 f., 306 f., 310 f.

Königliche Sicherheitstruppe 351
Königsfamilie 20, 40, 91, 100 f., 466
- Charles-Camilla-Beziehung
  228 f.
- Diana 50, 60, 137, 139 f.,
  141-145, 166 f., 182 f., 190 f.,
  226-230, 274, 405, 410, 450
- Dianas Vertrauensbruch
  308-311, 383, 391
- mangelndes Verständnis für
  seelische Leiden 166 f.,
  170 f., 183, 186 f., 227, 288
- Morton-Buch 307-311
- Presse 117
Konstantin, König von Griechenland
  311
Korea 314
Kreisman, Jerold 485 f.

Lalvani, Gulu 440, 446, 464
Land Mine Survivors Network 467
Latsis, John 465
Lawson, Domenica 325 f.
Lawson, Dominic 325
Lech 376
Lee-Potter, Lynda 316, 336
Leete, Malcolm 278
Legge-Bourke, Alexandra »Tiggy«
  392 f., 395, 419, 436, 441
Leon, Lena 123
Leprosy Mission 410
Levin, Angela 41, 43
Lewis Denice 469
Lind, Traci 455
Lindsay, Hugh 249 f.
Linley, David 229
Lipsedge, Maurice 251 ff.
*Literary Review* 367
*Little Girl Lost: The Troubled Childhood
  of Princess Diana by the Woman
  Who Raised Her* (Clarke) 57
Littman, Marguerite 318, 326, 414 f.,
  422, 445
Lloyd, Chris Evert 155
Lloyd, Mark 167, 318, 339
Londonderry, Marquess von 322

London Lighthouse 264
Lowe, Jean 61
Loyd, Alex 78
Ludgrove 316, 331, 364, 417, 421
Lyle, Felix 254, 292

MacLean, Lord 160
MacLeod, Scott 476, 478
MacMillan, Caroline 435
MacKenzie, Kelvin 117, 307
*Madness of George III* 111
*Mail on Sunday* 24, 188, 298, 394,
  461, 469
*Majesty* 121
Major, John 308, 316, 340, 345,
  389, 391, 429, 432, 446
Mannakee, Barry 219 ff., 226, 285 f.,
  255
Margaret, Prinzessin 121, 128, 169,
  228 f., 309, 391
Martha's Viineyard 12 f.
Martin, Jack 456
Maxwell, Robert 246
Mazandi, Homayoun 106
McCorquodale, Lady Sarah Spencer
  40 f., 59, 68 f., 71, 74 f., 80, 83,
  103 ff., 112, 138, 157, 294,
  351, 395, 423
- Anorexie 75 ff., 88 f., 92, 152 f.,
  188, 252, 483
- Charles Beziehung zu 88-92,
  118
- Dianas Beziehung zu 59 f.,
  190 f., 329
McCorquodale, Neil 73, 112
McDonagh, Melanie 483
McGlashan, Allan 198
McGregor of Durris, Lord 286, 304,
  306 ff.
McKay, Peter 119, 285, 370, 399 f.
McKnight, Sam 32
Mee, Henry 377 f.
*Memoirs of Cardinal de Retz* 271
Mendham, Victoria 393, 398, 424,
  435
Menem, Carlos 388 f.

Menzies, Kate   326, 369, 376 f., 380
Metropolitan Museum of Art   427
M.I.5   379
Michael of Kent, Prinzessin   214, 406
*Mirror*   24, 117, 119, 123, 126, 151,
   157, 181, 187 f., 215, 217, 233,
   268, 280, 282 f., 299 f., 315,
   328, 336, 340, 346, 361 f., 394,
   3977, 399, 403, 410, 418, 426,
   437 f., 441 ff., 451 f., 461,
   463 f., 467-470
Mishcon, Lord   324, 362
Missildine, Hugh   253
Mitchell, David   198
Monckton, Rosa   23, 31, 169, 317,
   325 f., 338 f., 385, 420, 422,
   465, 472, 474, 477-480, 487
Monckton, Walter   325
Monckton of Brenchley, Viscount
   345
*Monde, Le*   21, 473, 479
Monroe, Marilyn   484
Moon, Chris   433
Moore, Charles   399
Morgan, Piers   394, 397 ff., 418,
   438, 441, 451, 461
Morton, Andrew   11, 33, 41, 47,
   54, 63, 65, 70 f., 80, 84, 86,
   110, 119 f., 12, 133, 150, 178,
   183-189, 198, 208, 211, 250, 252,
   254, 275 f., 283 f., 286, 337 f.,
   375, 412, 417, 420, 443, 485
- Dianas Zusammenarbeit mit   27,
   289 ff., 298-316, 329, 362, 377,
   384, 497
- Dianas Leugnen der
   Zusammenarbeit   305-308,
   310-313, 384
- Karriere und Qualifikation   290 f.
Mutter Teresa   325, 446
Mountbatten, Lord Luis   97-102, 105,
   108, 132
MTV   28
Murdoch, Rupert   117, 174, 277, 293,
   302, 306, 365, 379, 392
*My Autobiography* (Carling)   381

Nadir, Ayesha   347
National Aids Trust   25, 31, 301, 345,
   373, 410, 412, 414 f., 480
*National Enquirer*   311
Neil, Andrew   117, 206, 282, 294,
   301 f., 307, 310, 340, 367, 385,
   430, 466
Nelson, Nigel   91
Nepal   336, 338
Neufeundland   197
Newman, Jim   128
*News International*   277, 365, 379
*News of the World*   24, 90, 92, 117,
   175 f., 189, 215, 233 f., 276 f.,
   280, 336, 351 f., 355, 363,
   380 f., 389 f., 397, 402, 424,
   431, 450, 468 ff.
New York   269, 391 f.
*New Yorker*   378, 446 f.
*New York Post*   269
Neuseeland   146, 193-198
Nina Hyde Center for Breast Cancer
   Research   427
Northwestern Universtiy   407
Norwegen   199
Norwegian People's Aid   467
Nurejew, Rudolf   346

*Observer*   100, 194, 352, 365,
   468
O'Mara, Michael   301 f., 313
Onassis, Jacqueline Kennedy   289,
   358
Orbach, Susie   53, 341, 375, 393 f.,
   422, 444, 483

Pakistan   406, 439, 442, 466
Palko, Betty   255
Palmer-Tomkinson, Charlie   110, 133,
   202, 219, 276
Palmer-Tomkinson, Patty   110, 133,
   202, 219, 276
Palumbo, Hayat   321, 324, 421, 464,
   466
Palumbo, Peter   23, 324, 358, 366,
   417, 466

*Panorama* 15, 29, 133, 224, 239, 274, 289, 320, 354, 362, 379-395, 599, 408, 412, 418 f., 421 f., 434, 442
Parker Bowles, Andrew 97 ff., 102 f., 110, 122, 129, 131, 158, 202, 375
Parker Bowles, Camilla 110 f., 121 f., 126, 129 ff., 158, 202 f., 244, 276 f., 347, 360, 448, 461
s. a. Charles-Camilla, Beziehung
- als Charles' Vertraute 102 f., 106, 122, 128, 183 f., 223
- Aussehen und Charakter 97 ff.
- Dianas Eifersucht auf 128 f., 147 ff., 156-160, 164, 179, 183 ff., 202 f., 207 f., 219, 223 f., 268-271, 375
- Dianas Konfrontation mit 270 f., 322
- Hochzeit 98 f., 102 f.
- Scheidung 375
Parker Bowles, Derek 98, 228
Park House 33, 37, 40, 58-61, 64, 66 f., 72, 78
Parry, Vivienne 262, 288
Parsons, Clive 455
Pass, Philip de 107
Pass, Robert de 107
Pasternak, Anna 14, 238 f., 245, 248, 271, 361 f.
Pasteur Institute 265
Patrick, Emily 225
Patten, Christopher 375
Paul, Henri 475
Peckford, Brian 197
Perrine, Valerie 455
Pfirter, Rogelio 388
Philip, Herzog von Edinburgh, Prinz 40, 97, 128, 132, 143, 167, 230, 265, 382
- Charles Beziehung zu 94 f.
- Diana und 187, 227, 288, 315, 343
- Dianas und Charles Ehe 308 ff.
Pinewood Film Studio 418
Pitman, Virginia 166

■ 584

Plumptre, George 86
Portugal 243
Powell, Colin 392
Presse
- Argentinien 388 f.
- Boulevardblätter 14, 16, 24, 26, 91, 190 f., 252, 302, 338, 364 f., 375 ff., 380 f., 392, 397, 402 f., 418
- Charles 30, 90-93, 100 f., 121, 124-127, 248
- Charles' Romanzen 106 f., 116-122, 126 f.
- Charles' Werbung um Diana 116 ff., 121-132, 188 f.
- Diana-Charles, Eheanalysen 26 f., 174 ff., 209-218, 236 f., 243, 246 f., 278, 283-287, 299 f.
- Diana-Charles, Ehe als Märchen 53, 81, 174 f., 179
- Diana-Dodi-Romanze 468-479
- Fergie 231 f., 264
- Großformate 26 f., 360, 397
- Königsfamilie 117
- Liebeszuggeschichte 128 f., 132
- Spencer-Familie 28 f., 42 ff., 49 f., 62 f.
- Verzerrungen und Entstellungen 123 ff.
Press Association 128, 130
Press Complaints Commission 286, 304-307, 382
*Princess in Love* (Pasternak) 239 f., 361 f.
Princess's Trust 345
*Private Eye* 26, 227, 367
Profumo, John 387
Puttnam, David 22, 206, 242, 303, 320, 345, 378, 417 f., 455, 487
Puttnam, Patsy 242

Quindlen, Anna 407

Rae, Charles 372
Random House UK 434
Ravenscroft, Kent 88, 150, 153, 256

Rea, Maggie 409
Reagan, Nancy 207
Reagan, Ronald 207
Rebuck, Gail 434
Rotes Kreuz 431 ff., 446, 467
Reece, Gordon 324, 382
Ress-Jones, Trevor 475
Regent's Park Nursing Home 88
Reilly William 281
Relate Center Bristol 262
*Relate Guide to Martial Problems* 262
Repossi, Alberto 474
Repossi, Juwelier 474, 477
Riddlesworth Hall 66 ff., 72, 82
Ridsdale, Elizabeth »Riddy« 67 ff.
Rifkind, Malcolm 389
Rippon, Angela 155
Ritz 474 f.
Riva, Peter 453, 458
Roberts, Tanya 455
Robertson, Mary 92, 107, 112, 113, 127, 131, 139, 205
Robinson, Anne 344
Roche, Edmund Burke 37
Roche, Frances »Fanny« Work 27 f., 84
Roche, Mary 28
Rock, Tess 465
*Rock and Royalty* (Versace) 435
Roehampton Priory 76, 438, 443, 483
Rogers, Mimi 455
Rogers, Rita 257, 383, 422, 471, 479
Romsey, Norton 132, 180, 202, 219, 276, 308, 311
Romsey, Penny 132, 180, 202, 219, 276, 308
Rook, Jean 45, 151
Rothermere, Lord 301, 365
Rowland, R.W. »Tiny« 429
Royal Albert Hall 444
Royal Brompton Hospital 389, 401, 424, 426, 428
Royal Geographical Society 433
Royal Marsden Hospital 411, 434

Royal Naval College 97
Royal Opera House 218
*Royal Persuit: The Palace, the Press, an the People* (Keay) 120
*Royal Service: My Twelve Years as Valet to Prince Charles* (Barry) 158
Royalty Protection Squad 351
Rudge, Ruth 69-72, 77, 79 f., 82, 90
Runcie Robert, Erzbischof von Canterbury 143, 149 f., 163, 167, 192
Ryan, Hilary 380

Sadat, Anwar 161
St. James's Palace 404 f., 409, 428
St. John of Fawsley, Lord 36, 362
St. Paul's Cathedral 157, 160, 181
Saint-Tropez 449, 460, 470
Samuel, Julia 272, 326 f., 380
Sancton, Thomas 476, 478
Sandhurst 246, 454
Sandringham 90, 104, 106, 122, 126, 167, 232, 272, 274, 315, 420
- Treppensturz 178 f., 296
San Lorenzo 241, 271 f., 321
Santa Cruz, Lucia 97
Saunders, Mark 373
*Scarlet Letter, The* 459
Schuster, Vivienne 434
Scott, Peter 443
Scott, Rory 86 f.
Serota, Angela 290, 293 f., 297 f., 302
Serpentine Gallery 458 f., 375
Settelin, Peter 333
Seward, Ingrid 57, 120 f.
Shakespeare, William 200
Shand, Bruce 97
Shand, Rosalind 360
Shand Kydd, Frances Burke Roche Spencer 38-42, 46 f., 75 f., 88, 130, 134, 137, 139, 144, 153, 160, 248, 294 f., 423, 436
- Beziehung zu Charles 442 f.
- Charakter und Persönlichkeit 37, 39 ff., 43-46, 296

- Dianas Beziehung zu 33 f.,
  42 ff., 50 ff., 62-65, 83, 109, 190,
  294 ff.
- Dianas Bruch mit 442 f., 444
- Heirat mit Johnnie 37, 39-47
- Heirat mit Peter 51
- Medien und 190, 267, 296
- Scheidung von Johnnie 47-51,
  54 f., 182, 485
- Scheidung von Peter 268, 296

Shand Kydd, Janet 48
Shand Kydd, Peter 46-51, 267
Shanks, Nelson 377, 417
Shanley, Kevin 209
Sharp, Graham 259
Shea, Michael 19, 56, 129, 143,
  175 f., 189, 202
Sherbrooke, Alexander 263
Shields, Brooke 455
Silfield School 61, 66, 72
Simbabwe 336
Simmons, Simone 15, 25, 48, 255 f.,
  321, 341, 350, 355, 376, 390 f.,
  402, 412, 415 f., 422, 425,
  437-441, 487
Simpson, Wallis 99, 228, 325
Sinatra, Tina 453, 455, 472
Singleton, Roger 263
Slater, Simon 377
Sleep, Wayne 218
Sloane Rangers 85, 207
Snowdon, Lord 127 f., 151, 182, 228
Soames, Camilla Dunne 247
Soames, Catherine 326, 369, 376 f.,
  380
Soames, Harry 326
Soames, Nicholas 132, 202, 219,
  247, 276, 326, 385
Soames, Rupert 247
Sofia, Königin von Spanien 225
Solari, Simon 341
Somerset, Cosima 30, 33, 264, 219,
  323, 402, 417, 422, 473, 481
Soros, George 467
*Spectator* 325, 399, 471
Spence, Christopher 264

Spencer, Charles, 9. Earl Spencer
  35, 41, 55, 72 f., 127, 136, 160,
  294 ff., 330, 379 f., 383, 423,
  448, 485
- Dianas Beziehung zu 55 f., 58 ff.,
  329 f.
- Kindheit 60-64
- Nachruf auf Diana 22, 30
- Scheidung der Eltern 46-59,
  62 ff.
Spencer, Frances Burke Roche
  s. Shand Kydd, Frances Burke
  Roche Spencer
Spencer, John (Vorfahr) 34
Spencer, John (verstorbener Bruder)
  41 ff.
Spencer, John »Jack«, 7. Earl Spencer
  35, 40, 72
Spencer, John »Johnnie«, 8. Earl
  Spencer 39-42, 72-75, 103 f.,
  130, 139, 154, 190, 294 f., 300,
  362, 429 f., 452
- als Vater 44, 61 ff.
- Charakter und Persönlichkeit
  35 f., 60-63
- Dianas Beziehung zu 34 f., 42 f.,
  50-52, 58 f., 61-65, 81 f., 109
- Heirat mit Frances 37, 39-47
- Heirat mit Raine 73 ff.
- Scheidung von Frances 47-51,
  54 f., 60, 182, 485
- Tod 300
Spencer, Lady Cynthia Hamilton 34,
  72, 139, 255
Spencer, Lady Jane s. Fellowes, Lady
  Jane Spencer
Spencer, Lady Sarah s. McCorquodale,
  Lady Sarah Spencer
Spencer, Gräfin Raine 45, 73 ff., 83,
  125, 131, 154, 271, 295, 338, 429
- Dianas Beziehung zu 103, 330
Spencer, Robert 17, 36 f., 42 f., 47,
  51, 62, 65, 73, 78, 83 f., 109, 190
Spencer, Victoria 483
Spencer-Churchill, Lady Caroline
  247

Spiritismus 254-257
Spurr, Rose 262
Sqidgy-Tonband s. Tonbandaufnahme Diana-Gilbey
Stark, Koo 455
Stothard, Peter 369
Stott, Catherine 20
Straw, Jack 390
Strong, Roy 173, 214
Sulzberger, David 346
Summers, Nona 453, 456, 458, 465, 476
*Sun* 24, 89, 91 f., 117, 120, 125, 175, 178, 180, 184, 206, 212, 219, 233 f., 248, 277, 283 f., 286, 297, 303 f., 307, 311 f., 315, 340, 343, 353, 359, 362, 364 f., 370, 381, 397, 399, 408, 415, 441, 451, 463, 470, 477
*Sunday Express* 24, 258, 280, 296, 311, 383, 398, 434, 437, 439, 482
*Sunday Mirror* 24, 128, 249, 275, 280, 426, 449 f., 468, 470 f.
*Sunday People* 24, 272
*Sunday Telegraph* 20, 209, 325
*Sunday Times, The* 11, 33, 110, 117, 206, 260, 276, 282, 286, 291, 300, 306, 313, 340, 347, 353, 398, 430, 482
- Charles' Verteidigung 311
- Dimbleby-Buch 363
- Morton-Buch 294, 302-307, 310 f., 366
Symons, Natalie 448 f.

Tang, David »Tango« 374 f., 423
Tate Gallery 448
*Tatler* 336, 365
Tavenger, Roger 128, 130
*Telegraph Magazine* 351, 353
Theodoracopulos, Taki 347, 399, 471
Tholstrup, Julia 455
Thompson, Jane 44, 56
Thornton, Penny 28, 58, 62 f., 81, 136, 159, 224 f., 249 f., 253 ff., 276

Tiffany's 325
Tigrett, John 409 f.
Tilberis, Liz 382, 412, 419, 427
Timbertop 95 f.
*Time* 89, 476
*Times, The* (London) 26, 28, 48, 117, 126, 130, 154, 200, 206, 210, 213, 215, 243, 344, 353, 364, 369, 405, 410, 431
*Today* 24, 260, 283, 332, 335, 344, 351, 372, 381, 407
Toffolo, Joseph 401 f.
Toffolo, Oonagh 401, 422, 441
Tonbandaufnahmen
- Charles und Camilla 98, 274 f., 315, 335, 358, 470
- Diana und Gilbey 272-275, 277, 288, 292, 311 f., 315, 328, 384, 418, 470
Townsend, Peter 228
Travolta, John 217
Trimming, Colin 221
Tryon, Anthony 147, 202
Tryon, Lady Dale »Kanga« 121, 147, 156, 160, 202, 219, 234, 244
Turgenjew, Iwan 195
Turning Point 260, 334 f.
Twigg, Stephen 256, 482

United Cerebral Palsy Foundation 392
University College of Wales 96
*USA Today* 24

Vacani, Betty 84, 87
Vanderbilt Racquet Club 244
van der Post, Laurens 162, 164, 166, 198
*Vanity Fair* 85, 214 f., 358, 429, 445
Vereinigte Staaten von Amerika 146, 217, 406 f.
Versace, Gianni 435, 462
Vickers, Hugo 100
Victor Chang Cardiac Research Institute 425

Victoria and Albert Museum 173, 214
Villa Windsor 462, 477
Vine, Brian 461
*Vogue* 60, 69, 83, 127, 151, 154 f., 182, 199, 336, 371, 427

**W**adell, Robert 96
Wade, Judy 125, 206, 212, 233
Wakeham, Lord 382
Waldner, Louise de 347
Wallace, Anna 106, 126, 247
Wallace, Ruth 419
Waller, Allen 379
Walters, Barbara 378, 383
Walton, Ashley 299
Ward, Tracy 247
Ward-Jackson, Adrian 258 f., 284, 290, 293, 296 f., 326, 348
Warren, Jane 445
*Washington Post, The* 412, 427, 489
Waterhouse, David 247 f., 270
Waterhouse, Hugo 247
Waugh, Auberon 419
Webb, Jessie 367
Weiner, Jack 456 f., 459
WellBeing 341
West, Hazel 236
West Heath 68-85, 89, 241
Westminster, Gerald Grosvenor, Herzog von 75, 202
Westminster, Natalia Phillips »Tally«, Herzogin von 107, 202
Weston, Galen und Hilary 202
Whalley, Christopher 403, 440
Wharfe, Ken 341
Whigs 34 f., 170
Whitaker, James 25, 28 f., 43, 48 f., 53, 63, 89, 91 f., 104, 107, 116, 118 ff., 122-126, 128 f., 131, 135, 155, 157 f., 175 f., 179, 187 f., 191, 198, 217, 232 f., 268, 282, 285, 300, 337, 403, 426, 443, 451 f., 461

White, Lesley 482
White, Michael 457
Whiteland, Paddy 224
Whitlam, Mike 344, 374
Wilkins, Emma 285
William, Prinz 15, 193, 196 f., 204, 242, 267, 298, 308, 311, 315 f., 342, 356, 363, 381, 392 f., 416-421, 441, 449 ff., 462, 477 f.
- als Berater von Diana 410, 414, 416 f., 419
- als Thronanwärter 335, 384, 399, 420
- Geburt 180 f., 190
- Konfirmation 436 f., 442
- Kopfverletzung 283 f.
- Sorgerecht 404, 406
- Taufe 182
Wilson, A.N. 398
Wilson, Reg 218
Wimbledon 155
Windermere Island 179, 197
Windsor Castle 12, 88, 133 f., 155, 167, 176, 241, 280, 346 f.
Wingfield, Kes 474
*Woman's Own* 81, 92 f., 101, 199
*Woman's Weat Daily* 269
Woolf, Virginia 54
Worcester, Marquess von 247
Work, Frank 38
Wyatt, Steve 328
Wyatt, Woodrow 336

**Y**acoub, Sir Magdi 428
*Year of the Princess* (Honeycombe) 49
York, Peter 85
Young England Kindergarten 85, 130
Younghusband, Emma Stewardson 236, 238, 280

**Z**emin, Jiang 447

# BILDNACHWEIS

| | |
|---|---|
| 1, 3, 6, 10, 12, 13, 16, 18, 20 | »PA Photos« |
| 2, 37 | Archive Photos |
| 4 | Steve Wood/Archive Photos |
| 5, 7, 15, 25, 31, 40, 45, 55 | Express Newspapers/Archive Photos |
| 8 | Terry Richards/©News Group Newspapers |
| 9, 39 | Arthur Edwards/©News Group Newspapers |
| 11, 46 | Daily Express/Archive Photos |
| 14, 19, 24, 58, 76 | Tim Graham/Sygma |
| 17, 26, 28, 37 | AP/Wide World Photos |
| 21 | D. Cole/©News Group Newspapers |
| 22, 29 | Anwar Hussein/Sipa Press |
| 23 | Bryn Colton/Camera Press/Retna |
| 27 | Rex Features London |
| 30 | Reg Wilson/REX USA LTD. |
| 32 | Apesteguy-Duclos-Pellet/Gamma Liaison |
| 33 | Fraser/Lafaille/Sipa Press |
| 34 | Jason Fraser/©News Group Newspapers |
| 35 | Perrin/Sipa Press |
| 38, 42, 43, 44, 53 | Martin Keene/»PA Photos« |
| 41 | Simon Townsley/Rex Features London |
| 47 | Jayne Fincher/Photographers International Ltd. |
| 48 | MSI/BULLS |
| 49, 50, 54, 72 | Lionel Cherruault/Sipa Press |
| 51 | Michael Stephens/»PA Photos« |
| 52 | ©Glen Harvey |
| 56 | Alan Davidson |
| 59 | Marco Deidda-Cisotti/Sipa Press |
| 60 | John Giles/»PA Photos« |
| 61 | John Stillwell/»PA Photos« |
| 62 | Alpha/Globe Photos |
| 63 | Cisotti Young Deidda/Capital Pictures/Gamma Liaison |

| | |
|---|---|
| 64 | Porträt von Diana: Britisches Rotes Kreuz, Eigentümer und Copyright-Inhaber des Gemäldes von Henry Mee. Foto von L. Cherruault/Sipa Press |
| 65 | »1994 by Nelson Shanks« |
| 66 | Hugh Evans/REX USA LTD. |
| 67 | ©Nicky Johnston/FSP/Gamma Liaison |
| 68 | Reuters/BBCTV/Archive Photos |
| 69 | Tim Ockenden/»PA Photos« |
| 70 | Pool/Gamma Liaison |
| 71 | Brendan Beirne/REX USA LTD. |
| 73 | Antony Jones/UK Press |
| 74 | LCPL-W/Sipa Press |
| 75 | Video Capture/Sipa Press |
| 77, 79 | Ian Jones/FSP/Gamma Liaison |
| 78 | Stefan Rousseau/»PA Photos« |
| 80 | J. Andanson/P. Durand/Sygma |
| 81 | Sun/Hounsfield/Sipa Press |

## Ulrich Wickert

»Wir gehen jetzt erst mal um die Ecke ins Café de Flore, den ehemaligen Literatentreff, einen Café Crème und ein paar Croissants bestellen. Doch das ist eigentlich eine andere Geschichte.«

**Und Gott schuf Paris**
19/336

**Der Ehrliche ist der Dumme**
Über den Verlust der Werte
19/401

**Das Buch der Tugenden**
Ausgewählte Texte aus Philosophie, Literatur, Recht, Soziologie und Politik
Herausgegeben von Ulrich Wickert
19/599

**Deutschland auf Bewährung**
Der schwierige Weg in die Zukunft
19/675

**Das Wetter**
01/9763

**Über den letzten Stand der Dinge**
01/10575

19/336

## HEYNE-TASCHENBÜCHER

# Jehan Sadat

## Ich bin eine Frau aus Ägypten

»Jehan Sadat ist eine reichbegabte Frau: Sie ist intelligent, couragiert und zutiefst menschlich. Ihr Leben lang – durch Triumphe und Tragödien – ließ sie andere Menschen an diesen Gaben teilhaben.«

Henry Kissinger

Auch als lesefreundliche Großdruck-Ausgabe lieferbar: 21/19

01/8196

**Heyne-Taschenbücher**